审计学
原理与实务

SHENJIXUE YUANLI YU SHIWU

姚瑞马 董建国 主编

江苏大学出版社
JIANGSU UNIVERSITY PRESS
镇 江

图书在版编目(CIP)数据

审计学原理与实务 / 姚瑞马,董建国主编. —镇江:
江苏大学出版社,2017.8(2022.8 重印)
ISBN 978-7-5684-0610-9

Ⅰ.①审… Ⅱ.①姚… ②董… Ⅲ.①审计学—教材
Ⅳ.①F239.0

中国版本图书馆 CIP 数据核字(2017)第 214739 号

审计学原理与实务
Shenjixue Yuanli Yu Shiwu

主　　编/姚瑞马　董建国
责任编辑/王　晶　仲　蕙
出版发行/江苏大学出版社
地　　址/江苏省镇江市京口区学府路 301 号(邮编:212013)
电　　话/0511-84446464(传真)
网　　址/http://press.ujs.edu.cn
排　　版/镇江文苑制版印刷有限责任公司
印　　刷/镇江文苑制版印刷有限责任公司
开　　本/787 mm×1 092 mm　1/16
印　　张/31.25
字　　数/780 千字
版　　次/2017 年 8 月第 1 版
印　　次/2022 年 8 月第 5 次印刷
书　　号/ISBN 978-7-5684-0610-9
定　　价/65.00 元

前言

2006年2月和2010年11月，我国财政部先后颁布和修订了新的与国际趋同的审计准则。在新审计准则中，全面推进风险导向审计理论与方法。2015年年初，国际审计与鉴证准则理事会发布了新制定（修订）的审计报告系列准则，目的是大力加强审计报告对投资者和其他财务报告使用者的效用，为其决策提供更多的有用信息。为进一步实现与国际审计准则的趋同，2016年12月23日，财政部批准发布了《中国注册会计师审计准则第1504号——在审计报告中沟通关键审计事项》等12项准则的通知，形成了以其为核心的新审计报告准则体系，体现了我国对国际准则重大变革的积极吸收，同时也有利于提高审计报告的相关性和价值，提升审计的质量和透明度，充分发挥注册会计师在资本市场变革中的重要作用。为了反映审计领域的这一新发展和新要求，使会计及相关专业审计教学与时俱进，我们结合自身的教学经验，组织编写了新的审计教材。

本教材以制造业年度会计报表审计为主线，全面介绍了注册会计师审计的基本原理和实务，反映了我国审计准则和审计实务的最新变化。与传统教材相比，本教材的内容和结构形式都有较大创新，具体有以下几方面的特点：

第一，在结构的安排上，依据国际审计的最新发展，一改以往的制度基础审计为风险导向审计，取消了传统的内部控制制度及其测试的单独章节，增加了重大错报风险的识别、评估及其应对章节。同时，将位于最后阶段的审计报告章节内容前移至总论之后，其目的是以不同意见类型审计报告作为参考，以便于讨论贯穿本书的获取审计证据的程序。

第二，在内容的组织上，根据我国新会计准则体系和新审计准则体系的内容和精神进行编写，满足读者了解最新理论知识和发展动态的需要。

第三，在财务报表审计组织方式的选择上，采用审计循环的叙述方式，将审计循环与审计方法相结合，阐明审计的基本原理与方法。对于审计原理的论述，力争通俗易懂，资料翔实；

对于审计实务的介绍，务求针对性强，使审计目标与经济活动中存在的问题相一致，审计程序与审计目标相对应。

本书可以作为会计、财务管理、审计及相关经济管理类的专业教材，也可以作为审计、会计、财务管理等领域的从业人员的培训或自学用书。

本书由姚瑞马、董建国负责编写。具体编写分工如下：第一章至第七章及第九章由姚瑞马执笔；第八章及第十章至第十六章由董建国执笔。

在本书的编写过程中，我们得到了很多学术界同仁尤其是部分高校审计专业老师和编审者的大力支持，参考了大量国内外审计专著、教材和中国注册会计师执业准则及指南，在此对相关人员及单位致以诚挚的谢意。

由于以《中国注册会计师审计准则第 1504 号——在审计报告中沟通关键审计事项》为核心的新审计报告准则体系刚颁布实施不久，审计实践与理论在不断地发展，加之本书涉及面广，编者理论水平和实务知识有限，书中可能存在疏漏和不成熟之处，敬请广大读者批评指正，以便更正与提高。

编　者

2017 年 8 月

目录

第一章 总论

本章导读

作为全书开端，本章从审计与经济的视角入手，介绍审计产生与发展的动因，国内外政府审计、民间审计和内部审计产生与发展过程，揭示审计工作在市场经济中扮演的重要角色及发挥的重要作用，从审计的定义、对象、职能、作用、模式、假设、审计与会计的关系等方面重点阐述审计的基本概念，并对审计的分类进行简要介绍。

本章的重点是对审计产生与发展动因的理解和对审计定义及其每一基本要素内涵的掌握；本章的难点是如何正确理解审计在我国社会主义市场经济发展中所起的作用。

通过本章的学习，了解审计产生和发展的过程及审计的分类；理解审计产生和发展的动因，以及审计在我国社会主义市场经济发展中所起的作用；掌握审计的基本概念。

第一节 审计与经济

经济越发展,审计越重要。审计是为适应社会经济发展的需求而存在和发展的,受所处的社会经济环境影响。无论是维护资本市场秩序稳定的民间审计,还是具有强制性的政府审计,又或是服务于企业经营管理的内部审计,它们在市场经济中都扮演着重要的角色,发挥着重要的作用。

一、审计的产生与发展

(一)审计产生与发展的动因

审计动因就是审计产生、存在、发展的动力及原因。准确把握审计动因有利于发展和完善审计理论体系及进一步指导审计实践。审计理论界和职业界在如何认识审计产生与发展的动因方面有多种观点。

1. 受托责任论

受托责任论的主要观点是:受托责任关系是资源占有人实现对资源有效管理与使用的必要手段和保证机制。当受托经济责任关系确立后,客观上就存在委托者对受托者实行经济监督的需要。而审计恰好独立于受托责任关系双方当事人,且具备相应的专业技能,于是审计便成为受托责任关系能够实现的必要手段和保护机制。因此,受托经济责任关系是审计产生的客观基础和根本动因。在这种理论中,审计的本质是一项具有独立性的经济监督活动。审计三方相互关系如图 1-1 所示。

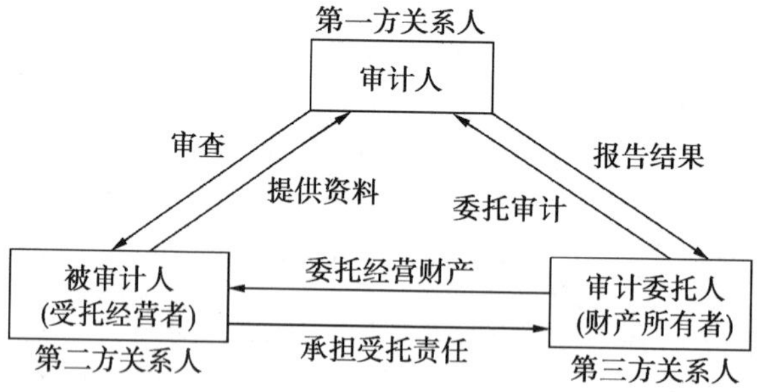

图 1-1 审计三方相互关系

2. 代理理论

代理理论的主要观点是:企业存在契约关系,而契约条款的实施必须通过监督,否则就不起作用。审计就是这种监督方式。在这种理论中,审计的本质在于促进股东利益和企业管理人员的利益达到最大化。

3. 信息理论

信息理论的主要观点是：审计的结果可以使信息更加可靠，减少出现于管理当局和投资者之间潜在的信息不对称，使市场更具效率。在这种理论中，审计的本质在于增进财务信息的价值，提高财务信息对其使用者决策的正确程度。

4. 保险理论

保险理论的主要观点是：审计是降低风险的活动，即审计是一种把财务报表使用者的信息风险降低到社会可接受的风险水平之下的过程，甚至认为审计是分担风险的一项服务。在这种理论中，审计的本质是一种分担风险的服务。

5. 冲突理论

冲突理论的主要观点是：审计存在的根本原因在于人与人之间存在利害冲突。因为财务报表的提供者与使用者之间、不同的使用者之间的利益并不一致，这种实际或潜在的利害冲突导致财务报表存在不实报道的可能性，而审计是协调冲突的活动。在这种理论中，审计的本质是通过独立的合理保证业务来维护各个利益集团利益。

6. 多因素决定论

在美国会计学会基本审计概念委员会发布的《基本审计概念公告》中，明确阐述了审计动因包括以下4个方面：① 利益冲突产生对公正第三方的需求；② 当利益冲突达到一定程度后对冲突对方产生的防范需求；③ 处理技术上的复杂性使得普通人无法胜任，从而产生对专门人才从事这一工作的需要；④ 空间的距离使得经济业务与利益关系人发生分离，从而产生对特定人士提供帮助的需要。

（二）审计的产生与发展

1. 政府审计的产生与发展

(1) 我国政府审计的产生与发展

我国政府审计经历了一个漫长的发展过程，大体上可分为以下6个阶段。

① 西周初期初步形成阶段。我国的审计历史源远流长。我国政府审计产生于西周时期，其主要标志是“宰夫”一职的出现。据《周礼》记载，早在西周时期（公元前11世纪—前771年），西周在天子（周王）之下，设天官（冢宰）、地官（司徒）、春官（宗伯）、夏官（司马）、秋官（司寇）、冬官（司空）六官。天官为长，辅佐周王，总理国务大事，独揽财计大权，掌管财政支出、会计核算、审计监督。天官之下设司会和小宰，司会掌管会计；小宰的属员即宰夫，是周代官厅审计的主持者，是主管“治朝之法”的官员，负有“考其出入而定刑赏”之职，每于“岁终，则令群吏正岁会。月终，则令正月要。旬终，则令日成”。可见，在西周时期，我国的官厅审计制度已初步形成。

② 秦汉时期确立阶段。秦汉时期审计与会计由合一而渐次分离，是我国审计的确立阶段。审计走向独立主要表现在以下3个方面：一是初步形成统一的审计模式。秦汉时期是我国封建社会的建立和成长时期，封建社会经济的发展，促使秦汉时期逐渐形成全国审计机构与监察机构相结合、经济法制与审计监督制度相统一的审计模式。在秦汉时期御史大夫监察全国的民政、财政及财物审计事项。二是“上计”制度日趋完善，从而使我国审计与法律相联系，成为我国审计立法的开端。所谓“上计”制度就是皇帝亲自参与听取和审核各级地方官吏的财政会计报告，以决定赏罚的制度。三是审计地位提高，职权扩大。《汉书·宣帝纪》中记载：“御史察计簿，疑非实者，按之，使真伪毋相乱。”御史大夫直接辅佐皇帝，行使对

国家政治和财政的监督职权。汉承秦制,仍由御史大夫兼上计之职,行使监察大权。秦汉时代的御史大夫不仅行使政治、军事的监察之权,还行使对财政收支活动的监督权。

③ 隋唐至宋日臻健全阶段。隋唐时期是我国封建社会最繁荣的时期,宋代是我国封建社会经济的持续发展时期。隋唐至宋,中央集权不断加强,官僚系统进一步完善,审计在制度方面也随之日臻健全。隋朝设置了专门的机构"比部",隶属于"刑部",掌管国家财计监督,行使审计职权。比部是独立的审计组织,独立于财政部门之外,行使司法审计监察权,专管"勾稽天下财赋"。将审计置于刑部,从而提高了审计的地位。宋时,除在刑部之下设有比部外,北宋初,还在太府寺内设审计司,并在宋太宗淳化三年(992 年),设诸军、诸司专勾司,专门审查军政开支;南宋,因避高宗赵构之讳而改"诸军、诸司专勾司"为"审计院"。宋朝审计司(院)的建立,是我国"审计"的正式命名,从此,"审计"一词便成为财政监督的专用名词。

④ 元明清停滞阶段。元明清时期,君主专制制度日益强化,审计总体上处于停滞不前的状态。元朝取消了比部,户部行使审核会计报告权。明清时,比部虚有其名,另设六科,十三道监察御史,构成独立的监察系统,即所谓"科道制度"。独立的审计机构消亡,财计监督和政府审计职能严重削弱。

⑤ 民国时期不断演进阶段。民国初年,北洋军阀在其国务院下设"中央审计处",各省设"审计分处",并公布《审计处暂行规定》《暂行审计规则》《执行规则》《收支凭证的证明条例》等法规。1914 年改审计处为"审计院",颁布《审计法》和《审计实施规则》。1928 年,国民政府公布《审计院组织法》,仍设"审计院"。1931 年改"审计院"为"审计部",隶属"监察院"。民国时期,审计法规的完备达到空前的程度,不但突破了历代将审计内容附于其他刑事法规之内的习惯做法,公布了大量的专门的审计法规,而且所颁布的审计法规涉及审计的各个方面,形成了审计法规的体系。

⑥ 新中国不断振兴阶段。1949 年中华人民共和国成立初期,全面学习苏联的经验,以会计检查取代了审计。国家未设立独立的审计机构,一方面赋予会计人员以监督财政、财务收支的职权;另一方面实行由主管部门对所属单位进行不定期的会计检查,对财政、税务、银行进行业务监督。但这些检查监督,既不能自行监督,又不能互相监督,更不能适应经济发展的需要。在我国经济体制改革过程中,人们开始认识到建立社会主义的审计制度、完善社会主义的经济监督体系的必要性。1982 年 12 月,第五届全国人民代表大会第五次会议通过了《中华人民共和国宪法》,明确了我国建立审计机构,实行审计监督制度。1983 年 9 月在国务院设立了审计署,县以上的各级人民政府也相继成立了审计厅(局),独立行使审计监督权。1994 年 8 月 31 日第八届全国人民代表大会常务委员会第九次会议通过了《中华人民共和国审计法》,并于 1995 年 1 月 1 日起施行。2006 年 2 月 28 日第十届全国人民代表大会常务委员会第二十次会议通过了《关于修改〈中华人民共和国审计法〉的决定》,并自 2006 年 6 月 1 日起施行。

(2)外国政府审计的产生与发展

据考证,早在奴隶制度下的古埃及、古罗马和古希腊时代,就有了官厅审计机构及政府审计。古埃及、古罗马和古希腊已设有官厅审计机构,采用"账目听证会"的方式对官吏进行审查和考核。"Audit"(听证)就是从拉丁语"Auditus"演变而来的。审计人员以"听证"的方式,对掌管国家财物和赋税的官吏进行考核,成为具有审计性质的经济监督工作。

在西方的封建王朝中,也设有审计机构和人员,对国家的财政收支进行监督。

在资本主义社会,审计制度是资本主义政治制度的一部分,在“三权分立”的设置下,议会不仅有立法权,还可以对政府行使包括财政监督在内的监督权。英国的审计具有悠久的历史,是近代审计的发源地。1861 年,英国开始在众议院设决算审查委员会,第一次真正建立了统一的、独立的审计机构。1983 年,英国通过了《国家审计法案》,成立国家审计署,国家审计署独立于行政部门,代表议会对政府进行监督,向议会报告工作。美国在 1921 年公布了《预算和会计法》,并根据该法建立了美国最高审计机关——审计总局,受理政府账目审计,以寻求经济有效的方式来管理美国政府的公共款项。除中央情报局和总统办公室不能审查外,凡与公共开支有关的事项,审计总局都有权审查。审计总局最重要的任务就是向国会提供信息和参考意见。第二次世界大战以后,西方政府审计体制、审计理论和实务都有了较大的发展,将经济监督和经济管理相互结合,从传统的财务审计向现代的经营审计、管理审计、绩效审计方面发展。

2. 民间审计的产生与发展

(1) 西方民间审计的产生与发展

西方民间审计起源于意大利合伙企业制度,形成于英国股份制企业制度,发展和完善于美国发达的资本市场,是伴随着商品经济的发展而产生和发展起来的。

① 西方民间审计的起源。西方民间审计起源于 16 世纪的意大利。当时地中海沿岸的商业城市已经比较繁荣,单个的业主难以向企业投入巨额资金,为适应筹集大量资金的需要,合伙制企业应运而生。合伙经营方式不仅提出了会计主体的概念,促进了复式簿记在意大利的产生和发展,而且也产生了对注册会计师审计的最初需求。尽管当时合伙制企业的合伙人都是出资者,但是有的合伙人参与企业的经营管理,有的合伙人则不参与,所有权和经营权开始分离。那些参与企业经营管理的合伙人有责任向不参与企业经营管理的其他合伙人证明合伙契约得到了认真履行,利润的计算与分配是正确、合理的,从而保障全体合伙人的权利。在这种情况下,客观上需要独立的第三者对合伙企业进行监督、检查,人们开始聘请会计专家来担任查账和公证的工作。在 16 世纪,意大利的商业城市中出现了一批具有良好的会计知识、专门从事查账和公证的专业人员,他们所从事的查账与公证工作,一般被认为是西方民间审计的起源。随着此类专业人员的增多,于 1581 年在威尼斯创立了威尼斯会计协会。其后,米兰等城市的职业会计师也成立了类似的组织。

② 西方民间审计的形成。西方民间审计虽然起源于意大利,但英国在创立和传播注册会计师审计职业的过程中发挥了重要作用。

18 世纪下半叶,英国的资本主义经济得到了迅速的发展,生产的社会化程度大大提高,企业的所有权和经营权进一步分离。企业主希望有外部的会计师来检查他们所雇佣的管理人员是否存在贪污、盗窃和其他舞弊行为,于是英国出现了第一批以查账为职业的独立会计师。他们受企业主委托,对企业会计账目进行逐笔检查,目的是查错防弊,检查结果也只向企业主报告。因为是否聘请独立会计师进行查账由企业主自行决定,所以此时的独立审计尚为任意审计。

股份有限公司的兴起,使公司的所有权和经营权进一步分离,绝大多数股东已完全脱离经营管理,他们出于维护自身利益的需要,非常关心公司的经营状况,以便作出是否继续持有公司股份的决定。证券市场上潜在的投资人同样十分关心公司的经营情况,以便决定是否购买公司的股票。同时,由于金融资本对产业资本的逐渐渗透,增加了债权人的风险,他们也非常重视公司的生产经营情况,以便作出是否继续贷款或索偿债务的决定,而公司财务状况和经营成果只有通过公司提供的财务报表才能反映。因此,客观上就产生了由独立会计师对公司财务报表进行审计的需求,以保证财务报表真实可靠。1721 年,英国的“南海公司事件”是西方民间审计诞生的“催产剂”。英国议会聘请会计师查尔斯·斯耐尔(Charles Snell)对“南海公司”进行审计。斯耐尔以“会计师”名义出具了“查账报告”,从而宣告了独立会计师——注册会计师的诞生。

为避免“南海公司事件”的重演,监督公司管理层的经营管理活动,防止其徇私舞弊,保护投资者、债权人利益,英国政府于 1844 年颁布了《公司法》,规定股份公司必须设监察人,负责审查公司账目。1845 年,英国对《公司法》进行了修订,规定股份公司的账目必须经董事以外的人员审计。于是,独立会计师业务得到迅速发展。此后,英国政府对一批精通会计业务、熟悉查账知识的独立会计师进行了资格确认。1853 年,爱丁堡创立了第一个注册会计师的专业团体——爱丁堡会计师协会。该协会的成立标志着注册会计师职业的诞生。1862 年,英国《公司法》确定注册会计师为法定的破产清算人,奠定了注册会计师审计的法律地位。

1844 年至 20 世纪初,是西方民间审计的形成时期。在这一时期内,由于英国的法律规定了股份公司和银行必须聘请注册会计师审计,致使英国注册会计师审计得到了迅速发展,并对当时的欧洲国家、美国及日本等产生了重要影响。这一时期西方民间审计的主要特点是:民间审计的法律地位得到了确认;审计的目的是查错防弊,保护企业资产的安全和完整;审计的方法是对会计账目进行详细审计;审计报告使用人主要为企业股东等。

③ 西方民间审计的发展。从 20 世纪初开始,全球经济发展重心逐步由欧洲转至美国,当时英国的巨额资本开始流入美国,促进了美国经济的发展,美国的民间审计也因此得到了迅速发展。为了保护广大投资者和债权人的利益,英国的注册会计师远涉重洋到美国开展审计业务;同时美国也很快形成了本国的注册会计师队伍。1887 年,美国公共会计师协会成立,1916 年该协会改组为美国注册会计师协会,现已成为世界上最大的注册会计师职业团体。20 世纪初,由于金融资本对产业资本更加广泛的渗透,企业同银行利益关系更加紧密,银行主要把企业资产负债表作为了解企业信用的主要依据,于是美国产生了帮助贷款人及其他债权人了解企业信用的资产负债表审计,即美国式民间审计,又称信用审计。审计方法也逐步从单纯的详细审计过渡到初期的抽样审计。这一时期,美国民间审计的主要特点是:审计对象由会计账目扩大到资产负债表;审计的主要目的是通过对资产负债表数据的检查,判断企业信用状况;审计方法从详细审计初步转向抽样审计;审计报告使用人除企业股东外,扩大到债权人。

从 1929 年至 1933 年,资本主义世界经历了历史上最严重的经济危机,大批企业倒闭,投资者和债权人蒙受了巨大的经济损失。这在客观上促使企业利益相关者从只关心企业财务状况转变到更加关心企业盈利水平,于是产生了对企业损益表进行审计的客观要求。1933 年,美国《证券法》规定,在证券交易所上市的企业财务报表必须接受注册会计师审计,向社会公布注册会计师出具的审计报告。这一时期注册会计师审计的主要特点是:审计对象转为以资产负债表和损益表为中心的全部财务报表及相关财务资料;审计的主要目的是对财务报表发表审计意见,以确定财务报表的真实可靠性,查错防弊转为次要目的;审计范围已扩大到测试相关的内部控制，并以控制测试为基础进行抽样审计；审计报告使用人扩大到股东、债权人、证券交易机构、税务部门、金融机构及潜在的投资者、社会公众；审计准则开始拟定，审计工作向标准化、规范化过渡；注册会计师资格考试制度广泛推行，注册会计师专业素质普遍提高。

第二次世界大战以后，经济发达国家通过各种渠道推动本国的企业向海外拓展，跨国公司得到空前发展。国际资本的流动带动了注册会计师审计的跨国界发展，形成了一批国际会计师事务所。随着会计师事务所规模的扩大，形成了"八大"国际会计师事务所，20 世纪 80 年代末合并为"六大"，之后又合并成为"五大"。2001 年，美国爆发了安然公司会计造假丑闻，出具审计报告的安达信会计师事务所，因涉嫌舞弊和销毁证据受到美国司法部门的调查，之后宣布关闭，世界各地的安达信成员所也纷纷与其他国际会计师事务所合并。因此，目前的"四大"国际会计师事务所分别是：普华永道、安永、毕马威、德勤。与此同时，审计技术也在不断发展，抽样审计方法得到普遍运用，风险导向审计方法得到推广，计算机辅助审计技术得到广泛采用，注册会计师鉴证和非鉴证业务得到进一步拓展。

（2）中国民间审计的产生与发展

① 新中国成立前中国民间审计的产生与发展。我国长期处于封建社会，商品经济很不发达，因而在 20 世纪以前，我国一直是政府审计居于绝对统治地位。中国民间审计的历史比西方国家要短得多。旧中国的民间审计始于辛亥革命之后，1918 年，北洋政府颁布了我国第一部注册会计师法规——《会计师暂行章程》，并于同年批准谢霖为中国第一位注册会计师。谢霖在北京创办的第一家会计师事务所——正则会计师事务所也获批准成立。1930 年，国民政府颁布了《会计师条例》，确立了会计师的法律地位。之后，上海、天津、广州等地也相继成立了许多会计师事务所。1925 年，在上海成立了"全国会计师公会"，1933 年，又成立了"全国会计师协会"。至 1947 年，全国已拥有注册会计师 2 619 人。会计师事务所主要集中在上海、天津、广州等沿海城市，注册会计师业务主要是为企业设计会计制度、代理申报纳税、培训会计人才和提供会计咨询服务。

② 新中国成立后我国民间审计的恢复与发展。在新中国成立初期，注册会计师审计在经济恢复工作中发挥了积极作用，但后来很长一段时间内，由于我国推行苏联高度集中的计划经济模式，取消了注册会计师审计。党的十一届三中全会以后，为了适应发展商品经济的客观要求和贯彻对内搞活、对外开放总方针的需要，于 1979 年开始陆续设立会计顾问处。1980 年，我国财政部颁布了《关于成立会计顾问处的暂行规定》，标志着我国注册会计师行业开始复苏。1981 年 1 月 1 日，"上海会计师事务所"宣告成立，成为新中国第一家由财政部批准成立的会计师事务所。1985 年 5 月实施的《中华人民共和国会计法》第二十条规定："经国务院财政部门或者省、自治区、直辖市人民政府的财政部门批准的注册会计师组成的会计师事务所，可以按照国家有关规定承办查账业务。"这是新中国成立以来，第一次通过法律形式对注册会计师的地位和任务所作的规定，有力地推动了我国民间审计的发展。1986 年国务院颁布了《中华人民共和国注册会计师条例》，1988 年 11 月中国注册会计师协会成立，1993 年 10 月 31 日全国人大常委会通过了《中华人民共和国注册会计师法》。在国家法律、法规的规范下，我国注册会计师行业得到了快速发展，截至 2007 年 12 月 31 日，全国共有会计师事务所 6 990 家、注册会计师 77 000 人。1995 年财政部批准发布了《中国注册会计师独立审计基本准则》和《独立审计具体准则》第 1 号至第 7 号、《独立审计实务公告》

第 1 号。2006 年 2 月,财政部发布了新的与国际审计准则趋同的中国注册会计师执业准则体系,有力地推动了我国注册会计师工作的开展及规范化。2010 年 11 月,财政部又对 38 项审计准则进行了修订,保持了与国际准则相接轨的审计准则体系。

从 1983 年起,审计部门领导下的审计事务所在全国陆续组建。1987 年 1 月审计署发布了《关于进一步开展社会审计工作若干问题的通知》,具体明确了开展审计工作的一些重要问题。此后在《中华人民共和国审计条例》中又进一步规定了社会审计组织的性质和业务范围。1995 年,根据《中华人民共和国注册会计师法》《中华人民共和国审计法》的有关规定和国务院的有关指示,经财政部、审计署研究决定,中国注册会计师协会与中国注册审计师协会实行统一联合,组成新的中国注册会计师协会。2000 年 4 月,"三师"(注册会计师、注册税务师、资产评估师)合并,组成新的中国注册会计师协会。

1996 年 10 月 4 日,中国注册会计师协会加入亚太会计师联合会,并于 1997 年 4 月在亚太会计师联合会第四十八次理事会上当选为理事。1997 年 5 月 8 日,国际会计师联合会(IFAC)接纳中国注册会计师协会为正式会员。按照国际会计师联合会章程的规定,中国注册会计师协会同时成为国际会计准则委员会(IASC)的正式会员,国际影响力和国际地位日益提高。

3. 内部审计的产生与发展

(1) 西方国家内部审计的产生与发展

西方国家的内部审计的产生可以追溯到古代和中世纪,早期的内部审计有庄园审计、寺院审计、宫廷审计、行会审计等。然而,早期的内部审计与外部审计并无原则上的区别。

近代内部审计产生于 20 世纪初至 20 世纪 40 年代,此时的内部审计主要进行财务审计工作。当时的企业管理层十分关心企业分支机构编写的财务报表的真实性和企业财务收支的合规性,因而要求建立能代表经营者的专门机构,对所属单位的经济活动情况进行检查和评价,这一职责就由内部审计机构承担。1941 年,维克多·布瑞克(Victor Brink)出版了专著——《内部审计学》,宣告了内部审计学的诞生。内部审计第一次从实践上升为理论。同年,在约翰·瑟斯顿(John Thurston)的领导下,24 名有识之士联合倡导成立了"内部审计师协会"[即现在著名的国际内部审计师协会(IIA)],标志着内部审计走向组织化,形成了自己的群体。

第二次世界大战后,资本主义经济得到了空前的发展,竞争更趋激烈。企业为了在竞争中求生存,十分重视加强内部的经济监督,实行事前预防性的控制。内部审计的重点逐步由过去的财务审计转向以内部控制审计为基础的经济效益审计和管理审计。企业广泛开展内部控制制度评审并逐步开展经营审计,将提出改进经营活动的建议作为工作重点,把评价和改善风险管理作为内部审计重要的服务领域。

(2) 中国内部审计的产生与发展

中国古代进行的皇室审计、寺院审计均属于内部审计的范畴。我国现代内部审计在民国时期就已诞生,特别是在铁路、银行系统中,新中国成立前就有了较为健全的内部稽核制度。20 世纪 50 年代初期,我国一些大型专业公司和厂矿企业也曾设有内部审计部门,一些中型企业也设有专职的审计人员,1953 年全面学习苏联后被撤销。

依据 1983 年 8 月 20 日国发 130 号文件,我国的内部审计开始建立。1985 年 8 月,国务院发布了《内部审计暂行办法》,对内部审计的性质、任务、职权和程序,作出了具体的规定。

我国的部门和单位开始组建内部审计机构，并建立起一支良好的内部审计队伍。

1987年4月5日，在北京正式成立了中国内部审计学会。这是我国专门研究内部审计科学的群众性学术团体。1987年年底，学会作为团体会员加入国际内部审计师协会。2000年，中国内部审计学会改名为中国内部审计师协会，标志着我国的内部审计正式走上职业化发展的道路。

1994年的《审计法》确定了内部审计在政府与国有企事业单位中的法律地位。

1999年第二次修订的《会计法》则使对内部审计的法定要求扩展到非国有企业。

2003年5月审计署颁布《审计署关于内部审计工作的规定》，为我国内部审计的发展进一步提供了法律上的保证。

二、审计的基本概念

（一）审计的定义

审计经过不断地发展和完善，至今已经形成一套比较完备的科学体系。人们对审计的定义也进行了深入的研究，审计的定义是对审计实践的科学总结，是对审计特有属性的揭示。在国内外已出版的各种专业文献和教科书中，曾为审计下过各式各样的定义。最具代表性的审计定义，是由美国会计学会在1973年的《基本审计概念公告》中所作出的定义："为了确定关于经济行为及经济现象的结论和所制定的标准之间的一致程度，而对与这种结论有关的证据进行客观收集、评定，并将结果传达给利害关系人的有系统的过程。"美国会计学会前任主席阿伦斯教授在其代表作《审计学——整合方法》中认为："审计是由胜任的独立人员，为确定和报告某个经济实体的某些信息与既定标准之间的相符程度而收集和评价有关上述信息的证据的过程。"美国著名审计权威道格拉斯·R. 卡迈克尔博士在《审计概念与方法》中对审计的概念是这样阐述的："审计是一个系统的过程，客观地获得和评估关于对经济活动和经济事项的认定的证据，以查明这些认定与确立的标准之间的相符合的程度，并把其结果传达给任何利益关系的客户。"

上述定义都是广义的审计概念，其特点是对各种类型的审计作出了高度的概括，抽象描述了审计的最本质特征，可以用于解释目前存在的各种类型的审计，避免了其他审计定义中以偏概全的情况。

我国理论界对审计定义的研究一直没有停止过，最具代表性的定义有：

（1）通过对我国审计实践经验的总结，并借鉴国外现有的研究成果，中国审计学会在1989年4月将审计定义为："审计是由专职机构和人员，依法对被审计单位的财政、财务收支及其有关经济活动的真实性、合法性、效益性进行审查，评价经济责任，用以维护财经法纪，改善经营管理，提高经济效益，促进宏观调控的独立性经济监督活动。"

（2）1995年，我国审计学会将前述定义简明概括为："审计是独立检查会计账目，监督财政、财务收支真实、合法、效益的行为。"

（3）1997年《中华人民共和国审计法实施条例》指出："审计是审计机关依法独立检查被审单位的会计凭证、会计账簿、会计报表，以及其他与财政收支、财务收支有关的资料和资产，监督财政收支、财务收支真实、合法和效益的行为。"

尽管对审计定义的表述不尽相同，但审计定义中的基本要素大体上可概括如下：

（1）审计的主体，即专职机构和人员。这里的审计机构指政府审计机关、会计师事务所和内部审计机构，审计人员主要指从事政府审计、内部审计的工作人员和民间审计人员（主要指注册会计师）等。

（2）审计对象，即被审计单位及其经济活动。

（3）审计的依据是和审计对象相关的既定标准（如会计准则、计划、目标等），是对审计对象进行鉴证、评价的标准。

（4）审计的本质特征，即审计的独立性。独立性是审计的本质特征，是审计的灵魂，这已为世界各国审计界所公认。

（5）审计具有监督、评价、鉴证的职能。

（6）审计的目的是对相关信息的真实性、合法性、有效性进行监督、评价、鉴证。

民间审计作为审计的一种类型，其内涵具有特殊性。国内外许多会计职业组织对民间审计概念作了定义，其中，影响较大的是国际会计师联合会和美国注册会计师协会的定义。

国际会计师联合会下设的国际审计与鉴证准则理事会（IAASB）将民间审计概念描述为："财务报表审计的目标是，使审计师（有时也指其所在的会计师事务所）能够对财务报表是否在所有重大方面按照确定的财务报告框架编制发表意见。"

美国注册会计师协会（AICPA）在《审计准则说明书》第 1 号文件中，对民间审计概念描述为："独立注册会计师对财务报表的审计目标是，对财务报表是否按照公认会计原则在所有重大方面公允地反映财务状况、经营成果和现金流量发表意见。"

《中国注册会计师审计准则第 1101 号——注册会计师的总体目标和审计工作的基本要求》将民间审计概念描述为："审计的目的是提高财务报表预期使用者对财务报表的信赖程度。这一目的可以通过注册会计师对财务报表是否在所有重大方面按照适用的财务报告编制基础编制发表审计意见得以实现。就大多数通用目的财务报告框架而言，注册会计师针对财务报表是否在所有重大方面按照财务报告编制基础编制并实现公允反映发表审计意见。注册会计师按照审计准则和相关职业道德要求执行审计工作，能够形成这样的意见。"

（二）审计的对象

审计的对象是指审计的客体，即被审计单位的经济活动。其中被审计单位即为审计的实体，经济活动即为审计的内容。具体地说，它包括以下两个方面的内容：

1. 被审计单位的财政、财务收支及其有关的经营管理活动

不论是传统审计还是现代审计，不论是政府审计、内部审计还是民间审计，都要求以被审计单位客观存在的财政、财务收支及其有关的经营管理活动为审计对象，对其是否真实、合法、合规和有效进行审查和评价，以便对其所负受托经济责任是否认真履行进行确认、证明和监督。我国的政府审计的对象，根据《中华人民共和国宪法》规定，为国务院各部门和地方各级政府及其各部门的财政收支，国有的金融机构和企业、事业单位的财务收支。内部审计的对象为本部门、本单位的财务收支及其他有关的经济活动。民间审计的对象为委托人指定的被审计单位的财务收支及其有关经营管理活动。

2. 被审计单位的各种作为提供财政、财务收支及其有关经营管理活动信息载体的会计资料和其他资料

审计对象主要包括记载和反映被审计单位财政、财务收支、提供会计信息载体的会计凭证、账簿、报表等会计资料，以及有关的计划、预算、经济合同等其他资料。提供被审计单位

的经营管理活动信息的载体,除上述会计资料、计划、统计等资料以外,还有经营目标,预测、决策方案,经济活动分析资料,技术资料等其他资料,电子计算机的磁带、磁盘等会计信息载体。

综上所述,审计的对象是指被审计单位的财政、财务收支及与其有关的经营管理活动,以及作为提供这些经济活动信息载体的会计资料和其他有关资料。会计资料和其他有关资料是审计工作对象的现象,其所反映的被审计单位的财政、财务收支及其有关的经营管理活动是审计工作对象的本质。

(三)审计职能

审计的职能是审计本身所固有的内在功能,它不受人们的意志主观支配,而是取决于社会经济条件和经济发展的客观需要,并随着经济的发展而发展变化。通常认为,审计具有以下 3 个方面职能:

1. 经济监督职能

监督的本意是指监察、督促。经济监督职能就是指审计人员通过对被审计单位会计报表及相关资料的审核检查,判断被审计单位经济活动是否符合既定的标准,对违反标准的经济行为予以揭示并提请被审计单位纠正,以保证被审计单位的经济活动和会计核算按规定的轨道运行。

2. 经济评价职能

经济评价职能就是指通过审核检查,评定被审计单位的计划、预算、决策方案是否先进、可行,经济活动是否按照既定的决策和目标进行,经济效益是否得到提高,以及内部控制是否健全有效等,从而有针对性地提出意见和建议,以促使被审计单位改善经营管理,提高经济效益。审核检查被审计单位的经济资料及其经济活动是进行经济评价的前提。

3. 经济鉴证职能

经济鉴证职能是指通过对被审计单位会计报表及有关经济资料所反映的财务收支和有关经济活动的合法性、公允性进行审核检查,确定被审计单位的可信赖程度,并出具书面证明,以取得审计委托人或其他有关方面的信任。

(四)审计作用

审计的作用是行使审计职能、完成审计任务、实现审计目标过程中所产生的作用。现代审计的作用概括为两个方面:制约性作用和建设性作用。

1. 制约性作用

制约性作用,是指审计工作行使经济监督职能,通过揭露和制止、处罚等手段,制约经济活动中各种消极因素,促进受委托经济责任者正确履行经济责任和社会经济的健康发展。其主要表现为以下两个方面:

① 揭示差错和弊端。通过审查取证,审计可以揭示差错和弊端,不仅如此,还可以审计提高会计工作质量,保护财产的安全,堵塞漏洞,防止损失。

② 维护财经法纪。通过审查取证,在揭示各种违法行为的基础上,通过对过失人或犯罪者的查处,提请监察部门处理,有助于纠正或防止违法行为,维护财经法纪。

2. 建设性作用

建设性作用,是指审计在执行指导性的监督活动中,对被审计单位存在的问题提出改进意见和建议,从而对被审计单位的经营管理起到改善、促进、提高等作用。其主要表现为以下 3 个方面：

① 加强和改善经营管理。通过审查取证，揭示经营管理中的问题和管理制度上的薄弱环节，督促经济责任的正确规定和切实履行，完善经济管理。

② 提高经济效益。通过对被审计单位经济活动效益性的审查，评价受托经济责任，总结经验教训，提出改进意见和建议，促进经济效益提高。

③ 加强宏观调控。通过对国家政府机关等综合经济部门经济活动的审查，揭示宏观调控方面失控或不足之处，促进国民经济的综合平衡。通过对企事业单位的经济活动的审查，督促经济效益的充分实现和社会效益的正当保障，促进其按宏观调控的要求进行运转。

（五）审计模式

现代审计模式是在原始的查账技术的基础上，从低级到高级、从不完备到较完备逐渐发展起来的。审计模式变革的根本动力是基于评价内容日益复杂的受托经济责任的客观要求。审计模式的发展经历了 3 个阶段：一是账项基础审计（20 世纪 50 年代之前）；二是制度基础审计（20 世纪 50 年代初期至 90 年代初期）；三是风险导向审计（20 世纪 90 年代初期至今）。

1. 账项基础审计

19 世纪以前，企业组织结构简单，业务性质单一，审计人员主要是为了满足财产所有者对会计核算进行独立检查的要求，促使受托人（通常为经理或下属）在授权经营过程中做到诚实、可靠。审计的重点是资产负债表，旨在发现和防止错误、舞弊，审计方法是详细审计，精力大部分放在对会计账簿和会计凭证的详细检查上。从审计模式的角度上讲，这种审计模式就是账项基础审计模式。

2. 制度基础审计

19 世纪以来，会计和审计进入了快速发展期。由于企业规模日益扩大，经济活动和交易活动不断丰富，详细审计难以实施，审计的视角转向企业的管理制度，特别是内部控制上，将内部控制和抽样审计结合在一起，以提高审计效率。审计的重点是检查企业的资产负债表和利润表，以判断企业财务状况和经营成果的合法性和公允性。从 20 世纪 50 年代起，以控制测试为基础的抽样审计在西方国家得到广泛应用，从审计模式的角度上讲，该种审计模式就是制度基础审计模式。

3. 风险导向审计

20 世纪 50 年代末，“风险”的概念开始与审计程序的设计联系起来。20 世纪 70 年代，审计风险控制模型在审计实务中被陆续使用。该模型所考虑的影响审计风险的因素主要有固有风险、控制风险和检查风险。用模型表示为：审计风险 = 固有风险 × 控制风险 × 检查风险。审计风险模型的出现不但解决了以制度测试为基础采用抽样审计的随意性问题，而且有助于引导审计人员将审计资源投入到最容易导致财务报表出现重大错报的方面，以达到审计资源的最优分配。从审计模式的角度上讲，这种以审计风险模型为基础进行的审计即为风险导向审计模式。因为其在理论和实务两方面仍存在着一定的缺陷，所以被称作传统风险导向审计模式。现代审计风险模型是将传统审计风险模型中的固有风险和控制风险合并为一个要素，统称为重大错报风险，然后以财务报表重大错报风险的评估为基础进行审计。现代审计风险模型为：审计风险 = 重大错报风险 × 检查风险。风险导向审计是指注册会计师通过了解被审计单位的经营管理、战略目标及其内部控制，评估被审计单位的风险烈度，确定剩余风险，执行额外审计程序，将剩余风险降低到可接受的水平。

与制度基础审计相比，风险导向审计的主要优点表现在4个方面：一是可以避免接受风险过高的项目；二是可以使审计计划的编制依据更加全面可靠；三是可使审计工作更主动，审计效率更高；四是可以使审计风险控制更全面、有效，审计质量更高。

（六）审计假设

1. 审计假设的含义

审计假设亦称审计假定、审计假说或审计公理。审计假设是人们从长期的审计实践中总结出来的，是对审计工作及其涉及的有关方面所作的合乎逻辑的论断，是公认的理性认识。它是审计工作的前提，是审计理论的基石。审计实践是形成审计假设的客观基础；审计假设是一种公理，而不是一种定理，无法从逻辑上证明其正确性；审计假设是审计实践经验的结晶，具有较高的正确性。作为从审计实践上抽象出来的审计假设，一般具有以下特点：

① 概括性。审计假设是从大量的审计实践中归纳、总结出来的，理应具有综合性和代表性，是对审计工作及其涉及的有关方面所作的高度概括。同时，审计假设的表述也应该简明扼要，言简意赅。

② 系统性。从审计实践中高度概括出来的审计假设有各种各样的内容，共同构成审计假设的体系。存在于审计假设体系中的各种假设之间存在着逻辑上的联系，具有鲜明的系统性。随着审计实务的发展，审计假设系统也会不断发展完善。

③ 实用性。审计假设是对审计实践的理性认识，可以用来指导审计实务工作，具有一定的实用性和可操作性。如果审计假设只是一种空洞的、无意义的理论表述，其本身就不能称为审计假设。

④ 相对性。审计假设指导审计实务的有效性只是相对的，而不是绝对的。在特殊情况下，它不一定有效或正确。随着审计实务的发展，原来的一些假设也可能失去作用，因此必须进行不断的修正、补充或提出新的假设。

审计假设之所以存在，一是因为审计理论和实务中确实存在一些无法正面予以证明的事物，只能先确定一种假设，如果没有足够的反证证明它是错误的，则可以认为这种假设是成立的；二是因为就目前审计科学的发展，审计实践经验的积累，尚未达到确切认识这些不确定现象的程度。

审计假设对于建立审计理论与指导审计工作具有特别重要的作用。很多审计理论的建立，首先要提出假设，没有审计的假设，就无法进行审计工作。审计人员总是在充分而有效的假设指导下开展和推进审计工作的。整个审计过程，可以说是一个提出假设、验证假设、肯定或否定假设及推出新的假设的过程。审计工作的成功与否、质量与效率的高低，首先取决于有无正确的假设。审计假设正确，推理与验证才会有效，其结果一定与客观事实相符或一定能查明针对的问题。

审计假设虽然以审计实践的经验为依据，但主要依赖于审计人员的主观判断。要使这种判断尽量与客观事实相符，在审计实践中得到充分的验证，这就要求审计人员在熟知审计理论的基础上，在实践中磨炼自己的判断力，注重对规律的探索和经验的总结。此外，审计人员要持谨慎的、合理的怀疑态度，对于任何假设既要设想其成立的一面，也要留意其不成立的一面，要把审计风险减少至最低限度。

2. 国外关于审计假设的论述

世界各国对审计假设的理论研究时间还不长，只是从20世纪60年代初审计假设才开始为人们所重视。审计假设理论的研究起步于美英审计理论界。在这方面作出杰出贡献的首推罗伯特·K. 莫茨和侯赛因·A. 夏拉夫。1961 年,他们在合著的《审计理论结构》一书中,首先提出“审计假设”这一概念,并将审计假设归纳为以下 8 项具体内容:

(1)财务报表和财务数据是可以验证的。作为审计的主要对象的财务报表和财务数据如果不能验证,则审计的存在就失去了必要性。这一基本假设确立了审计存在的意义,并为建立财务审计方法和审计程序提供了明确的目标。

(2)审计人员与被审计单位管理者之间没有必然的利害冲突。作为审计的主体应保持超然独立的地位,才有可能进行公正的审查和对财务报表的公允性表示审计意见,从而使财务报表的使用者可根据这些信息的可靠程度作出相应的决策。尽管民间审计工作不可能完全避免与被审计单位之间的利害冲突,但整个审计工作仍然必须建立在可避免利害冲突的假设之上。如果审计人员与被审计单位之间存在着必然的利害冲突,审计的独立性就无从谈起,审计也就失去了存在的价值。

(3)送审的财务报表和其他资料不存在串通舞弊和其他舞弊行为。财务审计的主要目的之一就是查错防弊,而且偏重于对一般会计差错的检查。如果认为被审计单位存在共谋和其他舞弊行为,其送审的资料必然不可能反映被审计单位真实的经济活动情况,其审计工作从一开始就建立在串通舞弊的假设上,这势必超出了常规审计的要求。串通舞弊现象是存在的,但毕竟是少数的特殊现象,一般的审计程序和审计方法应建立在无共谋舞弊现象的假设上。

(4)完善的内部控制制度可以减少错弊发生的可能性。健全的内部控制制度,可以保证各项经济业务在各个部门中得到规范的处理,它既有预防功能,又有发现与纠正功能。任何单位只要有完善的内部控制系统,就会减少错误和弊端发生的可能性。审计人员可以根据这一基本假设,实施制度基础审计方法,从而减少对会计数据和经济活动的审查测试,而首先对内部控制制度的健全状况进行测试,进而决定实质性测试的范围、重点和方法。

(5)公认会计原则的一致运用可使财务状况和经营成果得到公允表达。公认会计原则是在长期的会计实践中逐渐形成,并经会计职业团体归纳整理而成的会计惯例和方法及处理会计实务的准则。会计公认原则往往经过政府管理部门的认可而成为权威性的文件。会计业务处理及会计报表的编制,如果始终遵循公认会计原则,就会被认为公允地反映了企业的财务状况和经营成果。这一基本假设,确立了衡量审计对象的标准,否则审计工作就无法作出是非优劣的判断。

(6)如无确凿的反证,被审计单位过去被认为是真实的情况将来仍为真实。这个假设说明,如果以前年度的审计有了结论,现在没有发现相反的证据,依然要承认以前的结论是有效的,也就是说,没有必要重新进行审查。当期审计应以当期的审计对象为内容,只有在出现了相反的证据时,才有必要对过去进行追溯性审查。

(7)审计人员有能力独立地审查财务资料并发表意见。审计人员为了表示公允的意见,自然要保持独立的身份,进行客观的检查和评价。如果审计人员与被审查的单位及被审查的事项有利害关系,则应回避。审计人员只有在从事审计业务时才有必要保持其应有的独立性,如提供管理咨询服务时,则另当别论。

(8)独立审计师的职业地位赋予其相称的职业责任。审计人员所具有的独立地位,使人们相信其有能力作出客观公正的审计结论,因此,审计人员的审计意见对审计信息利用者的决策有重大影响。与此同时，审计人员也应承担与其地位相适应的责任。审计人员如因渎职而导致被审计单位或其他有关人员经济损失，有可能承担民事责任甚至是刑事责任。因此，审计人员理应始终保持职业上的审慎态度，严格按照审计准则的要求工作。

罗伯特·K. 莫茨和侯赛因·A. 夏拉夫所提出的 8 项审计假设开创了审计假设研究的先河，对后来者的研究产生了重要影响，奠定了审计假设理论研究的基础。

英国的审计理论研究者托马斯·A. 李在《公司审计：概念与实务》一书中，从信息论的角度，将审计假设分为合理假设、审计行为假设和审计功能假设共 3 类 13 项。合理假设包括：① 一般说来，股东们所使用的法定年度决算表其可信性不够；② 强化可信性是法定审计的主要要求；③ 法定审计是强化可信性的最好手段；④ 股东们无法亲自增强决策信息的可信性，以满足自己的需要。审计行为假设包括：⑤ 审计人员与管理部门之间的利害冲突并不妨碍审计实施；⑥ 法律并不限制审计人员的行为；⑦ 审计人员在精神上与地位上都是独立的；⑧ 审计人员有承担任务的充分技能；⑨ 审计人员对其工作和意见的质量负责。审计功能假设包括：⑩ 审计可以获取充分可靠的审计证据，并以适当的形式在合理的时间与成本范围内进行；⑪ 存在一个令人满意的内部控制制度，它能消除可能发生的非法事件；⑫ 内部控制制度的强弱与非法事件的发生成反比；⑬ 公认会计概念与基础的适当和一致地运用，可导致财务报表的公允表达。

1975 年，美国的审计学者查尔斯·尚德尔在《审计理论》一书中，提出了 5 项审计假设：目的基本假设、判断基本假设、证据基本假设、标准基本假设和传输基本假设。

1988 年，英国著名审计学教授戴维·弗林特在《审计理论导论》一书中，围绕经济受托责任提出 7 项审计假设，包括：① 审计是以经济责任关系或公共责任环境存在为首要前提的；② 经济责任的内涵太微妙、太重要，以致没有审计，该种责任的解除就无法说清楚；③ 审计的本质特征在于其地位的独立和摆脱调查与报告方面的约束；④ 审计对象的内容，如行为、业绩、成果业绩记录、财务状况或与此有关事项，都可以通过证据予以证实；⑤ 可以分行为、业绩、成果和信息质量等确立责任标准，对上述因素的实际状况进行计量并与标准进行比较，计量与比较过程需要特殊的技能并作出判断；⑥ 被审财务报表和其他报表，以及资料的含义、重要性和目的是充分清晰的，通过审计可对其可信性作出清楚明确的表示与传达；⑦ 审计可产生经济和社会效益。

国际审计界目前对审计假设的重要性已达成共识。但是，由于各种假设还没有与审计程序、审计技术和方法构成一套完整的体系。因此，审计假设还没有得到国际权威组织的认可和支持，审计假设至今仍处于理论探讨阶段。

3. 我国对审计假设的研究

自实施审计制度以来，20 世纪 80 年代中期，我国的审计学者就开始了对审计假设的研究。由于受到美英学派的影响，我国的相关研究一般分为 3 种情况：一是根据莫茨和夏拉夫审计假设理论进行研究，把审计基本假设归纳为 4 条、5 条或多条不等；二是根据托马斯·A. 李审计假设理论进行研究，首先把审计假设分为必要性假设（或原因假设）、审计人员假设（或行为假设）和审计程序假设（或审计报告假设）三大类，然后在各类中设若干条；三是在综合分析美英学派审计假设理论的基础上，结合我国审计人员的研究，把审计假设划分为基本假设和特种假设两大类，再进一步规定各类假设所包括的内容。在我国，被学术界誉为"系统研究审计理论结构第一人"的蔡春教授在总结前人成果的基础上，提出了 5 项审计假设，即责任关系假设、正当怀疑假设、独立性假设、可确认假设和有效性假设；刘明辉教授在《以审计环境为起点构建审计理论体系》一文中提出，我国的审计假设体系应包括信息不对称假设、信息不确定假设、信息可验证假设、信息重要性假设、审计主体独立性假设、审计主体胜任性假设、审计主体理性假设、内控相关性假设、风险可控性假设、认同一贯性假设、证据力差别假设和标准适当性假设12个方面。其他学者的观点不再一一列举。

（七）审计与会计的关系

1. 审计与会计的联系

审计与会计有着十分密切的联系，主要表现在：

① 都必须借助会计方法和会计技巧。会计利用（或运用）各种会计方法去完成会计工作，而审计则运用会计方法去复核和审查会计工作。因而，会计方法同时也是审计的工具。

② 工作对象都是会计资料。会计工作是以会计制度、会计准则及其他会计法规为依据，对有关经济活动进行会计核算和监督，会计凭证、账簿、报表及附注等会计资料构成会计的工作对象。审计工作主要是对被审计单位的财政、财务收支及其有关经济活动的真实性、合法性、效益性进行审查，而被审计单位的这些经济活动又主要是通过会计资料反映的。因此，会计资料也是审计的主要工作对象。

③ 工作范围都要涉及被审计单位的内部控制制度。在日常会计核算和监督工作过程中，一般都需要建立有效的内部控制制度，以保证会计核算和监督工作的有效运行和会计信息的可靠性。而在审计工作过程中，审计人员通过对被审计单位的内部控制制度实施风险评估程序和包括控制测试和实质性程序等内容的审计，获取充分、适当的审计证据，得出合理的审计结论，作为形成审计意见的基础。

④ 同样对企业经营管理活动进行监督。对经济业务进行监督，加强内部管理，提高经济效益，是财务会计的本质属性之一。而审计实质上是对财务会计监督的内容进行再监督，对管理当局认定的内容进行再认定。

⑤ 两者相互影响。会计工作质量的高低，直接关系到审计工作的效果与效率，而审计职能的充分发挥又会促进会计工作的改进。两者在各自的发展进程中相互影响，在保护国家财产安全的共同目标下，实现对企业经济活动的双重监督，既相互制约，又相互促进。

2. 审计与会计的区别

随着审计的发展，审计与会计的区别越来越突出，主要表现在：

① 产生的前提不同。会计是为了加强经济管理，适应对劳动耗费和劳动成果进行核算和分析的需要而产生的；审计是因经济监督的需要，即为了确定经营者或其他受托管理者的经济责任的需要而产生的。

② 性质不同。会计是经营管理的重要组成部分，主要是对生产经营或管理过程进行反映和监督；审计则处于具体的经营管理之外，是经济监督的重要组成部分，主要对财政、财务收支及其他经济活动的真实性、合法性和效益性进行审查，具有外在性和独立性。

③ 对象不同。会计的对象主要是资金运动过程，即经济活动价值方面；审计的对象主要是会计资料和其他经济信息所反映的经济活动。

④ 工作程序不同。会计工作的程序是，首先填制记账凭证，然后登记账簿，最后编制会计报表，而且分别按照经济业务发生时间的先后顺序进行工作；而审计工作的程序一般是按照准备阶段、实施阶段和报告阶段来进行的，并不按照经济业务发生的时间顺序进行工作，

有时甚至采用与会计工作程序相反的顺序开展工作。

⑤ 职能不同。会计的基本职能是对经济活动过程的核算和监督;审计的基本职能是监督,此外还包括评价和鉴证。会计是通过对企事业单位以价值形式表现的财产物资、债权债务与所有者权益进行核算、反映和控制,以达到对企业进行管理的目的;而审计则是对被审计单位的财政、财务收支及其有关经济活动进行监督、评价和鉴证。会计检查的目的主要是为了保证会计资料的真实性和准确性,其检查范围、深度、方式均受到限制;而审计的目的在于证实财政、财务收支的真实性、合法性、效益性,审计检查会计资料只是实现审计目的的手段之一,不是唯一手段。

⑥ 工作时间不同。会计核算工作是一项经常性的工作,它必须连续不断地按照经济业务发生的先后顺序进行记录、登记和计算;而审计工作则不然。例如,民间审计必须在委托人委托的情况下,才能进行审计,没有委托,则不能开展审计工作。而且,在进行审计工作时,一般都是事后、定期审计,不像会计是一项经常性的工作。

⑦ 依据的标准不同。会计工作主要是根据会计法、会计准则和其他会计法规进行会计核算和监督;而审计除了根据会计法规和会计准则外,还要根据与审计评价有关的法律规范、规章制度、计划、定额等审计评价标准进行审计。审计依据的标准范围比会计依据的标准范围广泛得多。

第二节 审计分类

一、审计的基本分类

(一) 按审计主体分类

审计主体是指审计活动的执行者,审计按其主体不同可分为国家审计、民间审计和内部审计。

(二) 按目的和内容分类

按目的和内容的不同,审计分为财务报表审计、经营审计和合规性审计。

财务报表审计是审计人员通过执行审计工作,对财务报表是否按照适用的财务报告编制基础发表审计意见。财务报告编制基础分为通用目的编制基础(主要是指会计准则和会计制度)和特殊目的编制基础。

经营审计是审计人员为了评价经营活动的效果和效率,依据被审计单位制定的标准而对其经营程序和方法进行的评价,审计结束时一般要向被审计单位管理层提出经营管理的建议。在经营审计中,审计对象不限于会计信息,还包括组织机构、计算机系统、生产方法、市场营销及审计人员能够胜任的领域。

合规性审计的目的是确定被审计单位是否遵循了特定的程序、规则或条例。例如,确定出纳人员是否遵循了银行结算和现金保管规定的手续,检查工资的计算是否符合国家劳动法规的要求,或者审查与银行签订的贷款合同以确定被审计单位遵守了法定要求。合规性审计的结果通常报送被审计单位管理层或外部特定使用者。

二、审计的其他分类

（一）按审计项目涉及的范围分为综合审计和专项审计

审计项目是审计的具体审计对象，是审计内容的具体化。综合审计是对被审计单位的若干审计项目综合起来同时进行的审计，其优点是涉及面宽，能同时查清若干方面的问题，如既要对财务收支的真实性、合法性进行审计，又要对其效率效果作出评价。

专项审计又称专题审计，是指对被审计单位某一特定项目所进行的审计，如自筹基建资金来源审计、扶贫专项资金审计、救灾款专项审计、世界银行贷款项目审计等。专项审计的特点是针对性强，只要求审查事项的某一方面，如对真实性和效益性作出评价。

（二）按执行的地点分为报送审计和就地审计

报送审计又称送达审计，是指被审计单位按照审计机构的要求，将需要审查的计划、预算、会计资料和其他有关资料按期报送审计机构所进行的审计。审计机关对行政事业单位的财务收支活动审计常采用这种方式。报送审计的优点是可以节省人力物力，缺点是不易从报告和资料中发现被审计单位的实际问题。报送审计主要适用于政府审计机关对规模较小的单位进行财政或财务审计。

就地审计是指审计机构委派审计人员到被审计的单位所在地进行的审计。就地审计按具体方式，又分为常驻审计、专程审计和巡回审计 3 种。常驻审计又称驻在审计，是指审计机构根据工作需要委派审计人员长期驻在被审计单位所进行的审计，如大型企业的驻厂审计人员。专程审计是指审计机构为查明有关问题而委派审计人员专程到被审计单位所进行的审计。巡回审计是指审计机构委派审计人员轮流到被审计单位所进行的审计。就地审计既可以减少被审资料往返传递，保证资料的安全，又可使审计人员深入实际调查研究，全面了解和掌握被审计单位实际情况。就地审计是我国审计中使用最广泛的一种审计方式。民间审计组织一般不进行常驻审计和巡回审计。

（三）按审计法律义务分为法定审计和自愿审计

法定审计也称强制审计，是指根据法律规定必须执行的强制性审计。例如，《中华人民共和国外商投资企业法》《中华人民共和国公司法》等规定，凡有外商投资的合资企业、合作企业、外商独资企业或股票上市的公司，其财务报表必须经中国注册会计师审计，这类审计就是所谓的法定审计。

自愿审计是指被审计单位出于某种需要，自愿要求外部审计机构对其执行的审计，它不属于法律强制要求进行的审计。例如，有些单位为了取得银行贷款自愿要求注册会计师对其财务报表进行审计，以增强会计信息的可信度。

另外，审计还可以按照执行的时间分为事前审计、事中审计、事后审计。按照是否事先通知被审计单位，审计可分为预告审计和突击审计。

【名词与术语】

审计	审计对象	审计职能	审计假设	“南海公司事件”
账项基础审计	制度基础审计	风险导向审计		

【思考题】

1. 审计动因的主要理论有哪些代表性观点?
2. 为什么说英国的“南海公司事件”是西方民间审计诞生的“催产剂”?
3. 国内外审计理论界对审计概念有哪些代表性的观点?
4. 国内外审计理论界对审计假设有哪些代表性的观点?
5. 财务报表审计、经营审计和合规性审计的主要区别是什么?
6. 审计与会计的关系如何?

第二章 审计报告

本章导读

审计报告是整个审计过程的最后一步。本章从审计报告的含义、作用和分类入手，重点介绍出具无保留意见审计报告的必要条件和报告的组成要素。通过对比，分析非无保留意见审计报告出具的条件及包括的要素及其与无保留意见审计报告的差异。

本章的重点是出具无保留意见审计报告的必要条件和报告的组成要素；难点是如何正确理解导致注册会计师出具非无保留意见审计报告的情形、关键审计事项应如何确定及在审计报告和治理层间进行沟通。通过本章的学习，了解审计报告的含义、作用及分类；掌握各种意见类型审计报告出具的条件、组成要素及相互之间的差异；掌握注册会计师确定关键审计事项的决策过程及关键审计事项（段）与强调事项（段）、其他事项（段）相互之间的关系。

第一节　审计报告概述

从审计工作程序上讲，编制审计报告既是整个财务报表审计程序中的最终环节，也是鉴证注册会计师工作成果并确定其是否承担审计责任的最终环节。注册会计师在对报表各个项目实施了审计程序并获取了相关的审计证据之后，对财务报表各项目进行重新确认，对审计结果进行最终评价，与被审计单位管理层进行有效沟通，对自己编制的工作底稿进行最终复核并形成审计意见。注册会计师依据审计准则，根据所确定的审计意见类型，撰写审计报告。

一、审计报告的含义

依据《中国注册会计师审计准则第1501号——对财务报表形成审计意见和出具审计报告》第八条的规定，审计报告，是指注册会计师根据审计准则的规定，在执行审计工作的基础上，对财务报表发表审计意见的书面文件。审计报告具有法定证明效力。

财务报表，是指整套通用目的财务报表，包括相关附注。相关附注通常包括重要会计政策和会计估计。适用的财务报告编制基础的规定决定了财务报表的形式和内容，以及整套财务报表的构成。通用目的财务报表，是指按照通用目的编制基础编制的财务报表。通用目的编制基础，是指旨在满足广大财务报表使用者共同的财务信息需求的财务报告编制基础。

审计报告是注册会计师在完成审计工作后向委托人提交的审计工作成果，具有以下特征：

（1）注册会计师应当按照审计准则的规定执行审计工作。审计准则是用以规范注册会计师执行审计业务的标准，涵盖了注册会计师执行审计业务的整个过程和各个环节。

（2）注册会计师应当评价根据审计证据得出的结论，以作为对财务报表形成审计意见的基础。注册会计师通过实施风险评估程序和包括控制测试（必要时或决定测试时）、实质性程序等内容的进一步审计程序，获取充分、适当的审计证据，得出合理的审计结论，作为形成审计意见的基础。

（3）注册会计师通过对财务报表发表意见履行审计业务约定书约定的责任。为履行审计业务约定书约定的责任，注册会计师的目标：一是在评价根据审计证据得出的结论的基础上，对财务报表形成审计意见；二是通过书面报告的形式清楚地表达审计意见。无论是出具无保留意见审计报告，还是非无保留意见审计报告，注册会计师一旦在审计报告上签名并盖章，就表明对自己出具的审计报告负责，并承担由此产生的法律责任。

（4）注册会计师应当将已审计的财务报表附于审计报告之后。注册会计师应当就财务报表是否在所有重大方面按照适用的财务报告编制基础编制并实现公允反映形成审计意见。因此，注册会计师应当将已审计的财务报表附于审计报告之后，以便于财务报表使用者正确理解和使用审计报告，以防止被审计单位替换、更改已审计的财务报表。

（5）审计报告应当采用书面形式。书面形式的审计报告包括以纸质或电子介质形式存在的报告。

二、审计报告的作用

注册会计师签发的审计报告,主要具有鉴证、保护和证明三方面的作用。

1. 鉴证作用

注册会计师签发的审计报告,不同于政府审计和内部审计的审计报告,它是以超然独立的第三者身份,对被审计单位财务报表发表审计意见。这种审计意见,具有鉴证作用,得到政府及其各部门和社会各界的普遍认可。

2. 保护作用

注册会计师通过审计程序,对被审计单位财务报表出具不同意见类型的审计报告,可以提高或降低财务报表使用者对财务报表的信赖程度,可以在一定程度上保护被审计单位的财产、债权人和股东的权益及企业利害关系人的利益。

3. 证明作用

审计报告可以对审计工作质量和注册会计师审计责任起到证明作用。通过审计报告,可以证明注册会计师在审计过程中是否实施了必要的审计程序,是否以审计工作底稿为依据发表审计意见,发表的审计意见是否与被审计单位的实际情况相一致,审计工作的质量是否符合要求,注册会计师是否已履行审计责任。

三、审计报告的类型

1. 按审计报告的意见类型分类

按审计报告的意见类型,审计报告可分为无保留意见审计报告和非无保留意见审计报告。无保留意见,是指当注册会计师认为财务报表在所有重大方面按照适用的财务报告编制基础的规定编制并实现公允反映时发表的审计意见。非无保留意见,即保留意见、否定意见和无法表示意见。如果财务报表没有实现公允反映,注册会计师应当就该事项与被审计单位管理层讨论,并根据适用的财务报告编制基础的规定和该事项得到解决的情况,决定是否有必要在审计报告中发表非无保留意见。

注册会计师在出具审计报告时,如果认为必要,可以在审计报告中增加强调事项段和其他事项段,以提供必要的补充信息,提醒使用者关注下列事项:一是尽管已在财务报表中列报或披露,但对使用者理解财务报表至关重要的事项;二是未在财务报表中列报或披露,但与使用者理解审计工作、注册会计师的责任或审计报告相关的事项。

为了规范注册会计师对财务报表形成的审计意见,以及作为财务报表审计结果出具的审计报告的格式和内容,中国注册会计师协会制定了《中国注册会计师审计准则第 1501 号——对财务报表形成审计意见和出具审计报告》,适用于注册会计师执行整套通用目的财务报表审计业务;《中国注册会计师审计准则第 1504 号——在审计报告中沟通关键审计事项》对注册会计师在审计报告中沟通关键审计事项的责任作出规范;《中国注册会计师审计准则第 1502 号——在审计报告中发表非无保留意见》和《中国注册会计师审计准则第 1503 号——在审计报告中增加强调事项段和其他事项段》规定了注册会计师在审计报告中发表非无保留意见、增加强调事项段或其他事项段时，审计报告的格式和内容如何进行相应调整。其他审计准则也包含出具审计报告时适用的报告要求。

《中国注册会计师审计准则第1601号——对按照特殊目的编制基础编制的财务报表审计的特殊考虑》规定了注册会计师对按照特殊目的编制基础编制的财务报表审计的特殊考虑。《中国注册会计师审计准则第1603号——对单一财务报表和财务报表特定要素审计的特殊考虑》规定了注册会计师对单一财务报表或财务报表特定要素、账户或项目审计的特殊考虑。当某一审计业务适用《中国注册会计师审计准则第1601号——对按照特殊目的编制基础编制的财务报表审计的特殊考虑》或《中国注册会计师审计准则第1603号——对单一财务报表和财务报表特定要素审计的特殊考虑》时，《中国注册会计师审计准则第1501号——对财务报表形成审计意见和出具审计报告》准则同样适用于该审计业务。

2. 按审计报告使用的目的分类

按审计报告使用的目的，审计报告可分为公布目的的审计报告和非公布目的的审计报告。公布目的的审计报告，一般是用于对企业股东、投资者、债权人等非特定利益关系者公布的附送财务报表的审计报告。非公布目的的审计报告，一般是用于经营管理、合并或业务转让、融通资金等特定目的而实施审计并分发给特定使用者（如经营者、合并或业务转让的关系人、提供贷款的金融机构等）的审计报告。

3. 按审计报告的详略程度分类

按审计报告的详略程度，审计报告可分为简式审计报告和详式审计报告。

（1）简式审计报告

简式审计报告又称短式审计报告，是指注册会计师对应公布的财务报表进行审计后所编制的简要审计报告。简式审计报告所反映的内容是非特定多数的利害关系人共同认为的必要审计事项，它具有记载事项为审计准则所规定的特征，具有标准格式和内容。

（2）详式审计报告

详式审计报告又称长式审计报告，是指对审计对象所有重要的经济业务和情况都要作详细说明和分析的审计报告。它主要用于指出企业经营管理存在的问题和帮助企业改善经营管理，故其内容较简式审计报告丰富详尽。

第二节　无保留意见审计报告

注册会计师应当就财务报表是否在所有重大方面按照适用的财务报告编制基础编制并实现公允反映形成审计意见。《中国注册会计师审计准则第1501号——对财务报表形成审计意见和出具审计报告》要求审计报告应清晰地表明注册会计师工作的性质及其对财务报表承担责任的程度。为了使报告使用者理解审计报告，审计报告准则为注册会计师审计报告提供了统一措辞。

范例2-1是注册会计师对上市实体财务报表出具的无保留意见审计报告实例，列示了无保留意见审计报告的各个组成部分。（范例中的下划线“________”表明出具不同“背景信息”下审计报告之间的主要差异，下同）

【范例2-1】　无保留意见审计报告:对上市实体财务报表出具的审计报告(当注册会计师在审计报告日前已获取所有其他信息,且未识别出其他信息存在重大错报时)

背景信息:　　背景信息

1. 对上市实体整套财务报表进行审计。该审计不属于集团审计(即不适用《中国注册会计师审计准则第1401号——对集团财务报表审计的特殊考虑》)。

2. 管理层按照企业会计准则编制财务报表。

3. 审计业务约定条款体现了《中国注册会计师审计准则第1111号——就审计业务约定条款达成一致意见》中关于管理层对财务报表责任的描述。

4. 基于获取的审计证据,注册会计师认为发表无保留意见是恰当的。

5. 适用的相关职业道德要求为中国注册会计师职业道德守则。

6. 基于获取的审计证据,根据《中国注册会计师审计准则第1324号——持续经营》,注册会计师认为可能导致对被审计单位持续经营能力产生重大疑虑的事项或情况不存在重大不确定性。

7. 已按照《中国注册会计师审计准则第1504号——在审计报告中沟通关键审计事项》的规定沟通了关键审计事项。

8. 注册会计师在审计报告日前已获取所有其他信息,且未识别出信息存在重大错报。

9. 负责监督财务报表的人员与负责编制财务报表的人员不同。

10. 除财务报表审计外,注册会计师还承担法律法规要求的其他报告责任,且注册会计师决定在审计报告中履行其他报告责任。

审计报告　　① 标题

XYZ股份有限公司全体股东:　　② 收件人

一、对财务报表出具的审计报告①

(一) 审计意见　　③ 审计意见

我们审计了XYZ股份有限公司(以下简称XYZ公司)财务报表,包括20×1年12月31日的资产负债表,20×1年度的利润表、现金流量表、股东权益变动表及相关财务报表附注。

我们认为,后附的财务报表在所有重大方面按照企业会计准则的规定编制,公允反映了XYZ公司20×1年12月31日的财务状况,以及20×1年度的经营成果和现金流量。

(二) 形成审计意见的基础　　④ 形成审计意见的基础

我们按照中国注册会计师审计准则的规定执行了审计工作。审计

---

① 如果审计报告中不包含“按照相关法律法规的要求报告的事项”部分,则不需要加入此标题。

报告的“注册会计师对财务报表审计的责任”部分进一步阐述了我们在这些准则下的责任。按照中国注册会计师职业道德守则,我们独立于XYZ公司,并履行了职业道德方面的其他责任。我们相信,我们获取的审计证据是充分、适当的,为发表审计意见提供了基础。

(三)关键审计事项①

关键审计事项

关键审计事项是我们根据职业判断,认为对本期财务报表审计最为重要的事项。这些事项的应对以对财务报表整体进行审计并形成审计意见为背景,我们不对这些事项单独发表意见。

[按照《中国注册会计师审计准则第1504号——在审计报告中沟通关键审计事项》的规定描述每一关键审计事项。]

(四)其他信息

其他信息

XYZ公司管理层(以下简称管理层)对其他信息负责。其他信息包括[X报告中涵盖的信息,但不包括财务报表和我们的审计报告]。

我们对财务报表发表的审计意见不涵盖其他信息,我们也不对其他信息发表任何形式的鉴证结论。

结合我们对财务报表的审计,我们的责任是阅读其他信息,在此过程中,考虑其他信息是否与财务报表或我们在审计过程中了解到的情况存在重大不一致或者似乎存在重大错报。

基于我们已执行的工作,如果我们确定其他信息存在重大错报,我们应当报告该事实。在这方面,我们无任何事项需要报告。

(五)管理层和治理层对财务报表的责任

⑤管理层对财务报表的责任

管理层负责按照企业会计准则的规定编制财务报表,使其实现公允反映,并设计、执行和维护必要的内部控制,以使财务报表不存在由于舞弊或错误导致的重大错报。

在编制财务报表时,管理层负责评估XYZ公司的持续经营能力,披露与持续经营相关的事项(如适用),并运用持续经营假设,除非管理层计划清算XYZ公司、终止运营或别无其他现实的选择。

治理层负责监督XYZ公司的财务报告过程。

(六)注册会计师对财务报表审计的责任

⑥注册会计师对财务报表审计的责任

我们的目标是对财务报表整体是否不存在由于舞弊或错误导致的重大错报获取合理保证,并出具包含审计意见的审计报告。合理保证是高水平的保证,但并不能保证按照审计准则执行的审计在某一重大错报存在时总能发现。错报可能由于舞弊或错误导致,如果合理预期错报单独或汇总起来可能影响财务报表使用者依据财务报表作出的经济决策,则通常认为错报是重大的。

在按照审计准则执行审计工作的过程中,我们运用职业判断,并保

① 本段适用于按照《中国注册会计师审计准则第1504号——在审计报告中沟通关键审计事项》的规定沟通关键审计事项的情形。

持职业怀疑。同时,我们也执行以下工作:

(1)识别和评估由于舞弊或错误导致的财务报表重大错报风险,设计和实施审计程序以应对这些风险,并获取充分、适当的审计证据,作为发表审计意见的基础。由于舞弊可能涉及串通、伪造、故意遗漏、虚假陈述或凌驾于内部控制之上,未能发现由于舞弊导致的重大错报的风险高于未能发现由于错误导致的重大错报的风险。

(2)了解与审计相关的内部控制,以设计恰当的审计程序,但目的并非对内部控制的有效性发表意见①。

(3)评价管理层选用会计政策的恰当性和作出会计估计及相关披露的合理性。

(4)对管理层使用持续经营假设的恰当性得出结论。同时,根据获取的审计证据,就可能导致对XYZ公司持续经营能力产生重大疑虑的事项或情况是否存在重大不确定性得出结论。如果我们得出结论认为存在重大不确定性,审计准则要求我们在审计报告中提请报表使用者注意财务报表中的相关披露;如果披露不充分,我们应当发表非无保留意见。我们的结论基于截至审计报告日可获得的信息。然而,未来的事项或情况可能导致XYZ公司不能持续经营。

(5)评价财务报表的总体列报、结构和内容(包括披露),并评价财务报表是否公允反映相关交易和事项。

我们与治理层就计划的审计范围、时间安排和重大审计发现等事项进行沟通,包括沟通我们在审计中识别出的值得关注的内部控制缺陷。

我们还就已遵守与独立性相关的职业道德要求向治理层提供声明,并与治理层沟通可能被合理认为影响我们独立性的所有关系和其他事项,以及相关的防范措施(如适用)。

从与治理层沟通过的事项中,我们确定哪些事项对本期财务报表审计最为重要,因而构成关键审计事项。我们在审计报告中描述这些事项,除非法律法规禁止公开披露这些事项,或在极少数情形下,如果合理预期在审计报告中沟通某事项造成的负面后果超过在公众利益方面产生的益处,我们确定不应在审计报告中沟通该事项。

二、按照相关法律法规的要求报告的事项

⑦按照相关法律法规的要求报告的事项(如适用)

[本部分的格式和内容,取决于法律法规对其他报告责任性质的规定。本部分应当说明相关法律法规规定的事项(其他报告责任),除非其他报告责任涉及的事项与审计准则规定的报告责任涉及的事项相同。如果涉及相同的事项,其他报告责任可以在审计准则规定的同一报告要素部分列示。当其他报告责任和审计准则规定的报告

① 如果注册会计师结合财务报表审计对内部控制的有效性发表意见,应当删除“但目的并非对内部控制的有效性发表意见”的措辞。

责任涉及同一事项，并且审计报告中的措辞能够将其他报告责任与审计准则规定的责任（如存在差异）予以清楚地区分时，可以将两者合并列示（即包含在“对财务报表出具的审计报告”部分，并使用适当的副标题）。]

××会计师事务所 （盖章）	中国注册会计师：×××（项目合伙人①） （签名并盖章）	⑧ 注册会计师的签名和盖章
	中国注册会计师：××× （签名并盖章）	⑨ 会计师事务所的名称、地址和盖章
中国××市	20×2年×月×日	⑩ 报告日期

范例2-2是注册会计师对上市实体合并财务报表出具的无保留意见审计报告实例，列示了无保留意见审计报告的各个组成部分。

【范例2-2】 无保留意见审计报告：对上市实体合并财务报表出具的审计报告（当注册会计师在审计报告日前已获取所有其他信息，且未识别出其他信息存在重大错报时）

背景信息： 背景信息

1. 对上市实体整套合并财务报表进行审计。该审计属于集团审计，被审计单位拥有多个子公司（即适用《中国注册会计师审计准则第1401号——对集团财务报表审计的特殊考虑》）。

2. 管理层按照××财务报告编制基础编制合并财务报表，该编制基础允许被审计单位只列报合并财务报表。

3. 审计业务约定条款体现了《中国注册会计师审计准则第1111号——就审计业务约定条款达成一致意见》中关于管理层对合并财务报表责任的描述。

4. 基于获取的审计证据，注册会计师认为发表无保留意见是恰当的。

5. 适用的相关职业道德要求为中国注册会计师职业道德守则。

6. 基于获取的审计证据，根据《中国注册会计师审计准则第1324号——持续经营》，注册会计师认为可能导致对被审计单位持续经营能力产生重大疑虑的事项或情况不存在重大不确定性。

7. 已按照《中国注册会计师审计准则第1504号——在审计报告中沟通关键审计事项》的规定沟通了关键审计事项。

8. 注册会计师在审计报告日前已获取所有其他信息，且未识别出信息存在重大错报。

9. 负责监督合并财务报表的人员与负责编制合并财务报表的人员不同。

---

① 披露项目合伙人姓名的要求仅适用于上市实体。

10. 除合并财务报表审计外，注册会计师还承担法律法规要求的其他报告责任，且注册会计师决定在审计报告中履行其他报告责任。

审计报告 ① 标题

XYZ 股份有限公司全体股东： ② 收件人

一、对合并财务报表出具的审计报告[①]

（一）审计意见 ③ 审计意见

我们审计了 XYZ 股份有限公司及其子公司（以下简称 XYZ 集团）合并财务报表，包括 20×1 年 12 月 31 日的合并资产负债表，20×1 年度的合并利润表、合并现金流量表、合并股东权益变动表，以及相关合并财务报表附注。

我们认为，后附的合并财务报表在所有重大方面按照××财务报告编制基础的规定编制，公允反映了 XYZ 集团 20×1 年 12 月 31 日的合并财务状况，以及 20×1 年度的合并经营成果和合并现金流量。

（二）形成审计意见的基础 ④ 形成审计意见的基础

我们按照中国注册会计师审计准则的规定执行了审计工作。审计报告的“注册会计师对财务报表审计的责任”部分进一步阐述了我们在这些准则下的责任。按照中国注册会计师职业道德守则，我们独立于 XYZ 集团，并履行了职业道德方面的其他责任。我们相信，我们获取的审计证据是充分、适当的，为发表审计意见提供了基础。

（三）关键审计事项[②] 关键审计事项

关键审计事项是我们根据职业判断，认为对本期合并财务报表审计最为重要的事项。这些事项的应对以对合并财务报表整体进行审计并形成审计意见为背景，我们不对这些事项单独发表意见。

［按照《中国注册会计师审计准则第 1504 号——在审计报告中沟通关键审计事项》的规定描述每一关键审计事项。］

（四）其他信息 其他信息

XYZ 集团管理层（以下简称管理层）对其他信息负责。其他信息包括［X 报告中涵盖的信息，但不包括合并财务报表和我们的审计报告］。

我们对合并财务报表发表的审计意见不涵盖其他信息，我们也不对其他信息发表任何形式的鉴证结论。

结合我们对合并财务报表的审计，我们的责任是阅读其他信息，在此过程中，考虑其他信息是否与合并财务报表或我们在审计过程中了解到的情况存在重大不一致或者似乎存在重大错报。

---

① 如果审计报告中不包含“按照相关法律法规的要求报告的事项”部分，则不需要加入此标题。

② 本段适用于按照《中国注册会计师审计准则第 1504 号——在审计报告中沟通关键审计事项》的规定沟通关键审计事项的情形。

基于我们已执行的工作,如果我们确定其他信息存在重大错报,我们应当报告该事实。在这方面,我们无任何事项需要报告。

(五)管理层和治理层对合并财务报表的责任

⑤ 管理层对合并财务报表的责任

管理层负责按照××财务报告编制基础的规定编制合并财务报表,使其实现公允反映,并设计、执行和维护必要的内部控制,以使合并财务报表不存在由于舞弊或错误导致的重大错报。

在编制合并财务报表时,管理层负责评估XYZ集团的持续经营能力,披露与持续经营相关的事项(如适用),并运用持续经营假设,除非管理层计划清算XYZ集团、终止运营或别无其他现实的选择。

治理层负责监督XYZ集团的财务报告过程。

(六)注册会计师对合并财务报表审计的责任

⑥ 注册会计师对合并财务报表审计的责任

我们的目标是对合并财务报表整体是否不存在由于舞弊或错误导致的重大错报获取合理保证,并出具包含审计意见的审计报告。合理保证是高水平的保证,但并不能保证按照审计准则执行的审计在某一重大错报存在时总能发现。错报可能由于舞弊或错误导致,如果合理预期错报单独或汇总起来可能影响财务报表使用者依据合并财务报表作出的经济决策,则通常认为错报是重大的。

在按照审计准则执行审计工作的过程中,我们运用职业判断,并保持职业怀疑。同时,我们也执行以下工作:

(1)识别和评估由于舞弊或错误导致的合并财务报表重大错报风险,设计和实施审计程序以应对这些风险,并获取充分、适当的审计证据,作为发表审计意见的基础。由于舞弊可能涉及串通、伪造、故意遗漏、虚假陈述或凌驾于内部控制之上,未能发现由于舞弊导致的重大错报的风险高于未能发现由于错误导致的重大错报的风险。

(2)了解与审计相关的内部控制,以设计恰当的审计程序,但目的并非对内部控制的有效性发表意见①。

(3)评价管理层选用会计政策的恰当性和作出会计估计及相关披露的合理性。

(4)对管理层使用持续经营假设的恰当性得出结论。同时,根据获取的审计证据,就可能导致对XYZ集团持续经营能力产生重大疑虑的事项或情况是否存在重大不确定性得出结论。如果我们得出结论认为存在重大不确定性,审计准则要求我们在审计报告中提请报表使用者注意合并财务报表中的相关披露;如果披露不充分,我们应当发表非无保留意见。我们的结论基于截至审计报告日可获得的信息。然而,未来的事项或情况可能导致XYZ集团不能持续经营。

(5)评价合并财务报表的总体列报、结构和内容(包括披露),并

① 如果注册会计师结合合并财务报表审计对内部控制的有效性发表意见,应当删除“但目的并非对内部控制的有效性发表意见”的措辞。

评价合并财务报表是否公允反映相关交易和事项。

我们与治理层就计划的审计范围、时间安排和重大审计发现等事项进行沟通，包括沟通我们在审计中识别出的值得关注的内部控制缺陷。

我们还就已遵守与独立性相关的职业道德要求向治理层提供声明，并与治理层沟通可能被合理认为影响我们独立性的所有关系和其他事项，以及相关的防范措施（如适用）。

从与治理层沟通过的事项中，我们确定哪些事项对本期合并财务报表审计最为重要，因而构成关键审计事项。我们在审计报告中描述这些事项，除非法律法规禁止公开披露这些事项，或在极少数情形下，如果合理预期在审计报告中沟通某事项造成的负面后果超过在公众利益方面产生的益处，我们确定不应在审计报告中沟通该事项。

二、按照相关法律法规的要求报告的事项

[本部分的格式和内容，取决于法律法规对其他报告责任性质的规定。本部分应当说明相关法律法规规定的事项（其他报告责任），除非其他报告责任涉及的事项与审计准则规定的报告责任涉及的事项相同。如果涉及相同的事项，其他报告责任可以在审计准则规定的同一报告要素部分列示。当其他报告责任和审计准则规定的报告责任涉及同一事项，并且审计报告中的措辞能够将其他报告责任与审计准则规定的责任（如存在差异）予以清楚地区分时，可以将两者合并列示（即包含在“对合并财务报表出具的审计报告”部分，并使用适当的副标题）。]

××会计师事务所　　　中国注册会计师：×××（项目合伙人[①]）　⑧ 注册会计师的签名和盖章

（盖章）　　　（签名并盖章）

中国注册会计师：×××　⑨ 会计师事务所的名称、地址和盖章

（签名并盖章）

中国××市　　　20×2年×月×日　⑩ 报告日期

范例2-3是注册会计师对非上市实体财务报表出具的无保留意见审计报告实例，列示了无保留意见审计报告的各个组成部分。

【范例2-3】　无保留意见审计报告：对非上市实体财务报表出具的审计报告（当注册会计师在审计报告日前已获取所有其他信息，且未识别出其他信息存在重大错报时）

背景信息：　　背景信息

1. 对非上市实体整套财务报表进行审计。该审计不属于集团审

① 披露项目合伙人姓名的要求仅适用于上市实体。

计(即不适用《中国注册会计师审计准则第1401号——对集团财务报表审计的特殊考虑》)。

2. 管理层按照企业会计准则编制财务报表。

3. 审计业务约定条款体现了《中国注册会计师审计准则第1111号——就审计业务约定条款达成一致意见》中关于管理层对财务报表责任的描述。

4. 基于获取的审计证据,注册会计师认为发表无保留意见是恰当的。

5. 适用的相关职业道德要求为中国注册会计师职业道德守则。

6. 基于获取的审计证据,根据《中国注册会计师审计准则第1324号——持续经营》,注册会计师认为可能导致对被审计单位持续经营能力产生重大疑虑的事项或情况不存在重大不确定性。

7. 注册会计师未被要求,并且也决定不沟通关键审计事项。

8. 注册会计师在审计报告日前已获取所有其他信息,且未识别出信息存在重大错报。

9. 负责监督财务报表的人员与负责编制财务报表的人员不同。

10. 除财务报表审计外,注册会计师不承担法律法规要求的其他报告责任。

审计报告 ① 标题

XYZ股份有限公司全体股东: ② 收件人

一、审计意见 ③ 审计意见

我们审计了XYZ股份有限公司(以下简称XYZ公司)财务报表,包括20×1年12月31日的资产负债表,20×1年度的利润表、现金流量表、股东权益变动表及相关财务报表附注。

我们认为,后附的财务报表在所有重大方面按照企业会计准则的规定编制,公允反映了XYZ公司20×1年12月31日的财务状况,以及20×1年度的经营成果和现金流量。

二、形成审计意见的基础 ④ 形成审计意见的基础

我们按照中国注册会计师审计准则的规定执行了审计工作。审计报告的“注册会计师对财务报表审计的责任”部分进一步阐述了我们在这些准则下的责任。按照中国注册会计师职业道德守则,我们独立于XYZ公司,并履行了职业道德方面的其他责任。我们相信,我们获取的审计证据是充分、适当的,为发表审计意见提供了基础。

三、其他信息 其他信息

XYZ公司管理层(以下简称管理层)对其他信息负责。其他信息包括[X报告中涵盖的信息,但不包括财务报表和我们的审计报告]。

我们对财务报表发表的审计意见不涵盖其他信息,我们也不对其

他信息发表任何形式的鉴证结论。

结合我们对财务报表的审计,我们的责任是阅读其他信息,在此过程中,考虑其他信息是否与财务报表或我们在审计过程中了解到的情况存在重大不一致或者似乎存在重大错报。

基于我们已执行的工作,如果我们确定其他信息存在重大错报,我们应当报告该事实。在这方面,我们无任何事项需要报告。

四、管理层和治理层对财务报表的责任

⑤ 管理层对财务报表的责任

管理层负责按照企业会计准则的规定编制财务报表,使其实现公允反映,并设计、执行和维护必要的内部控制,以使财务报表不存在由于舞弊或错误导致的重大错报。

在编制财务报表时,管理层负责评估 XYZ 公司的持续经营能力,披露与持续经营相关的事项(如适用),并运用持续经营假设,除非管理层计划清算 XYZ 公司、终止运营或别无其他现实的选择。

治理层负责监督 XYZ 公司的财务报告过程。

五、注册会计师对财务报表审计的责任

⑥ 注册会计师对财务报表审计的责任

我们的目标是对财务报表整体是否不存在由于舞弊或错误导致的重大错报获取合理保证,并出具包含审计意见的审计报告。合理保证是高水平的保证,但并不能保证按照审计准则执行的审计在某一重大错报存在时总能发现。错报可能由于舞弊或错误导致,如果合理预期错报单独或汇总起来可能影响财务报表使用者依据财务报表作出的经济决策,则通常认为错报是重大的。

在按照审计准则执行审计工作的过程中,我们运用职业判断,并保持职业怀疑。同时,我们也执行以下工作:

(1) 识别和评估由于舞弊或错误导致的财务报表重大错报风险,设计和实施审计程序以应对这些风险,并获取充分、适当的审计证据,作为发表审计意见的基础。由于舞弊可能涉及串通、伪造、故意遗漏、虚假陈述或凌驾于内部控制之上,未能发现由于舞弊导致的重大错报的风险高于未能发现由于错误导致的重大错报的风险。

(2) 了解与审计相关的内部控制,以设计恰当的审计程序,但目的并非对内部控制的有效性发表意见[①]。

(3) 评价管理层选用会计政策的恰当性和作出会计估计及相关披露的合理性。

(4) 对管理层使用持续经营假设的恰当性得出结论。同时,根据获取的审计证据,就可能导致对 XYZ 公司持续经营能力产生重大疑虑的事项或情况是否存在重大不确定性得出结论。如果我们得出结论认为存在重大不确定性,审计准则要求我们在审计报告中提请报表使用

① 如果注册会计师结合财务报表审计对内部控制的有效性发表意见,应当删除"但目的并非对内部控制的有效性发表意见"的措辞。

者注意财务报表中的相关披露;如果披露不充分,我们应当发表非无保留意见。我们的结论基于截至审计报告日可获得的信息。然而,未来的事项或情况可能导致 XYZ 公司不能持续经营。

(5)评价财务报表的总体列报、结构和内容(包括披露),并评价财务报表是否公允反映相关交易和事项。

我们与治理层就计划的审计范围、时间安排和重大审计发现等事项进行沟通,包括沟通我们在审计中识别出的值得关注的内部控制缺陷①。

××会计师事务所 (盖章)	中国注册会计师:××× (签名并盖章)	⑧ 注册会计师的签名和盖章
	中国注册会计师:××× (签名并盖章)	⑨ 会计师事务所的名称、地址和盖章
中国××市	20×2 年×月×日	⑩ 报告日期

一、无保留意见审计报告的组成部分

从范例 2-1、2-2、2-3 中可以看出,按照中国注册会计师审计准则的规定执行审计工作对上市实体财务报表、上市实体合并财务报表和非上市实体财务报表出具的无保留意见审计报告应当包括标题,收件人,审计意见,形成审计意见的基础,管理层对财务报表的责任,注册会计师对财务报表审计的责任,按照相关法律法规的要求报告的事项(如适用),注册会计师的签名和盖章,会计师事务所的名称、地址和盖章,报告日期等组成要素。

在适用的情况下,注册会计师还应当按照《中国注册会计师审计准则第 1324 号——持续经营》《中国注册会计师审计准则第 1504 号——在审计报告中沟通关键审计事项》及《中国注册会计师审计准则第 1521 号——注册会计师对其他信息的责任》的相关规定,在审计报告中对与持续经营相关的重大不确定性、关键审计事项、被审计单位年度报告中包含的除财务报表和审计报告之外的其他信息进行报告。

注册会计师可以在审计报告前增加背景信息,提供财务报表审计的类型(上市实体财务报表审计、上市实体合并财务报表审计、非上市实体财务报表审计)、财务报表编制基础、管理层对财务报表责任、发表无保留意见的恰当性、相关职业道德要求、可能导致对被审计单位持续经营能力产生重大疑虑的事项或情况、沟通的关键审计事项、其他信息且未识别出信息存在重大错报、负责监督财务报表的人员与负责编制财务报表的人员、注册会计师的其他报告责任等信息。

无保留意见审计报告的组成部分如表 2-1 所示。

---

① 如果被审计单位是上市实体,"注册会计师对财务报表审计的责任"部分与非上市实体有所不同。

表 2-1　无保留意见审计报告的组成部分

财务报表审计的类型	上市实体财务报表审计	上市实体合并财务报表审计	非上市实体财务报表审计
无保留意见财务报表审计报告组成部分	背景信息	背景信息	背景信息
	标题	标题	标题
	收件人	收件人	收件人
	一、对财务报表出具的审计报告（如果审计报告中不包含“按照相关法律法规的要求报告的事项”部分，则不需要加入此标题）	一、对合并财务报表出具的审计报告（如果审计报告中不包含“按照相关法律法规的要求报告的事项”部分，则不需要加入此标题）	一、对财务报表出具的审计报告（如果审计报告中不包含“按照相关法律法规的要求报告的事项”部分，则不需要加入此标题）
	（一）审计意见	（一）审计意见	（一）审计意见
	（二）形成审计意见的基础	（二）形成审计意见的基础	（二）形成审计意见的基础
	（三）关键审计事项	（三）关键审计事项	（三）关键审计事项（可能要求列示）
	（四）其他信息	（四）其他信息	（四）其他信息
	（五）管理层和治理层对财务报表的责任	（五）管理层和治理层对合并财务报表的责任	（五）管理层和治理层对财务报表的责任
	（六）注册会计师对财务报表审计的责任	（六）注册会计师对合并财务报表审计的责任	（六）注册会计师对财务报表审计的责任（与上市实体包含的内容存在差异）
	二、按照相关法律法规的要求报告的事项（如适用）	二、按照相关法律法规的要求报告的事项（如适用）	二、按照相关法律法规的要求报告的事项（如适用）
	注册会计师的签名和盖章	注册会计师的签名和盖章	注册会计师的签名和盖章
	会计师事务所的名称、地址和盖章	会计师事务所的名称、地址和盖章	会计师事务所的名称、地址和盖章
	报告日期	报告日期	报告日期

除审计意见部分和形成审计意见的基础部分之外，《中国注册会计师审计准则第 1501 号——对财务报表形成审计意见和出具审计报告》对审计报告要素的排列顺序未作要求。然而，《中国注册会计师审计准则第 1501 号——对财务报表形成审计意见和出具审计报告》要求审计报告使用特定的标题，以使按照审计准则执行审计出具的报告更易识别。

另外，“关键审计事项”部分主要适用于对上市实体整套通用目的财务报表进行的审计，但法律法规可能要求在对非上市实体的审计报告中沟通关键审计事项，例如被法律法规认定为公众利益实体的实体。注册会计师也可能决定在对其他实体的审计中沟通关键审计事项，包括可能涉及重大公众利益的实体。例如，实体拥有数量众多且分布广泛的利益相关者，以及考虑到实体业务的性质和规模。又如，这些实体可能包括金融机构（如银行、保险公司和养老基金）及慈善机构等。“关键审计事项”部分的相关内容在本章第四节单独讨论。

1. 标题

审计报告应当具有标题,统一规范为"审计报告"。

西方审计准则要求,报告要有标题并包含"独立"一词。例如,恰当的报告标题应当是"独立审计师报告"或"独立会计师意见"。要求报告标题包含"独立"一词,是有意识地告诉使用者,审计在所有方面都是公正的、不偏不倚的。考虑到以"审计报告"为标题已广为社会公众所接受,因此,我国注册会计师出具的审计报告中标题没有包含"独立"两个字,但注册会计师在执行财务报表审计业务时,应当遵守审计独立性的要求。

2. 收件人

审计报告应当按照审计业务约定的要求载明收件人。审计报告的收件人是指注册会计师按照业务约定书的要求致送审计报告的对象,一般是指审计业务的委托人。审计报告应当载明收件人的全称。

注册会计师应当与委托人在业务约定书中约定致送审计报告的对象,以防止在此问题上发生分歧或审计报告被委托人滥用。在某些国家或地区,法律法规或业务约定条款可能指定审计报告致送的对象。注册会计师通常将审计报告致送给财务报表使用者,一般是被审计单位的股东或治理层。

3. 审计意见

审计报告的第一部分应当包含审计意见,并以"审计意见"作为标题。审计意见部分由指出已审计财务报表和说明注册会计师发表的审计意见两部分构成。

第一部分,指出已审计财务报表,应当包括下列方面:① 指出被审计单位的名称;② 说明财务报表已经审计;③ 指出构成整套财务报表的每一财务报表的名称;④ 提及财务报表附注,包括重大会计政策和会计估计;⑤ 指明构成整套财务报表的每一财务报表的日期或涵盖的期间。

如果知悉已审计财务报表将包括在含有其他信息的文件(如年度报告)中,在列报格式允许的情况下,注册会计师可以考虑指出已审计财务报表在该文件中的页码。这有助于财务报表使用者识别与审计报告相关的财务报表。

审计意见涵盖由适用的财务报告编制基础所确定的整套财务报表。例如,在许多通用目的编制基础中,财务报表包括资产负债表、利润表、现金流量表、所有者权益变动表和相关附注(通常包括重要会计政策和会计估计及其他解释性信息)。在某些国家或地区,额外的信息也可能被认为是财务报表的必要组成部分。

第二部分,说明注册会计师发表的审计意见。审计意见说明财务报表在所有重大方面按照适用的财务报告编制基础的规定编制,公允反映了财务报表旨在反映的事项。例如,对于按照企业会计准则的规定编制的财务报表,这些事项是"被审计单位期末的财务状况、截至期末某一期间的经营成果和现金流量"。

如果适用的财务报告编制基础是国际财务报告准则、国际公共部门会计准则或者其他国家或地区的财务报告准则,注册会计师应当在审计意见部分指明适用的财务报告编制基础是国际财务报告准则、国际公共部门会计准则,或者指明财务报告编制基础所属的国家或地区。

注册会计师需要考虑对适用的财务报告编制基础的描述及其可能对审计意见的影响。在审计意见中指出适用的财务报告编制基础,旨在告知审计报告使用者注册会计师发表审计意见的背景，而非为了限制注册会计师对财务报表是否实现公允反映作出的评价。注册会计师可以使用诸如下列措辞指明适用的财务报告编制基础："……按照国际财务报告准则的规定"或者"……按照企业会计准则的规定……"。

如果适用的财务报告编制基础包括财务报告准则和法律法规的规定，可以使用诸如下列措辞指明适用的财务报告编制基础："……按照国际财务报告准则和[×国家公司法]的要求"。

财务报表可能按照两个财务报告编制基础编制，在这种情况下，这两个编制基础都是适用的财务报告编制基础。在对财务报表形成审计意见时，需要分别考虑每个编制基础，并按照以下方式在审计意见中提及这两个编制基础：① 如果财务报表分别符合每个编制基础，注册会计师需要发表两个意见：一个意见是，财务报表按照其中一个适用的财务报告编制基础（如×国财务报告编制基础）编制；另一个意见是，财务报表按照另一个适用的财务报告编制基础（如国际财务报告准则）编制。这两个意见可以分别表述，也可以在一个句子中表述（例如，财务报表在所有重大方面按照×国财务报告编制基础和国际财务报告准则的规定编制，公允反映了[……]）。② 如果财务报表符合其中一个编制基础（如×国财务报告编制基础）而没有符合另一个编制基础（如国际财务报告准则），注册会计师需要对财务报表按照其中一个编制基础（如×国财务报告编制基础）编制发表无保留意见，而按照《中国注册会计师审计准则第1502号——在审计报告中发表非无保留意见》的规定，对财务报表按照另一个编制基础（如国际财务报告准则）编制发表非无保留意见。

财务报表可能声称符合某一财务报告编制基础的所有要求，并补充披露财务报表对另一财务报告编制基础的符合程度。这种补充信息如果不能与财务报表清楚地区分，将涵盖在审计意见中。因此，① 如果有关财务报表符合另一财务报告编制基础的披露具有误导性，注册会计师需要按照《中国注册会计师审计准则第1502号——在审计报告中发表非无保留意见》的规定，发表非无保留意见。② 如果有关财务报表符合另一财务报告编制基础的披露不具有误导性，但是注册会计师认为该披露对财务报表使用者理解财务报表至关重要，注册会计师需要按照《中国注册会计师审计准则第1503号——在审计报告中增加强调事项段和其他事项段》的规定，在审计报告中增加强调事项段，以提醒财务报表使用者关注。

4. 形成审计意见的基础

审计报告应当包含标题为"形成审计意见的基础"的部分。该部分提供关于审计意见的重要背景，应当紧接在审计意见部分之后，并包括下列方面：① 说明注册会计师按照审计准则的规定执行了审计工作。② 提及审计报告中用于描述审计准则规定的注册会计师责任的部分。③ 声明注册会计师按照与审计相关的职业道德要求独立于被审计单位，并履行了职业道德方面的其他责任。声明中应当指明适用的职业道德要求，如中国注册会计师职业道德守则。④ 说明注册会计师是否相信获取的审计证据是充分、适当的，为发表审计意见提供基础。

5. 其他信息

其他信息是指在被审计单位年度报告中包含的除财务报表和审计报告以外的财务信息和非财务信息。其中，年度报告是指管理层或治理层根据法律法规的规定或惯例，一般以年度为基础编制的、旨在向所有者（或类似的利益相关方）提供实体经营情况和财务业绩及财务状况（财务业绩及财务状况反映于财务报表）信息的一个文件或系列文件组合。一份年度报告包含或随附财务报表和审计报告,通常包括实体的发展,未来前景、风险和不确定事项,治理层声明,以及包含治理事项的报告等信息。

如果其他信息与财务报表或者与注册会计师在审计中了解到的情况存在重大不一致,可能表明财务报表或其他信息存在重大错报,两者均会损害财务报表和审计报告的可信性。其他信息的错报(即对其他信息作出不正确陈述或其他信息具有误导性,包括遗漏或掩饰对恰当理解其他信息披露的事项必要的信息)也可能不恰当地影响审计报告使用者的经济决策。因此,《中国注册会计师审计准则第 1521 号——注册会计师对其他信息的责任》要求注册会计师阅读和考虑其他信息。

注册会计师在已经阅读其他信息的情况下,应当:① 考虑其他信息与财务报表之间是否存在重大不一致;② 考虑其他信息与注册会计师在审计中了解到的情况之间是否存在重大不一致;③ 当注册会计师识别出此类重大不一致似乎存在时,或者注册会计师知悉其他信息似乎存在重大错报时,应予以恰当应对;④ 根据《中国注册会计师审计准则第 1521 号——注册会计师对其他信息的责任》的规定进行报告。

如果在审计报告日存在下列两种情况之一,审计报告应当包括一个单独部分,以“其他信息”为标题:① 对于上市实体财务报表审计,注册会计师已获取或预期将获取其他信息;② 对于上市实体以外其他被审计单位的财务报表审计,注册会计师已获取部分或全部其他信息。

审计报告包含的其他信息部分应当包括下列内容:① 管理层对其他信息负责的说明。② 指明:a. 注册会计师于审计报告日前已获取的其他信息(如有);b. 对于上市实体财务报表审计,预期将于审计报告日后获取的其他信息(如有)。③ 说明注册会计师的审计意见未涵盖其他信息,因此,注册会计师对其他信息不发表(或不会发表)审计意见或任何形式的鉴证结论。④ 描述注册会计师根据本准则的要求,对其他信息进行阅读、考虑和报告的责任。⑤ 如果审计报告日前已经获取其他信息,则选择下列二者之一进行说明:a. 说明注册会计师无任何需要报告的事项;b. 如果注册会计师认为其他信息存在未更正的重大错报,说明其他信息中的未更正重大错报。如果注册会计师根据《中国注册会计师审计准则第 1502 号——在审计报告中发表非无保留意见》的规定发表保留或者否定意见,注册会计师应当考虑导致非无保留意见的事项对本项要求的说明的影响。

6. *管理层对财务报表的责任*

审计报告应当包含标题为“管理层对财务报表的责任”的部分。审计报告中应当使用特定国家或地区法律框架下的恰当术语,而不必限定为“管理层”。在某些国家或地区,恰当的术语可能是“治理层”。治理层是指对被审计单位战略方向及管理层履行经营管理责任负有监督责任的人员或组织。治理层的责任包括对财务报告过程的监督。在某些被审计单位,治理层可能包括管理层成员。而管理层是指对被审计单位经营活动的执行负有管理责任的人员。在某些被审计单位,管理层包括部分或全部治理层成员。

管理层对财务报表的责任部分应当说明管理层负责下列方面:① 按照适用的财务报告编制基础的规定编制财务报表,使其实现公允反映,并设计、执行和维护必要的内部控制,以使财务报表不存在由于舞弊或错误导致的重大错报;② 评估被审计单位的持续经营能力和使用持续经营假设是否适当,并披露与持续经营相关的事项(如适用)。对管理层评估责任的说明应当包括描述在何种情况下使用持续经营假设是适当的。

当对财务报告过程负有监督责任的人员与履行上述所述责任的人员不同时，管理层对财务报表的责任部分还应当提及对财务报告过程负有监督责任的人员。在这种情况下，该部分的标题还应当提及"治理层"或者特定国家或地区法律框架中的恰当术语。当监督财务报告过程的人员与负责编制财务报告的人员相同时，无须提及监督责任。

7. *注册会计师对财务报表审计的责任*

审计报告应当包含标题为"注册会计师对财务报表审计的责任"的部分。该部分应当包括下列内容：① 说明注册会计师的目标是对财务报表整体是否不存在由于舞弊或错误导致的重大错报获取合理保证，并出具包含审计意见的审计报告，应与管理层编制财务报表的责任相区分；② 说明合理保证是高水平的保证，但并不能保证按照审计准则执行的审计在某一重大错报存在时总能发现；③ 说明错报可能由于舞弊或错误导致。在说明错报可能由于舞弊或错误导致时，注册会计师应当从下列两种做法中选取一种：a. 描述如果合理预期错报单独或汇总起来可能影响财务报表使用者依据财务报表作出的经济决策，则通常认为错报是重大的；b. 根据适用的财务报告编制基础，提供关于重要性的定义或描述。

注册会计师对财务报表审计的责任部分还应当包括下列内容：① 说明在按照审计准则执行审计工作的过程中，注册会计师运用职业判断，并保持职业怀疑；② 通过说明注册会计师的责任，对审计工作进行描述。这些责任包括：a. 识别和评估由于舞弊或错误导致的财务报表重大错报风险，设计和实施审计程序以应对这些风险，并获取充分、适当的审计证据，作为发表审计意见的基础。由于舞弊可能涉及串通、伪造、故意遗漏、虚假陈述或凌驾于内部控制之上，未能发现由于舞弊导致的重大错报的风险高于未能发现由于错误导致的重大错报的风险。b. 了解与审计相关的内部控制，以设计恰当的审计程序，但目的并非对内部控制的有效性发表意见。当注册会计师有责任在财务报表审计的同时对内部控制的有效性发表意见时，应当略去上述"目的并非对内部控制的有效性发表意见"的表述。c. 评价管理层选用会计政策的恰当性和作出会计估计及相关披露的合理性。d. 对管理层使用持续经营假设的恰当性得出结论。同时，根据获取的审计证据，就可能导致对被审计单位持续经营能力产生重大疑虑的事项或情况是否存在重大不确定性得出结论。如果注册会计师得出结论认为存在重大不确定性，审计准则要求注册会计师在审计报告中提请报表使用者关注财务报表中的相关披露；如果披露不充分，注册会计师应当发表非无保留意见。注册会计师的结论基于截至审计报告日可获得的信息。然而，未来的事项或情况可能导致被审计单位不能持续经营。e. 评价财务报表的总体列报、结构和内容（包括披露），并评价财务报表是否公允反映相关交易和事项。

注册会计师对财务报表审计的责任部分还应当包括下列内容：① 说明注册会计师与治理层就计划的审计范围、时间安排和重大审计发现等事项进行沟通，包括沟通注册会计师在审计中识别的值得关注的内部控制缺陷；② 对于上市实体财务报表审计，指出注册会计师就已遵守与独立性相关的职业道德要求向治理层提出声明，并与治理层沟通可能被合理认为影响注册会计师独立性的所有关系和其他事项，以及相关的防范措施（如适用）；③ 对于上市实体财务报表审计，以及决定按照《中国注册会计师审计准则第 1504 号——在审计报告中沟通关键审计事项》的规定沟通关键审计事项的其他情况，说明注册会计师从与治理层沟通过的事项中确定哪些事项对本期财务报表审计最为重要，因而构成关键审计事项。注册会计师应当在审计报告中描述这些事项，除非法律法规禁止公开披露这些事项，或在极少数情形下,注册会计师合理预期在审计报告中沟通某事项造成的负面后果超过在公众利益方面产生的益处,因而确定不应在审计报告中沟通该事项。

在对集团财务报表审计时,通过说明下列事项进一步描述注册会计师在集团审计业务中的责任:① 注册会计师的责任是就集团中实体或业务活动的财务信息获取充分、适当的审计证据,以对合并财务报表发表审计意见;② 注册会计师负责指导、监督和执行集团审计;③ 注册会计师对审计意见承担全部责任。

在描述注册会计师的责任时,注册会计师可能认为提供超出准则要求之外的额外信息是有用的。根据该要求,在确定执行审计工作时重点关注过的事项时,注册会计师应当考虑下列方面:① 按照《中国注册会计师审计准则第 1211 号——通过了解被审计单位及其环境识别和评估重大错报风险》的规定,评估的重大错报风险较高的领域或识别出的特别风险;② 与财务报表中涉及重大管理层判断(包括被认为具有高度估计不确定性的会计估计)的领域相关的重大审计判断;③ 本期重大交易或事项对审计的影响。

此外,注册会计师还应考虑与财务报表一同列报的补充信息的影响。如果被审计单位将适用的财务报告编制基础未作要求的补充信息与已审计财务报表一同列报,注册会计师应当根据职业判断,评价补充信息是否由于其性质和列报方式而构成财务报表的必要组成部分。如果补充信息构成财务报表的必要组成部分,应当将其涵盖在审计意见中。如果认为适用的财务报告编制基础未作要求的补充信息不构成已审计财务报表的必要组成部分,注册会计师应当评价这些补充信息的列报方式是否充分、清楚地使其与已审计财务报表相区分;如果未能充分、清楚地区分,注册会计师应当要求管理层改变未审计补充信息的列报方式。如果管理层拒绝改变,注册会计师应当指出未审计的补充信息,并在审计报告中说明这些补充信息未审计。

8. 按照相关法律法规的要求报告的事项(如适用)

除审计准则规定的注册会计师责任外,注册会计师可能承担报告其他事项的额外责任,这些责任是对审计准则规定的注册会计师责任的补充。例如,如果注册会计师在财务报表审计中注意到某些事项,可能被要求对这些事项予以报告。此外,注册会计师可能被要求实施额外的规定程序并予以报告,或对特定事项(如会计账簿和记录的适当性、财务报告内部控制或其他信息)发表意见。

如果注册会计师在对上市实体财务报表或合并财务报表出具的审计报告中履行其他报告责任,应当在审计报告中将其单独作为一部分,并以“按照相关法律法规的要求报告的事项”为标题,或使用适合于该部分内容的其他标题,除非其他报告责任涉及的事项与审计准则规定的报告责任涉及的事项相同。如果涉及相同的事项,其他报告责任可以在审计准则规定的同一报告要素部分列示。

如果将其他报告责任在审计准则要求的同一报告要素部分列示,审计报告应当清楚区分其他报告责任和审计准则要求的报告责任。

如果审计报告将其他报告责任单独作为一部分,准则要求应当置于“对财务报表出具的审计报告”标题下,“按照相关法律法规的要求报告的事项”部分置于“对财务报表出具的审计报告”部分之后;如果审计报告中不包含“按照相关法律法规的要求报告的事项”部分,则不需要加入“对财务报表出具的审计报告”的标题。

9. 注册会计师的签名和盖章

审计报告应当由注册会计师签名并盖章。注册会计师在审计报告上签名并盖章,有利于明确法律责任。具体规定是:① 审计报告应当由项目合伙人和另一名负责该项目的注册会计师签名和盖章;② 注册会计师应当在对上市实体整套通用目的财务报表出具的审计报告中注明项目合伙人;③ 注册会计师可能决定在审计报告中包含项目合伙人姓名之外的信息,以进一步识别项目合伙人;④ 在某些情形下,法律法规可能允许在审计报告中使用电子签名。

10. 会计师事务所的名称、地址和盖章

审计报告应当载明会计师事务所的名称和地址,并加盖会计师事务所公章。标注会计师事务所的名称是因为整个会计师事务所对确保审计质量符合职业标准要求承担法律责任和职业职责。注册会计师在审计报告中载明会计师事务所地址时,标明会计师事务所所在的城市即可,无须在审计报告中注明详细地址。

11. 报告日期

审计报告应当注明报告日期。审计报告的日期向审计报告使用者表明,注册会计师已考虑其知悉的、截至审计报告日发生的交易和事项的影响。审计报告的日期不应早于注册会计师获取充分、适当的审计证据,并在此基础上对财务报表形成审计意见的日期。

审计报告的日期非常重要,因为它表明注册会计师对复核财务报表日后发生的重大事项所负责任的最后期限。注册会计师对不同时段的资产负债表日后事项有着不同的责任,而审计报告的日期是划分时段的关键时点。在审计实务中,注册会计师在正式签署审计报告前,通常把审计报告草稿和已审计财务报表草稿一同提交给管理层。如果管理层批准并签署已审计财务报表,注册会计师即可签署审计报告。注册会计师签署审计报告的日期通常与管理层签署已审计财务报表的日期为同一天,或晚于管理层签署已审计财务报表的日期。

在确定审计报告日期时,注册会计师应当确信已获取下列两方面的审计证据: ① 构成整套财务报表的所有报表(包括相关附注)已编制完成; ② 被审计单位的董事会、管理层或类似机构)已经认可其对财务报表负责。

二、出具无保留意见审计报告

注册会计师应当就财务报表是否在所有重大方面按照适用的财务报告编制基础编制并实现公允反映形成审计意见。

(一) 注册会计师形成审计意见应当考虑的因素

为了形成审计意见,针对财务报表整体是否不存在由于舞弊或错误导致的重大错报,注册会计师应当得出结论,确定是否已就此获取合理保证。在得出结论时,注册会计师应当考虑下列方面:

(1) 按照《中国注册会计师审计准则第 1231 号——针对评估的重大错报风险采取的应对措施》的规定,是否已获取充分、适当的审计证据。

在形成审计意见时,注册会计师应当考虑所有相关的审计证据,无论该证据与财务报表认定相互印证还是相互矛盾。如果对重大的财务报表认定没有获取充分、适当的审计证据,注册会计师应当尽可能获取进一步的审计证据。

（2）按照《中国注册会计师审计准则第1251号——评价审计过程中识别出的错报》的规定，未更正错报单独或汇总起来是否构成重大错报。

在确定未更正错报单独或汇总起来是否构成重大错报时，注册会计师应当考虑：①相对某类的交易、账户余额或披露及财务报表整体而言，错报的金额和性质及错报发生的特定环境；②与以前期间相关的未更正错报对相关类别的交易、账户余额或披露及财务报表整体的影响。

（3）评价财务报表是否在所有重大方面按照适用的财务报告编制基础编制。

注册会计师应当依据适用的财务报告编制基础特别评价下列内容：①财务报表是否充分披露了选择和运用的重要会计政策。②选择和运用的会计政策是否符合适用的财务报告编制基础，并适合被审计单位的具体情况。在考虑被审计单位选用的会计政策是否适当时，注册会计师还应当关注重要的事项。重要事项包括重要项目的会计政策和行业惯例、重大和异常交易的会计处理方法、在新领域和缺乏权威性标准或共识的领域采用重要会计政策产生的影响、会计政策的变更等。③管理层作出的会计估计是否合理。④财务报表列报的信息是否具有相关性、可靠性、可比性和可理解性。⑤财务报表是否作出充分披露，使财务报表预期使用者能够理解重大交易和事项对财务报表所传递的信息的影响。⑥财务报表使用的术语（包括每一财务报表的标题）是否适当。

在评价财务报表是否在所有重大方面按照适用的财务报告编制基础编制时，注册会计师还应当考虑被审计单位会计实务的质量，包括表明管理层的判断可能出现偏向的迹象。

管理层需要对财务报表中的金额和披露作出大量判断。注册会计师可能注意到管理层判断中可能存在的偏向。注册会计师可能认为缺乏中立性产生的累积影响，连同未更正错报的影响，导致财务报表整体存在重大错报。管理层缺乏中立性可能影响注册会计师对财务报表整体是否存在重大错报的评价。缺乏中立性的迹象包括下列情形：①管理层对注册会计师在审计期间提请其注意的错报进行选择性更正。例如，如果更正某一错报将增加盈利，则对该错报予以更正，反之如果更正某一错报将减少盈利，则对该错报不予更正；②管理层在作出会计估计时可能存在偏向。在得出某项会计估计是否合理的结论时，可能存在管理层偏向的迹象本身并不构成错报。然而，这些迹象可能影响注册会计师对财务报表整体是否不存在重大错报的评价。

（4）评价财务报表是否实现公允反映。

在评价财务报表是否实现公允反映时，注册会计师应当考虑下列内容：①财务报表的整体列报、结构和内容是否合理；②财务报表（包括相关附注）是否公允地反映了相关交易和事项。

（5）评价财务报表是否恰当提及或说明适用的财务报告编制基础。

管理层和治理层（如适用）编制的财务报表需要恰当说明适用的财务报告编制基础。这种说明向财务报表使用者告知编制财务报表所依据的编制基础。只有财务报表符合适用的财务报告编制基础（在财务报表所涵盖的期间内有效）的所有要求，声明财务报表按照该编制基础编制才是恰当的。在对适用的财务报告编制基础的说明中使用不严密的修饰语或限定性的语言（如“财务报表实质上符合国际财务报告准则的要求”）是不恰当的，因为这可能误导财务报表使用者。

在某些情况下，财务报表可能声明按照两个财务报告编制基础（如某一国家或地区的财务报告编制基础和国际财务报告准则）编制，这可能是因为管理层被要求或自愿选择同时按照两个编制基础的规定编制财务报表。在这种情况下，两个财务报告编制基础都是适用的财务报告编制基础。只有当财务报表分别符合每个财务报告编制基础的所有要求时，声明财务报表按照这两个编制基础编制才是恰当的。财务报表需要同时符合两个编制基础的要求并且不需要调节，才能被视为按照两个财务报告编制基础编制。在实务中，同时遵守两个编制基础的可能性很小，除非某一国家或地区采用另一财务报告编制基础（如国际财务报告准则）作为本国或地区的财务报告编制基础，或者已消除遵守另一财务报告编制基础的所有障碍。

如果财务报表按照某一财务报告编制基础编制，并且包含附注或补充报表，以将其结果调节至按照另一财务报告编制基础编制的结果，并不意味着该财务报表是按照另一财务报告编制基础编制的。这是因为该财务报表并没有按照另一财务报告编制基础要求的方式列示所有信息。然而，财务报表可能按照某一适用的财务报告编制基础编制，另外在财务报表附注中说明该财务报表符合另一财务报告编制基础的程度（如按照某一国家或地区财务报告编制基础编制的财务报表，可能说明其符合国际财务报告准则的程度）。这种说明可能构成与财务报表一同列报的补充信息，如果该信息不能与财务报表清楚区分，则将涵盖在审计意见中。

（二）出具无保留意见审计报告

注册会计师在充分考虑形成审计意见的上述因素后，如果注册会计师认为财务报表在所有重大方面按照适用的财务报告编制基础编制并实现公允反映时就可以发表无保留意见的审计报告。

如果对财务报表发表无保留意见，除非法律法规另有规定，审计意见应当使用“我们认为，后附的财务报表在所有重大方面按照[适用的财务报告编制基础（如企业会计准则等）]的规定编制，公允反映了[……]”的措辞。“我们认为”这一术语表明：尽管报表已经审计，但仍然可能存在与财务报表相联系的一些错报风险。当注册会计师发表无保留意见时，使用“基于上述说明”或“取决于”等措辞是不适当的，因为这暗示注册会计师发表的是有条件的意见，或者是对意见的弱化或修改。

审计报告中一个富有争议的问题是措辞“公允反映”的含义。这是否意味着，如果遵循了公认会计原则（或企业会计准则），财务报表就是公允反映的，还是另有其他要求？西方国家法庭也曾得出如下结论：注册会计师有责任超越公认会计原则去确定，即使遵循了公认会计原则，使用者是否仍然可能会被误导。而绝大多数注册会计师认为，当财务报表的编制遵循了公认会计原则，就可以视为“公允反映”，但也有必要检查交易和余额内容中可能存在的错报信息。

第三节　非无保留意见审计报告

注册会计师和审计报告使用者必须了解在什么情况下不适合出具无保留意见审计报告，以及在各种具体情况下应出具何种非无保留意见类型的审计报告。

一、导致注册会计师出具非无保留意见审计报告的情形

非无保留意见，是指保留意见、否定意见或无法表示意见。当存在下列情形之一时，注册会计师应当在审计报告中发表非无保留意见。

1. 根据获取的审计证据，得出财务报表整体存在重大错报的结论

错报是指某一财务报表项目的金额、分类、列报或披露，与按照适用的财务报告编制基础应当列示的金额、分类、列报或披露之间存在的差异。财务报表的重大错报可能源于表2-2所列情形。

表2-2　财务报表整体存在重大错报可能导致非无保留意见的情形

情形	影响情形举例
选择的会计政策的恰当性	(1) 选择的会计政策与适用的财务报告编制基础不一致。(2) 财务报表(包括相关附注)没有按照公允列报的方式反映交易和事项。(3) 财务报告编制基础通常对会计处理、披露和会计政策变更提出要求。如果被审计单位变更了重大会计政策，且没有遵守这些要求，财务报表可能存在重大错报
对所选择的会计政策的运用	(1) 管理层没有按照适用的财务报告编制基础的要求一贯运用所选择的会计政策，包括管理层未在不同会计期间或对相似的交易和事项一贯运用所选择的会计政策(运用的一致性)；(2) 不当运用所选择的会计政策(如运用中的无意错误)
财务报表披露的恰当性或充分性	(1) 财务报表没有包括适用的财务报告编制基础要求的所有披露；(2)财务报表的披露没有按照适用的财务报告编制基础列报；(3) 财务报表没有作出必要的披露以实现公允反映

2. 无法获取充分、适当的审计证据，不能得出财务报表整体不存在重大错报的结论

表2-3所列情形可能导致注册会计师无法获取充分、适当的审计证据(也称为审计范围受到限制)。

表2-3　审计范围受到限制可能导致非无保留意见的情形

情形	影响情形举例
超出被审计单位控制的情形	(1) 被审计单位的会计记录已被毁坏；(2) 重要组成部分的会计记录已被政府有关机构无限期查封
与注册会计师工作的性质或时间安排相关的情形	(1) 被审计单位需要使用权益法对联营企业进行核算，注册会计师无法获取有关联营企业财务信息的充分、适当的审计证据，以评价是否恰当运用了权益法；(2) 注册会计师接受审计委托的时间安排使注册会计师无法实施存货监盘；(3) 注册会计师确定仅实施实质性程序是不充分的，但被审计单位的控制是无效的
管理层施加限制的情形	(1) 管理层阻止注册会计师实施存货监盘；(2) 管理层阻止注册会计师对特定账户余额实施函证

需要注意的是，如果注册会计师能够通过实施替代程序获取充分、适当的审计证据，则无法实施特定的程序并不构成对审计范围的限制。同时，管理层施加的限制可能对审计产生其他影响，如注册会计师对舞弊风险的评估和对业务保持的考虑。

二、确定非无保留意见的类型

注册会计师确定恰当的非无保留意见类型,取决于下列事项:① 导致非无保留意见的事项的性质,是财务报表存在重大错报,还是在无法获取充分、适当的审计证据的情况下,财务报表可能存在重大错报;② 注册会计师就导致非无保留意见的事项对财务报表产生或可能产生影响的广泛性作出的判断。

广泛性,是描述错报影响的术语,用以说明错报对财务报表的影响,或者由于无法获取充分、适当的审计证据而未发现的错报(如存在)对财务报表可能产生的影响。根据注册会计师的判断,对财务报表的影响具有广泛性的情形包括:① 不限于对财务报表的特定要素、账户或项目产生影响;② 虽然仅对财务报表的特定要素、账户或项目产生影响,但这些特定要素、账户或项目是或可能是财务报表的主要组成部分;③ 当与披露相关时,产生的影响对财务报表使用者理解财务报表至关重要。

图 2-1 列示了注册会计师对导致发表非无保留意见的事项的性质和这些事项对财务报表产生或可能产生影响的广泛性作出的判断,以及注册会计师的判断对审计意见类型的影响。

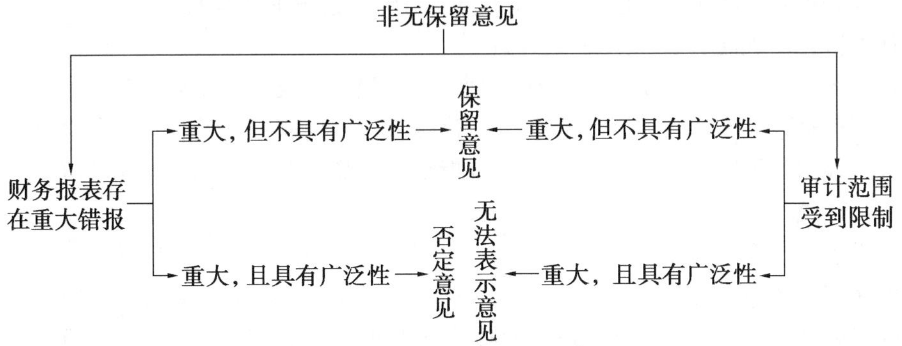

图 2-1 非无保留意见类型决策图

(一)发表保留意见

当存在下列情形之一时,注册会计师应当发表保留意见:① 在获取充分、适当的审计证据后,注册会计师认为错报单独或汇总起来对财务报表影响重大,但不具有广泛性。只有当注册会计师认为财务报表就其整体而言是公允的,但还存在对财务报表产生重大影响的错报时,才能出具保留意见的审计报告。如果注册会计师认为错报对财务报表产生的影响极为严重且具有广泛性,则应出具否定意见的审计报告。因此,保留意见的审计报告被视为注册会计师在不能出具无保留意见的审计报告的情况下最不严厉的审计报告。② 注册会计师无法获取充分、适当的审计证据以作为形成审计意见的基础,但认为未发现的错报(如存在)对财务报表可能产生的影响重大,但不具有广泛性。注册会计师在审计范围受到限制时出具何种意见类型的审计报告取决于无法获取的审计证据对形成审计意见的重要性。只有当未发现的错报(如存在)对财务报表可能产生的影响重大但不具有广泛性时,才能发表保留意见。

(二)发表否定意见

在获取充分、适当的审计证据后,如果认为错报单独或汇总起来对财务报表的影响重大且具有广泛性，注册会计师应当发表否定意见的审计报告。

1998 年 4 月 29 日，重庆渝港钛白粉有限公司公布了 1997 年度报告，其中在财务报告部分，刊登了重庆会计师事务所于 1998 年 3 月 8 日出具的否定意见的审计报告。这是我国证券市场中有关上市公司的首份否定意见的审计报告。报告的说明段指出："1997 年度应计入财务费用的借款利息，即应付债券利息 8 064 万元，贵公司将其资本化计入了钛白粉工程成本；欠付中国银行重庆市分行的美元借款利息 89.8 万元（折人民币 743 万元），贵公司未计提入账，两项共影响利润 8 807 万元（如果这两项利息支出计入当期损益，公司 1997 年实际亏损为 11 943.12 万元，每股亏损 0.92 元，每股净资产为 0.25 元）。"报告的意见段指出："我们认为，由于本报告第二段所述事项的重大影响，贵公司 1997 年 12 月 31 日资产负债表、1997 年度利润及利润分配表、财务状况变动表未能公允反映贵公司 1997 年 12 月 31 日财务状况和 1997 年度经营成果及资金变动情况。"

（三）发表无法表示意见

如果无法获取充分、适当的审计证据以作为形成审计意见的基础，但认为未发现的错报（如存在）对财务报表可能产生的影响重大且具有广泛性，注册会计师应当发表无法表示意见。在极其特殊的情况下，可能存在多个不确定事项。即使注册会计师对每个单独的不确定事项均获取了充分、适当的审计证据，但由于不确定事项之间可能存在相互影响，以及可能对财务报表产生累积影响，注册会计师不可能对财务报表形成审计意见。在这种情况下，注册会计师应当发表无法表示意见。

1998 年年初，当我国上市公司 1997 年度年报相继披露之时，石家庄宝石电子玻璃股份有限公司（简称宝石公司）由于生产停顿，财务状况不佳，受聘审计的普华大华会计师事务所对其财务报表出具了中国证券市场中第一份拒绝表示意见的审计报告（现已改称为无法表示意见的审计报告）。

从财务报表来看，宝石公司从成立伊始至上市，业绩一直良好。1993 年度至 1996 年度，该公司的净资产收益率分别为 4.16%，26.88%，35.15% 和 8.8%。从招股说明书中所反映的过去的成就和展望的前景来看，公司的整体状况也是比较好的。然而，市场是只无形的手。由于黑白电视机市场的快速萎缩，导致其上游产品的需求、价格大幅度下降。公司 1997 年度的财务报表反映出的企业经营成果和财务状况令人大失所望，出现每股 0.872 元的严重亏损。更为严重的是，为公司进行年度报表审计的注册会计师认为，由于产品积压、生产停顿，已无法判定该公司是否保有持续经营能力，因此无法对财务报表整体发表任何意见。

注册会计师认为，宝石公司无法就公司是否能保持经营能力提供充分和必要的证据，在这种情况下，也就无法确定公司巨额存货和固定资产的计价方法的合理性。而且，由于市场环境恶劣，公司的巨额应收账款的可回收性也由于下游企业的不良财务状况而变得更加不确定。另外，公司的流动负债超过流动资产 7 亿多元，资产负债比率严重不正常。因此，注册会计师无法就其按持续经营会计假设编制的会计报表是否能公允反映该公司的财务状况和经营成果发表任何意见。

普华大华会计师事务所出具的拒绝表示意见的审计报告并不是对宝石公司 1997 年度财务报告的否定，而是由于注册会计师无法判断该公司财务报表是否公允表达。投资者要求会计信息对其投资决策有用，即具有相关性。而在能与不能持续经营两种不同的假设之下，相关性的要求是不同的，这就要求会计报表按不同的基础进行编制。但由于宝石公司不能为审计人员提供有关企业是否还能在原有的主营业务范围内持续经营的充分而必要的证据,这就使审计人员的审计范围在客观上受到了严重的限制。说它客观上受到严重限制是因为持续经营的前提对会计报表的影响是全面而重大的:仅仅从数量上看,宝石公司的固定资产、存货、应收账款 3 个项目的金额都上亿元;从范围上看,资产的不同计价不仅会影响到资产负债表,而且也必然地会影响损益表的正确与否。因此,注册会计师在这种审计范围受到客观限制,审计证据无法取得的情况下,出具拒绝表示意见的审计报告是最为恰当的选择。

不置可否的态度并非等同于缄默不语,而是表明意见的一种方式。实际上,这份审计报告以非常特殊的方法,将宝石公司缺乏持续经营的信息以比较婉转的方式告诉了投资者,这无疑是给投资者的一个警示信号,为投资者消除信息误导所带来的风险起到了积极作用。

注册会计师在确定非无保留意见的类型时还需注意以下两点:

(1) 注册会计师承接审计业务后,因管理层施加限制导致无法获取充分、适当的审计证据的后果。

在承接审计业务后,如果注意到管理层对审计范围施加了限制,而且认为这些限制可能导致对财务报表发表保留意见或无法表示意见,注册会计师就应当要求管理层消除这些限制。如果管理层拒绝消除限制,除非治理层全部成员参与管理被审计单位,否则注册会计师应当就此事项与治理层沟通,并确定能否实施替代程序以获取充分、适当的审计证据。如果无法获取充分、适当的审计证据,注册会计师应当通过下列方式确定其影响:① 如果未发现的错报(如存在)可能对财务报表产生的影响重大,但不具有广泛性,应当发表保留意见;② 如果未发现的错报(如存在)可能对财务报表产生的影响重大且具有广泛性,以至于发表保留意见不足以反映情况的严重性,应当在可行时解除业务约定(除非法律法规禁止)。根据职业准则、法律法规或监管机构的要求,注册会计师可能需要向监管机构或被审计单位的股东报告与解除审计业务约定相关的事项。解除审计业务约定是否可行,可能取决于管理层施加审计范围限制时注册会计师完成审计业务的阶段。如果已基本上完成了审计业务,注册会计师可能决定在解除业务约定前尽量完成审计业务,发表无法表示意见,并在形成无法表示意见的基础部分说明审计范围受到的限制。当然,注册会计师应当在解除业务约定前,与治理层沟通在审计过程中发现的、将会导致发表非无保留意见的所有错报事项。如果在出具审计报告之前解除业务约定被禁止或不可行,应当发表无法表示意见。在某些情况下,如果法律法规要求注册会计师继续执行审计业务,则注册会计师可能无法解除审计业务约定。这种情况可能包括:注册会计师接受委托审计公共部门实体的财务报表;注册会计师接受委托审计涵盖特定期间的财务报表,或者接受一定期间的委托,在完成财务报表审计前或在受托期间结束前,不允许解除审计业务约定。在这些情况下,注册会计师可能认为需要在审计报告中增加其他事项段。

(2) 与发表否定意见或无法表示意见相关的其他考虑。

如果认为有必要对财务报表整体发表否定意见或无法表示意见,注册会计师不应在同一审计报告中对按照相同财务报告编制基础编制的单一财务报表或者财务报表特定要素、账户或项目发表无保留意见。在同一审计报告中包含无保留意见,将会与对财务报表整体发表的否定意见或无法表示意见相矛盾。当然,对经营成果、现金流量(如相关)发表无法表示意见,而对财务状况发表无保留意见,这种情况可能是被允许的。因为在这种情况下,并没有对注册会计师财务报表整体发表无法表示意见。

三、非无保留意见审计报告的格式和内容

(一) 形成非无保留意见的基础部分(导致发表非无保留意见事项的描述部分)

(1) 审计报告格式和内容的一致性。如果对财务报表发表非无保留意见,除在审计报告中包含《中国注册会计师审计准则第 1501 号——对财务报表形成审计意见和出具审计报告》规定的审计报告要素外,注册会计师还应当将《中国注册会计师审计准则第 1501 号——对财务报表形成审计意见和出具审计报告》中规定的“形成审计意见的基础”这一标题修改为恰当的标题,如“形成保留意见的基础”“形成否定意见的基础”或“形成无法表示意见的基础”,并在该部分对导致发表非无保留意见的事项进行描述。审计报告的一致性有助于提高使用者的理解和识别存在的异常情况。因此,尽管不可能统一非无保留意见的措辞和对导致非无保留意见的原因的描述,但仍有必要保持审计报告格式和内容的一致性。

(2) 量化财务影响。如果财务报表中存在与具体金额(包括财务报表附注中的定量披露)相关的重大错报,注册会计师应当在形成审计意见的基础部分说明并量化该错报的财务影响。例如,如果存货被高估,注册会计师可以在形成审计意见的基础部分说明该重大错报的财务影响,即量化其对所得税、税前利润、净利润和股东权益的影响;如果无法量化财务影响,注册会计师应当在形成审计意见的基础部分说明这一情况。

(3) 存在与叙述性披露相关的重大错报。如果财务报表中存在与叙述性披露相关的重大错报,注册会计师应当在形成审计意见的基础部分解释该错报错在何处。

(4) 存在与应披露而未披露信息相关的重大错报。如果财务报表中存在这种情况,注册会计师应当:① 与治理层讨论未披露信息的情况;② 在形成审计意见的基础部分描述未披露信息的性质;③ 如果可行并且已针对未披露信息获取了充分、适当的审计证据,在形成审计意见的基础部分包含对未披露信息的披露,除非法律法规禁止。

如果存在下列情形之一,则在形成审计意见的基础部分披露遗漏的信息是不可行的:① 管理层还没有作出这些披露,或管理层已作出但注册会计师不易获取这些披露;② 根据注册会计师的判断,在审计报告中披露该事项过于庞杂。

(5) 无法获取充分、适当的审计证据。如果是这种情况导致发表非无保留意见,注册会计师应当在形成审计意见的基础部分说明无法获取审计证据的原因。

(6) 披露其他事项。即使发表了否定意见或无法表示意见,注册会计师也应当在形成审计意见的基础部分说明注意到的、将导致发表非无保留意见的所有其他事项及其影响。由于注册会计师注意到的其他事项的披露可能与财务报表使用者的信息需求相关,尽管注册会计师可能已在审计报告形成审计意见的基础部分对导致否定意见或无法表示意见的事项作出了说明,但这并不能成为注册会计师不对识别出的、可能导致非无保留意见的其他事项进行说明的正当理由。

(二) 审计意见部分及其他审计报告要素内容的修改

在发表非无保留意见时,注册会计师应当对审计意见段使用恰当的标题,如“保留意见”“否定意见”或“无法表示意见”。这一标题能够使财务报表使用者清楚注册会计师发表了非无保留意见,并能够表明非无保留意见的类型。

1. 发表保留意见

（1）当财务报表存在重大错报而发表保留意见时，注册会计师应当在审计意见部分说明：注册会计师认为，除形成保留意见的基础部分所述事项产生的影响外，后附的财务报表在所有重大方面按照适用的财务报告编制基础的规定编制，公允反映了[……]（参考范例2-4）。

（2）当无法获取充分、适当的审计证据而导致发表保留意见时，注册会计师应当在审计意见部分使用"除……可能产生的影响外"等措辞（参考范例2-5）。

需要注意的是，当注册会计师发表保留意见时，在审计意见部分使用"由于上述解释"或"受……影响"等措辞是不恰当的，因为这些措辞不够清晰或没有足够的说服力。同时，在对注册会计师是否获取了充分、适当的审计证据以作为形成审计意见的基础的说明中，应包含恰当的措辞如"保留"。例如：我们相信，我们获取的审计证据是充分、适当的，为发表保留意见提供了基础。

【范例2-4】 由于上市实体财务报表存在重大错报而发表保留意见的审计报告（当注册会计师在审计报告日前已获取所有其他信息，且财务报表存在的重大错报影响其他信息时）

背景信息：

1. 对上市实体整套财务报表进行审计。该审计不属于集团审计（即不适用《中国注册会计师审计准则第1401号——对集团财务报表审计的特殊考虑》）。

2. 管理层按照企业会计准则编制财务报表。

3. 审计业务约定条款体现了《中国注册会计师审计准则第1111号——就审计业务约定条款达成一致意见》中关于管理层对财务报表责任的描述。

4. 存货存在错报，该错报对财务报表影响重大但不具有广泛性（即保留意见是恰当的）。

5. 适用的相关职业道德要求为中国注册会计师职业道德守则。

6. 基于获取的审计证据，根据《中国注册会计师审计准则第1324号——持续经营》，注册会计师认为可能导致对被审计单位持续经营能力产生重大疑虑的事项或情况不存在重大不确定性。

7. 已按照《中国注册会计师审计准则第1504号——在审计报告中沟通关键审计事项》的规定沟通了关键审计事项。

8. 注册会计师在审计报告日前已获取所有其他信息，且导致对财务报表发表保留意见的事项也影响了其他信息。

9. 负责监督财务报表的人员与负责编制财务报表的人员不同。

10. 除财务报表审计外，注册会计师还承担法律法规要求的其他报告责任，且注册会计师决定在审计报告中履行其他报告责任。

审计报告

XYZ股份有限公司全体股东：

一、对财务报表出具的审计报告①

（一）保留意见

我们审计了XYZ股份有限公司（以下简称XYZ公司）财务报表，包括20×1年12月31日

① 如果审计报告中不包含"按照相关法律法规的要求报告的事项"部分，则不需要加入此标题。

的资产负债表，20×1年度的利润表、现金流量表、股东权益变动表及相关财务报表附注。

我们认为，除“形成保留意见的基础”部分所述事项产生的影响外，后附的财务报表在所有重大方面按照企业会计准则的规定编制，公允反映了XYZ公司20×1年12月31日的财务状况，以及20×1年度的经营成果和现金流量。

（二）形成保留意见的基础

XYZ公司20×1年12月31日资产负债表中存货的列示金额为×元。XYZ公司管理层（以下简称管理层）根据成本对存货进行计量，而没有根据成本与可变现净值孰低的原则进行计量，这不符合企业会计准则的规定。XYZ公司的会计记录显示，如果管理层以成本与可变现净值孰低来计量存货，存货列示金额将减少×元。相应地，资产减值损失将增加×元，所得税、净利润和股东权益将分别减少×元、×元和×元。

我们按照中国注册会计师审计准则的规定执行了审计工作。审计报告的“注册会计师对财务报表审计的责任”部分进一步阐述了我们在这些准则下的责任。按照中国注册会计师职业道德守则，我们独立于XYZ公司，并履行了职业道德方面的其他责任。我们相信，我们获取的审计证据是充分、适当的，为发表保留意见提供了基础。

（三）其他信息

管理层对其他信息负责。其他信息包括[X报告中涵盖的信息，但不包括财务报表和我们的审计报告]。

我们对财务报表发表的审计意见不涵盖其他信息，我们也不对其他信息发表任何形式的鉴证结论。

结合我们对财务报表的审计，我们的责任是阅读其他信息，在此过程中，考虑其他信息是否与财务报表或我们在审计过程中了解到的情况存在重大不一致或者似乎存在重大错报。

基于我们已执行的工作，如果我们确定其他信息存在重大错报，我们应当报告该事实。如上述“形成保留意见的基础”部分所述，XYZ公司管理层根据成本对存货进行计量，而没有根据成本与可变现净值孰低的原则进行计量，这不符合企业会计准则的规定。如果管理层以成本与可变现净值孰低来计量存货，存货列示金额将减少×元。相应地，资产减值损失将增加×元，所得税、净利润和股东权益将分别减少×元、×元和×元。我们认为，由于X报告中的相关金额或其他项目受到存货项目存在重大错报的影响，其他信息存在重大错报，但不具有广泛性。

（四）关键审计事项①

关键审计事项是我们根据职业判断，认为对本期财务报表审计最为重要的事项。这些事项的应对以对财务报表整体进行审计并形成审计意见为背景，我们不对这些事项单独发表意见。除“形成保留意见的基础”部分所述事项外，我们确定下列事项是需要在审计报告中沟通的关键审计事项。

[按照《中国注册会计师审计准则第1504号——在审计报告中沟通关键审计事项》的规定描述每一关键审计事项。]

① 本段适用于按照《中国注册会计师审计准则第1504号——在审计报告中沟通关键审计事项》的规定沟通关键审计事项的情形。

(五)管理层和治理层对财务报表的责任

管理层负责按照企业会计准则的规定编制财务报表,使其实现公允反映,并设计、执行和维护必要的内部控制,以使财务报表不存在由于舞弊或错误导致的重大错报。

在编制财务报表时,管理层负责评估XYZ公司的持续经营能力,披露与持续经营相关的事项(如适用),并运用持续经营假设,除非管理层计划清算XYZ公司、终止运营或别无其他现实的选择。

治理层负责监督XYZ公司的财务报告过程。

(六)注册会计师对财务报表审计的责任

我们的目标是对财务报表整体是否不存在由于舞弊或错误导致的重大错报获取合理保证,并出具包含审计意见的审计报告。合理保证是高水平的保证,但并不能保证按照审计准则执行的审计在某一重大错报存在时总能发现。错报可能由于舞弊或错误导致,如果合理预期错报单独或汇总起来可能影响财务报表使用者依据财务报表作出的经济决策,则通常认为错报是重大的。

在按照审计准则执行审计工作的过程中,我们运用职业判断,并保持职业怀疑。同时,我们也执行以下工作:

(1)识别和评估由于舞弊或错误导致的财务报表重大错报风险,设计和实施审计程序以应对这些风险,并获取充分、适当的审计证据,作为发表审计意见的基础。由于舞弊可能涉及串通、伪造、故意遗漏、虚假陈述或凌驾于内部控制之上,未能发现由于舞弊导致的重大错报的风险高于未能发现由于错误导致的重大错报的风险。

(2)了解与审计相关的内部控制,以设计恰当的审计程序,但目的并非对内部控制的有效性发表意见①。

(3)评价管理层选用会计政策的恰当性和作出会计估计及相关披露的合理性。

(4)对管理层使用持续经营假设的恰当性得出结论。同时,根据获取的审计证据,就可能导致对XYZ公司持续经营能力产生重大疑虑的事项或情况是否存在重大不确定性得出结论。如果我们得出结论认为存在重大不确定性,审计准则要求我们在审计报告中提请报表使用者注意财务报表中的相关披露;如果披露不充分,我们应当发表非无保留意见。我们的结论基于截至审计报告日可获得的信息。然而,未来的事项或情况可能导致XYZ公司不能持续经营。

(5)评价财务报表的总体列报、结构和内容(包括披露),并评价财务报表是否公允反映相关交易和事项。

我们与治理层就计划的审计范围、时间安排和重大审计发现等事项进行沟通,包括沟通我们在审计中识别出的值得关注的内部控制缺陷。

我们还就已遵守与独立性相关的职业道德要求向治理层提供声明,并与治理层沟通可能被合理认为影响我们独立性的所有关系和其他事项,以及相关的防范措施(如适用)。

从与治理层沟通过的事项中,我们确定哪些事项对本期财务报表审计最为重要,因而构成关键审计事项。我们在审计报告中描述这些事项,除非法律法规禁止公开披露这些事项,

① 如果注册会计师结合财务报表审计对内部控制的有效性发表意见,应当删除"但目的并非对内部控制的有效性发表意见"的措辞。

或在极少数情形下，如果合理预期在审计报告中沟通某事项造成的负面后果超过在公众利益方面产生的益处，我们确定不应在审计报告中沟通该事项。

二、按照相关法律法规的要求报告的事项

[本部分的格式和内容，取决于法律法规对其他报告责任性质的规定。本部分应当说明相关法律法规规定的事项（其他报告责任），除非其他报告责任涉及的事项与审计准则规定的报告责任涉及的事项相同。如果涉及相同的事项，其他报告责任可以在审计准则规定的同一报告要素部分列示。当其他报告责任和审计准则规定的报告责任涉及同一事项，并且审计报告中的措辞能够将其他报告责任与审计准则规定的责任（如存在差异）予以清楚地区分时，可以将两者合并列示（即包含在"对财务报表出具的审计报告"部分，并使用适当的副标题）。]

××会计师事务所
（盖章）

中国注册会计师：×××（项目合伙人①）
（签名并盖章）
中国注册会计师：×××
（签名并盖章）

中国××市
20×2 年×月×日

【范例 2-5】 由于合并财务报表重要项目的审计范围受到限制，注册会计师无法获取充分、适当的审计证据而发表保留意见的审计报告（当注册会计师在审计报告日前已获取所有其他信息，且合并财务报表重要项目的审计范围受到限制影响其他信息时）

背景信息：

1. 对上市实体整套合并财务报表进行审计。该审计属于集团审计（即适用《中国注册会计师审计准则第 1401 号——对集团财务报表审计的特殊考虑》）。

2. 管理层按照××财务报告编制基础编制合并财务报表，该编制基础允许被审计单位只列报合并财务报表。

3. 审计业务约定条款体现了《中国注册会计师审计准则第 1111 号——就审计业务约定条款达成一致意见》中关于管理层对合并财务报表责任的描述。

4. 对于一项对境外关联方的投资，注册会计师无法获取充分、适当的审计证据。无法获取充分、适当审计证据的可能影响对合并财务报表而言被认为是重大但非广泛的（即保留意见是适当的）。

5. 适用的相关职业道德要求为中国注册会计师职业道德守则。

6. 基于获取的审计证据，根据《中国注册会计师审计准则第 1324 号——持续经营》，注册会计师认为可能导致对被审计单位持续经营能力产生重大疑虑的事项或情况不存在重大不确定性。

7. 已按照《中国注册会计师审计准则第 1504 号——在审计报告中沟通关键审计事项》的规定沟通了关键审计事项。

8. 注册会计师在审计报告日前已获取所有其他信息，且合并财务报表重要项目审计范

① 披露项目合伙人姓名的要求仅适用于上市实体。

围受到的限制也影响了其他信息。

9. 负责监督合并财务报表的人员与负责编制合并财务报表的人员不同。

10. 除合并财务报表审计外,注册会计师不承担法律法规要求的其他报告责任。

审计报告

XYZ 股份有限公司全体股东:

一、保留意见

我们审计了 XYZ 股份有限公司及其子公司(以下简称 XYZ 集团)合并财务报表,包括 20×1 年 12 月 31 日的合并资产负债表,20×1 年度的合并利润表、合并现金流量表、合并股东权益变动表及相关合并财务报表附注。

我们认为,除“形成保留意见的基础”部分所述事项可能产生的影响外,后附的合并财务报表在所有重大方面按照××财务报告编制基础的规定编制,公允反映了 XYZ 集团 20×1 年 12 月 31 日的合并财务状况,以及 20×1 年度的合并经营成果和合并现金流量。

二、形成保留意见的基础

XYZ 集团对本年度内取得的境外联营公司 ABC 公司的投资以权益法核算,截至 20×1 年 12 月 31 日,该项投资在合并资产负债表中的账面价值为×元,XYZ 集团按持股比例计算的 ABC 公司净收益份额×元已包含在集团本年度收益中。由于我们无法接触 ABC 公司的财务信息、管理层及注册会计师,我们无法就 XYZ 集团对 ABC 公司在 20×1 年 12 月 31 日投资的账面价值,以及 XYZ 集团按持股比例计算的 ABC 公司当年度净收益份额获取充分、适当的审计证据。因此,我们无法确定是否需要对上述金额进行调整。

我们按照中国注册会计师审计准则的规定执行了审计工作。审计报告的“注册会计师对合并财务报表审计的责任”部分进一步阐述了我们在这些准则下的责任。按照中国注册会计师职业道德守则,我们独立于 XYZ 集团,并履行了职业道德方面的其他责任。我们相信,我们获取的审计证据是充分、适当的,为发表保留意见提供了基础。

三、其他信息

XYZ 集团管理层(以下简称管理层)对其他信息负责。其他信息包括[X 报告中涵盖的信息,但不包括合并财务报表和我们的审计报告]。

我们对合并财务报表发表的审计意见不涵盖其他信息,我们也不对其他信息发表任何形式的鉴证结论。

结合我们对合并财务报表的审计,我们的责任是阅读其他信息,在此过程中,考虑其他信息是否与合并财务报表或我们在审计过程中了解到的情况存在重大不一致或者似乎存在重大错报。

基于我们已执行的工作,如果我们确定其他信息存在重大错报,我们应当报告该事实。如上述“形成保留意见的基础”部分所述,我们无法就 20×1 年 12 月 31 日 XYZ 集团对 ABC 公司投资的账面价值,以及 XYZ 集团按持股比例计算的 ABC 公司当年度净收益份额获取充分、适当的审计证据。因此,我们无法确定与该事项相关的其他信息是否存在重大错报。

四、关键审计事项①

关键审计事项是我们根据职业判断,认为对本期合并财务报表审计最为重要的事项。这些事项的应对以对合并财务报表整体进行审计并形成审计意见为背景,我们不对这些事项单独发表意见。除“形成保留意见的基础”部分所述事项外,我们确定下列事项是需要在审计报告中沟通的关键审计事项。

[按照《中国注册会计师审计准则第1504号——在审计报告中沟通关键审计事项》的规定描述每一关键审计事项。]

五、管理层和治理层对合并财务报表的责任

XYZ管理层负责按照××财务报告编制基础的规定编制合并财务报表,使其实现公允反映,并设计、执行和维护必要的内部控制,以使合并财务报表不存在由于舞弊或错误导致的重大错报。

在编制合并财务报表时,管理层负责评估XYZ集团的持续经营能力,披露与持续经营相关的事项(如适用),并运用持续经营假设,除非管理层计划清算XYZ集团、终止运营或别无其他现实的选择。

治理层负责监督XYZ集团的财务报告过程。

六、注册会计师对合并财务报表审计的责任②

我们的目标是对合并财务报表整体是否不存在由于舞弊或错误导致的重大错报获取合理保证,并出具包含审计意见的审计报告。合理保证是高水平的保证,但并不能保证按照审计准则执行的审计在某一重大错报存在时总能发现。错报可能由于舞弊或错误导致,如果合理预期错报单独或汇总起来可能影响财务报表使用者依据合并财务报表作出的经济决策,则通常认为错报是重大的。

在按照审计准则执行审计工作的过程中,我们运用职业判断,并保持职业怀疑。同时,我们也执行以下工作:

(1)识别和评估由于舞弊或错误导致的合并财务报表重大错报风险,设计和实施审计程序以应对这些风险,并获取充分、适当的审计证据,作为发表审计意见的基础。由于舞弊可能涉及串通、伪造、故意遗漏、虚假陈述或凌驾于内部控制之上,未能发现由于舞弊导致的重大错报的风险高于未能发现由于错误导致的重大错报的风险。

(2)了解与审计相关的内部控制,以设计恰当的审计程序,但目的并非对内部控制的有效性发表意见③。

(3)评价管理层选用会计政策的恰当性和作出会计估计及相关披露的合理性。

(4)对管理层使用持续经营假设的恰当性得出结论。同时,根据获取的审计证据,就可能导致对XYZ集团持续经营能力产生重大疑虑的事项或情况是否存在重大不确定性得出结论。如果我们得出结论认为存在重大不确定性,审计准则要求我们在审计报告中提请报

---

① 本段适用于按照《中国注册会计师审计准则第1504号——在审计报告中沟通关键审计事项》的规定沟通关键审计事项的情形。

② 如果被审计单位是非上市实体,需要参考【范例2-3】“注册会计师对财务报表审计的责任”部分的格式,并进行适当改写。

③ 如果注册会计师结合财务报表审计对内部控制的有效性发表意见,应当删除“但目的并非对内部控制的有效性发表意见”的措辞。

表使用者注意合并财务报表中的相关披露；如果披露不充分，我们应当发表非无保留意见。我们的结论基于截至审计报告日可获得的信息。然而，未来的事项或情况可能导致 XYZ 集团不能持续经营。

(5) 评价合并财务报表的总体列报、结构和内容(包括披露)，并评价合并财务报表是否公允反映相关交易和事项。

我们与治理层就计划的审计范围、时间安排和重大审计发现等事项进行沟通，包括沟通我们在审计中识别出的值得关注的内部控制缺陷。

我们还就已遵守与独立性相关的职业道德要求向治理层提供声明，并与治理层沟通可能被合理认为影响我们独立性的所有关系和其他事项，以及相关的防范措施(如适用)。

从与治理层沟通过的事项中，我们确定哪些事项对本期合并财务报表审计最为重要，因而构成关键审计事项。我们在审计报告中描述这些事项，除非法律法规禁止公开披露这些事项，或在极少数情形下，如果合理预期在审计报告中沟通某事项造成的负面后果超过在公众利益方面产生的益处，我们确定不应在审计报告中沟通该事项。

××会计师事务所　　　　中国注册会计师：×××(项目合伙人①)
(盖章)　　　　　　　　　(签名并盖章)
　　　　　　　　　　　　中国注册会计师：×××
　　　　　　　　　　　　(签名并盖章)
中国××市　　　　　　　　20×2 年×月×日

2. 发表否定意见

当发表否定意见时，注册会计师应当在审计意见部分说明：注册会计师认为，由于形成否定意见的基础部分所述事项的重要性，后附的财务报表没有在所有重大方面按照适用的财务报告编制基础的规定编制，未能公允反映[……](参考范例 2-6)；在对注册会计师是否获取了充分、适当的审计证据以作为形成审计意见的基础的说明中，包含恰当的措辞如“否定”。例如：我们相信，我们获取的审计证据是充分、适当的，为发表否定意见提供了基础。

【范例 2-6】 由于合并财务报表存在重大错报而发表否定意见的审计报告(注册会计师在审计报告日前已获取所有其他信息，且对合并财务报表发表的否定意见也对其他信息有影响时)

背景信息：

1. 对上市实体整套合并财务报表进行审计。该审计属于集团审计(即适用《中国注册会计师审计准则第 1401 号——对集团财务报表审计的特殊考虑》)。

2. 管理层按照××财务报告编制基础编制合并财务报表，该编制基础允许被审计单位只列报合并财务报表。

3. 审计业务约定条款体现了《中国注册会计师审计准则第 1111 号——就审计业务约定条款达成一致意见》中关于管理层对合并财务报表责任的描述。

① 披露项目合伙人姓名的要求仅适用于上市实体。

4. 由于未合并一家子公司，合并财务报表存在重大错报，重大错报对合并财务报表而言被认为是广泛的(即否定意见是适当的)。由于不可行，合并财务报表错报的影响无法确定。

5. 适用的相关职业道德要求为中国注册会计师职业道德守则。

6. 基于获取的审计证据，根据《中国注册会计师审计准则第1324号——持续经营》，注册会计师认为可能导致对被审计单位持续经营能力产生重大疑虑的事项或情况不存在重大不确定性。

7. 已按照《中国注册会计师审计准则第1504号——在审计报告中沟通关键审计事项》的规定沟通了关键审计事项。

8. 注册会计师在审计报告日前已获取所有其他信息，且对合并财务报表发表的否定意见也对其他信息有影响。

9. 负责监督合并财务报表的人员与负责编制合并财务报表的人员不同。

10. 除合并财务报表审计外，注册会计师不承担法律法规要求的其他报告责任。

审计报告

XYZ股份有限公司全体股东：

一、否定意见

我们审计了XYZ股份有限公司及其子公司(以下简称XYZ集团)合并财务报表，包括20×1年12月31日的合并资产负债表，20×1年度的合并利润表、合并现金流量表、合并股东权益变动表及相关合并财务报表附注。

我们认为，由于“形成否定意见的基础”部分所述事项的重要性，后附的合并财务报表没有在所有重大方面按照××财务报告编制基础的规定编制，未能公允反映XYZ集团20×1年12月31日的合并财务状况，以及20×1年度的合并经营成果和合并现金流量。

二、形成否定意见的基础

如财务报表附注×所述，由于无法确定XYZ集团于20×1年度收购的子公司ABC公司某些重要资产和负债项目在收购日的公允价值，XYZ集团未将该子公司纳入合并范围。该项投资以成本计量。根据××财务报告编制基础，XYZ集团应将该子公司纳入合并范围，并以暂估金额为基础核算该项收购。如果将ABC公司纳入合并范围，后附合并财务报表的多个项目将受到重大影响。我们尚未确定未将该公司纳入合并范围对合并财务报表的影响。

我们按照中国注册会计师审计准则的规定执行了审计工作。审计报告的“注册会计师对合并财务报表审计的责任”部分进一步阐述了我们在这些准则下的责任。按照中国注册会计师职业道德守则，我们独立于XYZ集团，并履行了职业道德方面的其他责任。我们相信，我们获取的审计证据是充分、适当的，为发表否定意见提供了基础。

三、其他信息

XYZ集团管理层(以下简称管理层)对其他信息负责。其他信息包括[X报告中涵盖的信息，但不包括合并财务报表和我们的审计报告]。

我们对合并财务报表发表的审计意见不涵盖其他信息，我们也不对其他信息发表任何形式的鉴证结论。

结合我们对合并财务报表的审计，我们的责任是阅读其他信息，在此过程中，考虑其他信息是否与合并财务报表或我们在审计过程中了解到的情况存在重大不一致或者似乎存在重大错报。

基于我们已执行的工作,如果我们确定其他信息存在重大错报,我们应当报告该事实。如上述“形成否定意见的基础”部分所述,XYZ 集团应当将 ABC 公司纳入合并范围,并以暂估金额为基础核算该项收购。我们认为,由于 X 报告中的相关金额或其他项目受到未合并 ABC 公司的影响,其他信息存在重大错报。

四、关键审计事项①

关键审计事项是我们根据职业判断,认为对本期合并财务报表审计最为重要的事项。这些事项的应对以对合并财务报表整体进行审计并形成审计意见为背景,我们不对这些事项单独发表意见。除“形成否定意见的基础”部分所述事项外,我们确定下列事项是需要在审计报告中沟通的关键审计事项。

[按照《中国注册会计师审计准则第 1504 号——在审计报告中沟通关键审计事项》的规定描述每一关键审计事项。]

五、管理层和治理层对合并财务报表的责任

XYZ 集团管理层负责按照××财务报告编制基础的规定编制合并财务报表,使其实现公允反映,并设计、执行和维护必要的内部控制,以使合并财务报表不存在由于舞弊或错误导致的重大错报。

在编制合并财务报表时,管理层负责评估 XYZ 集团的持续经营能力,披露与持续经营相关的事项(如适用),并运用持续经营假设,除非管理层计划清算 XYZ 集团、终止运营或别无其他现实的选择。

治理层负责监督 XYZ 集团的财务报告过程。

六、注册会计师对合并财务报表审计的责任②

我们的目标是对合并财务报表整体是否不存在由于舞弊或错误导致的重大错报获取合理保证,并出具包含审计意见的审计报告。合理保证是高水平的保证,但并不能保证按照审计准则执行的审计在某一重大错报存在时总能发现。错报可能由于舞弊或错误导致,如果合理预期错报单独或汇总起来可能影响财务报表使用者依据合并财务报表作出的经济决策,则通常认为错报是重大的。

在按照审计准则执行审计工作的过程中,我们运用职业判断,并保持职业怀疑。同时,我们也执行以下工作:

(1) 识别和评估由于舞弊或错误导致的合并财务报表重大错报风险,设计和实施审计程序以应对这些风险,并获取充分、适当的审计证据,作为发表审计意见的基础。由于舞弊可能涉及串通、伪造、故意遗漏、虚假陈述或凌驾于内部控制之上,未能发现由于舞弊导致的重大错报的风险高于未能发现由于错误导致的重大错报的风险。

(2) 了解与审计相关的内部控制,以设计恰当的审计程序,但目的并非对内部控制的有效性发表意见③。

---

① 本段适用于按照《中国注册会计师审计准则第 1504 号——在审计报告中沟通关键审计事项》的规定沟通关键审计事项的情形。

② 如果被审计单位是非上市实体,需要参考【范例 2-3】“注册会计师对财务报表审计的责任”部分的格式,并进行适当改写。

③ 如果注册会计师结合财务报表审计对内部控制的有效性发表意见,应当删除“但目的并非对内部控制的有效性发表意见”的措辞。

(3) 评价管理层选用会计政策的恰当性和作出会计估计及相关披露的合理性。

(4) 对管理层使用持续经营假设的恰当性得出结论。同时,根据获取的审计证据,就可能导致对XYZ集团持续经营能力产生重大疑虑的事项或情况是否存在重大不确定性得出结论。如果我们得出结论认为存在重大不确定性,审计准则要求我们在审计报告中提请报表使用者注意合并财务报表中的相关披露;如果披露不充分,我们应当发表非无保留意见。我们的结论基于截至审计报告日可获得的信息。然而,未来的事项或情况可能导致XYZ集团不能持续经营。

(5) 评价合并财务报表的总体列报、结构和内容(包括披露),并评价合并财务报表是否公允反映相关交易和事项。

我们与治理层就计划的审计范围、时间安排和重大审计发现等事项进行沟通,包括沟通我们在审计中识别出的值得关注的内部控制缺陷。

我们还就已遵守与独立性相关的职业道德要求向治理层提供声明,并与治理层沟通可能被合理认为影响我们独立性的所有关系和其他事项,以及相关的防范措施(如适用)。

从与治理层沟通过的事项中,我们确定哪些事项对本期合并财务报表审计最为重要,因而构成关键审计事项。我们在审计报告中描述这些事项,除非法律法规禁止公开披露这些事项,或在极少数情形下,如果合理预期在审计报告中沟通某事项造成的负面后果超过在公众利益方面产生的益处,我们确定不应在审计报告中沟通该事项。

××会计师事务所　　　　中国注册会计师:×××(项目合伙人①)
(盖章)　　　　　　　　(签名并盖章)
　　　　　　　　　　　中国注册会计师:×××
　　　　　　　　　　　(签名并盖章)
中国××市　　　　　　　20×2年×月×日

3. 发表无法表示意见

当无法获取充分、适当的审计证据而发表无法表示意见时,注册会计师应当修改审计报告的意见部分:① 修改无保留意见审计报告"审计意见部分"中规定的"财务报表已经审计"的说明,改为"注册会计师接受委托审计财务报表";② 注册会计师不对后附的财务报表发表审计意见;③ 说明由于形成无法表示意见的基础部分所述事项的重要性,注册会计师无法获取充分、适当的审计证据以作为对财务报表发表审计意见的基础。

当注册会计师对财务报表发表无法表示意见时,注册会计师应当修改无保留意见审计报告中形成审计意见的基础部分,不应提及审计报告中用于描述注册会计师责任的部分,也不应说明注册会计师是否已获取充分、适当的审计证据以作为形成审计意见的基础。

当注册会计师对财务报表发表无法表示意见时,注册会计师应当修改无保留意见审计报告中注册会计师对财务报表审计的责任部分,使之仅包含下列内容:① 注册会计师的责任是按照中国注册会计师审计准则的规定,对被审计单位财务报表执行审计工作,以出具审计报告;

① 披露项目合伙人姓名的要求仅适用于上市实体。

② 由于形成无法表示意见的基础部分所述的事项，注册会计师无法获取充分、适当的审计证据以作为发表审计意见的基础；③ 关于注册会计师在独立性和职业道德方面的其他责任的声明。

除非法律法规另有规定，当对财务报表发表无法表示意见时，注册会计师不得在审计报告中包含《中国注册会计师审计准则第1504号——在审计报告中沟通关键审计事项》规定的关键审计事项部分，也不得在审计报告中包含《中国注册会计师审计准则第1521号——注册会计师对其他信息的责任》规定的其他信息部分。

【范例2-7】 由于注册会计师无法针对合并财务报表单一要素获取充分、适当的审计证据而发表无法表示意见的审计报告①

背景信息：

1. 对非上市实体整套合并财务报表进行审计。该审计属于集团审计，被审计单位拥有多个子公司（即适用《中国注册会计师审计准则第1401号——对集团财务报表审计的特殊考虑》）。

2. 管理层按照××财务报告编制基础编制合并财务报表，该编制基础允许被审计单位只列报合并财务报表。

3. 审计业务约定条款体现了《中国注册会计师审计准则第1111号——就审计业务约定条款达成一致意见》中关于管理层对合并财务报表责任的描述。

4. 对合并财务报表的某个要素，注册会计师无法获取充分、适当的审计证据。在本例中，对一家共同经营享有的利益份额占该被审计单位净资产的比例超过90%，但注册会计师无法获取该共同经营财务信息的审计证据。这一事项对合并财务报表可能产生的影响被认为是重大的且具有广泛性（即无法表示意见是恰当的）。

5. 适用的相关职业道德要求为中国注册会计师职业道德守则。

6. 负责监督合并财务报表的人员与负责编制合并财务报表的人员不同。

7. 按照审计准则要求在注册会计师的责任部分作出有限的表述。

8. 除合并财务报表审计外，注册会计师还承担法律法规要求的其他报告责任，且注册会计师决定在审计报告中履行其他报告责任。

审计报告

XYZ股份有限公司全体股东：

一、对合并财务报表出具的审计报告②

（一）无法表示意见

我们接受委托，审计XYZ股份有限公司及其子公司（以下简称XYZ集团）合并财务报表，包括20×1年12月31日的合并资产负债表，20×1年度的合并利润表、合并现金流量表、合并股东权益变动表及相关合并财务报表附注。

我们不对后附的XYZ集团合并财务报表发表审计意见。由于“形成无法表示意见的基础”部分所述事项的重要性，我们无法获取充分、适当的审计证据以作为对合并财务报表发表审计意见的基础。

---

① 除非法律法规另有规定，当注册会计师对财务报表发表无法表示意见时，注册会计师不得在审计报告中包含关键审计事项部分和其他信息部分。

② 如果审计报告中不包含“按照相关法律法规的要求报告的事项”部分，则不需要加入此标题。

（二）形成无法表示意见的基础

XYZ 集团对共同经营 ABC 公司享有的利益份额在该集团的合并资产负债表中的金额（资产扣除负债后的净影响）为×元，占该集团 20×1 年 12 月 31 日净资产的 90% 以上。我们未被允许接触 ABC 公司的管理层和注册会计师，包括 ABC 公司注册会计师的审计工作底稿。

因此，我们无法确定是否有必要对 ABC 公司资产中 XYZ 集团共同控制的比例份额、ABC 公司负债中 XYZ 集团共同承担的比例份额、ABC 公司收入和费用中 XYZ 集团的比例份额，以及合并现金流量表和合并股东权益变动表中的要素作出调整。

（三）管理层和治理层对合并财务报表的责任

XYZ 集团管理层（以下简称管理层）负责按照××财务报告编制基础的规定编制合并财务报表，使其实现公允反映，并设计、执行和维护必要的内部控制，以使合并财务报表不存在由于舞弊或错误导致的重大错报。

在编制合并财务报表时，管理层负责评估 XYZ 集团的持续经营能力，披露与持续经营相关的事项（如适用），并运用持续经营假设，除非管理层计划清算 XYZ 集团、终止运营或别无其他现实的选择。

治理层负责监督 XYZ 集团的财务报告过程。

（四）注册会计师对合并财务报表审计的责任①

我们的责任是按照中国注册会计师审计准则的规定，对 XYZ 集团的合并财务报表执行审计工作，以出具审计报告。但由于“形成无法表示意见的基础”部分所述的事项，我们无法获取充分、适当的审计证据以作为发表审计意见的基础。

按照中国注册会计师职业道德守则，我们独立于 XYZ 集团，并履行了职业道德方面的其他责任。

二、按照相关法律法规的要求报告的事项

［本部分的格式和内容，取决于法律法规对其他报告责任性质的规定。本部分应当说明相关法律法规规定的事项（其他报告责任），除非其他报告责任涉及的事项与审计准则规定的报告责任涉及的事项相同。如果涉及相同的事项，其他报告责任可以在审计准则规定的同一报告要素部分列示。当其他报告责任和审计准则规定的报告责任涉及同一事项，并且审计报告中的措辞能够将其他报告责任与审计准则规定的责任（如存在差异）予以清楚地区分时，可以将两者合并列示（即包含在“对合并财务报表出具的审计报告”部分，并使用适当的副标题）。］

××会计师事务所　　　　中国注册会计师：×××
（盖章）　　　　　　　　（签名并盖章）
　　　　　　　　　　　　中国注册会计师：×××
　　　　　　　　　　　　（签名并盖章）
中国××市　　　　　　　20×2 年×月×日

① 无法表示意见下“注册会计师对合并财务报表审计的责任”部分的内容与其他意见类型下“注册会计师对合并财务报表审计的责任”部分的内容有较大的不同。

【范例 2-8】 由于注册会计师无法针对财务报表多个要素获取充分、适当的审计证据而发表无法表示意见的审计报告①。

背景信息：

1. 对非上市实体整套财务报表进行审计。该审计不属于集团审计(即不适用《中国注册会计师审计准则第 1401 号——对集团财务报表审计的特殊考虑》)。

2. 管理层按照企业会计准则编制财务报表。

3. 审计业务约定条款体现了《中国注册会计师审计准则第 1111 号——就审计业务约定条款达成一致意见》中关于管理层对财务报表责任的描述。

4. 对财务报表的多个要素,注册会计师无法获取充分、适当的审计证据。例如,对被审计单位的存货和应收账款,注册会计师无法获取审计证据,这一事项对财务报表可能产生的影响重大且具有广泛性。

5. 适用的相关职业道德要求为中国注册会计师职业道德守则。

6. 负责监督财务报表的人员与负责编制财务报表的人员不同。

7. 按照审计准则要求在注册会计师的责任部分作出有限的表述。

8. 除财务报表审计外,注册会计师还承担法律法规要求的其他报告责任,且注册会计师决定在审计报告中履行其他报告责任。

审计报告

XYZ 股份有限公司全体股东:

一、对财务报表出具的审计报告②

(一) 无法表示意见

我们接受委托,审计 XYZ 股份有限公司(以下简称 XYZ 公司)财务报表,包括 20×1 年 12 月 31 日的资产负债表,20×1 年度的利润表、现金流量表、股东权益变动表及相关财务报表附注。

我们不对后附的 XYZ 公司财务报表发表审计意见。由于“形成无法表示意见的基础”部分所述事项的重要性,我们无法获取充分、适当的审计证据以作为对财务报表发表审计意见的基础。

(二) 形成无法表示意见的基础

我们于 20×2 年 1 月接受委托审计 XYZ 公司财务报表,因而未能对 XYZ 公司 20×1 年年初金额为×元的存货和年末金额为×元的存货实施监盘程序。此外,我们也无法实施替代审计程序获取充分、适当的审计证据。并且,XYZ 公司于 20×1 年 9 月采用了新的应收账款电算化系统,由于存在系统缺陷导致应收账款出现大量错误。截至报告日,XYZ 公司管理层(以下简称管理层)仍在纠正系统缺陷并更正错误。

我们也无法实施替代审计程序,以对截至 20×1 年 12 月 31 日的应收账款总额×元获取充分、适当的审计证据。因此,我们无法确定是否有必要对存货、应收账款及财务报表其他项目作出调整,也无法确定应调整的金额。

---

① 除非法律法规另有规定,当注册会计师对财务报表发表无法表示意见时,注册会计师不得在审计报告中包含关键审计事项部分和其他信息部分。

② 如果审计报告中不包含“按照相关法律法规的要求报告的事项”部分,则不需要加入此标题。

（三）管理层和治理层对财务报表的责任

管理层负责按照企业会计准则的规定编制财务报表，使其实现公允反映，并设计、执行和维护必要的内部控制，以使财务报表不存在由于舞弊或错误导致的重大错报。

在编制财务报表时，管理层负责评估 XYZ 公司的持续经营能力，披露与持续经营相关的事项（如适用），并运用持续经营假设，除非管理层计划清算 XYZ 公司、终止运营或别无其他现实的选择。

治理层负责监督 XYZ 公司的财务报告过程。

（四）注册会计师对财务报表审计的责任①

我们的责任是按照中国注册会计师审计准则的规定，对 XYZ 公司的财务报表执行审计工作，以出具审计报告。但由于“形成无法表示意见的基础”部分所述的事项，我们无法获取充分、适当的审计证据以作为发表审计意见的基础。

按照中国注册会计师职业道德守则，我们独立于 XYZ 公司，并履行了职业道德方面的其他责任。

二、按照相关法律法规的要求报告的事项

[本部分的格式和内容，取决于法律法规对其他报告责任性质的规定。本部分应当说明相关法律法规规定的事项（其他报告责任），除非其他报告责任涉及的事项与审计准则规定的报告责任涉及的事项相同。如果涉及相同的事项，其他报告责任可以在审计准则规定的同一报告要素部分列示。当其他报告责任和审计准则规定的报告责任涉及同一事项，并且审计报告中的措辞能够将其他报告责任与审计准则规定的责任（如存在差异）予以清楚地区分时，可以将两者合并列示（即包含在“对财务报表出具的审计报告”部分，并使用适当的副标题）。]

××会计师事务所　　　　　　　　中国注册会计师：×××
（盖章）　　　　　　　　　　　　（签名并盖章）
　　　　　　　　　　　　　　　　中国注册会计师：×××
　　　　　　　　　　　　　　　　（签名并盖章）
中国××市　　　　　　　　　　　20×2 年×月×日

表 2-4 以上市实体财务报表审计为例，总结了各种意见类型审计报告的组成部分。

表 2-4　各种意见类型审计报告的组成部分（以上市实体财务报表审计为例）

财务报表审计意见类型	无保留意见	保留意见	否定意见	无法表示意见
财务报表审计报告组成部分	背景信息	背景信息	背景信息	背景信息
	标题	标题	标题	标题
	收件人	收件人	收件人	收件人

① 无法表示意见下“注册会计师对合并财务报表审计的责任”部分的内容与其他意见类型下“注册会计师对合并财务报表审计的责任”部分的内容有较大的不同。

续表

财务报表审计意见类型	无保留意见	保留意见	否定意见	无法表示意见
财务报表审计报告组成部分	一、对财务报表出具的审计报告(如果审计报告中不包含“按照相关法律法规的要求报告的事项”部分,则不需要加入此标题)	一、对财务报表出具的审计报告(如果审计报告中不包含“按照相关法律法规的要求报告的事项”部分,则不需要加入此标题)	一、对财务报表出具的审计报告(如果审计报告中不包含“按照相关法律法规的要求报告的事项”部分,则不需要加入此标题)	一、对财务报表出具的审计报告(如果审计报告中不包含“按照相关法律法规的要求报告的事项”部分,则不需要加入此标题)
	(一)审计意见	(一)保留意见	(一)否定意见	(一)无法表示意见
	(二)形成审计意见的基础	(二)形成保留意见的基础	(二)形成否定意见的基础	(二)形成无法表示意见的基础
	(三)关键审计事项	(三)关键审计事项	(三)关键审计事项	关键审计事项(不得包含)
	(四)其他信息	(四)其他信息	(四)其他信息	其他信息(不得包含)
	(五)管理层和治理层对财务报表的责任	(五)管理层和治理层对财务报表的责任	(五)管理层和治理层对财务报表的责任	(三)管理层和治理层对财务报表的责任
	(六)注册会计师对财务报表审计的责任	(六)注册会计师对财务报表审计的责任	(六)注册会计师对财务报表审计的责任	(四)注册会计师对财务报表审计的责任(与其他审计意见有较大的不同)
	二、按照相关法律法规的要求报告的事项(如适用)	二、按照相关法律法规的要求报告的事项(如适用)	二、按照相关法律法规的要求报告的事项(如适用)	二、按照相关法律法规的要求报告的事项(如适用)
	注册会计师的签名和盖章	注册会计师的签名和盖章	注册会计师的签名和盖章	注册会计师的签名和盖章
	会计师事务所的名称、地址和盖章	会计师事务所的名称、地址和盖章	会计师事务所的名称、地址和盖章	会计师事务所的名称、地址和盖章
	报告日期	报告日期	报告日期	报告日期

表 2-5 以非上市实体财务报表审计为例,总结了各种意见类型审计报告的组成部分。

表 2-5 各种意见类型审计报告的组成部分(以非上市实体财务报表审计为例)

财务报表审计意见类型	无保留意见	保留意见	否定意见	无法表示意见
财务报表审计报告组成部分	背景信息	背景信息	背景信息	背景信息
	标题	标题	标题	标题
	收件人	收件人	收件人	收件人

续表

财务报表审计意见类型	无保留意见	保留意见	否定意见	无法表示意见
财务报表审计报告组成部分	一、对财务报表出具的审计报告(如果审计报告中不包含"按照相关法律法规的要求报告的事项"部分,则不需要加入此标题)	一、对财务报表出具的审计报告(如果审计报告中不包含"按照相关法律法规的要求报告的事项"部分,则不需要加入此标题)	一、对财务报表出具的审计报告(如果审计报告中不包含"按照相关法律法规的要求报告的事项"部分,则不需要加入此标题)	一、对财务报表出具的审计报告(如果审计报告中不包含"按照相关法律法规的要求报告的事项"部分,则不需要加入此标题)
	(一)审计意见	(一)保留意见	(一)否定意见	(一)无法表示意见
	(二)形成审计意见的基础	(二)形成保留意见的基础	(二)形成否定意见的基础	(二)形成无法表示意见的基础
	(三)关键审计事项(可能要求列示)	(三)关键审计事项(可能要求列示)	(三)关键审计事项(可能要求列示)	关键审计事项(不得包含)
	(四)其他信息	(四)其他信息	(四)其他信息	其他信息(不得包含)
	(五)管理层和治理层对财务报表的责任	(五)管理层和治理层对财务报表的责任	(五)管理层和治理层对财务报表的责任	(三)管理层和治理层对财务报表的责任
	(六)注册会计师对财务报表审计的责任	(六)注册会计师对财务报表审计的责任	(六)注册会计师对财务报表审计的责任	(四)注册会计师对财务报表审计的责任(与其他审计意见有较大的不同)
	二、按照相关法律法规的要求报告的事项(如适用)	二、按照相关法律法规的要求报告的事项(如适用)	二、按照相关法律法规的要求报告的事项(如适用)	二、按照相关法律法规的要求报告的事项(如适用)
	注册会计师的签名和盖章	注册会计师的签名和盖章	注册会计师的签名和盖章	注册会计师的签名和盖章
	会计师事务所的名称、地址和盖章	会计师事务所的名称、地址和盖章	会计师事务所的名称、地址和盖章	会计师事务所的名称、地址和盖章
	报告日期	报告日期	报告日期	报告日期

(三)与治理层的沟通拟发表非无保留意见的情况及拟使用的措辞

当拟在审计报告中发表非无保留意见时,注册会计师基于提醒治理层注意拟发表的非无保留意见和拟发表非无保留意见的原因(或情形),就发表非无保留意见寻求治理层的同意,或证实与管理层存在分歧的事项、治理层有机会向注册会计师提供与导致非无保留意见的事项相关的进一步信息和解释等目的,应当与治理层沟通导致拟发表非无保留意见的情况,以及拟使用的非无保留意见措辞。

第四节 在审计报告中沟通关键审计事项

《中国注册会计师审计准则第1504号——在审计报告中沟通关键审计事项》规范注册会计师如何确定关键审计事项及如何在审计报告中沟通关键审计事项，包括沟通的形式和内容。注册会计师在执行上市实体整套通用目的财务报表审计，以及注册会计师决定或应委托方要求时，应在审计报告中增加关键审计事项部分，用于沟通关键审计事项。注册会计师的目标是确定关键审计事项，并在对财务报表形成审计意见后，以在审计报告中描述关键审计事项的方式沟通这些事项。

一、沟通关键审计事项的意义

关键审计事项，是指注册会计师从与治理层沟通过的事项中选取的、根据职业判断认为对本期财务报表审计最为重要的事项。

在审计报告中沟通关键审计事项的意义在于，沟通关键审计事项可以提高已执行审计工作的透明度，以增加审计报告的沟通价值；帮助财务报表预期使用者了解注册会计师根据职业判断认为对本期财务报表审计最为重要的事项，并为其提供额外的信息；帮助财务报表预期使用者了解被审计单位，以及已审计财务报表中涉及重大管理层判断的领域；为财务报表预期使用者就与被审计单位、已审计财务报表或已执行审计工作相关的事项进一步与管理层和治理层沟通提供基础，有助于加强注册会计师与治理层就这些事项进行的沟通，提高管理层和治理层对审计报告中提及的财务报表披露的关注程度。

二、确定关键审计事项

如图2-2所示，注册会计师应当综合考虑评估的重大错报风险较高的领域或识别出的特别风险、与财务报表中涉及重要管理层判断（包括被认为具有高度估计不确定性的会计估计）的领域相关的重大审计判断及本期重大交易或事项对审计的影响，从与治理层沟通过的事项中筛选出较少数量的事项，从中确定“在执行审计工作时重点关注过的事项”，并从“在执行审计工作时重点关注过的事项”中确定哪些事项对于本期财务报表审计而言是“最为重要的事项”，从而构成关键审计事项。

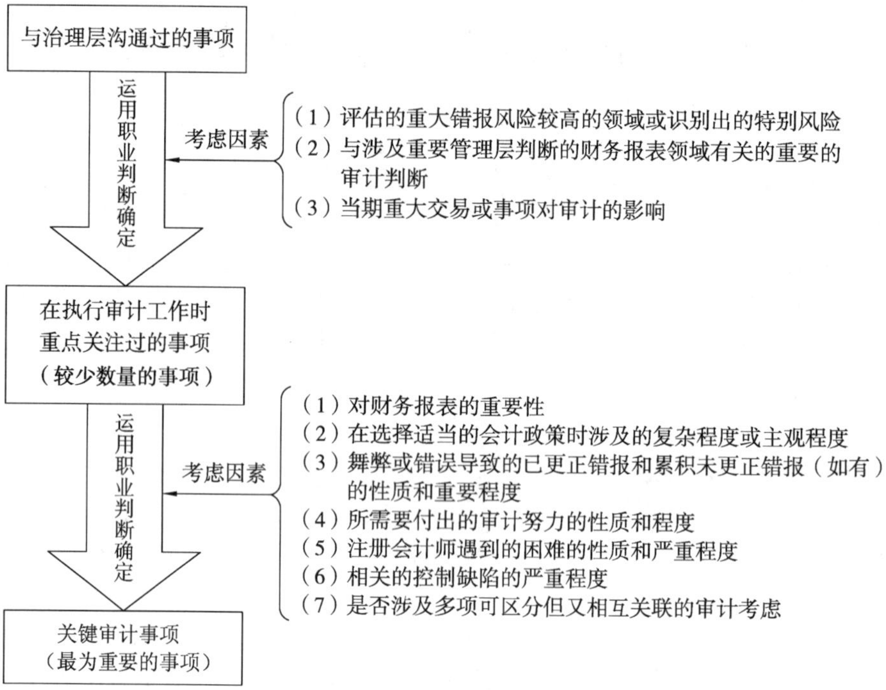

图 2-2　注册会计师确定关键审计事项的决策过程

（一）与治理层沟通过的事项

《中国注册会计师审计准则第 1151 号——与治理层的沟通》要求注册会计师应当与治理层沟通注册会计师与财务报表审计相关的责任，以及审计过程中的重大发现，包括：① 注册会计师对被审计单位会计实务（包括会计政策、会计估计和财务报表披露）重大方面的质量的看法。在适当的情况下，注册会计师应当向治理层解释为何某项在适用的财务报告编制基础下可以接受的重大会计实务，并不一定最适合被审计单位的具体情况。② 审计工作中遇到的重大困难。③ 已与管理层讨论或需要书面沟通的审计中出现的重大事项，以及注册会计师要求提供的书面声明，除非治理层全部成员参与管理被审计单位。④ 影响审计报告形式和内容的情形（如有）。⑤ 审计中出现的、根据职业判断认为与监督财务报告过程相关的所有其他重大事项。这些"与治理层沟通过的事项"成为选择关键审计事项的起点。

（二）确定在执行审计工作时重点关注过的事项

1. 对"在执行审计工作时重点关注过的事项"的基本认识

（1）重点关注的概念基于对风险导向审计的基本认识。现代审计是风险导向审计，注重识别和评估财务报表重大错报风险，设计和实施进一步审计程序应对识别和评估财务报表重大错报风险，并获取充分、适当的审计证据，以作为形成审计意见的基础。因此，对注册会计师获取充分、适当的审计证据或对财务报表形成审计意见构成挑战的事项可能与注册会计师确定关键审计事项尤其相关。

（2）注册会计师重点关注过的领域通常与财务报表中复杂、重大的管理层判断领域相关，因而通常涉及困难或复杂的注册会计师职业判断。相应地，重点关注过的事项通常影响注册会计师的总体审计策略，以及与这些事项相关的审计资源分配和审计工作力度。

(3) 准则要求注册会计师与治理层及其他可能与重点关注过的领域相关的人员进行特定的沟通。例如:要求注册会计师与治理层沟通审计工作中遇到的诸如关联方交易,特别是对注册会计师获取关联方交易与公平交易在所有其他方面(除价格外)都等同的审计证据的能力存在的限制,以及集团审计受到的限制(如集团项目组接触某些信息受到的限制)等重大困难(如有);要求项目合伙人就疑难问题或争议事项进行适当咨询(例如,注册会计师已就某一重大技术事项向会计师事务所内部或外部其他人员进行咨询,可能表明该事项构成关键审计事项),以及要求项目合伙人与项目质量控制复核人员讨论在审计过程中遇到的重大事项。

2. 注册会计师在确定执行审计工作时重点关注过的事项时应当进行的特定考虑

尽管注册会计师对关键审计事项的确定需要基于执行审计程序的结果或在整个审计过程中获取的审计证据,但在计划审计工作时,注册会计师可以先就哪些事项很可能属于在审计中重点关注的领域因而可能构成关键审计事项形成一个初步的看法,并可以在与治理层讨论计划的审计范围和时间安排时沟通这一看法。注册会计师在确定执行审计工作时重点关注过的事项应当从以下方面进行特定考虑:

(1) 评估的重大错报风险较高的领域或识别出的特别风险。注册会计师可以与治理层沟通注册会计师计划如何应对评估的重大错报风险较高的领域,注册会计师识别和评估的、根据职业判断认为需要特别考虑的重大错报风险为特别风险。重大管理层判断领域和重大非常规交易通常可能被识别为存在特别风险。特别风险通常属于需要重点关注的领域,但并非所有特别风险都属于需要注册会计师重点关注的领域。风险是否要重点关注,需要视其性质而定。如果这些风险不需要重点关注,注册会计师在确定关键审计事项时可不必加以考虑。同时,注册会计师对认定重大错报风险的评估结果,可能随着审计过程中不断获取的审计证据而作出相应的变化。针对财务报表的特定领域修改注册会计师的风险评估结果并重新评价计划实施的审计程序(即审计方案的重大变化)可能导致某一领域被确定为需要重点关注的领域。

(2) 与财务报表中包含重大管理层判断(包括被认为具有高度估计不确定性的会计估计)的领域相关的重大审计判断。在很多情况下,涉及关键会计估计和相关披露,很可能属于重点关注领域,也可能被识别为特别风险。被识别为具有高度估计不确定性的会计估计可能未被确定为存在特别风险,然而财务报表使用者对这些会计估计很感兴趣。这些估计高度依赖管理层判断,通常是财务报表中最为复杂的领域,并且可能同时需要管理层的专家和注册会计师的专家的参与。对财务报表具有重大影响的会计政策(及这些政策的重大变化)对财务报表使用者理解财务报表特别重要,尤其是当被审计单位的实务与同行业其他实体不一致时。

(3) 本期重大交易或事项对审计的影响。对财务报表或审计工作具有重大影响的事项或交易可能属于重点关注领域,并可能被识别为特别风险。那些影响管理层假设或判断的经济、会计、法规、行业或其他方面的重大变化也可能影响注册会计师的总体审计方案,由此成为需要注册会计师重点关注的事项。

注册会计师在确定重点关注过的事项时进行的特定考虑宜着眼于与治理层沟通过的事项的性质,这些事项通常与财务报表中披露的事项相关联,并且旨在反映预期使用者对于财务报表审计可能特别感兴趣的领域。但要求注册会计师进行这些考虑,并不意味着与之相关的事项必然构成关键审计事项，只有在被认为对审计工作最为重要时，相关事项才构成关键审计事项。由于这些考虑可能是相互关联的(例如，与上述第(2)、(3)项所描述情形相关的事项也可能被识别为特别风险)，对与治理层沟通过的某一特定事项，如同时适用上述第(1)至(3)项中的两项以上，可能增加注册会计师将其识别为关键审计事项的可能性。此外，还可能存在其他与治理层沟通过、需要注册会计师重点关注的事项，因而可能构成关键审计事项。这些事项可能包括与已执行审计工作相关但可能不被要求在财务报表中披露的事项等。

（三）确定最为重要的事项：关键审计事项

1. 确定关键审计事项需要考虑的相关因素

注册会计师可能已就需要重点关注的事项与治理层进行了较多的互动。就这些事项与治理层进行沟通的性质和范围，通常能够表明哪些事项对审计而言最为重要。运用最为重要的事项这一概念，需要以被审计单位和已执行的审计工作为背景。因此，注册会计师确定和沟通关键审计事项的目的在于识别出该审计项目特有的事项，并就这些事项相对于审计中其他事项的重要程度作出判断。在确定某一与治理层沟通过的事项的相对重要程度及该事项是否构成关键审计事项时，下列考虑也可能是相关的：① 该事项对预期使用者理解财务报表整体的重要程度，尤其是对财务报表的重要性。② 与该事项相关的会计政策的性质，或者与同行业其他实体相比，管理层在选择适当的会计政策时涉及的复杂程度或主观程度。③ 从定性和定量两方面考虑，与该事项相关的由于舞弊或错误导致的已更正错报和累积未更正错报(如有)的性质和重要程度。④ 为应对该事项所需要付出的审计努力的性质和程度，包括：a. 为应对该事项而实施审计程序或评价这些审计程序的结果(如有)在多大程度上需要特殊的知识或技能。b. 就该事项在项目组之外进行咨询的性质。⑤ 在实施审计程序、评价实施审计程序的结果、获取相关和可靠的审计证据以作为发表审计意见的基础时，注册会计师遇到的困难的性质和严重程度，尤其是当注册会计师的判断变得更加主观时。⑥ 识别出的与该事项相关的控制缺陷的严重程度。⑦ 该事项是否涉及多项可区分但又相互关联的审计考虑。例如，长期合同可能在收入确认、诉讼或其他或有事项等方面需要重点关注，并且可能影响其他会计估计。

2. 运用职业判断确定关键审计事项及其数量

从需要重点关注的事项中，确定哪些事项及多少事项对本期财务报表审计最为重要，属于职业判断。需要判断在审计报告中包含的关键审计事项的数量可能受被审计单位规模和复杂程度、业务和经营环境的性质，以及审计业务具体事实和情况的影响。一般而言，最初确定为关键审计事项的事项越多，注册会计师越需要重新考虑每一事项是否符合关键审计事项的定义。罗列大量关键审计事项可能与这些事项是审计中最为重要的事项这一概念相抵触。

三、沟通关键审计事项

沟通关键审计事项，一方面，在审计报告中单设“关键审计事项”部分对外报告；另一方面，注册会计师就确定的关键审计事项与治理层进行沟通。

（一）在审计报告中单设“关键审计事项”部分沟通关键审计事项

1. 在审计报告中单设“关键审计事项”部分

除不在审计报告中沟通关键审计事项的情形外，注册会计师应当在审计报告中单设一部分，以“关键审计事项”为标题，并在该部分使用恰当的子标题逐项描述关键审计事项。将单设的“关键审计事项”部分置于接近审计意见的位置，能够突出这些信息，同时向财务报表预期使用者展示项目特定信息在其眼中的价值。

“关键审计事项”部分一般包括“关键审计事项部分的引言”和“描述每一关键审计事项”两个部分。

“关键审计事项部分的引言”应当同时说明下列事项：① 关键审计事项是注册会计师根据职业判断，认为对本期财务报表审计最为重要的事项；② 关键审计事项的应对以对财务报表整体进行审计并形成审计意见为背景，注册会计师不对关键审计事项单独发表意见。

如果列报了比较财务信息，“关键审计事项部分的引言”需要作相应调整，以提醒所描述的关键审计事项仅与本期财务报表审计相关这一事实，还可以指明这些财务报表涵盖的具体期间（如 20×1 年度）。即使已审计财务报表包含比较财务报表（即审计意见涉及财务报表列报的每个期间），注册会计师确定的关键审计事项仅限于对本期财务报表审计最为重要的事项；尽管注册会计师确定关键审计事项是为了本期财务报表审计，并且准则并不要求注册会计师更新上期审计报告中的关键审计事项，但注册会计师考虑上期财务报表审计的关键审计事项对本期财务报表审计而言是否仍为关键审计事项可能是有用的。

在“描述每一关键审计事项部分”列示每一关键事项的顺序属于职业判断。例如，这些信息可能基于注册会计师对其相对重要程度的判断进行列示，也可能与事项在财务报表中的披露方式相对应。

2. *描述单一关键审计事项*

在审计报告的关键审计事项部分逐项描述关键审计事项时，注册会计师应当分别索引至财务报表的相关披露（如有），并同时说明该事项被认定为审计中最为重要的事项之一，进而被确定为关键审计事项的原因，以及该事项在审计中是如何应对的等内容。

（1）索引至财务报表中对该事项的披露。对关键审计事项的描述不是对财务报表披露内容的简单重复。然而，对财务报表相关披露的索引能够使财务报表预期使用者进一步了解管理层在编制财务报表时如何应对这些事项。除索引至相关披露外，注册会计师还可以提醒财务报表预期使用者关注这些披露的关键方面。管理层就有关某一特定事项如何影响本期财务报表的具体方面或因素所进行披露的程度，可能帮助注册会计师准确描述其在审计中如何应对该事项的特定方面，从而使得预期使用者能够了解为何该事项构成关键审计事项。

（2）注册会计师认为该事项是审计中最为重要的事项之一的原因。在审计报告中描述关键审计事项的目的在于提供为何将该事项确定为关键审计事项的见解，这种描述可以提及注册会计师根据审计的具体情况将某一事项确定为最为重要的事项之一时作出的主要考虑，例如：① 影响注册会计师获取审计证据能力的经济状况，如某些金融工具的市场缺乏流动性；② 新的或新兴领域的会计政策，如项目组在会计师事务所内部咨询的被审计单位特有的或行业特有的事项；③ 对财务报表具有重大影响的被审计单位经营战略或经营模式发生变化。

（3）该事项在审计中是如何应对的。在审计报告中描述一项关键审计事项在审计中如何应对时，描述是否充分及描述的详细程度属于职业判断。注册会计师可以描述下列要素：① 审计应对措施或审计方案中，与该事项最为相关或对评估的重大错报风险最有针对性的方面；② 对已实施审计程序的简要概述；③ 实施审计程序的结果；④ 对该事项的主要看法。

为使预期使用者能够理解在对财务报表整体进行审计的背景下关键审计事项的重要程度，以及关键审计事项和审计报告其他要素（包括审计意见）之间的关系，注册会计师可能需要注意用于描述关键审计事项的语言：一是不暗示注册会计师在对财务报表形成审计意见时尚未恰当解决该事项；二是将该事项直接联系到被审计单位的具体情况，避免使用一般化或标准化的语言；三是能够体现出对该事项在相关财务报表披露（如有）中如何应对的考虑；四是不对财务报表单一要素单独发表意见，也不暗示是对财务报表单一要素单独发表意见。

注册会计师在审计报告中描述关键审计事项时，也可能指出注册会计师采取的应对措施的结果。但注册会计师需要避免使财务报表预期使用者认为这种描述是针对单一关键审计事项发表单独的意见，也需要避免使预期使用者对财务报表整体的审计意见产生疑问。

3. 不在审计报告中沟通关键审计事项的情形

一般而言，为提高审计的透明度及符合公众利益，注册会计师应当在审计报告中沟通关键审计事项。然而，在某些情况下，法律法规也可能禁止公开披露某事项。在极少数情形下，如果合理预期在审计报告中沟通某事项造成的负面后果超过在公众利益方面产生的益处，此时注册会计师不应在审计报告中沟通上述事项。但如果被审计单位已公开披露与该事项有关的信息，则注册会计师可以考虑进行相关披露。

注册会计师决定不沟通某一事项所需要进行的考虑是复杂的，包含重大职业判断。因此，注册会计师可能认为获取法律意见是适当的。

4. 其他情形下"关键审计事项"部分的形式和内容

在审计报告中沟通关键审计事项以注册会计师已就财务报表整体形成的审计意见为背景。在关键审计事项部分披露的关键审计事项必须是已经得到满意解决的事项，即不存在审计范围受到限制，也不存在注册会计师与被审计单位管理层意见存在分歧的情况。当注册会计师出具无保留意见时，沟通关键审计事项并不代替管理层按照适用的财务报告编制基础在财务报表中作出的披露或为实现财务报表的公允反映而需要作出的披露（如适用）；除非法律法规要求沟通，当注册会计师在对财务报表发表无法表示意见时，不得在审计报告中沟通关键审计事项。

在审计报告中沟通关键审计事项也不是注册会计师就单一事项单独发表意见。如果注册会计师根据被审计单位和审计业务的具体事实和情况，确定不存在需要沟通的关键审计事项，或者仅有的需要沟通的关键审计事项属于下列第（3）种情况，注册会计师应当在审计报告中单设的关键审计事项部分对此进行说明。

（1）注册会计师确定不存在关键审计事项。确定关键审计事项涉及对需要重点关注的事项的相对重要程度作出判断。对上市实体整套通用目的财务报表进行审计的注册会计师，确定与治理层沟通过的事项中不存在任何一项需要在审计报告中沟通的关键审计事项，可能是较为少见的情况。然而，在某些有限的情况下（如某上市实体的经营业务非常有限），注册会计师可能确定由于不存在需要重点关注的事项，因而就不存在关键审计事项。

如果注册会计师确定不存在需要沟通的关键审计事项，可以在审计报告中作如下表述：

关键审计事项

除形成保留（否定）意见的基础部分或与持续经营相关的重大不确定性部分所描述的事项外，我们确定不存在其他需要在审计报告中沟通的关键审计事项。

或者：

关键审计事项

我们确定不存在需要在审计报告中沟通的关键审计事项。

（2）除法律法规禁止公开披露某事项，以及在极少数情形下，如果合理预期在审计报告中沟通某事项造成的负面后果超过在公众利益方面产生的益处，注册会计师确定不应在审计报告中沟通该事项外，注册会计师确定不在审计报告中沟通某一关键审计事项，并且不存在其他关键审计事项。

（3）仅有的关键审计事项属于导致非无保留意见的事项或可能导致对被审计单位持续经营能力产生重大疑虑的事项或情况存在重大不确定性而按规定进行沟通的事项。

如果按照《中国注册会计师审计准则第 1502 号——在审计报告中发表非无保留意见》的规定，某些事项导致注册会计师应当发表非无保留意见，注册会计师不得在审计报告的关键审计事项部分沟通这些事项。在注册会计师根据审计业务的具体情况发表非无保留意见时，沟通关键审计事项并不代替注册会计师认为财务报表披露在恰当性或充分性方面存在重大错报的情形。

当注册会计师按照《中国注册会计师审计准则第 1502 号——在审计报告中发表非无保留意见》的规定发表保留意见或否定意见时，在“形成保留（否定）意见的基础”部分描述导致非无保留意见的事项有助于预期使用者了解并识别存在的这些事项。因此，将这些事项（即导致非无保留意见的事项）与“关键审计事项”部分描述的其他关键审计事项区分开来单独沟通，能够使其在审计报告中得以适当的突出显示。此时，注册会计师需要考虑当发表保留意见或否定意见并在审计报告中沟通其他关键审计事项时，“关键审计事项”部分的引言如何受到影响。当注册会计师确定除审计报告“形成保留（否定）意见的基础”部分或“与持续经营相关的重大不确定性”部分说明的事项外，不存在其他需要在审计报告中沟通的关键审计事项时，“关键审计事项”部分如何进行说明。

如果注册会计师对财务报表发表保留意见或否定意见，沟通其他关键审计事项仍有助于增强预期使用者对审计工作的了解，因而确定关键审计事项的要求仍然适用。然而，否定意见是在注册会计师得出结论认为错报单独或汇总起来对财务报表产生的影响重大且具有广泛性时发表的，因此：① 根据导致否定意见的事项的重要程度，注册会计师可能确定不存在其他关键审计事项。在这种情况下，根据《中国注册会计师审计准则第 1502 号——在审计报告中发表非无保留意见》的规定导致非无保留意见的事项，或者根据《中国注册会计师审计准则第 1324 号——持续经营》的规定可能导致对被审计单位持续经营能力产生重大疑虑的事项或情况存在重大不确定性，就其性质而言都属于关键审计事项。然而，这些事项不得在审计报告的关键审计事项部分进行描述，并且在审计报告的关键审计事项部分逐项描述关键审计事项的要求不适用于这些情况。注册会计师应当按照适用的审计准则的规定报告这些事项，并在关键审计事项部分提及形成保留（否定）意见的基础部分或与持续经营相关的重大不确定性部分。② 如果除导致否定意见的事项外，还存在一项或多项其他事项被确定为关键审计事项，则鉴于已发表否定意见，对这些其他关键审计事项的描述，不要暗示财务报表整体在这些事项方面比实际情况更为可靠，这一点非常重要。

5. 关键审计事项(段)与强调事项(段)、其他事项(段)的关系

关键审计事项是当期财务报表审计中最为重要的事项,侧重"审计过程中注册会计师给予过重点关注及应对"的事项。《中国注册会计师审计准则第1503号——在审计报告中增加强调事项段和其他事项段》规定,注册会计师在认为必要时可以在审计报告中增加强调事项段和其他事项段。强调事项段是指审计报告中含有一个段落,该段落提及已在财务报表中恰当列报或披露的事项,且根据注册会计师的职业判断,该事项对财务报表使用者理解财务报表至关重要。其他事项段,是指审计报告中含有一个段落,该段落提及未在财务报表中列报或披露的事项,且根据注册会计师的职业判断,该事项与财务报表使用者理解审计工作、注册会计师的责任或审计报告相关。通过这种方式,为注册会计师建立了在审计报告中进一步沟通的机制。在这些情况下,审计报告中的强调事项段或其他事项段需要与关键审计事项部分分开列示,事项在审计报告中的表述位置取决于事项本身的性质。

(1) 如果某事项被确定为关键审计事项,则强调事项段的使用不能代替对某项关键审计事项的描述,即不得在强调事项段中表述某项关键审计事项。

(2) 某一事项可能未被确定为关键审计事项(因该事项不是重点关注过的事项),但根据注册会计师的职业判断,该事项对财务报表使用者理解财务报表至关重要(如期后事项)。如果认为有必要提请财务报表使用者关注该事项,注册会计师应当将该事项包含在审计报告的强调事项段中。

(3) 对同时符合关键审计事项与强调事项标准的事项的处理方法是在关键审计事项部分表述,可通过位置或表述突出其相对重要性。

(4) 符合关键审计事项标准的,不得在其他事项段中表述。

【范例2-9】 关键审计事项——收入确认①

关键审计事项是我们根据职业判断,认为对本期财务报表审计最为重要的事项。这些事项的应对以对财务报表整体进行审计并形成审计意见为背景,我们不对这些事项单独发表意见。我们在审计中识别出的关键审计事项如下:

相关信息披露详见财务报表附注二22(a)。

(一) 关键审计事项描述

福耀集团的销售收入主要来源于在中国国内及海外市场向汽车生产商和售后维修供应商销售汽车玻璃。2016年度,中国国内汽车生产商的汽车玻璃("国内配套")的销售收入为人民币10 252 293 113元,约占福耀集团合并营业收入的62%。

根据财务报表附注二22(a),福耀集团将产品按照协议合同规定运至约定交货地点,由购买方确认接收后,确认收入。购买方在确认接收后享有自行销售和使用产品的权利并承担该产品可能发生价格波动或毁损的风险。其中,国内配套的销售收入在国内汽车生产商根据销售合同条款的规定领用并确认接收产品时予以确认;其他客户包括海外汽车生产商和售后维修供应商等的销售收入,于产品按照协议合同运至约定交货地点并由购买方确认接收后予以确认。

我们着重关注国内汽车生产商销售收入确认的截止性,主要由于国内配套产品的领用

① 资料来源:福耀玻璃工业集团股份有限公司2016年度财务报表及审计报告,审计意见类型为无保留意见,格式上略有改动。

并确认接收的单证由分布在国内不同地区的众多国内汽车生产商提供。国内汽车生产商领用接收产品的时点和销售确认时点可能存在时间性差异,进而可能存在销售收入未在恰当期间确认的风险。

(二)实施的审计程序(我们在审计中如何应对关键审计事项)

我们了解、评估并测试了福耀集团自审批客户订单至销售交易入账的收入流程及管理层关键内部控制。此外,我们测试了信息系统一般控制和与收入流程相关的自动控制。

我们通过审阅销售合同及与管理层的访谈,了解和评估了福耀集团的收入确认政策。

我们针对国内汽车生产商的销售收入进行了抽样测试,核对至相关销售合同中风险及报酬条款和汽车生产商领用并确认接收的单证等支持性文件。

此外,我们根据客户交易的特点和性质,挑选样本执行函证程序以确认应收账款余额和销售收入金额。

另外,我们针对资产负债表日前后确认的销售收入执行抽样测试,核对至领用并确认接收的单证,以评估销售收入是否在恰当的期间确认。

(三)实施审计程序的结果

根据我们所实施的审计程序,我们未发现影响合并财务报表的与收入确认截止性相关的重大差异。

(二)注册会计师就确定的关键审计事项与治理层的沟通

1. 与治理层沟通的时间

《中国注册会计师审计准则第1151号——与治理层的沟通》要求注册会计师及时与治理层沟通确定的关键审计事项。沟通关键审计事项的适当时间安排因业务具体情况的不同而不同。然而,注册会计师可以在讨论计划的审计范围和时间安排时沟通有关关键审计事项的初步看法,也可以在沟通审计发现时进一步讨论这些事项。这样做可能有助于减轻实务中在财务报表即将完成并对外公布时才试图就关键审计事项进行充分的双向沟通所带来的挑战。

2. 与治理层沟通的目的

一方面,与治理层沟通能够使治理层注意到注册会计师拟在审计报告中沟通的关键审计事项,并给治理层提供在必要时进一步澄清的机会。注册会计师可能认为向治理层提供审计报告草稿以方便这一讨论是有帮助的。另一方面,与治理层的沟通确认了治理层在监督财务报告过程中的重要作用,同时为治理层提供了了解注册会计师如何确定关键审计事项及将如何在审计报告中描述这些事项的机会,并能够使治理层考虑,鉴于这些事项将在审计报告中进行沟通,作出新的披露或提高披露质量是否有用。

3. 与治理层沟通的内容

注册会计师应当就下列事项与治理层沟通:① 注册会计师确定的关键审计事项;② 根据被审计单位和审计业务的具体事实和情况,注册会计师确定不存在需要在审计报告中沟通的关键审计事项(如适用)。

第五节 在审计报告中增加强调事项段和其他事项段

在对财务报表形成审计意见后，如果根据职业判断认为有必要在审计报告中增加强调事项段或其他事项段，通过明确提供补充信息的方式，提醒财务报表使用者关注下列事项：① 尽管已在财务报表中恰当列报或披露，但对财务报表使用者理解财务报表至关重要的事项；② 未在财务报表中列报或披露，但与财务报表使用者理解审计工作、注册会计师的责任或审计报告相关的其他事项。

一、带强调事项段的审计报告

1. 强调事项段的含义

审计报告的强调事项段是指审计报告中含有一个段落，该段落提及已在财务报表中恰当列报或披露的事项，根据注册会计师的职业判断，该事项对财务报表使用者理解财务报表至关重要。

2. 增加强调事项段的情形

如果认为有必要提醒财务报表使用者关注已在财务报表中列报或披露，且根据职业判断认为对财务报表使用者理解财务报表至关重要的事项，例如，异常诉讼或监管行动的未来结果存在不确定性、在财务报表日至审计报告日之间发生的重大期后事项、在允许的情况下提前应用对财务报表有重大影响的新会计准则，以及存在已经或持续对被审计单位财务状况产生重大影响的特大灾难等事项。在同时满足下列条件的情况下，注册会计师应当在审计报告中增加强调事项段：

（1）按照《中国注册会计师审计准则第 1502 号——在审计报告中发表非无保留意见》的规定，该事项不会导致注册会计师发表非无保留意见。

（2）当《中国注册会计师审计准则第 1504 号——在审计报告中沟通关键审计事项》适用时，该事项未被确定为在审计报告中沟通的关键审计事项。

按照《中国注册会计师审计准则第 1504 号——在审计报告中沟通关键审计事项》的规定被确定为关键审计事项的事项，根据注册会计师的职业判断，也可能对财务报表使用者理解财务报表至关重要。在这些情况下，按照《中国注册会计师审计准则第 1504 号——在审计报告中沟通关键审计事项》的规定将该事项作为关键审计事项沟通时，注册会计师可能希望突出或提请进一步关注其相对重要程度。在关键审计事项部分，注册会计师可以使该事项的列报较其他事项更为突出（例如，作为第一个事项），或在关键审计事项的描述中增加额外的信息，以指出该事项对财务报表使用者理解财务报表的重要程度。

根据《中国注册会计师审计准则第 1504 号——在审计报告中沟通关键审计事项》的规定，某一事项可能未被确定为关键审计事项（因该事项不是重点关注过的事项），但根据注册会计师的职业判断，该事项对财务报表使用者理解财务报表至关重要（如期后事项）。如果认为有必要提请财务报表使用者关注该事项，注册会计师应当将该事项包含在审计报告的强调事项段中。

（3）《中国注册会计师审计准则第1111号——就审计业务约定条款达成一致意见》《中国注册会计师审计准则第1332号——期后事项》及《中国注册会计师审计准则第1601号——对按照特殊目的编制基础编制的财务报表审计的特殊考虑》等其他审计准则，也对注册会计师在特定情况下在审计报告中增加强调事项段提出了一些具体要求。这些情形包括：① 法律法规规定的财务报告编制基础是不可接受的，但其是基于法律法规作出的规定；② 提醒财务报表使用者关注财务报表按照特殊目的编制基础编制；③ 注册会计师在审计报告日后知悉了某些事实（即期后事项），并且出具了新的或经修改的审计报告。

需要特别引起注意的是，强调事项段应当仅提及已在财务报表中列报或披露的信息。过于广泛地使用强调事项段，可能会降低注册会计师对强调事项所作沟通的有效性。

3. 在审计报告中增加强调事项段时注册会计师采取的措施

（1）将强调事项段作为单独的一部分置于审计报告中，并使用包含"强调事项"这一术语的适当标题。强调事项段在审计报告中的位置取决于拟沟通信息的性质，以及与按照《中国注册会计师审计准则1501号——对财务报表形成审计意见和出具审计报告》的规定需要报告的其他要素相比较，注册会计师针对该信息对财务报表预期使用者的相对重要程度的判断。例如：① 当强调事项段与适用的财务报告编制基础相关时，包括当注册会计师确定法律法规规定的财务报告编制基础不可接受时，注册会计师可能认为有必要将强调事项段紧接在"形成审计意见的基础"部分之后，以为审计意见提供合适的背景信息（参考范例2-10）；② 当审计报告中包含关键审计事项部分时，基于注册会计师对强调事项段中信息的相对重要程度的判断，强调事项段可以紧接在关键审计事项部分之前或之后。注册会计师可以在"强调事项"标题中增加进一步的背景信息，例如"强调事项——期后事项"，以将强调事项段和关键审计事项部分描述的每个事项予以区分。

（2）明确提及被强调事项及相关披露的位置，以便能够在财务报表中找到对该事项的详细描述。强调事项段应当仅提及已在财务报表中列报或披露的信息。

（3）指出审计意见没有因该强调事项而改变。由于在审计报告中"强调事项段"位于"形成审计意见的基础"部分之后，因此，强调事项本身不会导致注册会计师发表非无保留意见，强调事项不应影响已经确定的审计意见，包含强调事项段不能代替下列情形：① 根据审计业务的具体情况，按照《中国注册会计师审计准则第1502号——在审计报告中发表非无保留意见》的规定发表非无保留意见；② 适用的财务报告编制基础要求管理层在财务报表中作出的披露，或为实现公允列报所需的其他披露；③ 按照《中国注册会计师审计准则第1324号——持续经营》的规定，当可能导致对被审计单位持续经营能力产生重大疑虑的事项或情况存在重大不确定性时作出的报告。

如果拟在审计报告中增加强调事项段，注册会计师应当就该事项和拟使用的措辞与治理层沟通。

【范例2-10】　由于偏离适用的财务报告编制基础导致的带强调事项段的保留意见审计报告

背景信息：

1. 对非上市实体整套财务报表进行审计。该审计不属于集团审计（即不适用《中国注册会计师审计准则第1401号——对集团财务报表审计的特殊考虑》）。

2. 管理层按照企业会计准则编制财务报表。

3. 审计业务约定条款体现了《中国注册会计师审计准则第1111号——就审计业务约定条款达成一致意见》中关于管理层对财务报表责任的描述。

4. 由于偏离企业会计准则的规定导致发表保留意见。

5. 适用的相关职业道德要求为中国注册会计师职业道德守则。

6. 基于获取的审计证据，根据《中国注册会计师审计准则第1324号——持续经营》，注册会计师认为可能导致对被审计单位持续经营能力产生重大疑虑的事项或情况不存在重大不确定性。

7. 在财务报表日至审计报告日之间，被审计单位被提起的诉讼尚在审理当中，被审计单位已将其作为期后事项披露。根据注册会计师的判断，该事项对财务报表使用者理解财务报表至关重要，但在本期财务报表审计中不是重点关注过的事项。

8. 注册会计师未被要求，并且也决定不沟通关键审计事项。

9. 注册会计师在审计报告日前未获取任何其他信息。

10. 负责监督财务报表的人员与负责编制财务报表的人员不同。

11. 除财务报表审计外，按照法律法规的要求，注册会计师负有其他报告责任，且注册会计师决定在审计报告中履行其他报告责任。

审计报告

XYZ股份有限公司全体股东：

一、对财务报表出具的审计报告①

（一）保留意见

我们审计了XYZ股份有限公司（以下简称XYZ公司）财务报表，包括20×1年12月31日的资产负债表，20×1年度的利润表、现金流量表、股东权益变动表及相关财务报表附注。

我们认为，除“形成保留意见的基础”部分所述事项产生的影响外，后附的财务报表在所有重大方面按照企业会计准则的规定编制，公允反映了XYZ公司20×1年12月31日的财务状况及20×1年度的经营成果和现金流量。

（二）形成保留意见的基础

XYZ公司20×1年12月31日资产负债表中以公允价值计量且其变动计入当期损益的金融资产的列示金额为×元。XYZ公司管理层（以下简称管理层）根据成本对以公允价值计量且其变动计入当期损益的金融资产进行计量，而没有根据公允价值进行计量，这不符合企业会计准则的规定。XYZ公司的会计记录显示，如果管理层以公允价值来计量且其变动计入当期损益的金融资产，XYZ公司20×1年度利润表中公允价值变动损益将减少×元，20×1年12月31日资产负债表中以公允价值计量且其变动计入当期损益的金融资产列示金额将减少×元。相应地，所得税、净利润和股东权益将分别减少×元、×元和×元。

我们按照中国注册会计师审计准则的规定执行了审计工作。审计报告的“注册会计师对财务报表审计的责任”部分进一步阐述了我们在这些准则下的责任。按照中国注册会计师职业道德守则，我们独立于XYZ公司，并履行了职业道德方面的其他责任。我们相信，我

① 如果审计报告中不包含“按照相关法律法规的要求报告的事项”部分，则不需要加入此标题。

们获取的审计证据是充分、适当的,为发表保留意见提供了基础。

(三) 强调事项——未决诉讼的影响

我们提醒财务报表使用者关注,如财务报表附注×所述,截至财务报告批准报出日,ABC公司对XYZ公司提出的诉讼尚在审理当中,其结果具有不确定性。本段内容不影响已发表的审计意见。

(四) 管理层和治理层对财务报表的责任

管理层负责按照企业会计准则的规定编制财务报表,使其实现公允反映,并设计、执行和维护必要的内部控制,以使财务报表不存在由于舞弊或错误导致的重大错报。

在编制财务报表时,管理层负责评估XYZ公司的持续经营能力,披露与持续经营相关的事项(如适用),并运用持续经营假设,除非管理层计划清算XYZ公司、终止运营或别无其他现实的选择。

治理层负责监督XYZ公司的财务报告过程。

(五) 注册会计师对财务报表审计的责任

我们的目标是对财务报表整体是否不存在由于舞弊或错误导致的重大错报获取合理保证,并出具包含审计意见的审计报告。合理保证是高水平的保证,但并不能保证按照审计准则执行的审计在某一重大错报存在时总能发现。错报可能由于舞弊或错误导致,如果合理预期错报单独或汇总起来可能影响财务报表使用者依据财务报表作出的经济决策,则通常认为错报是重大的。

在按照审计准则执行审计工作的过程中,我们运用职业判断,并保持职业怀疑。同时,我们也执行以下工作:

(1) 识别和评估由于舞弊或错误导致的财务报表重大错报风险,设计和实施审计程序以应对这些风险,并获取充分、适当的审计证据,作为发表审计意见的基础。由于舞弊可能涉及串通、伪造、故意遗漏、虚假陈述或凌驾于内部控制之上,未能发现由于舞弊导致的重大错报的风险高于未能发现由于错误导致的重大错报的风险。

(2) 了解与审计相关的内部控制,以设计恰当的审计程序,但目的并非对内部控制的有效性发表意见①。

(3) 评价管理层选用会计政策的恰当性和作出会计估计及相关披露的合理性。

(4) 对管理层使用持续经营假设的恰当性得出结论。同时,根据获取的审计证据,就可能导致对XYZ公司持续经营能力产生重大疑虑的事项或情况是否存在重大不确定性得出结论。如果我们得出结论认为存在重大不确定性,审计准则要求我们在审计报告中提请报表使用者注意财务报表中的相关披露;如果披露不充分,我们应当发表非无保留意见。我们的结论基于截至审计报告日可获得的信息。然而,未来的事项或情况可能导致XYZ公司不能持续经营。

(5) 评价财务报表的总体列报、结构和内容(包括披露),并评价财务报表是否公允反映相关交易和事项。

我们与治理层就计划的审计范围、时间安排和重大审计发现等事项进行沟通,包括沟通

---

① 如果注册会计师结合财务报表审计对内部控制的有效性发表意见,应当删除"但目的并非对内部控制的有效性发表意见"的措辞。

我们在审计中识别出的值得关注的内部控制缺陷①。

二、按照相关法律法规的要求报告的事项

[本部分的格式和内容,取决于法律法规对其他报告责任性质的规定。本部分应当说明相关法律法规规定的事项(其他报告责任),除非其他报告责任涉及的事项与审计准则规定的报告责任涉及的事项相同。如果涉及相同的事项,其他报告责任可以在审计准则规定的同一报告要素部分列示。当其他报告责任和审计准则规定的报告责任涉及同一事项,并且审计报告中的措辞能够将其他报告责任与审计准则规定的责任(如存在差异)予以清楚地区分时,可以将两者合并列示(即包含在"对财务报表出具的审计报告"部分,并使用适当的副标题)。]

××会计师事务所　　　　中国注册会计师:×××
（盖章）　　　　　　　　（签名并盖章）
　　　　　　　　　　　　中国注册会计师:×××
　　　　　　　　　　　　（签名并盖章）
中国××市　　　　　　　20×2 年×月×日

二、带其他事项段的审计报告

1. 其他事项段的含义

其他事项段是指审计报告中含有的一个段落,该段落提及未在财务报表中列报或披露的事项,根据注册会计师的职业判断,该事项与财务报表使用者理解审计工作、注册会计师责任或审计报告相关。

2. 增加其他事项段的情形

如果认为有必要沟通虽然未在财务报表中列报或披露,但根据职业判断认为与财务报表使用者理解审计工作、注册会计师的责任或审计报告相关的事项,在同时满足下列条件时,注册会计师应当在审计报告中增加其他事项段:① 未被法律法规禁止;② 当《中国注册会计师审计准则第 1504 号——在审计报告中沟通关键审计事项》适用时,该事项未被确定为在审计报告中沟通的关键审计事项。

增加其他事项段不涉及"除审计准则规定的责任外,注册会计师还有其他报告责任"和"注册会计师可能被要求实施额外的规定程序并予以报告,或对特定事项发表意见"等两种情形。

其他事项段的内容明确反映了未被要求在财务报表中列报或披露的其他事项。其他事项段不包括法律法规或其他职业准则(如中国注册会计师职业道德守则中与信息保密相关的规定)禁止注册会计师提供的信息。其他事项段也不包括要求管理层提供的信息。

① 如果被审计单位是上市实体,"注册会计师对财务报表审计的责任"部分与非上市实体有所不同。

3. 在审计报告中增加其他事项段时注册会计师采取的措施

如果在审计报告中包含其他事项段，注册会计师应当将该段落作为单独的一部分，并使用“其他事项”或其他适当标题，并就该事项和拟使用的措辞与治理层沟通。

其他事项段在审计报告中的位置取决于拟沟通信息的性质，以及与按照《中国注册会计师审计准则 1501 号——对财务报表形成审计意见和出具审计报告》的规定需要报告的其他要素相比较，注册会计师针对该信息对财务报表预期使用者的相对重要程度的判断。例如：① 当审计报告中包含关键审计事项部分，且其他事项段也被认为必要时，注册会计师可以在“其他事项”标题中增加进一步的背景信息，例如“其他事项——审计范围”，以将其他事项段和关键审计事项部分描述的每个事项予以区分（参考范例 2-11）；② 当增加其他事项段旨在提醒使用者关注与审计报告中提及的其他报告责任相关的事项时，该段落可以置于“按照相关法律法规的要求报告的事项”部分内；③ 当其他事项段与注册会计师的责任或使用者理解审计报告相关时，可以单独作为一部分，置于“对财务报表出具的审计报告”和“按照相关法律法规的要求报告的事项”之后。

【范例 2-11】 包含关键审计事项部分、强调事项段及其他事项段的审计报告

背景信息：

1. 对上市实体整套财务报表进行审计。该审计不属于集团审计（即不适用《中国注册会计师审计准则第 1401 号——对集团财务报表审计的特殊考虑》）。

2. 管理层按照企业会计准则编制财务报表。

3. 审计业务约定条款体现了《中国注册会计师审计准则第 1111 号——就审计业务约定条款达成一致意见》中关于管理层对财务报表责任的描述。

4. 基于获取的审计证据，注册会计师认为发表无保留意见是恰当的。

5. 适用的相关职业道德要求为中国注册会计师职业道德守则。

6. 基于获取的审计证据，根据《中国注册会计师审计准则第 1324 号——持续经营》，注册会计师认为可能导致对被审计单位持续经营能力产生重大疑虑的事项或情况不存在重大不确定性。

7. 在财务报表日至审计报告日之间，被审计单位被提起的诉讼尚在审理当中，被审计单位已将其作为期后事项披露。根据注册会计师的判断，该事项对财务报表使用者理解财务报表至关重要，但在本期财务报表审计中不是重点关注过的事项。

8. 已按照《中国注册会计师审计准则第 1504 号——在审计报告中沟通关键审计事项》的规定沟通了关键审计事项。

9. 注册会计师在审计报告日前已获取所有其他信息，且未识别出信息存在重大错报。

10. 已列报对应数据，且上期财务报表已由前任注册会计师审计。法律法规不禁止注册会计师提及前任注册会计师对对应数据出具的审计报告，并且注册会计师已决定提及。

11. 负责监督财务报表的人员与负责编制财务报表的人员不同。

12. 除财务报表审计外，注册会计师还承担法律法规要求的其他报告责任，且注册会计师决定在审计报告中履行其他报告责任。

审计报告

XYZ 股份有限公司全体股东：

一、对财务报表出具的审计报告①

（一）审计意见

我们审计了 XYZ 股份有限公司（以下简称 XYZ 公司）财务报表，包括 20×1 年 12 月 31 日的资产负债表，20×1 年度的利润表、现金流量表、股东权益变动表以及相关财务报表附注。

我们认为，后附的财务报表在所有重大方面按照企业会计准则的规定编制，公允反映了 XYZ 公司 20×1 年 12 月 31 日的财务状况，以及 20×1 年度的经营成果和现金流量。

（二）形成审计意见的基础

我们按照中国注册会计师审计准则的规定执行了审计工作。审计报告的"注册会计师对财务报表审计的责任"部分进一步阐述了我们在这些准则下的责任。按照中国注册会计师职业道德守则，我们独立于 XYZ 公司，并履行了职业道德方面的其他责任。我们相信，我们获取的审计证据是充分、适当的，为发表审计意见提供了基础。

（三）强调事项

我们提醒财务报表使用者关注，如财务报表附注×所述，截至财务报告批准报出日，ABC 公司对 XYZ 公司提出的诉讼尚在审理当中，其结果具有不确定性。本段内容不影响已发表的审计意见。

（四）关键审计事项②

关键审计事项是我们根据职业判断，认为对本期财务报表审计最为重要的事项。这些事项的应对以对财务报表整体进行审计并形成审计意见为背景，我们不对这些事项单独发表意见。

[按照《中国注册会计师审计准则第 1504 号——在审计报告中沟通关键审计事项》的规定描述每一关键审计事项。]

（五）其他事项

20×0 年 12 月 31 日的资产负债表，20×0 年度的利润表、现金流量表、股东权益变动表，以及相关财务报表附注由其他会计师事务所审计，并于 20×1 年 3 月 31 日发表了无保留意见。

（六）其他信息

XYZ 公司管理层（以下简称管理层）对其他信息负责。其他信息包括[X 报告中涵盖的信息，但不包括财务报表和我们的审计报告]。

我们对财务报表发表的审计意见不涵盖其他信息，我们也不对其他信息发表任何形式的鉴证结论。

结合我们对财务报表的审计，我们的责任是阅读其他信息，在此过程中，考虑其他信息是否与财务报表或我们在审计过程中了解到的情况存在重大不一致或者似乎存在重大错报。

---

① 如果审计报告中不包含"按照相关法律法规的要求报告的事项"部分，则不需要加入此标题。

② 本段适用于按照《中国注册会计师审计准则第 1504 号——在审计报告中沟通关键审计事项》的规定沟通关键审计事项的情形。

基于我们已执行的工作,如果我们确定其他信息存在重大错报,我们应当报告该事实。在这方面,我们无任何事项需要报告。

(七) 管理层和治理层对财务报表的责任

管理层负责按照企业会计准则的规定编制财务报表,使其实现公允反映,并设计、执行和维护必要的内部控制,以使财务报表不存在由于舞弊或错误导致的重大错报。

在编制财务报表时,管理层负责评估XYZ公司的持续经营能力,披露与持续经营相关的事项(如适用),并运用持续经营假设,除非管理层计划清算XYZ公司、终止运营或别无其他现实的选择。

治理层负责监督XYZ公司的财务报告过程。

(八) 注册会计师对财务报表审计的责任

我们的目标是对财务报表整体是否不存在由于舞弊或错误导致的重大错报获取合理保证,并出具包含审计意见的审计报告。合理保证是高水平的保证,但并不能保证按照审计准则执行的审计在某一重大错报存在时总能发现。错报可能由于舞弊或错误导致,如果合理预期错报单独或汇总起来可能影响财务报表使用者依据财务报表作出的经济决策,则通常认为错报是重大的。

在按照审计准则执行审计工作的过程中,我们运用职业判断,并保持职业怀疑。同时,我们也执行以下工作:

(1) 识别和评估由于舞弊或错误导致的财务报表重大错报风险,设计和实施审计程序以应对这些风险,并获取充分、适当的审计证据,作为发表审计意见的基础。由于舞弊可能涉及串通、伪造、故意遗漏、虚假陈述或凌驾于内部控制之上,未能发现由于舞弊导致的重大错报的风险高于未能发现由于错误导致的重大错报的风险。

(2) 了解与审计相关的内部控制,以设计恰当的审计程序,但目的并非对内部控制的有效性发表意见①。

(3) 评价管理层选用会计政策的恰当性和作出会计估计及相关披露的合理性。

(4) 对管理层使用持续经营假设的恰当性得出结论。同时,根据获取的审计证据,就可能导致对XYZ公司持续经营能力产生重大疑虑的事项或情况是否存在重大不确定性得出结论。如果我们得出结论认为存在重大不确定性,审计准则要求我们在审计报告中提请报表使用者注意财务报表中的相关披露;如果披露不充分,我们应当发表非无保留意见。我们的结论基于截至审计报告日可获得的信息。然而,未来的事项或情况可能导致XYZ公司不能持续经营。

(5) 评价财务报表的总体列报、结构和内容(包括披露),并评价财务报表是否公允反映相关交易和事项。

我们与治理层就计划的审计范围、时间安排和重大审计发现等事项进行沟通,包括沟通我们在审计中识别出的值得关注的内部控制缺陷。

我们还就已遵守与独立性相关的职业道德要求向治理层提供声明,并与治理层沟通可能被合理认为影响我们独立性的所有关系和其他事项,以及相关的防范措施(如适用)。

---

① 如果注册会计师结合财务报表审计对内部控制的有效性发表意见,应当删除“但目的并非对内部控制的有效性发表意见”的措辞。

从与治理层沟通过的事项中,我们确定哪些事项对本期财务报表审计最为重要,因而构成关键审计事项。我们在审计报告中描述这些事项,除非法律法规禁止公开披露这些事项,或在极少数情形下,如果合理预期在审计报告中沟通某事项造成的负面后果超过在公众利益方面产生的益处,我们确定不应在审计报告中沟通该事项。

二、按照相关法律法规的要求报告的事项

[本部分的格式和内容,取决于法律法规对其他报告责任性质的规定。本部分应当说明相关法律法规规定的事项(其他报告责任),除非其他报告责任涉及的事项与审计准则规定的报告责任涉及的事项相同。如果涉及相同的事项,其他报告责任可以在审计准则规定的同一报告要素部分列示。当其他报告责任和审计准则规定的报告责任涉及同一事项,并且审计报告中的措辞能够将其他报告责任与审计准则规定的责任(如存在差异)予以清楚地区分时,可以将两者合并列示(即包含在"对财务报表出具的审计报告"部分,并使用适当的副标题)。]

××会计师事务所 中国注册会计师:×××(项目合伙人①)

(盖章) (签名并盖章)

中国注册会计师:×××

(签名并盖章)

中国××市 20×2年×月×日

【名词与术语】

审计报告	无保留意见	保留意见	否定意见	无法表示意见
广泛性	其他信息	关键审计事项	强调事项	其他事项

【思考题】

1. 注册会计师签发的审计报告可以发挥哪些作用?
2. 审计报告有哪几种意见类型?出具的条件是什么?不同意见类型、不同报告主体的审计报告构成要素有哪些差异?
3. 注册会计师在确定审计报告日期时,应当考虑哪些因素?
4. 在哪些情形下可以增加强调事项段和其他事项段?
5. 简述注册会计师确定关键审计事项的决策过程。
6. 简述关键审计事项(段)与强调事项(段)、其他事项(段)相互之间的关系。

① 披露项目合伙人姓名的要求仅适用于上市实体。

第三章 职业道德

本章导读

注册会计师是一个特殊职业，这一职业有一些自身的规范和要求。本章主要讲解注册会计师职业和注册会计师职业道德两方面内容。首先，介绍注册会计师职业，比较中外这一职业形成、发展的状况和过程；然后，重点阐述注册会计师职业道德规范的内容和要求。

本章的重点是注册会计师职业道德规范的内容和要求；难点是如何正确理解把握独立性的内涵、影响因素和具体要求。

通过本章的学习，了解注册会计师职业形成、发展的过程；理解和掌握注册会计师职业道德规范的内容和要求。

第一节　注册会计师职业

注册会计师审计不但在降低会计信息风险，提高投资者决策便利性方面发挥着重要作用，而且注册会计师和会计师事务所还能够为审计客户提供有价值的建议。

一、注册会计师

（一）注册会计师考试与注册制度

《中华人民共和国注册会计师法》第2条规定，注册会计师是依法取得注册会计师证书并接受委托从事审计和会计咨询、会计服务业务的执业人员。《中国注册会计师鉴证业务基本准则》第3条指出，注册会计师是指取得注册会计师证书并在会计师事务所执业的人员，有时也指其所在的会计师事务所。注册会计师资格的取得依赖于各国建立的注册会计师考试与注册制度。

1. 国外发达国家注册会计师考试制度简介

美国、英国、日本、德国、加拿大的注册会计师考试各有特点。

美国十分重视注册会计师考试，将注册会计师考试定为全国考试。50个州和哥伦比亚特区都通过自身的注册会计师法，确认本州从事开业活动的会计师资格，并对具备注册会计师资格的开业会计师发放注册会计师证书。根据各州注册会计师法的规定，注册会计师申请者必须通过由美国注册会计师协会考试委员会组织和评卷的全国注册会计师统一考试。考试科目定为：① 财务会计和报告——营利企业；② 会计核算与报告——税务、管理、政府部门和非营利机构；③ 审计学；④ 商法和职业责任。美国注册会计师协会在其发行的小册子《注册会计师考试信息》中，登载每一考试科目的考试大纲，并说明评分和其他有关考试管理的问题。美国注册会计师协会每年举办两次考试，一般于5月和11月进行。每科的通过标准为该科总分数的75%。4科一次全部通过即可获得注册会计师资格，如果有两科通过，另两科在50分以上，可以保留已通过成绩，今后在未来的6次考试中通过该两科考试，也可获得注册会计师资格。

在英国，为了取得特许会计师（CA）资格，申请人必须在会计师事务所工作并通过专业考试。申请人在完成大学水平的学业后，将与某会计师事务所签订一份为期3年的培训合同。对申请者所受大学教育的专业不作限制，可以是会计或商科以外的任何其他专业，但申请人必须通过14门课程的考试。考试分为3级：基础级，包括会计基础、法律基础、管理信息、公司组织4门；资格级，包括信息分析、审计、税法、财务管理4门；职业级，包括控制与决策信息、会计与审计实务、税务计划、管理与战略、财务报告环境、财务战略6门。某些符合条件的申请人，可以申请某一门或几门课程的免试。

在日本，要成为一名公认会计士，申请人也必须通过国家考试。公认会计士考试分为第一次考试、第二次考试及第三次考试。第一次考试的目的是判断考生是否有相当的一般学历来参加第二次考试，并侧重对日语、数学、论文进行笔试。第二次考试的目的是判断考生是否具备成为助理会计士所必要的专门知识，要对会计学（簿记、财务报表理论、成本核算及审计理论)、经营学、经济学及商法(海事商法、票据及支票的部分除外)进行笔试。第三次考试的目的是判断考生是否具备成为公认会计士所必需的高等的专业应用能力,用笔试和口述的方法对有关审计、财务分析及其他实务(包括有关税务的实务)进行考试。第二次考试合格者及根据规定第二次考试各科目全部免考者,有资格成为助理会计士。第三次考试合格者,有资格成为公认会计士。对公认会计士的各项考试合格者,分别发给证明各该项考试的合格证书。

德国的经济审计师也是由其协会组织考试和认定资格的。德国的要求非常严格,经济审计师必须受过高等教育并具有相当长时间的实践经验(大学毕业生要有6年的实践经验,其中4年为经济审计师的助理业务),并且通过难度较大的考试。资格考试的范围是:① 企业经营管理、会计及实务处理;② 商法;③ 税法;④ 与职业有关的法律和道德规范;⑤ 审计实务和主要法律条例。考生应就上述范围准备论文,进行口试和笔试,考务由政府监督管理,每年举办两次。一般情况下,考试未通过需等一年后才能参加第二次考试,如3次考试未能通过则不能再参加考试。

加拿大共有3个会计师组织:一是加拿大特许会计师协会;二是加拿大公认会计师协会;三是加拿大管理会计师协会。因此,没有统一的考试制度,而是由3个不同的会计组织分别组织考试工作。其中,最权威的是加拿大特许会计师考试,命题、阅卷、试题分析等工作均由其直接负责,各省协会负责考生的考前培训、测试及报名工作。考生报考资格:一是考生要有大学以上文凭;二是考生要有规定的会计课程学分;三是考生要参加各省协会提供的教育课程,有的地方是由当地协会主办,有的则是授权大学承办。考生只有达到加拿大特许会计师协会规定的4科考试及格线,并有在事务所及专业服务领域工作30个月的经验,方可在当地申请注册。特许会计师协会的考试是一年一次,于9月份进行,为期4天,每天4个小时。第一天为综合考试,给考生提供一套企业财务资料,从中发现问题;第二天和第三天的考试是涉及不同领域,或同一领域不同方面的内容,一般是为考生提供企业存在的问题,让其从中依据重要性原则找出重点问题;第四天的考试是单科考试,如考核考生在企业信息系统设计、填报纳税申报单等方面的能力。

2. 我国注册会计师考试与注册制度

建立我国注册会计师考试与注册登记制度有利于提高注册会计师的业务素质和执业水平,有利于规范注册会计师队伍,有利于吸收更多的中青年人才从事注册会计师事业,也有利于扩大注册会计师的影响,提高注册会计师的社会地位。

为了选拔优秀人才加入注册会计师队伍,我国于1991年起施行注册会计师全国统一考试制度。从1994年起,通过注册会计师全国统一考试成为取得注册会计师资格的前提。截至2007年年底,累计已有近14万名考生通过全部科目的考试,为注册会计师队伍补充和储备了一大批合格人才,一大批优秀人才加入了注册会计师队伍。注册会计师全国统一考试已成为中国注册会计师行业队伍建设和诚信建设的重要组成部分。

我国注册会计师考试与注册制度包括报考条件、考试组织、考试科目和成绩认定及注册登记4个方面。

(1) 报考条件

根据《注册会计师法》及《注册会计师全国统一考试》的规定,具有下列条件之一的中国公民,可报名参加考试:① 高等专科以上学校毕业的学历;② 会计或者相关专业(相关专业是指审计、统计、经济,下同)中级以上专业技术职称。

根据《港澳台地区居民和外国籍公民参加中华人民共和国注册会计师统一考试办法》的规定,中国香港、澳门、台湾地区居民及按对等原则确认的外国籍公民具有下列条件之一者,可申请参加考试:① 具有财政部注册会计师考试委员会(以下简称全国考试委员会)认可的境内外高等专科以上学校毕业的学历;② 已取得境外法律认可的注册会计师资格(或其他相应资格);③ 已取得中国注册会计师统一考试的单科成绩合格凭证。这里所指对等原则,是指外国籍公民所在国允许中国公民参加该国注册会计师(或其他相应资格)考试,中国政府亦允许该国公民参加中国注册会计师统一考试。

公民报名时须提供学历证书或专业技术职称证书原件,经报名点工作人员审核无误后,交近期免冠照片若干张,并填报相关报名信息。

港澳台地区居民及外国籍公民报考者应提供如下有效证明:① 报名人员合法身份的有效证件(护照、身份证等);② 全国考试委员会认可的报名人员境内外高等专科以上学校的有效学历证书或境外法律认可的注册会计师资格(或其他相应资格),或有效的中国注册会计师统一考试单科成绩合格凭证。报名人员经全国考试委员会办公室对其报名资格审查合格后,填涂注册会计师全国统一考试报名信息卡,由全国考试委员会办公室于考前发给准考证。

(2)考试组织

全国考试委员会负责制定与考试有关的方针、政策,全面领导和组织考试工作。全国考试委员会办公室在全国考试委员会领导下,负责考试的具体组织和实施,并指导各地方考试委员会办公室的工作。全国考试委员会办公室设在中国注册会计师协会。

各省、自治区、直辖市财政厅(局)根据《中华人民共和国注册会计师法》等的规定,成立本地区考试委员会及其办公室,负责领导并组织本地区的注册会计师考试工作。

(3)考试科目和成绩认定

依据《注册会计师全国统一考试办法》(财政部令第 55 号)的规定,考试划分为专业阶段考试和综合阶段考试。在通过专业阶段考试的全部科目后,才能参加综合阶段考试。考试方式为闭卷、笔试。每科考试均实行百分制,60 分为成绩合格分数线。考试范围在各年度财政部考委会发布的《注册会计师全国统一考试大纲》中确定。

专业阶段考试设会计、审计、财务成本管理、公司战略与风险管理、经济法、税法 6 个科目。专业阶段考试的单科考试合格成绩 5 年内有效。对在连续 5 个年度考试中取得专业阶段考试全部科目考试成绩合格的考生,财政部注册会计师考试委员会颁发注册会计师全国统一考试专业阶段考试合格证书。

综合阶段考试设职业能力综合测试 1 个科目。综合阶段考试科目应在取得注册会计师全国统一考试专业阶段考试合格证书后 5 个年度考试中完成。对取得综合阶段考试科目考试合格成绩的考生,财政部注册会计师考试委员会颁发注册会计师全国统一考试全科考试合格证书。

(4)注册登记

根据《注册会计师法》的规定,通过注册会计师考试全科成绩合格的,均可取得注册会计师资格,申请加入注册会计师协会,成为非执业会员(但不能执业)。只有按照规定,加入一家会计师事务所,具有两年以上审计工作经验,并符合其他审批条件的,才能申请成为执业会员。只有经批准注册并取得财政部统一印制的注册会计师证书的，方可执行注册会计师业务。注册由省级注册会计师协会办理，报财政部备案。财政部对发现的不符合法律要求条件的注册，应当通知有关的注册会计师协会撤销注册，同时抄送中国注册会计师协会及省级财政部门。

(1) 申请注册者，如果有下列情形之一的，受理申请的注册会计师协会不予注册：① 不具有完全民事行为能力的；② 因受刑事处罚，自刑罚执行完毕之日起至申请注册之日止不满5年的；③ 因在财务、会计、审计、企业管理或者其他经济管理工作中犯有严重错误受行政处罚、撤职以上处分，自处罚、处分之日起至申请之日止不满两年的；④ 受吊销注册会计师证书的处罚，自处罚决定之日起至申请注册之日止不满5年的；⑤ 有国务院财政部门规定的其他不予注册的情形的。

(2) 已取得注册会计师证书的人员，如果注册后出现以下情形之一的，准予注册的注册会计师协会将撤销注册，收回注册会计师证书：① 完全丧失民事行为能力的；② 受刑事处罚的；③ 因在财务、会计、审计、企业管理或者其他经济管理工作中犯有严重错误受行政处罚、撤职以上处分的；④ 自行停止执行注册会计师业务满　年的。

(3) 中国注册会计师协会的外籍非执业会员符合下列条件者，可申请注册成为中国注册会计师：① 成为中国注册会计师协会非执业会员一年以上，并遵守《中国注册会计师协会章程》，履行义务，完成后续教育，年检合格；② 在中国境内一家会计师（审计）事务所执行业务；③ 具有两年以上在中国境内从事独立审计工作的经验；④ 所在的中国境内会计师（审计）事务所认为可以推荐为中国注册会计师；⑤ 在中国境内有固定住所或固定联络处所，并在申请时已累计居住一年以上；⑥ 符合《中华人民共和国注册会计师法》规定的其他条件。

(4) 有下列情形之一的外籍人士，不能申请成为中国注册会计师：① 不具有完全民事行为能力的；② 因受刑事处罚，自刑罚执行完毕之日起至申请之日止不满5年的；③ 受吊销注册会计师证书的处罚，自处罚决定之日起至申请注册之日止不满5年的。

(5) 申请人在申请注册时，除应提交“外籍中国注册会计师注册申请表”外，还应提交相应的书面材料：① 中国注册会计师协会非执业会员证书复印件；② 所在的中国境内会计师（审计）事务所的推荐函；③ 有在中国境内从事独立审计工作经验的有效证明；④ 所属国家或地区的有效身份证明；⑤ 在中国境内会计师（审计）事务所工作的有效证明；⑥ 在中国境内居住的有效证明；⑦ 注册审批机构要求提供的其他有关材料。

（二）注册会计师职业后续教育

经济越发展，审计越重要。审计理论和方法随着经济的发展不断地向前发展，注册会计师在取得职业资格后应不断地更新知识结构，提高专业素质和执业水平，完成注册会计师职业后续教育工作。

世界各主要国家都非常注重加强注册会计师职业后续教育，并制定了相应的职业后续教育准则。我国也于1997年颁布了注册会计师职业后续教育准则。

以下对美国、加拿大、荷兰及中国的注册会计师职业后续教育情况进行介绍。

1. 注册会计师参加后续教育的时间

各国对注册会计师参加后续教育的时间都作出了明确规定。

美国注册会计师协会（AICPA）对不同类型的会员，规定了不同的法定学习时间。对于那些从事公开业务的会员（即在会计师事务所工作的注册会计师），每3年必须完成120小时的后续教育课程,但每年最低不得少于20小时;对于那些从事非公开业务的会员(即不在会计师事务所工作的注册会计师),则每3年必须完成90小时的后续教育课程,每年最低不得少于15小时;对于在政府部门工作的会员,每两年必须完成80小时的后续教育课程,每年至少20小时。如果一个会员由从事公开业务转向非公开业务,或者情形相反,则3年期法定的累计学习时间应予以调整,按公开业务每年40小时、非公开业务每年30小时计算所需要的总学时。

加拿大注册会计师协会(CICA)规定,每个会员在3年内必须完成100小时的后续职业教育课程学习。

荷兰注册会计师协会(Royal NIVRA)规定,会员每年参加后续教育的时间必须达到40小时或每两年80小时。

中国注册会计师协会规定,执业会员接受后续教育的时间,3年累计不得少于180学时,其中每年接受后续教育培训时间不得少于40学时;接受脱产后续教育的时间3年累计不得少于120学时,其中每年接受脱产后续教育培训时间不得少于20学时。

2. 后续教育学习方式

美国注册会计师协会和各州会计理事会全美协会(NASBA)经过两年多的努力,于2000年2月对外公布了《后续职业教育准则公告》征求意见稿。在该公告中,明确提倡两种学习方式:一种是有组织的学习活动,在该方式下,组织者负责将学习计划传递到学员手中,可以采用工作室、研讨会等各种形式;另一种为自主的学习活动,在该方式下,学习活动是在没有外部组织者的帮助之下自己进行和完成的。

加拿大注册会计师协会职业后续教育培训主要采取以下方式和措施:课堂教育、组织学术讲座、召开研讨会、网络或电话教学及自学等。

荷兰注册会计师协会下设有专门负责职业后续教育的机构——后续教育委员会(VERA)。该组织提供的培训方式包括面对面的课堂教学、网上教学及函授等。会员或学员可以根据自己的实际情况自由选择,既可以参加后续教育委员会组织的培训,也可以在公司、大学学习或自学。

中国注册会计师参加职业后续教育的形式主要有:脱产课程学习、非脱产课程学习、参加专题研讨会、承担专业课题研究,以及个人专业学习与实务研究等。

3. 后续教育课程设置

美国注册会计师协会设置了多种课程来满足职业后续教育的需要,课程种类在150种以上,并且每年大约有三分之一的课程要进行修改或更新。其后续教育课程按会员的不同职业发展阶段设计,以满足不同层次的培训要求,具体分为:① 基础课:用于新会员,该课程知识面窄,强调基本原则和技能;② 中级课:在基础课的基础上强调实际应用;③ 高级课:强调知识的深度和应用的广度;④ 更新课:介绍各个领域的最新发展;⑤ 星级课:由高级专家指导的讨论课。

加拿大注册会计师协会设置的课程主要包括3个部分:① 会计、审计、财务、税制和管理信息系统等领域的最新发展;② 职业道德规范的有关课程;③ 信息技术。

荷兰的后续教育委员会与荷兰一些大学合作,为不同层次的会员制定不同的后续教育课程,如信息技术、保险、工商经济、法律、税法、政府及非营利组织、管理技术等。该委员会在制定后续教育课程内容时着重突出"能力"教育,并将其区分为3个层次,即一般性能力、解决问题能力和实际行为能力等。一般性能力包括自学能力、职业道德水准;解决问题能力包括理解能力、应用能力、分析能力、整合能力和评估能力等;实际行为能力包括实际工作能力、帮助他人能力、人与人之间沟通并影响他人的能力、组织能力等。

中国注册会计师协会规定职业后续教育的内容主要包括:① 会计准则及国家其他有关财务会计法规;② 独立审计准则(现已经改为中国注册会计师执业准则)及其他职业规范;③ 与执业相关的其他法规;④ 执业所需的其他知识与技能。职业后续教育的具体内容根据不同对象及其需要确定。针对主任会计师、部门经理、项目经理、注册会计师及一般执业人员的培训内容各有侧重。

4. 后续教育评价方式

美国注册会计师协会规定会员应定期报告参加后续教育的情况,日期为会员加入协会之后每个日历年度的起始日。考虑到各种因素,协会还规定了报告宽限期(Grace Period)——法定报告日后两个月内。对于报告的格式,该协会要求采用统一标准,即在年度会费报告中包含下列的陈述:“在缴纳会费时,我确保自己已履行了后续职业教育的有关规定。”同时该协会要求,在陈述报告时,必须提供相应的证明文件。

在《后续职业教育准则公告》征求意见稿中,美国注册会计师协会针对两种不同的学习方式,提出不同的要求。对于参加有组织学习方式的会员,该准则要求他们在报告学习情况时提供以下的信息:组织者的名称、学习的题目和内容、日期、地点及职业后续教育的学时等;而对于参加自主学习方式的学员,在完成自主学习活动之后,学员必须提供能够证明完成该活动的相关文件,诸如由第三方提供的证明、证书或撰写的文章等。此外,学员还应对自主学习活动的完成情况进行总结,并提供自我评估报告。如果学员对完成的自主学习活动诸项目中有超过半数表示满意,则报告还应附上一个专家评阅意见。如果未超过半数,则不需要这样的意见。

荷兰注册会计师协会规定每年会员必须向协会提交一份前一年的学习报告,但对未完成后续教育课程的会员目前尚未出台强制性措施,而是靠会员的自律和自我责任感。

中国注册会计师协会为每位注册会计师建立一套培训档案,并制发了统一的注册会计师培训手册。每一位注册会计师都要按要求在培训手册上记录其培训情况,并要经过有关机构的确认。

二、会计师事务所

《中华人民共和国注册会计师法》第3条规定,会计师事务所是依法设立并承办注册会计师业务的机构。注册会计师执行业务,应当加入会计师事务所。

(一)会计师事务所的业务

根据《中华人民共和国注册会计师法》的规定,注册会计师依法承办审计业务和会计咨询、会计服务业务。

审计业务包括:① 审查企业会计报表,出具审计报告;② 验证企业资本,出具验资报告;③ 办理企业合并、分立、清算事宜中的审计业务,出具有关的报告;④ 法律、行政法规规定的其他审计业务。在实际工作中,注册会计师还可根据国家法律、行政法规的规定接受委托,对以下特殊目的业务进行审计:① 按照企业会计准则和相关会计制度以外的其他基础(简称特殊基础）编制的财务报表；② 财务报表的组成部分；③ 合同的遵守情况；④ 简要财务报表。这些业务的办理需要注册会计师具备和运用相关的专门知识，注意处理问题的特殊性。对于执行特殊目的审计业务出具的审计报告，也具有法定证明力，承办注册会计师及其所在的会计师事务所对此也应承担相应的法律责任。从国内外有关注册会计师的法律看，审计业务是会计师事务所的法定业务、核心业务。

会计咨询、会计服务业务包括资产评估、税务代理、管理咨询、对会计政策的选择和运用提供建议、担任常年会计顾问等。注册会计师执行的会计咨询和会计服务业务属于服务性质，是所有具备条件的中介机构甚至个人都能够从事的非法定业务。

根据中国注册会计师执业准则的规定，会计师事务所的业务分为鉴证业务和相关服务业务。

1. 鉴证业务

（1）鉴证业务的定义

鉴证业务是指注册会计师对鉴证对象信息提出结论，以增强除责任方之外的预期使用者对鉴证对象信息信任程度的业务。鉴证对象信息是按照标准对鉴证对象进行评价和计量的结果。如责任方按照适用的财务报告编制基础对其财务状况、经营成果和现金流量（鉴证对象）进行确认、计量和列报（包括披露，下同）而形成的财务报表（鉴证对象信息）。例如，财务报表审计业务就是一种常见的鉴证业务。企业管理层按照适用的财务报告编制基础对其财务状况、经营成果和现金流量（鉴证对象）进行确认、计量和列报而形成的财务报表，就是鉴证对象信息。鉴证对象信息应当合法、公允地反映鉴证对象的情况。如果没有合法、公允地反映鉴证对象的情况，鉴证对象信息就可能存在错报，而且可能存在重大错报。

上述定义可从以下几个方面进一步加以理解：① 鉴证业务的用户是“预期使用者”，即鉴证业务可以用来有效地满足预期使用者的需求；② 鉴证业务的目的是改善信息的质量或内涵，增强除责任方之外的预期使用者对鉴证对象信息的信任程度，即以适当保证或提高鉴证对象信息的质量为主要目的，而不涉及为如何利用信息提供建议；③ 鉴证业务的基础是独立性和专业性，通常由具备专业胜任能力和独立性的注册会计师来执行，注册会计师应当独立于责任方和预期使用者；④ 鉴证业务的“产品”是鉴证结论，注册会计师应当对鉴证对象信息提出结论，该结论应当以书面报告的形式予以传达。

（2）鉴证业务的分类

① 按照具体业务内容分类。按照具体业务内容进行分类，鉴证业务包括历史财务信息审计业务、历史财务信息审阅业务和其他鉴证业务。

历史财务信息审计业务是指鉴证对象信息为历史财务信息、提供合理保证、以积极方式提出结论的鉴证业务。在历史财务信息审计业务中，注册会计师作为独立的第三方，运用专业知识、技能和经验对历史财务信息进行审计并以积极方式发表专业意见，旨在提高财务报表的可信赖程度。财务报表审计业务即为一种典型的历史财务信息审计业务。财务报表审计的目标是注册会计师通过执行历史财务信息审计工作，对财务报表是否在所有重大方面按照财务报告编制基础编制并实现公允反映发表审计意见。由于审计存在固有限制，审计工作不能对财务报表整体不存在重大错报提供绝对保证。

历史财务信息审阅业务是指鉴证对象信息为历史财务信息、提供有限保证并以消极方式提出结论的鉴证业务。历史财务信息审阅业务的主要内容是财务报表审阅。财务报表审阅的目标是，注册会计师在实施审阅程序的基础上，说明是否注意到某些事项，使其相信财务报表没有在所有重大方面按照适用的财务报告编制基础的规定编制，未能公允反映被审阅单位的财务状况、经营成果和现金流量。由于实施审阅程序不能提供在财务报表审计中要求的所有证据，因而对所审阅的财务报表不存在重大错报只能提供有限保证，注册会计师应当以消极方式提出结论。

其他鉴证业务是指历史财务信息审计或审阅以外的鉴证业务，如预测性财务信息审核、内部控制审核、风险管理鉴证、网域认证和系统鉴证等。这些鉴证业务可以增强使用者的信赖程度。我国注册会计师承办的其他鉴证业务，主要包括内部控制审核、预测性财务信息的审核等。其他鉴证业务的保证程度分为合理保证和有限保证，有限保证的风险水平高于合理保证。

② 按照鉴证业务提供的保证程度分类。保证程度可以分绝对保证、合理保证和有限保证。绝对保证是指注册会计师对鉴证对象信息整体不存在重大错报提供百分之百的保证。合理保证是一个与积累必要的证据相关的概念，它要求注册会计师通过不断修正的、系统的执业过程，获取充分、适当的证据，对鉴证对象信息整体提出结论，提供一种高水平但非绝对的保证。与合理保证相比，有限保证在证据收集程序的性质、时间、范围等方面受到有意识的限制，它提供的是一种适度水平的保证。合理保证业务的保证水平要高于有限保证业务的保证水平。可见，三者提供的保证水平逐次递减。

根据鉴证业务的保证程度，可以将鉴证业务分为合理保证的鉴证业务和有限保证的鉴证业务。

合理保证的鉴证业务的目标是注册会计师将鉴证业务风险降至该业务环境下可接受的低水平，以此作为以积极方式提出结论的基础。如在历史财务信息审计中，要求注册会计师将审计风险降至该业务环境下可接受的低水平，对审计后的历史财务信息提供高水平保证（合理保证），在审计报告中对历史财务信息采用积极方式提出结论。这种业务属于合理保证的鉴证业务。

有限保证的鉴证业务的目标是注册会计师将鉴证业务风险降至该业务环境下可接受的水平，以此作为以消极方式提出结论的基础。如在历史财务信息审阅中，要求注册会计师将审阅风险降至该业务环境下可接受的水平（高于历史财务信息审计中可接受的低水平），对审阅后的历史财务信息提供低于高水平的保证（有限保证），在审阅报告中对历史财务信息采用消极方式提出结论。这种业务属于有限保证的鉴证业务。

合理保证的鉴证业务和有限保证的鉴证业务的区别主要表现在以下几个方面：

第一，目标不同。合理保证的目标是将鉴证业务风险降至具体业务环境下可接受的低水平，以此作为以积极方式提出结论的基础，并对鉴证后的信息提供高水平的保证。有限保证的目标是将鉴证业务风险降至具体业务环境下可接受的水平，以此作为以消极方式提出结论的基础，并对鉴证后的信息提供低于高水平的保证。但是，该保证水平应当是一种有意义的保证水平，即能够在一定程度上增强预期使用者对鉴证对象信息的信任。

第二，证据的收集程序不同。在合理保证的鉴证业务中，为了能够以积极方式提出结论，注册会计师应当通过一个不断修正的、系统化的执业过程，获取充分、适当的证据。与合理保证的鉴证业务相比，有限保证的鉴证业务在证据收集程序的性质、时间、范围等方面是有意识地加以限制的，主要采用询问和分析程序获取证据。

第三，所需证据的数量和质量不同。注册会计师需要获取充分、适当的证据作为其对鉴证对象提供某种水平保证的基础。相对于有限保证的鉴证业务而言，合理保证的鉴证业务提供的保证程度相对较高，与此相对应，对证据数量和质量的要求也就更为严格。

第四，鉴证业务风险不同。鉴证业务风险通常体现为重大错报风险和检查风险。在重大错报风险一致的情况下，鉴证业务风险主要取决于检查风险，而检查风险的高低取决于注册会计师所实施的证据收集程序的性质、时间和范围。有限保证的鉴证业务的证据收集程序在上述方面受到有意识的限制，因此，其检查风险高于合理保证的鉴证业务。相应地，有限保证的鉴证业务的风险水平高于合理保证的鉴证业务的风险水平。

第五，鉴证对象信息的可信性不同。与有限保证的鉴证业务相比，注册会计师在合理保证的鉴证业务中实施的证据收集程序更为系统和全面，收集的证据更充分，提供的保证水平更高，相应地，鉴证后的鉴证对象信息也更为可信。

第六，提出结论的方式不同。合理保证和有限保证提供的保证水平不同，鉴证后鉴证对象信息的可信性也不同，为了使预期使用者能够清楚地了解二者的区别，二者提出结论的方式也不同。合理保证的鉴证业务要求注册会计师以积极方式提出结论，有限保证的鉴证业务要求注册会计师以消极方式提出结论。

应当指出的是，对某项具体鉴证业务而言，其保证水平一般都是事先约定好的，而不是根据注册会计师的工作执行情况再确定的。当然，如果业务环境变化影响到预期使用者的需求，或预期使用者对该项业务的性质存在误解时，注册会计师也可以应委托人的要求，考虑同意变更业务的保证水平。实务工作中，保证水平的确定取决于法律法规和执业准则的要求，以及注册会计师的职业判断。

表 3-1 以财务报表审计业务和财务报表审阅业务为例，对比了合理保证的鉴证业务与有限保证的鉴证业务的区别。

表 3-1　合理保证的鉴证业务与有限保证的鉴证业务区别例解

区别＼业务类型	合理保证的鉴证业务（财务报表审计）	有限保证的鉴证业务（财务报表审阅）
鉴证业务目标	在可接受的低审计风险下，以积极方式对财务报表整体发表审计意见，提供高水平的保证	在可接受的审阅风险下，以消极方式对财务报表整体发表审阅意见，提供有意义水平的保证。该保证水平低于审计业务的保证水平
证据收集程序	通过一个不断修正的、系统化的执业过程，获取充分、适当的证据，证据收集程度包括检查记录或文件、检查有形资产、观察、询问、函证、重新计算、重新执行、分析程序等	通过一个不断修正的、系统化的执业过程，获取充分、适当的证据，证据收集程序受到有意识的限制，主要采用询问和分析程序获取证据
所需证据数量	较多	较少
鉴证业务风险	较低	较高
鉴证对象信息的可信性	较高	较低

续表

区别 \ 业务类型	合理保证的鉴证业务（财务报表审计）	有限保证的鉴证业务（财务报表审阅）
提出结论的方式	以积极方式提出结论。例如:“我们认为,后附的财务报表在所有重大方面按照企业会计准则的规定编制,公允反映了 XYZ 公司 20×1 年 12 月 31 日的财务状况及 20×1 年度的经营成果和现金流量。”	以消极方式提出结论。例如:“根据我们的审阅,我们没有注意到任何事项使我们相信,XYZ 公司财务报表没有在所有重大方面按照企业会计准则的规定编制,未能公允反映被审阅单位的财务状况、经营成果和现金流量。”

③ 按照鉴证对象信息是否以责任方认定的形式为预期使用者所获取分类。按照鉴证对象信息是否以责任方认定的形式为预期使用者所获取,可将鉴证业务分为基于责任方认定的业务和直接报告业务。

在基于责任方认定的业务中,责任方对鉴证对象进行评价或计量,鉴证对象信息以责任方认定的形式为预期使用者获取。如在财务报表审计中,被审计单位管理层(责任方)对财务状况、经营成果和现金流量(鉴证对象)进行确认、计量和列报(评价或计量)而形成的财务报表(鉴证对象信息)即为责任方的认定,该财务报表可为预期使用者获取,注册会计师针对财务报表出具审计报告。这种业务属于基于责任方认定的业务。

在直接报告业务中,注册会计师直接对鉴证对象进行评价或计量,或者从责任方获取对鉴证对象评价或计量的认定,而该认定无法为预期使用者获取,预期使用者只能通过阅读鉴证报告获取鉴证对象信息。如在内部控制鉴证业务中,注册会计师可能无法从管理层(责任方)获取其对内部控制有效性的评价报告(责任方认定),或虽然注册会计师能够获取该报告,但预期使用者无法获取该报告,注册会计师直接对内部控制的有效性(鉴证对象)进行评价并出具鉴证报告,预期使用者只能通过阅读该鉴证报告获得内部控制有效性的信息(鉴证对象信息)。这种业务属于直接报告业务。

基于责任方认定的业务和直接报告业务的区别主要表现在以下 4 个方面:

第一,预期使用者获取鉴证对象信息的方式不同。在基于责任方认定的业务中,预期使用者可以直接获取鉴证对象信息(责任方认定),而不一定要通过阅读鉴证报告获取。在直接报告业务中,可能不存在责任方认定,即便存在,该认定也无法为预期使用者所获取。预期使用者只能通过阅读鉴证报告获取有关的鉴证对象信息。

第二,注册会计师提出结论的对象不同。在基于责任方认定的业务中,注册会计师提出结论的对象可能是责任方认定,也可能是鉴证对象。此类业务的逻辑顺序是:首先,责任方按照标准对鉴证对象进行评价和计量,形成责任方认定,注册会计师获取该认定;然后,注册会计师根据适当的标准对鉴证对象再次进行评价和计量,并将结果与责任方认定进行比较;最后,注册会计师针对责任方认定提出鉴证结论或直接针对鉴证对象提出结论。在直接报告业务中,无论责任方认定是否存在、注册会计师能否获取该认定,注册会计师在鉴证报告中都将直接对鉴证对象提出结论。

第三,责任方的责任不同。在基于责任方认定的业务中,由于责任方已经将既定标准应用于鉴证对象,形成了鉴证对象信息(即责任方认定)。因此,责任方应当对鉴证对象信息负责。责任方可能同时也要对鉴证对象负责。例如,在财务报表审计中,被审计单位管理层既要对财务报表(鉴证对象信息)负责,又要对财务状况、经营成果和现金流量(鉴证对象)负责。在直接报告业务中，无论注册会计师是否获取了责任方认定，鉴证报告中都不体现责任方的认定，责任方仅需要对鉴证对象负责。

第四，鉴证报告的内容和格式不同。在基于责任方认定的业务中，鉴证报告的引言段通常会提供责任方认定的相关信息，进而说明其所执行的鉴证程序并提出鉴证结论。在直接报告业务中，注册会计师直接说明鉴证对象、执行的鉴证程序并提出鉴证结论。表 3-2 以财务报表审计业务和 IT 系统鉴证业务为例，对比了基于责任方认定业务与直接报告业务的区别。

表 3-2　基于责任方认定的业务与直接报告业务区别例解

业务类型 区别	基于责任方认定的业务 （财务报表审计）	直接报告业务 （IT 系统鉴证）
预期使用者获取鉴证对象信息的方式	预期使用者不通过阅读审计报告信息的审核报告，便可获取责任方认定，即可获取企业的财务报表	可能不存在责任方认定（公司管理层关于 IT 系统可应用性、安全性、完整性和可维护性等方面控制有效性的评价报告），或虽然存在，但该认定无法为预期使用者获取。预期使用者只能通过鉴证报告获取上述信息
提出结论的对象	鉴证对象信息，即所审计的财务报表	（1）鉴证对象，即对 IT 系统可应用性、安全性、完整性和可维护性等方面控制有效性进行评价； （2）无论责任方认定是否存在、注册会计师能否获取该认定，注册会计师在鉴证报告中都将直接对鉴证对象提出结论
责任方的责任	责任方对鉴证对象信息负责，即对财务报表编制负责。同时对鉴证对象负责，即对财务报表反映的财务状况、经营成果和现金流量负责	鉴证报告中不体现责任方的认定，责任方仅需要对鉴证对象负责，即对 IT 系统可应用性、安全性、完整性和可维护性等方面控制有效性负责
鉴证报告内容与格式	通常以书面形式对财务报表出具审计报告，明确提及责任方认定。例如："我们审计了 XYZ 股份有限公司（以下简称 XYZ 公司）财务报表，包括 20×1 年 12 月 31 日的资产负债表，20×1 年度的……"	直接提及鉴证对象和标准，执行的鉴证程序并且提出鉴证结论，即无须提及责任方认定。例如："我们对 XYZ 公司 20×1 年×月×日至 20×2 年×月×日期间 IT 服务系统可应用性、安全性、完整性和可维护性等方面控制有效性进行了审查……"

（3）鉴证业务的要素

鉴证业务要素，是指鉴证业务的三方关系、鉴证对象、标准、证据和鉴证报告。鉴证业务要素可以用图 3-1 表示。

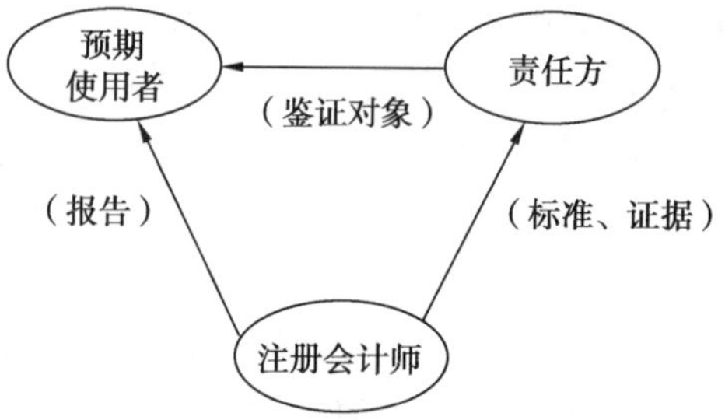

图 3-1　鉴证业务要素示意图

① 鉴证业务的三方关系。鉴证业务的三方关系分别是注册会计师、责任方和预期使用者。

注册会计师是指取得注册会计师证书并在会计师事务所执业的人员，有时也指其所在的会计师事务所。如果鉴证业务涉及的特殊知识和技能超出了注册会计师的能力，那么注册会计师可以利用专家协助执行鉴证业务。在这种情况下，注册会计师应当确信包括专家在内的项目组整体已具备执行该项鉴证业务所需的知识和技能，并充分参与该项鉴证业务和了解专家所承担的工作。

责任方是指下列组织或人员：在直接报告业务中，对鉴证对象负责的组织或人员。例如，在系统鉴证业务中，注册会计师直接对系统的有效性进行评价并出具鉴证报告，该业务的鉴证对象是被鉴证单位系统的有效性，责任方是指对该系统负责的组织或人员，即被鉴证单位的管理层。在基于责任方认定的业务中，责任方是指对鉴证对象信息负责并可能同时对鉴证对象负责的组织或人员。例如，企业聘请注册会计师对企业管理层编制的持续经营报告进行鉴证。在该业务中，鉴证对象信息为持续经营报告，由该企业的管理层负责，企业管理层为责任方。该业务的鉴证对象为企业的持续经营状况，它同样由企业的管理层负责。再如，某政府组织聘请注册会计师对某企业的持续经营报告进行鉴证，该持续经营报告由该政府组织编制并分发给预期使用者。在该业务中，鉴证对象信息由该政府组织负责，该政府组织为责任方。该业务的鉴证对象为企业的持续经营状况，责任方即该政府组织却无须为它负责。

责任方可能是鉴证业务的委托人，也可能不是委托人。注册会计师通常提请责任方提供书面声明，表明责任方已按照既定标准对鉴证对象进行评价或计量，无论该声明是否能为预期使用者获取。在基于责任方认定的业务中，注册会计师对责任方认定出具鉴证报告，责任方通常会提供有关该认定的书面声明。在直接报告业务中，当委托人与责任方不是同一方时，注册会计师可能无法获取此类书面声明。

预期使用者是指预期使用鉴证报告的组织或人员。如果鉴证业务服务于特定的使用者或具有特殊目的，那么注册会计师可以很容易地识别预期使用者。例如，企业向银行贷款，银行要求企业提供一份与贷款项目相关的预测性财务信息审核报告，那么，银行就是该鉴证报告的预期使用者；注册会计师可能无法识别使用鉴证报告的所有组织和人员，尤其在各种可能的预期使用者对鉴证对象存在不同的利益需求时。此时，预期使用者主要是指那些与鉴证对象有重要和共同利益的主要利益相关者。例如，在上市公司财务报表审计中，预期使用者主要是指上市公司的股东。注册会计师应当根据法律法规的规定或与委托人签订的协议识别预期使用者；在可行的情况下，鉴证报告的收件人应当明确为所有的预期使用者。需要说明的是，虽然鉴证报告的收件人应当尽可能地明确为所有的预期使用者，但在实务中往往很难做到这一点。原因很简单，有时鉴证报告并不向某些特定组织或人员提供，但这些组织或人员也有可能使用鉴证报告。例如，注册会计师为上市公司提供财务报表审计服务，其审计报告的收件人为“××股份有限公司全体股东”，但除了股东之外，公司债权人、证券监管机构等显然也是预期使用者。

责任方与预期使用者可能是同一方，也可能不是同一方。即使责任方是预期使用者，但也不是唯一的预期使用者。例如，在财务报表审计中，责任方是被审计单位的管理层，此时被审计单位的管理层便是审计报告的预期使用者之一，但同时预期使用者还包括企业的股东、债权人、监管机构等。

三方之间的关系是，注册会计师对由责任方负责的鉴证对象或鉴证对象信息提出结论，以增强除责任方之外的预期使用者对鉴证对象信息的信任程度。是否存在三方关系人是判断某项业务是否属于鉴证业务的重要标准之一。如果某项业务不存在除责任方之外的其他预期使用者,那么该业务不构成一项鉴证业务。鉴证业务还会涉及委托人,但委托人不是单独存在的一方,委托人通常是预期使用者之一,委托人也可能由责任方担任。

② 鉴证对象。注册会计师提供的鉴证业务中,存在多种不同类型的鉴证对象;相应地,鉴证对象信息也具有多种不同的形式。鉴证对象与鉴证对象信息具有多种形式,主要包括:当鉴证对象为财务业绩或状况时(如历史或预测的财务状况、经营成果和现金流量),鉴证对象信息是财务报表;当鉴证对象为非财务业绩或状况时(如企业的运营情况),鉴证对象信息可能是反映效率或效果的关键指标;当鉴证对象为物理特征时(如设备的生产能力),鉴证对象信息可能是有关鉴证对象物理特征的说明文件;当鉴证对象为某种系统和过程时(如企业的内部控制或信息技术系统),鉴证对象信息可能是关于其有效性的认定;当鉴证对象为一种行为时(如遵守法律法规的情况),鉴证对象信息可能是对法律法规遵守情况或执行效果的声明。

鉴证对象是否适当是注册会计师能否将一项业务作为鉴证业务予以承接的前提条件。适当的鉴证对象应当同时满足以下条件:鉴证对象可以识别;不同的组织或人员对鉴证对象按照既定标准进行评价或计量的结果合理一致;注册会计师能够收集与鉴证对象有关的信息,获取充分、适当的证据,以支持其提出适当的鉴证结论。不适当的鉴证对象可能会误导预期使用者。不适当的鉴证对象还可能造成审计工作范围受到限制。如果注册会计师在承接业务后发现鉴证对象不适当,应当视工作范围受到限制的重大与广泛程度,出具保留意见或无法表示意见的审计报告。在适当的情况下,注册会计师可以考虑解除业务约定。

③ 标准。标准是指用于评价或计量鉴证对象的基准,当涉及列报时,还包括列报的基准。标准是鉴证业务中不可或缺的一项要素。运用职业判断对鉴证对象作出评价或计量,离不开适当的标准。如果没有适当的标准提供指引,任何个人的解释甚至误解都可能对结论产生影响,对同一鉴证对象进行评价或计量并不一定要选择同一个标准。

标准可以是正式的规定,也可以是某些非正式的规定。正式的规定通常是一些“既定的”标准,是由法律法规规定的,或是由政府主管部门或国家认可的专业团体依照公开、适当的程序发布的。非正式的规定通常是一些“专门制定的”标准,是针对具体的业务项目“量身定做”的,包括企业内部制定的行为准则、确定的绩效水平或商定的行为要求等。标准的类型不同,注册会计师在评价标准是否适用于具体的鉴证业务时,所关注的重点也不同。

注册会计师在运用职业判断对鉴证对象作出合理一致的评价或计量时,需要有适当的标准。标准是否适当、是否适用于具体的鉴证业务同样离不开注册会计师的职业判断。如果使用的标准不适当或不适用于具体业务,发表的鉴证结论便毫无意义。适当的标准应当具备相关性(相关的标准有助于得出结论,便于预期使用者作出决策)、完整性(完整的标准不应忽略业务环境中可能影响得出结论的相关因素,当涉及列报时,还包括列报的基准)、可靠性(可靠的标准能够使能力相近的注册会计师在相似的业务环境中,对鉴证对象作出合理一致的评价或计量)、中立性(中立的标准有助于得出无偏向的结论)、可理解性(可理解的标准有助于得出清晰、易于理解、不会产生重大歧义的结论)等所有特征。注册会计师基于自身的预期、判断和个人经验对鉴证对象进行的评价和计量,不构成适当的标准。

标准应当能够为预期使用者获取、以使预期使用者了解鉴证对象的评价或计量过程。标准可以通过公开发布、在陈述鉴证对象信息时以明确的方式表述、在鉴证报告中以明确的方式表述和常识理解等方式供预期使用者获取。

④ 证据。注册会计师应当以职业怀疑态度计划和执行鉴证业务，获取有关鉴证对象信息是否不存在重大错报的充分、适当的证据。

职业怀疑态度是指注册会计师以质疑的思维方式评价所获取证据的有效性，并对相互矛盾的证据，以及引起对文件记录或责任方提供的信息的可靠性产生怀疑的证据保持警觉。职业怀疑态度代表的是注册会计师执业时的一种精神状态，它有助于降低注册会计师在执业过程中可能遇到的风险。这些风险通常包括：忽略了可疑的情况；在决定证据收集程序的性质、时间和范围时使用了不恰当的假设；对证据进行了不恰当的评价等。有关证据的详细介绍，详见第六章。

⑤ 鉴证业务的报告。注册会计师应当出具含有鉴证结论的书面报告，该鉴证结论应当说明注册会计师就鉴证对象信息获取的保证。注册会计师应当考虑其他报告责任，包括在适当时与治理层沟通。

在基于责任方认定的业务中，注册会计师的鉴证结论可以采用下列两种表述形式：

表述形式一：明确提及责任方认定，如“我们认为，责任方作出的‘根据××标准，内部控制在所有重大方面是有效的’这一认定是公允的”。

表述形式二：直接提及鉴证对象和标准，如“我们认为，根据××标准，内部控制在所有重大方面是有效的”。

在直接报告业务中，注册会计师应当明确提及鉴证对象和标准。

2. 相关服务业务

相关服务业务包括对财务信息执行商定程序、代编财务信息、税务服务、管理咨询及会计服务等。

① 对财务信息执行商定程序，是注册会计师对特定财务数据、单一财务报表或整套财务报表等财务信息执行与特定主体商定的具有审计性质的程序，并就执行的商定程序及其结果出具报告。

② 代编财务信息，是注册会计师运用会计而非审计的专业知识和技能，代客户编制一套完整或非完整的财务报表，或代为收集、分类和汇总其他财务信息。

③ 税务服务包括税务代理和税收筹划。税务代理，是指注册会计师在国家法律规定的代理范围内，受纳税人、扣缴义务人的委托，代为办理税务事宜的各项行为的总称。税收筹划是指在国家税收法规、政策允许的范围内，注册会计师从客户利益出发，通过对经营、投资、理财活动进行的前期筹划，代替纳税义务人设计可替代或不同结果的纳税方案，尽可能地减轻税收负担，以获取税收利益。

④ 管理咨询服务是注册会计师与非注册会计师激烈竞争的一个领域。所谓管理咨询，是指调查企业的实际经营状态，诊断经营方面的问题，提出具体的改善建议，或者在此基础上对改善建议的落实给予指导。管理咨询包括：发展战略咨询（如麦肯锡、波士顿）、投融资咨询、财务会计咨询（如安达信、普华永道、毕马威、德勤、安永）、税收咨询、市场营销咨询、人力资源咨询、生产管理咨询、工程技术咨询、业务流程重组与管理信息化咨询（如安盛）等。

⑤ 注册会计师提供的会计咨询和会计服务业务，除了代编财务信息外，还包括对会计政策的选择和运用提供建议、担任常年会计顾问等。

表 3-3 以代编财务信息业务和财务报表审计业务为例，对比了相关服务业务与鉴证业

务的区别。

表 3-3 鉴证业务与相关服务的区别例解

业务类型 区别	相关服务 （以代编财务信息为例）	鉴证业务 （以财务报表审计为例）
业务关系人	只涉及注册会计师和责任方（管理层）两方关系人	涉及注册会计师、责任方（管理层）和预期使用者三方关系人
业务关注的焦点	财务信息的收集、分类和汇总	财务信息的质量
保证程度	不对财务信息提供任何程度的保证	对财务报表不存在重大错报提供合理保证
独立性要求	不对独立性提出要求，但如果不独立，应当在代编业务报告中说明这一事实	要求注册会计师从实质上和形式上保持独立性
报告	如果注册会计师的姓名与代编业务报告相关联，需要出具代编业务报表，但在报告中不提出鉴证结论	以书面形式提供审计报告，并在报告中就财务报表是否不存在重大错报提出鉴证结论

（二）会计师事务所的结构

1. 会计师事务所的组织形式

（1）国外会计师事务所的组织形式

国外会计师事务所的组织形式包括独资、普通合伙制、有限责任合伙制、股份有限公司制 4 类形式。

① 独资会计师事务所又称个人会计师事务所，是由具有注册会计师执业资格的个人独立开办的会计师事务所。其特点是：个人出资并承担无限责任，对执业人员的需求不多，容易设立，执业灵活，能适应中小企业代理记账、税务代理等一般性需要，但难以承接综合性业务，发展空间狭小。近年来，由于其诉讼风险的增加，大多数独资事务所都向责任更加有限的组织形式转变。

② 普通合伙制会计师事务所是指由两位或多位注册会计师合伙设立的会计师事务所。其特点在于：多人共同出资，并以各自财产对合伙事务所债务承担无限责任；由于利益共享，能有效扩展业务，扩大规模。但任何一个合伙人在执业中的失误或舞弊行为都会影响整个事务所的生存和发展，都可能给整个会计师事务所带来灭顶之灾，因此风险较大。因为其他组织形式能提供法律许可的法律责任保护，所以这种组织形式已不再流行。

③ 有限责任会计师事务所由执业注册会计师认购会计师事务所的股份，并以其所认购的股份对会计师事务所承担有限责任。它通过股份制形式迅速聚集一批注册会计师，有利于迅速扩大事务所规模，业务发展较快，但由于风险均摊，弱化了注册会计师的个人责任，不利于注册会计师关注执业风险。

④ 有限责任合伙制会计师事务所，是由多个合伙人通过设立有限责任公司的方式组建的会计师事务所。其显著特点是：事务所以其全部资产对其债务承担有限责任，各合伙人对个人执业行为承担无限责任，合伙人之间不相互承担连带责任。它是 20 世纪 90 年代中期由国际会计公司改制而形成的一种事务所组织形式。该方式结合了合伙制与公司制会计师事务所的优点，既能壮大事务所规模，又能促进注册会计师关注执业风险，因而得到了国

际注册会计师职业界的认同。目前，国际会计公司在美国的执业机构已全部转成了这种形式，如普华永道、安永等。其他许多国家和地区的国际会计公司已开始陆续转型，并且在美、英等国家还颁布了有限责任合伙制法令，使有限责任合伙制会计师事务所有了法律依据和保证。有限责任合伙制会计师事务所已成为当今注册会计师行业组织形式发展的一大趋势。

(2) 我国会计师事务所的组织形式

我国《注册会计师法》规定，不准个人设立独资会计师事务所，只批准设立有限责任会计师事务所和合伙会计师事务所。有限责任会计师事务所是指由发起人通过共同出资并以其出资额为限对会计师事务所债务承担有限责任，会计师事务所以其全部资产对其债务承担责任的会计师事务所组织形式；合伙制会计师事务所是由两名以上的注册会计师共同出资设立，共同执业，合伙人按出资比例或协议以各自的财产对会计师事务所债务承担连带责任的会计师事务所组织形式。

2010 年 7 月，财政部印发了《财政部 工商总局关于推动大中型会计师事务所采用特殊普通合伙组织形式的暂行规定》的通知（财会〔2010〕12 号），推动大中型会计师事务所采用特殊普通合伙组织形式，促进我国会计师事务所做大做强。采用特殊普通合伙组织形式的会计师事务所，一个合伙人或者数个合伙人在执业活动中因故意或者重大过失造成合伙企业债务的，应当承担无限责任或者无限连带责任，其他合伙人以其在合伙企业中的财产份额为限承担责任。合伙人在执业活动中非因故意或者重大过失造成的合伙企业债务及合伙企业的其他债务，由全体合伙人承担无限连带责任。

大型会计师事务所是指在人才、品牌、规模、技术标准、执业质量和管理水平等方面居于行业领先地位，能够为我国企业“走出去”提供国际化综合服务，行业排名前 10 位左右的会计师事务所。中型会计师事务所是指在人才、品牌、规模、技术标准、执业质量和管理水平等方面具有较高水准，能够为大中型企事业单位、上市公司提供专业或综合服务，行业排名前 200 位左右的会计师事务所（不含大型会计师事务所）。

2. 会计师事务所的组织结构

(1) 影响会计师事务所组织结构的因素

会计师事务所的组织结构是其内部管理机构的组成形式，会计师事务所因自身的特点及提供服务的范围不尽相同，对会计师事务所的组织结构的确定会产生不同的影响。影响因素主要有以下 3 个方面：

① 独立于客户的需要。合适的会计师事务所组织结构是审计人员独立于审计客户的需要。独立性使审计人员能够中立地对财务报表发表意见。

② 组织结构在加强胜任能力方面的重要性。会计师事务所组织结构在加强审计人员专业胜任能力方面十分重要。专业胜任能力使审计人员执行鉴证业务和非鉴证业务时具有效率性和效果性。

③ 注册会计师面临日益增长的诉讼风险。合适的会计师事务所组织结构使审计人员在面临日益增长的法律诉讼风险、事务所的诉讼成本不断增加时可为事务所成员提供一定程度的保护。

(2) 国外会计师事务所的组织结构

在国外，会计师事务所的组织结构比较复杂，因会计师事务所类型不同而各具特点，但以合伙会计师事务所最为典型。会计师事务所大多采取典型会计师事务所的级别制度。典型会计师事务所的组织级别包括合伙人或股东、高级经理、督导人员、项目经理或主管审计师和助理人员等。新的员工通常从担任助理人员开始，在每一级别工作 2～3 年，最后成为合伙人。虽然这些职位在不同的事务所中名称各不相同，但结构大致一样。在较大的审计业务中，通常需要配备一至多名各个级别的审计师。

表 3-4 总结了事务所内不同级别的职员应具备的工作经验和承担的责任。正如表 3-4 中所示，职位越高，所负责任越大。此外，员工们可通过参与各种业务获得不同的工作经验，但随着审计技术和信息技术的不断发展，新近从业的助理人员将被赋予更大的责任，面临更大的挑战。事务所级别划分的本质在于促使员工胜任能力的提高，因为每一级别的审计工作人员都要对下级工作人员的工作进行督导和复核。例如，项目经理或主管审计师直接对助理人员的工作进行督导，而助理人员的工作又由项目经理、高级经理和合伙人进行复核。

表 3-4　会计师事务所职员的级别与责任

级别	平均工作经验	主要责任
助理人员	0～2 年	协助项目经理或主管审计师拟订部分审计计划，执行大部分详细的审计工作
项目经理或主管审计师	2～5 年	直接负责拟订审计工作计划，协调并负责外勤工作，对助理人员进行复核和督导
高级经理	5～10 年	对整个审计工作进行直接监督和管理，帮助制订项目计划，详细审核审计工作底稿，并负责与委托人就审计报告或审计工作中发生的问题进行沟通、协商，并负责向审计客户发出收费通知等。一个高级经理人员可能负责一个以上的业务
合伙人	10 年以上	合伙人作为事务所的所有者，参与制定重要的审计决策，负责联络主要委托人，批复审计收费，复核整个审计工作，签发审计报告并对与审计报告相关的一切事项负最终责任

（3）我国会计师事务所的组织结构

我国会计师事务所的组织结构主要有所长负责制和董事会领导下的主任会计师负责制两种。

① 所长负责制的事务所。所长对本所工作负全面责任，副所长协助所长工作。事务所可根据需要设置若干业务部门，分别负责不同工作；设立主任会计师负责业务承接、人员安排、督促检查和报告初审等日常工作。

② 董事会领导下的主任会计师负责制的会计师事务所。董事会为事务所的最高权力机构，主任会计师负责日常业务。在机构设置上，因事务所规模、业务特点不同而有所差别。

无论哪种类型的会计师事务所，其内部工作人员的分工大体一致，实行三级管理制度：主任会计师（所长、总经理）、部门经理、项目经理（业务经理）。其中，主任会计师全面负责会计师事务所工作，处理和决定会计师事务所所有重大事项；部门经理负责处理和决定本部门审计或咨询业务的业务接洽、质量管理、人员安排、指导和复核及其他重要事项；项目经理负责委派本项目小组的具体工作，检查助理人员工作底稿及工时记录，拟订各种审计方案和计划，就审计或咨询工作中的问题与客户进行沟通等。

（三）会计师事务所的设立登记

1. 有限责任会计师事务所的设立及审批

注册会计师可以发起设立有限责任会计师事务所。在以有限责任方式设立的情况下，事务所以其全部资产对其债务承担责任，事务所的出资人所承担的责任以其出资额为限。它有别于由合伙人按照出资比例或者协议以各自的财产承担连带无限责任的合伙会计师事务所。

（1）设立有限责任会计师事务所必须符合的条件有：① 不少于人民币30万元的注册资本；② 有10名以上在国家规定的职龄以内的专职从业人员，其中至少有5名注册会计师；③ 有5名以上符合规定条件的发起人；④ 有固定的办公场所；⑤ 审批机关规定的其他条件。

申请设立有限责任会计师事务所的单位还必须符合财政部《有限责任会计师事务所审批办法》的有关规定。

（2）申请设立有限责任会计师事务所时应当报送的文件有：① 事务所章程（草案）；② 发起人简历及有关证明文件；③ 出资人简历及有关证明文件；④ 出资人协议书；⑤ 拟任主任会计师人选的有关资料；⑥ 出资证明；⑦ 其他注册会计师和从业人员名单、简历及有关证明文件；⑧ 事务所内部管理制度（草案）；⑨ 办公场所的产权或使用权证明文件；⑩ 审批机关要求的其他材料。

（3）申请及审批有限责任会计师事务所的程序有：① 由发起人向所在地的省、自治区、直辖市注册会计师协会提交申请书及上述规定的文件。② 省、自治区、直辖市注册会计师协会接到申请文件后30日内审查完毕，提出批准或者不批准的意见报告，由财政厅（局）长决定批准或不批准。决定批准或不批准后15日内通知申请人。③ 省、自治区、直辖市财政厅（局）批准设立的会计师事务所，应当送中国注册会计师协会报财政部备案。中国注册会计师协会在复审中发现审批不当的，应当自收到备案报告之日起30日内报告财政部主管部长，由财政部主管部长决定是否应通知原审批机关重新审查。④ 经批准设立的会计师事务所，应当自接到批复文件20日内到所在地的省、自治区、直辖市注册会计师协会领取财政部统一印制的“会计师事务所执业证书”，并办理执业登记。

2. 合伙会计师事务所的设立与审批

会计师事务所可以由注册会计师合伙设立。合伙设立的会计师事务所的债务由合伙人按出资比例或者协议的约定，以各自的财产承担责任，合伙人对会计师事务所的债务承担连带责任。

（1）设立合伙会计师事务所必须具备的条件有：① 有两名以上符合规定的注册会计师为合伙人，由合伙人聘用一定数量符合规定条件的注册会计师和其他专业人员参与会计师事务所工作；② 有固定的办公场所和必要的设施；③ 有能够满足执业和其他业务工作所需要的资金。

（2）申请成为会计师事务所合伙人的注册会计师必须符合的条件有：① 为中华人民共和国公民；② 持有中华人民共和国注册会计师有效证书，有5年以上在会计师事务所从事独立审计业务的经验和良好的道德记录；③ 不在其他单位从事牟取工资收入的工作；④ 至申请日止在申请注册地连续居住一年以上。

（3）由合伙发起人向所在地省、自治区、直辖市注册会计师协会递交申请书并附送的文件有：① 合伙人协议书；② 各合伙人姓名、简历、地址，注册会计师证书复印件及从事注册会计师独立审计业务时间，有关业绩及职业道德的证明；③ 合伙会计师事务所章程；④ 合伙人出资和个人财产的有效证明；⑤ 其他注册会计师及助理人员姓名、简历、住址及注册会计师证书和年检记录，以及助理人员有关情况的说明；⑥ 办公地址及办公用房产权或使用权的证明；⑦ 审批机关要求的其他材料。

其中，合伙人协议书应载明下列事项：会计师事务所名称、地址；合伙人姓名、资历、住址；出资总额、合伙人出资方式和出资额及应承担债务的份额；合伙人的权利和义务；合伙人加入、退出的规定及程序；组织和管理。

合伙会计师事务所的审批程序与有限责任会计师事务所的审批程序大致相同。

合伙会计师事务所是负无限责任的，因此，财政部颁发的《合伙会计师事务所设立及审批试行办法》第16条规定，合伙会计师事务所应当建立风险基金，或向保险机构投保职业保险。建立风险基金的，每年提取的基金数应当不少于业务收入的10%。合伙会计师事务所的收入，扣除各项费用，按合伙人应分配额缴纳所得税后，提取不低于30%作为共同基金，其余部分由合伙人按照协议进行分配。共同基金属于合伙人权益。

三、注册会计师协会

（一）中国注册会计师协会

1. 中国注册会计师协会的成立

1988年11月15日，中国注册会计师协会成立并接受财政部监督、指导。1992年9月8日，中国注册审计师协会成立并接受审计署监督、指导。1995年6月19日，中国注册会计师协会和中国注册审计师协会联合组成了注册会计师全国组织——中国注册会计师协会。联合后的中国注册会计师协会，接受财政部的监督、指导，依法对全国注册会计师行业实行管理，依据《注册会计师法》和《中国注册会计师协会章程》行使职责。其宗旨是服务、监督、管理、协调，即以诚信建设为主线，服务本会会员，监督会员执业质量、职业道德，依法实施注册会计师行业管理，协调行业内、外部关系，维护社会公众利益和会员合法权益，促进行业健康发展。

2000年9月，根据国务院清理整顿经济鉴证类社会中介机构领导小组《关于抓紧落实注册税务师、注册资产评估师、注册会计师行业合并统一管理工作的通知》和财政部《关于同意中国注册会计师协会与中国资产评估协会合并的通知》的要求，中国注册会计师协会、中国资产评估协会合并组成新的中国注册会计师协会，对行业实行统一管理。

2. 中国注册会计师协会的职责

中国注册会计师协会依法履行以下职责：

① 审批和管理本会会员，指导地方注册会计师协会办理注册会计师注册；

② 拟订注册会计师执业准则、规则，监督、检查实施情况；

③ 组织对注册会计师的任职资格、注册会计师和会计师事务所的执业情况进行年度检查；

④ 制定行业自律管理规范，对违反行业自律管理规范的行为予以惩戒；

⑤ 组织实施注册会计师全国统一考试；

⑥ 组织和推动会员培训工作；

⑦ 组织业务交流，开展理论研究，提供技术支持；

⑧ 开展注册会计师行业宣传；

⑨ 协调行业内、外部关系，支持会员依法执业，维护会员合法权益；

⑩ 代表中国注册会计师行业开展国际交往活动；

⑪ 指导地方注册会计师协会工作；

⑫ 办理法律、行政法规规定和国家机关委托或授权的其他有关工作。

3. 中国注册会计师协会会员

（1）会员种类

中国注册会计师协会的会员分为个人会员和团体会员。会员入会均须履行申请和登记手续。

① 个人会员。凡参加注册会计师全国统一考试全科合格并经申请批准者和依照规定原考核取得协会会员资格者，为中国注册会计师协会的个人会员。个人会员分为执业会员和非执业会员。其中，依法取得中国注册会计师执业证书的为执业会员。

② 团体会员。依法批准设立的会计师事务所，为中国注册会计师协会的团体会员。

（2）个人会员的权利

中国注册会计师协会的个人会员享有下列权利：① 协会的选举权和被选举权；② 对协会给予的惩戒提出申诉；③ 参加协会举办的学习和培训活动；④ 参加协会举办的有关专业研究和经验交流活动；⑤ 获得协会提供的有关资料；⑥ 通过协会向有关方面提出意见和要求；⑦ 监督协会工作，提出批评和建议；⑧ 监督协会的会费收支；⑨ 依照规定申请退出协会。

对注册会计师行业作出重大贡献的境内外有关知名人士，经有关方面推荐，由理事会批准，可授予中国注册会计师协会名誉会员称号。

（3）个人会员的义务

中国注册会计师协会个人会员应履行下列义务：① 遵守协会章程；② 执行协会决议；③ 遵守协会纪律；④ 接受协会的监督、管理；⑤ 按规定交纳会费；⑥ 完成规定的后续教育；⑦ 自觉维护注册会计师职业声誉，维护会员间的团结；⑧ 承担中国注册会计师协会委托的任务。

会员拒不履行义务的，以及不再具备会员资格的，理事会可劝其退会或予以除名。

4. 协会权力机构和常设办事机构

（1）会员代表大会

协会最高权力机构为全国会员代表大会。全国会员代表大会每 5 年举行一次，必要时，由协会理事会决定延期或提前举行，延期召开全国会员代表大会的期限不得超过一年。

全国会员代表大会代表采取选举、协商和特邀的办法产生，其产生办法由上一届理事会决定。其职权是：① 制定、修改协会章程；② 选举协会理事；③ 讨论决定协会工作方针和任务；④ 审议、批准协会理事会的工作报告；⑤ 制定、修改会费管理办法；⑥ 审议理事会提请全国会员代表大会审议的其他事项。

(2) 理事会与常务理事会

全国会员代表大会选举理事若干人组成协会理事会。每届理事会任期5年,理事可以连选连任。理事会会议每年举行一次,必要时,可以提前或推迟召开。理事会对全国会员代表大会负责。其职权是:① 提议召开全国会员代表大会;② 选举协会常务理事会成员;③ 选举协会领导成员;④ 聘任协会常设执行机构领导成员;⑤ 增补或更换协会理事;⑥ 审议协会常设执行机构职能部门的设置;⑦ 审议、批准协会常设执行机构的年度工作报告;⑧ 审议、批准协会的年度会费收支报告;⑨ 其他应由理事会办理的事项。

理事会选举会长一人、副会长若干人、常务理事若干人。会长、副会长、常务理事的任期与理事相同。理事会可聘请名誉会长若干人。常务理事会于理事会闭会期间行使理事会职权。

会长代表协会,召集、主持理事会和常务理事会会议,并监督、检查其决议的贯彻实施。副会长协助会长工作。

(3) 常设执行机构

中国注册会计师协会设秘书处,为协会常设执行机构。秘书处负责具体落实协会会员代表大会、理事会、常务理事会的各项决议、决定,承担协会的日常工作。

协会设秘书长一人、副秘书长若干人。秘书长和副秘书长由财政部推荐,理事会表决通过。秘书长为协会的法定代表人。秘书长主持秘书处日常工作,副秘书长协助秘书长工作。秘书处各职能部门的设置,由秘书长提出方案,经理事会审议后,报财政部批准。

(4) 专门委员会与专业委员会

理事会设若干专门委员会。专门委员会是理事会履行职责的专门工作机构,对理事会负责。

理事会设若干专业委员会。专业委员会负责处理行业发展中的专业技术问题,对理事会负责。

各专门委员会、专业委员会的设置、调整、具体职责和运作规则,以及委员的聘任和解聘,由秘书长提出方案,理事会批准。

5. 地方注册会计师协会

各省、自治区、直辖市注册会计师协会是中国注册会计师协会的地方组织,其章程由当地会员代表大会依法制定,并报中国注册会计师协会和当地政府主管行政机关备案。省、自治区以下成立注册会计师协会,须经省级注册会计师协会批准,报中国注册会计师协会备案,其组织运行、职责权限,依照国家法律、行政法规及所在地省级协会的规定办理。

(二) 国外会计师职业组织

1. 国际会计师联合会

国际会计师联合会(IFAC)于1977年10月14日在德国慕尼黑成立,其前身是于1972年在澳大利亚悉尼召开的第十届国际会计师大会上成立的国际会计职业协调委员会。最高领导机构是代表大会和理事会。代表大会由其成员——各国会计师职业团体各出一人组成,代表大会与5年一次的国际会计师大会同时召开。理事会由来自15个不同国家的职业会计师团体的代表组成。理事会下设7个常设委员会:教育委员会、职业道德委员会、国际审计实务委员会、国际大会委员会、管理会计委员会、计划委员会和地区组织委员会。每个委员会都规定有其工作范围和期限。在这7个常设委员会中,权限最大的是国际审计实务委员会,它可代表理事会制定和公开发布有关审计的标准,并在发布国际审计标准时无须理事会的事前批准,它是 IFAC 中一个有一定独立性的组织。

IFAC 的宗旨是以统一的标准发展和提高世界范围的会计专业,促进国际范围内的会计协调。其任务是决定国际会计师大会的主办国;保持与参加国际会计师大会的各国的联系;促进国际地区机构的发展和信息的交流;参考和吸收各国提出的意见,扩大国际会计职业协调委员会的业务,并为改进业务提供咨询。

目前,IFAC 有 3 种会员资格:正式会员、准会员和联系会员。中国注册会计师协会于 1997 年 5 月 8 日加入 IFAC 成为其正式会员。目前,IFAC 拥有来自 114 个国家的 156 个会员团体,代表着全球范围内 240 多万名会计师。

2. 美国注册会计师协会

美国注册会计师协会(AICPA)是美国注册会计师的全国性组织,成立于 1887 年,1957 年更为现名美国注册会计师协会。AICPA 组织机构主要包括管理委员会、董事会、联合审判委员会、AIPCA 指定的高级问题解决机构等。AICPA 拥有规则制定权、业务监管权和部分违规处罚权。其使命是为会员提供资源、信息,并领导会员,加强其能力,以使得会员增强为公众、雇员、客户的利益而提供高水准的有价值的专业服务。AICPA 的会员类型包括正式会员、预备会员、学生会员、国际会员、非 CPA 分会会员和分会会员等。目前有会员 33 万多人。

3. 英国会计职业组织

英国的会计职业组织较为复杂,现有 6 家相互独立的会计职业团体,即特许会计师协会(ACCA)、英格兰和威尔士特许会计师协会(ICAEW)、苏格兰特许会计师协会(ICAS)、爱尔兰特许会计师协会(ICAI)、成本和管理会计师协会(ICMA)和特许公共财务会计师协会(CIPFA)。上述 6 家会计职业团体中,只有 ACCA,ICAEW,ICAS,ICAI 具有登记会员资格,即有权批准其会员从事独立审计业务并发给执业证书。这 6 家会计职业组织彼此互相独立,并相对独立于政府部门。为促进相互合作,它们共同发起成立了一个咨询委员会(CCAB),代表英国会计职业组织向 IFAC 提出专业意见。英国会计职业组织的职责是组织注册会计师考试和注册,制定审计准则和职业道德规范,监督执业行为和执业质量等。

第二节　注册会计师职业道德规范概述

随着注册会计师职业在社会经济生活中的作用日益重要,社会对其职业道德水准的要求也日益提高。因此,加强注册会计师的职业道德建设,规范注册会计师道德行为,对维护注册会计师职业形象、保证职业质量、提高执业水平具有重要作用。

一、道德及对道德行为的需要

道德是一定社会为了调整人们之间及个人和社会之间关系所提倡的行为规范的总和。社会要有序运行,道德行为必不可少。

（一）为什么会有不道德行为

导致人们产生不道德行为的原因主要有两种：一是某人的道德标准与社会整体道德标准不同，例如，人们在申报税款时作弊；二是某人选择自私行为，例如，在编制的纳税申报表和费用报告中作弊来源于对财富的贪欲。在大多数情况下，这两种原因同时存在。

（二）道德两难问题

道德两难问题是指某人面临必须对恰当行为作出决策的情况。例如，客户威胁说，除非是无保留意见，否则就要寻找新的注册会计师，但无保留意见又是不恰当的，这就是一个严重的道德两难问题。解决道德两难问题必须谨慎，避免采取那些使不道德行为合理化的方法。

（三）职业界对道德行为的特殊需要

社会期望职业人员的品行水准高于社会其他大多数成员。例如，注册会计师自己的行为应当超出个人对自己的责任，也应超出法律、法规所要求的责任。作为职业人员的注册会计师，应承担对公众、对客户和对其他执业人员的责任。各种职业都要求高水准职业道德的根本原因是，这种职业需要为他们的服务质量取得公众信任。对注册会计师来说，由于绝大多数注册会计师职业服务的复杂性，使用者对执业质量进行评价是不可能的。如果职业界能够使用高水平的执业标准和道德标准，那么公众对这一职业服务质量的信任就会得以提高。如果使用者对注册会计师的服务不信任，那么，注册会计师为客户和公众有效地提供服务的能力就会降低。

注册会计师职业界和社会都有许多途径来促使注册会计师恰当地工作和提供高质量的审计和其他相关服务。图 3-2 列出了一些最重要的途径。职业行为规范对执业人员有重大影响，它为注册会计师提供了行为标准。

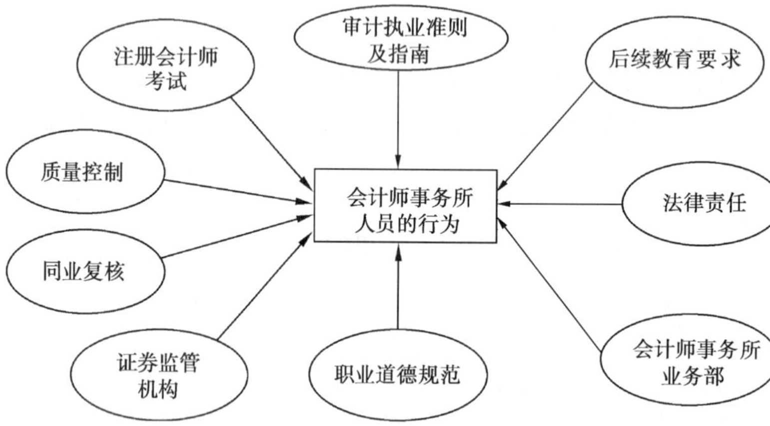

图 3-2　职业界和社会促使注册会计师高水平执业的途径

二、注册会计师职业道德的含义

职业道德是某一职业组织以公约、守则等形式公布的，其会员自愿接受的职业行为标准。所谓注册会计师的职业道德，是注册会计师的职业品德、职业纪律、执业能力及职业责任等的总称。它包含了两层含义：① 注册会计师的职业道德是对注册会计师职业行为的一种规范;② 注册会计师职业道德的基本内容包括职业品德、职业纪律、执业能力及职业责任等方面。

三、注册会计师职业道德规范的组成内容

从世界各国来看,凡是建立注册会计师制度的国家,都制定了相应的注册会计师职业道德规范,以昭示注册会计师应达到的道德水准。早在20世纪初期,美国的注册会计师协会就制定了正式的注册会计师职业道德规范,在不断变化的审计环境和审计实践的发展中为注册会计师提供执业指导。后经多次修订,已使其成为目前世界上最系统、最全面的注册会计师职业道德准则。

(一)国际会计师联合会职业道德规范的组成内容

国际会计师联合会(IFAC)为了协调国际职业道德规范,制定和颁布了《职业会计师道德守则》。该守则包括3部分:

第一部分适用于所有职业会计师。职业会计师是指国际会计师联合会的成员组织的会员,不论其是在公共业务(包括个人执业者、合伙所或公司),还是工业部门、商业部门、政府部门或教育部门工作。适用于所有职业会计师的职业道德规范包括公正性和客观性、道德冲突的解决、专业胜任能力、保密、税务服务、跨国活动、宣传等。

第二部分适用于执行公共业务的职业会计师。执行公共业务的职业会计师是指向客户提供专业服务的合伙人或类似职业人员、执业机构的雇员,不论其专业服务类别(如审计、税务或咨询),以及在执业机构中负有管理职责的职业会计师。适用于执行公共业务的职业会计师的职业道德规范包括鉴证业务的独立性、专业胜任能力,以及与利用非会计师有关的责任、收费和佣金、与公共会计师业务不相容的活动、客户的资金、与其他执行公共业务的职业会计师的关系、广告与招揽。

第三部分适用于受雇的职业会计师,适当时也可适用于执行公共业务的职业会计师。受雇的职业会计师,是指受雇于工业、商业、公共或教育部门的职业会计师。适用于受雇的职业会计师的职业道德规范包括忠诚的冲突、对同行的支持、专业胜任能力、信息的表述等。

(二)美国注册会计师协会职业道德规范的构成

美国注册会计师协会职业道德规范由专门成立的职业道德部负责制定和发布。美国注册会计师协会《职业行为规范》既提供理想行为的一般标准,又提供具体的强制性行为守则。规范由4个部分组成:职业道德原则、行为守则、行为守则解释和道德裁决。它们是按从一般到具体的顺序排列的,其中原则提供行为的理想标准,而道德裁决则是高度具体的。

1. 职业道德原则

作为第一层次的职业道德原则,它是以理念形式表述的道德行为的理想标准、基本信条。它要求注册会计师即使牺牲个人利益也要履行职业责任,坚持正确的行为。职业道德原则具体要求如下:

(1) 职业责任——为履行职业责任,注册会计师应保持高度敏感,谨慎作出职业判断和道德判断。

(2) 公众利益——注册会计师在执业过程中,有义务为公众利益服务,获取公众信任,履行职业承诺。

（3）正直——为保持和增强公众的信心，注册会计师应以最强烈的正直感履行所有的职业责任。

（4）客观和独立——注册会计师在履行责任时，应保持客观公正和避免利益冲突。在提供审计和其他鉴证服务时，应保持形式上和实质上的独立。

（5）应有的谨慎——注册会计师应遵守职业技术准则和道德准则，努力提高专业胜任能力和服务质量，尽最大努力履行职业责任。

2. 行为守则

美国注册会计师协会的章程要求，会员应当遵守《职业道德守则》中的规则，并对偏离规则的行为作出合理的解释。如果说职业道德原则是注册会计师的理想行为，行为守则则是以具体规则形式体现的注册会计师道德行为的最低标准，是职业道德规范的核心，具有强制性。

3. 行为守则解释

行为守则解释是对具体行为的详细说明。经常有会员就某一具体规则提出问题，因而有必要对行为守则作出公开的解释。美国注册会计师协会职业道德部成立了一个主要由执行公共业务的执行人员组成的委员会，由委员会对行为守则作出解释。

美国注册会计师职业道德行为守则和行为守则解释的主要内容如表 3-5 所示。

表 3-5　行为守则和行为守则解释的主要内容

行为守则				行为守则解释条款
编号	类别	内容	适用范围	
101	独立、客观和公正	独立性——从事公众业务的会员在提供专业服务时必须按照协会指定组织制定的准则的要求，保持独立	公开执业会员	影响独立性的业务种类、利益关系和人际关系
102		客观与公正——在提供专业服务时，会员应当保持客观和公正，应当避免利益冲突，不得故意谎报信息或把自己的判断强加给他人	所有会员	（1）当注册会计师故意促使、默许或引导他人在编制财务报表时加入虚假的或具有误导性的记录时，构成谎报信息； （2）利益冲突问题
201	一般准则和会计原则	一般标准——会员在从事职业活动时应当具备专业技能，保持职业谨慎，合理计划管理，为作出结论获取充分信息	所有会员	（1）专业技能包括技术资质、管理和评价工作的能力，具备职业准则和技术方面的知识、作出合理决策的能力； （2）注册会计师如何提供与财务预测有关的服务
202	一般准则和会计原则	服从准则——会员在提供审计、复核、编报、管理咨询、税务或其他专业服务时必须遵循协会指定的相关组织制定的准则	所有会员	对 201 条款中提到的业务作详细的解释
203		会计准则——会员应对财务报表是否符合会计准则的要求发表意见	所有会员	（1）如何应对不遵守会计准则的情况； （2）财务会计准则委员会（FASB）解释条款的地位

续表

行为守则				行为守则解释条款
编号	类别	内容	适用范围	
301	对客户的责任	客户机密信息——从事公众业务的会员不得在未取得客户同意的情况下披露客户的机密信息	公开执业会员	(1) 在某些特定情况下可以披露客户的机密信息; (2) 在发生事务所购并的情况下如何处理客户的机密信息
302		或有费用——会员在从事审计、复核业务、编制提供给第三者使用的财务报表、检查财务预测信息或提供税务服务时不得收取或有费用	公开执业会员	对注册会计师不能收取或有费用的税务服务作详细的界定
501	其他责任	有损信誉的行为——会员不得从事有损于职业信誉的行为	所有会员	(1) 关于客户的文件与注册会计师工作底稿归属问题; (2) 种族、肤色、宗教、性别或国别的歧视违反了本准则; (3) 从事政府审计时,如果注册会计师允诺履行但是最终未履行政府审计的要求,则被视为有损于职业信誉; (4) 注册会计师由于过失,促使、默许或引导他人在编制财务报表时加入虚假的或具有误导性的记录; (5) 不遵循政府部门、各级委员会和其他制定规范机构的有关要求从事鉴证及类似业务
502		广告与业务招揽——会员不得以虚假、误导、欺骗的方式发布广告或从事其他业务招揽活动,强迫、过分及骚扰性的业务招揽活动也是不允许的	公开执业会员	(1) 被禁止的广告和业务招揽活动的内容; (2) 当会计师事务所因为第三方从事的广告、业务招揽活动取得客户时,事务所应当保证第三方所做的广告或业务招揽没有违反本守则
503	其他责任	佣金和介绍费——会员不应为了佣金而向客户推荐或提及任何产品或服务,或者为了佣金而推荐或提及客户的产品或服务;会员在本规则没有禁止的情况下,为了佣金而提供服务,以及被支付或将被支付佣金的会员,应当向推荐或提及与佣金有关的产品或服务的个人或主体披露该事实;向个人或主体推荐或提及其他注册会计师的服务而接受推荐费或支付推荐费以获得客户的会员,应当向客户披露接受或支付推荐费的情况	公开执业会员	未提供相关解释

续表

行为守则				行为守则解释条款
编号	类别	内容	适用范围	
505	对客户的责任	事务所的开业方式和名称——会员必须按照法律的要求,不得以个人名义承接公共会计业务,不得使用有误导性质的公司名称,不得在名称中引用"美国注册会计师协会会员",除非它的所有人都是协会会员	公开执业会员	(1)对商业会计师事务所的投资方式问题; (2)会员同时从事公共会计业务和其他会计业务时必须同时遵守本道德行为守则

4. 道德裁决

它是行为守则和行为守则解释在具体情况和案件中的应用。道德裁决是美国注册会计师协会职业道德部执行委员会根据一些具体的实际情况作出的解释,也是行为规则及其解释在具体情况和案件中的应用。同行为规则解释一样,道德裁决不具有强制性,但要求会员说明任何背离的理由。

(三)中国注册会计师协会职业道德规范的组成内容

中国注册会计师协会自1988年成立以来,一直非常重视注册会计师职业道德规范建设。1992年发布了《中国注册会计师职业道德守则(试行)》;1996年12月,经财政部批准,发布了《中国注册会计师职业道德基本准则》;2002年6月,为解决注册会计师职业中违反职业道德的现象,发布了《中国注册会计师职业道德规范指导意见》(以下简称《指导意见》),于2002年7月1日起施行。《指导意见》分为两个层次:一是基本原则,二是具体要求。基本原则包括注册会计师履行社会责任,恪守独立、客观、公正的原则,保持应有的职业谨慎,保持和提高专业胜任能力,遵守审计准则等职业规范,履行对客户的责任及对同行的责任等。具体要求包括独立性、专业胜任能力、保密、收费与佣金、与执行鉴证业务不相容的工作、接任前任注册会计师的审计业务,以及广告、业务招揽和宣传等。《指导意见》作为注册会计师行业的自律规则,适用于注册会计师行业管理组织对其个人会员和团体会员的要求。

为了规范中国注册会计师协会会员的职业行为,进一步提高职业道德水平,维护职业形象,2009年10月,中国注册会计师协会制定了《中国注册会计师职业道德守则》和《中国注册会计师协会非执业会员职业道德守则》。其中,《中国注册会计师职业道德守则》具体包括《中国注册会计师职业道德守则第1号——职业道德基本原则》《中国注册会计师职业道德守则第2号——职业道德概念框架》《中国注册会计师职业道德守则第3号——提供专业服务的具体要求》《中国注册会计师职业道德守则第4号——审计和审阅业务对独立性的要求》和《中国注册会计师职业道德守则第5号——其他鉴证业务对独立性的要求》。《中国注册会计师职业道德守则》和《中国注册会计师协会非执业会员职业道德守则》自2010年7月1日起施行。

《中国注册会计师职业道德守则》全面规范了注册会计师的职业道德行为,突出强调了注册会计师行业的社会责任,为注册会计师解决职业道德遇到的问题提供了方法指导,实现了与国际会计师职业道德守则的全面趋同。

为了规范非执业会员从事专业服务时的职业道德行为,促使其更好地履行相应的社会责任,维护公众利益,中国注册会计师协会同时发布了《中国注册会计师协会非执业会员职业道德守则》。把行业非执业会员纳入职业道德建设的规范体系，是职业道德守则制定的一大突破。

第三节　职业道德基本原则和概念框架

中国注册会计师协会会员职业道德守则规定了职业道德基本原则和职业道德概念框架，注册会计师应当遵守职业道德基本原则，并能够运用职业道德概念框架解决职业道德问题。

一、职业道德基本原则

为了规范注册会计师职业行为，提高注册会计师职业道德水准，维护注册会计师职业形象，注册会计师应当遵守《中国注册会计师职业道德守则第 1 号——职业道德基本原则》（以下简称《职业道德基本原则》），履行相应的社会责任，维护公众利益。

注册会计师应当遵循诚信、客观和公正原则，在执行审计和审阅业务及其他鉴证业务时保持独立性。注册会计师应当获取和保持专业胜任能力，保持应有的关注，勤勉尽责。注册会计师应当履行保密义务，对职业活动中获知的涉密信息保密。注册会计师应当维护职业声誉，树立良好的职业形象。

（一）诚信原则

诚信简单来说就是诚实、守信。诚信原则要求注册会计师应当在所有的职业活动中，保持正直，诚实守信，秉公处事、实事求是。

注册会计师如果认为业务报告、申报资料或其他信息存在下列问题，则不得与这些有问题的信息发生牵连：一是含有严重虚假或误导性的陈述；二是含有缺少充分依据的陈述或信息；三是存在遗漏或含糊其辞的信息。注册会计师如果注意到已与有问题的信息发生牵连，应当采取措施消除牵连。但在鉴证业务中，如果存在含有严重虚假或误导性陈述信息的情形，注册会计师依据执业准则出具了恰当的非标准业务报告，不被视为与有问题的信息发生牵连。

（二）独立性原则

独立性原则是职业道德规范中最重要的一条，是客观、公正原则的基础。注册会计师的职业性质要求其对社会公众负责，这就决定了注册会计师与委托单位和外部组织之间必须是一种超然独立的关系。注册会计师只有具备独立性，才可能做到客观、公正。独立性原则是注册会计师的灵魂，是注册会计师职业赖以生存和发展的基石。独立性原则要求注册会计师在提供审计和其他鉴证服务时，应当保持实质上和形式上的独立，并割断影响客观性和公正性的任何因素。

什么是独立性？美国注册会计师协会在 1947 年发布的《审计暂行标准》中较早给出了权威解释，指出："独立性的含义相当于完全诚实、公正无私、无偏见、客观认识事实、不偏袒"。传统观点认为，注册会计师的独立性包括两个方面：实质上的独立和形式上的独立。美国注册会计师协会在《职业行为规范》中要求："在公共业务领域中的会员（执业注册会计师），在提供审计和其他鉴证业务时应当保持实质上与形式上的独立。”国际会计师联合会在《职业会计师道德守则》中也要求执行公共业务的职业会计师（执业注册会计师）保持实质上的独立和形式上的独立。

我国《职业道德基本原则》要求，注册会计师执行审计和审阅业务及其他鉴证业务时，应当从实质上和形式上保持独立性，不得因任何利害关系影响其客观性。实质上的独立，是指注册会计师在发表意见时其专业判断不受影响，公正执业，保持客观与专业怀疑；形式上的独立，是指会计师事务所或鉴证小组避免出现这样重大的情形，使拥有充分相关信息的理性第三方推断其公正性、客观性或专业怀疑受到损害。

独立性是注册会计师执行鉴证业务的灵魂，实质上独立是独立原则的本质要求，形式上独立是对实质上独立的一种保证。但是，因为形式上独立对独立原则的保证是有限的，所以不能只讲究形式上独立而放弃实质上的独立精神和心态。独立原则在强调注册会计师对委托单位保持独立的同时，也要求其独立于外部的其他组织和机构。注册会计师对其出具的审计报告要承担法律责任，因而，不论业务的承接、执行，还是报告的形成与提交，注册会计师均应依法办事，独立自主，不依附于其他组织和机构，也不受其干扰和影响。会计师事务所在承办审计和审阅业务及其他鉴证业务时，应当从整体层面和具体业务层面采取措施，以保持会计师事务所和项目组的独立性。

（三）客观和公正原则

注册会计师应当公正处事、实事求是，不得由于偏见、利益冲突或他人的不当影响而损害自己的职业判断。如果存在导致职业判断出现偏差，或对职业判断产生不当影响的情形，注册会计师就不得提供相关专业服务。

客观性是一种思想状态，一种能为注册会计师的服务增加价值的品质，也是一项职业的特征。所谓客观原则，是指注册会计师对有关事项的调查、判断和意见的表述，应当基于客观的立场，以客观事实为依据，实事求是，不掺杂个人主观意愿，不为委托单位或第三者的意见所左右；在分析问题、处理问题时，不以个人的好恶、成见或偏见行事。客观原则是对注册会计师提供的审计信息质量的根本要求。如果注册会计师不能客观地去收集审计证据、评价审计结果，其所形成的审计结论和出具的审计报告将会失真，就会向报告使用者提供一种不准确的甚至虚假的审计信息，进而使他们的利益受到侵害。

在确定哪些情况和业务尤其需要遵循客观性的职业道德规范时，应当充分考虑以下因素：① 注册会计师可能被施加压力，这些压力可能损害注册会计师执业的客观性；② 在制定准则以识别实质上或形式上可能影响注册会计师客观性的关系时，应体现合理性；③ 应避免受他人影响和那些导致偏见从而损害客观性的关系；④ 注册会计师有义务确保参与专业服务的人员遵守客观性原则；⑤ 注册会计师既不得接受，也不得提供可被合理认为对其职业判断或对其业务交往对象产生重大不当影响的礼品和款待，尽量避免使自己专业声誉受损的情况。注册会计师的服务涉及多方利益，因此不可避免地会受到来自客户或其他方面的压力。

所谓公正原则，是指注册会计师应当具备正直、诚实的品质，公平正直、不偏不倚地对待有关利益各方，不以牺牲一方利益为条件而使另一方受益。

独立、客观和公正3项基本原则中，独立原则是对注册会计师执业资格的基本要求，客观原则是对注册会计师执业质量的基本要求，公正原则是对注册会计师执业目标的基本要求。它们既相互区别又相互联系,共同构成了对注册会计师职业道德的基本规范要求。

需要指出的是,客观性原则和公正性原则不但适用于鉴证业务,而且适用于注册会计师提供的其他各种专业服务。

(四)专业胜任能力和应有的关注原则

1. 专业胜任能力

注册会计师应当具有专业知识、技能或经验,能够胜任承接的工作。"专业胜任能力"既要求注册会计师具有专业知识、技能或经验,又要求其经济、有效地完成客户委托的业务。为何要将专业胜任能力提高到道德层次?这是因为,注册会计师职业要使其所提供的服务对客户而言至关重要,其前提条件是,注册会计师与客户之间的专业能力水平存在重要差别,以至于客户必须依赖注册会计师的专业能力。注册会计师如果不能保持和提高专业胜任能力,就难以完成客户委托的业务。事实上,如果缺乏足够的知识、技能和经验提供专业服务,就构成了一种欺诈。当然,注册会计师依法取得了执业证书,就表明在该领域具备了一定的知识,但能否保持专业胜任能力只有自己才清楚。这意味着,一个合格的注册会计师不仅要充分认识自己的能力,对自己充满信心,更重要的是,必须清醒认识到自己在专业胜任能力方面的不足,不承接自己不能胜任的业务。如果注册会计师不能认识到这一点,承接了难以胜任的业务,就可能给客户乃至社会公众带来危害。由此可见,专业胜任能力是注册会计师职业得以存在的基石。注册会计师应当通过教育、培训和执业实践获取和保持专业胜任能力。

2. 应有的关注

注册会计师提供专业服务时,应当保持应有的职业关注、专业胜任能力和勤勉,并且随着业务、法规和技术的不断发展,使自己的专业知识和技能保持在一定水平上,以确保客户能够享受到高水平的专业服务。应有的关注原则要求注册会计师以其能力和勤勉的态度履行其职业责任,关注客户的最佳利益以保证客户能够享受高水平的专业服务,并与注册会计师对公众的职业责任保持一致。应有的关注原则还要求注册会计师充分计划和监督其所负责的任何职业活动。

(五)保密原则

注册会计师与客户的沟通,必须建立在为客户保密的基础上。注册会计师在签订业务约定书时,应当书面承诺对在执行业务过程中获知的客户信息保密。因此,许多国家规定,在公众领域执业的注册会计师,不能在没有取得客户同意的情况下,泄露任何客户的秘密信息。

1. 保密原则的基本要求

保密原则要求注册会计师应当对职业活动中获知的涉密信息保密,避免出现下列行为:① 未经客户授权或法律法规允许,向会计师事务所以外的第三方披露其所获知的涉密信息;② 利用所获知的涉密信息为自己或第三方谋取利益。

注册会计师应当对现有客户或雇佣单位、拟接受的客户或拟受雇的工作单位向其披露的涉密信息及对所在会计师事务所的涉密信息保密。在终止与客户的关系后,注册会计师应当对以前职业活动中获知的涉密信息保密。如果获得新客户,注册会计师可以利用以前的经验,但不得利用或披露以前职业活动中获知的涉密信息。

2. 注册会计师无意泄密的可能性

注册会计师在社会交往中应当履行保密义务，警惕无意中泄密的可能性，特别是警惕无意中向近亲属或关系密切的人员泄密的可能性。注册会计师应当采取措施，确保下级员工及提供建议和帮助的人员履行保密义务。

3. 注册会计师可以披露客户涉密信息的情形

在下列情形下，注册会计师可以披露涉密信息：① 法律法规允许披露，并取得客户的授权；② 根据法律法规的要求，为法律诉讼、仲裁准备文件或提供证据，以及向监管机构报告所发现的违法行为；③ 法律法规允许的情况下，在法律诉讼、仲裁中维护自己的合法权益；④ 接受注册会计师协会或监管机构的执业质量检查，答复其询问和调查；⑤ 法律法规、执业准则和职业道德规范规定的其他情形。

4. 注册会计师披露客户涉密信息需要考虑的因素

在决定是否披露涉密信息时，注册会计师应当考虑下列因素：① 客户同意披露的涉密信息，是否为法律法规所禁止；② 如果客户同意披露涉密信息，是否会损害利害关系人的利益；③ 是否已了解和证实所有相关信息；④ 信息披露的方式和对象；⑤ 可能承担的法律责任和后果。

（六）良好职业行为

注册会计师应当遵守相关法律法规，避免发生任何损害职业声誉的行为。在向公众传递信息及推介自己和工作时，应当客观、真实、得体，不得损害职业形象。应当诚实、实事求是，不得有下列行为：① 夸大宣传提供的服务、拥有的资质或获得的经验；② 贬低或无根据地比较其他注册会计师的工作。

二、职业道德概念框架

《中国注册会计师职业道德守则第 2 号——职业道德概念框架》提出了职业道德概念框架，以帮助注册会计师遵循职业道德基本原则，履行维护公众利益的职责。

（一）职业道德概念框架的内涵

职业道德概念框架是指解决职业道德问题的思路和方法，用以指导注册会计师：① 识别对职业道德基本原则的不利影响；② 评价不利影响的严重程度；③ 必要时采取防范措施消除不利影响或将其降低至可接受的水平。

职业道德概念框架适用于注册会计师处理对职业道德基本原则产生不利影响的各种情形，其目的在于防止注册会计师认为只要守则，未明确禁止的情形就是允许的。在运用职业道德概念框架时，注册会计师应当运用职业判断。如果发现存在可能违反职业道德基本原则的情形，注册会计师应当评价其对职业道德基本原则的不利影响。在评价不利影响的严重程度时，注册会计师应当从性质和数量两个方面予以考虑。如果认为对职业道德基本原则的不利影响超出可接受的水平，注册会计师应当确定是否能够采取防范措施消除不利影响或将其降低至可接受的水平。在运用职业道德概念框架时，如果某些不利影响是重大的，或者合理的防范措施不可行或无法实施，注册会计师可能面临不能消除不利影响或将其降至可接受水平的情形。如果无法采取适当的防范措施，注册会计师应当拒绝或终止所从事的特定专业服务，必要时与客户解除合约关系，或向其雇佣单位辞职。

图 3-3 列示了职业道德概念框架提供的工作思路。

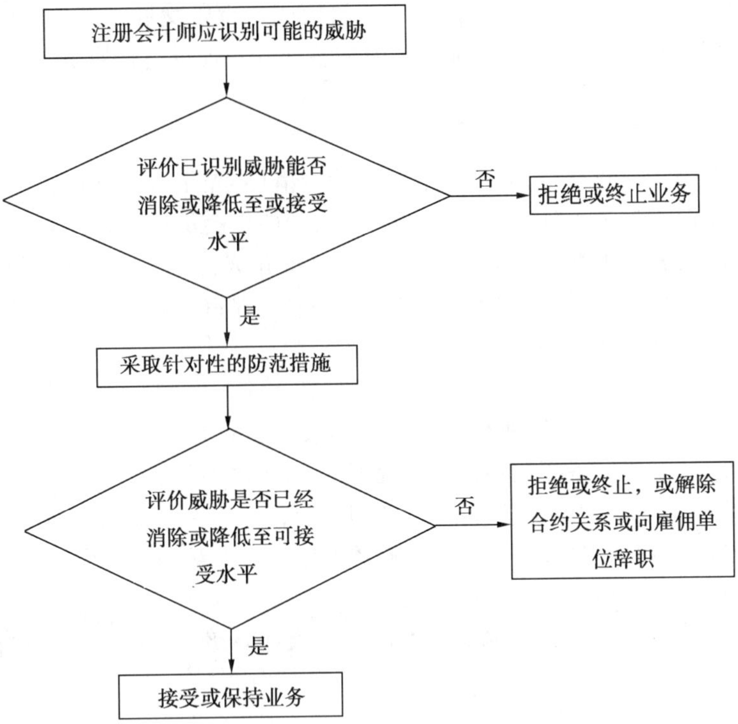

图 3-3 职业道德概念框架提供的工作思路

(二) 对遵循职业道德基本原则产生不利影响的因素

注册会计师对职业道德基本原则的遵循可能受到多种因素的不利影响。不利影响的性质和严重程度因注册会计师提供服务类型的不同而不同。可能对职业道德基本原则产生不利影响的因素包括自身利益、自我评价、过度推介、密切关系和外在压力。

1. 自身利益

如果经济利益或其他利益对注册会计师的职业判断或行为产生不当影响,将产生自身利益威胁。自身利益导致不利影响的情形主要包括:① 鉴证业务项目组成员在鉴证客户中拥有的直接经济利益;② 会计师事务所的收入过分依赖某一客户;③ 鉴证业务项目组成员与鉴证客户存在重要且密切的商业关系;④ 会计师事务所担心可能失去某一重要客户;⑤ 鉴证业务项目组成员正在与鉴证客户协商受雇于该客户;⑥ 会计师事务所与客户就鉴证业务达成或有收费的协议;⑦ 注册会计师在评价所在会计师事务所以往提供的专业服务时,发现了重大错误。

2. 自我评价

自我评价,是指自己鉴证自己的工作,对自己的工作进行评价。这里的“自己”不仅仅是指会计师事务所的工作人员,而是指所有审计小组的成员,包括被临时聘请来的专家。如果注册会计师对其(或者其所在会计师事务所或雇佣单位的其他人员)以前的判断或服务结果作出不恰当的评价,并且将据此形成的判断作为当前服务的组成部分,将产生自我评价威胁。自我评价导致不利影响的情形主要包括:① 会计师事务所在对客户提供财务系统的设计或操作服务后,又对系统的运行有效性出具鉴证报告;② 会计师事务所为客户编制原始数据，这些数据构成鉴证业务的对象；③ 鉴证业务项目组成员担任或最近曾经担任客户的董事或高级管理人员；④ 鉴证业务项目组成员目前或最近曾受雇于客户，并且所处职位能够对鉴证对象施加重大影响；⑤ 会计师事务所为鉴证客户提供直接影响鉴证对象信息的其他服务。

3. 过度推介

过度推介，类似于自我评价，但是限于一种特定情形：先是竭力维护自己的所谓的当事人的利益，等鉴证时发现被审计单位存在很多错误。如果会员过度推介客户或雇佣单位的某种立场或意见，使其客观性受到损害，将产生过度推介威胁。过度推介导致不利影响的情形主要包括：① 会计师事务所推介审计客户的股份；② 在审计客户与第三方发生诉讼或纠纷时，注册会计师担任该客户的辩护人。

4. 密切关系

如果注册会计师与客户或雇佣单位存在长期或亲密的关系，而过于倾向他们的利益或认可他们的工作，就将产生密切关系威胁。密切关系导致不利影响的情形主要包括：① 项目组成员的近亲属担任客户的董事或高级管理人员；② 项目组成员的近亲属是客户的员工，其所处职位能够对业务对象施加重大影响；③ 客户的董事、高级管理人员或所处职位能够对业务对象施加重大影响的员工，最近曾担任会计师事务所的项目合伙人；④ 注册会计师接受客户的礼品或款待；⑤ 会计师事务所的合伙人或高级员工与鉴证客户存在长期业务关系。

5. 外在压力

如果注册会计师受到实际的压力或感受到压力（包括对注册会计师实施不当影响的意图）而无法客观行事，将产生外在压力威胁。外在压力导致不利影响的情形主要包括：① 会计师事务所受到客户解除业务关系的威胁；② 审计客户表示，如果会计师事务所不同意对某项交易的会计处理，则不再委托其承办拟议中的非鉴证业务；③ 客户威胁将起诉会计师事务所；④ 会计师事务所受到降低收费的影响而不恰当地缩小工作范围；⑤ 由于客户员工对所讨论的事项更具有专长，注册会计师面临服从其判断的压力；⑥ 会计师事务所合伙人告知注册会计师，除非同意审计客户不恰当的会计处理，否则将影响其晋升。

（三）应对不利影响的防范措施

注册会计师应当运用判断，确定如何应对超出可接受水平的不利影响，包括采取防范措施消除不利影响或将其降低至可接受的水平，或者终止业务约定或拒绝接受业务委托。在运用判断时，注册会计师应当考虑：一个理性且掌握充分信息的第三方，在权衡注册会计师当时可获得的所有具体事实和情况后，是否很可能认为这些防范措施能够消除不利影响或将其降低至可接受的水平，以使职业道德基本原则不受损害。

应对不利影响的防范措施包括法律法规和职业规范规定的防范措施和在具体工作中采取的防范措施两类。

1. 法律法规和职业规范规定的防范措施

法律法规和职业规范规定的防范措施主要包括：① 取得注册会计师资格必需的教育、培训和经验要求；② 持续的职业发展要求；③ 公司治理方面的规定；④ 执业准则和职业道德规范的要求；⑤ 监管机构或注册会计师协会的监控和惩戒程序；⑥ 由依法授权的第三方对注册会计师编制的业务报告、申报资料或其他信息进行外部复核。

2. 在具体工作中应对不利影响的防范措施

在具体工作中，应对不利影响的防范措施包括会计师事务所层面的防范措施和具体业务层面的防范措施。

会计师事务所层面的防范措施主要包括：① 领导层强调遵循职业道德基本原则的重要性；② 领导层强调鉴证业务项目组成员应当维护公众利益；③ 制定有关政策和程序，实施项目质量控制，监督业务质量；④ 制定有关政策和程序，识别对职业道德基本原则的不利影响，评价不利影响的严重程度，采取防范措施消除不利影响或将其降低至可接受的水平；⑤ 制定有关政策和程序，保证遵循职业道德基本原则；⑥ 制定有关政策和程序，识别会计师事务所或项目组成员与客户之间的利益或关系；⑦ 制定有关政策和程序，监控对某一客户收费的依赖程度；⑧ 向鉴证客户提供非鉴证服务时，指派鉴证业务项目组以外的其他合伙人和项目组，并确保鉴证业务项目组和非鉴证业务项目组分别向各自的业务主管报告工作；⑨ 制定有关政策和程序，防止项目组以外的人员对业务结果施加不当影响；⑩ 及时向所有合伙人和专业人员传达会计师事务所的政策和程序及其变化情况，并就这些政策和程序进行适当的培训；⑪ 指定高级管理人员负责监督质量控制系统是否有效运行；⑫ 向合伙人和专业人员提供鉴证客户及其关联实体的名单，并要求合伙人和专业人员与之保持独立；⑬ 制定有关政策和程序，鼓励员工就遵循职业道德基本原则方面的问题与领导层沟通；⑭ 建立惩戒机制，保障相关政策和程序得到遵守。

具体业务层面的防范措施主要包括：① 对已执行的非鉴证业务，由未参与该业务的注册会计师进行复核，或在必要时提供建议；② 对已执行的鉴证业务，由鉴证业务项目组以外的注册会计师进行复核，或在必要时提供建议；③ 向客户审计委员会、监管机构或注册会计师协会咨询；④ 与客户治理层讨论有关的职业道德问题；⑤ 向客户治理层说明提供服务的性质和收费的范围；⑥ 由其他会计师事务所执行或重新执行部分业务；⑦ 轮换鉴证业务项目组合伙人和高级员工。

下列防范措施也有助于识别或制止违反职业道德基本原则的行为：① 监管机构、注册会计师协会或会计师事务所建立有效的公开投诉系统，使会计师事务所合伙人和员工，以及公众能够注意到违反职业道德基本原则的行为；② 法律法规、职业规范或会计师事务所政策明确规定，注册会计师有义务报告违反职业道德基本原则的行为。

注册会计师可以根据业务的性质考虑依赖客户采取的防范措施，但是仅依赖客户的防范措施，不可能将不利影响降低至可接受的水平。

客户通过制定政策和程序采取的防范措施主要包括：① 要求由管理层以外的人员批准聘请会计师事务所；② 聘任具备足够经验和资历的员工，确保其能够作出恰当的管理决策；③ 执行相关政策和程序，确保在委托非鉴证业务时作出客观选择；④ 建立完善的公司治理结构，与会计师事务所进行必要的沟通，并对其服务进行适当的监督。

（四）道德冲突的解决

在遵循职业道德基本原则时，注册会计师应当解决遇到的道德冲突问题。注册会计师应当考虑记录涉及的道德冲突问题、解决问题的过程，以及作出的相关决策。

在解决道德冲突问题时，注册会计师应当考虑下列因素：① 与道德冲突问题有关的事实；② 涉及的道德问题；③ 道德冲突问题涉及的职业道德基本原则；④ 会计师事务所制定的解决道德冲突问题的程序；⑤ 可供选择的措施。

在考虑上述因素并权衡可供选择措施的后果后，注册会计师应当确定适当的措施。如果道德冲突问题仍无法解决，注册会计师应当考虑向会计师事务所内部的适当人员咨询；如果与所在会计师事务所或外部单位存在道德冲突，注册会计师应当确定是否与会计师事务所领导层或外部单位治理层讨论；如果某项重大道德冲突问题未能解决，注册会计师可以考虑向注册会计师协会或法律顾问咨询；如果所有可能采取的措施都无法解决道德冲突问题，注册会计师不得再与产生道德冲突问题的事项发生牵连。在这种情况下，注册会计师应当确定是否退出项目组或不再承担相关任务，或者向会计师事务所提出辞职。图 3-4 列示了道德冲突解决的思路或程序。

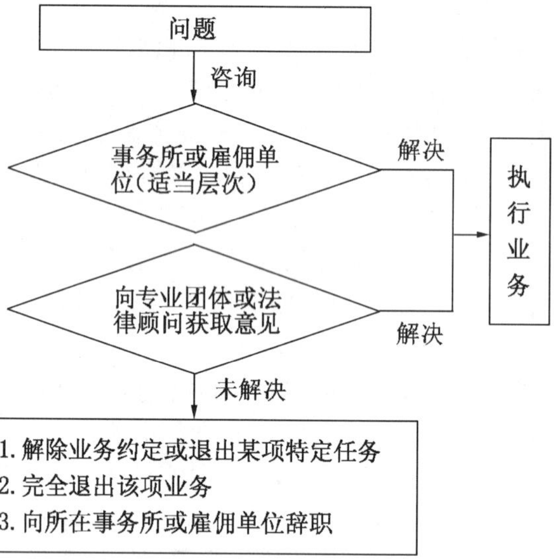

图 3-4　道德冲突解决的思路或程序

第四节　提供专业服务的具体要求

在提供专业服务的过程中，可能存在许多对职业道德基本原则产生不利影响的情形，包括专业服务委托、利益冲突、客户寻求第二次意见、收费及其他类型的报酬、专业服务营销、礼品和招待、保护客户资产、针对所有服务的客观性要求等，注册会计师应当对此保持警觉，并按照《中国注册会计师职业道德守则第 3 号——提供专业服务的具体要求》的规定办理。当遇到《中国注册会计师职业道德守则第 3 号——提供专业服务的具体要求》未列举的情形时，注册会计师应当运用职业道德概念框架予以解决。注册会计师不得在明知的情况下从事任何损害或可能损害诚信原则、客观和公正原则及职业声誉的业务或活动。注册会计师执行审计、审阅与其他鉴证业务时的独立性要求在本章第五节进行讨论。

一、专业服务委托

（一）接受客户关系

在接受客户关系前，注册会计师应当确定接受客户关系是否对职业道德基本原则产生不利影响。注册会计师应当考虑客户的主要股东、关键管理人员和治理层是否诚信，以及客户是否涉足非法活动（如洗钱）或存在可疑的财务报告问题等。如果向同一客户连续提供专业服务，注册会计师应当定期评价继续保持客户关系是否适当。

客户存在的问题可能对注册会计师遵循诚信原则或良好职业行为原则产生不利影响，注册会计师应当评价不利影响的严重程度，并在必要时采取防范措施消除不利影响或将其降低至可接受的水平。防范措施主要包括：① 对客户及其主要股东、关键管理人员、治理层和负责经营活动的人员进行了解；② 要求客户对完善公司治理结构或内部控制作出承诺。如果不能将客户存在的问题产生的不利影响降低至可接受的水平，注册会计师应当拒绝接受客户关系。

（二）承接业务

注册会计师应当遵循专业胜任能力和应有的关注原则，仅向客户提供能够胜任的专业服务。在承接某一客户业务前，注册会计师应当确定承接该业务是否会对职业道德基本原则产生不利影响。如果项目组不具备或不能获得执行业务所必需的胜任能力，就将对专业胜任能力和应有的关注原则产生不利影响。注册会计师应当评价不利影响的严重程度，并在必要时采取防范措施消除不利影响或将其降低至可接受的水平。防范措施主要包括：① 了解客户的业务性质、经营的复杂程度及所在行业的情况；② 了解专业服务的具体要求和业务对象，以及注册会计师拟执行工作的目的、性质和范围；③ 了解相关监管要求或报告要求；④ 分派足够的具有胜任能力的员工；⑤ 必要时利用专家的工作；⑥ 就执行业务的时间安排与客户达成一致意见；⑦ 遵守质量控制政策和程序，以合理保证仅承接能够胜任的业务。

当利用专家的工作时，注册会计师应当考虑专家的声望、专长、可获得的资源，以及适用的执业准则和职业道德规范等因素，以确定专家的工作结果是否值得依赖。注册会计师可以通过对以前与专家交往过程中的了解或向他人咨询获得相关信息。

（三）客户变更委托

如果应客户要求或考虑以投标方式接替前任注册会计师，注册会计师应当从专业角度或其他方面确定应否承接该业务。如果注册会计师在未了解所有相关情况前就承接业务，可能对专业胜任能力和应有的关注原则产生不利影响。注册会计师应当评价不利影响的严重程度。由于客户变更委托的表面理由可能并未完全反映事实真相，所以根据业务性质，注册会计师可能需要与前任注册会计师直接沟通，核实与变更委托相关的事实和情况，以确定是否适宜承接该业务。注册会计师应当在必要时采取防范措施，消除因客户变更委托产生的不利影响或将其降低至可接受的水平。防范措施主要包括：① 当应邀投标时，在投标书中说明，在承接业务前需要与前任注册会计师沟通，以了解是否存在不应接受委托的理由；② 要求前任注册会计师提供已知悉的相关事实或情况，即前任注册会计师认为，后任注册会计师在作出承接业务的决定前，需要了解的事实或情况；③ 从其他渠道获取必要的信息。

如果采取的防范措施不能消除不利影响或将其降低至可接受的水平，注册会计师不得承接该业务。

注册会计师可能应客户要求在前任注册会计师工作的基础上提供进一步的服务。如果缺乏完整的信息，可能对专业胜任能力和应有的关注原则产生不利影响。注册会计师应当评价不利影响的严重程度，并在必要时采取防范措施消除不利影响或将其降低至可接受的水平。采取的防范措施主要包括将拟承担的工作告知前任注册会计师，提请其提供相关信息，以便恰当地完成该项工作。

前任注册会计师应当遵循保密原则。前任注册会计师是否可以或必须与后任注册会计师讨论客户的相关事务，取决于业务的性质、是否征得客户同意，以及法律法规或职业道德规范的有关要求。注册会计师在与前任注册会计师沟通前，应当征得客户的同意，最好征得客户的书面同意。前任注册会计师在提供信息时，应当实事求是、清晰明了。如果不能与前任注册会计师沟通，注册会计师应当采取适当措施，通过询问第三方或调查客户的高级管理人员、治理层的背景等方式，获取有关对职业道德基本原则产生不利影响的信息。

二、利益冲突

注册会计师与客户存在直接竞争关系，或与客户的主要竞争者存在合资或类似关系，可能对客观和公正原则产生不利影响。注册会计师为两个以上客户提供服务，而这些客户之间存在利益冲突或者对某一事项或交易存在争议，可能对客观和公正原则或保密原则产生不利影响。在接受或保持客户关系和具体业务前，如果与客户或第三方存在商业利益或关系，注册会计师就应当评价其所产生不利影响的严重程度。这些情形可能对职业道德基本原则产生不利影响。

注册会计师应当采取适当措施，识别可能产生利益冲突的情形。注册会计师应当评价利益冲突产生不利影响的严重程度，并在必要时采取防范措施消除不利影响或将其降低至可接受的水平。注册会计师应当根据可能产生利益冲突的具体情形，采取下列防范措施：① 如果会计师事务所的商业利益或业务活动可能与客户存在利益冲突，注册会计师应当告知客户，并在征得其同意的情况下执行业务；② 如果为存在利益冲突的两个以上客户服务，注册会计师应当告知所有已知相关方，并在征得他们同意的情况下执行业务；③ 如果为某一特定行业或领域中的两个以上客户提供服务，注册会计师应当告知客户，并在征得他们同意的情况下执行业务。如果客户不同意注册会计师为存在利益冲突的其他客户提供服务，注册会计师应当终止为其中一方或多方提供服务。

除采取上述防范措施外，注册会计师还应当采取下列一种或多种防范措施：① 分派不同的项目组为相关客户提供服务；② 实施必要的保密程序，防止未经授权接触信息。例如，对不同的项目组实施严格的隔离程序，做好数据文档的安全保密工作；③ 向项目组成员提供有关安全和保密问题的指引；④ 要求会计师事务所的合伙人和员工签订保密协议；⑤ 由未参与执行相关业务的高级员工定期复核防范措施的执行情况。

如果利益冲突对职业道德基本原则产生不利影响，并且采取防范措施无法消除不利影响或将其降低至可接受的水平，注册会计师应当拒绝承接某一特定业务，或者解除一个或多个存在冲突的业务约定。

三、应客户要求提供第二次意见

在某客户运用会计准则对特定交易和事项进行处理，且已由前任注册会计师发表意见的情况下，如果注册会计师应客户的要求提供第二次意见，就可能对职业道德基本原则产生不利影响。如果第二次意见不是以前任注册会计师所获得的相同事实为基础，或依据的证据不充分，就可能对专业胜任能力和应有的关注原则产生不利影响。不利影响存在与否及其严重程度，取决于业务的具体情况，以及为提供第二次意见所能获得的所有相关事实及证据。

如果被要求提供第二次意见，注册会计师应当评价不利影响的严重程度，并在必要时采取防范措施以消除不利影响或将其降低至可接受的水平。防范措施主要包括：① 征得客户同意与前任注册会计师沟通；② 在与客户沟通中说明注册会计师发表专业意见的局限性；③ 向前任注册会计师提供第二次意见的副本。如果客户不允许与前任注册会计师沟通，注册会计师应当在考虑所有情况后决定是否适宜提供第二次意见。

四、收费

在专业服务得到良好的计划、监督及管理的前提下，收费通常以每一专业人员适当的小时收费标准或日收费标准为基础计算。会计师事务所在确定收费时应当主要考虑下列因素：① 专业服务所需的知识和技能；② 所需专业人员的水平和经验；③ 各级别专业人员提供服务所需的时间；④ 提供专业服务所需承担的责任。

收费是否对职业道德基本原则产生不利影响，取决于收费报价水平和所提供的相应服务。注册会计师应当评价不利影响的严重程度，并在必要时采取防范措施消除不利影响或将其降低至可接受的水平。防范措施主要包括：① 让客户了解业务约定条款，特别是确定收费的基础，以及在收费报价内所能提供的服务；② 安排恰当的时间和具有胜任能力的员工执行任务。

在承接业务时，如果收费报价过低，可能导致难以按照执业准则和职业道德规范的要求执行业务，从而对专业胜任能力和应有的关注原则产生不利影响。如果收费报价明显低于前任注册会计师或其他会计师事务所的相应报价，会计师事务所应当确保：① 在提供专业服务时，遵守执业准则和职业道德规范的要求，使工作质量不受损害；② 客户了解专业服务的范围和收费基础。

或有收费可能对职业道德基本原则产生不利影响。不利影响存在与否及其严重程度取决于下列因素：① 业务的性质；② 可能的收费金额区间；③ 确定收费的基础；④ 是否由独立第三方复核交易和提供服务的结果。除法律法规允许外，注册会计师不得以或有收费方式提供鉴证服务，收费与否或收费多少不得以鉴证工作结果或实现特定目的为条件。

注册会计师应当评价或有收费产生不利影响的严重程度，并在必要时采取防范措施消除不利影响或将其降低至可接受的水平。防范措施主要包括：① 预先就收费的基础与客户达成书面协议；② 向预期的报告使用者披露注册会计师所执行的工作及收费的基础；③ 实施质量控制政策和程序；④ 由独立第三方复核注册会计师已执行的工作。

注册会计师不得收取与客户相关的介绍费或佣金。注册会计师收取与客户相关的介绍费或佣金,可能对客观和公正原则,以及专业胜任能力和应有的关注原则产生非常严重的不利影响,导致没有防范措施能够消除不利影响或将其降低至可接受的水平。

注册会计师不得向客户或其他方支付业务介绍费。注册会计师为获得客户而支付业务介绍费,可能对客观和公正原则及专业胜任能力和应有的关注原则产生非常严重的不利影响,导致没有防范措施能够消除不利影响或将其降低至可接受的水平。

五、专业服务营销

注册会计师通过广告或其他营销方式招揽业务,可能对职业道德基本原则产生不利影响。在向公众传递信息时,注册会计师应当维护职业声誉,做到客观、真实、得体。

注册会计师在营销专业服务时,不得有下列行为:① 夸大宣传提供的服务、拥有的资质或获得的经验;② 贬低或无根据地比较其他注册会计师的工作;③ 暗示有能力影响有关主管部门、监管机构或类似机构;④ 作出其他欺骗性的或可能导致误解的声明。

注册会计师不得采用强迫、欺诈、利诱或骚扰等方式招揽业务。注册会计师不得对其能力进行广告宣传以招揽业务,但可以利用媒体刊登设立、合并、分立、解散、迁址、名称变更和招聘员工等信息。

六、礼品和款待

如果客户向注册会计师(或其近亲属)赠送礼品或给予款待,将对职业道德基本原则产生不利影响。注册会计师不得向客户索取、收受委托合同约定以外的酬金或其他财物,或者利用执行业务之便,谋取其他不正当的利益。注册会计师应当评价接受款待产生不利影响的严重程度,并在必要时采取防范措施消除不利影响或将其降低至可接受的水平。如果款待超出业务活动中的正常往来,注册会计师应当拒绝接受。

七、保管客户资产

除非法律法规允许或要求,注册会计师不得提供保管客户资金或其他资产的服务。注册会计师保管客户资金或其他资产,应当履行相应的法定义务。

保管客户资金或其他资产可能对职业道德基本原则产生不利影响,尤其可能对客观和公正原则及良好职业行为原则产生不利影响。注册会计师如果保管客户资金或其他资产,应当符合下列要求:① 将客户资金或其他资产与其个人或会计师事务所的资产分开;② 仅按照预定用途使用客户资金或其他资产;③ 随时准备向相关人员报告资产状况及产生的收入、红利或利得;④ 遵守所有与保管资产和履行报告义务相关的法律法规。

如果某项业务涉及保管客户资金或其他资产,注册会计师应当根据有关接受与保持客户关系和具体业务政策的要求,适当询问资产的来源,并考虑应当履行的法定义务。如果客户资金或其他资产来源于非法活动(如洗钱),注册会计师不得提供保管资产服务,并应当向法律顾问征询进一步的意见。

八、对客观和公正原则的要求

在提供专业服务时，注册会计师如果在客户中拥有经济利益，或者与客户董事、高级管理人员或员工存在家庭和私人关系或商业关系，应当确定是否对客观和公正原则产生不利影响。在提供专业服务时，对客观和公正原则的不利影响及其严重程度，取决于业务的具体情形和注册会计师所执行工作的性质。注册会计师应当评价不利影响的严重程度，并在必要时采取防范措施消除不利影响或将其降低至可接受的水平。防范措施主要包括：① 退出项目组；② 实施督导程序；③ 终止产生不利影响的经济利益或商业关系；④ 与会计师事务所内部较高级别的管理人员讨论有关事项；⑤ 与客户治理层讨论有关事项。如果防范措施不能消除不利影响或将其降低至可接受的水平，注册会计师应当拒绝接受业务委托或终止业务。

在提供鉴证服务时，注册会计师应当从实质上和形式上独立于鉴证客户，客观公正地提出结论，不受他人的不当影响，并且从外界看来没有偏见、无利益冲突。在执行审计和审阅业务及其他鉴证业务时，为了达到保持独立性的要求，注册会计师应当分别遵守《中国注册会计师职业道德守则第 4 号——审计和审阅业务对独立性的要求》和《中国注册会计师职业道德守则第 5 号——其他鉴证业务对独立性的要求》的规定。

第五节　审计、审阅和其他鉴证业务对独立性的要求

本节主要讨论审计、审阅和其他鉴证业务对独立性的要求，以及如何运用职业道德概念框架达到和保持独立性。

一、总体要求

客观和公正原则要求审计项目组成员、会计师事务所、网络事务所与审计客户保持独立。在执行审计业务时，审计项目组成员、会计师事务所、网络事务所应当维护公众利益，独立于审计客户。注册会计师在执行审计和审阅业务时应当遵守相同的独立性要求。对审计业务提出的独立性要求同样适用于审阅业务。为了规范注册会计师职业行为，指导注册会计师运用独立性概念框架，解决执行审计、审阅和其他鉴证业务时遇到的独立性问题，中国注册会计师协会制定了《中国注册会计师职业道德守则第 4 号——审计和审阅业务对独立性的要求》（以下简称《本守则》）和《中国注册会计师职业道德守则第 5 号——其他鉴证业务对独立性的要求》。在提供审计服务的过程中，可能存在多种对独立性产生不利影响的情形，注册会计师应当对此保持警觉，并按照“本守则”的规定办理。当遇到“本守则”未列举的情形时，注册会计师应当运用独立性概念框架评价具体情形对独立性的影响，并采取防范措施消除不利影响或将其降低至可接受的水平。

二、基本要求

（一）独立性概念框架

1. 独立性概念框架的含义及目的

独立性概念框架是指解决独立性问题的思路和方法，用以指导注册会计师：① 识别对独立性的不利影响；② 评价不利影响的严重程度；③ 必要时采取防范措施消除不利影响或将其降低至可接受的水平。如果无法采取适当的防范措施消除不利影响或将其降低至可接受的水平，注册会计师应当消除产生不利影响的情形，或者拒绝接受审计业务委托或终止审计业务。在运用独立性概念框架时，注册会计师应当运用职业判断。

2. 独立性概念框架的工作思路

在确定是否接受或保持某项业务，或者某一特定人员能否作为审计项目组成员时，会计师事务所应当从性质和数量两个方面予以考虑，识别和评价各种对独立性的不利影响。

（1）如果不利影响超出可接受的水平，在确定是否接受某项业务或某一特定人员能否作为审计项目组成员时，会计师事务所应当确定能否采取防范措施以消除不利影响或将其降低至可接受的水平。

（2）在确定是否保持某项业务时，会计师事务所应当确定现有的防范措施是否仍然有效；如果无效，是否需要采取其他防范措施或者终止业务。

（3）在执行业务过程中，如果注意到对独立性产生不利影响的新情况，会计师事务所应当运用独立性概念框架评价不利影响的严重程度。

由于会计师事务所规模、结构和组织形式不同，会计师事务所人员对独立性承担的责任也不同。会计师事务所应当按照《质量控制准则第 5101 号——会计师事务所对执行财务报表审计和审阅、其他鉴证和相关服务业务实施的质量控制》的要求制定政策和程序，以合理保证按照职业道德守则的要求保持独立性。项目合伙人应当就审计项目组遵守相关独立性要求的情况形成结论。

图 3-5 列示了独立性概念框架的工作思路。

（二）网络与网络事务所

1. 规范网络与网络事务所的意义

网络事务所类似事务所的关联方，关联实体类似被审计单位的关联方。职业道德守则要求事务所及其网络事务所与被审计单位及其关联实体都要保持独立性，扩充了独立性的范围。

2. 网络与网络事务所的含义

网络是指由多个实体组成，旨在通过合作实现下列一个或多个目的的联合体：① 共享收益或分担成本；② 共享所有权、控制权或管理权；③ 共享统一的质量控制政策和程序；④ 共享同一经营战略；⑤ 使用同一品牌；⑥ 共享重要的专业资源。

网络事务所是指属于某一网络的会计师事务所或实体。

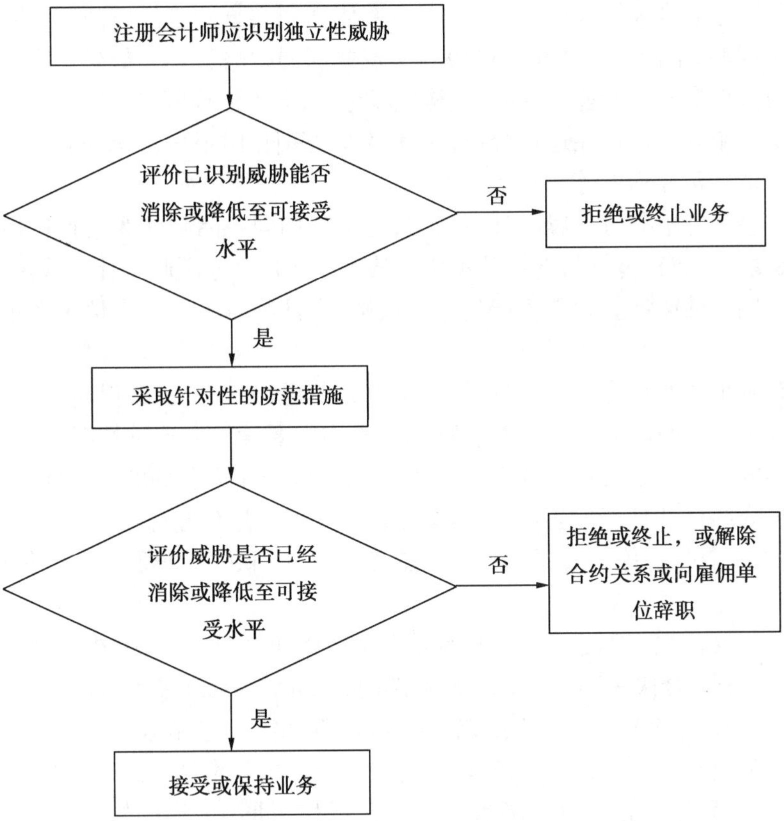

图 3-5 独立性概念框架的工作思路

3. 一个联合体是否形成网络的一般判断标准

会计师事务所与其他会计师事务所或实体构成联合体，旨在增强提供专业服务的能力。这些联合体是否形成网络取决于具体情况，而不取决于会计师事务所或实体是否在法律上各自独立。在判断一个联合体是否形成网络时，注册会计师应当运用下列标准：一个理性且掌握充分信息的第三方，在权衡所有相关事实和情况后，是否很可能认为这些实体形成网络。

4. 一个联合体是否形成网络的具体判断

（1）如果一个联合体旨在通过合作，在各实体之间共享收益或分担成本，应被视为网络。

如果联合体之间分担的成本不重要，或分担的成本仅限于与开发审计方法、编制审计手册或提供培训课程有关的成本，则不应当被视为网络。

如果会计师事务所与某一实体以联合方式提供服务或研发产品，虽然构成联合体，但不形成网络。

（2）如果一个联合体旨在通过合作，在各实体之间共享所有权、控制权或管理权，应被视为网络。这种网络关系可能通过合同或其他方式实现。

（3）如果一个联合体旨在通过合作，在各实体之间共享统一的质量控制政策和程序，应被视为网络。统一的质量控制政策和程序，是由联合体统一设计、实施和监控的质量控制政策和程序。

(4) 如果一个联合体旨在通过合作,在各实体之间共享同一经营战略,应被视为网络。共享同一经营战略,是指实体之间通过协议实现共同的战略目标。如果一个实体与其他实体仅以联合方式应邀提供专业服务,虽然构成联合体,但不形成网络。

(5) 如果一个联合体旨在通过合作,在各实体之间使用同一品牌,应被视为网络。同一品牌包括共同的名称和标志等。

即使某一会计师事务所不属于某一网络,也不使用同一品牌作为会计师事务所名称的一部分,如果在文具或宣传材料上提及本所是某一会计师事务所联合体的成员,可能使人产生其属于某一网络的印象。为避免产生这种误解,会计师事务所应当慎重考虑如何描述这种成员关系。

如果会计师事务所转让某一部分,虽然该部分不再与其有关联,但转让协议可能规定,允许该部分在一定期间内继续使用其名称或名称中的要素。在这种情况下,尽管会计师事务所和转让出的部分使用共同的名称执业,但不属于以合作为目的的联合体,因此不构成网络。在向外界介绍自己时,上述实体应当确定如何说明两者不构成网络。

(6) 如果一个联合体旨在通过合作,在各实体之间共享重要的专业资源,应被视为网络。

专业资源包括:① 能够使各会计师事务所交流诸如客户资料、收费安排和时间记录等信息的共享系统;② 合伙人和员工;③ 技术部门,负责就鉴证业务中的技术或行业特定问题、交易或事项提供咨询;④ 审计方法或审计手册;⑤ 培训课程和设施。

注册会计师应当根据相关事实和情况,确定联合体共享的专业资源是否重要,并判断这些会计师事务所或实体是否为网络事务所。在下列情形中,共享的资源被视为不重要:① 共享的资源仅限于共同的审计手册或审计方法;② 共享培训资源,而并不交流人员、客户信息或市场信息;③ 没有一个共有的技术部门。

5. 网络事务所概念的运用

如果某一会计师事务所被视为网络事务所,则应当与网络中其他会计师事务所的审计客户保持独立。职业道德守则对网络事务所独立性的要求,适用于所有符合网络事务所定义的实体,而无论该实体(例如咨询公司)本身是否为会计师事务所。除非另有说明,否则职业道德守则所称会计师事务所包括网络事务所。

(三) 公众利益实体

公众利益实体包括上市公司和下列实体:① 法律法规界定的公众利益实体;② 法律法规规定按照上市公司审计独立性的要求接受审计的实体。

如果公众利益实体以外的其他实体拥有数量众多且分布广泛的利益相关者,注册会计师应当考虑将其作为公众利益实体对待。需要考虑的因素包括:① 实体业务的性质(例如金融业务、保险业务等);② 实体的规模;③ 员工的数量。

(四) 关联实体

1. 关联实体的界定

关联实体,是指与客户存在下列任一关系的实体:① 能够对客户施加直接或间接控制的实体,且客户对该实体重要;② 在客户内拥有直接经济利益的实体,且该实体对客户具有重大影响,在客户内的利益对该实体重要;③ 受到客户直接或间接控制的实体;④ 客户(或受到客户直接或间接控制的实体)拥有直接经济利益的实体,且对该实体能够施加重大影响，在实体内的经济利益对客户（或受到客户直接或间接控制的实体）重要；⑤ 与客户同处于共同控制下的实体（称为“姐妹实体”），且该姐妹实体和客户对其控制方都很重要。

2. 关联实体的应用

除非另有说明，否则在审计客户是上市公司的情况下，职业道德守则所称审计客户包括该客户的所有关联实体。在审计客户不是上市公司的情况下，职业道德守则所称审计客户仅包括该客户直接或间接控制的关联实体。如果认为客户存在的关系或情形涉及其他关联实体，且与评价会计师事务所独立性相关，审计项目组在识别、评价对独立性的不利影响及采取防范措施时，应当将其他关联实体包括在内。

（五）治理层

1. 治理层与管理层的含义

《中国注册会计师审计准则第 1101 号——与注册会计师的总体目标和审计工作的基本要求》：规定治理层是指对被审计单位战略方向及管理层履行经营管理责任负有监督责任的人员或组织。在某些被审计单位，治理层可能包括管理层，如治理层中负有经营管理责任的人员，或业主经理治理层的责任包括对财务报告过程的监督；管理层是指对被审计单位经营活动的执行负有经营管理责任的人员。在某些被审计单位，管理层包括部分或全部的治理层成员，如治理层中负有经营管理责任的人员，或参与日常管理的业主。管理层负责编制财务报表，并受到治理层的监督。

注册会计师应当就与财务报表审计相关，且根据职业判断认为与治理层责任相关的重大事项，以适当的方式及时与治理层沟通。

2. 与治理层的沟通

注册会计师应当根据职业判断，定期就可能影响独立性的关系和其他事项与治理层沟通。沟通使治理层能够：①考虑会计师事务所在识别和评价对独立性的不利影响时作出的判断是否正确；② 考虑会计师事务所为消除不利影响或将其降低至可接受的水平所采取的防范措施是否适当；③ 确定是否有必要采取适当的措施。④ 对于因外在压力和密切关系产生的不利影响，这种沟通尤其有效。

（六）工作记录

注册会计师应当记录遵守独立性要求的情况，包括记录形成的结论，以及为形成结论而讨论的主要内容。记录并不是确定会计师事务所是否独立的因素，但应按要求记录识别出的对独立性威胁和所采取的防范措施。

（1）如果需要采取防范措施将某种不利影响降低至可接受的水平，注册会计师应当记录该不利影响的性质，以及将其降低至可接受的水平所采取的防范措施。

（2）如果需要对某种不利影响进行大量分析才能确定是否有必要采取防范措施，而注册会计师认为由于不利影响未超出可接受的水平不需要采取防范措施，注册会计师应当记录不利影响的性质，以及得出不需采取防范措施结论的理由。

（七）业务期间

注册会计师应当在业务期间和财务报表涵盖的期间独立于审计客户。

1. 业务期间的含义

业务期间自审计项目组开始执行审计业务之日起，至出具审计报告之日止。如果审计业务具有连续性，业务期间结束日应以其中一方通知解除业务关系或出具最终审计报告两者时间孰晚为准。

2. 对独立性的影响

如果一个实体委托会计师事务所对其财务报表发表意见,并且在该财务报表涵盖的期间或之后成为审计客户,会计师事务所应当确定下列因素是否对独立性产生不利影响:① 在财务报表涵盖的期间或之后、接受审计业务委托之前,与审计客户之间存在的经济利益或商业关系;② 以往向审计客户提供的服务。

如果在财务报表涵盖的期间或之后,在审计项目组开始执行审计业务之前,会计师事务所向审计客户提供了非鉴证服务,并且该非鉴证服务在审计期间不允许提供,会计师事务所应当评价提供的非鉴证服务对独立性产生的不利影响。如果不利影响超出可接受的水平,会计师事务所只有在采取防范措施消除不利影响或将其降低至可接受的水平的情况下,才能接受审计业务。防范措施主要包括:① 不允许提供非鉴证服务的人员担任审计项目组成员; ② 必要时由其他的注册会计师复核审计和非鉴证工作;③ 由其他会计师事务所评价非鉴证业务的结果,或由其他会计师事务所重新执行非鉴证业务,并且所执行工作的范围能够使其承担责任。

（八）合并与收购

1. 总体要求

如果由于合并或收购,某一实体成为审计客户的关联实体,会计师事务所应当识别和评价其与该关联实体以往和目前存在的利益或关系,并在考虑可能的防范措施后确定是否影响独立性,以及在合并或收购生效日后能否继续执行审计业务。

2. 具体规定

会计师事务所应当在合并或收购生效日前采取必要措施终止目前存在的利益或关系。如果在合并或收购生效日前不能终止目前存在的利益或关系,会计师事务所应当评价产生的不利影响。不利影响的严重程度取决于下列因素:① 利益或关系的性质和重要程度。② 审计客户与该关联实体之间关系的性质和重要程度。例如,关联实体是审计客户的子公司还是母公司。③ 合理终止该利益或关系需要的时间。会计师事务所应当与治理层讨论,在合并或收购生效日前不能终止利益或关系的原因,以及对由此产生不利影响严重程度的评价结果。

如果治理层要求会计师事务所继续执行审计业务,会计师事务所只有在同时满足下列条件时,才能同意这一要求:① 在合并或收购生效日起的 6 个月内,尽快终止目前存在的利益或关系;② 存在利益或关系的人员不得作为审计项目组成员,也不得负责项目质量控制复核;③ 拟采取适当的过渡性措施,并就此与治理层讨论。拟采取的适当过渡性措施主要包括:a. 必要时由审计项目组以外的注册会计师复核审计或非鉴证工作;b. 由其他会计师事务所再次执行项目质量控制复核;c. 由其他会计师事务所评价非鉴证业务的结果,或由其他会计师事务所重新执行该非鉴证业务,并且所执行工作的范围能够使其承担责任。

（九）其他方面的考虑

注册会计师可能无意中违反职业道德守则的规定。如果会计师事务所具有维护独立性的适当质量控制政策和程序,能够立即纠正发现的违规情况,并采取必要的措施消除不利影响或将其降低至可接受的水平,通常不被视为损害独立性。会计师事务所应当决定是否就该情况与治理层讨论。

三、经济利益

（一）经济利益的种类

经济利益，是指因持有某一实体的股权、债券和其他证券及其他债务性的工具而拥有的利益，包括为取得这种利益享有的权利和承担的义务。经济利益包括直接经济利益和间接经济利益。

直接经济利益，是指下列经济利益：① 个人或实体直接拥有并控制的经济利益（包括授权他人管理的经济利益）；② 个人或实体通过投资工具拥有的经济利益，并且有能力控制这些投资工具，或影响其投资决策。

间接经济利益，是指个人或实体通过投资工具拥有的经济利益，但没有能力控制这些投资工具，或影响其投资决策。

在审计客户中拥有经济利益，可能因自身利益导致不利影响。不利影响存在与否及其严重程度取决于下列因素：① 拥有经济利益人员的角色；② 经济利益是直接还是间接的；③ 经济利益的重要性。

受益人可能通过投资工具拥有经济利益。确定经济利益是直接还是间接的，取决于受益人能否控制投资工具或具有影响投资决策的能力。如果受益人能够控制投资工具或具有影响投资决策的能力，这种经济利益将被界定为直接经济利益；如果受益人不能控制投资工具或不具有影响投资决策的能力，这种经济利益将被界定为间接经济利益。

（二）威胁独立性的情形和防范措施

1. 会计师事务所、审计项目组成员或其主要近亲属在审计客户中拥有直接经济利益或重大间接经济利益

如果会计师事务所、审计项目组成员或其主要近亲属在审计客户中拥有直接经济利益或重大间接经济利益，将因自身利益产生非常严重的不利影响，导致没有防范措施能够将其降低至可接受的水平。因此，会计师事务所、审计项目组成员或其主要近亲属不得在审计客户中拥有直接经济利益或重大间接经济利益。

2. 审计项目组某一成员的其他近亲属在审计客户中拥有直接经济利益或重大间接经济利益

如果审计项目组某一成员的其他近亲属在审计客户中拥有直接经济利益或重大间接经济利益，将因自身利益产生非常严重的不利影响。不利影响的严重程度主要取决于下列因素：① 审计项目组成员与其他近亲属之间的关系；② 经济利益对其他近亲属的重要性。

会计师事务所应当评价不利影响的严重程度，并在必要时采取防范措施消除不利影响或将其降低至可接受的水平。防范措施主要包括：① 其他近亲属尽快处置全部经济利益，或处置全部直接经济利益并处置足够数量的间接经济利益，以使剩余经济利益不再重大；② 由审计项目组以外的注册会计师复核该成员已执行的工作；③ 将该成员调离审计项目组。

3. 会计师事务所、审计项目组成员或其其他近亲属在可以对审计客户施加控制的实体中拥有直接经济利益或重大间接经济利益

当一个实体在审计客户中拥有控制性的权益，并且审计客户对该实体重要时，如果会计

师事务所、审计项目组成员或其主要近亲属在该实体中拥有直接经济利益或重大间接经济利益，将因自身利益产生非常严重的不利影响，导致没有防范措施能够将其降低至可接受的水平。因此，会计师事务所、审计项目组成员或其主要近亲属不得在该实体中拥有直接经济利益或重大间接经济利益。

4. 通过会计师事务所的退休金计划在审计客户中拥有直接经济利益或重大间接经济利益

如果审计项目组成员通过会计师事务所的退休金计划，在审计客户中拥有直接经济利益或重大间接经济利益，将因自身利益产生不利影响。注册会计师应当评价不利影响的严重程度，并在必要时采取防范措施消除不利影响或将其降低至可接受的水平。

5. 项目合伙人所在分部的其他合伙人或其主要近亲属在该审计客户中拥有直接经济利益或重大间接经济利益

当其他合伙人与执行审计业务的项目合伙人同处一个分部时，如果其他合伙人或其主要近亲属在审计客户中拥有直接经济利益或重大间接经济利益，将因自身利益产生非常严重的不利影响，导致没有防范措施能够将其降低至可接受的水平。其他合伙人或其主要近亲属不得在审计客户中拥有直接经济利益或重大间接经济利益。

6. 项目合伙人和项目组其他成员隶属于不同的分部

执行审计业务的项目合伙人所处的分部并不一定是其所隶属的分部。当项目合伙人与审计项目组的其他成员隶属于不同的分部时，会计师事务所应当确定项目合伙人执行审计业务时所处的分部。

7. 为审计客户提供非审计服务的其他合伙人、管理人员或其主要近亲属在审计客户中拥有直接经济利益或重大间接经济利益

如果为审计客户提供非审计服务的其他合伙人、管理人员或其主要近亲属，在审计客户中拥有直接经济利益或重大间接经济利益，将因自身利益产生非常严重的不利影响，导致没有防范措施能够将其降低至可接受的水平。为审计客户提供非审计服务的其他合伙人、管理人员或其主要近亲属不得在审计客户中拥有直接经济利益或重大间接经济利益。

8. 所在分部的其他合伙人或向审计客户提供非审计服务的合伙人或管理人员的其他近亲属在审计客户中拥有经济利益

执行审计业务的项目合伙人所处分部的其他合伙人，或者向审计客户提供非审计服务的合伙人或管理人员，如果其主要近亲属在审计客户中拥有经济利益，只要其主要近亲属作为审计客户的员工有权（例如，通过退休金或股票期权计划）取得该经济利益，并且在必要时能够采取防范措施消除不利影响或将其降低至可接受的水平，则不被视为损害独立性。如果其主要近亲属拥有或取得处置该经济利益的权利，例如，按照股票期权方案有权行使期权，则应当尽快处置或放弃该经济利益。

9. 会计师事务所、审计项目组成员或其主要近亲属和审计客户同时在某一实体拥有经济利益

会计师事务所、审计项目组成员或其主要近亲属在某一实体拥有经济利益，并且审计客户也在该实体拥有经济利益，可能因自身利益产生不利影响。如果经济利益并不重大，并且审计客户不能对该实体施加重大影响，则不被视为损害独立性；如果经济利益重大，并且审计客户能够对该实体施加重大影响，并且没有防范措施能够将不利影响降低至可接受的水

平，则会计师事务所不得拥有此类经济利益。拥有此类经济利益的人员，在成为审计项目组成员之前，应当处置全部经济利益，或处置足够数量的经济利益，使剩余经济利益不再重大。

10. 会计师事务所、审计项目组成员或其主要近亲属和审计客户的利益相关者同时在某一实体拥有经济利益

会计师事务所、审计项目组成员或其主要近亲属在某一实体拥有经济利益，并且知悉审计客户的董事、高级管理人员或具有控制权的所有者也在该实体拥有经济利益，可能因自身利益、密切关系或外在压力产生不利影响。不利影响存在与否及其严重程度主要取决于下列因素：① 该项目组成员在审计项目组中的角色；② 实体的所有权是由少数人持有还是多数人持有；③ 经济利益是否使得投资者能够控制该实体，或对其施加重大影响；④ 经济利益的重要性。

注册会计师应当评价不利影响的严重程度，并在必要时采取防范措施消除不利影响或将其降低至可接受的水平。防范措施主要包括：① 将拥有该经济利益的审计项目组成员调离审计项目组；② 由审计项目组以外的注册会计师复核该成员已执行的工作。

11. 作为信托业务的受托人在审计客户中拥有直接经济利益或重大间接经济利益

如果会计师事务所、审计项目组成员或其主要近亲属作为受托管理人在审计客户中拥有直接经济利益或重大间接经济利益，将因自身利益产生不利影响。

如果下列人员作为受托管理人在审计客户中拥有直接经济利益或重大间接经济利益，也将因自身利益产生不利影响：① 与执行审计业务的项目合伙人处于同一分部的其他合伙人；② 向审计客户提供非审计服务的其他合伙人和管理人员；③ 上述人员的主要近亲属。

只有在同时满足下列条件时，才允许拥有上述经济利益：① 审计项目组成员及其主要近亲属和会计师事务所均不是受托财产的受益人；② 委托人在审计客户中拥有的经济利益对委托人并不重大；③ 委托人不能对审计客户施加重大影响；④ 针对委托人在审计客户中拥有的经济利益，受托管理人及其主要近亲属和会计师事务所对其任何投资决策都不能施加重大影响。

12. 其他相关人员在审计客户中拥有任何已知的经济利益

审计项目组成员应当确定下列人员在审计客户中拥有任何已知的经济利益是否会产生自身利益威胁：① 除前述涉及人员以外的会计师事务所其他合伙人和专业人员或其主要近亲属；② 与审计项目组成员关系密切的人员。

这些利益是否产生自身利益威胁取决于下列因素：① 会计师事务所组织结构、营运结构和上下级关系；② 相关人员与审计项目组成员之间关系的性质。

注册会计师应当评价所有威胁的重要程度，并在必要时采取防范措施消除威胁或将其降至可接受水平。防范措施主要包括：① 将存在这种个人关系的审计项目组成员调离项目组；② 不允许该项目组成员参与任何有关该审计业务的重大决策；③ 由项目组之外的其他注册会计师复核该审计项目组成员执行的工作。

13. 从审计客户处获得直接经济利益或重大间接经济利益

如果会计师事务所、合伙人或其主要近亲属、员工或其主要近亲属，从审计客户获得直接经济利益或重大间接经济利益（例如，通过继承、馈赠或因合并而获得经济利益），而根据职业道德守则的规定不允许拥有此类经济利益，则应当采取下列措施：① 如果会计师事务所获得经济利益，应当立即处置全部经济利益，或处置全部直接经济利益并处置足够数量的

间接经济利益，以使剩余经济利益不再重大；② 如果审计项目组成员或其主要近亲属获得经济利益，应当立即处置全部经济利益，或处置全部直接经济利益并处置足够数量的间接经济利益，以使剩余经济利益不再重大；③ 如果审计项目组以外的人员或其主要近亲属获得经济利益，应当在合理期限内尽快处置全部经济利益，或处置全部直接经济利益并处置足够数量的间接经济利益，以使剩余经济利益不再重大。在完成处置该经济利益前，会计师事务所应当确定是否需要采取防范措施。

四、贷款和担保及商业关系、家庭和个人关系

（一）贷款和担保

1．从银行或类似机构等审计客户取得贷款或由其作为担保人

会计师事务所、审计项目组成员或其主要近亲属从银行或类似金融机构等审计客户取得贷款，或获得贷款担保，可能对独立性产生不利影响。

如果审计客户不按照正常的程序、条款和条件提供贷款或担保，将因自身利益产生非常严重的不利影响，导致没有防范措施能够将其降低至可接受的水平。会计师事务所、审计项目组成员或其主要近亲属不得接受此类贷款或担保。

如果会计师事务所按照正常的贷款程序、条款和条件，从银行或类似金融机构等审计客户取得贷款，即使该贷款对审计客户或会计师事务所影响重大，也可能通过采取防范措施将因自身利益产生的不利影响降低至可接受的水平。采取的防范措施包括由网络中未参与执行审计业务并且未接受该贷款的会计师事务所复核已执行的工作等。

审计项目组成员或其主要近亲属从银行或类似金融机构等审计客户取得贷款，或由审计客户提供贷款担保，如果按照正常的程序、条款和条件取得贷款或担保，则不会对独立性产生不利影响。

2．从非银行或类似机构等审计客户取得贷款或为其提供担保

会计师事务所、审计项目组成员或其主要近亲属从不属于银行或类似金融机构的审计客户取得贷款，或由审计客户提供贷款担保，将因自身利益产生非常严重的不利影响，导致没有防范措施能够将其降低至可接受的水平。

3．向审计客户提供贷款或为其提供担保

会计师事务所、审计项目组成员或其主要近亲属向审计客户提供贷款或为其提供担保，将因自身利益产生非常严重的不利影响，导致没有防范措施能够将其降低至可接受的水平。

4．在审计客户开立存款或交易账户

会计师事务所、审计项目组成员或其主要近亲属在银行或类似金融机构等审计客户开立存款或交易账户，如果账户按照正常的商业条件开立，则不会对独立性产生不利影响。

（二）商业关系

1．商业关系的种类及防范措施

会计师事务所、审计项目组成员或其主要近亲属与审计客户或其高级管理人员之间，由于商务关系或共同的经济利益而存在密切的商业关系，可能因自身利益或外在压力产生严重的不利影响。这些商业关系主要包括：① 在与客户或其控股股东、董事、高级管理人员共同开办的企业中拥有经济利益；② 按照协议，将会计师事务所的产品或服务与客户的产品

或服务结合在一起，并以双方名义捆绑销售；③ 按照协议，会计师事务所销售或推广客户的产品或服务，或者客户销售或推广会计师事务所的产品或服务。会计师事务所不得介入此类商业关系；如果存在此类商业关系，应当予以终止。

如果此类商业关系涉及审计项目组成员，会计师事务所应当将该成员调离审计项目组。如果审计项目组成员的主要近亲属与审计客户或其高级管理人员存在此类商业关系，注册会计师应当评价不利影响的严重程度，并在必要时采取防范措施消除不利影响或将其降低至可接受的水平。

2. 与审计客户或利益相关者一同在某股东人数有限的实体中拥有利益

如果会计师事务所、审计项目组成员或其主要近亲属，在某股东人数有限的实体中拥有经济利益，而审计客户或其董事、高级管理人员也在该实体拥有经济利益，在同时满足下列条件时，这种商业关系不会对独立性产生不利影响：① 这种商业关系对于会计师事务所、审计项目组成员或其主要近亲属及审计客户均不重要；② 该经济利益对一个或几个投资者并不重大；③ 该经济利益不能使一个或几个投资者控制该实体。

3. 从审计客户购买商品或服务

会计师事务所、审计项目组成员或其主要近亲属从审计客户购买商品或服务，如果按照正常的商业程序公平交易，通常不会对独立性产生不利影响。如果交易性质特殊或金额较大，可能因自身利益产生不利影响。会计师事务所应当评价不利影响的严重程度，并在必要时采取防范措施消除不利影响或将其降低至可接受的水平。防范措施主要包括：① 取消交易或降低交易规模；② 将相关审计项目组成员调离审计项目组。

（三）家庭和个人关系

如果审计项目组成员与审计客户的董事、高级管理人员，或所处职位能够对客户会计记录或被审计财务报表的编制施加重大影响的员工（以下简称特定员工）存在家庭和私人关系，可能因自身利益、密切关系或外在压力产生不利影响。不利影响存在与否及其严重程度取决于多种因素，包括该成员在审计项目组的角色、其家庭成员或相关人员在客户中的职位及关系的密切程度等。

1. 审计项目组成员的主要近亲属处在重要职位

如果审计项目组成员的主要近亲属是审计客户的董事、高级管理人员或特定员工，或者在业务期间或财务报表涵盖的期间曾担任上述职务，只有把该成员调离审计项目组，才能将对独立性的不利影响降低至可接受的水平。对于这种密切关系，没有其他防范措施可以将对独立性的威胁降至可接受水平。如果不采取上述防范措施，会计师事务所就应当解除审计业务约定。

2. 审计项目组成员的主要近亲属可以对财务报表施加重大影响

如果审计项目组成员的主要近亲属在审计客户中所处职位能够对客户的财务状况、经营成果和现金流量施加重大影响，将对独立性产生不利影响。不利影响的严重程度主要取决于下列因素：① 主要近亲属在客户中的职位；② 该成员在审计项目组中的角色。

会计师事务所应当评价不利影响的严重程度，并在必要时采取防范措施消除不利影响或将其降低至可接受的水平。防范措施主要包括：① 将该成员调离审计项目组；② 合理安排审计项目组成员的职责，使该成员的工作不涉及其主要近亲属的职责范围。

3. 审计项目组成员的其他近亲属处在重要职位或可以对财务报表施加重大影响

如果审计项目组成员的其他近亲属是审计客户的董事、高级管理人员或特定员工,将对独立性产生不利影响。不利影响的严重程度主要取决于下列因素:① 审计项目组成员与其他近亲属的关系;② 其他近亲属在客户中的职位;③ 该成员在审计项目组中的角色。

会计师事务所应当评价不利影响的严重程度,并在必要时采取防范措施消除不利影响或将其降低至可接受的水平。防范措施主要包括:① 将该成员调离审计项目组;② 合理安排审计项目组成员的职责,使该成员的工作不涉及其他近亲属的职责范围。

4. 审计项目组的成员与审计客户重要职位的人员具有亲密关系

如果审计项目组成员与审计客户的员工存在密切关系,并且该员工是审计客户的董事、高级管理人员或特定员工,即使该员工不是审计项目组成员的近亲属,也将对独立性产生不利影响。拥有此类关系的审计项目组成员应当按照会计师事务所的政策和程序的要求,向会计师事务所内部或外部的相关人员咨询。不利影响的严重程度主要取决于下列因素:① 该员工与审计项目组成员的关系;② 该员工在客户中的职位;③ 该成员在审计项目组中的角色。

会计师事务所应当评价不利影响的严重程度,并在必要时采取防范措施消除不利影响或将其降低至可接受的水平。防范措施主要包括:① 将该成员调离审计项目组;② 合理安排该成员的职责,使其工作不涉及与之存在密切关系的员工的职责范围。

5. 非审计项目组成员的合伙人或员工与审计客户重要职位的人员存在家庭或个人关系

会计师事务所中审计项目组以外的合伙人或员工,与审计客户的董事、高级管理人员或特定员工之间存在家庭或私人关系,可能因自身利益、密切关系或外在压力产生不利影响。会计师事务所合伙人或员工在知悉此类关系后,应当按照会计师事务所的政策和程序进行咨询。

不利影响存在与否及其严重程度主要取决于下列因素:① 该合伙人或员工与审计客户的董事、高级管理人员或特定员工之间的关系;② 该合伙人或员工与审计项目组之间的相互影响;③ 该合伙人或员工在会计师事务所中的角色;④ 董事、高级管理人员或特定员工在审计客户中的职位。

会计师事务所应当评价不利影响的严重程度,并在必要时采取防范措施消除不利影响或将其降低至可接受的水平。防范措施主要包括:① 合理安排该合伙人或员工的职责,以减少对审计项目组可能产生的影响;② 由审计项目组以外的注册会计师复核已执行的相关审计工作。

五、与审计客户发生雇佣关系

(一) 一般规定

如果审计客户的董事、高级管理人员或特定员工,曾经是审计项目组的成员或会计师事务所的合伙人,可能因密切关系或外在压力产生不利影响。

1. 前任成员担任审计客户的重要职位且与事务所保持重要联系

如果审计项目组前任成员或会计师事务所前任合伙人加入审计客户,担任董事、高级管理人员或特定员工,并且与会计师事务所仍保持重要交往,将产生非常严重的不利影响,导致没有防范措施能够将其降低至可接受的水平。

如果审计项目组前任成员或会计师事务所前任合伙人加入审计客户,担任董事、高级管理人员或特定员工,除非同时满足下列条件,否则将被视为损害独立性:① 前任成员或前任合伙人无权从会计师事务所获取报酬或福利(除非报酬或福利是按照预先确定的固定金额支付的,并且未付金额对会计师事务所不重要);② 前任成员或前任合伙人未继续参与,并且在外界看来未参与会计师事务所的经营活动或专业活动。

2. 前任成员担任审计客户的重要职位但未与事务所保持重要联系

如果审计项目组前任成员或会计师事务所前任合伙人加入审计客户,担任董事、高级管理人员或特定员工,但前任成员或前任合伙人与会计师事务所已经没有重要交往,因密切关系或外在压力产生的不利影响存在与否及其严重程度主要取决于下列因素:① 前任成员或前任合伙人在审计客户中的职位;② 前任成员或前任合伙人在其工作中与审计项目组交往的程度;③ 前任成员或前任合伙人离开会计师事务所的时间长短;④ 前任成员或前任合伙人以前在审计项目组或会计师事务所中的角色,例如,前任成员或前任合伙人是否负责与客户治理层或管理层保持定期联系。

会计师事务所应当评价不利影响的严重程度,并在必要时采取防范措施消除不利影响或将其降低至可接受的水平。防范措施主要包括:① 修改审计计划;② 向审计项目组分派经验更丰富的人员;③ 由审计项目组以外的注册会计师复核前任审计项目组成员已执行的工作。

3. 前任成员加入的某一实体成为审计客户

如果会计师事务所前任合伙人加入某一实体,而该实体随后成为会计师事务所的审计客户,会计师事务所应当评价对独立性不利影响的严重程度,并在必要时采取防范措施消除不利影响或将其降低至可接受的水平。

4. 审计项目组成员拟加入审计客户

如果审计项目组某一成员参与审计业务,当知道自己在未来某一时间将要或有可能加入审计客户时,将因自身利益产生不利影响。会计师事务所应当制定政策和程序,要求审计项目组成员在与审计客户协商受雇于该客户时,向会计师事务所报告。在接到报告后,会计师事务所应当评价不利影响的严重程度,并在必要时采取防范措施消除不利影响或将其降低至可接受的水平。防范措施主要包括:① 将该成员调离审计项目组;② 由审计项目组以外的注册会计师复核该成员在审计项目组中作出的重大判断。

(二) 属于公众利益实体的审计客户

1. 关键审计合伙人加入审计客户担任重要职位

如果某一关键审计合伙人加入属于公众利益实体的审计客户,担任董事、高级管理人员或特定员工,将因密切关系或外在压力产生不利影响。除非该合伙人不再担任关键审计合伙人后,该公众利益实体发布了已审计财务报表,其涵盖期间不少于12个月,并且该合伙人不是该财务报表的审计项目组成员,否则独立性将视为受到损害。

2. 主任会计师加入审计客户担任重要职位

如果会计师事务所的主任会计师(所长、管理合伙人、首席执行官或同等职位的人员)加入了属于公众利益实体的审计客户,担任董事、高级管理人员或特定员工,将因外在压力产生不利影响。除非该高级合伙人离职已超过12个月,否则独立性将被视为受到损害。

3. 企业合并原因导致前任成员加入审计客户担任重要职位

如果由于企业合并的原因,会计师事务所前任关键审计合伙人担任属于公众利益实体的审计客户的董事、高级管理人员或特定员工,在同时满足下列条件时,不被视为独立性受到损害:① 当前任关键审计合伙人接受该职务时,并未预料到会发生企业合并;② 前任关键审计合伙人在会计师事务所中应得的报酬或福利都已全额支付(除非报酬或福利是按照预先确定的固定金额支付的,并且未付金额对会计师事务所不重要);③ 前任关键审计合伙人未继续参与,或在外界看来未参与会计师事务所的经营活动或专业活动;④ 已就前任关键审计合伙人在审计客户中的职位与治理层讨论。

(三)临时借调员工

如果会计师事务所向审计客户借出员工,就可能因自我评价产生不利影响。会计师事务所只能短期向客户借出员工,并且借出的员工不得为审计客户提供职业道德守则禁止提供的非鉴证服务,也不得承担审计客户的管理层职责。审计客户有责任对借调员工的活动进行指导和监督。

会计师事务所应当评价借出员工产生不利影响的严重程度,并在必要时采取防范措施消除不利影响或将其降低至可接受的水平。防范措施主要包括:① 对借出员工的工作进行额外复核;② 合理安排审计项目组成员的职责,使借出员工不对其在借调期间执行的工作进行审计;③ 不安排借出员工作为审计项目组成员。

(四)审计项目组成员最近曾担任审计客户的董事、高级管理人员和特定员工

如果审计项目组成员最近曾担任审计客户的董事、高级管理人员或特定员工,可能因自身利益、自我评价或密切关系产生不利影响。例如,如果审计项目组成员在审计客户工作期间曾经编制会计记录,现又对据此形成的财务报表要素进行评价,则可能产生这些不利影响。

1. 在审计报告涵盖期间内

如果在被审计财务报表涵盖的期间,审计项目组成员曾担任审计客户的董事、高级管理人员或特定员工,将产生非常严重的不利影响,导致没有防范措施能够将其降低至可接受的水平。会计师事务所不得将此类人员分派到审计项目组。

2. 在审计报告涵盖期间以前

如果在被审计财务报表涵盖的期间之前,审计项目组成员曾担任审计客户的董事、高级管理人员或特定员工,可能因自身利益、自我评价或密切关系产生不利影响。例如,如果在当期需要评价此类人员以前就职于审计客户时作出的决策或工作,将产生这些不利影响。不利影响存在与否及其严重程度主要取决于下列因素:① 该成员在客户中曾担任的职务;② 该成员离开客户的时间长短;③ 该成员在审计项目组中的角色。

会计师事务所应当评价不利影响的严重程度,并在必要时采取防范措施将其降低至可接受的水平。防范措施主要包括对该人员担任审计项目组成员时所执行的工作进行复核。

(五)兼任审计客户的董事或高级管理人员

如果会计师事务所的合伙人或员工兼任审计客户的董事或高级管理人员,将因自我评价和自身利益产生非常严重的不利影响,导致没有防范措施能够将其降低至可接受的水平。会计师事务所的合伙人或员工不得兼任审计客户的董事或高级管理人员。

如果会计师事务所的合伙人或员工担任审计客户的公司秘书，将因自我评价和过度推介产生非常严重的不利影响，导致没有防范措施能够将其降低至可接受的水平。会计师事务所的合伙人或员工不得兼任审计客户的公司秘书。

会计师事务所提供日常和行政事务性的服务以支持公司秘书职能，或提供与公司秘书行政事项有关的建议，只要所有相关决策均由审计客户管理层作出，通常不会损害独立性。

六、高级职员与审计客户的长期关联

（一）一般规定

会计师事务所长期委派同一名合伙人或高级员工执行某一客户的审计业务，将因密切关系和自身利益产生不利影响。不利影响的严重程度主要取决于下列因素：① 该人员加入审计项目组的时间长短；② 该人员在审计项目组中的角色；③ 会计师事务所的组织结构；④ 审计业务的性质；⑤ 客户的管理团队是否发生变动；⑥ 客户的会计和报告问题的性质或复杂程度是否发生变化。

会计师事务所应当评价因密切关系和自身利益产生的不利影响的严重程度，并在必要时采取防范措施消除不利影响或将其降低至可接受的水平。防范措施主要包括：① 将该人员轮换出审计项目组；② 由审计项目组以外的注册会计师复核该人员已执行的工作；③ 定期对该业务实施独立的质量复核。

（二）属于公众利益实体的审计客户

1. 关键审计合伙人任职时间

如果审计客户属于公众利益实体，执行其审计业务的关键审计合伙人任职时间不得超过5年。在任期结束后的两年内，该关键审计合伙人不得再次成为该客户的审计项目组成员或关键审计合伙人。在此期间内，该关键审计合伙人也不得有下列行为：① 参与该客户的审计业务；② 为该客户的审计业务实施质量控制复核；③ 就有关技术或行业特定问题、交易或事项向项目组或该客户提供咨询；④ 以其他方式直接影响业务结果。

在极其特殊的情况下，会计师事务所可能因无法预见和控制的情形而不能按时轮换关键审计合伙人。如果关键审计合伙人的连任对审计质量特别重要，并且通过采取防范措施能够消除对独立性产生的不利影响或将其降低至可接受的水平，则在法律法规允许的情况下，该关键审计合伙人在审计项目组的时限可以延长一年。

2. 其他合伙人任职时间

审计项目组的其他合伙人与属于公众利益实体的审计客户之间长期存在业务关系，将因密切关系和自身利益产生不利影响。不利影响的严重程度主要取决于下列因素：① 该合伙人与审计客户存在业务关系的时间长短；② 该合伙人在审计项目组中的角色；③ 该合伙人与客户治理层或管理层交往的性质、频率和范围。

会计师事务所应当评价不利影响的严重程度，并在必要时采取防范措施消除不利影响或将其降低至可接受的水平。防范措施主要包括：① 将该合伙人轮换出审计项目组，或终止其与审计客户存在的业务关系；② 定期对该业务实施独立的质量控制复核。

3. 关键审计合伙人在审计客户成为公众利益实体后的任职时间

如果审计客户成为公众利益实体，在确定关键审计合伙人的轮换时间时，会计师事务所应当考虑,在该客户成为公众利益实体之前,该合伙人已为该客户提供服务的时间。

在审计客户成为公众利益实体之前,如果关键审计合伙人已为该客户服务的时间不超过3年,则该合伙人还可以为该客户继续提供服务的年限为5年减去已经服务的年限。

如果关键审计合伙人为该客户服务了4年或更长的时间,在该客户成为公众利益实体之后,该合伙人还可以继续服务两年。如果审计客户是首次公开发行证券的公司,关键审计合伙人在该公司上市后连续提供审计服务的期限,不得超过两个完整会计年度。

七、为审计客户提供非鉴证服务

(一)一般规定

会计师事务所向审计客户提供非鉴证服务,可能对独立性产生不利影响,包括因自我评价、自身利益和过度推介等产生的不利影响。

在接受委托向审计客户提供非鉴证服务之前,会计师事务所应当确定提供该服务是否将对独立性产生不利影响。在评价某一特定非鉴证服务产生不利影响的严重程度时,会计师事务所应当考虑审计项目组认为提供其他相关非鉴证服务将产生的不利影响。如果没有防范措施能够将不利影响降低至可接受的水平,会计师事务所就不得向审计客户提供该非鉴证服务。

1. 无意识地对审计客户的关联实体提供非鉴证服务

向审计客户提供某些非鉴证服务可能对独立性产生非常严重的不利影响,导致没有防范措施能够将其降低至可接受的水平。如果无意中向客户的关联实体或分支机构,或者针对财务报表项目提供了这些非鉴证服务,会计师事务所就应当采取下列补救措施将不利影响降低至可接受的水平,以避免损害独立性:① 由其他会计师事务所对客户的关联实体、分支机构或财务报表项目进行审计;② 由其他会计师事务所重新执行非鉴证服务,并且所执行工作的范围能够使其承担责任。

2. 接受委托对审计客户关联实体提供非鉴证服务

会计师事务所通常不向审计客户的下列关联实体提供职业道德守则限制的非鉴证服务:① 不是会计师事务所的审计客户,但能够直接或间接控制审计客户的实体;② 不是会计师事务所的审计客户,但在审计客户中拥有直接经济利益的实体,该实体能够对审计客户施加重大影响,并且经济利益对该实体重大;③ 不是会计师事务所的审计客户,但与审计客户处于同一控制下的实体。

如果有理由认为同时满足下列条件,会计师事务所可以向上述关联实体提供非鉴证服务:① 向上述关联实体提供的非鉴证服务的结果不构成实施审计程序的对象,该服务不因自我评价产生不利影响;② 已采取防范措施将非鉴证服务所产生的任何不利影响予以消除,或将其降低至可接受的水平。

3. 向成为公众利益实体的审计客户提供非鉴证服务

如果审计客户成为公众利益实体,在同时满足下列条件时,会计师事务所向其提供非鉴证服务不会损害独立性:① 以往向该实体提供的非鉴证服务符合职业道德守则有关向非公众利益实体提供非鉴证服务的规定;② 在客户成为公众利益实体之前终止,或之后尽快终止职业道德守则不允许向公众利益实体提供的非鉴证服务;③ 在必要时已采取防范措施消除对独立性产生的不利影响,或将其降低至可接受的水平。

(二)承担管理层职责

1. 管理层职责的界定

管理层按照对利益相关者最有利的方式行使多项管理职能。管理层负有领导和指挥的职责,如针对人力资源、财务资源、有形或无形资源的取得、配置和控制作出重大决策。

会计师事务所应当根据具体情况确定某项活动是否属于管理层职责。下列活动通常被视为管理层职责:① 制定政策和战略方针;② 指导员工的行动并对其行动负责;③ 对交易进行授权;④ 确定采纳会计师事务所或其他第三方提出的建议;⑤ 负责按照适用的会计准则编制财务报表;⑥ 负责设计、实施和维护内部控制。

如果会计师事务所代客户从事日常和行政性的事务或不重要的活动,通常不被视为代行管理层职责。下列活动不被视为管理层职责:① 执行一项已由管理层授权的非重要交易;② 跟踪法定申报资料规定的提交日期,并告知审计客户这些日期;③ 向管理层提供意见和建议,以协助管理层履行职责。

2. 避免行使管理层职责的措施

会计师事务所承担审计客户的管理层职责,将对独立性产生非常严重的不利影响,导致没有防范措施能够将其降低至可接受的水平。这些不利影响包括因自我评价、自身利益和密切关系产生的不利影响。会计师事务所不得承担审计客户的管理层职责。

在向审计客户提供非鉴证服务时,为避免承担管理层职责的风险,会计师事务所应当确保由管理层的成员负责作出重大判断和决策,评价服务的结果,并对依据服务结果采取的行动负责。

(三)编制会计记录和财务报表

会计师事务所向审计客户提供编制会计记录或财务报表等服务,随后又审计该财务报表,将因自我评价产生不利影响。

1. 编制财务报表是管理层的责任

按照适用的会计准则规定编制财务报表是管理层的职责,这种职责包括:① 设计、实施和维护与编制财务报表相关的内部控制,以合理保证财务报表不存在由于舞弊或错误导致的重大错报;② 编制或更改会计分录或者确定交易的账户分类;③ 编制或更改以电子形式或其他形式存在的、用以证明交易发生的原始凭证或原始数据(如采购订单、工时记录和销售订单);④ 选择和运用恰当的会计政策;⑤ 作出恰当的会计估计。

2. 不对独立性产生威胁的活动

(1) 沟通审计相关的事项

在审计过程中,会计师事务所与审计客户管理层就下列事项进行沟通,通常不会对独立性产生不利影响:① 对会计准则或财务报表披露要求的运用;② 与财务报表相关的内部控制的有效性,以及资产、负债计量方法的适当性;③ 会计调整分录的建议。

(2) 提供特定技术支持

审计客户可能要求会计师事务所在下列方面提供技术支持,如果会计师事务所不承担审计客户的管理层职责,通常不会对独立性产生不利影响:① 解决账户调节问题;② 分析和积累监管机构要求提供的信息;③ 将按照某种会计准则编制的财务报表,转换为按照另一种会计准则编制的财务报表。

（3）向非公众利益实体的审计客户提供日常性和机械性的工作

如果会计师事务所向不属于公众利益实体的审计客户提供编制会计记录和财务报表相关的服务，只要属于日常性和机械性的工作，并且已采取措施将因自我评价产生的不利影响降低至可接受的水平，则不会损害其独立性。此类服务包括：① 根据来源于客户的数据提供工资服务；② 在客户确定或批准账户分类的基础上记录交易；③ 将已记录的交易过入总分类账；④ 将客户批准的分录过入试算平衡表；⑤ 根据试算平衡表中的信息编制财务报表。

在所有情况下，会计师事务所应当评价不利影响的严重程度，并在必要时采取防范措施消除不利影响或将其降低至可接受的水平。防范措施主要包括：① 由审计项目组以外的人员提供此类服务；② 如果审计项目组成员提供此类服务，则由审计项目组以外的合伙人或高级员工复核已执行的工作。

（4）非审计项目组成员向公众利益实体的审计客户提供日常性和机械性的工作

如果会计师事务所向属于公众利益实体的审计客户的分支机构或关联实体提供编制会计记录和财务报表的服务，只要提供的服务属于日常性、机械性的工作，且提供服务的人员不是审计项目组的成员，在满足下列条件之一的情况下，不会损害其独立性：① 接受服务的分支机构或关联实体从总体上对被审计财务报表不具有重要性；② 服务所涉及的事项从总体上对该分支机构或关联实体的财务报表不具有重要性。

（5）在紧急或特殊情况下提供的会计和记账服务

如果遇到紧急或极其特殊的情况，审计客户无法作出其他安排，那么经相关监管机构同意，会计师事务所可以在下列情况下向审计客户提供职业道德守则不允许提供的编制会计记录和财务报表的服务：① 该会计师事务所拥有服务资源，并且熟悉客户的系统和程序，能够协助客户及时编制会计记录和财务报表；② 如果限制该会计师事务所提供服务，将给客户带来严重的困难，如导致客户无法向监管机构提供报告。

在上述情况下，会计师事务所只能安排审计项目组成员以外的专业人员在短期内一次性提供这些服务，并且应当就此事项与治理层讨论。

3．对独立性产生威胁的活动

除非出现紧急或极其特殊的情况，并征得相关监管机构的同意，否则会计师事务所不得向属于公众利益实体的审计客户提供下列编制会计记录和财务报表的服务：① 工资服务；② 编制所审计的财务报表；③ 编制所审计财务报表依据的财务信息。

（四）评估服务

评估包括对未来发展趋势提出相关假设，运用适当的方法和技术，以确定资产、负债或企业整体的价值或价值区间。向审计客户提供评估服务可能因自我评价产生不利影响。

1．判断威胁独立性的因素及防范措施

不利影响存在与否及其严重程度主要取决于下列因素：① 评估结果是否对财务报表产生重大影响；② 在确定和批准评估方法及其他重大判断事项时，客户的参与程度；③ 是否可获得权威的评估方法和指南；④ 在运用权威标准或方法进行评估时，评估事项的固有主观程度；⑤ 基础数据的可靠性和范围；⑥ 对能引起评估金额发生重大波动的未来事项的依赖程度；⑦ 财务报表披露的范围和详细程度。

会计师事务所应当评价不利影响的严重程度，并在必要时采取防范措施消除不利影响或将其降低至可接受的水平。防范措施主要包括：① 由未参与提供评估服务的专业人员复核已执行的审计或评估工作；② 不允许提供评估服务的人员参与审计业务。

2. 对独立性不产生威胁的评估业务

如果审计客户要求会计师事务所提供评估服务，以帮助其履行纳税申报义务或满足税务筹划目的，并且评估的结果不对财务报表产生直接影响（即财务报表仅受有关税务会计分录的影响），且这种影响并不重大或评估服务经税务机关或类似监管机构的外部审核，则通常不对独立性产生威胁。

3. 对独立性产生威胁的评估业务

在审计客户不属于公众利益实体的情况下，如果评估服务对被审计财务报表具有重大影响，评估结果涉及高度的主观性，并且没有防范措施能够将因自我评价产生的不利影响降低至可接受的水平，则会计师事务所不得向审计客户提供这种评估服务。

在审计客户属于公众利益实体的情况下，如果评估结果单独或累积起来对被审计财务报表具有重大影响，则会计师事务所不得向该审计客户提供这种评估服务。

（五）税务服务

1. 税务服务种类

税务服务通常包括下列种类：① 编制纳税申报表；② 为编制会计分录计算税额；③ 税务筹划和其他税务咨询服务；④ 协助解决税务纠纷。

2. 威胁独立性的因素

会计师事务所向审计客户提供某些税务服务，可能因自我评价和过度推介产生不利影响。不利影响存在与否及其严重程度主要取决于下列因素：① 税务机关采用的税收核定和征管系统，以及会计师事务所在该过程中的角色；② 税收法律法规的复杂程度，以及应用时进行判断的程度；③ 业务的具体特征；④ 客户员工的税务专业水平。

3. 编制纳税申报表的服务

编制纳税申报表的服务包括：① 编制信息以协助客户履行纳税申报义务，例如，计算应向税务机关缴纳的税额；② 对已发生交易的纳税申报处理方法提供建议；③ 代表审计客户向税务机关提供所要求的附加信息和分析。

由于纳税申报表须经税务机关审查或批准，那么如果管理层对纳税申报表承担责任，会计师事务所提供此类服务就通常不会对独立性产生不利影响。

4. 计算当期所得税或递延所得税负债（或资产）

（1）计算当期所得税或递延所得税负债（或资产）对独立性的影响

基于编制会计分录的目的，为审计客户计算当期所得税或递延所得税负债（或资产），将因自我评价产生不利影响。不利影响的严重程度主要取决于下列因素：① 税收法律法规的复杂程度，以及应用时进行判断的程度；② 客户员工的税务专业水平；③ 税额对于财务报表的重要性。

（2）对威胁独立性的防范措施

会计师事务所应当在必要时采取防范措施消除不利影响或将其降低至可接受的水平。防范措施主要包括：① 由审计项目组以外的专业人员执行此类业务；② 如果审计项目组成员执行此类业务，由审计项目组以外的合伙人或高级管理人员复核税额的计算；③ 向外部税务专业人员咨询。

(3) 禁止或允许计算当期所得税或递延所得税负债(或资产)

在审计客户属于公众利益实体的情况下,除非出现紧急或极其特殊的情况,并征得相关监管机构的同意,否则会计师事务所不得计算当期所得税或递延所得税负债(或资产),以用于编制对被审计财务报表具有重大影响的会计分录。

如果遇到紧急或极其特殊的情况,审计客户无法作出其他安排,经相关监管机构同意,否则会计师事务所可以在下列情况下,提供本章不允许提供的以编制会计分录为目的的税额计算服务:① 该会计师事务所拥有服务资源,熟悉客户的情况,能够协助客户及时计算当期所得税或递延所得税负债(或资产);② 如果限制会计师事务所提供这些服务,将对客户造成严重困难,如导致客户无法向监管机构提供报告。

在上述情况下,会计师事务所只能安排审计项目组成员以外的专业人员在短期内一次性提供这些服务,并且应当就此事项与治理层讨论。

5. 税务筹划或其他税务咨询服务

(1) 税务筹划或其他税务咨询服务的种类

税务筹划或其他税务咨询服务有多种类型,例如,向审计客户提供如何节税,或如何运用新的税收法律法规的建议。

(2) 威胁独立性的因素

如果税务建议影响财务报表所反映的事项,可能因自我评价产生不利影响。不利影响存在与否及其严重程度主要取决于下列因素:① 在确定如何在财务报表中对税务建议进行处理时涉及的主观程度;② 税务建议的结果是否对财务报表产生重大影响;③ 税务建议的有效性是否取决于会计处理或财务报表列报,以及是否对会计处理或财务报表列报的适当性存有疑问;④ 客户员工的税务专业水平;⑤ 税务建议是否具有相应的税收法律法规依据;⑥ 税务处理是否得到税务机关的认可。

(3) 不威胁独立性的税务筹划或其他税务咨询服务

在提供税务筹划和其他税务咨询服务时,如果上述服务具有法律依据,或得到税务机关的明确认可,通常不对独立性产生不利影响。

会计师事务所应当评价税务建议产生不利影响的严重程度,并在必要时采取防范措施消除不利影响或将其降低至可接受的水平。

防范措施主要包括:① 由审计项目组以外的专业人员提供此类服务;② 由未参与提供此类服务的税务专业人员向审计项目组提供服务建议,并复核会计处理和财务报表列报;③ 向外部税务专业人员咨询;④ 得到税务机关的预先认可。

(4) 威胁独立性的税务筹划或其他税务咨询服务

如果税务建议的有效性取决于某项特定会计处理或财务报表列报,并且同时存在下列情况,将因自我评价产生非常严重的不利影响,导致没有防范措施能够消除不利影响或将其降低至可接受的水平:① 审计项目组对于相关会计处理或财务报表列报的适当性存有疑问;② 税务建议的结果或执行后果将对被审计财务报表产生重大影响。因此,会计师事务所不得为审计客户提供此类税务建议。

(5) 基于纳税申报或税务筹划目的的评估业务

审计客户基于纳税申报或税务筹划的目的,要求会计师事务所为其提供评估服务。如果该评估服务仅仅为了满足税务目的,其结果对财务报表没有直接影响(即财务报表仅受有关税务会计分录的影响）或这种影响并不重大，或者评估服务已经过税务机关或类似监管机构的外部审核，则通常不对独立性产生威胁。

如果评估服务并未经税务机关或类似监管机构的审核，并且其影响对财务报表来说是重大的，会计师事务所应当评价所产生威胁的重要程度。威胁存在与否及其重要程度如何主要取决于下列因素：① 评估方法是否存在明确的税收法律法规依据，以及评估工作本身的主观程度；② 基础数据的可靠性和范围。

会计师事务所应当评价这种威胁的重要程度，并在必要时采取防范措施消除威胁或将其降至可接受水平。防范措施可能包括：① 由审计项目组以外的专业人士提供该服务；② 由其他专业人士复核审计工作或税务服务的结果；③ 获得税务机关的预先批准或建议。

6. 帮助解决税务纠纷

如果会计师事务所代表审计客户解决税务纠纷，一旦税务机关通知审计客户已经拒绝接受其对某项具体问题的主张，并且税务机关或审计客户已将该问题纳入正式的法律程序，则可能因过度推介或自我评价产生不利影响。不利影响存在与否及其严重程度主要取决于下列因素：① 引起税务纠纷的事项是否与会计师事务所的建议相关；② 税务纠纷的结果对被审计财务报表产生重大影响的程度；③ 该事项是否具有明确的税收法律法规依据；④ 解决税务问题的程序是否公开；⑤ 管理层在解决税务纠纷时所起的作用。

会计师事务所应当评价不利影响的严重程度，并在必要时采取防范措施消除不利影响或将其降低至可接受的水平。防范措施主要包括：① 由审计项目组以外的专业人员提供该税务服务；② 由其他未参与提供该税务服务的税务专业人员，向审计项目组提供服务建议，并复核会计处理；③ 向外部税务专业人员咨询。

在提供税务服务时，如果会计师事务所人员在公开审理或仲裁的税务纠纷中担任审计客户的辩护人，并且所涉金额对被审计财务报表重大，将因过度推介产生非常严重的不利影响，导致没有防范措施能够消除不利影响或将其降低至可接受的水平。会计师事务所人员不得再为审计客户提供税务服务时担任辩护人。但在公开审理或仲裁期间，会计师事务所可以继续为审计客户提供有关法庭裁决事项的咨询。例如，协助客户对具体问题作出回复，提供背景材料或证词，或分析税收问题。

（六）内部审计服务

1. 涉及承担管理层职责的内部审计服务主要内容

内部审计的目标和工作范围因被审计单位的规模、组织结构、治理层和管理层需求的不同而存在很大差异。内部审计活动通常包括：① 监督内部控制；② 检查财务信息和经营信息；③ 评价经营活动的效率和效果；④ 评价对法律法规的遵守情况。

涉及承担管理层职责的内部审计服务主要包括：① 制定内部审计政策或内部审计活动的战略方针；② 指导该客户内部审计员工的工作并对其负责；③ 决定应执行来源于内部审计活动的建议；④ 代表管理层向治理层报告内部审计活动的结果；⑤ 执行构成内部控制组成部分的程序；⑥ 负责设计、执行和维护内部控制；⑦ 提供内部审计外包服务，包括全部内部审计外包服务和重要内部审计外包服务，并且负责确定内部审计工作的范围。

2. 内部审计服务对独立性的威胁

如果会计师事务所向审计客户提供内部审计服务，并在执行财务报表审计时利用内部审计的工作，将因自我评价对独立性产生不利影响。如果会计师事务所人员在为审计客户提供内部审计服务时承担管理层职责，将产生非常严重的不利影响，导致没有防范措施能够将其降低至可接受的水平。会计师事务所人员在向审计客户提供内部审计服务时不得承担管理层职责。

在审计客户属于公众利益实体的情况下，会计师事务所不得提供与下列方面有关的内部审计服务：① 与财务报告相关的内部控制；② 财务会计系统；③ 对被审计财务报表具有重大影响的金额或披露。

3. 允许提供内部审计服务的情况

为避免承担管理层职责，只有在同时满足下列条件时，会计师事务所才能为审计客户提供内部审计服务：① 审计客户承担设计、执行和维护内部控制的责任，并指定合适的、具有胜任能力的员工（最好是高级管理人员）始终负责内部审计活动；② 客户治理层或管理层复核、评估并批准内部审计服务的工作范围、风险和频率；③ 客户管理层评价内部审计服务的适当性，并执行内部审计发现的事项；④ 客户管理层评价并确定应当实施内部审计服务提出的建议，并对实施过程进行管理；⑤ 客户管理层向治理层报告注册会计师在内部审计服务中发现的重大问题和提出的建议。

4. 利用内部审计工作

如果会计师事务所向审计客户提供内部审计服务，并且在财务报表审计业务中使用该服务的结果，可能导致审计项目组不能恰当评价内部审计工作，或在评价时不能保持应有的职业怀疑态度，这将因自我评价产生不利影响。不利影响的严重程度主要取决于下列因素：① 相关财务报表金额的重要性；② 与这些财务报表金额相关的认定层次的错报风险；③ 对内部审计服务的依赖程度。会计师事务所应当评价不利影响的严重程度，并在必要时采取防范措施消除不利影响或将其降低至可接受的水平。采取的防范措施主要包括由审计项目组以外的专业人员提供该内部审计服务等。

（七）信息技术系统服务

信息技术系统可用于积累原始数据，构成与财务报告相关的内部控制的组成部分，或生成影响会计记录或者财务报表的信息。信息技术系统也可能与审计客户的会计记录、财务报告内部控制和财务报表无关。会计师事务所提供信息技术系统服务是否因自我评价产生不利影响，取决于服务和信息技术系统的性质。

1. 不对独立性产生威胁的信息技术系统服务

如果会计师事务所人员不承担管理层职责，则提供下列信息技术系统服务不被视为对独立性产生不利影响：① 设计或操作与财务报告内部控制无关的信息技术系统；② 设计或操作信息技术系统，其生成的信息不构成会计记录或财务报表的重要组成部分；③ 操作由第三方开发的会计或财务信息报告软件；④ 对由其他服务提供商或审计客户自行设计并操作的系统进行评价和提出建议。

2. 向不属于公众利益实体的审计客户提供有关信息技术系统服务

如果出现下列情形之一，会计师事务所向不属于公众利益实体的审计客户提供有关信息技术系统的设计或操作服务，将因自我评价产生不利影响：① 信息技术系统构成财务报告内部控制的重要组成部分；② 信息技术系统生成的信息对会计记录或被审计财务报表影响重大。

如果存在上述情形，提供信息技术系统服务将因自我评价产生非常严重的不利影响，只有通过采取适当的防范措施以确保同时满足下列条件,会计师事务所才能提供此类服务:① 审计客户认可自己对建立和监督内部控制的责任;② 审计客户指定具有胜任能力的员工(最好是高级管理人员)作出有关系统设计和操作的所有管理决策;③ 审计客户作出与系统设计和操作过程有关的所有管理决策;④ 审计客户评价系统设计和操作的适当性及结果;⑤ 审计客户对系统运行及系统使用或生成的数据负责。

根据审计工作对某项特定信息技术系统的依赖程度,会计师事务所应当确定该非鉴证服务是否只能由审计项目组以外的、不同业务主管领导下的人员提供。会计师事务所应当评价剩余不利影响的严重程度,并在必要时采取防范措施消除不利影响或将其降低至可接受的水平。可采取的防范措施包括由其他专业人员复核已执行的审计或非鉴证工作等。

3. 向属于公众利益实体的审计客户提供有关信息技术系统服务

在下列情况下,会计师事务所不得向属于公众利益实体的审计客户提供与设计或操作信息技术系统相关的服务:① 信息技术系统构成财务报告内部控制的重要组成部分;② 信息技术系统生成的信息对会计记录或被审计财务报表影响重大。

(八)诉讼支持服务

诉讼支持服务可能包括下列活动:① 担任专家证人;② 计算诉讼或其他法律纠纷涉及的估计损失或其他应收、应付的金额;③ 协助管理和检索文件。会计师事务所向审计客户提供诉讼支持服务,可能因自我评价或过度推介产生不利影响。

如果向审计客户提供诉讼支持服务涉及对损失或其他金额的估计,并且这些损失或其他金额影响被审计财务报表,会计师事务所就应当遵守上述评估服务的规定。对于其他诉讼支持服务,会计师事务所应当评价不利影响的严重程度,并在必要时采取防范措施消除不利影响或将其降低至可接受的水平。

(九)法律服务

1. 法律服务的内容

法律服务通常是指为客户提供商业性的法律服务。例如,为起草合同、诉讼、并购提供法律意见和支持,以及向客户内部的法律部门提供帮助。提供法律服务的人员应当取得相应的专业资格,并经过执业所要求的法律培训。会计师事务所向审计客户提供法律服务,可能因自我评价和过度推介产生不利影响。

2. 判断威胁独立性的因素

会计师事务所在审计客户执行某项交易时向其提供法律服务,例如,提供合同起草、法律咨询、尽职调查和重组服务,可能因自我评价产生不利影响。不利影响存在与否及其严重程度主要取决于下列因素:① 服务的性质;② 服务是否由审计项目组成员提供;③ 与财务报表有关的事项的重要性。

会计师事务所应当评价不利影响的严重程度,并在必要时采取防范措施消除不利影响或将其降低至可接受的水平。防范措施主要包括:① 由审计项目组以外的专业人员提供该服务;② 由未参与提供法律服务的专业人员向审计项目组提出建议,并复核会计处理。

3. 代表审计客户解决纠纷或进行法律诉讼

在审计客户解决纠纷或法律诉讼时,如果会计师事务所人员担任辩护人,或者纠纷或法律诉讼所涉金额对被审计财务报表有重大影响,将因过度推介和自我评价产生非常严重的不利影响,导致没有防范措施能够将其降低至可接受的水平。会计师事务所不得为审计客户提供此类服务。

在上述情况下,会计师事务所应当评价不利影响的严重程度并在必要时采取防范措施消除不利影响或将其降低至可接受的水平。防范措施主要包括:① 由审计项目组以外的专业人员提供该服务;② 由未参与提供法律服务的专业人员向审计项目组提出建议,并复核会计处理。

4. 担任审计客户的首席法律顾问

首席法律顾问通常是一个高级管理职位,对公司法律事务承担广泛责任。会计师事务所的合伙人或员工担任审计客户首席法律顾问,将因自我评价和过度推介产生非常严重的不利影响,导致没有防范措施能够消除不利影响或将其降低至可接受的水平。会计师事务所人员不得为审计客户提供担任首席法律顾问的服务。

(十) 招聘服务

会计师事务所通常可以提供下列服务:① 审查申请者的专业资格;② 对申请者是否适合相关职位提出咨询意见;③ 对候选人进行面试;④ 对候选人在财务会计、行政管理或内部控制等职位上的胜任能力提出咨询意见。

会计师事务所为审计客户提供人员招聘服务,可能因自身利益、密切关系或外在压力产生不利影响。不利影响存在与否及其严重程度主要取决于下列因素:① 要求提供协助的性质;② 拟招聘人员的职位。会计师事务所应当评价不利影响的严重程度,并在必要时采取防范措施消除不利影响或将其降低至可接受的水平。任何情况下,会计师事务所都不得承担管理层职责,聘用决策应当由客户负责作出。

如果属于公众利益实体的审计客户拟招聘董事、高级管理人员,或所处职位能够对客户会计记录或被审计财务报表的编制施加重大影响的高级管理人员,会计师事务所不得提供下列招聘服务:① 寻找候选人,或从候选人中挑选出适合相应职位的人员;② 对可能录用的候选人的证明文件进行核查。

(十一) 公司财务服务

1. 公司财务服务的内容

公司财务服务主要包括下列活动:① 协助审计客户制定公司战略;② 为审计客户并购识别可能的目标;③ 对资产处置交易提供建议;④ 协助实施融资交易;⑤ 对合理安排资本结构提供建议。

2. 防范威胁独立性的措施

会计师事务所提供财务服务,可能因自我评价或过度推介产生不利影响。会计师事务所应当评价不利影响的严重程度,并在必要时采取防范措施消除不利影响或将其降低至可接受的水平。防范措施主要包括:① 由审计项目组以外的专业人员提供该服务;② 由未参与提供财务服务的专业人员向审计项目组提供有关该服务的咨询建议,并复核会计处理。

3. 公司财务服务的结果直接影响财务报表

会计师事务所提供财务服务,可能因自我评价产生不利影响。例如,对资本结构或融资的安排提出建议,将直接影响在财务报表中报告的金额。不利影响存在与否及其严重程度主要取决于下列因素:① 在确定如何恰当处理财务建议对财务报表产生的影响时,涉及的主观程度;② 财务建议的结果对在财务报表中记录金额的直接影响程度,以及记录的金额对财务报表整体影响的重大程度;③ 财务建议的有效性是否取决于某一特定会计处理或财务报表列报，并且根据适用的会计准则，对该会计处理或列报的适当性存有疑问。

会计师事务所应当评价不利影响的严重程度，并在必要时采取防范措施消除不利影响或将其降低至可接受的水平。防范措施主要包括：① 由审计项目组以外的专业人员提供该服务；② 由未参与提供财务服务的专业人员向审计项目组提出有关服务的建议，并复核会计处理。

4. 公司财务服务建议的有效性取决于某一特殊会计处理方法或财务报表列报方法

如果财务建议的有效性取决于某一特定会计处理，并且同时存在下列情形，将因自我评价产生非常严重的不利影响：① 根据适用的会计准则，审计项目组对有关会计处理适当性存有疑问；② 财务建议的结果将对被审计财务报表产生重大影响。

在上述情况下，没有防范措施能够将不利影响降低至可接受的水平。会计师事务所不得提供此类财务服务。

八、收费

（一）收费结构

1. 收费总额对独立性的影响及防范措施

如果会计师事务所从某一审计客户收取的全部费用占其收费总额的比重很大，则对该客户的依赖及对可能失去该客户的担心将因自身利益或外在压力产生不利影响。不利影响的严重程度主要取决于下列因素：① 会计师事务所的业务类型及收入结构；② 会计师事务所成立时间的长短；③ 该客户对会计师事务所是否重要。

会计师事务所应当评价不利影响的严重程度，并在必要时采取防范措施消除不利影响或将其降低至可接受的水平。防范措施主要包括：① 降低对该客户的依赖程度；② 实施外部质量控制复核；③ 就关键的审计判断向第三方咨询。例如，向行业监管机构或其他会计师事务所咨询。

2. 从某一审计客户收取的全部费用比重很大

如果从某一审计客户收取的全部费用占某一合伙人从所有客户收取的费用总额比重很大，或占会计师事务所某一分部收取的费用总额比重很大，也将因自身利益或外在压力产生不利影响。不利影响的严重程度主要取决于下列因素：① 该客户在性质上或数量上对该合伙人或分部是否重要；② 该合伙人或该分部合伙人的报酬对来源于该客户的收费的依赖程度。

会计师事务所应当评价不利影响的严重程度，并在必要时采取防范措施消除不利影响或将其降低至可接受的水平。防范措施主要包括：① 降低对来源于该客户的收费的依赖程度；② 由审计项目组以外的注册会计师复核已执行的工作或在必要时提出建议；③ 定期实施独立的质量控制复核。

3. 连续两年从属于公众利益实体的某一审计客户收取全部费用比重较大

如果会计师事务所连续两年从某一属于公众利益实体的审计客户及其关联实体收取的全部费用，占其从所有客户收取的全部费用的比重超过 15%，会计师事务所应当向审计客户治理层披露这一事实，并讨论选择下列何种防范措施，以将不利影响降低至可接受的水平：① 在对第二年度财务报表发表审计意见之前，由其他会计师事务所对该业务再次实施项目质量控制复核(简称发表审计意见前复核);② 在对第二年度财务报表发表审计意见之后、对第三年度财务报表发表审计意见之前,由其他会计师事务所对第二年度的审计工作再次实施项目质量控制复核(简称发表审计意见后复核)。

在上述收费比例明显超过15%的情况下,如果采用发表审计意见后复核无法将不利影响降低至可接受的水平,会计师事务所应当采用发表审计意见前复核。

如果两年后每年收费比例继续超过15%,则会计师事务所应当每年向治理层披露这一事实,并讨论选择采取上述哪种防范措施。在收费比例明显超过15%的情况下,如果采用发表审计意见后复核无法将不利影响降低至可接受的水平,会计师事务所应当采用发表审计意见前复核。

(二)逾期收费

如果审计客户长期未支付应付的审计费用,尤其是相当部分的审计费用在出具下一年度审计报告前仍未支付,可能因自身利益产生不利影响。

会计师事务所通常要求审计客户在审计报告出具前付清上一年度的审计费用。如果在审计报告出具后审计客户仍未支付该费用,会计师事务所应当评价不利影响存在与否及其严重程度,并在必要时采取防范措施消除不利影响或将其降低至可接受的水平。可采取的防范措施包括由未参与执行审计业务的注册会计师提供建议,或复核已执行的工作等。

会计师事务所还应当确定逾期收费是否可能被视同向客户贷款,并且根据逾期收费的重要程度确定是否继续执行审计业务。

(三)或有收费

或有收费是指收费与否或收费多少取决于交易的结果或所执行工作的结果。如果一项收费是由法院或政府有关部门规定的,则该项收费不被视为或有收费。

会计师事务所在提供审计服务时,以直接或间接形式取得或有收费,将因自身利益产生非常严重的不利影响,导致没有防范措施能够将其降低至可接受的水平。会计师事务所不得采用这种收费安排。

会计师事务所在向审计客户提供非鉴证服务时,如果非鉴证服务以直接或间接形式取得或有收费,也可能因自身利益产生不利影响。

如果出现下列情况之一,将因自身利益产生非常严重的不利影响,导致没有防范措施能够将其降低至可接受的水平,会计师事务所不得采用这种收费安排:① 非鉴证服务的或有收费由对财务报表发表审计意见的会计师事务所取得,并且对其影响重大或预期影响重大;② 网络事务所参与大部分审计工作,非鉴证服务的或有收费由该网络事务所取得,并且对其影响重大或预期影响重大;③ 非鉴证服务的结果及由此收取的费用金额,取决于未来或当期与财务报表重大金额审计相关的判断。

在向审计客户提供非鉴证服务时,如果会计师事务所采用其他形式的或有收费安排,则不利影响存在与否及其严重程度主要取决于下列因素:① 可能的收费金额区间;② 是否由适当的权威方确定有关事项的结果,并使该结果作为或有收费的基础;③ 非鉴证服务的性质;④ 事项或交易对财务报表的影响。

会计师事务所应当评价不利影响的严重程度,并在必要时采取防范措施消除不利影响或将其降低至可接受的水平。防范措施主要包括:① 由审计项目组以外的注册会计师复核相关审计工作,或在必要时提供建议;② 由审计项目组以外的专业人员提供非鉴证服务。

九、影响独立性的其他事项

（一）薪酬和业绩评价政策

如果某一审计项目组成员的薪酬或业绩评价与其向审计客户推销的非鉴证服务挂钩，将因自身利益产生不利影响。不利影响的严重程度取决于下列因素：① 推销非鉴证服务的因素在该成员薪酬或业绩评价中的比重；② 该成员在审计项目组中的角色；③ 推销非鉴证服务的业绩是否影响该成员的晋升。

会计师事务所应当评价不利影响的严重程度。如果不利影响超出可接受的水平，会计师事务所应当修改该成员的薪酬计划或业绩评价程序，或者采取其他防范措施消除不利影响或将其降低至可接受的水平。防范措施主要包括：① 将该成员调离审计项目组；② 由审计项目组以外的注册会计师复核该成员已执行的工作。

关键审计合伙人的薪酬或业绩评价不得与其向审计客户推销的非鉴证服务直接挂钩，但并不禁止会计师事务所合伙人之间正常的利润分享安排。

（二）礼品和招待

会计师事务所或审计项目组成员接受审计客户的礼品或款待，可能因自身利益和密切关系产生不利影响。如果会计师事务所或审计项目组成员接受审计客户的礼品，将产生非常严重的不利影响，导致没有防范措施能够将其降低至可接受的水平。会计师事务所或审计项目组成员不得接受礼品。

会计师事务所或审计项目组成员应当评价接受款待产生不利影响的严重程度，并在必要时采取防范措施消除不利影响或将其降低至可接受的水平。如果款待超出业务活动中的正常往来，会计师事务所或审计项目组成员应当拒绝接受。

（三）诉讼或诉讼威胁

如果会计师事务所或审计项目组成员与审计客户发生诉讼或很可能发生诉讼，将因自身利益和外在压力产生不利影响。

会计师事务所和客户管理层由于诉讼或诉讼威胁而处于对立地位，将影响管理层提供信息的意愿，从而因自身利益和外在压力产生不利影响。不利影响的严重程度主要取决于下列因素：① 诉讼的重要性；② 诉讼是否与前期审计业务相关。

会计师事务所应当评价不利影响的严重程度，并在必要时采取防范措施消除不利影响或将其降低至可接受的水平。防范措施主要包括：① 如果诉讼涉及某一审计项目组成员，将该成员调离审计项目组；② 由审计项目组以外的专业人员复核已执行的工作。

如果此类防范措施不能将不利影响降低至可接受的水平，会计师事务所应当拒绝接受审计业务委托，或解除审计业务约定。

十、审计、审阅与其他鉴证业务之间对独立性要求的差异

（一）网络和网络事务所

审计业务要求会计师事务所和网络事务所与审计客户保持独立；其他鉴证业务要求会计师事务所和鉴证业务项目组成员与鉴证客户保持独立，虽然不包括网络事务所，但要求评

价因网络事务所的利益和关系而对独立性产生的不利影响。

（二）公众利益实体

审计业务对属于公众利益实体提出要求，其他鉴证业务没有相关要求。

（三）关联实体

审计业务对关联实体提出要求，其他鉴证业务要求在鉴证业务项目组知悉或有理由相信鉴证客户的某一关联实体与评价事务所独立性有关时，识别和评价独立性及采取适当防范措施时将该关联实体一并予以考虑。

（四）治理层

审计业务要求定期就可能对独立性产生影响的关系和其他事项与治理层沟通，其他鉴证业务没有相关要求。

（五）分部

审计业务要对分部独立性提出要求，其他鉴证业务没有相关要求。

（六）兼并和收购

审计业务对兼并和收购提出独立性要求，其他鉴证业务没有相关要求。

（七）经济利益

审计业务要求，如果为审计客户提供非审计服务的其他合伙人、管理人员或其主要近亲属在审计客户中拥有直接经济利益或重大间接经济利益，除非该合伙人或管理人员的参与程度极低，否则将产生自身利益的不利影响；其他鉴证业务没有相关要求。

审计业务要求，如果会计师事务所、审计项目组成员及其直系亲属在某一实体拥有经济利益，同时审计客户也在该实体拥有经济利益，将产生自身利益不利影响，并要求注册会计师评价应对这一不利影响；其他鉴证业务没有相关要求。

审计业务要求，如果会计师事务所、审计项目组成员及其主要近亲属在某一实体拥有经济利益，并且知悉审计客户的董事、高级管理人员或具有控制权的所有者也在该实体拥有经济利益，应当确定是否因自身利益产生不利影响；其他鉴证业务没有相关要求。

审计业务要求，分部的合伙人、向审计客户提供非鉴证服务的其他合伙人和管理人员及以上人员的主要近亲属，作为受托管理人应当保持独立性要求；其他鉴证业务没有相关要求。

审计业务要求，对会计师事务所的合伙人和员工及其主要近亲属提出独立性要求，并单独对非审计项目组成员及其主要近亲属因独立性问题提出防范措施；其他鉴证业务仅对鉴证业务项目组成员及其直系亲属提出要求。

（八）商业关系

审计业务要求，如果会计师事务所、审计项目组成员或其直系亲属在某股东人数有限的实体拥有经济利益，而审计客户或其董事、高级管理人员也在该实体中拥有经济利益，只有在符合条件下才不对独立性产生不利影响；其他鉴证业务没有提出要求。

（九）家庭和个人关系

审计、审阅业务要求，如果会计师事务所的合伙人或员工知悉其与审计客户的董事、高级管理人员或特定员工存在私人或家庭关系，有责任按照会计师事务所的正常程序进行咨询；其他鉴证业务没有相关要求。

（十）与审计客户的雇佣关系

审计业务要求，如果审计项目组的前任成员或会计师事务所的前任合伙人仍与会计师事务所保持重要联系，但已加入了审计客户并担任董事或高级管理人员，或所处职位可以对客户会计记录或财务报表的编制施加重大影响，将产生重大不利影响，没有任何防范措施可以消除这种不利影响或将其降至可接受水平。除非满足一定条件，否则独立性将被视为受到损害；其他鉴证业务没有相关要求。

（十一）提供非鉴证服务

审计业务提出了向审计客户提供编制会计记录和财务报表服务、评估服务、税务服务、内部审计服务、信息技术系统服务、诉讼支持服务、法律服务、招聘服务、理财服务的要求；其他鉴证业务没有相关要求。

（十二）薪酬和业绩评价政策

审计业务对薪酬和业绩评价政策提出要求；其他鉴证业务没有相关要求。

【名词与术语】

注册会计师　　会计师事务所　　鉴证业务　　责任方　　预期使用者

鉴证对象信息　　有限责任合伙制会计师事务所　　职业道德

【思考题】

1. 基于责任方认定的业务和直接报告业务、合理保证的鉴证业务和有限保证的鉴证业务的区别主要表现在哪些方面？
2. 为何要将专业胜任能力提高到道德层次？
3. 会计师事务所和注册会计师应当考虑哪些可能威胁独立性的因素？如何防范？
4. 在哪些情况下，注册会计师可以披露客户的有关信息而不属于泄密？

第四章 执业准则与法律责任

本章导读

本章以注册会计师执业准则与法律责任为研究对象，系统阐述我国注册会计师执业准则体系建设过程、框架及构成内容，我国会计师事务所质量控制制度的目的及内容，注册会计师法律责任的成因、种类及避免法律诉讼的对策。

本章的重点是注册会计师执业准则框架、特点及质量控制准则的构成要素；难点是注册会计师法律责任的成因。

通过本章的学习，了解我国注册会计师执业准则的框架、质量控制制度的目的及内容和注册会计师法律责任的现状；理解执业准则体系的特点；掌握业务准则、质量控制制度的基本内容和避免法律诉讼的对策。

第一节　注册会计师执业准则体系概述

注册会计师执业准则是指注册会计师在执行业务的过程中所应遵守的职业规范。注册会计师执行审计业务,必须按照执业准则、规则确定的工作程序出具报告。

一、国外注册会计师执业准则

审计准则是用来规范注册会计师执行审计业务、获取审计证据、形成审计结论、出具审计报告的专业标准。审计准则是适应社会经济发展的需要,为保证和提高审计质量,在总结审计实践经验的基础上产生的。在审计发展史上,最早出现的审计准则是美国颁布的独立审计准则,各国审计准则的制定都深受该审计准则的影响。顺应国际趋同大势,国际会计师联合会下设的国际审计实务委员会(后改为国际审计与鉴证准则理事会)负责制定的国际审计准则对各国审计准则的制定影响最大。

(一)美国审计准则

美国是注册会计师审计职业比较发达的国家,美国注册会计师协会制定的公认审计准则有广义和狭义之分。狭义的公认审计准则仅指《公认审计准则》(GAAS);广义的公认审计准则还包括《审计准则说明书》(SAS)。《公认审计准则》和《审计准则说明书》具有权威性,要求所有从事审计工作的人员在情况许可的条件下都必须遵守。

1.《公认审计准则》

美国注册会计师协会授权成立的审计程序委员会,于 1947 年发表了《审计准则说明草案——公认的意义和范围》,标志着世界上第一部审计准则的初步成形,具有划时代的历史意义。这份报告确认了审计程序与审计准则有本质区别:审计程序是“应该执行的审计行为”,审计准则是衡量这些“应该执行的审计行为”的质量的标准与依据。这份报告经修订后于 1954 年以《一般公认审计准则——意义及范围》重新发布,设立了 10 条内容以构成对审计工作的原则性规定。

《公认审计准则》包括 3 部分共 10 条,即“一般准则”3 条、“外勤工作准则”3 条和“报告准则”4 条。其具体内容如下:

(1)一般准则(General Standards)

① 审计应由一位或多位经过充分技术培训并精通业务的审计师执行;② 对一切与业务有关的问题,审计师均应保持独立的精神状态;③ 在执行审计和编写报告时,应恪守应有的职业谨慎。

(2)外勤工作准则(Standards of Field Work)

① 应当对审计工作制订恰当的计划,若有助理人员,应予以适当督导;② 应当对内部控制进行充分的了解,以便制订审计计划,并确定将要执行的测试的性质、时间安排及范围;③ 应通过检查、观察、询问和函证等方法,获取充分、适当的审计证据,以便对被审计会计报表发表意见提供合理的基础。

(3) 报告准则(Standards of Reporting)

① 报告应指出会计报表是否按照公认会计原则编制;② 报告应指出本期采用的上述原则和上期不一致的各种情况;③ 除非在审计报告中另有说明,否则会计报表中信息的披露均应被认为是合理和充分的;④ 报告应就整个会计报表发表意见,或者声明不能发表意见,若不能发表总体意见,则应说明其理由。在任何情况下,审计师的姓名一旦与会计报表相关联,他就应明确说明其审计工作的特性及其所负责任的程度。

2.《审计准则说明书》

1972 年,审计程序委员会改名为审计准则执行委员会,把已经发布的 54 个《审计程序说明书》进行修改后,以《审计准则说明书》的形式发布。《审计准则说明书》是对《公认审计准则》的具体化说明和解释,主要是针对会计报表审计而制定的,至 2002 年底共发布了 99 号,每号说明书均集中解决某一个或几个领域的问题。随着时间的推移,当有些条款需要修正时,则以后继的说明书替代以前发布的说明书。

《公认审计准则》和《审计准则说明书》是针对财务报表审计制定的。在美国,注册会计师还提供其他的服务,美国注册会计师协会的各个专门委员会还制定了其他各种服务准则。美国注册会计师职业服务与相应的准则内容如表 4-1 所示。

表 4-1 美国注册会计师职业服务与相应的准则

职业服务	对应的专业技术准则
独立审计服务	审计准则说明书
鉴证服务	鉴证业务准则说明书
认证服务	认证服务准则
审核服务	会计与复核服务准则
咨询服务	管理咨询服务准则
税务服务	税务活动责任说明书

(二) 国际审计准则

在国际审计准则发布之前,已有许多国家制定了本国的审计准则,或以法规、公告形式发布了有关的审计条例。但这些准则和条例在内容、形式上有很多不一致的地方。随着国际经济的全球化,商品、资本、知识、劳动力、信息的交流增多,会计准则和审计准则的国际化发展成为必然的趋势。国际投资者要求会计信息能有较高的可靠性和可比性,能让来自不同国家、地区的信息使用者理解;同时,国际性会计师事务所的业务发展,也要求在全球范围内审计准则的协调一致。

1977 年,国际会计师联合会(IFAC)成立,该组织旨在协调世界范围内统一的标准,以发展和加强会计职业,使会计师能站在社会公众利益的角度提供持续高质量的会计、审计服务。国际审计与鉴证准则理事会(IAASB)代表 IFAC 在了解、分析、研究各成员国审计准则分歧的基础上制定和发布国际审计准则,具有一定的概括性和代表性。它包括基本原则和必要程序,以及以解释性资料和其他资料的形式表述的相关指南,适用于会计报表审计,但经过必要修改也适用于对其他信息的审计和相关服务。《国际审计准则第 120 号——国际审计准则框架》包括引言、财务报告框架、审计和相关服务框架、保证程度、审计、相关服务、审计师与财务信息的关联等内容,旨在阐明与审计师可能提供服务相关的国际审计准则框架。国际审计准则的基本内容如表 4–2 所示。

表 4–2　国际审计准则的基本内容

序号	内容
	国际审计与鉴证准则理事会颁布的公告框架
	国际审计与鉴证准则理事会——过渡性职责条款
	国际审计和相关服务准则序言
	词汇表
	国际鉴证业务框架
	历史财务信息审计或审阅
100 ~ 199	需要介绍的重要事项
120	国际审计准则框架
200 ~ 299	一般原则和责任
200	会计报表审计的目标和一般标准
210	审计业务约定书的条款
220	审计工作质量控制
230	记录
240	在会计报表审计中审计师对考虑舞弊和错误的责任
250	在会计报表审计中对法律和法规的考虑
260	与负责公司治理的部门沟通审计事项
300 ~ 499	风险评估和应对评估的风险
300	计划
310	了解被审计单位情况
315	了解被审计单位及其环境并评估重大错报风险
320	审计的重要性
330	针对评估的风险实施的程序
400	风险评估与内部控制
401	计算机信息系统环境下的审计
402	与利用服务机构的主体有关的审计考虑
500 ~ 599	审计证据
500	审计证据
500R	审计证据
501	审计证据——特殊项目的额外考虑
505	外部函证

续表

序号	内容
510	首次接受委托
520	分析性程序
530	审计抽样和其他可选择测试程序
540	会计估计的审计
545	审计公允价值与披露
550	关联方
560	期后事项
570	持续经营
580	管理当局声明
600～699	利用其他人员工作
600	利用其他审计师的工作
610	考虑内部审计工作
620	利用专家的工作
700～799	审计结论的报告
700	审计师对会计报表的报告
710	比较数据
720	含有已审计会计报表的文件中的其他信息
800～899	特殊领域
800	审计师对特殊目的审计业务的报告
1000～1100	国际审计实务公告
1000	银行间函证程序
1001	信息技术环境——单机
1002	信息技术环境——联机系统
1003	信息技术环境——数据库系统
1004	银行监管者与外部审计师之间的关系
1005	在小规模企业审计中的特殊考虑
1006	国际商业银行审计
1008	风险评估与内部控制——计算机信息系统特征及考虑
1009	计算机辅助审计技术
1010	在会计报表审计中对环境事项的考虑
1012	审计衍生金融工具

续表

序号	内容
1013	电子商务——对会计报表审计的影响
1014	审计师对遵循国际财务报告准则的报告
2000～2699	国际审阅业务准则
2400	会计报表审阅业务（以前的国际审计准则 A910）
	历史财务信息审计或审阅以外的其他鉴证业务
3000～3699	国际鉴证业务准则
3000～3399	适用于所有鉴证业务
3000	鉴证业务（以前的国际鉴证业务准则 100）
3000R	历史财务信息审计或审阅以外的其他鉴证业务
3400～3699	特定主题准则
3400	预测性财务信息审核（以前的国际审计准则 810）
	相关服务
4000～4699	国际相关服务准则
4400	对财务信息执行商定程序业务（以前的国际审计准则 920）
4410	代编财务信息业务（以前的国际审计准则 930）

为促使审计师在审计过程中更加关注财务报表披露，以及推动审计师在运用国际审计准则的要求时行为的一致性，2015 年 1 月，国际审计与鉴证准则理事会（IAASB）完成了对财务报表披露相关准则的修订，发布了修订后的相关审计准则文本，适用于会计期间截止日为 2016 年 12 月 15 日及之后的财务报表审计工作。修订强化了以下国际审计准则（ISAs）中的要求：① ISA 200——独立审计师的总体目标和按照国际审计准则执行审计工作；② ISA 210——就审计业务约定条款达成一致意见；③ ISA 240——财务报表审计中与舞弊相关的责任；④ ISA 260——与治理层的沟通；⑤ ISA 300——计划审计工作；⑥ ISA 315——通过了解被审计单位及其环境识别和评估重大错报风险；⑦ ISA 320——计划和执行审计工作时的重要性；⑧ ISA 330——审计师针对评估的风险采取的应对措施；⑨ ISA 450——评价审计过程中识别出的错报；⑩ ISA 700——对财务报表形成审计意见和出具审计报告。同时，对这几项准则及其他相关准则中的应用材料进行修改完善，以更明确地针对披露问题。IAASB 坚定地相信国际审计准则的这些变化将提高审计质量，并且适用于各种规模的审计业务，以及任何司法管辖区和行业。

二、我国注册会计师执业准则

（一）我国注册会计师执业准则的建设

我国注册会计师执业准则的建设大致可分为以下 3 个阶段：

1. 制定执业准则阶段(1991—1993 年)

中国注册会计师协会成立之后,一直非常重视执业规则的建设。从 1991 年到 1993 年,先后发布了《注册会计师检查验证会计报表规则(试行)》等 7 个执业规则。这些执业规则对我国注册会计师行业走向正规化、法制化和专业化起到了积极作用。

2. 建立准则体系阶段(1994—2003 年)

1993 年 10 月 31 日,第 8 届全国人大常务委员会第 4 次会议通过《中华人民共和国注册会计师法》,规定中国注册会计师协会依法拟定执业准则、规则,报国务院财政部门批准后施行。经财政部批准同意,中国注册会计师协会于 1994 年 5 月开始筹备制定中国注册会计师审计准则。1995 年 1 月第 1 批《注册会计师审计准则》征求意见稿发布,1996 年 1 月 1 日财政部批准施行第 1 批 9 个审计准则和 1 个实务公告。截至 2003 年 7 月 1 日,中国注册会计师协会先后制定了 6 批注册会计师审计准则,共计 48 个项目,包括:1 个准则序言、1 个独立审计基本准则、28 个独立审计具体准则和 10 个独立审计实务公告、5 个执业规范指南和 3 个相关基本准则(职业道德基本准则、质量控制基本准则和后续教育基本准则),初步建立了我国注册会计师职业规范体系的基本框架和注册会计师审计准则体系。

3. 完善与提高阶段(2004 年至今)

随着注册会计师审计准则体系的基本建立,相应的建设工作转向完善注册会计师审计准则体系与提高准则质量并重。自 2005 年以来,国际会计师联合会,以及国际监管组织,包括巴塞尔银行监管委员会、金融稳定论坛、证券委员会国际组织等,都强调全球资本市场需要高质量的、统一的准则,并提出各国会计审计准则应与国际会计审计准则趋同。按照财政部领导关于着力完善我国注册会计师审计准则体系,加速实现与国际准则趋同的指示,中国注册会计师协会拟订了 22 项准则,并对 26 项准则进行了修订和完善,这 48 项准则已于 2006 年 2 月 15 日由财政部发布,自 2007 年 1 月 1 日起在所有会计师事务所施行,这标志着我国已建立起一套适应社会主义市场经济发展要求,顺应国际趋同大势的中国注册会计师执业准则体系,满足了新形势下注册会计师的执业需求,突出了维护公众利益的行业宗旨,增强了审计准则的易理解性和可操作性,实现了历史性突破。2009 年,为适应国际审计准则的新变化,我国启动了对 38 项审计准则的修订。2010 年 11 月正式发布,自 2012 年 1 月 1 日起施行。为了提高注册会计师审计报告的信息含量,满足资本市场改革与发展对高质量会计信息的需求,保持我国审计准则与国际准则的持续全面趋同,2016 年 12 月 23 日,财政部批准发布了《中国注册会计师审计准则第 1504 号——在审计报告中沟通关键审计事项》等 12 项准则的通知,形成了以《中国注册会计师审计准则第 1504 号——在审计报告中沟通关键审计事项》为核心的新审计报告准则体系,有利于提高审计报告的相关性和价值,提升审计的质量和透明度,充分发挥注册会计师在资本市场变革中的重要作用。

(二)我国注册会计师执业准则的框架

中国注册会计师执业准则体系受注册会计师职业道德守则统驭,包括中国注册会计师业务准则和会计师事务所质量控制准则两大部分。中国注册会计师业务准则体系由鉴证业务准则和相关服务准则所构成。中国注册会计师执业准则体系如图 4-1 所示。

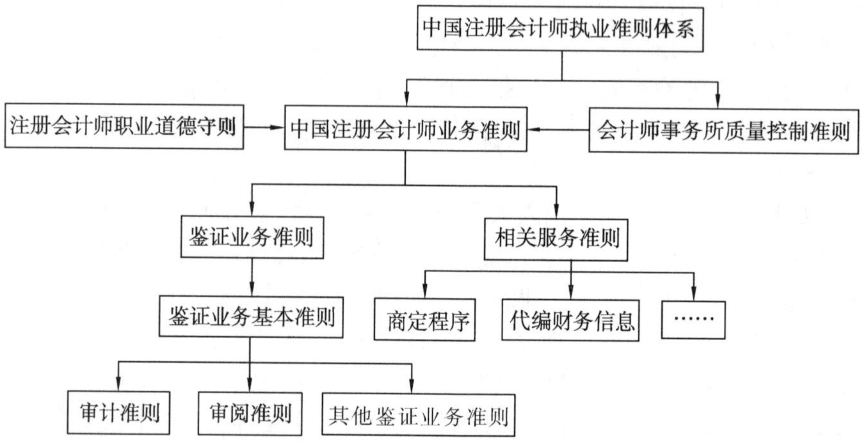

图 4-1　中国注册会计师执业准则体系

中国注册会计师执业准则体系共包括 52 项准则，其具体构成是：

（1）中国注册会计师鉴证业务基本准则(1 项)；

（2）中国注册会计师审计准则第 1101 号～第 1633 号(共 45 项)；

（3）中国注册会计师审阅准则第 2101 号(1 项)；

（4）中国注册会计师其他鉴证业务准则第 3101 号和第 3111 号(共 2 项)；

（5）中国注册会计师相关服务准则第 4101 号和第 4111 号(共 2 项)；

（6）质量控制准则第 5101 号（1 项）。

（三）我国注册会计师执业准则体系的特点

1. 全面引入风险导向审计的理念，对重大错报风险的识别、评估和应对进行了系统阐述

风险导向审计是应对新审计环境和防范执业风险的技术创新。审计准则体系建立了重大错报风险识别、评估和应对的新体系，重塑了审计流程，要求注册会计师更深入、更广泛、更系统地掌握被审计单位的内外部环境，科学配置审计资源，对重大错报风险领域和环节进行严格的识别和评估，提高审计的效率与效果。

2. 明确注册会计师发现舞弊的责任，为注册会计师发现舞弊提供全面指导

为更好地满足社会公众的期望，维护社会公众利益，准则明确规定，注册会计师应当合理保证经审计的财务报表不存在重大错报，包括由舞弊导致的错报。同时，针对新形势下舞弊的特点和发生的条件，准则为注册会计师发现舞弊提供全面的指导。

3. 吸收内部控制理论和实践的最新成果，对现代审计中内部控制作用进行科学定位和指导

准则全面引入了新的内部控制理论框架，要求注册会计师专门考虑和应对内部控制被凌驾的风险，特别强调注册会计师在实施风险评估程序时必须了解内部控制，并规定了必须实施控制测试的具体情形，有助于注册会计师在审计过程中针对企业的内部控制有效设计和实施审计程序，切实评估和应对财务报表重大错报风险，提高审计质量。

4. 建立了注册会计师与公司治理层信息互通机制,强化了治理层对管理层实施监督的能力,增强了注册会计师的独立性

准则专门就注册会计师与治理层之间沟通的内容、时间、方式作出了规定,要求注册会计师应当就自身独立性、审计过程遇到的障碍、发现的舞弊行为、违反法规行为,以及内部控制和风险管理方面存在的重大缺陷等与治理层沟通。

5. 严格审计证据要求,加大审计证据对审计意见的支撑力度

准则要求注册会计师不应以获取审计证据的困难和成本为由减少不可替代的审计程序,强调注册会计师对所有重大的各类交易、账户余额、列报实施实质性程序,要求注册会计师实施不易为被审计单位管理层预见的审计程序,并强调从不同来源获取审计证据,以及获取不同性质的审计证据,增强证据的说服力和可靠性。

6. 明确了工作记录要求,重视执业原始信息的记录,强调原始记录的保存

准则对审计工作底稿的记录要求、保存时间、修改规定等作出了严格的要求。

7. 丰富了会计师事务所质量控制的内涵,指导会计师事务所加强内部质量控制

准则要求会计师事务所制定全面的质量控制制度,树立质量至上的意识,培育以质量为导向的内部文化,建立以质量为导向的业绩评价、薪酬及晋升的政策和程序,要求主任会计师对质量控制制度承担最终责任。对所有上市公司财务报表审计,要求会计师事务所按照法律法规的规定定期轮换项目负责人;要求会计师事务所在不长于3年的周期内选取已完成的业务进行检查。

8. 适应注册会计师业务多元化的需要,实现内容和形式上的创新

除了作为核心的审计准则外,还制定了审阅准则、其他鉴证业务准则及相关服务准则。针对以前没有规范的审计领域,如公允价值计量和披露的审计、衍生金融工具的审计等都制定了审计准则,填补了空白。

第二节 注册会计师业务准则

中国注册会计师业务准则体系由鉴证业务准则和相关服务准则构成。其中,鉴证业务准则由鉴证业务基本准则统领,按照鉴证业务提供的保证程度和鉴证对象的不同,分为审计准则、审阅准则和其他鉴证业务准则。其中,审计准则是整个业务准则体系的核心。

一、注册会计师鉴证业务基本准则

《中国注册会计师鉴证业务基本准则》(以下简称《基本准则》)共9章60条,主要对鉴证业务的定义与目标,业务承接,以及鉴证业务的3方关系、鉴证对象、标准、证据、鉴证报告等鉴证业务的要素等方面进行了阐述。

(一)制定《基本准则》的目的

《基本准则》的目的在于规范注册会计师执行鉴证业务,明确鉴证业务的目标和要素,确定中国注册会计师审计准则、中国注册会计师审阅准则、中国注册会计师其他鉴证业务准则

适用的鉴证业务类型。

（二）《基本准则》的适用范围

1. 应当遵守《基本准则》的情况

《基本准则》第 2 条指出，注册会计师执行历史财务信息审计业务、历史财务信息审阅业务和其他鉴证业务时，应当遵守本准则及依据本准则制定的审计准则、审阅准则和其他鉴证业务准则。

注册会计师执行司法诉讼中涉及会计、审计、税务或其他事项的鉴定业务，除有特定要求者外，应当参照《基本准则》办理。

2. 部分适用《基本准则》的情况

一项鉴证业务可能是某项综合业务的构成部分。例如，与企业并购相关的业务可能包括对历史财务信息和预测性财务信息发表鉴证意见的要求。在这种情况下，《基本准则》仅适用于该业务中与鉴证业务相关的部分。

3. 不存在除责任方之外的其他预期使用者的情况

如果某项业务不存在除责任方之外的其他预期使用者，但在其他所有方面符合审计准则、审阅准则或其他鉴证业务准则的要求，注册会计师和责任方可以协商运用《基本准则》的原则。在这种情况下，注册会计师的报告中应注明该报告仅供责任方使用。

某些业务可能符合鉴证业务的定义，使用者可能从业务报告的意见、观点或措辞中推测出某种程度的保证，但如果满足下列所有条件，注册会计师执行这些业务不必遵守《基本准则》：

① 注册会计师的意见、观点或措辞对整个业务而言仅是附带性的；

② 注册会计师出具的书面报告被明确限定为仅供报告中所提及的使用者使用；

③ 与特定预期使用者达成的书面协议中，该业务未被确认为鉴证业务；

④ 在注册会计师出具的报告中，该业务未被称为鉴证业务。

二、注册会计师审计准则

审计准则是整个业务准则体系的核心。中国注册会计师审计准则用以规范注册会计师执行历史财务信息的审计业务。在提供审计服务时，注册会计师对所审计信息是否不存在重大错报提供合理保证，并以积极方式提出结论。中国注册会计师审计准则共包括 45 项，用以规范注册会计师执行历史财务信息的审计业务。审计准则涉及审计业务的一般原则与责任、风险评估与应对、审计证据、利用其他主体的工作、审计结论与报告和特殊领域审计 6 个方面。中国注册会计师审计准则的内容如表 4-3 所示。

表 4-3　中国注册会计师审计准则的基本内容

审计准则类型	审计准则名称	项数
一般原则与责任	中国注册会计师审计准则第 1101 号——注册会计师的总体目标和审计工作的基本要求	9
	中国注册会计师审计准则第 1111 号——就审计业务约定条款达成一致意见	
	中国注册会计师审计准则第 1121 号——对财务报表审计实施的质量控制	
	中国注册会计师审计准则第 1131 号——审计工作底稿	

续表

审计准则类型	审计准则名称	项数
一般原则与责任	中国注册会计师审计准则第 1141 号——财务报表审计中与舞弊相关的责任	9
	中国注册会计师审计准则第 1142 号——财务报表审计中对法律法规的考虑	
	中国注册会计师审计准则第 1151 号——与治理层的沟通	
	中国注册会计师审计准则第 1152 号——向治理层和管理层通报内部控制缺陷	
	中国注册会计师审计准则第 1153 号——前任注册会计师和后任注册会计师的沟通	
风险评估与应对	中国注册会计师审计准则第 1201 号——计划审计工作	6
	中国注册会计师审计准则第 1211 号——通过了解被审计单位及其环境识别和评估重大错报风险	
	中国注册会计师审计准则第 1221 号——计划和执行审计工作时的重要性	
	中国注册会计师审计准则第 1231 号——针对评估的重大错报风险采取的应对措施	
	中国注册会计师审计准则第 1241 号——对被审计单位使用服务机构的考虑	
	中国注册会计师审计准则第 1251 号——评价审计过程中识别出的错报	
审计证据	中国注册会计师审计准则第 1301 号——审计证据	11
	中国注册会计师审计准则第 1311 号——对存货、诉讼和索赔、分部信息等特定项目获取审计证据的具体考虑	
	中国注册会计师审计准则第 1312 号——函证	
	中国注册会计师审计准则第 1313 号——分析程序	
	中国注册会计师审计准则第 1314 号——审计抽样	
	中国注册会计师审计准则第 1321 号——审计会计估计（包括公允价值会计估计）和相关披露	
	中国注册会计师审计准则第 1323 号——关联方	
	中国注册会计师审计准则第 1324 号——持续经营	
	中国注册会计师审计准则第 1331 号——首次审计业务涉及的期初余额	
审计证据	中国注册会计师审计准则第 1332 号——期后事项	11
	中国注册会计师审计准则第 1341 号——书面声明	
利用其他主体的工作	中国注册会计师审计准则第 1401 号——对集团财务报表审计的特殊考虑	3
	中国注册会计师审计准则第 1411 号——利用内部审计人员的工作	
	中国注册会计师审计准则第 1421 号——利用专家的工作	
审计结论与报告	中国注册会计师审计准则第 1501 号——对财务报表形成审计意见和出具审计报告	6
	中国注册会计师审计准则第 1502 号——在审计报告中发表非无保留意见	
	中国注册会计师审计准则第 1503 号——在审计报告中增加强调事项段和其他事项段	

续表

审计准则类型	审计准则名称	项数
审计结论与报告	中国注册会计师审计准则第 1504 号——在审计报告中沟通关键审计事项	6
	中国注册会计师审计准则第 1511 号——比较信息:对应数据和比较财务报表	
	中国注册会计师审计准则第 1521 号——注册会计师对含有已审计财务报表的文件中的其他信息的责任	
特殊领域审计	中国注册会计师审计准则第 1601 号——对按照特殊目的编制基础编制的财务报表审计的特殊考虑	10
	中国注册会计师审计准则第 1602 号——验资	
	中国注册会计师审计准则第 1603 号——对单一财务报表和财务报表特定要素审计的特殊考虑	
	中国注册会计师审计准则第 1604 号——对简要财务报表出具报告的业务	
	中国注册会计师审计准则第 1611 号——商业银行财务报表审计	
	中国注册会计师审计准则第 1612 号——银行间函证程序	
	中国注册会计师审计准则第 1613 号——与银行监管机构的关系	
	中国注册会计师审计准则第 1631 号——财务报表审计中对环境事项的考虑	
	中国注册会计师审计准则第 1632 号——衍生金融工具的审计	
	中国注册会计师审计准则第 1633 号——电子商务对财务报表审计的影响	

三、注册会计师审阅准则

审阅准则用以规范注册会计师执行历史财务信息的审阅业务。在提供审阅服务时注册会计师通常仅采用询问和分析程序收集证据,对所审阅信息是否不存在重大错报提供有限保证,并以消极方式提出结论。目前,执业体系中只有一项准则,即《中国注册会计师审阅准则第 2101 号——财务报表审阅》。该准则共 7 章 31 条,对审阅范围和保证程度、业务约定书、审阅计划、审阅程序和审阅证据、结论和报告等进行了重点说明,以规范注册会计师执行财务报表审阅业务。

该准则明确了审阅报告应当包括的要素,规定审阅报告的结论包括无保留结论、保留结论、否定结论和无法提供任何保证 4 种,并说明了每种结论的适用情况。

四、注册会计师其他鉴证业务准则

其他鉴证业务准则用以规范注册会计师执行历史财务信息审计或审阅以外的其他鉴证业务,根据鉴证业务的性质和业务约定书的要求,提供有限保证或合理保证。其他鉴证业务主要包括预测性财务信息的审核、内部控制鉴证等。其他鉴证业务准则包括两项:《中国注册会计师其他鉴证业务准则第 3101 号——历史财务信息审计或审阅以外的鉴证业务》和《中国注册会计师其他鉴证业务准则第 3111 号——预测性财务信息的审核》。

五、注册会计师相关服务准则

相关服务准则用以规范注册会计师执行除鉴证业务外的其他相关服务业务。相关服务业务主要包括对财务信息执行商定程序、代编财务信息、税务咨询和管理咨询等。在提供相关服务时,注册会计师不提供任何程度的保证。中国注册会计师执业准则体系中的相关服务准则有两项:《中国注册会计师相关服务准则第 4101 号——对财务信息执行商定程序》和《中国注册会计师相关服务准则第 4111 号——代编财务信息》,分别对注册会计师执行商定程序和代编财务信息这两项服务提供指引。两项准则分别从业务约定书,计划、程序与记录、报告等方面对注册会计师执行商定程序和代编财务信息业务进行了规范。注册会计师执行这两种相关服务都没有独立性要求,且出具的报告不发表任何鉴证意见。

第三节　质量控制准则

质量控制是会计师事务所生存和发展的基本条件,是注册会计师职业赢得社会信任的重要保障。质量控制准则是促使注册会计师遵守各类业务准则、保证执业质量、履行职业责任的重要规范。为此,国际会计师联合会和美国注册会计师协会都专门制定了相应的质量控制准则,我国也制定了《质量控制准则第 5101 号——会计师事务所对执行财务报表审计和审阅、其他鉴证和相关服务业务实施的质量控制》,旨在规范会计事务所建立并保持有关财务集息审计和审阅、其他鉴证及相关服务业务的质量控制制度。

一、国外审计质量控制准则

(一)美国审计质量控制准则

美国注册会计师协会于 1978 年专门成立了质量控制准则委员会(QCSC)负责制定和颁布会计师事务所质量控制的标准。该委员会于 1979 年 11 月颁发了用于指导会计师事务所建立适当的质量控制政策和程序的《质量控制准则说明书第 1 号》,提出了质量控制必须考虑的要素。美国注册会计师协会发布的《审计准则说明书第 25 号》,要求会计师事务所根据上述准则,建立自己的质量控制制度。该说明书还承认,质量控制只能在一定程度上保证事务所遵守《公认审计准则》。同时,美国注册会计师协会认为,各个会计师事务所的质量控制措施会有较大的区别,因此没有必要为会计师事务所制定具体详细的质量控制措施。美国注册会计师协会质量控制准则的构成要素与目标如表 4-4 所示。

表 4-4 美国注册会计师协会质量控制准则的构成要素与目标

要素	目标
独立性、正直性和客观性	会计师事务所应制定适当的政策和程序以确保： （1）所有参与审计的人员必须独立于被审计单位； （2）以正直、客观的态度履行所有职业责任
人事管理	会计师事务所应制定适当的政策和程序为下列过程提供合理保证： （1）所招聘的人员具有专业胜任能力和资格； （2）工作委派给经过技术训练并精通专业技能的人员； （3）准备提升的人员具备履行新职责的资格条件； （4）所有人员应参加一般行业或特殊行业的后续教育和职业发展活动，以履行职责并符合 AICPA 及管理机构的要求
客户及契约的接受和续约	会计师事务所必须建立政策以降低和管理层缺乏正直性的客户发生业务联系的可能性。除此之外，还需要： （1）合理保证仅仅接受以应有的职业谨慎才能予以完成的业务； （2）对客户进行了解，以明确所要执行的工作的性质、范围和受到的限制
业务执行	会计师事务所应为下列事项制定适当的政策和程序： （1）为每一个审计项目的计划、实施、监督、复核、记录及沟通审计结果制定政策和程序； （2）在需要时能及时向具备适当专业知识、判断能力及专业权威的人士咨询
监控	监控是持续评估会计师事务所质量控制系统的一项措施。事务所必须制定适当的政策和程序以持续监控下列事项： （1）事务所的政策和程序的可靠性和充分性； （2）事务所的实务操作指南的适当性； （3）职业发展活动的有效性； （4）与已制定的政策和程序的相符程度

（二）国际审计质量控制准则

国际审计实务委员会发布的《国际审计准则第 220 号——审计工作质量控制》，专门对审计质量控制的内容和要求作出了规定。该准则指出，质量控制准则包括会计师事务所质量控制和单项审计项目质量控制两部分。随着注册会计师业务的拓展和审计环境的变化，该准则已不能适应新形势的需求。为此，国际审计和鉴证准则理事会（IAASB）专门发布了《国际质量控制准则第 1 号——会计师事务所执行历史财务信息审计和审阅、其他鉴证及相关服务业务的质量控制》（ISQC 1），并修订发布了《国际审计准则第 220 号——历史财务信息审计的质量控制》（ISA 220）（原称“审计工作质量控制”）。IAASB 要求从审计 2005 年 6 月 15 日或之后开始的财务报表起，执行这两个质量控制准则。

国际业务质量控制准则适用于会计师事务所执行历史财务信息审计和审阅、其他鉴证及相关服务业务，将会计师事务所可能从事的全部业务都包括在内，从而能够为会计师事务所针对所有业务建立健全质量控制制度提供最大限度的指导。国际业务质量控制准则是对会计师事务所全面质量控制的规范，它统驭其他具体业务（如历史财务信息审计）的质量控制准则，是会计师事务所建立质量控制制度的依据，注册会计师在执行某项具体业务时应当遵守全面质量控制政策和程序中适用于该项业务的质量控制程序。

国际业务质量控制准则明确提出了质量控制的两大目标：① 合理保证会计师事务所及其人员遵守法律法规、职业道德规范及业务准则的规定；② 合理保证会计师事务所和项目负责人根据具体情况出具恰当的报告。这样规定将对过程和质量的追求都包括在内，一方面迎合了报告使用者的需求，有利于塑造注册会计师职业的形象；另一方面也切实要求会计师事务所重视报告的质量，不能将在形式上满足准则的规定作为出具不恰当报告的借口；同时又运用“合理保证”一词保护注册会计师的合法权益，避免报告使用者对注册会计师职业抱有过高的、不切实际的期望。

国际业务质量控制准则共110条，按照七要素对质量控制制度作了详细规定：① 对业务质量承担的领导责任；② 职业道德规范；③ 客户关系和具体业务的接受与保持；④ 人力资源；⑤ 业务执行；⑥ 业务工作底稿；⑦ 监控。

国际业务质量控制准则突出强调了项目质量控制复核的重要性。所谓项目质量控制复核是指在出具报告前，对项目组作出的重大判断和在准备报告时形成的结论提供客观评价的过程。对特定业务实施项目质量控制复核充分体现了分类控制、突出重点的质量控制理念。

二、我国会计师事务所质量控制准则

为了规范我国会计师事务所质量控制，保证注册会计师执业质量，早在1996年，中国注册会计师协会就拟定了《中国注册会计师质量控制基本准则》。随着复杂的执业环境和社会公众对注册会计师执业质量要求的提高，2006年2月15日，中国注册会计师协会对原有的质量控制准则进行了修订，并以《会计师事务所质量控制准则第5101号——业务质量控制》和《中国注册会计师审计准则第1121号——历史财务信息审计的质量控制》替代了原有的《中国注册会计师质量控制基本准则》。2010年11月1日，中国注册会计师协会又对上述两个质量控制准则进行了修订，颁布了《质量控制准则第5101号——会计师事务所对执行财务报表审计和审阅、其他鉴证和相关服务业务实施的质量控制》和《中国注册会计师审计准则第1121号——对财务报表审计实施的质量控制》。《质量控制准则第5101号——会计师事务所对执行财务报表审计和审阅、其他鉴证和相关服务业务实施的质量控制》适用于会计师事务所建立和保持业务质量控制制度。其他执业准则规定了会计师事务所人员对特定类型业务实施质量控制程序的责任，例如，《中国注册会计师审计准则第1121号——对财务报表审计实施的质量控制》规定了财务报表审计的质量控制程序。

（一）质量控制制度的目的和内容

1. 质量控制制度的目标

会计师事务所质量控制准则旨在规范会计师事务所建立并保持有关财务报表审计和审阅业务、其他鉴证业务及相关服务业务的质量控制制度。

会计师事务所应当根据会计师事务所质量控制准则，制定质量控制制度，以合理保证：

① 会计师事务所及其人员遵守职业准则和适用的法律法规的规定；

② 会计师事务所和项目合伙人出具适合具体情况的报告。

项目合伙人是指会计师事务所中负责某项业务及其执行，并代表会计师事务所在出具的报告上签字的合伙人。如果合伙人以外的其他注册会计师在报告上签字，会计师事务所质量控制准则对项目合伙人作出的规定也适用于该签字注册会计师。

2. 质量控制制度的内容

会计师事务所质量控制制度包括会计师事务所为实现质量控制制度的目标而制定的政策,以及为执行政策和监控政策的遵守情况而设计的必要程序。

质量控制政策和控制程序是相互联系又有区别的两个概念。控制政策是指会计师事务所为确保实现质量控制目标而采取的基本方针及策略;控制程序是指会计师事务所为贯彻执行质量控制政策而采取的具体措施及方法。可见,控制政策指引和统率控制程序,控制程序是控制政策的具体实现途径与方法。

3. 制定质量控制制度时应考虑的因素

会计师事务所质量控制准则适用于执行财务报表审计和审阅、其他鉴证和相关服务业务的所有会计师事务所,适用于注册会计师执行的所有业务。会计师事务所按照会计师事务所质量控制准则的要求制定的质量控制政策和程序的性质和范围,取决于会计师事务所的规模和运行特征,以及是否是网络的一部分等诸多因素。

在实务中,会计师事务所应当考虑自身规模、分所的数量、对相关人员和分所授予的权限、人员的知识和经验、业务的性质和复杂程度、对成本效益的适当考虑等因素,制定适合于本所的、能够实现规定的质量控制两大目标的政策和程序。

如果会计师事务所经营规模较大,所执行业务的复杂程度较高、执业责任和风险较大,就需要制定更加复杂、有效的质量控制政策和程序。

(二)质量控制制度的要素

会计师事务所质量控制制度是由对业务质量承担的领导责任、职业道德规范、客户关系和具体业务的接受与保持、人力资源、业务执行和监控 6 项要素构成的一个完整质量控制体系。在实务中,会计师事务所应当从这 6 个方面制定质量控制制度,并针对每个方面制定具体的质量控制政策和程序。会计师事务所应当将质量控制政策和程序形成书面文件并传达到全体人员。

1. 对业务质量承担的领导责任

(1)对业务质量承担的领导责任的总体要求

会计师事务所内部重视质量的文化,为会计师事务所质量控制设定了好的基调,将对制定和实施质量控制制度产生广泛和积极的影响。明确质量控制制度的最终责任人,也对会计师事务所的业务质量控制起着决定作用。为此,会计师事务所应当制定政策和程序,培育以质量为导向的内部文化。这些政策和程序应当要求会计师事务所主任会计师或类似职位的人员对质量控制制度承担最终责任。

主任会计师或类似职位的人员可针对下列方面制定政策和程序,以适当履行对质量控制制度承担的责任:① 在会计师事务所内部形成以质量为导向的文化;② 在会计师事务所各级管理层树立质量至上的意识,通过言传身教发挥示范作用;③ 合理保证会计师事务所及人员遵守相关职业道德要求;④ 在考虑客户诚信、自身专业胜任能力和能否遵守相关职业道德要求等的基础上接受或保持客户关系和具体业务;⑤ 合理保证拥有足够的、具有必要素质和专业胜任能力并遵守相关职业道德要求的人员;⑥ 合理保证按照法律法规、相关职业道德要求和业务准则的规定执行业务,如计划、执行、督导、复核、记录和报告业务;⑦ 能够及时将业务工作底稿归档和按照规定期限与要求保管业务工作底稿,并对其内容保密,以保证其安全性和完整性,以及使用与检索的合规性和便利性;⑧ 合理保证质量控制制度中的政策和程序相关、适当,并正在有效运行。

(2) 行动示范和信息传达

会计师事务所的领导层及其作出的示范对会计师事务所的内部文化有重大影响。会计师事务所各级管理层应当通过清晰、一致及经常的行动示范和信息传达,强调质量控制政策和程序的重要性及下列要求:① 按照法律法规、相关职业道德要求和业务准则的规定执行工作;② 根据具体情况出具恰当的报告。

(3) 树立质量至上的意识

会计师事务所的领导层应当树立质量至上的意识。会计师事务所应当通过下列措施实现质量控制的目标:① 合理确定管理责任,以避免重商业利益轻业务质量;② 建立以质量为导向的业绩评价、薪酬及晋升的政策和程序;③ 投入足够的资源制定和执行质量控制政策和程序,并形成相关文件记录。

会计师事务所的领导层必须首先认识到,其经营策略应当满足会计师事务所执行所有业务都要保证质量这一前提条件。会计师事务所针对员工设计的有关业绩评价、薪酬及晋升(包括激励制度)的政策和程序,应当表明会计师事务所最重视的是质量,以形成正确的行为导向。制定和执行质量控制政策和程序需要花费一定的成本,会计师事务所应当投入足够的资源制定(包括修订)和执行质量控制政策和程序,并形成相关文件记录,这对于实现质量控制目标也有着直接的重大影响。

(4) 委派质量控制制度运作人员

为保证质量控制制度的具体运作效果,会计师事务所应当制定政策和程序,使受会计师事务所主任会计师或类似职位的人员委派负责质量控制制度运作的人员具有足够、适当的经验和能力及必要的权限以履行其责任。

2. 相关职业道德要求

(1) 遵守相关职业道德要求

会计师事务所应当制定政策和程序,以合理保证会计师事务所及其人员遵守相关职业道德要求。会计师事务所及其人员执行任何类型的业务,都应当遵守相关职业道德要求。

(2) 相关职业道德要求的具体措施

会计师事务所制定的政策和程序应当强调遵守相关职业道德要求的重要性,并通过必要的途径予以强化。这些途径包括:

① 会计师事务所领导层的示范。领导层应在会计师事务所内形成重视相关职业道德要求的氛围,并将相关政策和程序传达给会计师事务所员工。

② 教育和培训。会计师事务所应向所有人员提供适用的专业文献和法律文献,并告知希望他们熟悉这些文献。会计师事务所还应要求所有人员定期接受职业道德培训,这种培训既可涵盖会计师事务所有关职业道德要求的政策和程序,也可涵盖所有适用的法律法规中有关职业道德的要求。

③ 监控。会计师事务所可以通过定期检查,监督会计师事务所有关职业道德要求的政策和程序设计是否合理,运行是否有效,并采取适当行动,改进其设计和解决运行中存在的问题。

④ 对违反职业道德要求行为的处理。会计师事务所应当制定处理违反职业道德要求

行为的政策和程序，指出违反职业道德要求的后果，并据此对违反职业道德要求的个人及时进行处理。会计师事务所可以为每位员工建立职业道德档案，记录个人违反职业道德要求的行为及其处理结果。

（3）执行鉴证业务时应满足独立性的要求

① 会计师事务所应当制定政策和程序，以合理保证会计师事务所及其人员保持职业道德规范要求的独立性。这些政策和程序应当使会计师事务所能够：第一，向会计师事务所人员和其他受独立性要求约束的人员（包括网络事务所的人员）传达独立性要求；第二，识别和评价对独立性产生不利影响的情形，并采取适当的防护措施以消除这些不利影响，或通过采取防范措施将其降至可接受的水平，或如果认为适当，在法律法规允许的情况下解除业务约定。

② 为促进事务所内部的信息沟通，会计师事务所制定的政策和程序应当要求：第一，项目合伙人向会计师事务所提供与客户委托业务相关的信息（包括服务范围），以使会计师事务所能够评价这些信息对保持独立性的总体影响；第二，会计师事务所人员立即向会计师事务所报告对独立性产生不利影响的情形，以便会计师事务所采取适当行动；第三，会计师事务所收集相关信息，并向适当人员传达。

③ 会计师事务所应当向适当人员传达收集的相关信息，以便会计师事务所及其人员能够容易地确定自身是否满足独立性要求、保持和更新与独立性相关的记录，以及针对识别出的、对独立性产生超出可接受水平的不利影响采取适当的行动。

④ 会计师事务所应当制定政策和程序，以合理保证能够获知违反独立性要求的情况，并能够采取适当行动予以解决。这些政策和程序应当包括下列要求：第一，会计师事务所人员将注意到的、违反独立性要求的情况立即报告会计师事务所；第二，会计师事务所将识别出的违反这些政策和程序的情况，立即传达给需要与会计师事务所共同处理这些情况的项目合伙人、需要采取适当行动的会计师事务所和网络内部的其他相关人员及受独立性要求约束的人员；第三，项目合伙人、会计师事务所和网络内部的其他相关人员及受独立性要求约束的人员，在必要时立即向会计师事务所报告他们为解决有关问题而采取的行动，以使会计师事务所能够决定是否应当采取进一步的行动。

⑤ 会计师事务所应当每年至少一次向所有需要按照相关职业道德要求保持独立性的人员获取其遵守独立性政策和程序的书面确认函。

⑥ 会计师事务所应当制定政策和程序，以防范同一高级人员由于长期执行某一客户的鉴证业务可能对独立性造成的威胁：第一，明确标准，以确定长期委派同一名合伙人或高级员工执行某项鉴证业务时，是否需要采取防范措施，将因密切关系产生的不利影响降至可接受的水平；第二，对所有上市实体财务报表审计业务，按照相关职业道德要求和法律法规的规定，在规定期限届满时轮换项目合伙人、项目质量控制复核人员，以及受轮换要求约束的其他人员。

3. 客户关系和具体业务的接受与保持

（1）接受与保持客户关系和具体业务的总体要求

会计师事务所应当制定有关客户关系和具体业务接受与保持的政策和程序，以合理保证只有在下列情况下，才能接受或保持客户关系和具体业务：① 能够胜任该项业务，并具有执行该项业务必要的素质、时间和资源；② 能够遵守相关职业道德要求；③ 已考虑客户的诚信,没有信息表明客户缺乏诚信。

在接受新客户的业务前,或决定是否保持现有业务或考虑接受现有客户的新业务时,会计师事务所根据具体情况获取上述信息。在接受新客户或现有客户的新业务时,如果识别出潜在的利益冲突,会计师事务所应确定该业务是否适当。

当识别出问题而又决定接受或保持客户关系或具体业务时,会计师事务所应当记录问题如何得到解决。

(2) 考虑客户的诚信情况

① 考虑的主要事项。针对有关客户的诚信,会计师事务所应当考虑下列主要事项:客户主要股东、关键管理人员、关联方及治理层的身份和商业信誉;客户的经营性质;客户主要股东、关键管理人员及治理层对内部控制环境和会计准则等的态度;客户是否过分考虑将会计师事务所的收费维持在尽可能低的水平;工作范围受到不适当限制的迹象;客户可能涉嫌洗钱或其他刑事犯罪行为的迹象;变更会计师事务所的原因;关联方的名称、特征和商业信誉。

② 获取相关信息的途径。会计师事务所在评价客户诚信情况时,可以通过下列途径,获取与客户诚信相关的信息:第一,与为客户提供专业会计服务的现任或前任人员进行沟通,并与其讨论。这种沟通包括询问是否存在与客户意见不一致的事项及该事项的性质,客户是否有人为地、错误地影响注册会计师出具恰当的报告的情形及其证据等。第二,向会计师事务所其他人员、监管机构、金融机构、法律顾问和客户的同行等第三方询问。询问可以涵盖客户管理层对于遵守法律法规要求的态度。第三,从相关数据库中搜索客户的背景信息。例如,通过客户的年报、中期财务报表、向监管机构提交的报告等,获取相关信息。

如果通过上述途径无法充分获取与客户相关的信息,或这些信息可能显示客户不够诚信,会计师事务所应当评估其对业务风险的影响。如认为必要,会计师事务所可以考虑利用调查机构对客户的经营情况、管理人员及其他有问题的人员进行背景检查,并评价获取的与客户诚信相关的信息。

会计师事务所对客户诚信的了解程度,通常将随着与该客户关系的持续发展而增加。

(3) 考虑是否具备执行业务必要的素质、专业胜任能力、时间和资源

会计师事务所接受新业务前,还必须评价自身的执业能力,不得承接不能胜任和无法完成的业务。在确定是否具有接受新业务所需的必要素质、专业胜任能力、时间和资源时,会计师事务所应当考虑下列事项,以评价新业务的特定要求和所有相关级别的现有人员的基本情况: ① 会计师事务所人员是否熟悉相关行业或业务对象;② 会计师事务所人员是否具有执行类似业务的经验,或是否具备有效获取必要技能和知识的能力;③ 会计师事务所是否拥有足够的具有必要素质和专业胜任能力的人员;④ 在需要时,是否能够得到专家的帮助;⑤ 如果需要项目质量控制复核,是否具备(或者能够聘请到)符合标准和资格要求的项目质量控制复核人员;⑥ 会计师事务所是否能够在提交报告的最后期限内完成业务。

如果决定接受或保持客户关系和具体业务,会计师事务所应与客户就相关问题达成一致理解,并形成书面业务约定书,将对业务的性质、范围和局限性产生误解的风险降至最低。

(4) 考虑能否遵守相关职业道德要求

在确定是否接受新业务时,会计师事务所还应当考虑接受该业务是否会导致现实或潜在的利益冲突。如果识别出潜在的利益冲突,会计师事务所应当考虑接受该业务是否适当。

（5）考虑其他事项的影响

① 考虑本期或以前业务执行过程中发现的重大事项的影响。在确定是否保持客户关系时，会计师事务所应当考虑在本期或以前业务执行过程中发现的重大事项，及其对保持客户关系可能造成的影响。如果在本期或以前业务执行过程中发现客户守法经营意识淡薄或内部控制环境恶劣，或者对业务范围施加重大限制，或者存在其他严重影响业务执行的情形等，会计师事务所应当考虑其对保持客户关系可能造成的影响。必要时，可以考虑终止该客户关系。

② 考虑接受业务后获知重要信息的影响。如果在接受业务后获知某项信息，而该信息若在接受业务前获知，可能导致会计师事务所拒绝该项业务。在这种情况下应当针对这种情况制定保持具体业务和客户关系的政策和程序。

会计师事务所针对这种情况制定的政策和程序，应当包括：适用于这种情况的责任和法律责任，包括是否要求会计师事务所向委托人报告或在某些情况下向监管机构报告；解除业务约定，或同时解除业务约定和其客户关系的可能性。

③ 解除业务约定或客户关系时的考虑。会计师事务所针对解除业务约定或同时解除业务约定及其客户关系制定的政策和程序应当包括：与客户适当级别的管理层和治理层讨论会计师事务所根据有关事实和情况可能采取的适当行动；如果确定解除业务约定或同时解除业务约定及其客户关系是适当的，会计师事务所应当就解除的情况及原因，与客户适当级别的管理层和治理层讨论；考虑是否存在法律法规的规定，要求会计师事务所应当保持现有的客户关系，或向监管机构报告解除的情况及原因；记录重大事项及其咨询情况、咨询结论和得出结论的依据。

4. 人力资源

（1）人力资源管理的总体要求

会计师事务所应当制定政策和程序，合理保证拥有足够的具有胜任能力和必要素质并承诺遵守职业道德要求的人员，以使会计师事务所按照职业准则和适用的法律法规的规定执行业务，确保会计师事务所和项目合伙人能够出具适合具体情况的报告。

（2）人力资源管理的要素

会计师事务所制定的人力资源政策和程序应当解决招聘、业绩评价、人员素质、专业胜任能力、职业发展、晋升、薪酬和人员需求预测等人事问题。解决人员需求预测问题有助于会计师事务所确定完成其业务所需要的人员的数量和素质。

① 招聘。招聘是人力资源管理的首要环节，会计师事务所应当制定招聘程序，以选择正直的、通过发展能够具备执行业务所需的必要素质和专业胜任能力的人员。

在实务中，会计师事务所通常指定人事管理部门或其他有资格的人员，负责定期或不定期地评价总体人员需求，并根据现有人员的数量及层次结构、现有客户数、业务量、业务结构、预期业务增长率、人员流动率和晋升变化等因素，确定招聘目标和方案。会计师事务所应对负责招聘的人员进行必要的培训，使其熟悉招聘政策和程序，了解各层次的人员需求，掌握评价专业胜任能力和道德品行等标准，以便将合格人员招聘进入会计师事务所。

在招聘有经验的从业人员尤其是招聘高级业务人员时，会计师事务所可执行额外的程序。例如，进行背景检查，询问是否存在未解决的法律问题等。

② 人员素质、专业胜任能力和职业发展。由于执业环境和工作要求在不断发生变化，

会计师事务所应当采取措施确保人员持续保持必要的素质和专业胜任能力。会计师事务所可以通过职业教育、职业发展(包括培训)、工作经验、由经验更丰富的员工提供辅导等途径,提高人员素质和专业胜任能力。

会计师事务所应当在人力资源政策和程序中强调对各级别人员进行继续培训的重要性,并提供必要的培训资源和帮助,以使各级别人员能够发展和保持必要的素质和专业胜任能力。

会计师事务所人员持续的专业胜任能力,在很大程度上取决于继续职业发展的适当水平。因此,会计师事务所应当合理制定人力资源政策和程序,包括制订员工职业教育计划(如鼓励员工在职学习深造等)和后续教育计划,提供最新的与执业相关的法律法规信息和其他学习资料,结合执业中遇到的问题进行培训和提供辅导,鼓励员工参加行业协会和有关机构组织的培训等。

如果不具备内部技术和培训资源或基于其他原因,会计师事务所可以利用具有适当资格的外部人员。

③ 业绩评价、薪酬和晋升。业绩评价、薪酬和晋升是事关每个人员切身利益的重大问题,会计师事务所应当制定业绩评价、薪酬及晋升程序,对发展和保持专业胜任能力并遵守职业道德要求的人员给予应有的肯定和奖励。

会计师事务所制定的业绩评价、薪酬及晋升程序应当强调:使人员知晓会计师事务所对业绩和遵守职业道德要求的期望;向人员提供业绩、工作进步及职业发展方面的评价和咨询;帮助人员了解提高业务质量及遵守职业道德要求是晋升更高职位的主要途径,而不遵守会计师事务所的政策和程序可能招致惩戒。

④ 项目组的委派。在实务中,会计师事务所承接的每项业务都是委派给项目组具体办理。委派项目组是否得当,直接关系到业务完成的质量。具体要求包括:

第一,项目负责人的委派要求。

会计师事务所应当对每项业务委派至少一名项目合伙人,制定政策和程序,并明确要求:将项目合伙人的身份和作用告知客户管理层和治理层的关键成员;项目合伙人具有履行职责所要求的适当胜任能力、必要的素质和权限;清楚界定项目合伙人的职责,并告知该项目合伙人。

会计师事务所应当根据具体情况委派适当人员担任项目合伙人,并清楚界定和告知项目合伙人的职责,以使其能够发挥对某项业务质量的控制作用。

会计师事务所应当制定政策和程序,监控项目合伙人连续服务同一客户的期限及胜任情况。会计师事务所应当制定政策和程序,监控项目合伙人的工作负荷及可供调配的项目合伙人数量,以使项目合伙人有足够的时间履行其职责。

第二,项目组其他成员的委派要求。

会计师事务所应当制定政策和程序,委派具有必要胜任能力和素质的适当人员,按照职业准则和适用的法律法规的规定执行业务,以使会计师事务所和项目合伙人能够根据具体情况出具恰当的报告。

委派项目组成员时应考虑下列事项:业务类型、规模、重要程度、复杂性和风险,需要具备的经验和专业知识和技能,对人员的需求及在需要时能否获得具备相应素质的人员,拟执行工作的时间,人员的连续性和轮换要求,在职培训的机会,需要考虑独立性和客观性的情形等。

会计师事务所应当制定程序，评价员工的素质和专业胜任能力。在委派项目组及确定所需的监督层次时，会计师事务所应当考虑员工是否具有以下方面的素质和专业胜任能力：通过适当的培训和参与业务，获得执行类似性质和复杂程度业务的知识和实务经验；对职业准则和适用的法律法规的规定的掌握程度；具有相关技术知识和专长，包括信息的技术知识；熟悉客户所处的行业；具有良好的职业判断能力；掌握会计师事务所质量控制政策和程序。

5. 业务执行

业务执行是编制和实施业务计划，形成和报告业务结果的总称。会计师事务所应当制定包含与保持业务执行质量一致性相关的事项、监督责任和复核责任等内容的政策和程序，以合理保证按照职业准则和适用的法律法规的规定执行业务，使会计师事务所和项目合伙人能够出具适合具体情况的报告。业务执行对业务质量有直接的重大影响，是业务质量控制的关键环节，因此，会计师事务所应当要求项目合伙人负责组织对业务执行实施指导、监督与复核。

（1）指导、监督与复核

会计师事务所在制定指导、监督与复核政策和程序时，应当考虑下列事项：

① 如何将业务情况简要告知项目组，使项目组了解工作目标；

② 保证适用的业务准则得以遵守的程序；

③ 业务监督、员工培训和辅导的程序；

④ 对已实施的工作、作出的重大判断及拟出具的报告进行复核的方法；

⑤ 对已实施的工作及其复核的时间和范围作出适当记录；

⑥ 保证所有的政策和程序是合时宜的。

会计师事务所通常使用书面或电子手册、软件工具、标准化底稿，以及行业和特定业务对象的指南性材料等文件，记录和传达其制定的政策和程序，以使全体人员了解、掌握和贯彻执行这些政策和程序。

指导的具体要求包括使项目组了解工作目标并提供适当的团队工作和培训等内容。

监督的具体要求包括下列方面内容：

① 追踪业务进程。要求项目合伙人在业务进行中适时实施必要的监督，以检查各成员是否能够顺利完成业务工作；

② 考虑项目组各成员的素质和专业胜任能力，以及是否有足够的时间执行工作，是否理解工作指令，是否按照计划的方案执行工作；

③ 解决在执行业务过程中发现的重大问题，考虑其重要程度并适当修改原计划的方案；

④ 识别在执行业务过程中需要咨询的事项，或需要由经验较丰富的项目组成员考虑的事项。

复核范围可能随业务的不同而不同。例如，执行高风险的业务、对金融机构执行的业务和为重要客户执行的业务可能需要进行更详细的复核。

在复核项目组成员已执行的工作时，复核人员应当考虑：

① 工作是否已按照法律法规、职业道德规范和业务准则的规定执行；

② 重大事项是否已提请进一步考虑;

③ 相关事项是否已进行适当咨询,由此形成的结论是否得到记录和执行;

④ 是否需要修改已执行工作的性质、时间和范围;

⑤ 已执行的工作是否支持形成的结论,并得以适当记录;

⑥ 获取的证据是否充分、适当;

⑦ 业务程序的目标是否实现。

复核人员应当拥有适当的经验、专业胜任能力和责任感。确定复核人员的原则是,由项目组内经验较多的人员复核经验较少的人员执行的工作。只有这样,复核才能达到目的。

(2) 咨询

项目组在业务执行中时常会遇到各种各样的疑难问题或者争议事项。当这些问题和事项在项目组内不能得到解决时,有必要向项目组之外的适当人员咨询。会计师事务所应当建立政策和程序,以合理保证:① 就疑难问题或争议事项进行适当咨询;② 能够获取充分的资源进行适当咨询;③ 咨询的性质和范围及咨询形式的结论得以记录,并经过咨询者和被咨询者的认可;④ 咨询形成的结论得到执行。

咨询的具体要求包括下列 6 个方面:

① 形成良好的咨询文化。会计师事务所应当形成一种良好的咨询氛围,鼓励会计师事务所人员就疑难问题或争议事项进行咨询。

② 合理确定咨询事项。项目组应当考虑就重大的技术、职业道德及其他事项,向会计师事务所内部或在适当情况下向会计师事务所外部具备适当知识、资历和经验的其他专业人士咨询,并适当记录和执行咨询形成的结论。如果项目组认为在业务执行中遇到的在技术、职业道德及其他等方面的疑难问题或争议事项不重大,或在项目组内部通过咨询和研讨等方式能够得到解决,可以不向其他专业人士咨询。

③ 适当确定被咨询者。项目组在考虑就重大的技术、职业道德及其他事项进行咨询时,被咨询者既可以是会计师事务所内部的其他专业人士,在适当情况下,也可以是会计师事务所外部的其他专业人士。但值得注意的是,被咨询者应当具备适当的知识、资历和经验。

④ 充分提供相关事实。项目组在向会计师事务所内部或外部的其他专业人士咨询时,应当提供所有相关事实,以使其能够对咨询的事项提出有见地的意见。

⑤ 考虑利用外部咨询。会计师事务所在因缺乏适当的内部资源等而需要向外部咨询时,可以利用其他会计师事务所、职业团体、监管机构或提供相关质量控制服务的商业机构提供的咨询服务,但应当考虑外部咨询提供者是否能够胜任这项工作。

⑥ 完整记录咨询情况。对咨询情况的记录要完整详细,项目组就疑难问题或争议事项向其他专业人士咨询所形成的记录,应当经被咨询者认可。

(3) 意见分歧

在业务执行中,时常可能会出现项目组内部、项目组与被咨询者之间,以及项目合伙人与项目质量控制复核人员之间的意见分歧。会计师事务所应当制定政策和程序,以处理和解决意见分歧。

① 处理意见分歧的总体要求。注册会计师处理意见分歧应当符合下列两点要求:第一,会计师事务所应当制定政策和程序,以处理和解决项目组内部、项目组与被咨询者之间,

以及项目合伙人与项目质量控制复核人员之间的意见分歧;第二,形成的结论应当得以记录和执行。

在实务中,上述政策和程序鼓励在业务执行的较早阶段识别出意见分歧,并为拟采取的后续步骤提供明确指南,还要求对分歧的解决及所形成结论的执行情况进行记录。

会计师事务所应当认识到对业务问题的意见出现分歧是正常现象,只有经过充分的讨论,才有利于意见分歧的解决。会计师事务所应当制定切实可行的政策和程序,例如,向适当的其他执业者、会计师事务所,或者职业团体或监管机构进行咨询,以解决这些分歧。

② 对出具报告的影响。只有意见分歧问题得到解决,项目合伙人才能出具报告。如果在意见分歧问题没有得到解决前,项目合伙人就出具报告,不但有失应有的谨慎,而且容易导致出具不恰当的报告,难以合理保证实现质量控制的目标。

(4) 项目质量控制复核

① 项目质量控制复核的总体要求。为了保证特定业务执行的质量,除了需要项目组实施组内复核外,会计师事务所还应当制定政策和程序,要求对特定业务实施项目质量控制复核,以客观评价项目组作出的重大判断及在编制报告时得出的结论,并在出具报告前完成项目质量控制复核。

项目质量控制复核,是指会计师事务所挑选不参与该业务的人员,在出具报告前,对项目组作出的重大判断和在准备报告时形成的结论作出客观评价的过程。

对特定业务实施项目质量控制复核,充分体现了分类控制、突出重点的质量控制理念。值得注意的是,项目质量控制复核并不减轻项目合伙人的责任,更不能替代项目合伙人的责任。

② 项目质量控制复核对象的确定。会计师事务所应当要求对特定业务实施项目质量控制复核,以客观评价项目组作出的重大判断及在编制报告时得出的结论。项目质量控制复核对象包括:对所有上市公司财务报表审计实施项目质量控制复核;明确标准,据此评价所有其他的历史财务信息审计和审阅、其他鉴证业务及相关服务业务,以确定是否应当实施项目质量控制复核;对所有符合标准的业务实施项目质量控制复核。

在制定用于确定除上市公司财务报表审计以外的其他业务是否需要实施项目质量控制复核的标准时,会计师事务所应当考虑下列事项:业务的性质,包括涉及公众利益的范围;在某项业务或某类业务中已识别的异常情况或风险;法律法规是否要求实施项目质量控制复核。

在实务中,会计师事务所除对上市公司财务报表审计业务必须实施项目质量控制复核外,还可以自行建立判断标准,确定对那些涉及公众利益的范围较大或已识别出存在重大异常情况或较高风险的特定业务,实施项目质量控制复核。如法律法规明确要求对特定业务实施项目质量控制复核,会计师事务所应当对其实施项目质量控制复核。

③ 项目质量控制复核的具体要求。会计师事务所应当制定政策和程序,以明确项目质量控制复核的性质、时间安排和范围、项目质量控制复核人员的资格标准及对项目质量控制复核的记录要求。这些政策和程序应当要求,只有完成项目质量控制复核,才可以签署业务报告。

第一,项目质量控制复核的性质。

会计师事务所应当根据实现项目质量控制复核目标的总体要求,并结合具体情况,合理确定项目质量控制复核的性质。确定复核的性质就是决定采用怎样的方法实施复核。

会计师事务所通常采用的项目质量控制复核方法包括：就重大事项与项目合伙人进行讨论、复核财务报表或其他业务对象信息及拟出具的报告、复核选取的与项目组作出重大判断和得出的结论相关的业务工作底稿及评价在编制报告时得出的结论，并考虑拟出具报告的恰当性等方法。此外，会计师事务所还可以视情况需要，采用其他适当的复核方法。例如，复核有关处理和解决重大疑难问题或争议事项形成的工作底稿，复核重大事项概要等，但项目质量控制复核并不减轻项目合伙人的责任。

第二，项目质量控制复核的范围。

项目质量控制复核的范围取决于业务的复杂程度、客户是否为上市实体和出具不恰当报告的风险等方面。

在对上市公司财务报表审计实施项目质量控制复核时，复核人员应当考虑：项目组就具体业务对会计师事务所独立性作出的评价；项目组是否已就涉及意见分歧的事项，或者其他疑难问题或争议事项进行适当咨询，以及咨询得出的结论；选取的用于复核的业务工作底稿，是否反映项目组针对重大判断执行的工作，以及是否支持得出的结论。

在对上市公司财务报表审计以外的其他业务实施项目质量控制复核时，项目质量控制复核人员可根据情况考虑上述部分或全部事项。

以上是对项目质量控制复核范围的最低要求。在实务中，会计师事务所对其认为复杂程度很高和出具不恰当报告的风险很大的特定业务，可以确定更大的项目质量控制复核范围。

第三，项目质量控制复核的时间。

何时实施项目质量控制复核，对复核的效果和能否按照约定的期限出具恰当的报告也有重要影响，为此，会计师事务所的政策和程序应当要求在出具报告前完成项目质量控制复核。同时，项目质量控制复核人员应当在业务过程中的适当阶段及时实施复核，以使重大事项在出具报告前得到满意解决。

如果项目合伙人不接受项目质量控制复核人员的建议，并且重大事项未得到满意解决，项目合伙人不应当出具报告。只有在按照会计师事务所处理意见分歧的程序解决重大事项后，项目合伙人才能出具报告。

第四，项目质量控制复核人员的资格标准。

会计师事务所应当制定政策和程序，解决项目质量控制复核人员的委派问题，明确项目质量控制复核人员的资格要求，包括：履行职责需要的技术资格，包括必要的经验和权限；在不损害其客观性的前提下，项目质量控制复核人员能够提供业务咨询的程度。同时，会计师事务所还应当制定政策和程序，以使项目质量控制复核人员保持客观性，并且应当规定，在项目质量控制复核人员客观实施复核的能力可能受到损害时，替换该项目质量控制复核人员。

小型会计师事务所可能缺乏具备复核特定业务所需要的足够、适当的技术专长、经验和权限的项目质量控制复核人员。在这种情况下，如果小型会计师事务所识别出需要实施项目质量控制复核的业务，可以聘请具有适当资格的外部人员或利用其他会计师事务所实施项目质量控制复核。

第五，项目质量控制复核的记录。

会计师事务所应当制定有关项目质量控制复核记录的政策和程序，记录内容包括会计师事务所有关项目质量控制复核的政策所要求的程序已得到实施、项目质量控制复核在报告日或报告日之前已完成和复核人员没有发现任何尚未解决的事项，使其认为项目组作出的重大判断和得出的结论不适当等方面。

（5）业务工作底稿

① 业务工作底稿的归档要求。会计师事务所应当制定政策和程序，以使项目组在出具业务报告后及时完成最终业务档案的归整工作。对历史财务信息审计和审阅业务、其他鉴证业务，业务工作底稿的归档期限为业务报告日后60天内。

② 业务工作底稿的管理要求。会计师事务所应当制定政策和程序，以满足安全保管业务工作底稿并对业务工作底稿保密、保证业务工作底稿的完整性及便于使用和检索业务工作底稿等要求。

③ 业务工作底稿的保存期限。会计师事务所应当制定政策和程序，以使业务工作底稿的保存期限满足会计师事务所的需要和法律法规的规定。对历史财务信息审计和审阅业务、其他鉴证业务，会计师事务所应当自业务报告日起对业务工作底稿至少保存10年。如果组成部分业务报告日早于集团业务报告日，会计师事务所应当自集团业务报告日起对组成部分业务工作底稿至少保存10年。

6. 监控

（1）监控的总体要求

会计师事务所应当制定监控政策和程序，以合理保证质量控制制度中的政策和程序是相关、适当的，并正在有效运行。这些监控政策和程序应当包括持续考虑和评价会计师事务所的质量控制制度、要求委派一个或多个合伙人，或会计师事务所内部具有足够、适当的经验和权限的其他人员负责监控过程和要求执行业务或实施项目质量控制复核的人员不参与该项业务的检查工作等方面。

对质量控制政策和程序遵守情况实施监控的目的，是为了评价遵守法律法规、职业道德规范和业务准则的情况、质量控制制度设计是否适当，运行是否有效、质量控制政策和程序应用是否得当，以便会计师事务所和项目合伙人能够根据具体情况出具恰当的业务报告。

（2）监控人员

对会计师事务所质量控制制度的监控应当由具有专业胜任能力的人员实施。会计师事务所可以委派主任会计师、副主任会计师或具有足够、适当经验和权限的其他人员履行监控责任。

（3）监控内容

对会计师事务所质量控制制度实施监控的内容，包括质量控制制度设计的适当性和质量控制制度运行的有效性。

会计师事务所应当从确定质量控制制度的完善措施，包括要求对有关教育与培训的政策和程序提供反馈意见、与会计师事务所适当人员沟通已识别的质量控制制度在设计、理解或执行方面存在的缺陷和由会计师事务所适当人员采取追踪措施，以对质量控制政策和程序及时作出必要的修正等方面对质量控制制度进行持续考虑和评价。

对质量控制制度的持续考虑和评价还包括分析法律法规、相关职业道德要求和业务准则的新变化，以及会计师事务所的政策和程序如何适当反映这些变化、有关独立性政策和程序遵守情况的书面确认函、职业发展，包括培训、与接受和保持客户关系及具体业务相关的决策等事项。

（4）实施检查

① 检查的周期。会计师事务所应当周期性地选取已完成的业务进行检查，周期最长不得超过 3 年。在每个周期内，应对每个项目合伙人的业务至少选取一项进行检查。

② 检查的组织方式。会计师事务所应当根据会计师事务所的规模、分支机构的数量及分布、前期实施监控程序的结果、人员和分支机构的权限、会计师事务所业务和组织结构的性质及复杂程度和与特定客户和业务相关的风险等主要因素，确定周期性检查的组织方式，包括对单项业务检查时间的安排。

在实务中，会计师事务所应当根据具体情况，在综合考虑上述要素的基础上，确定周期性检查的具体组织方式，包括确定检查周期的长短，每个周期内对每个项目合伙人的业务是选取一项还是一项以上进行检查，对单项业务检查时间的安排等。

③ 确定检查的时间、人员与范围。会计师事务所在选取单项业务进行检查时，可以不事先告知相关项目组。参与业务执行或项目质量控制复核的人员不应承担该项业务的检查工作。在确定检查的范围时，会计师事务所可以考虑外部独立检查的范围或结论，但这些检查并不能替代自身的内部监控。值得说明的是，选取单项业务进行检查只是监控过程的组成部分，会计师事务所还可以采取其他适当形式和方法实施监控。

④ 小型会计师事务所的特殊考虑。考虑到小型会计师事务所可能缺乏适当的内部资源，小型会计师事务所可以利用具有适当资格的外部人员或其他会计师事务所执行业务检查及其他监控程序。

（5）监控结果的处理

① 确定所发现缺陷的影响与性质。会计师事务所应当评价实施监控程序注意到的缺陷的影响，并确定这些缺陷属于下列哪种情况之一：

缺陷情况一：该缺陷并不必然表明会计师事务所的质量控制制度不足以合理保证会计师事务所遵守职业准则和适用的法律法规的规定，以及会计师事务所和项目合伙人出具适合具体情况的报告；

缺陷情况二：该缺陷是系统性的、反复出现的或其他需要及时纠正的重大缺陷。

② 适时将缺陷及补救措施告知相关人员。会计师事务所应当将实施监控程序发现的缺陷及建议采取的适当补救措施，告知相关项目合伙人及其他适当人员。这样规定是为了便于相关人员及时采取适当的行动。

③ 采取的适当补救措施。在评价各种缺陷后，应当提出下列改进措施：会计师事务所针对注意到的缺陷，可以采取与某项业务或某个人员相关的适当补救措施，也可以采取将发现的缺陷告知负责培训和职业发展的人员、改进质量控制政策和程序，以及对违反会计师事务所政策和程序的人员，尤其是对反复违规的人员实施惩戒等补救措施。

④ 监控结果表明出具的报告不适当时的处理。如果实施监控程序的结果表明出具的报告可能不适当，或在执行业务过程中遗漏了应有的程序，会计师事务所应当确定采取适当的进一步行动，以遵守职业准则和适用的法律法规的规定。同时，会计师事务所应当考虑征询法律意见。

⑤ 定期告知监控结果。会计师事务所应当每年至少一次将质量控制制度的监控结果，向项目合伙人及会计师事务所内部的其他适当人员通报。这种通报应当足以使会计师事务所及其相关人员能够在其职责范围内及时采取适当的行动。通报的信息应当包括对已实施的监控程序的描述、实施监控程序得出的结论和对系统性的、反复出现的缺陷或其他需要及时纠正的重大缺陷的描述等内容。向相关项目合伙人以外的人员传达已发现的缺陷，通常不指明涉及的具体业务，除非指明具体业务对这些人员适当履行职责是必要的。

（6）监控的记录

会计师事务所应当适当记录制定的监控程序，包括选取已完成的业务进行检查的程序、对监控程序实施情况的评价、识别出的缺陷，对其影响的评价，是否采取行动及采取何种行动的依据等监控事项。

对监控程序实施情况评价的记录包括：对法律法规、相关职业道德要求和业务准则的遵守情况；质量控制制度的设计是否适当，运行是否有效，质量控制政策和程序是否已得到适当遵守，以使会计师事务所和项目合伙人能够根据具体情况出具恰当的报告等方面内容。

（7）投诉和指控的处理

① 总体要求。会计师事务所应当制定政策和程序，以合理保证能够适当处理针对已实施的工作未能遵守法律法规、相关职业道德要求和业务准则的规定和未能遵守会计师事务所质量控制制度等事项的投诉和指控。投诉和指控既可能源自会计师事务所内部，又可能源自会计师事务所外部。

② 设立投诉和指控渠道。作为处理投诉和指控过程的一部分，会计师事务所应当设立投诉和指控渠道，以使会计师事务所人员能够没有顾虑地提出关心的问题。在实务中，会计师事务所应当设立方便可行的投诉和指控渠道，包括明确指出向谁投诉，并制定相关制度，保护信息提供者的正当权益。会计师事务所在制定相关制度时，应充分考虑投诉和指控的特点，尤其要注意区别对待不同来源和不同性质的投诉和指控。

对于来自会计师事务所外部的投诉与指控，如来自客户人员和客户的往来方（如客户的供货商）等，由于他们不必担心会因此失去工作，也不涉及明显的个人利益或动机，会计师事务所通常可以认为，他们的投诉和指控具有较高程度的真实性。

相比之下，来自会计师事务所内部的投诉和指控，情况就复杂得多。从动机看，有善意、真实的投诉和指控，恶意、虚假的投诉和指控（可能涉及明显的个人利益或动机）；从方式看，有实名的投诉和指控与匿名的投诉和指控。如果投诉和指控人要求对其身份保密，会计师事务所应当予以保密，未经本人许可，不得披露其姓名。只有这样，会计师事务所人员才可能没有顾虑地提出关心的质量问题。

如果收到匿名的投诉和指控，会计师事务所应当以适当的方式向全体人员表明，与实名的投诉和指控相比，匿名的投诉和指控更难调查和反馈，鼓励用实名投诉和指控。会计师事务所还应当表明所有的投诉和指控都将得到记录、调查，并会将结果反馈给投诉和指控人。反馈调查结果通常采取书面形式。

③ 调查、记录投诉和指控事项。会计师事务所应当按照既定的政策和程序调查投诉和指控事项，并对投诉和指控及其处理情况予以记录。会计师事务所应当委派本所内部不参与该项业务的具有足够、适当经验和权限的人员负责对调查的监督。必要时，聘请法律专家参与调查工作。小型会计师事务所可能缺乏内部资源，因此，小型会计师事务所可以利用具

有适当资格的外部人员或其他会计师事务所进行调查。

④ 采取适当的行动。如果调查结果表明质量控制政策和程序在设计或运行方面存在缺陷，或者存在违反质量控制制度的情况，会计师事务所应当采取适当行动。

（三）质量控制制度的记录与传达

会计师事务所应当将质量控制政策和程序形成书面文件，并传达到全体人员。在记录和传达时，应清楚地描述质量控制政策和程序及其拟实现的目标，包括用适当信息指明每个人都负有各自的质量责任，并被期望遵守这些政策和程序。传达可以采取多种形式，如召开会议、向每个人员发放质量控制制度手册并要求其阅知、利用网络传达等。此外，会计师事务所应认识到获取其员工对质量控制制度的反馈意见的重要性。因此，会计师事务所应鼓励其员工表达他们对质量控制问题的看法或建议。

第四节　法律责任

自20世纪80年代以来，随着社会主义市场经济的逐步建立和发展，注册会计师在社会经济生活中的地位越来越重要，发挥的作用也越来越大。但是，注册会计师的职业性质和其在社会经济生活中的重要地位决定了注册会计师承担着比其他职业更多的法律责任。注册会计师的法律责任是指注册会计师在承办业务过程中未能履行合同条款，或者未能保持应有的职业谨慎，或者由于故意不作充分披露，出具不实报告，致使审计报告的使用者遭受损失，依照有关法律法规，注册会计师或会计师事务所应承担的责任。

一、注册会计师法律责任的现状

在现代社会中，注册会计师的法律责任正在逐步扩展，特别是在西方国家，从20世纪60年代以来，西方国家控告注册会计师的诉讼案件急剧增加。尽管有些诉讼案并非因为审计工作存在缺陷所导致，但是诉讼案的频繁发生使会计师事务所遭受巨额的经济损失，也大大提高了注册会计师的执业成本。进入20世纪80年代，由于消费者利益的保护主义兴起、有关审计保险论的运用，以及在所有商业领域注册会计师参与的日益增加，注册会计师职业受到了很大影响甚至受到阻碍或冲击。人们开始对消费者的利益逐渐认识和重视，开始认同投资过程中不断披露会计信息的重要性，并反对滥用注册会计师许可的所谓“创新”会计处理，出现了“深口袋”理论（Deep-Pocket Theory）（即任何看上去拥有社会财富的人都可能受到起诉，不论其应当受到惩罚的程度如何）和“风险社会化”（即把责任推向那些被认为可以避免损失或可以通过向其他人收取更高的费用转嫁损失的人）观念。

近十几年来，企业经营失败或者因管理层舞弊造成破产倒闭的事件剧增，投资者和贷款人蒙受重大损失，因而指控注册会计师未能及时揭示或报告这些问题，并要求其赔偿有关的损失。迫于社会的压力，无论是法院的判例解释，还是注册会计师职业团体的态度，较之以往的情形都发生了很大变化。许多国家的法院判决逐渐倾向于增加注册会计师在这些方面的法律责任。美国几家最大的会计公司为控告和诉讼付出了巨大的代价，而且因为会计丑闻的暴露不仅支付了大量的赔偿金，甚至面临破产倒闭的厄运，如美国的安达信会计公司因为安然事件，不得不结束在美国已持续了80多年的审计业务。近年来，在国外，政府和民间诉讼者一样，也越来越多地就注册会计师执业不当提出诉讼，并要求达到法律上的赔偿。

随着20世纪90年代初期的深圳原野、长城机电、海南新华“老三大案件”，1997—1998年的琼民源、红光实业、东方锅炉“新三大案件”，以及近年来的三九医药、银广夏等案件的不断爆发，公众和媒体纷纷对注册会计师及其事务所进行指责，注册会计师似乎成了企业会计造假的帮凶、撒谎的骗子，注册会计师职业界面临信任危机，由此引发的法律责任问题已经引起注册会计师行业及社会公众的普遍关注。

注册会计师法律责任不断扩大，履行责任的对象随之拓宽，使注册会计师很容易被指控为民事侵权。世界各国控告注册会计师的诉讼案件急剧增加，有人因此认为注册会计师职业进入了“诉讼爆炸”时代。

二、注册会计师法律责任的成因

引起注册会计师法律责任的原因是多方面的，有被审计单位方面的原因，有会计师事务所和注册会计师自身的原因，也有双方共同的原因，有使用者误解注册会计师的责任、社会公众对审计的期望过高的原因，还有整个社会环境、法律环境和市场机制的原因。其中，被审计单位方面的原因和会计师事务所及注册会计师自身的原因是最重要的。

（一）被审计单位方面的原因

1. 错误与舞弊

（1）错误与舞弊的特征

错报是指某一财务报表项目的金额、分类、列报或披露，与按照适用的财务报告编制基础应当列示的金额、分类、列报或披露之间存在的差异。财务报表的错报可能由于舞弊或错误所致。舞弊和错误的区别在于导致财务报表发生错报的行为是故意行为还是非故意行为。当注册会计师对财务报表是否在所有重大方面按照适用的财务报告编制基础编制并实现公允反映方面发表审计意见时，错报还包括根据注册会计师的判断，为使财务报表在所有重大方面实现公允反映，需要对金额、分类、列报或披露作出的必要调整。

① 错误是指导致财务报表错报的非故意行为，主要包括：为编制财务报表而收集和处理数据时发生失误；由于疏忽和误解有关事实而作出不恰当的会计估计；在运用与确认、计量、分类或列报（包括披露）相关的会计政策时发生失误。

② 舞弊，是指被审计单位的管理层、治理层、员工或第三方使用欺骗手段获取不当或非法利益的故意行为。舞弊是一个宽泛的法律概念，但注册会计师关注的是导致财务报表发生重大错报的舞弊。尽管注册会计师可能怀疑被审计单位存在舞弊，甚至在极少数情况下识别出发生的舞弊，但注册会计师并不对舞弊是否已实际发生作出法律意义上的判定。

③ 与财务报表审计相关的故意错报，包括编制虚假财务报告导致的错报和侵占资产导致的错报。

第一，编制虚假财务报告导致的错报。编制虚假财务报告，可能源于管理层通过操纵利润误导财务报表使用者对被审计单位业绩或盈利能力的判断。美国的安然、世通，我国的琼民源、银广夏、红光实业等舞弊案件都属于这一种类。

编制虚假财务报告的动机主要包括:迎合市场预期或特定监管要求、牟取以财务业绩为基础的私人报酬最大化;偷逃或骗取税款;骗取外部资金;掩盖侵占资产的事实等。

编制虚假财务报告通常表现在:对财务报表所依据的会计记录或相关文件记录的操纵、伪造或篡改;对交易、事项或其他重要信息在财务报表中的不真实表达或故意遗漏;对与确认、计量、分类或列报有关的会计政策和会计估计的故意误用。

对财务信息作出虚假报告通常与管理层凌驾于控制之上有关。管理层通过凌驾于控制之上实施舞弊的手段主要包括:编制虚假的会计分录,特别是在临近会计期末时;滥用或随意变更会计政策;不恰当地调整会计估计所依据的假设及改变原先作出的判断;故意漏记、提前确认或推迟确认报告期内发生的交易或事项;隐瞒可能影响财务报表金额的事实;构造复杂的交易以歪曲财务状况或经营成果;篡改与重大或异常交易相关的会计记录和交易条款等。

第二,侵占资产导致的错报。

侵占资产是指被审计单位的管理层或员工非法占用被审计单位的资产。侵占资产的手段很多,主要包括:贪污收入款项;盗取货币资金、实物资产或无形资产;使被审计单位对虚构的商品或劳务付款;将被审计单位资产挪为私用等。

侵占资产通常伴随着虚假或误导性的文件记录,其目的是隐瞒资产缺失或未经适当授权使用资产的事实。

④ 舞弊的发生通常涉及的因素。舞弊风险因素是指表明实施舞弊的动机或压力,或者为实施舞弊提供机会的事项或情况。舞弊的发生通常涉及动机或压力、机会和借口等因素。

舞弊者具有舞弊的动机是发生舞弊的首要条件。例如,高层管理人员的报酬与财务业绩或公司股票的市场表现挂钩、公司正在申请融资等情况都可能促使管理层产生舞弊的动机。

舞弊者需要具有舞弊的机会,舞弊才可能成功。舞弊的机会一般源于内部控制在设计和运行上的缺陷,如公司对资产管理松懈,公司管理层能够凌驾于内部控制之上,可以随意操纵会计记录等。

只有舞弊者能够对舞弊行为予以合理化解释,舞弊者才能心安理得,而不会惴惴不安。舞弊者可能对自身的舞弊行为进行各种合理化解释。例如,侵占资产的员工可能认为单位对自身的待遇不公,编制虚假财务报告者可能认为造假不是出于个人私利,而是出于公司集体利益。

(2) 错误与舞弊的责任

《中国注册会计师审计准则第 1141 号——财务报表审计中与舞弊相关的责任》规定,被审计单位治理层和管理层对防止或发现舞弊负有主要责任。管理层在治理层的监督下,高度重视对舞弊的防范和遏制是非常重要的。对舞弊进行防范可以减少舞弊发生的机会;对舞弊进行遏制,即发现和惩罚舞弊行为,能够警示被审计单位人员不要实施舞弊。对舞弊的防范和遏制需要管理层营造诚实守信和合乎道德的文化环境,并且这一文化环境能够在治理层的有效监督下得到强化。治理层的监督包括考虑管理层凌驾于控制之上或对财务报告过程施加其他不当影响的可能性,例如,管理层可能为了影响分析师对被审计单位业绩和盈利能力的看法而操纵利润。

对于注册会计师发现舞弊的责任,注册会计师职业界与社会公众之间存在“期望差距”。

在重大的财务报告舞弊案件发生后，社会公众总是会问"注册会计师干什么去了"。注册会计师职业界往往会辩解财务报表审计不是专门的舞弊调查，在发现舞弊方面有很大的局限性。"期望差距"的存在影响社会公众对注册会计师行业的信心，也是准则制定机构不断修订这方面准则的主要动力。

从总的趋势来看，注册会计师行业应当更积极地承担发现舞弊的责任。《中国注册会计师审计准则第 1141 号——财务报表审计中与舞弊相关的责任》规定，注册会计师对发现舞弊方面的责任可以从两方面界定：

一方面，在按照审计准则的规定执行审计工作时，注册会计师有责任对财务报表整体是否不存在由于舞弊或错误导致的重大错报获取合理保证。因此，对能够导致财务报告产生重大错报的舞弊，注册会计师应当合理保证能够予以发现，这是实现财务报表审计目标的内在要求，也是财务报表审计的价值所在。同时，在获取合理保证时，注册会计师有责任在整个审计过程中保持职业怀疑，考虑管理层凌驾于控制之上的可能性，并认识到对发现错误有效的审计程序未必对发现舞弊有效。

另一方面，由于审计的固有限制，即使注册会计师按照审计准则的规定恰当计划和执行了审计工作，也不可避免地存在财务报表中的某些重大错报未被发现的风险。在舞弊导致错报的情况下，固有限制的潜在影响尤其重大。舞弊导致的重大错报未被发现的风险，大于错误导致的重大错报未被发现的风险。其原因是舞弊可能涉及精心策划和蓄意实施以进行隐瞒（如伪造证明或故意漏记交易），或者故意向注册会计师提供虚假陈述。如果涉及串通舞弊，注册会计师可能更加难以发现蓄意隐瞒的企图。串通舞弊可能导致原本虚假的审计证据被注册会计师误认为具有说服力。

注册会计师发现舞弊的能力取决于舞弊者实施舞弊的技巧、舞弊者操纵会计记录的频率和范围、舞弊者操纵的每笔金额的大小、舞弊者在被审计单位的职位级别、串通舞弊的程度等因素。即使可以识别出实施舞弊的潜在机会，但对于诸如会计估计等判断领域的错报，注册会计师也难以确定这类错报是由于舞弊还是错误导致的。管理层舞弊导致的重大错报未被发现的风险，大于员工舞弊导致的重大错报未被发现的风险。其原因是管理层往往可以利用职务之便，直接或间接操纵会计记录，提供虚假的财务信息，或凌驾于为防止其他员工实施类似舞弊而建立的控制之上。

如果由于舞弊或舞弊嫌疑导致出现错报，致使注册会计师遇到对其继续执行审计业务的能力产生怀疑的异常情形，注册会计师应当：① 确定适用于具体情况的职业责任和法律责任，包括是否需要向审计业务委托人或监管机构报告。② 在相关法律法规允许的情况下，考虑是否需要解除业务约定。如果决定解除业务约定，注册会计师应当采取下列措施：与适当层级的管理层和治理层讨论解除业务约定的决定和理由；考虑是否存在职业责任或法律责任，需要向审计业务委托人或监管机构报告解除业务约定的决定和理由。

如果识别出舞弊或怀疑存在舞弊，注册会计师应当确定是否有责任向被审计单位以外的机构报告。尽管注册会计师对客户信息负有的保密义务可能妨碍这种报告，但如果法律法规要求注册会计师履行报告责任的，注册会计师应当遵守法律法规的规定。

2. 违反法律法规的行为

（1）违反法律法规行为的特征

违反法律法规行为，是指被审计单位有意或无意违背除适用的财务报告编制基础以外的现行法律法规的行为。例如,被审计单位进行的或以被审计单位名义进行的违反法律法规的交易,或者治理层、管理层、员工代表、被审计单位进行的违反法律法规的交易。违反法律法规不包括由治理层、管理层或员工实施的、与被审计单位经营活动无关的不当个人行为。

不同的法律法规对财务报表的影响差异很大。被审计单位需要遵守的所有法律法规,构成注册会计师在财务报表审计中需要考虑的法律法规框架。某些法律法规的规定对财务报表有直接影响,决定财务报表中报告的金额和披露;而有些法律法规需要管理层遵守,或规定了允许被审计单位开展经营活动的条件,但不会对财务报表产生直接影响。违反法律法规可能导致被审计单位面临罚款、诉讼或其他对财务报表产生重大影响的后果。

(2) 管理层对违反法律法规行为的责任

《中国注册会计师审计准则第 1142 号——财务报表审计中对法律法规的考虑》规定,在治理层的监督下,保证被审计单位按照法律法规的规定开展经营活动(包括遵守那些决定财务报表中报告的金额和披露的法律法规的规定)是管理层的责任。管理层通常通过执行下列政策和程序,防止和发现违反法律法规行为:① 了解相关法律法规,确保设计的经营程序符合法律法规的规定;② 建立和实施适当的内部控制;③ 制定、公布并遵守行为规范;④ 确保员工经过适当培训,了解各项行为规范;⑤ 监控行为规范的遵守情况,对违反行为规范的员工给予适当处罚;⑥ 聘请法律顾问,帮助管理层了解法律法规要求;⑦ 汇集必须遵守的法律法规,保存被投诉的记录;⑧ 将适当的职责分派给内部审计和审计委员会,帮助管理层履行防止和发现违反法规行为的责任。

(3) 注册会计师对管理层违反法律法规行为的责任

注册会计师没有责任防止被审计单位违反法律法规行为,也不能期望其发现所有的违反法律法规的行为。但由于被审计单位有意或无意违反法规的行为可能与财务报表相关,有些违反法律法规的行为还可能产生重大财务后果,进而影响财务报表的合法性和公允性。如果不实施相应的审计程序,可能导致注册会计师出具不恰当的审计报告。因此,注册会计师有责任在设计和实施审计程序、评价和报告审计结果时,充分关注被审计单位违法行为可能对财务报表产生的重大影响。

《中国注册会计师审计准则第 1142 号——财务报表审计中对法律法规的考虑》对注册会计师的责任的界定,是根据被审计单位需要遵守的下列两类不同的法律法规而作出的:

① 通常对决定财务报表中的重大金额和披露有直接影响的法律法规(如税收和企业年金方面的法律法规)。对此,注册会计师的责任是,就被审计单位遵守这些法律法规的规定获取充分、适当的审计证据。

② 对决定财务报表中的金额和披露没有直接影响的其他法律法规,但遵守这些法律法规(如遵守经营许可条件、监管机构对偿债能力的规定或环境保护要求)对被审计单位的经营活动、持续经营能力或避免大额罚款至关重要;违反这些法律法规,可能对财务报表产生重大影响。对此,注册会计师的责任仅限于实施特定的审计程序,以有助于识别可能对财务报表产生重大影响的违反法律法规的行为。

针对通常对决定财务报表中的重大金额和披露有直接影响的法律法规的规定,注册会计师应当获取被审计单位遵守这些规定的充分、适当的审计证据。注册会计师应当实施向管理层和治理层(如适用)询问被审计单位是否遵守了这些法律法规、检查被审计单位与许可证颁发机构或监管机构的往来函件等审计程序,以识别可能对财务报表产生重大影响的违反其他法律法规的行为。在审计过程中实施的其他审计程序可能使注册会计师识别出或怀疑存在违反法律法规的行为,注册会计师应当对此保持警觉。

注册会计师应当要求管理层和治理层(如适用)提供书面声明,以表明被审计单位已向注册会计师披露了所有知悉的,且在编制财务报表时应当考虑其影响的违反法律法规行为或怀疑存在的违反法律法规行为。在没有识别出或不怀疑被审计单位违反法律法规的情况下,除执行上述工作外,注册会计师不必针对被审计单位遵守的法律法规实施其他审计程序。

注册会计师有责任对财务报表整体不存在由于舞弊或错误导致的重大错报获取合理保证。在执行财务报表审计时,注册会计师需要考虑适用于被审计单位的法律法规框架。但由于审计的固有限制,即使注册会计师按照审计准则的规定恰当地计划和执行审计工作,也不可避免地存在财务报表中的某些重大错报未被发现的风险。

就法律法规而言,由于许多法律法规主要与被审计单位经营活动相关,通常不影响财务报表,且不能被与财务报告相关的信息系统所获取,如共谋、伪造、故意漏记交易、管理层凌驾于控制之上,或故意向注册会计师提供虚假陈述,以及某行为是否构成违反法律法规,最终只能由法院认定。通常情况下,由于违反法律法规与财务报表反映的交易和事项越不相关,就越难以被注册会计师关注或识别,审计的固有限制对注册会计师发现重大错报的能力的潜在影响会加大。

(4)注册会计师对违反法律法规行为的考虑

如果注意到与识别出的或怀疑存在的违反法律法规行为相关的信息,注册会计师应当了解违反法律法规行为的性质及其发生的环境,并获取进一步的信息,以评价对财务报表可能产生的影响。如果怀疑被审计单位存在违反法律法规行为,注册会计师应当就此与管理层和治理层(如适用)进行讨论;如果管理层或治理层不能提供充分的信息,证明被审计单位遵守了法律法规,并且注册会计师根据判断认为怀疑存在的违反法律法规行为可能对财务报表产生重大影响,注册会计师应当考虑是否需要征询法律意见;如果针对怀疑存在的违反法律法规行为不能获取充分的信息,注册会计师应当评价缺乏充分、适当的审计证据对审计意见的影响。注册会计师应当评价违反法律法规行为对审计的其他方面可能产生的影响,包括对注册会计师风险评估和被审计单位书面声明可靠性的影响,并采取适当措施。

对被审计单位违反法律法规行为的报告分为3个层次:与被审计单位治理层沟通、出具审计报告和向被审计单位以外的相关机构或人员报告。

① 与被审计单位治理层沟通。除非治理层全部成员参与管理被审计单位,因而知悉注册会计师已沟通的、涉及识别出的或怀疑存在的违反法律法规行为的事项,注册会计师应当与治理层沟通审计过程中注意到的有关违反法律法规的事项,但不必沟通明显不重要的事项。

如果根据判断认为上面提及的需要沟通的违反法律法规行为是故意和重大的,注册会计师应当就此尽快向治理层通报。如果怀疑违反法律法规行为涉及管理层或治理层,注册会计师应当向被审计单位审计委员会或监事会等更高层级的机构通报。如果不存在更高层级的机构,或者注册会计师认为被审计单位可能不会对通报作出反应,或者注册会计师不能确定向谁报告的,注册会计师应当考虑是否需要征询法律意见。

② 出具审计报告。如果认为违反法律法规行为对财务报表具有重大影响，且未能在财务报表中得到充分反映，注册会计师应当按照《中国注册会计师审计准则第 1502 号——在审计报告中发表非无保留意见》的规定，发表保留意见或否定意见。

如果因管理层或治理层阻挠而无法获取充分、适当的审计证据，以评价是否存在或可能存在对财务报表产生重大影响的违反法律法规行为，注册会计师应当按照《中国注册会计师审计准则第 1502 号——在审计报告中发表非无保留意见》的规定，根据审计范围受到限制的程度，发表保留意见或无法表示意见。

如果由于审计范围受到管理层或治理层以外的其他方面的限制而无法确定被审计单位是否存在违反法律法规行为，注册会计师应当按照《中国注册会计师审计准则第 1502 号——在审计报告中发表非无保留意见》的规定，评价这一情况对审计意见的影响。

③ 向被审计单位以外的相关机构或人员报告。如果识别出或怀疑存在违反法律法规行为，注册会计师应当考虑是否有责任向被审计单位以外的相关机构或人员报告。

3. 经营失败

有些情况下，注册会计师被指控，并不是由于其自身的审计失败，而是经营失败。

经营失败与审计失败是两个不同的概念。经营失败是指因产业不景气、管理决策失误或出现非预期的竞争因素等企业无法达到投资人的期望或无力偿还债务的情况。经营失败的极端情况是破产。经营失败的责任在于被审计单位管理层。而审计失败是指注册会计师没有遵守一般公认审计准则而形成或提出了错误的审计意见。审计失败的责任在于注册会计师。

当被审计单位经营失败时，审计失败可能存在，也可能不存在。当被审计单位经营失败的同时也存在审计失败时，注册会计师才应对此承担审计责任。

当被审计单位发生经营失败时，其投资者、债权人可能因利益受损而迁怒于注册会计师。甚至，在被审计单位经营失败的情况下，其财务状况已严重恶化，投资者、债权人不可能从被审计单位收回其全部投资或债权，而会计师事务所通常财务状况良好，投资者、债权人为了保全自身利益，往往会转而起诉会计师事务所。这是会计师事务所被起诉的一个重要原因。社会日益赞同受害的一方向有能力提供赔偿的一方提起诉讼，而不论错在哪一方。

审计界应向报表使用者解释注册会计师的责任和经营风险、经营失败及审计风险和审计失败之间的差别，以防止报表使用者在被审计单位发生经营失败时把责任归咎于会计师事务所或注册会计师。同时，注册会计师确有责任对审计过程中注意到的内部控制的重大缺陷、对持续经营能力的重大疑虑等予以高度关注，保持应有的职业谨慎。

经营失败、审计失败、审计风险三者的关系如图 4-2 所示。

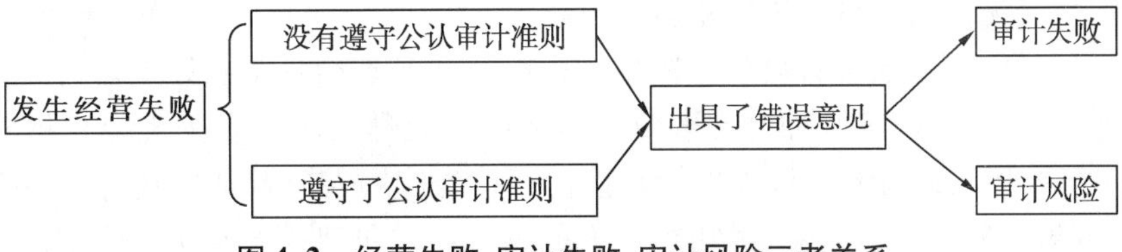

图 4-2 经营失败、审计失败、审计风险三者关系

（二）会计师事务所和注册会计师自身的原因

注册会计师在工作中的违约、过失或欺诈行为是导致注册会计师承担法律责任的自身原因。

1. 违约

所谓违约,是指合同的一方或几方未能达到合同条款的要求。注册会计师违约是指由于注册会计师未能履行合约(包括书面和口头)上的某些具体条款而使他人蒙受损失。注册会计师应根据合约的规定承担违约责任。比如,会计师事务所不能按时按质完成委托业务,或违反了与客户订立的保密协议等。会计师事务所违约的原因,可能是不具备专业胜任能力,也可能是无意的,也可能是有意的。

2. 过失

所谓过失,是指在一定条件下缺少应具有的合理的谨慎,没有不良动机是其主要特征。评价注册会计师的过失,是以其他合格注册会计师在相同条件下可做到的谨慎为标准的。当过失给他人造成损害时,注册会计师应负过失责任。通常将过失按其程度不同分为普通过失和重大过失两种。

(1) 普通过失

普通过失(也有的称一般过失)通常是指没有保持职业上应有的合理的谨慎;对注册会计师则是指没有完全遵循专业准则的要求。比如,未按特定审计项目取得必要和充分的审计证据就出具审计报告的情况,可视为一般过失。

(2) 重大过失

重大过失是指连起码的职业谨慎都不保持,对重要的业务或事务不加考虑,满不在乎;对注册会计师而言,则是指根本没有遵循专业准则或没有按专业准则的基本要求执行审计。

注册会计师过失程度的大小没有特别严格的界定,在实务中也往往很难界定,它们之间的主要区别,具体到每一个案例则由法院根据具体情况给予解释。

另外,还有一种过失为共同过失,即对他人过失,受害方自己未能保持合理的谨慎,因而蒙受损失。比如,被审计单位未能向注册会计师提供编制纳税申报表所必要的信息,反而又控告注册会计师未能妥当地编制纳税申报表,这种情况可能使法院判定被审计单位有共同过失。再如,在审计中未能发现现金等资产短少时,被审计单位可以过失为由控告注册会计师,而注册会计师又可以说现金等问题是由缺乏适当的内部控制造成的,并以此为由反击被审计单位的诉讼。

3. 欺诈

所谓欺诈又称注册会计师舞弊,是指以欺骗或坑害他人为目的的一种故意的错误行为。作案者具有不良动机是欺诈的重要特征,也是欺诈与过失的主要区别之一。对于注册会计师而言,欺诈就是为了达到欺骗他人的目的,明知委托单位的会计报表有重大错报,却加以虚伪的陈述,出具无保留意见的审计报告。

《中华人民共和国注册会计师法》中明确规定,如果注册会计师有以下行为的,应当依法承担行政责任:① 明知委托人对重要事项的财务会计处理与国家有关规定相抵触,而不予指明。② 明知委托人的财务会计处理会直接损害报告使用人或者其他利害关系人的利益,而予以隐瞒或做不实的报告。③ 明知委托人的财务会计处理会导致报告使用人或者其他利害关系人产生重大误解,而不予指明。④ 明知委托人的财务报表重要事项有其他不实的内容,而不予指明。

与欺诈相关的另一个概念是推定欺诈(又称涉嫌欺诈)。它是指虽无故意欺诈或坑害他人的动机，但却存在极端或异常的过失。推定欺诈和重大过失这两个概念很难区分，美国许多法院曾经将注册会计师的重大过失解释为推定欺诈，特别是近年来有些法院放宽了“欺诈”一词的范围，使得推定欺诈和欺诈在法律上成为等效的概念，这样就加大了有重要过失的注册会计师的法律责任。

注册会计师过失程度的大小及与欺诈的界限如图 4-3 所示。

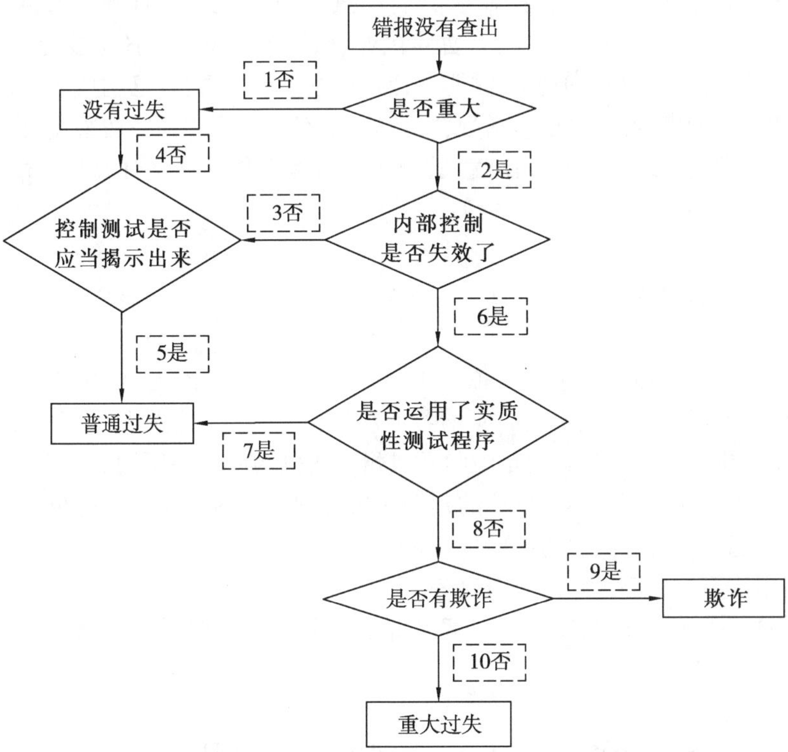

图 4-3　注册会计师过失程度的大小及与欺诈的界限

（三）其他方面原因

引起注册会计师法律责任的其他方面原因包括：

（1）财务报表使用者对注册会计师的责任日趋了解；

（2）政府监管部门保护投资者的意识日益加强，监管措施日益完善，处罚力度日益增大；

（3）注册会计师败诉的案例日益增多；

（4）许多会计师事务所宁愿在庭外和解法律问题，以避免高昂的法律费用和公开的负面影响，而不愿通过司法程序来解决这些问题；

（5）法庭在理解专业性事项方面存在困难，等等。

对于上述第三点，民事法庭在审理起诉会计师事务所的案件中，会计师事务所败诉的案例日益增多。这便促使律师以或有收费为基础提供法律服务，无论是否有道理，都将会计师事务所作为起诉的对象。

三、注册会计师承担法律责任的种类

注册会计师因违约、过失或欺诈给被审计单位或其他利害关系人造成损失的，按照有关法律和规定，可能被判负行政责任、民事责任或刑事责任。这3种责任可单处，也可并处。行政处罚对注册会计师个人来说，包括警告、暂停执业、吊销注册会计师证书；对会计师事务所而言，包括警告、没收违法所得、罚款、暂停执业、撤销等。民事责任主要是指赔偿受害人损失。刑事责任是指会计师事务所及注册会计师违法情节严重，且已构成犯罪的，要被依法追究并承担相应的刑事责任，主要包括处罚金、拘役、有期徒刑等。一般来说，因违约和过失可能使注册会计师负行政责任和民事责任，因欺诈可能会使注册会计师负民事责任和刑事责任。

四、国外注册会计师的法律责任

世界各国注册会计师的法律责任各不相同，这里主要以美国为例。美国注册会计师的法律责任主要源自习惯法和成文法。所谓习惯法，是指不是通过立法而是通过法院判例引申而成的各项法律；所谓成文法，则是由联邦或州立法机构以文字所制定的法律。在运用习惯法的案件中，法院甚至可以不按以往的判例而另行创立新的法律先例；但在运用成文法的案件中，法院只能按照有关法律的字面进行精确解释。

（一）习惯法下注册会计师的法律责任

根据习惯法，美国注册会计师对于委托单位、受益第三方及其他第三方应承担民事责任。

1. 习惯法下注册会计师对于委托单位的责任

在习惯法下，如果由于注册会计师的过失（即使是普通过失）给委托单位造成了经济损失，注册会计师对于委托单位就负有法律责任。一旦委托单位对注册会计师提起诉讼，委托单位就负有举证责任，即必须向法院证明其已受到损失，以及这种损失是由于注册会计师的过失造成的。

作为被告的注册会计师在受到指控时，注册会计师进行抗辩的理由包括：① 注册会计师本身并无过失，他执业时严格遵循执业准则的要求，保持职业谨慎；② 注册会计师虽有过失，但这种过失并不是委托单位受到损失的直接原因；③ 委托单位涉及共同过失。

共同过失的抗辩实际上也是表示注册会计师的过失并非委托单位受损的直接原因的一种方式。这种抗辩在美国视司法管辖区域而定，在某些州或许减少甚至全部免除注册会计师的责任。抗辩理由可以是几种理由或几种理由之一。

2. 习惯法下注册会计师对第三方的责任

在国外，注册会计师及事务所对第三方的法律责任一般都有比较明确的规定，并且指导了实际的民事赔偿案件的判决。美国注册会计师对第三方的赔偿责任非常明确，并区分了“主要受益第三方”和“其他第三方”。

（1）注册会计师对主要受益第三方的责任

主要受益第三方，又称主要受益人，主要是指合同（业务约定书）中指明的第三方。委托单位之所以能够取得归因于注册会计师普通过失的损害赔偿的权利,源于习惯法下有关合同的判例,受益第三方同样的具有委托单位和会计师事务所所签订合同中的权利,因而也享有同等的追索权。如果注册会计师的过失(包括普通过失)导致依赖审定财务报表的受益第三方造成了损失,受益第三方也可以指控注册会计师具有过失而向法院提起诉讼,追回遭受的损失。例如,被审计单位委托注册会计师对财务报表进行审计的目的是为了获取某家银行的贷款,如果被审计单位和会计师事务所签订的业务约定书中明确提到该贷款银行,按照习惯法规定,那么这家银行就是受益第三方,因此,贷款银行与合约双方享有同等追索权。如果注册会计师的过失(包括普通过失)给贷款银行造成了损失,贷款银行就可以指控注册会计师具有过失而向法院提起诉讼,追回遭受的损失。

(2) 注册会计师对于其他第三方的责任

其他第三方,是指依赖经审计的会计报表却没有合同约定的特定权利的第三方,又可分为必然预见第三方(即审计人员期望和准备影响的特定第三方)和合理预见第三方(即依赖审计人员意见的不明确的第三方)。例如,上例中注册会计师知道某家银行将利用审计报告,但并不知道是哪家,银行即为审计业务中的必然预见第三方;上例中,注册会计师只知道客户委托事务所审计的目的是申请贷款,那么银行就是可以合理预见的第三方。

注册会计师对于其他第三方的责任,习惯法下,主要是依据厄特马斯判例和其他一些判例。

1931 年美国厄特马斯公司对杜罗斯会计师事务所一案,是关于注册会计师对于第三方责任的一个划时代的案例,它确立了"厄特马斯主义"的传统做法。在这个案件中,被告杜罗斯会计师事务所对一家经营橡胶进口和销售的公司进行审计并出具了无保留意见的审计报告,但其后不久这家公司宣告破产。厄特马斯公司是这家公司的应收账款代理商(企业将应收账款直接卖给代理商以期迅速获得现金),根据注册会计师的审计意见曾给予它几次贷款。厄特马斯公司以未能查出应收账款中有 70 万美元系欺诈为由,指控会计师事务所具有过失。由于审计业务约定书中并未明确指出原告将利用经审计的财务报表,原告厄特马斯公司不属于主要受益第三方,加之审计工作又是按当时公认的审计程序进行的(当时并未要求对应收账款的余额进行函证),会计师事务所并不存在过失。因此,初审法院以事务所与债权人之间缺乏契约关系为由,驳回了原告对被告的指控,否决了注册会计师对主要受益人以外的第三方负有一般过失责任的说法。但纽约上诉法院认为,注册会计师除对明确的主要受益人承担一般过失责任外,如存在能构成推定欺诈的重大过失行为,还应对必然预见到的第二方承担责任。

可见,注册会计师对于未指明的第三方是否负有责任,"厄特马斯主义"的关键在于过失程度的大小。普通过失不负责任,而重大过失和欺诈则应负责任。但是,自 20 世纪 80 年代以来,许多法院扩大了"厄特马斯主义"的含义,判定具有普通过失的注册会计师对可以合理预测的第三方负有责任。所谓可以合理预测的第三方是指注册会计师在正常情况下可以预见将依赖财务报表的使用者。例如,资产负债表日有大额未归还的银行贷款,那么银行就是可以合理预测的第三方。在美国,目前关于习惯法下注册会计师对第三方的责任仍然处于不确定状态。一些司法权威仍然承认"厄特马斯主义"的优先地位,认为注册会计师仅因重大过失和欺诈对第三方负有责任;但同时也有些州的法庭坚持认为,具有普通过失的注册会计师对可以合理预期的第三方也负有责任。

习惯法下注册会计师对于第三方的责任案中,举证的责任方也在原告,即当原告(第三方)提起诉讼时,他必须向法院证明:① 他本身受到损失;② 他依赖了令人误解的已审财务报表;③ 这种依赖是他受到损失的直接原因;④ 注册会计师具有某种程度的过失。

(二)成文法下注册会计师对于第三方的责任

对其他第三方,在习惯法和成文法下注册会计师所负的民事责任有所差异。习惯法下,主要是按照厄特马斯判例和其他一些判例。成文法下,影响注册会计师执业行为的两项最重要的成文法是1933年《证券法》和1934年《证券交易法》,以及2002年《公众公司会计改革和投资者保护法案》(又称《萨班斯-奥克斯利法案》)等。

1.《证券法》(1933年)

在某种意义上,1933年《证券法》是在借鉴英国证券立法经验和美国各州立法的基础上产生的,被认为是一项主要规范信息披露的法案,其出发点是为新发行证券的潜在购买者提供信息,从而使购买者可以据以作出投资决策。证券法规定上市公司报表必须经过审计,同时该法也明确了注册会计师的法律责任,表现为:其一,只要注册会计师具有普通过失,就对第三方负有责任;其二,将不少举证责任由原告转往被告,原告(证券购买人)仅需证明他遭受了损失及登记表是令人误解的,而不需证明他依赖了登记表或注册会计师具有过失,这方面的举证责任转往被告(注册会计师)。该《证券法》将有追索权的第三方限定在一组有限的投资人——证券的原始购买人。

1933年《证券法》与以往美国习惯法规定的区别体现为:① 注册会计师与原告的合同关系不是必要条件,合同外的第三方也可以提起诉讼;② 第三方并不需要证实审计人员存在欺诈或重大过失行为,一般过失即为构成过失的要件;③ 过失举证责任倒置给注册会计师,原告只需证明存在重大不实的事实即可。

在1933年《证券法》里,注册会计师如欲避免承担原告损失的责任,必须向法院证明本身并无过失或他的过失并非原告受损的直接原因。因此,1933年《证券法》建立了注册会计师责任的最高水准,即注册会计师应当对其普通过失行为造成的损害负责,并在解脱责任时,必须提供证据证明其无辜,而非单单反驳原告的非难或指控。

2.《证券交易法》(1934年)

与1933年《证券法》相比,1934年《证券交易法》有如下特点:首先,1934年《证券交易法》既适用于已发行证券的买者,又适用于已发行证券的卖者,而1933年《证券法》仅适用于新发行证券的购买者;其次,从对证据的要求看,1934年《证券交易法》的18(a)部分要求原告举证的证据,多于1933年《证券法》第11部分的要求。

1934年《证券交易法》规定:每个在证券交易委员会管辖下的公开发行公司(具有100万美元以上的总资产和500位以上的股东),均须向证券交易委员会呈送经注册会计师审计过的年度财务报表。如果这些年度财务报表令人误解,呈送公司和它的注册会计师对于买卖公司证券的任何人负有责任,除非被告能证明其本身行为出于善意,且并不知道财务报表是虚伪不实或令人误解的。

与1933年《证券法》相比,1934年《证券交易法》涉及的财务报表和投资者数目增多。1933年《证券法》将注册会计师的责任限定在登记表中的财务报表和那些原始购买公司证券的投资者;但在1934年《证券交易法》中,注册会计师要对上市公司每年的年度财务报表和买卖公司证券的任何人负责。

不过,1934 年《证券交易法》对注册会计师的责任有所减轻。1934 年《证券交易法》规定:“除非被告能证明他本身行为出于善意,且并不知道财务报表是虚伪不实或令人误解的。”这就将注册会计师的责任限定在重大过失或欺诈行为,而 1933 年《证券法》则涉及注册会计师的普通过失。

1934 年《证券交易法》将大部分的举证责任也转往被告。但与 1933 年《证券法》不同的是,原告应当向法院证明他依赖了令人误解的财务报表,也就是说要证明这是他受损的直接原因。另外,1933 年《证券法》要求注册会计师证明他并无过失,而 1934 年《证券交易法》比较宽容,只要求注册会计师证明他的行为“出于善意”(即无重大过失和欺诈)就可以了。

3.《公众公司会计改革和投资者保护法案》(2002 年)

针对安然、世通等财务欺诈事件,2002 年美国国会出台了《公众公司会计改革和投资者保护法案》。该法案由美国众议院金融服务委员会主席奥克斯利和参议院银行委员会主席萨班斯联合提出,又被称作《萨班斯-奥克斯利法案》(简称萨班斯法案)。法案对美国 1933 年《证券法》、1934 年《证券交易法》作了不少修订,在会计职业监管、公司治理、证券市场监管等方面作出了许多新的规定。其中与注册会计师相关的内容主要包括:① 成立独立的公众公司会计监察委员会,监管执行公众公司审计职业;② 加强注册会计师的独立性;③ 加大公司的财务报告责任;④ 要求强化财务披露义务;⑤ 加重了违法行为的处罚措施。

五、中国注册会计师的法律责任

我国颁布的很多法律、法规、相关司法解释中,都有关于会计师事务所和注册会计师法律责任的条款,其中比较重要的有《中华人民共和国注册会计师法》《中华人民共和国公司法》《中华人民共和国证券法》《中华人民共和国刑法》,以及 1996 年 4 月 4 日最高人民法院发布的《关于会计师事务所为企业出具虚假验资证明如何处理的复函》和 2007 年 6 月 1 日最高人民法院发布的《关于审理涉及会计师事务所审计业务活动中民事侵权赔偿案件的若干规定》(以下简称《司法解释》)等。

(一)《注册会计师法》的规定

1. 民事责任规定

《注册会计师法》在第六章“法律责任”第 42 条中规定:“会计师事务所违反本法规定,给委托人、其他利害关系人造成损失的,应当依法承担赔偿责任。”

2. 行政责任规定

《注册会计师法》第 39 条规定:“会计师事务所违反本法第 20 条、第 21 条规定的,由省级以上人民政府财政部门给予警告,没收违法所得,并可以处违法所得 1 倍以上 5 倍以下的罚款;情节严重的,可以由省级以上人民政府财政部门暂停其经营业务或者予以撤销。注册会计师违反本法第 20 条、第 21 条规定的,由省级以上人民政府财政部门给予警告;情节严重的,可以由省级以上人民政府财政部门暂停其执行业务或者吊销注册会计师证书。”

3. 刑事责任规定

《注册会计师法》第 39 条规定:“会计师事务所、注册会计师违反本法第 20 条、第 21 条的规定,故意出具虚假的审计报告、验资报告,构成犯罪的,依法追究刑事责任。”

（二）《证券法》的规定

1. 民事责任规定

2005 年 12 月 29 日新修订的《证券法》第 173 条规定："证券服务机构为证券的发行、上市、交易等证券业务活动制作、出具审计报告、资产评估报告、财务顾问报告、资信评级报告或者法律意见书等文件，应当勤勉尽责，对所依据的文件资料内容的真实性、准确性、完整性进行核查和验证。其制作、出具的文件有虚假记载、误导性陈述或者重大遗漏，给他人造成损失的，应当与发行人、上市公司承担连带赔偿责任，但是能够证明自己没有过错的除外。"

2. 行政责任规定

《证券法》第 201 条规定："为股票的发行、上市、交易出具审计报告、资产评估报告或者法律意见书等文件的证券服务机构和人员，违反本法第 45 条的规定买卖股票的，责令依法处理非法持有的股票，没收违法所得，并处以买卖股票等值以下的罚款。"

《证券法》第 207 条规定："违反本法第 78 条第 2 款的规定，在证券交易活动中作出虚假陈述或者信息误导的，责令改正，处以 3 万元以上 20 万元以下的罚款；属于国家工作人员的，还应当依法给予行政处分。"

《证券法》第 223 条规定："证券服务机构未勤勉尽责，所制作、出具的文件有虚假记载、误导性陈述或者重大遗漏的，责令改正，没收业务收入，暂停或者撤销证券服务业务许可，并处以业务收入 1 倍以上 5 倍以下的罚款。对直接负责的主管人员和其他直接责任人员给予警告，撤销证券从业资格，并处以 3 万元以上 10 万元以下的罚款。"

《证券法》第 225 条规定："上市公司、证券公司、证券交易所、证券登记结算机构、证券服务机构，未按照有关规定保存有关文件和资料的，责令改正，给予警告，并处以 3 万元以上 30 万元以下的罚款；隐匿、伪造、篡改或者毁损有关文件和资料的，给予警告，并处以 30 万元以上 60 万元以下的罚款。"

3. 刑事责任规定

《证券法》第 231 条规定："违反本法规定，构成犯罪的，依法追究刑事责任。"

（三）《公司法》的规定

1. 民事责任规定

2005 年 12 月 29 日新修订的《公司法》第 208 条第 3 款规定："承担资产评估、验资或者验证的机构因其出具的评估结果、验资或者验证证明不实，给公司债权人造成损失的，除能够证明自己没有过错的外，在其评估或者证明不实的金额范围内承担赔偿责任。"

2. 行政责任规定

《公司法》第 208 条规定："承担资产评估、验资或者验证的机构提供虚假材料的，由公司登记机关没收违法所得，处以违法所得 1 倍以上 5 倍以下的罚款，并可以由有关主管部门依法责令该机构停业、吊销直接责任人员的资格证书，吊销营业执照。承担资产评估、验资或者验证的机构因过失提供有重大遗漏的报告的，由公司登记机关责令改正，情节较重的，处以所得收入 1 倍以上 5 倍以下的罚款，并可以由有关主管部门依法责令该机构停业、吊销直接责任人员的资格证书，吊销营业执照。"

3. 刑事责任规定

《公司法》第 216 条规定："违反本法规定，构成犯罪的，依法追究刑事责任。"

（四）《刑法》的规定

《刑法》第229条规定："承担资产评估、验资、验证、会计、审计、法律服务等职责的中介组织的人员故意提供虚假证明文件，情节严重的，处五年以下有期徒刑或者拘役，并处罚金。"

（五）相关司法解释

1996年4月4日最高人民法院发布了《关于会计师事务所为企业出具虚假验资证明如何处理的复函》，对出具验资证明的会计师事务所应对委托人、其他利害关系人承担民事赔偿责任作出规定，并引发了"验资诉讼风暴"。其后，又陆续发布了5个关于会计师事务所民事责任的司法解释，为人民法院正确审理涉及会计师事务所民事责任案件提供了重要的法律适用依据。2007年6月1日最高人民法院发布的《关于审理涉及会计师事务所审计业务活动中民事侵权赔偿案件的若干规定》是对审判实践中出现的新情况、新问题作出符合法律精神并切合实际的规定，具有里程碑式的意义。

1.《司法解释》作出的新规定

《司法解释》根据法律法规的精神，立足于既保护投资者合法利益又要为注册会计师行业提供健康的发展空间，在以下方面作出较新的规定：

① 明确侵权责任产生的根本原因；

② 明确利害关系人的范围；

③ 承认中国注册会计师执业准则的法律地位；

④ 统一适用过错推定原则和举证责任倒置分配模式；

⑤ 明确此类诉讼的条件和诉讼主体列置等程序规定；

⑥ 明确区分会计师事务所承担补充责任和连带责任的具体情形；

⑦ 强调过失比例责任和责任顺位；

⑧ 认定会计师事务所过错责任的具体指引；

⑨ 完善不承担责任和减轻责任的事由；

⑩ 强调审判程序的重要性。

2.《司法解释》就维护公众投资者和相对人等利害关系人利益的保障措施

维护公众投资者和相对人等利害关系人利益的保障措施主要包括：

① 侵权责任产生的原因，不仅包括验资业务，而且包括《注册会计师法》第十四条规定的会计报表、企业合并、分立及清算中的审计业务；

② 明确利害关系人的范围；

③ 统一过错推定原则和举证责任倒置分配模式，以减轻利害关系人的举证负担；

④ 规定事务所承担连带责任的情形，即故意情形及事务所和分支机构关系方面。

3.《司法解释》就保障注册会计师行业发展的措施

就保障注册会计师行业发展的措施有：

① 承认中国注册会计师执业准则的法律地位，为本司法解释的相关规定奠定基础；

② 明确此类诉讼的条件和诉讼主体列置等程序规定，防止滥诉；

③ 认定过错责任的具体操作规则即过错认定指引，以便准确认定会计师事务所的民事责任；

④ 完善不承担责任和减轻责任的事由，实现损失的公平分担。

六、避免法律诉讼的对策

注册会计师的职业性质决定了它是一个容易遭受法律诉讼的行业,那些蒙受损失的受害人总想通过起诉注册会计师尽可能使损失得以补偿。因此,法律诉讼一直是困扰着西方国家注册会计师职业界的一大难题。近年来,我国有关注册会计师的法律诉讼也有所增加。如何避免法律诉讼,降低审计风险,已成为我国注册会计师事业发展过程中非常值得关注的问题。

会计师事务所和注册会计师避免法律诉讼的对策可以概括为以下几点:

(一)严格遵循职业道德规范和执业准则的要求

严格遵循职业道德守则是注册会计师保护自身利益,避免法律诉讼最为基本的要求。注册会计师执业准则是对注册会计师行为和工作质量提出的最基本的要求和最低标准。注册会计师应当树立强烈的风险意识、责任意识和道德意识,保持应有的职业谨慎,严格遵循专业标准的要求执行工作、出具报告,对于避免法律诉讼极为重要。

(二)建立健全会计师事务所质量控制制度

质量管理是会计师事务所各项管理工作的核心和关键。审计质量控制规程越严密,审计风险就越能控制在可接受的范围之内。如果一个会计师事务所管理不严,很有可能因某一个人或某一个部门的原因导致整个会计师事务所遭受灭顶之灾。因此,会计师事务所必须建立、健全一套严密、科学的内部质量控制制度。例如,客户风险等级评价和受理制度、例外事项或重大事项的请示报告制度、质量考核评价与奖惩制度、三级复核制度、与委托人签约制度、注册会计师签名制度等,并把这套制度推行到每一个人、每一个部门和每一项业务,督促注册会计师按照专业标准的要求执业,以保证整个会计师事务所的质量。

(三)深入了解被审计单位,审慎选择被审计单位

中外注册会计师法律责任案例表明,注册会计师之所以未能发现错误或舞弊,一个重要的原因就是不够深入了解被审计单位,没有慎重地选择被审计单位。了解客户情况,主要是对客户所处的经济环境及所在行业的一般了解和对客户内部情况的具体了解。在选择被审计单位时,一是选择正直的被审计单位。如果被审计单位对其顾客、职工、政府部门或其他方面没有正直的品格,也必然会蒙骗注册会计师。二是对陷入财务和法律困境的被审计单位要尤为注意。三是对经营业绩异常优秀的被审计单位要注意其业绩的合理性。四是对有盈利压力的被审计单位要特别注意。

(四)提高注册会计师的综合素质,培训和督导助理人员

会计师事务所员工的素质与风险管理息息相关,只有提高审计人员的自身素质,才能降低审计风险,避免法律诉讼。因此,一方面,会计师事务所在招聘专业人员时,要严把质量关,不具备条件者决不能聘用;另一方面,当代社会知识更新的周期越来越短,新问题、新方法、新制度大量涌现,注册会计师的业务领域也在不断地拓展和深化。这就要求注册会计师必须适应时代的要求,按注册会计师协会的规定,不断接受后续教育,更新和提高专业知识,保持和发展专业技能,熟悉并掌握现行各种有关规定和实务标准,不断提高业务能力,才能在审计执业中减少审计失败。

审计工作大量依靠的是注册会计师的专业判断,专业判断需长期的积累。对于大多数

的审计项目来说,相当多的工作是由缺乏经验的助理人员来完成的。没有注册会计师的经验及由经验积累而成的判断,会计师事务所就要承担审计失败的风险。因此,为防止审计失败,会计师事务所必须严格要求助理人员的聘用条件,对他们进行有效的业务培训和道德教育,并在审计工作过程中对他们进行适当的监督和指导。

(五)与委托人签订业务约定书

我国《注册会计师法》第16条规定,注册会计师承办业务,会计师事务所应与委托人签订委托合同(即业务约定书)。业务约定书具有法律效力,是确定注册会计师和委托人的责任的一个重要文件。会计师事务所不论承办何种业务,都要按照业务约定书准则的要求与委托人签订业务约定书,这样才能在发生法律诉讼时将一切口舌争辩减少到最低限度。

(六)提取风险基金或购买责任保险

在西方,投保充分的责任保险是会计师事务所一项极为重要的保护措施。尽管保险不能免除可能受到的法律诉讼,但能防止或减少诉讼失败时会计师事务所发生的财务损失。我国《注册会计师法》也规定了会计师事务所应当按规定建立职业风险基金,办理职业保险。

(七)聘请律师

会计师事务所在可能的条件下,应当聘请熟悉相关法规及注册会计师法律责任的律师。在执业过程中如遇重大法律问题,注册会计师应同本所的律师或外聘律师详细讨论所有潜在的危险情况,并仔细考虑律师的建议,一旦发生法律诉讼,也应请有经验的律师参与诉讼。

避免法律诉讼,除了会计师事务所和注册会计师自身努力外,还需要各方的配合和共同努力。司法部门、注册会计师行业监管部门和各级注册会计师协会应从完善注册会计师法律责任体系、开展审计理论研究、制定和完善执业准则、建立保护注册会计师的机制、抵御不公正的法律诉讼、加强行业与公众的沟通,以及减少不必要的期望差距和制裁注册会计师违规行为等方面着手避免法律诉讼。

【名词与术语】

审计准则	质量控制准则	“深口袋”理论	错误	舞弊
违反法规行为	经营失败	审计失败	重大过失	共同过失
“厄特马斯主义”	萨班斯法案			

【思考题】

1. 中国注册会计师执业准则的特点有哪些?
2. 质量控制准则由哪些要素构成?主要内容是什么?
3. 萨班斯法案中与注册会计师法律责任相关的内容主要包括哪些方面?
4. 2007年6月1日最高人民法院发布的《关于审理涉及会计师事务所审计业务活动中民事侵权赔偿案件的若干规定》在注册会计师法律责任方面作出了哪些较新的规定?

第五章 审计目标与审计过程

本章导读

审计目标是在一定历史环境下，人们通过审计实践活动所期望达到的最终结果。本章从审计总体目标入手，介绍被审计单位管理层的认定、具体审计目标、审计程序与审计证据的关系，阐述实现审计目标的程序。

本章的重点是我国财务报表审计的总体目标和具体审计目标；难点是对各类交易和事项、期末账户余额和列报运用的认定与具体审计目标的关系。

通过本章的学习，了解财务报表审计总体目标的演变、财务报表审计的组织方式和审计目标的实现过程；理解我国财务报表审计总体目标的内容；掌握循环的划分及各循环之间的关系、管理层认定、具体审计目标的内容及与财务报表审计总体目标的关系。

第一节　财务报表审计总体目标与审计工作前提

一、财务报表审计总体目标

（一）财务报表审计总体目标的演变

审计目标是在一定历史环境下，审计主体通过审计实践活动所期望达到的境地或最终结果。审计目标构成了现代审计理论结构的基石，是整个审计工作的出发点和落脚点。一般认为，注册会计师审计的目标包括审计总体目标和具体审计目标两个层次。注册会计师审计自诞生以来，从其内容发展来说，主要经历了详细审计、资产负债表审计和财务报表审计3个阶段。审计目标随着审计环境的变化而变化，审计总体目标的演变大致可划分为以下3个阶段：

第一阶段，从注册会计师审计的产生一直到20世纪30年代，属于详细审计阶段，以查错防弊为主要审计目标。在此阶段，审计的功能主要是防护性，注册会计师通过对被审计单位一定时期内会计记录的逐一审查，判定有无技术错误和舞弊行为。企业主要通过审计来了解管理层履行其职责的情况。因此，“发现舞弊”被公认为是注册会计师审计的首要目标。

第二阶段，从20世纪30年代至60年代，属于资产负债表审计阶段，审计目标是对历史财务信息进行鉴证，但只限于对资产负债表所有项目余额的可靠性和真实性的审查。查错防弊这一目标依然存在，但已退居第二位，审计的功能从防护性发展为公证性。

第三阶段，20世纪60年代以来，属于财务报表审计阶段，审计目标不再限于查错防弊和历史财务信息公证，而是向管理领域有所深入和发展，增加了管理审计的内容，审计由静态审计发展到动态审计，形成了一套较为完整的审计理论和方法体系。值得注意的是，这一阶段也是“审计诉讼爆炸”的阶段，涉及企业管理人员舞弊的案件大量增加，由此给社会公众造成重大损失。社会公众出于保护自身利益的考虑，纷纷要求审计师将查错防弊作为审计的主要目标。审计职业界加重了审计师对舞弊所承担的责任，要求审计师对引起其怀疑的事项保持合理的职业谨慎态度，如果发现舞弊事项，审计师有义务对其作进一步调查。20世纪80年代以来，审计职业界开始对“舞弊责任”采取更加积极的态度，审计师开始承担在常规审计程序中发现、揭露可能存在的对财务报表信息有重大影响的舞弊，包括揭露管理层舞弊的责任。国际上著名的会计公司在不同程度上开始采用“风险导向审计”的审计模式，其审计目标就是降低信息风险。

尽管审计目标有了上述的变化，同时现代审计中的管理咨询、会计和税务服务的业务量也在日渐增加，但是注册会计师审计的主要职责始终是对被审计单位执行财务报表审计，其他性质的审计业务只是财务报表审计的延伸和发展。

（二）外国财务报表审计的总体目标

关于财务报表审计的总体目标，美国注册会计师协会和国际审计与鉴证准则理事会的表述不尽相同。

美国注册会计师协会认为：“独立注册会计师对财务报表的审计目标，是对财务报表是否按照公认会计原则公允地反映财务状况、经营成果和现金流量发表意见。”

国际审计与鉴证准则理事会认为:“财务报表审计的目标是能够使注册会计师对财务报表在所有重大方面是否按照确定的财务报告框架编制发表意见,发表意见的用词既可以是‘如实和公允反映实际情况’,也可以是‘在所有重大方面公允反映’,这两个术语等效。”

(三)我国财务报表审计的总体目标

1. 对财务报表发表审计意见

审计的目的是提高财务报表预期使用者对财务报表的信赖程度。这一目的可以通过注册会计师对财务报表是否在所有重大方面按照适用的财务报告编制基础编制发表审计意见得以实现。就大多数通用目的财务报告框架而言,注册会计师针对财务报表是否在所有重大方面按照财务报告编制基础编制并实现公允反映发表审计意见。注册会计师按照审计准则和相关职业道德要求执行审计工作,能够形成这样的意见。因此,在执行财务报表审计工作时,注册会计师的总体目标是:

① 对财务报表整体是否不存在由于舞弊或错误导致的重大错报获取合理保证,使得注册会计师能够对财务报表是否在所有重大方面按照适用的财务报告编制基础编制发表审计意见;

② 按照审计准则的规定,根据审计结果对财务报表出具审计报告,并与管理层和治理层沟通。

在任何情况下,如果不能获取合理保证,并且在审计报告中发表保留意见也不足以实现向财务报表预期使用者报告的目的,注册会计师应当按照审计准则的规定出具无法表示意见的审计报告,或者在法律法规允许的情况下终止审计业务或解除业务约定。

2. 审计意见的作用及其局限性

财务报表审计属于鉴证业务。注册会计师作为独立第三方,应当按照审计准则的规定,运用专业知识、技能和经验,对财务报表整体是否不存在由于舞弊或错误导致的重大错报获取合理保证,以作为发表审计意见的基础,旨在提高财务报表的可信赖程度。合理保证是一种高水平保证。当注册会计师获取充分、适当的审计证据将审计风险降至可接受的低水平时,就获取了合理保证。由于审计存在固有限制,注册会计师据以得出结论和形成审计意见的大多数审计证据是说服性而非结论性的,因此,审计只能提供合理保证,不能提供绝对保证。同时,由于注册会计师是针对财务报表整体发表审计意见,因此没有责任发现对财务报表整体影响并不重大的错报。

另外,虽然财务报表使用者可以根据财务报表和审计意见对被审计单位未来生存能力或管理层的经营效率和效果作出某种判断,但审计意见本身并不是对被审计单位未来生存能力或管理层经营效率、经营效果提供的保证。

3. 审计总体目标的导向作用

财务报表审计的目标对注册会计师的审计工作发挥着导向作用,它界定了注册会计师的责任范围,直接影响注册会计师计划和实施审计程序的性质、时间和范围,决定了注册会计师如何发表审计意见。例如,既然财务报表审计目标是对财务报表整体发表审计意见,注册会计师就可以只关注与财务报表编制和审计有关的内部控制,而不对内部控制本身发表鉴证意见。同样,注册会计师关注被审计单位的违反法规行为,是因为这些行为影响到财务报表,而不是对被审计单位是否存在违反法规行为提供鉴证。

二、财务报表审计工作前提

财务报表是由被审计单位管理层在治理层的监督下编制的。审计准则不对管理层或治理层设定责任，也不超越法律法规对管理层或治理层责任作出规定。管理层和治理层（如适用）认可与财务报表相关的责任，是注册会计师执行审计工作的前提，构成注册会计师按照审计准则的规定执行审计工作的基础。财务报表审计并不减轻管理层或治理层的责任。与管理层和治理层责任相关的执行审计工作的前提，是指管理层和治理层（如适用）认可并理解其应当承担下列责任，这些责任构成注册会计师按照审计准则的规定执行审计工作的基础：

① 按照适用的财务报告编制基础编制财务报表，并使其实现公允反映（如适用）；

② 设计、执行和维护必要的内部控制，以使财务报表不存在由于舞弊或错误导致的重大错报；

③ 向注册会计师提供必要的工作条件，包括允许注册会计师接触与编制财务报表相关的所有信息（如记录、文件和其他事项），向注册会计师提供审计所需的其他信息，允许注册会计师在获取审计证据时不受限制地接触其认为必要的内部人员和其他相关人员。

第二节　财务报表循环

一、财务报表审计的组织方式

审计是通过将财务报表划分为较小的部分或分块来执行的。这种划分使审计更便于管理，也有助于将审计任务在审计小组的不同成员之间进行分派。例如，绝大多数注册会计师都把销售收入和应收票据划分为不同的部分。每个部分都分别地但又不是完全独立地进行审计（例如，审计销售收入时可能会发现一笔重记的应收票据）。在完成每一部分，包括该部分与其他部分之间的关系的审计后，将审计结果进行汇总。这样，就能够形成对财务报表整体的结论。

分派审计工作有多种不同方法。一种方法是将报表中的每一个账户余额都划分为一个单独的分块，这种方法称为账户法（account approach）。这种分派方法通常缺乏效率，它将导致对一些密切相关的账户，如存货账户和销售成本账户，也进行独立审计。

对审计进行分派的一种常用方法，是将密切相关的一类交易和账户余额作为同一部分，这种方法称为循环法（cycle approach）。例如，销售、销售退回与折让、收现和坏账核销这 4 类交易均会引起应收账款的增减，因此，它们都属于销售与收款循环的构成部分。

通过对交易在日记账中的记录方法，及其在总账和财务报表中的汇总方法的思考，就能够理解采用循环法的逻辑。循环法将不同日记账中所记录的交易与那些交易产生的总账余额结合起来，因此从某种程度上说，它是审计工作中一种非常实用有效的方法。从日记账到财务报表的业务流程如图 5-1 所示。

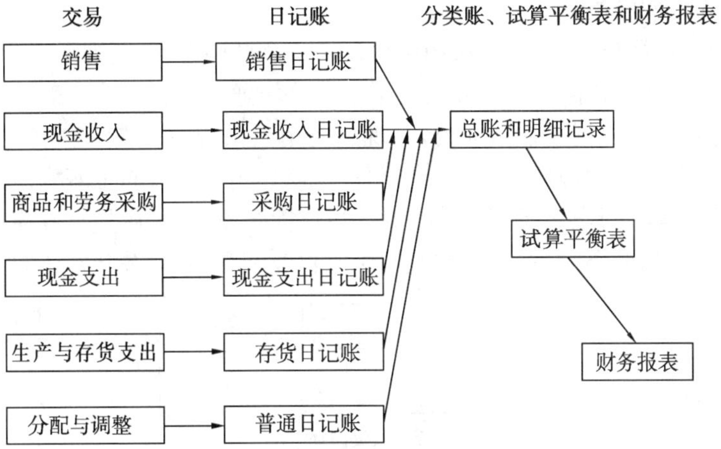

图 5-1　从日记账到财务报表的业务流程

二、循环的划分及各循环之间的关系

（一）循环的划分

注册会计师将一般企业的业务划分为 4 个循环：销售与收款循环、购货与付款循环、生产与存货循环和筹资与投资循环。每一个循环都非常重要，本书第十章至第十三章将对其进行详细介绍。公司循环划分表列示了交易循环划分、记账凭证种类与总账项目之间的相互关系（见表 5-1）。

表 5-1　公司循环划分表

循环	记账凭证主要种类	各循环包括的总账项目举例	
		资产负债表项目	利润表项目
销售与收款	收款 转账	应收票据、应收账款、长期应收款、预收款项、应交税费	营业收入、营业税金及附加、销售费用
购货与付款	付款 转账	预付款项、固定资产、在建工程、工程物资、固定资产清理、无形资产、开发支出、商誉、长期待摊费用、应付票据、应付账款、长期应付款	管理费用
生产与存货	付款 转账	存货（包括材料采购或在途物资、原材料、材料成本差异、库存商品、发出商品、商品进销差价、委托加工物资、委托代销商品、受托代销商品、周转材料、生产成本、制造费用、劳务成本、存货跌价准备、受托代销商品款等）、应付职工薪酬	营业成本
筹资与投资	收款 付款 转账	交易性金融资产、应收利息、应收股利、其他应收款、其他流动资产、可供出售金融资产、持有至到期投资、长期股权投资、投资性房地产、递延所得税资产、其他非流动资产、短期借款、交易性金融负债、应付利息、应付股利、其他应付款、其他流动负债、长期借款、应付债券、专项应付款、预计负债、递延所得税负债、其他非流动负债、实收资本（或股本）、资本公积、盈余公积、未分配利润	财务费用、资产减值损失、公允价值变动损益、投资收益、营业外收入、营业外支出、所得税费用

（二）各循环之间的关系

图5-2说明了各循环之间的关系，图中除列示4个循环之外，还列示了货币资金。除了公司成立和最后处置外，各循环没有开始或结束。公司通过获得资本（筹资与投资循环）开始（通常采用现金形式）。对于制造业公司，现金要用于采购原材料、固定资产和有关物资，以便生产存货（采购与付款循环）。为生产存货，现金还用于支付职工薪酬，发生其他生产费用，产品完工，验收入库，形成产成品存货（生产与存货循环）。随后是出售存货、开列账单和收回货款（销售与收款循环）。产生的现金用于支付股利和利息，并开始新的循环。

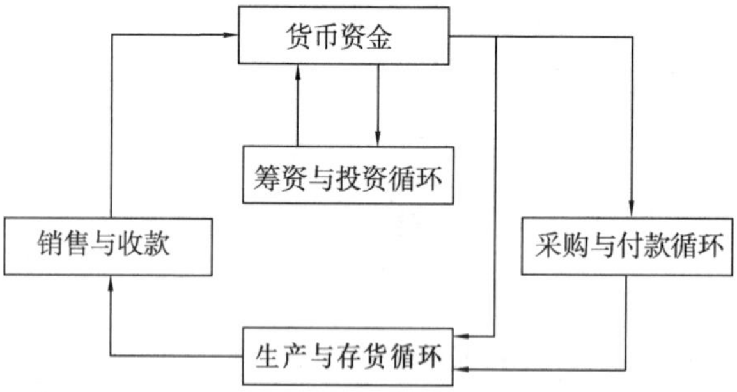

图5-2　4个循环之间的关系

在循环法下，注册会计师审计各个循环时，最有效的方法是在审计循环中各类交易及相关账户期末余额的基础上，合并形成对某类交易及其相关账户余额的保证水平。在注册会计师得出报表整体公允表达的结论之前，必须实现各类交易的审计目标和各个账户余额的审计目标。有关交易的审计目标和有关余额的审计目标尽管有所不同，却是紧密联系的。比如，资产负债表中“应收账款”项目属销售与收款循环，审计时应分别测试影响该账户的4类交易即销售、收现、销售退回与折让、坏账核销等交易和该账户的期末余额。

第三节　管理层认定与具体审计目标

一、审计总体目标、管理层认定与具体审计目标的关系

审计具体目标是总体目标的具体化，审计总体目标与具体审计目标没有明显的对应关系，它们由管理层认定来沟通。具体目标必须根据被审计单位管理层的认定和审计总体目标来确定。即要对财务报表发表审计意见（合法性、公允性），必须确认管理层认定是否正确；要确认管理层认定是否正确，必须证实相应具体审计目标正确。具体审计目标实现了，管理层认定也得到了证实。所有财务报表项目认定都得到了证实，就能对财务报表整体发表审计意见。审计总体目标、管理层认定与具体审计目标的关系如图5-3所示。

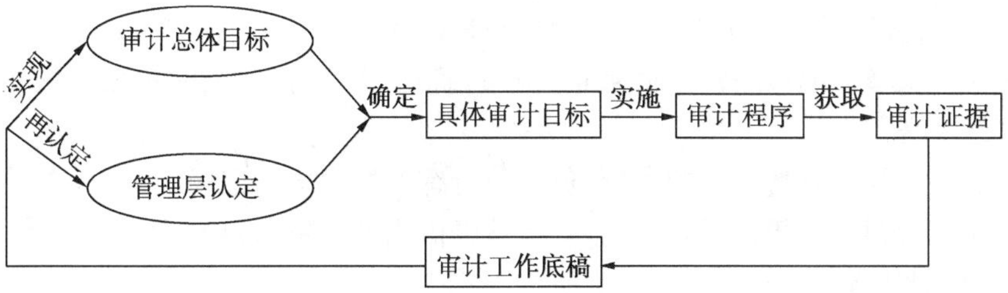

图 5-3　审计总体目标、管理层认定与具体审计目标的关系

二、管理层认定

（一）认定的含义

认定是指管理层对财务报表组成要素的确认、计量、列报作出的明确或隐含的表达。认定与审计目标密切相关。管理层对财务报表各组成要素均作出了认定，注册会计师的基本职责就是确定被审计单位管理层对其财务报表的认定是否恰当。注册会计师只有了解了认定，才能很容易确定每个项目的具体审计目标，并以此作为评估重大错报风险，以及设计和实施进一步审计程序的基础。

管理层在财务报表上的认定有些是明确表达的，有些则是隐含表达的。例如，管理层在资产负债表中列报存货及其金额，意味着作出了下列明确的认定：① 记录的存货是存在的；② 存货以恰当的金额包括在财务报表中，与之相关的计价或分摊调整已恰当记录。同时，管理层也作出下列隐含的认定：① 所有应当记录的存货均已记录；② 记录的存货都由被审计单位拥有；③ 存货的使用不受任何限制。如果在报表附注中注明存货已被质押，则权利认定是明示的，说明企业对存货的处置权受到限制；如果报表附注中没有类似说明，则权利认定是暗示的，即暗示企业可以随意处置存货。

假如上述5项认定中的任何一项有错误，那么财务报表就可能存在重要错报。管理层对财务报表中的资产、负债、所有者权益、收入和费用，以及这些会计要素中的每个项目都作了上述类似的认定。

（二）各类认定

注册会计师按照循环法执行审计，既要对构成期末余额的各类交易执行审计测试，也要对账户余额本身执行审计测试。注册会计师应当详细运用各类交易、账户余额、披露认定，作为评估重大错报风险及设计与实施进一步审计程序的基础。

1. 与各类交易和事项相关的认定

注册会计师对所审计期间的各类交易和事项运用的认定通常分为下列类别：

（1）发生：记录的交易和事项已发生且与被审计单位有关。

（2）完整性：所有应当记录的交易和事项均已记录。

（3）准确性：与交易和事项有关的金额及其他数据已恰当记录。

（4）截止：交易和事项已记录于正确的会计期间。

（5）分类：交易和事项已记录于恰当的账户。

2. 与期末账户余额相关的认定

注册会计师对期末账户余额运用的认定通常分为下列类别：

（1）存在：记录的资产、负债和所有者权益是存在的。

（2）权利和义务：记录的资产由被审计单位拥有或控制，记录的负债是被审计单位应当履行的偿还义务。

（3）完整性：所有应当记录的资产、负债和所有者权益均已记录。

（4）计价和分摊：资产、负债和所有者权益以恰当的金额包括在财务报表中，与之相关的计价或分摊调整已恰当记录。

3. 与披露相关的认定

注册会计师对披露运用的认定通常分为下列类别：

（1）发生及权利和义务：披露的交易、事项和其他情况已发生，且与被审计单位有关。

（2）完整性：所有应当包括在财务报表中的披露均已包括。

（3）分类和可理解性：财务信息已被恰当地列报和描述，且披露内容表述清楚。

（4）准确性和计价：财务信息和其他信息已公允披露，且金额恰当。

三、具体审计目标

注册会计师了解了认定，就很容易确定每个项目的具体审计目标，并以此作为评估重大错报风险，以及设计和实施进一步审计程序的基础。

（一）与各类交易和事项相关的审计目标

（1）发生：由发生认定推导出的审计目标是已记录的交易是真实的。例如，如果没有发生销售交易，但在销售日记账中记录了一笔销售，则违反了该目标。

发生认定所要解决的问题是管理层是否把那些不曾发生的项目记入财务报表，它主要与财务报表组成要素的高估有关。

（2）完整性：由完整性认定推导出的审计目标是已发生的交易确实已经记录。例如，如果发生了销售交易，但没有在销售日记账和总账中记录，则违反了该目标。

发生和完整性两者强调的是相反的关注点。发生目标针对潜在的高估，而完整性目标则针对低估（漏记交易）。

（3）准确性：由准确性认定推导出的审计目标是已记录的交易是按正确金额反映的。例如，如果在销售交易中，发出商品的数量与账单上的数量不符，或是开账单时使用了错误的销售价格，或是账单中的乘积或加总有误，或是在销售日记账中记录了错误的金额，则违反了该目标。

准确性与发生、完整性之间存在区别。例如，若已记录的销售交易是不应当记录的（如发出的商品是寄销商品），则即使发票金额是准确计算的，仍违反了发生目标。再如，若已入账的销售交易是对正确发出商品的记录，但金额计算错误，则违反了准确性目标，但没有违反发生目标。在完整性与准确性之间也存在同样的关系。

（4）截止：由截止认定推导出的审计目标是接近于资产负债表日的交易记录于恰当的期间。例如，如果本期交易推到下期，或下期交易提到本期，均违反了该目标。

（5）分类：由分类认定推导出的审计目标是被审计单位记录的交易经过适当分类。例如，如果将现销记录为赊销，将出售经营性固定资产所得的收入记录为营业收入，则导致交易分类的错误，违反了分类的目标。

（二）与期末账户余额相关的审计目标

（1）存在：由存在认定推导出的审计目标是记录的金额确实存在。例如，如果不存在某顾客的应收账款，在应收账款试算平衡表中却列入了对该顾客的应收账款，则违反了该目标。

（2）权利和义务：由权利和义务认定推导出的审计目标是资产归属于被审计单位的权利，负债属于被审计单位的义务。例如，将他人寄售商品记入被审计单位的存货中，违反了权利目标；将不属于被审计单位的债务记入账内，违反了义务目标。

（3）完整性：由完整性认定推导出的审计目标是已存在的金额均已记录。例如，如果存在某顾客的应收账款，在应收账款试算平衡表中却没有列入对该顾客的应收账款，则违反了完整性目标。

（4）计价和分摊：资产、负债和所有者权益以恰当的金额包括在财务报表中，与之相关的计价或分摊调整已恰当记录。

（三）与披露相关的审计目标

各类交易和账户余额的认定正确只是为列报正确打下了必要的基础，财务报表还可能因被审计单位误解有关披露的规定或舞弊等而产生错报。另外，还可能因被审计单位没有遵守一些专门的披露要求而导致错报。因此，即使注册会计师审计了各类交易和账户余额的认定，实现了各类交易和账户余额的具体审计目标，也不意味着获取了足以对财务报表发表审计意见的充分、适当的审计证据。因此，注册会计师还应当对各类交易、账户余额及相关事项在财务报表中披露的正确性实施审计。

（1）发生及权利和义务：将没有发生的交易、事项，或与被审计单位无关的交易、事项包括在财务报表中，则违反该目标。例如，复核董事会会议记录中是否记载了固定资产抵押等事项，询问管理层固定资产是否被抵押，即对列报的权利认定的运用。如果抵押固定资产则需要在财务报表中列报，说明其权利受到限制。

（2）完整性：如果应当披露的事项没有包括在财务报表中，则违反该目标。例如，检查关联方和关联交易，以验证其在财务报表中是否得到充分披露，即对列报的完整性认定的运用。

（3）分类和可理解性：财务信息已被恰当地披露和描述，且披露内容表述清楚。例如，检查存货的主要类别是否已披露，是否将一年内到期的长期负债列为流动负债，即对披露的分类和可理解性认定的运用。

（4）准确性和计价：财务信息和其他信息已公允披露，且金额恰当。例如，检查财务报表附注是否分别对原材料、在产品和产成品等存货成本核算方法做了恰当说明，即对披露的准确性和计价认定的运用。

注册会计师在确定具体审计目标时，除了上述目标外，还需要考虑总体合理性目标。总体合理性目标是指注册会计师根据所掌握的信息，从总体上评价被审计单位财务报表项目金额是否合理。总体合理性测试的目的，是帮助注册会计师评价账户余额中是否存在重要错报。如果总体评价不能令注册会计师满意，则必须关注上述其他相关的具体审计目标。

管理层认定与具体审计目标的关系如表 5-2 所示。

表 5-2　管理层认定与具体审计目标的关系

新的认定	审计目标	关注事项	涉及报表项目
报表项目整体	总体合理性	报表项目总体上是否合理	余额、主营业务收入、主营业务成本
存在、发生	存在、发生(真实性)	有无高估错误	余额、交易、披露
完整性	完整性	有无低估错误	余额、交易、披露
权利和义务	权利和义务(所有权)	是否影响所有权、处置权	余额、披露
计价和分摊	计价和分摊	净值、计价方法是否正确,勾稽关系是否存在	余额、披露
截止	截止	入账时间是否正确	交易
准确性	准确性	发生价值和计算金额是否正确	交易、披露
分类	分类	入账科目、项目列示是否正确	交易、披露
可理解性	可理解性(披露)	报表附注披露是否正确完整	余额、披露

从上表可以看出,管理层认定与具体审计目标存在明显的对应关系,或者两者是同一用语,只是管理层认定是针对被审计单位而言,具体审计目标是针对注册会计师而言;具体审计目标与审计证据、审计程序存在密切的关系,审计程序就是采用各种方法获取审计证据,证实具体审计目标,最终实现审计的总体目标。

应当说明的是,收集审计证据贯穿于审计工作的全过程。在审计工作的不同阶段,注册会计师通过收集充分、适当的审计证据来证实企业管理层对财务报表的认定是否正确,进而对财务报表作出恰当的审计意见。具体目标是针对被审计单位的具体情况而确定的。注册会计师在确定具体审计目标时,应充分考虑以下基本因素:① 被审计单位的经营状况;② 被审计单位经济活动的性质;③ 被审计单位所属行业的特殊会计实务等。

第四节　审计目标的实现过程

注册会计师必须获取充分适当的审计证据,以验证财务报表中所有的管理层认定,这一工作是通过获取证据,支持与交易相关的审计目标和与余额相关的审计目标的一些适当组合来完成的。注册会计师根据审计过程来计划审计目标的适当组合及实现这些目标所必须获取的证据。审计过程是指审计工作从开始到结束的整个过程,以便保证所获取的证据既充分又适当,并且所有恰当的审计目标既明确又得以实现。审计目标的实现过程包括以下具体阶段:

一、接受业务委托

会计师事务所应当按照执业准则的规定,谨慎决策是否接受或保持某客户关系和具体审计业务。在接受委托前,注册会计师应当初步了解审计业务环境,包括业务约定事项、审计对象特征、使用的标准、预期使用者的需求、责任方及其环境的相关特征,以及可能对审计业务产生重大影响的事项、交易、条件和惯例等其他事项。

接受业务委托阶段的主要工作包括:了解和评价审计对象的可审性;决策是否考虑接受委托;商定业务约定条款;签订审计业务约定书等。

二、计划审计工作

为了保证审计目标的实现,注册会计师必须在具体执行审计程序之前,制订审计计划,对审计工作进行科学、合理的计划与安排。科学、合理的审计计划可以帮助注册会计师有的放矢地去审查和取证,形成正确的审计结论;可以使审计成本保持在合理的水平上,提高审计工作的效率。一般来说,计划审计工作主要包括:在本期审计业务开始时开展的初步业务活动;制定总体审计策略;制订具体审计计划等。计划审计工作不是审计业务的一个孤立阶段,而是一个持续的、不断修正的过程,贯穿于整个审计过程的始终。

三、实施风险评估程序

风险评估程序是必要程序,了解被审计单位及其环境特别是为注册会计师在许多关键环节作出职业判断提供了重要基础。了解被审计单位及其环境实际上是一个连续和动态地收集、更新与分析信息的过程,贯穿于整个审计过程的始终。注册会计师应当运用职业判断确定需要了解被审计单位及其环境的程度。一般来说,实施风险评估程序的主要工作包括:了解被审计单位及其环境;识别和评估财务报表层次,以及各类交易、账户余额、披露认定层次的重大错报风险,包括确定需要特别考虑的重大错报风险(即特别风险),以及仅通过实施实质性程序无法应对的重大错报风险等。

四、实施控制测试和实质性程序

注册会计师实施风险评估程序本身并不足以为发表审计意见提供充分、适当的审计证据,注册会计师还应当实施进一步审计程序,包括实施控制测试(必要时或决定测试时)和实质性程序。注册会计师评估财务报表重大错报风险后,应当运用职业判断,针对评估的财务报表层次重大错报风险确定总体应对措施,并针对评估的认定层次重大错报风险设计和实施进一步审计程序,以将审计风险降至可接受的低水平。

五、完成审计工作和编制审计报告

注册会计师在完成财务报表所有循环的进一步审计程序后,还应当按照有关审计准则的规定做好审计完成阶段的工作,并根据所获取的各种证据,合理运用专业判断,形成适当的审计意见。这一阶段主要工作有:审计期初余额、比较数据、期后事项和或有事项;考虑持续经营问题和获取管理层声明;汇总审计差异,并提请被审计单位调整或披露;复核审计工作底稿和财务报表;与管理层和治理层沟通;评价所有审计证据,形成审计意见;编制审计报告等。

第五节　审计业务约定书

一、审计业务约定书的含义

（一）审计业务约定书的含义

审计业务约定书是指会计师事务所与被审计单位签订的,用以记录和确认审计业务的委托与受托关系、审计目标和范围、双方的责任及报告的格式等事项的书面协议。

审计业务约定书的含义可从以下几方面加以理解:

（1）签约主体通常是会计师事务所和被审计单位,但也存在委托人与被审计单位不是同一方的情形,在这种情形下,签约主体通常还包括委托人;

（2）约定内容主要涉及审计业务的委托与受托关系、审计目标和范围、双方责任及报告的格式;

（3）文件性质属于书面协议,具有委托合同的性质,一经有关签约主体签字或盖章,在各签约主体之间即具有法律约束力。

（二）签订审计业务约定书的总体要求

注册会计师(这里的注册会计师是指与委托人签订审计业务约定书的会计师事务所)应当在审计业务开始前,与被审计单位就审计业务约定条款达成一致意见,并签订审计业务约定书,以避免双方对审计业务的理解产生分歧。

如果被审计单位不是委托人,在签订审计业务约定书前,注册会计师应当与委托人、被审计单位就审计业务约定相关条款进行充分沟通,并达成一致意见。

二、审计业务约定书的内容

注册会计师应当就审计业务约定条款与管理层或治理层(如适用)达成一致意见。注册会计师应当将达成一致意见的审计业务约定条款记录于审计业务约定书或其他适当形式的书面协议中。审计业务约定书的具体内容因被审计单位的不同而存在差异,但应当包括下列主要方面:

（1）财务报表审计的目标与范围;

（2）注册会计师的责任;

（3）管理层的责任;

（4）用于编制财务报表所适用的财务报告编制基础;

（5）注册会计师拟出具的审计报告的预期形式和内容,以及在特定情况下对出具的审计报告可能不同于预期形式和内容的说明。

如果法律法规足够详细地规定了审计业务约定条款，注册会计师除了记录适用的法律法规及管理层认可并理解其责任的事实外，不必将上述规定的事项记录于书面协议。

三、审计业务约定书的特殊考虑

（一）在情况需要时应当考虑增加的业务约定条款

如果情况需要，注册会计师应当考虑在审计业务约定书中列明下列内容：

（1）详细说明审计工作的范围，包括提及适用的法律法规、审计准则，以及注册会计师协会发布的职业道德守则和其他公告；

（2）对审计业务结果的其他沟通形式；

（3）说明由于审计和内部控制的固有限制，即使审计工作按照审计准则的规定得到恰当的计划和执行，仍不可避免地存在某些重大错报未被发现的风险；

（4）计划和执行审计工作的安排，包括审计项目组的构成；

（5）管理层确认将提供书面声明；

（6）管理层同意向注册会计师及时提供财务报表草稿和其他所有附带信息，以使注册会计师能够按照预定的时间表完成审计工作；

（7）管理层同意告知注册会计师在审计报告日至财务报表报出日之间注意到的可能影响财务报表的事实；

（8）收费的计算基础和收费安排；

（9）管理层确认收到审计业务约定书并同意其中的条款；

（10）在某些方面对利用其他注册会计师和专家工作的安排；

（11）对审计涉及的内部审计人员和被审计单位其他员工工作的安排；

（12）在首次审计的情况下，与前任注册会计师（如存在）沟通的安排；

（13）说明对注册会计师责任可能存在的限制；

（14）注册会计师与被审计单位之间需要达成进一步协议的事项；

（15）向其他机构或人员提供审计工作底稿的义务。

（二）组成部分的审计

如果母公司的注册会计师同时也是组成部分的注册会计师，需要考虑组成部分注册会计师的委托人、是否对组成部分单独出具审计报告、与审计委托相关的法律法规的规定、母公司占组成部分的所有权份额和组成部分管理层相对于母公司的独立程度等因素，决定是否向组成部分单独致送审计业务约定书。

（三）连续审计

对于连续审计，注册会计师应当根据具体情况评估是否要求对审计业务约定条款作出修改，以及是否需要提醒被审计单位注意现有的条款。注册会计师可以决定不在每期都致送新的审计业务约定书或其他书面协议。然而下列因素可能导致注册会计师修改审计业务约定条款，或提醒被审计单位注意现有的业务约定条款：

（1）有迹象表明被审计单位误解审计目标和范围；

（2）需要修改约定条款或增加特别条款；

（3）被审计单位高级管理人员近期发生变动；

（4）被审计单位所有权发生重大变动；

（5）被审计单位业务的性质或规模发生重大变化；

（6）法律法规的规定发生变化；

（7）编制财务报表采用的财务报告编制基础发生变更；

（8）其他报告要求发生变化。

（四）审计业务约定条款的变更

1. 考虑变更业务的适当性

在完成审计业务前，如果被审计单位或委托人要求将审计业务变更为保证程度较低的业务，注册会计师应当确定是否存在合理理由予以变更。

下列原因可能导致被审计单位要求变更业务：

（1）环境情况变化对审计服务的需求产生影响。例如，某企业为了公开发行股票需要进行审计，由于情况变化，该企业决定不再上市，因此要求将审计业务变更为保证程度较低的审阅业务。

（2）对原来要求的审计业务的性质存在误解。例如，某广告公司在与其客户就广告项目签约时，约定广告公司发生的与该项目有关的支出均由该客户承担。根据这一约定，广告公司聘请注册会计师对其财务报表进行审计。但在审计过程中，广告公司了解到注册会计师审计的目标是对财务报表是否在所有重大方面按照适用的财务报告编制基础编制发表审计意见，而不是对客户关心的事项进行特别报告。广告公司在与其客户沟通之后，提出将审计业务变更为对特定支出明细表执行商定程序业务。

（3）无论是管理层施加的还是其他情况引起的审计范围存在限制。例如，在实施审计过程中，注册会计师无法通过函证等程序对应收账款期末余额获取充分、适当的审计证据。为避免注册会计师出具保留意见或无法表示意见的审计报告，被审计单位要求注册会计师将约定的审计业务变更为审阅业务。

上述第 1 项和第 2 项通常被认为是变更业务的合理理由，但如果有迹象表明该变更要求与错误的、不完整的或者不能令人满意的信息有关，注册会计师不应认为该变更是合理的。

2. 不同意变更业务的处理

如果审计业务约定条款发生变更，注册会计师应当与管理层就新的业务约定条款达成一致意见，并记录于业务约定书或其他适当形式的书面协议中。

在缺乏合理理由的情况下，注册会计师不应同意变更审计业务约定条款。如果注册会计师不同意变更审计业务约定条款，而管理层又不允许继续执行原审计业务，注册会计师应当：① 在适用的法律法规允许的情况下，解除审计业务约定；② 确定是否有约定义务或其他义务向治理层、所有者或监管机构等报告该事项。

3. 变更为审阅业务或相关服务业务的要求

在同意将审计业务变更为其他服务业务前，注册会计师还应当考虑变更业务对法律责任或业务约定条款的影响。

如果注册会计师认为将审计业务变更为审阅业务或相关服务业务具有合理理由，截至变更日已执行的审计工作可能与变更后的业务相关，相应地，注册会计师需要执行的工作和出具的报告会适用于变更后的业务，这种情况下可将审计业务变更为其他服务业务。

为避免引起报告使用者的误解，报告不应提及原审计业务和在原审计业务中已执行的程序。只有将审计业务变更为执行商定程序业务，注册会计师才可在报告中提及已执行的程序。

【名词与术语】

审计总体目标　　具体审计目标　　账户法　　循环法　　管理层认定
审计业务约定书

【思考题】

1. 我国注册会计师审计的总体目标是什么？有何导向作用？
2. 被审计单位管理层的认定、具体审计目标、审计程序与审计证据相互之间关系如何？
3. 与各类交易和事项、与期末账户余额和与披露等相关的认定有哪些？它们与具体审计目标关系如何？
4. 审计目标的实现过程包括哪些阶段？每一阶段有哪些具体工作？

第六章 审计证据与审计工作底稿

本章导读

获取审计证据、编制工作底稿是进入审计实施阶段以后审计人员的主要工作。本章从审计证据的含义和特征入手,分析获取审计证据的审计程序的类型;在介绍审计工作底稿概念的基础上,分析审计工作底稿的内容、格式、归档要求及时限等。

本章的重点是对获取审计证据的审计程序的类型的理解;难点是如何正确把握审计证据充分性、适当性的内涵、影响因素及相互关系。

通过本章的学习,了解审计工作底稿变动的处理方法和审计档案的形成;理解审计证据的特征;掌握审计证据、审计工作底稿的概念、获取审计证据的审计程序的类型和审计工作底稿的编制方法。

第一节 审计证据

获取和评价审计证据是注册会计师得出审计结论、支撑审计意见的基础。为了规范注册会计师在财务报表审计中获取审计证据的内容、数量和质量,以及获取审计证据所需实施的审计程序,中国注册会计师协会拟订了《中国注册会计师审计准则第1301号——审计证据》,经财政部批准予以实施。注册会计师应按该准则的要求,做好审计证据的获取、整理和分析工作。

一、审计证据的概念

(一)审计证据的定义

审计证据是指注册会计师为了得出审计结论、形成审计意见而使用的信息,包括构成财务报表依据的会计记录所含有的信息和其他信息。

依据会计记录编制财务报表是被审计单位管理层的责任,注册会计师应当测试会计记录以获取审计证据。

(二)审计证据的构成内容

审计证据包括构成财务报表基础的会计记录所含有的信息和其他信息。

构成财务报表基础的会计记录所含有的信息一般包括对初始会计分录形成的记录和支持性记录,例如:支票、电子资金转账记录、发票和合同;总分类账、明细分类账、会计分录,以及对财务报表予以调整但未在账簿中反映的其他分录;支持成本分配、计算、调节和披露的手工计算表和电子数据表。上述会计记录是编制财务报表的基础,构成注册会计师执行财务报表审计业务所需获取的审计证据的重要部分。

构成财务报表基础的会计记录所含有的信息本身并不足以提供充分的审计证据作为对财务报表发表审计意见的基础,注册会计师还应当获取用作审计证据的其他信息。可用作审计证据的其他信息包括:注册会计师从被审计单位内部或外部获取的会计记录以外的信息,如被审计单位会议记录、内部控制手册、询证函的回函、分析师的报告、与竞争者的比较数据等;通过询问、观察和检查等审计程序获取的信息,如通过检查存货获取存货存在性的证据等;以及自身编制或获取的可以通过合理推断得出结论的信息,如注册会计师编制的各种计算表、分析表等。

构成财务报表依据的会计记录所包含的信息和其他信息共同构成了审计证据,两者缺一不可。如果没有前者,审计工作将无法进行;如果没有后者,可能无法识别重大错报风险。只有将两者结合在一起,才能将审计风险降至可接受的低水平,为注册会计师发表审计意见提供合理基础。

二、审计证据的特征

审计证据说服力的两个决定因素是充分性和适当性,也是审计证据的两个基本特征。

注册会计师应当获取充分、适当的审计证据,以得出合理的审计结论,作为形成审计意见的基础。注册会计师应当保持职业怀疑态度,运用职业判断,评价审计证据的充分性和适当性。

(一)审计证据的充分性

审计证据的充分性是对审计证据数量的衡量。注册会计师需要获取的审计证据的数量受其对重大错报风险评估的影响,并受审计证据质量的影响。审计人员判断审计证据是否充分,应当考虑下列主要因素。

1. 错报风险

审计风险由重大错报风险和检查风险两部分组成。审计人员判断审计证据是否充分、适当,应考虑的是重大错报风险。一般来说,在可接受的审计风险水平一定的情况下,重大错报风险越大,所需获取的证据数量就多,审计人员就应实施越多的测试工作,将检查风险降至可接受水平,以将审计风险控制在可接受的低水平范围内;反之,所需证据数量就少。可见,审计人员对重大错报风险的估计水平与所需证据的数量是同向变动关系。例如,注册会计师对某电脑公司进行审计,经过分析认为,受被审计单位行业性质的影响,存货陈旧的可能性相当高,存货计价的错报可能性就比较大。为此,注册会计师在审计中,就要选取更多的存货样本进行测试,以确定存货陈旧的程度,从而确认存货的价值是否被高估。

错报风险具体又受项目的性质、内部控制的性质和强弱、业务经营性质、管理层的可信赖程度、财务状况和是否时常更换会计师事务所等因素影响。

2. 具体审计项目的重要性

审计项目越重要,对审计证据充分性的要求也就越高,审计人员就需要获取更多数量的审计证据来支持其审计结论或意见。否则,一旦出现判断错误,就会影响审计人员对审计整体的判断,从而导致审计人员的整体判断失误。相对而言,对于不太重要的审计项目,即使审计人员出现判断上的偏差,也不致引发审计人员的整体判断失误,因而审计人员可减少审计证据的数量。

3. 审计人员的审计经验

审计人员如果具有丰富的审计经验,便可以从较少的审计证据中判断出被审事项是否存在错误或舞弊行为,相对来说,就可以减少对审计证据数量的依赖程度。反之,当审计人员缺乏审计经验时,少量的审计证据就不一定能使其发现被审计事项是否存在错误或舞弊行为。在这种情况下,审计人员应注意提高审计证据的质量,增加审计证据的数量。

4. 审计过程中是否发现错误或舞弊

一旦审计过程中发现被审计事项存在着错误或舞弊的行为,则被审计单位整体会计报表存在问题的可能性就增大。因此,审计人员应增加审计证据的数量,以确保能作出合理的审计结论,形成恰当的审计意见。

5. 审计证据的类型与获取途径

如果大多数审计证据都是从独立于被审计单位的第三者获取的,而且这些证据本身不易伪造,则审计证据的质量较高,相对而言,审计人员所要获取的审计证据的数量就可减少;否则,审计证据的数量就要增加。

此外,审计人员判断证据的充分性还应考虑经济因素和总体规模与特征。由于审计工作受到经济限制,审计人员必须以合理的时间和合理的成本取得充分的证据。因此,审计人员在审计过程中应考虑时间和成本的增加能否给审计证据的数量和质量带来相当的效益。如果受到时间、空间或成本的限制，审计人员不能获得最为理想的审计证据，就应当考虑通过其他的途径或用其他充分、有效的审计证据来替代。再者，在现代审计中，对很多财务报表项目都采用抽样的方法来获取证据，一般来说，抽样总体规模越大，所需证据的数量就越多。同时，审计人员对不同质的总体可能比对同质的总体需要较大的样本量和更多的证据信息。

（二）审计证据的适当性

1. 审计证据的适当性的含义

审计证据的适当性是对审计证据质量的衡量，即审计证据在支持审计意见所依据的结论方面具有的相关性和可靠性。相关性和可靠性是审计证据适当性的核心内容，只有相关且可靠的审计证据才是高质量的。在设计和实施审计时，注册会计师应当考虑用作审计证据的信息的相关性和可靠性。

2. 审计证据的相关性

所谓相关性，是指审计证据应当与审计目标相关。审计人员只能利用与审计目标相关联的审计证据来证明或否定被审计单位所认定的事项。在审计实务中，审计人员一方面要根据不同的审计目标收集不同的审计证据，另一方面要根据已收集的审计证据去评价相关的审计目标。例如，注册会计师在审计过程中怀疑被审计单位发出存货却没有给顾客开票，需要确认销售是否完整。注册会计师应当从发货单中选取样本，追查与每张发货单相应的销售发票副本，以确定是否每张发货单均已开具发票。如果注册会计师从销售发票副本中选取样本，并追查至与每张发票相应的发货单，由此所获得的证据与完整性目标就不相关。

审计证据是否相关必须结合具体审计目标来考虑。在确定审计证据的相关性时，审计人员应当考虑下列原则：

（1）特定的审计程序可能只为某些认定提供相关的审计证据，而与其他认定无关。例如，检查期后应收账款收回的记录和文件，可以提供有关存在和计价的审计证据，但是不一定与期末截止是否适当相关。

（2）针对同一项认定可以从不同来源获取审计证据或获取不同性质的审计证据。例如，分析应收账款的账龄和应收账款的期后收款情况，可获取与坏账准备计价有关的审计证据。

（3）只与特定认定相关的审计证据并不能替代与其他认定相关的审计证据。例如，有关存货实物存在的审计证据并不能够替代与存货计价相关的审计证据。

3. 审计证据的可靠性

审计证据的可靠性是指审计证据的可信程度，审计证据应能如实反映客观事实。审计证据的可靠性受其来源和性质的影响，并取决于获取审计证据的具体环境。例如，注册会计师亲自检查存货所获得的证据，就比被审计单位管理层提供给注册会计师的存货数据更可靠。审计人员在判断审计证据的可靠性时，通常可以考虑下列原则：

（1）从被审计单位外部独立来源获取的审计证据比从其他来源获取的审计证据更可靠。从被审计单位外部独立来源获取的审计证据由完全独立于被审计单位的机构或人士编制并提供，未经被审计单位有关职员之手，从而减少了伪造、更改凭证或业务记录的可能性，因而其证明力最强。此类证据如银行询证函回函、应收账款询证函回函等。相反，从其他来源获取的审计证据,由于证据提供者与被审计单位存在经济或行政关系等原因,其可靠性应受到质疑。此类证据如被审计单位内部的会计记录、会议记录等。

(2) 内部控制有效时内部生成的审计证据比内部控制薄弱时内部生成的审计证据更可靠。如果被审计单位有着健全的内部控制且在日常管理中得到一贯地执行,会计记录的可信赖程度将会增加。如果被审计单位的内部控制薄弱,甚至不存在任何内部控制,被审计单位内部凭证记录的可靠性就大为降低。例如,如果与销售业务相关的内部控制有效,注册会计师就能从销售发票和发货单中取得比内部控制不健全时更加可靠的审计证据。

(3) 直接获取的审计证据比间接获取或推论得出的审计证据更可靠。例如,注册会计师观察某项控制的运行得到的证据比询问被审计单位某项内部控制的运行得到的证据更可靠。间接获取的证据有被涂改及伪造的可能性,降低了可信赖程度。推论得出的审计证据,主观性较强,人为因素较多,可信赖程度也受到影响。

(4) 以文件、记录形式(无论是纸质、电子或其他介质)存在的审计证据比口头形式的审计证据更可靠。例如,会议的同步书面记录比对讨论事项事后的口头表述更可靠。口头证据本身并不足以证明事实的真相,仅仅提供一些重要的调查确认线索。如注册会计师在对应收账款进行账龄分析后,可以向应收账款负责人询问逾期应收账款收回的可能性。如果该负责人的意见与注册会计师自行估计的坏账损失基本一致,则这一口头证据就可成为证实注册会计师对有关坏账损失的判断的重要证据。但在一般情况下,口头证据往往需要得到其他相应证据的支持。

(5) 从原件获取的审计证据比从复印、传真或通过拍摄、数字化或其他方式转化成电子形式的文件获取的审计证据更可靠。注册会计师可审查原件是否有被涂改或伪造的迹象,排除伪证,提高证据的可信赖程度。而传真件或复印件容易是变造或伪造的结果,可靠性较低。

通常情况下,注册会计师以函证方式直接从被询证者获取的审计证据,比被审计单位内部生成的审计证据更可靠。通过函证等方式从独立来源获取的相互印证的信息,可以提高注册会计师从会计记录或管理层书面声明中获取的审计证据的保证水平。

审计人员在按照上述原则评价审计证据的可靠性时,还应当注意可能出现的重要例外情况。例如,审计证据虽是从独立的外部来源获得,但如果该证据是由不知情者或不具备资格者提供,审计证据也可能是不可靠的。同样,如果注册会计师不具备评价证据的专业能力,那么即使是直接获取的证据,也可能不可靠。

此外,客观程度越高的证据越可靠,越及时的证据越可靠。

(三) 充分性和适当性之间的关系

充分性和适当性是审计证据的两个重要特征,两者缺一不可,只有充分且适当的审计证据才是有证明力的。

审计人员需要获取的审计证据的数量也受审计证据质量的影响。审计证据质量越高,需要的审计证据数量可能越少。也就是说,审计证据的适当性会影响审计证据的充分性。例如,被审计单位内部控制健全时生成的审计证据更可靠,注册会计师只需获取适量的审计证据,就可以为发表审计意见提供合理的基础。

需要注意的是,尽管审计证据的充分性和适当性相关,但如果审计证据的质量存在缺陷,那么审计人员仅靠获取更多的审计证据可能无法弥补其质量上的缺陷。例如,注册会计师应当获取与销售收入完整性相关的证据,实际获取到的却是有关销售收入真实性的证据,审计证据与完整性目标不相关,即使获取的证据再多,也证明不了收入的完整性。同样,如果注册会计师获取的证据不可靠,那么证据数量再多也难以起到证明作用。

(四)评价充分性和适当性时的特殊考虑

1. 对文件记录可靠性的考虑

审计工作通常不涉及鉴定文件记录的真伪,审计人员也不是鉴定文件记录真伪的专家,但应当考虑用作审计证据的信息的可靠性,并考虑与这些信息生成与维护相关的控制的有效性。

如果在审计过程中识别出的情况使其认为文件记录可能是伪造的,或文件记录中的某些条款已发生变动,注册会计师应当做进一步调查,包括直接向第三方询证,或考虑利用专家的工作以评价文件记录的真伪。例如,如发现某银行询证函回函有伪造或篡改的迹象,注册会计师应当做进一步的调查,并考虑是否存在舞弊的可能性。必要时,应当通过适当方式聘请专家予以鉴定。

2. 使用被审计单位生成信息时的考虑

在使用被审计单位生成的信息时,注册会计师应当评价该信息对实现注册会计师的目的是否足够可靠,包括根据具体情况在必要时实施获取有关信息准确性和完整性的审计证据和评价信息对实现审计目的是否足够准确和详细等审计程序。例如,在审计收入项目时,注册会计师应当考虑价格信息的准确性及销售量数据的完整性和准确性。在某些情况下,注册会计师可能需要确定实施额外的审计程序,如利用计算机辅助审计技术来重新计算这些信息,测试与信息生成有关的控制等。

3. 证据相互矛盾时的考虑

如果针对某项认定从不同来源获取的审计证据或获取的不同性质的审计证据能够相互印证,与该项认定相关的审计证据则具有更强的说服力。例如,注册会计师通过检查委托加工协议发现被审计单位有委托加工材料,且委托加工材料占存货比重较大,经发函询证后证实委托加工材料确实存在。委托加工协议和询证函回函这两个不同来源的审计证据互相印证,证明委托加工材料真实存在。

如果从不同来源获取的审计证据或获取的不同性质的审计证据不一致,表明某项审计证据可能不可靠,应当追加必要的审计程序。上例中,如果注册会计师发函询证后证实委托加工材料已加工完成并返回被审计单位。委托加工协议和询证函回函这两个不同来源的证据不一致,委托加工材料是否真实存在受到质疑。这时,注册会计师应追加审计程序,确认委托加工材料收回后是否未入库或被审计单位收回后予以销售而未入账。

4. 利用管理层的专家的工作

管理层的专家,是指在会计、审计以外的某一领域具有专长的个人或组织,其工作被管理层利用以协助编制财务报表。如果用作审计证据的信息在编制时利用了管理层的专家的工作,注册会计师应当考虑管理层的专家的工作对实现注册会计师目的的重要性,并在必要的范围内实施下列程序:

① 评价管理层的专家的胜任能力、专业素质和客观性;

② 了解管理层的专家的工作;

③ 评价将管理层的专家的工作用作相关认定的审计证据的适当性。

5. 获取审计证据时对成本的考虑

审计人员可以考虑获取审计证据的成本与所获取信息的有用性之间的关系，但不应以获取审计证据的困难和成本为由减少不可替代的审计程序。

在保证获取充分、适当的审计证据的前提下，控制审计成本也是会计师事务所增强竞争能力和获利能力所必需的。但为了保证得出的审计结论、形成的审计意见是恰当的，注册会计师不应将获取审计证据的成本高低和难易程度作为减少不可替代的审计程序的理由。例如，在某些情况下，存货监盘是证实存货存在性认定的不可替代的审计程序，注册会计师在审计中不得以检查成本高和难以实施为由而不执行该程序。

三、获取审计证据的审计程序的类型

审计人员应当通过实施风险评估程序、控制测试（必要时或决定测试时）和实质性程序，获取充分、适当的审计证据，得出合理的审计结论，作为形成审计意见的基础。注册会计师可以采用检查记录或文件、检查有形资产、观察、询问、函证、重新计算、重新执行和分析程序等具体审计程序来获取审计证据。在实施风险评估程序、控制测试或实质性程序时，注册会计师可根据需要单独或综合运用上述程序，以获取充分、适当的审计证据。

（一）检查记录或文件

检查记录或文件是指注册会计师对被审计单位内部或外部生成的，以纸质、电子或其他介质形式存在的记录或文件进行审查。

检查记录或文件的目的是对财务报表所包含或应包含的信息进行验证。例如，被审计单位通常对每一笔销售交易都保留一份顾客订单、一张发货单和一份销售发票副本。这些凭证对于注册会计师验证被审计单位记录的销售交易的正确性是有用的证据。

检查记录或文件可提供可靠程度不同的审计证据，审计证据的可靠性取决于记录或文件的来源和性质。外部记录或文件通常被认为比内部记录或文件可靠，因为外部凭证经被审计单位的客户出具，又经被审计单位认可，表明交易双方对凭证上记录的信息和条款达成一致意见。另外，某些外部凭证编制过程非常谨慎，通常由律师或其他有资格的专家进行复核，因而具有较高的可靠性，如土地使用权证、保险单、契约和合同等文件。

注册会计师在审阅会计记录和其他书面文件时，应注意其是否真实、合法，具体来讲，应包括以下方面：

（1）审阅原始凭证时，应注意其有无涂改或伪造现象；记载的经济业务是否合理合法；是否有经济业务有关责任人的签字；发票是否真实、印章是否齐全、数量金额计算是否正确等。

（2）审阅会计账簿时，应注意是否符合适用的财务报告编制基础的规定，包括审阅被审计单位据以入账的原始凭证是否整齐完备、真实合法；账簿有关内容与原始凭证、记账凭证的记载是否一致；会计分录的编制或账户的运用是否恰当；货币资金收支的金额有无不正常现象；成本核算是否符合有关财务会计制度的规定等。

（3）在审阅财务报表时，应注意财务报表的种类是否符合规定；财务报表的编制是否符合适用的财务报告编制基础的规定；财务报表的附注是否对应予揭示的重大问题作了充分的披露等。

在检查记录或文件时，审计人员可以将反映各个不同方面而又互相关联的凭证、账簿、报表进行交叉对照，以检查它们之间是否一致。一般而言，主要是核对证证之间、账证之间、账账之间、账表之间、表表之间的有关数据是否相符，有无计算错误、书写错误，有无错记、漏记、重记等问题。

（二）检查有形资产

检查有形资产是指注册会计师对资产实物进行审查。检查有形资产程序主要适用于存货和现金，也适用于有价证券、应收票据和固定资产等。一般采用监督盘点的方法，这种方法可以确定被审计单位实物形态的资产是否真实存在且与账面数量相符，查明有无短缺、毁损及贪污、盗窃等问题存在。

检查有形资产的目的是为其存在性提供可靠的实物证据，但不一定能够为权利和义务或计价认定提供可靠的审计证据。检查存货项目前，可先对客户实施的存货盘点进行观察。同时，在许多情况下，检查有形资产的方法也不能确定被审计单位对资产的估价是否适当。

（三）观察

观察是指注册会计师查看相关人员正在从事的活动或执行的程序。例如，对客户执行的存货盘点或控制活动进行观察。

观察提供的审计证据仅限于观察发生的时点，并且在相关人员已知被观察时，相关人员从事活动或执行程序可能与日常的做法不同，从而会影响注册会计师对真实情况的了解。因此，注册会计师有必要获取其他类型的佐证证据。

（四）询问

询问是指注册会计师以书面或口头方式，向被审计单位内部或外部的知情人员获取财务信息和非财务信息，并对答复进行评价的过程。

知情人员对询问的答复可能为注册会计师提供尚未获悉的信息或佐证证据，也可能提供与已获悉信息存在重大差异的信息，注册会计师应当根据询问结果考虑修改审计程序或实施追加的审计程序。询问本身不足以发现认定层次存在的重大错报，也不足以测试内部控制运行的有效性，注册会计师还应当实施其他审计程序以获取充分、适当的审计证据。

（五）函证

1. 函证的含义

函证（即外部函证），是指注册会计师直接从第三方（被询证者）获取书面答复作为审计证据的过程，书面答复可以采用纸质、电子或其他介质形式。从上述定义可知，函证是一个获取和评价与函证信息相关的审计证据的过程。在这个过程中，注册会计师通常以被审计单位的名义向拥有相关信息的第三方提出书面请求，要求提供影响财务报表认定的特定项目的信息。在得到第三方对有关信息和现存状况的声明后，注册会计师再进行跟进和评价。值得注意的是，函证强调从第三方直接获取有关信息。

函证提供的证据由注册会计师直接从被审计单位以外的第三方获取，且经常采用书面原件的形式，如果运用得当，函证程序能够提供可靠性较高的审计证据，并与实施其他审计程序获取的审计证据相互印证。但是，询证函的设计、函证程序的实施和函证结果的评价都会影响函证程序提供的审计证据的可靠性。注册会计师在实施函证时，应当保持应有的关注。

2. 函证决策

（1）函证决策考虑的因素

注册会计师应当确定是否有必要实施函证程序以获取认定层次的相关、可靠的审计证据。在作出决策时,注册会计师应当考虑评估的认定层次重大错报风险,以及通过实施其他审计程序获取的审计证据如何将检查风险降至可接受的水平。注册会计师应当考虑被审计单位的经营环境、内部控制的有效性、账户或交易的性质、被询证者处理询证函的习惯做法及回函的可能性等,以确定函证的内容、范围、时间和方式。例如,如果被审计单位与应收账款存在性有关的内部控制设计良好并有效运行,注册会计师可适当减少函证的样本量。

(2) 函证的内容

注册会计师应当对银行存款、借款(包括零余额账户和在本期内注销的账户)及金融机构往来的其他重要信息实施函证程序,除非有充分证据表明某一银行存款、借款及与金融机构往来的其他重要信息对财务报表不重要且与之相关的重大错报风险很低。如果不对这些项目实施函证程序,注册会计师应当在审计工作底稿中说明理由。

注册会计师应当对应收账款实施函证程序,除非有充分证据表明应收账款对财务报表不重要,或函证很可能无效。如果认为函证很可能无效,注册会计师应当实施替代审计程序,获取相关,可靠的审计证据。

(3) 函证程序实施的范围

如果采用审计抽样的方式确定函证程序实施的范围,无论采用统计抽样方法,还是非统计抽样方法,选取的样本应当足以代表总体。根据对被审计单位的了解、评估的重大错报风险及所测试总体的特征等,注册会计师可以确定从总体中选取特定项目进行测试。

(4) 函证的时间

注册会计师通常以资产负债表日为截止日,在资产负债表日后适当时间内实施函证。如果重大错报风险评估为低水平,注册会计师可选择资产负债表日前适当日期为截止日实施函证,并对所函证项目自该截止日起至资产负债表日止发生的变动实施实质性程序。

(5) 管理层要求不实施函证时的处理

如果管理层不允许寄发询证函,注册会计师应当:

① 询问管理层不允许寄发询证函的原因,并就其原因的正当性及合理性收集审计证据;

② 评价管理层不允许寄发询证函对评估的相关重大错报风险(包括舞弊风险),以及其他审计程序的性质、时间安排和范围的影响;

③ 实施替代程序,以获取相关、可靠的审计证据。

如果认为管理层不允许寄发询证函的原因不合理,或实施替代程序无法获取相关、可靠的审计证据,注册会计师应当按照《中国注册会计师审计准则第 1151 号——与治理层的沟通》的规定,与治理层进行沟通。注册会计师还应当按照《中国注册会计师审计准则第 1502 号——在审计报告中发表非无保留意见》的规定,确定其对审计工作和审计意见的影响。

3. 询证函的设计

注册会计师应当根据特定审计目标设计询证函。通常,在针对账户余额的存在性认定获取审计证据时,注册会计师应当在询证函中列明相关信息,要求对方核对确认。但在针对账户余额的完整性认定获取审计证据时,注册会计师则需要改变询证函的内容设计或者采用其他审计程序。

(1) 设计询证函需要考虑的因素

在设计询证函时,注册会计师应当考虑所审计的认定及可能影响函证可靠性的因素。可能影响函证可靠性的因素主要包括:函证的方式、以往审计或类似业务的经验、拟函证信息的性质、选择被询证者的适当性和被询证者易于回函的信息类型等。

（2）积极与消极的函证方式

注册会计师可采用积极的或消极的函证方式实施函证，也可将两种方式结合使用。积极式函证，是指要求被询证者直接向注册会计师回复，表明是否同意询证函所列示的信息，或填列所要求的信息的一种询证方式。消极式函证，是指要求被询证者只有在不同意询证函所列示的信息时才直接向注册会计师回复的一种询证方式。

如果采用积极的函证方式，注册会计师应当要求被询证者在所有情况下必须回函，确认询证函所列示信息是否正确，或填列询证函要求的信息。如果采用消极的函证方式，注册会计师只要求被询证者仅在不同意询证函列示信息的情况下才予以回函。积极的函证方式通常比消极的函证方式提供的审计证据可靠。因而在采用消极的方式函证时，注册会计师通常还需辅之以其他审计程序。当同时存在重大错报风险评估为低水平、涉及大量余额较小的账户、预期不存在大量的错误和没有理由相信被询证者不认真对待函证等情况时，注册会计师可考虑采用消极的函证方式。

消极式函证比积极式函证提供的审计证据的说服力低。除非同时满足下列条件，注册会计师不得将消极式函证作为唯一实质性程序，以应对评估的认定层次重大错报风险：① 注册会计师将重大错报风险评估为低水平，并已就与认定相关的控制的运行的有效性获取充分、适当的审计证据；② 需要实施消极式函证程序的总体由大量的小额、同质的账户余额、交易或事项构成；③ 预期不符事项的发生率很低；④ 没有迹象表明接收询证函的人员或机构不认真对待函证。

4. 函证的实施与评价

当实施函证程序时，注册会计师应当对询证函保持控制，包括确定需要确认或填列的信息、选择适当的被询证者；设计询证函，包括正确填列被询证者的姓名和地址，以及被询证者直接向注册会计师回函的地址等信息和发出询证函并予以跟进，必要时再次向被询证者寄发询证函等方面。出于掩盖舞弊的目的，被审计单位可能想方设法拦截或更改询证函及回函的内容。如果注册会计师对函证程序控制不严密，就可能给被审计单位造成可乘之机，导致函证结果发生偏差和函证程序失效。如果被询证者以传真、电子邮件等方式回函，注册会计师应当直接接收，并要求被询证者寄回询证函原件。

（1）积极式函证未收到回函时的处理

未回函，是指被询证者对积极式询证函未予回复或回复不完整，或询证函因未被送达而退回。如果采用积极的函证方式实施函证而未能收到回函，注册会计师应当考虑与被询证者联系，要求对方作出回应或再次寄发询证函。如果未能得到被询证者的回应，注册会计师应当实施替代审计程序。所实施的替代程序因所涉及的账户和认定而异，但替代审计程序应当能够提供实施函证所能够提供的同样效果的审计证据。例如，对应付账款的存在性认定，替代审计程序可能包括检查期后付款记录、对方提供的对账单等；对完整性认定，替代审计程序可能包括检查收货单等入库记录和凭证。

如果注册会计师认为取得积极式函证回函是获取充分、适当的审计证据的必要程序，则替代程序不能提供注册会计师所需要的审计证据。在这种情况下，如果未获取回函，注册会计师应当按照《中国注册会计师审计准则第 1502 号——在审计报告中发表非无保留意见》的规定，确定其对审计工作和审计意见的影响。

（2）评价审计证据的充分性和适当性时应考虑的因素

如果实施函证和替代审计程序都不能提供财务报表有关认定的充分、适当的审计证据，注册会计师应当实施追加的审计程序。在评价实施函证和替代审计程序获取的审计证据是否充分、适当时，注册会计师应当考虑：① 函证和替代审计程序的可靠性；② 不符事项的原因、频率、性质和金额；③ 实施其他审计程序获取的审计证据。

（3）评价函证的可靠性

在评价函证的可靠性时，注册会计师应当考虑：① 对询证函的设计、发出及收回的控制情况；② 被询证者的胜任能力、独立性、授权回函情况、对函证项目的了解及其客观性；③ 被审计单位施加的限制或回函中的限制。如果存在对询证函回函的可靠性产生疑虑的因素，注册会计师应当进一步获取审计证据以消除这些疑虑。例如，注册会计师可以通过直接打电话给被询证者等方式以验证回函的内容和来源。如果认为询证函回函不可靠，注册会计师应当评价其对评估的相关重大错报风险（包括舞弊风险），以及其他审计程序的性质、时间安排和范围的影响。

（4）对不符事项的处理

不符事项，是指被询证者提供的信息与询证函要求确认的信息不一致，或与被审计单位记录的信息不一致。如果发现了不符事项，注册会计师应当首先提请被审计单位查明原因，并做进一步分析和核实。不符事项的原因可能是由于双方登记入账的时间不同，或是由于一方或双方记账错误，也可能是被审计单位有舞弊行为。如果不符事项构成错报，注册会计师应当重新考虑所实施审计程序的性质、时间和范围。

（5）对审计证据充分性和适当性的最终评价

注册会计师应当评价函证及函证以外的审计程序的实施结果是否为所审计的认定提供了充分、适当的审计证据。通常，通过函证获取的证据可靠性较高。因此，函证是受到高度重视并经常被使用的一种重要程序。

（六）重新计算

重新计算是指注册会计师以人工方式或使用计算机辅助审计技术，对记录或文件中的数据计算的准确性进行核对。重新计算通常包括计算销售发票和存货的总金额，加总日记账和明细账，检查折旧费用和预付费用的计算，检查应纳税额的计算等。

注册会计师在进行审计时，往往需要对被审计单位的凭证、账簿和报表中的数字进行计算，以验证其是否正确。注册会计师的计算并不一定按照被审计单位原先的计算形式和顺序进行。在计算过程中，注册会计师不仅要注意计算结果是否正确，而且还要对某些其他可能的差错（如计算结果的过账和转账有误等）予以关注。

一般而言，计算不仅包括对被审计单位的凭证、账簿和报表中有关数字的验算，而且还包括对会计资料中有关项目的加总或其他运算。其中，加总又分为横向加总（即横向数字的加总）和纵向加总（即纵向数字的加总）。在财务报表审计中，注册会计师往往需要运用大量的加总技术来获取必要的审计证据。

（七）重新执行

重新执行是指注册会计师以人工方式或使用计算机辅助审计技术，重新独立执行作为被审计单位内部控制组成部分的程序或控制。例如，注册会计师利用被审计单位的银行存款日记账和银行对账单，重新编制银行存款余额调节表，并与被审计单位编制的银行存款余额调节表进行比较。

（八）分析程序

1. 分析程序的含义

分析程序是指注册会计师通过研究不同财务数据之间及财务数据与非财务数据之间的内在关系，对财务信息作出评价。分析程序还包括调查识别出的、与其他相关信息不一致或与预期数据严重偏离的波动或关系进行调查。

理解分析程序的含义时，应注意以下两点：

（1）研究不同财务数据之间及财务数据与非财务数据之间的内在关系是分析程序区别于其他审计程序的主要特征。通常，某些财务数据之间及财务数据与非财务数据之间存在一定的内在关系，除非情况发生变化，这种关系将持续存在。分析财务数据之间及财务数据与非财务数据之间的内在关系，是分析程序的切入点，也是分析程序得名的原因。

（2）分析程序包括相互继起的几个步骤

注册会计师运用分析程序的目的是对财务信息作出评价。不同阶段运用分析程序的方法和步骤有所不同。但完整的分析程序一般包括以下几个步骤：① 选择适当的数据关系；② 对数据关系进行分析；③ 识别异常的数据关系或波动；④ 调查异常数据关系或波动；⑤ 得出结论。

如果注册会计师在实施分析程序时识别出与其他相关信息不一致或与预期数据严重偏离的波动和关系，可能表明财务报表存在重大错报风险。注册会计师应结合其他审计程序，对异常项目做进一步调查，以获取对差异的合理解释或存在重大错报风险的佐证证据。

2. 分析程序的性质

分析程序的性质包括运用分析程序时注册会计师应当考虑的比较基准、数据关系和可使用的方法。

（1）比较基准

在实施分析程序时，注册会计师应当考虑将被审计单位的财务信息与下列各项信息进行比较：① 以前期间的可比信息。在运用分析程序时，注册会计师通常将被审计单位的本期实际数据与上期或以前期间的可比数据进行比较，以判断是否存在异常。② 被审计单位的预期结果或者注册会计师的预期数据。被审计单位的预期结果包括预算和预测等。如果预算和预测是在分析各种因素的基础上认真编制的，则其与实际执行结果的比较就为注册会计师分析评价本期的财务信息提供了重要的参考。③ 所处行业或同行业中规模相近的其他单位的可比信息。注册会计师可以将被审计单位的财务信息与其所处行业的可比信息（如行业平均利润率）进行比较，也可以与同行业中规模相近的其他单位的可比信息进行比较，以了解被审计单位的经营情况，评价被审计单位的财务信息。

（2）数据关系

在实施分析程序时，注册会计师还应当考虑下列关系：

① 财务信息各构成要素之间的关系。财务信息各要素之间存在某种内在联系，包括财务报表项目之间的勾稽关系、联动关系等。例如，销售成本与销售收入之间通常有稳定的比率，当期银行借款平均数额与利息费用之间有联动关系。

② 财务信息与相关非财务信息之间的关系。常用的非财务信息包括：生产能力、采购数量、销售数量、员工人数等统计资料。某些财务信息与非财务信息之间也存在内在联系。

例如,被审计单位的员工人数和各级别人员的工资水平与工资费用有同增同减关系,洗车厂水的耗费量与营业收入有正相关的关系,存货数量通常不应超过仓储能力,等等。

(3) 可使用的方法

注册会计师实施分析程序时可以使用不同的方法,包括从简单的比较到使用高级统计技术的复杂分析。在审计实务中,可使用的方法主要有下列几种:

① 趋势分析法。趋势分析法主要是通过对比两期或连续数期的财务或非财务数据,确定其增减变动的方向、数额或幅度,以掌握有关数据的变动趋势或发现异常的变动。典型的趋势分析是将本期数据与上期数据进行比较,更为复杂的趋势分析则涉及多个会计期间的比较。用于趋势分析的数据既可以是绝对值,也可以是以比率表示的相对值。

趋势分析的运用形式主要包括:若干期资产负债表项目的变动趋势分析;若干期利润表项目的变动趋势分析;若干期资产负债表或利润表项目结构比例的变动趋势分析;若干期财务比率的变动趋势分析;特定项目若干期数据的变动趋势分析。

当被审计单位处于稳定经营环境下时,趋势分析法最适用。当被审计单位业务或经营环境变化较大或会计政策变更较大时,趋势分析法就不再适用。趋势分析法中涉及的会计期间的期数,有赖于被审计单位经营环境的稳定性。经营环境越稳定,数据关系的可预测性越强,进行多个会计期间的数据比较就越适用。

② 比率分析法。比率分析法主要是结合其他有关信息,将同一报表内部或不同报表间的相关项目联系起来,通过计算比率,反映数据之间的关系,用以评价被审计单位的财务信息。例如,应收账款周转率反映赊销销售收入与应收账款平均余额之间的比率,这一比率变小可能说明应收账款回收速度放慢,需要计提更多的坏账准备,也可能说明本期赊销销售收入与期末应收账款余额存在错报。当财务报表项目之间的关系稳定并可直接预测时,比率分析法最为适用。

③ 合理性测试法。合理性测试法通过彼此相关联的项目或造成某种变化的各种变量,测试某项目金额是否合理。简单合理性测试包括三个基本步骤:首先,识别能够引起和影响被测试项目金额变化的各种变量;其次,确定变量与被测试项目间的恰当关系;最后,将变量结合在一起对被测试项目作出评价。

④ 回归分析法。回归分析法是在掌握大量观察数据的基础上,利用统计方法建立因变量与自变量之间回归关系的函数表达式(即回归方程),并利用回归方程进行分析。例如,产品销售收入与广告费用之间通常存在正相关关系,注册会计师可以建立两者之间的回归模型,并根据模型估计某一年度产品销售收入的预期值。

3. 分析程序的目的

分析程序运用的不同目的,决定了分析程序运用的具体方法和特点。注册会计师实施分析程序的目的包括:

(1) 用作风险评估程序,以了解被审计单位及其环境

注册会计师实施风险评估程序的目的在于了解被审计单位及其环境并评估财务报表层次和认定层次的重大错报风险。在风险评估过程中使用分析程序也服务于这一目的。分析程序可以帮助注册会计师发现财务报表中的异常变化,或者预期发生而未发生的变化,识别存在潜在重大错报风险的领域。分析程序还可以帮助注册会计师发现财务状况或盈利能力发生变化的信息和征兆,识别那些表明被审计单位持续经营能力问题的事项。

（2）用作实质性程序，以减少细节测试的工作量

当使用分析程序比细节测试能更有效地将认定层次的检查风险降至可接受的水平时，分析程序可以用作实质性程序。在针对评估的重大错报风险实施进一步审计程序时，注册会计师可以将分析程序作为实质性程序的一种，单独或结合其他细节测试，获取充分、适当的审计证据。在设计和实施实质性分析程序时，无论单独使用或与细节测试结合使用，注册会计师都应当：① 考虑针对所涉及认定评估的重大错报风险和实施的细节测试（如有），确定特定实质性分析程序对这些认定的适用性；② 考虑可获得信息的来源、可比性、性质和相关性及与信息编制相关的控制，评价在对已记录的金额或比率作出预期时使用数据的可靠性；③ 对已记录的金额或比率作出预期，并评价预期值是否足够精确地识别重大错报（包括单项重大的错报和单项虽不重大但连同其他错报可能导致财务报表产生重大错报的错报）；④ 确定已记录金额与预期值之间可接受的，且无须做进一步调查的差异额。

此时运用分析程序可以减少细节测试的工作量，节约审计成本，降低审计风险，使审计工作更有效率和效果。

（3）在审计结束或临近结束时对财务报表进行总体复核

在审计结束或临近结束时，注册会计师应当设计和实施分析程序，帮助其对财务报表形成总体结论，以确定财务报表是否与其对被审计单位的了解一致。

需要注意的是，如果按照规定实施分析程序，识别出与其他相关信息不一致的波动或关系，或与预期值差异重大的波动或关系，注册会计师应当采取询问管理层，并针对管理层的答复获取适当的审计证据和根据具体情况在必要时实施其他审计程序等措施调查这些差异。

综上所述，获取审计证据的审计程序的类型与证据的适当性如表 6-1 所示。

表 6-1　获取审计证据的审计程序的类型与证据的适当性

证据类型	决定适当性的标准				
	提供者的独立性	客户内部控制的有效性	注册会计师的直接了解	提供者的资格	证据的客观性
检查记录或文件	不确定——外部比内部更独立	不确定	低	不确定	高
检查有形资产	高（注册会计师执行）	不确定	高	通常都高（注册会计师执行）	高
观察	高（注册会计师执行）	不确定	高	通常都高（注册会计师执行）	中等
询问	低（客户提供）	不适用	低	不确定	不确定——低至高
函证	高（注册会计师执行）	不适用	低	不确定——通常高	高
重新计算	高（注册会计师执行）	不确定	高	高（注册会计师执行）	高
重新执行	高（注册会计师执行）	不确定	高	高（注册会计师执行）	高
分析程序	高/低（注册会计师执行/客户答复）	不确定	低	通常都高（注册会计师执行/客户答复）	不确定——通常低

第二节　审计工作底稿

一、审计工作底稿的概念

（一）审计工作底稿的定义

审计工作底稿，是指注册会计师对制订的审计计划、实施的审计程序、获取的相关审计证据，以及得出的审计结论作出的记录。审计工作底稿是审计证据的载体，是注册会计师在审计过程中形成的审计工作记录和获取的资料。它形成于审计过程，也反映整个审计过程。

（二）编制审计工作底稿的目的

编制或取得审计工作底稿是注册会计师最主要的审计工作。编制审计工作底稿的目的主要体现在以下几个方面：

1. 提供证据，作为注册会计师得出实现总体目标结论的基础

审计工作底稿是注册会计师形成审计结论、发表审计意见的直接依据。审计结论和审计意见是根据注册会计师获取的各种审计证据，以及注册会计师一系列的专业判断形成的。而注册会计师所获取的审计证据和所作出的专业判断，都完整地记载于审计工作底稿中。

2. 提供证据，证明注册会计师按照审计准则和相关法律法规计划和执行了审计工作

审计工作底稿是明确注册会计师的审计责任、评价或考核注册会计师专业能力与工作业绩的依据。在会计师事务所因执业质量而涉及诉讼或有关监管机构进行执业质量检查时，审计工作底稿能够提供证据，证明会计师事务所是否按照中国注册会计师审计准则的规定执行了审计工作。

审计准则要求注册会计师及时编制审计工作底稿。及时编制审计工作底稿有助于提高审计工作的质量，便于在出具审计报告之前，对取得的审计证据和得出的审计结论进行有效复核和评价。如果时间拖延过久，注册会计师可能会遗忘某些事项，使得审计工作底稿的记录不能全面地反映注册会计师所执行的审计工作。一般情况下，在审计工作执行过程中编制的审计工作底稿比事后编制的审计工作底稿更准确。

编制或取得审计工作底稿还可以实现下列目的：① 有助于项目组计划和执行审计工作；② 有助于负责督导的项目组成员按照《中国注册会计师审计准则第 1121 号——对财务报表审计实施的质量控制》的规定，履行指导、监督与复核审计工作的责任；③ 便于项目组说明其执行审计工作的情况；④ 保留对未来审计工作持续产生重大影响的事项的记录；⑤ 便于会计师事务所按照《质量控制准则第 5101 号——会计师事务所对执行财务报表审计和审阅、其他鉴证和相关服务业务实施的质量控制》的规定，实施质量控制复核与检查；⑥ 便于监管机构和注册会计师协会根据相关法律法规或其他相关要求，对会计师事务所实施执业质量检查。

（三）审计工作底稿的性质

1. 审计工作底稿的存在形式

审计工作底稿可以以纸质、电子或其他介质形式存在。随着信息技术的广泛运用，审计工作底稿的形式从传统的纸质形式扩展到电子或其他介质形式。但无论审计工作底稿以哪

种形式存在，会计师事务所都应当针对审计工作底稿设计和实施适当的控制，以实现下列目的：① 使审计工作底稿清晰地显示其生成、修改及复核的时间和人员；② 在审计业务的所有阶段，尤其是在项目组成员共享信息或通过互联网将信息传递给其他人员时，保护信息的完整性和安全性；③ 防止未经授权改动审计工作底稿；④ 允许项目组和其他经授权的人员为适当履行职责而接触审计工作底稿。

为便于会计师事务所内部进行质量控制和外部执业质量检查或调查，以电子或其他介质形式存在的审计工作底稿，应与其他纸质形式的审计工作底稿一并归档，并应能通过打印等方式，转换成纸质形式的审计工作底稿。

2. 审计工作底稿通常包括的内容

审计工作底稿通常包括总体审计策略、具体审计计划、分析表、问题备忘录、重大事项概要、询证函回函、管理层声明书、核对表、有关重大事项的往来信件（包括电子邮件），以及对被审计单位文件记录的摘要或复印件等。

核对表一般是指会计师事务所内部使用的、为便于核对某些特定审计工作或程序的完成情况的表格，如特定项目（如财务报表披露）审计程序核对表、审计工作完成情况核对表等。它通常以列举的方式列出审计过程中注册会计师应当进行的审计工作或程序及特别需要提醒注意的问题，并在适当情况下索引至其他审计工作底稿，便于注册会计师核对是否已按照审计准则的规定进行审计。

分析表主要是指对被审计单位财务信息执行分析程序的记录。例如，记录对被审计单位本年各月收入与上一年度的同期数据进行比较的情况，记录对差异的分析等。

问题备忘录一般是指对某一事项或问题的概要的汇总记录。在问题备忘录中，注册会计师通常记录该事项或问题的基本情况、执行的审计程序或具体审计步骤，以及得出的审计结论。例如，有关存货监盘审计程序或审计过程中发现问题的备忘录。

此外，审计工作底稿通常还包括业务约定书、管理建议书、项目组内部或项目组与被审计单位举行的会议记录、与其他人士（如其他注册会计师、律师、专家等）的沟通文件及错报汇总表等。

审计工作底稿通常不包括已被取代的审计工作底稿的草稿或财务报表的草稿、对不全面或初步思考的记录、存在印刷错误或其他错误而作废的文本，以及重复的文件记录等。由于这些草稿、错误的文本或重复的文件记录不直接构成审计结论和审计意见的支持性证据，因此，注册会计师通常无须保留这些记录。

表6-2 列示了注册会计师编制的常用审计工作底稿一览表，从另一个侧面反映了审计工作的流程和审计业务的性质。

在实务中，会计师事务所通常采取以下方法从整体上提高工作（包括复核工作）效率及工作质量，并进行统一质量管理：

（1）会计师事务所基于审计准则及在实务中的经验等，统一制定某些格式、索引及涵盖内容等方面相对固定的审计工作底稿模板和范例，如核对表、审计计划及业务约定书范例等，某些重要的或不可删减的工作会在这些模板或范例中予以特别标识。

（2）在此基础上，注册会计师再根据各具体业务的特点加以必要的修改，制定适用于具体项目的审计工作底稿。

表 6-2　常用审计工作底稿一览表①

工作底稿名称	索引号	工作底稿名称	索引号
第一部分　初步业务活动工作底稿	A	（三）所有者权益类	CBC
一、初步业务活动程序表	A	1. 实收资本（股本）	QA
二、沟通函、回复函	AA	2. 资本公积	QB
（一）沟通函（与被审计单位沟通）	AA-1	……	…
（二）沟通函（与前任注册会计师沟通）	AA-2	（四）损益类	CBD
（三）回复函	AA-3	1. 营业收入	SA
三、业务承接评价表	AB	2. 营业成本	SB
四、业务保持评价表	AC	……	…
五、审计业务约定书	AD	第四部分　其他项目工作底稿	D
第二部分　风险评估工作底稿	B	一、舞弊风险评估与应对	DA
一、了解被审计单位及其环境（不包括内部控制）	BA	二、对法律法规的考虑	DB
二、了解被审计单位内部控制	BB	三、接受委托后与前任注册会计师的沟通	DC
（一）在被审计单位整体层面了解和评价内部控制	BB-1	四、关联方及关联方交易	DD
（二）在被审计单位业务流程层面了解和评价内部控制	BB-2	五、持续经营	DE
1. 销售与收款循环	XSL	六、首次接受委托时对期初余额的审计	DF
2. 采购与付款循环	CGL	七、会计估计	DG
3. 生产与存货循环	SCL	八、期后事项	DH
4. 筹资与投资循环	CZL	九、对应数据	DI
5. 货币资金循环	ZJL	十、含有已审计财务报表的文件中的其他信息	DJ
三、项目组讨论纪要——风险评估	BC	十一、对集团财务报表审计的特殊考虑	DK
四、风险评估结果汇总表	BD	十二、诉讼和索赔	DL
五、总体审计策略	BE	十三、利用注册会计师的专家的工作	DM
1. 重要性	BE-1	十四、利用管理层的专家的工作	DN
第三部分　进一步审计程序工作底稿	C	十五、分部信息	DO
一、控制测试工作底稿	CA	十六、利用内部审计人员的工作	DP
（一）控制测试工作底稿——销售与收款循环	XSC	第五部分 业务完成阶段工作底稿	E
（二）控制测试工作底稿——采购与付款循环	CGC	一、业务完成阶段审计工作程序表	E
（三）控制测试工作底稿——生产与存货循环	SCC	二、错报累积和评价表	EA
（四）控制测试工作底稿——筹资与投资循环	CZC	三、试算平衡表	EB
（五）控制测试工作底稿——货币资金循环	ZJC	四、总结会会议纪要	EC
二、实质性程序工作底稿	CB	五、与治理层的沟通函	ED
（一）资产类	CBA	六、项目经理复核声明书	EE
1. 货币资金	ZA	七、项目合伙人复核声明书	EF
2. 交易性金融资产	ZB	八、质量控制复核人复核声明书	EG
……	…	九、管理层声明书	EH
（二）负债类	CBB	十、审计总结	EI
1. 短期借款	FA	十一、审计工作完成情况核对表	EJ
2. 交易性金融负债	FB	十二、审计报告	EK
……	…		

① 资料来源：中国注册会计师协会，《财务报表审计工作底稿编制指南》（第 2 版），经济科学出版社，2012 年，略有改动。

二、审计工作底稿的编制要求

注册会计师应该及时编制全面详细的工作底稿，以便于其他人员对审计工作的了解和把握。注册会计师编制的审计工作底稿，应当使得未曾接触该项审计工作的有经验的专业人士清楚了解：① 按照审计准则和相关法律法规的规定实施的审计程序的性质、时间安排和范围；② 实施审计程序的结果和获取的审计证据；③ 审计中遇到的重大事项和得出的结论，以及在得出结论时作出的重大职业判断。

有经验的专业人士是指会计师事务所内部或外部的具有审计实务经验，并且对下列方面有合理了解的人士：① 审计过程；② 相关法律法规和审计准则的规定；③ 被审计单位所处的经营环境；④ 与被审计单位所处行业相关的会计和审计问题。

三、审计工作底稿的格式、内容和范围

（一）确定审计工作底稿的格式、要素和范围时应考虑的因素

在确定审计工作底稿的格式、内容和范围时，注册会计师应当考虑下列因素：

1. 被审计单位的规模和复杂程度

通常来说，对大型被审计单位进行审计形成的审计工作底稿，通常比对小型被审计单位进行审计形成的审计工作底稿要多；对业务复杂被审计单位进行审计形成的审计工作底稿，通常比对业务简单被审计单位进行审计形成的审计工作底稿要多。

2. 拟实施审计程序的性质

通常，不同的审计程序会使得注册会计师获取不同性质的审计证据，由此注册会计师可能会编制不同格式、内容和范围的审计工作底稿。例如，注册会计师编制的有关函证程序的审计工作底稿（包括询证函及回函、有关不符事项的分析等）和存货监盘程序的审计工作底稿（包括盘点表、注册会计师对存货的测试记录等）在内容、格式及范围方面就是不同的。

3. 识别出的重大错报风险

识别和评估的重大错报风险水平的不同可能导致注册会计师执行的审计程序和获取的审计证据不尽相同。例如，如果注册会计师识别出应收账款余额存在较高的重大错报风险，而其他应收款的重大错报风险较低，则注册会计师可能对应收账款执行较多的审计程序并获取较多的审计证据，因而对测试应收账款的记录会比对测试其他应收款的记录内容多且范围广。

4. 在执行审计工作和评价审计结果时需要作出判断的范围

审计程序的选择和执行及审计结果的评价通常需要不同程度的职业判断。例如，运用非统计抽样的方法选取样本进行应收账款函证程序时，注册会计师可能基于应收账款账龄、以前的审计经验及是否为关联方欠款等因素，考虑哪些应收账款存在较高的重大错报风险，运用职业判断在总体中选取样本，并对作出职业判断时的考虑事项进行适当的记录。因此，在作出职业判断时所考虑的因素及范围可能使注册会计师作出不同的内容和范围的记录。

5. 已获取审计证据的重要程度

注册会计师通过执行多项审计程序可能会获取不同的审计证据，有些审计证据的相关性和可靠性较高，有些则质量较差，注册会计师可能区分不同的审计证据进行有选择性的记

录。因此,审计证据的重要性程度也会影响审计工作底稿的格式、内容和范围。

6. 已识别的例外事项的性质和范围

有时注册会计师在执行审计程序时会发现例外事项,由此可能导致审计工作底稿在格式、内容和范围方面的不同。例如,某个函证的回函表明存在不符事项,但是注册会计师如果在实施恰当的追查后发现该例外事项并未构成错报,则注册会计师可能只在审计工作底稿中解释发生该例外事项的原因及影响。反之,如果该例外事项构成错报,则注册会计师可能需要执行额外的审计程序并获取更多的审计证据,由此编制的审计工作底稿在内容及范围方面可能有很大不同。

7. 当从已执行审计工作或获取审计证据的记录中不易确定结论或结论的基础时,记录结论或结论的基础的必要性

在某些情况下,特别是在涉及复杂的事项时,注册会计师仅将已执行的审计工作或获取的审计证据记录下来,并不容易使其他有经验的注册会计师通过合理的分析,得出审计结论或结论的基础。此时注册会计师应当考虑是否需要进一步说明并记录得出结论的基础(即得出结论的过程)及该事项的结论。

8. 使用的审计方法和工具

使用的审计方法和工具也可能影响审计工作底稿的格式、内容和范围。例如,如果使用计算机辅助审计技术对应收账款的账龄进行重新计算时,通常可以针对总体进行测试,而采用人工方式重新计算时,则可能会针对样本进行测试,由此形成的审计工作底稿会在格式、内容和范围方面有所不同。

考虑以上因素有助于注册会计师确定审计工作底稿的格式、内容和范围是否恰当。注册会计师在考虑以上因素时需注意,根据不同情况确定审计工作底稿的格式、内容和范围均是为达到编制审计工作底稿的目的,特别是提供证据的目的。例如,细节测试和实质性分析程序的审计工作底稿所记录的审计程序有所不同,但两类审计工作底稿都应当充分、适当地反映注册会计师执行的审计程序。

(二)审计工作底稿的要素

通常,审计工作底稿包括下列全部或部分要素:

1. 被审计单位名称

被审计单位名称即财务报表的编制单位。若财务报表编制单位为某一集团的下属公司,则应同时写明下属公司的名称。被审计单位名称可以简称。

2. 审计项目名称

审计项目名称即某一财务报表项目名称(见表6-3)或某一审计程序(见表6-4)及实施对象的名称。如具体审计某一分类会计科目时,则应同时写明该分类会计科目。

3. 审计项目时点或期间

审计项目时点或期间即某一资产负债类项目的报告时点或某一损益类项目的报告期间。

表 6-3 银行存款明细表工作底稿(审计项目名称:某一财务报表项目名称)①

银行存款明细表

被审计单位:	索引号: ZA3
项目: 银行存款	财务报表截止日/期间:
编制:	复核:
日期:	日期:

开户银行	账号	币种	是否系质押、冻结等对变现有限制或存在境外的款项	银行存款明细账余额	银行对账单余额	差异	银行存款余额调节表索引

审计说明:

表 6-4 初步业务活动程序表工作底稿(审计项目名称:某一财务报表项目名称)②

初步业务活动程序表

被审计单位:	索引号: A
项目: 初步业务活动	财务报表截止日/期间:
编制:	复核:
日期:	日期:

一、注册会计师的目标

确定是否接受业务委托;如果接受业务委托,确保在计划审计工作时达到下列要求:

(1) 注册会计师已具备执行业务所需要的独立性和胜任能力;

(2) 不存在因管理层诚信问题而影响注册会计师承接或保持该项业务意愿的事项;

(3) 与被审计单位不存在对业务约定条款的误解。

二、审计工作核对表

初步业务活动程序	索引号	执行人
1. 与被审计单位面谈,讨论下列事项:		
(1) 审计的目标与范围。	略	
(2) 审计报告的用途。	略	

① 资料来源:中国注册会计师协会,《财务报表审计工作底稿编制指南》(第 2 版),经济科学出版社,2012 年。

② 资料来源:中国注册会计师协会,《财务报表审计工作底稿编制指南》(第 2 版),经济科学出版社,2012 年。

续表

初步业务活动程序	索引号	执行人
(3) 管理层的责任,包括: ① 按照适用的财务报告编制基础编制财务报表,并使其实现公允反映(如适用); ② 设计、执行和维护必要的内部控制,以使财务报表不存在由于舞弊或错误导致的重大错报; ③ 向注册会计师提供必要的工作条件,包括允许注册会计师接触与编制财务报表相关的所有信息(如记录、文件和其他事项),向注册会计师提供审计所需要的其他信息,允许注册会计师在获取审计证据时不受限制地接触其认为必要的内部人员和其他相关人员。	略	
(4) 适用的财务报告编制基础。	略	
(5) 计划和执行审计工作的安排,包括项目组的构成等。	略	
(6) 拟出具的审计报告的预期形式和内容,以及对在特定情况下出具的审计报告可能不同于预期形式和内容的说明。	略	
(7) 对审计涉及的被审计单位内部审计人员和其他员工工作的安排。	略	
(8) 对利用其他注册会计师和专家工作的安排。	略	
(9) 与前任注册会计师(如存在)沟通的安排。	略	
(10) 收费的计算基础和收费安排。	略	
(11) 对审计结果的其他沟通形式。	略	
(12) 其他需要达成一致意见的事项。	略	
2. 对于首次接受审计委托的业务,在征得被审计单位书面同意后,与前任注册会计师沟通,并对沟通结果进行评价。	AA	
3. 初步了解被审计单位及其环境,或其发生的重大变化,并予以记录。	AB AC	
4. 对于连续审计业务,查阅以前年度审计工作底稿,如果以前年度在审计报告中发表了非无保留意见,评价导致对上期财务报表发表非无保留意见的事项对本期的影响,了解以前年度在与治理层的沟通函中提及的值得关注的内部控制缺陷是否已得到解决等。	略	
5. 对于连续审计业务,考虑是否需要修改业务约定条款,以及是否需要提醒被审计单位注意现有的业务约定条款。	略	
6. 如为集团审计业务,确定是否担任集团审计的注册会计师。	略	
7. 评价是否具备执行该项审计业务所需要的独立性和能力。	AB AC	
8. 完成业务承接评价表或业务保持评价表。	AB AC	
9. 签订审计业务约定书(适用于首次接受业务委托,以及连续审计中修改长期审计业务约定书条款的情况)。	AD	

4. 审计过程记录

(1) 记录特定项目或事项的识别特征。

在记录已实施审计程序的性质、时间安排和范围时,注册会计师应当记录测试的具体项目或事项的识别特征、审计工作的执行人员及完成审计工作的日期和审计工作的复核人员及复核的日期和范围。识别特征是指被测试的项目或事项表现出的征象或标志。识别特征因审计程序的性质和所测试的项目或事项不同而不同。对某一个具体项目或事项而言,其识别特征通常具有唯一性,这种特性可以使其他人员根据识别特征在总体中识别该项目或事项并重新执行该测试。记录特定项目或事项的识别特征可以实现多种目的。例如，便于对例外事项或不符事项进行检查，以及对测试的项目或事项进行复核。

（2）重大事项。注册会计师应当根据具体情况判断某一事项是否属于重大事项。重大事项通常包括：① 引起特别风险的事项；② 实施审计程序的结果，该结果表明财务信息可能存在重大错报，或需要修正以前对重大错报风险的评估和针对这些风险拟采取的应对措施；③ 导致注册会计师难以实施必要审计程序的情形；④ 导致出具非标准审计报告的事项。

注册会计师应当记录与管理层、治理层和其他人员对重大事项的讨论，包括所讨论的重大事项的性质及讨论的时间、地点和参加人员。有关重大事项的记录可能分散在审计工作底稿的不同部分。将这些分散在审计工作底稿中的有关重大事项的记录汇总在重大事项概要中，不仅可以帮助注册会计师集中考虑重大事项对审计工作的影响，还便于审计工作的复核人员全面、快速地了解重大事项，从而提高复核工作的效率。对于大型、复杂的审计项目，重大事项概要的作用尤为重要。

（3）记录针对重大事项如何处理矛盾或不一致的情况。

如果识别出的信息与针对某重大事项得出的最终结论相矛盾或不一致，注册会计师应当记录如何处理不一致的情况。

在极其特殊的情况下，如果认为有必要偏离某项审计准则的相关要求，注册会计师应当记录实施的替代审计程序如何实现相关要求的目的及偏离的原因。

在某些例外情况下，如果在审计报告日后实施了新的或追加的审计程序，或者得出新的结论，注册会计师应当记录：① 遇到的例外情况；② 实施的新的或追加的审计程序，获取的审计证据，得出的结论，以及对审计报告的影响；③ 对审计工作底稿作出相应变动的时间和人员，以及复核的时间和人员。

5. 审计结论

注册会计师恰当地记录审计结论非常重要，注册会计师需要根据所实施的审计程序及获取的审计证据得出结论，并以此作为对财务报表形成审计意见的基础。在记录审计结论时需注意，在审计工作底稿中记录的审计程序和审计证据是否足以支持所得出的审计结论。

6. 审计标识及其说明

审计工作底稿中可使用各种审计标识，但应说明其含义，并保持前后一致。以下是注册会计师在审计工作底稿中列明标识并说明其含义的例子，供参考。在实务中，注册会计师也可以依据实际情况运用更多的审计标识。

∧：纵加核对	T：与原始凭证核对一致	T/B：与试算平衡表核对一致
<：横加核对	G：与总分类账核对一致	C：已发询证函
B：与上年结转数核对一致	S：与明细账核对一致	C\：已收回询证函

7. 索引号及编号

索引号是指注册会计师为了便于审计工作底稿的分类、归类和引用，对某一审计事项的审计工作底稿以固定的标记和编码加以表示所产生的一种特定符号。通常，审计工作底稿需要注明索引号及顺序编号，相关审计工作底稿之间需要保持清晰的勾稽关系。在实务中，注册会计师可以按照所记录的审计工作的内容层次进行编号。

8. 编制者、复核者姓名及编制与复核日期

在记录实施审计程序的性质、时间和范围时，注册会计师应当记录：

(1) 审计工作的执行人员及完成该项审计工作的日期;

(2) 审计工作的复核人员及复核的日期和范围。

在需要项目质量控制复核的情况下,还需要注明项目质量控制复核人员及复核的日期。

通常,需要在每一张审计工作底稿上注明执行审计工作的人员和复核人员、完成该项审计工作的日期及完成复核的日期。

9. 其他应说明事项

即注册会计师根据其他专业判断,认为应在审计工作底稿中予以记录的其他相关事项。

四、审计工作底稿的归档

(一) 审计档案的含义

对每项具体审计业务,注册会计师应当将审计工作底稿归整为审计档案。审计档案是指一个或多个文件夹或其他存储介质,以实物或电子形式存储构成某项具体业务的审计工作底稿的记录。

在实务中,审计档案可以分为永久性档案和当期档案。这一分类主要是基于具体实务中对审计档案使用的时间而划分的。

(1) 永久性档案。永久性档案是指那些记录内容相对稳定,具有长期使用价值,并对以后审计工作具有重要影响和直接作用的审计档案。例如,被审计单位的组织结构、批准证书、营业执照、章程、重要资产的所有权或使用权的证明文件复印件等。若永久性档案中的某些内容已发生变化,注册会计师应当及时予以更新。为保持资料的完整性以便满足日后查阅历史资料的需要,永久性档案中被替换下的资料一般也需保留。例如,被审计单位因增加注册资本而变更了营业执照等法律文件,被替换的旧营业执照等文件,可以汇总在一起,与其他有效的资料分开,作为单独部分归整在永久性档案中。

(2) 当期档案。当期档案是指那些记录内容经常变化,主要供当期和下期审计使用的审计档案。例如,总体审计策略和具体审计计划。

(二) 审计工作底稿归档的期限

注册会计师应当按照会计师事务所质量控制政策和程序的规定,及时将审计工作底稿归整为最终审计档案。审计工作底稿的归档期限为审计报告日后60天内。如果注册会计师未能完成审计业务,审计工作底稿的归档期限为审计业务终止后的60天内。

如果针对客户的同　财务信息执行不同的委托业务,出具两个或多个不同的报告,会计师事务所应当将其视为不同的业务,根据会计师事务所内部制定的政策和程序,在规定的归档期限内分别将审计工作底稿归整为最终审计档案。

(三) 审计工作底稿归档的性质

在注册会计师应当在审计报告日后将审计工作底稿归整为最终审计档案是一项事务性的工作。

如果在归档期间对审计工作底稿作出的变动属于事务性的,注册会计师可以作出变动,主要包括:

(1) 删除或废弃被取代的审计工作底稿;

(2) 对审计工作底稿进行分类、整理和交叉索引;

(3) 对审计档案归整工作的完成核对表签字认可;

(4) 记录在审计报告日前获取的、与审计项目组相关成员进行讨论并取得一致意见的审计证据。

(四) 审计工作底稿归档后的变动

1. 修改或增加审计工作底稿时的记录要求

除某些例外情况,在完成最终审计档案的归整工作后,如果注册会计师发现有必要修改现有审计工作底稿或增加新的审计工作底稿,无论修改或增加的性质如何,注册会计师均应当记录:① 修改或增加审计工作底稿的理由;② 修改或增加审计工作底稿的时间和人员,以及复核的时间和人员。

修改现有审计工作底稿主要是指在保持原审计工作底稿中所记录的信息,即对原记录信息不予删除(包括涂改、覆盖等方式)的前提下,采用增加新信息的方式予以修改。例如,原审计工作底稿中列明存货余额为100万元,现改为120万元,注册会计师可以采用在原工作底稿中增加新的注释的方式予以修改。

一般情况下,在审计报告归档之后不需要对审计工作底稿进行修改或增加。注册会计师发现有必要修改现有审计工作底稿或增加新的审计工作底稿的情形主要有以下两种:

① 注册会计师已实施了必要的审计程序,取得了充分、适当的审计证据并得出了恰当的审计结论,但审计工作底稿的记录不够充分;

② 审计报告日后,发现例外情况要求注册会计师实施新的或追加审计程序,或导致注册会计师得出新的结论。

2. 不得在规定的保存期届满前删除或废弃审计工作底稿

在完成最终审计档案的归整工作后,注册会计师不得在规定的保存期届满前删除或废弃任何性质的审计工作底稿,或以涂改、覆盖等方式删减原审计工作底稿中的全部或部分记录内容。废弃审计工作底稿主要是指将原审计工作底稿从审计档案中抽取出来,使审计档案中不再包含原来的底稿。

(五) 审计工作底稿的保存期限

会计师事务所应当自审计报告日起,对审计工作底稿至少保存10年。如果注册会计师未能完成审计业务,会计师事务所应当自审计业务终止日起,对审计工作底稿至少保存10年。

【名词与术语】

审计证据	积极式函证	消极式函证	分析程序
不符事项	审计工作底稿	永久性档案	当期档案

【思考题】

1. 如何理解审计证据的特征?
2. 函证决策时应考虑哪些因素?函证的时间如何确定?
3. 分析程序应用的目的有哪些?
4. 编制审计工作底稿可以实现哪些目的?
5. 审计工作底稿通常包括哪些要素?在确定审计工作底稿的格式、内容和范围时,应当考虑哪些因素?

第七章 计划审计工作

本章导读

计划审计工作是注册会计师审计工作的重要步骤。审计重要性和审计风险是决定计划实施的风险评估程序和进一步审计程序的性质、时间和范围的直接依据，贯穿于审计的全过程。本章从介绍初步业务活动入手，分析总体审计策略和具体审计计划的含义、内容及相互关系，审计重要性、审计风险的概念、类型及相关计算，探讨审计重要性、审计风险、审计证据之间的相互关系及对审计程序的影响。

本章的重点是审计重要性、审计风险的概念、类型及相关计算；难点是如何正确理解审计重要性、审计风险、审计证据之间的相互关系及对审计程序的影响。

通过本章的学习，了解开展初步业务活动目的；掌握总体审计策略和具体审计计划的内容及编制方法，审计重要性、审计风险概念、类型及相关计算；理解审计重要性、审计风险、审计证据之间的相互关系及对审计程序的影响。

第一节　初步业务活动

一、初步业务活动的目的

注册会计师通过计划审计工作,可以使审计工作以有效的方式得到执行。注册会计师在计划审计工作前,需要开展初步业务活动。注册会计师开展初步业务活动有助于确保在计划审计工作时达到下列要求:

(1)注册会计师已具备执行业务所需要的独立性和专业胜任能力;

(2)不存在因管理层诚信问题而影响注册会计师保持该项业务意愿的情况;

(3)与被审计单位不存在对业务约定条款的误解。

二、初步业务活动的内容

为实现初步业务活动的目的,注册会计师需要在本期审计业务开始时开展下列初步业务活动。

(一)针对保持客户关系和具体审计业务实施相应的质量控制程序

针对保持客户关系和具体审计业务实施质量控制程序,并且根据实施相应程序的结果作出适当的决策是注册会计师控制审计风险的重要环节。《中国注册会计师审计准则第1121号——对财务报表审计实施的质量控制》及《质量控制准则第5101号——会计师事务所对执行财务报表审计和审阅、其他鉴证和相关服务业务实施的质量控制》含有与客户关系和具体业务的接受与保持相关的要求,注册会计师应当按照其规定开展初步业务活动。

连续审计时,注册会计师通常执行针对保持客户关系和具体审计业务的质量控制程序,鉴于连续审计情况下注册会计师已经积累的审计经验,项目负责人在决定是否保持与某一客户的关系时,通常只需重点考虑本期或前期审计中发现的重大事项及其对保持该客户关系的影响;而在首次接受审计委托时,注册会计师需要执行针对建立有关客户关系和承接具体审计业务的质量控制程序。无论是连续审计还是首次接受审计委托,注册会计师均应当考虑被审计单位的主要股东、关键管理人员和治理层是否诚信,项目组是否具备执行审计业务的专业胜任能力及必要的时间、资源,会计师事务所和项目组能否遵守相关职业道德要求等主要事项,以确定保持客户关系和具体审计业务的结论是恰当的。

(二)评价遵守相关职业道德要求的情况

评价遵守职业道德要求的情况也是一项非常重要的初步业务活动。会计师事务所应对照《中国注册会计师职业道德守则》《中国注册会计师审计准则第1121号——对财务报表审计实施的质量控制》及《质量控制准则第5101号——会计师事务所对执行财务报表审计和审阅、其他鉴证和相关服务业务实施的质量控制》等相关的要求评价针对保持客户关系和具体审计业务遵守相关职业道德要求的情况。

(三)及时签订或修改审计业务约定书

在作出接受或保持客户关系及具体审计业务的决策后,注册会计师应当按照《中国注册会计师审计准则第 1111 号——就审计业务约定条款达成一致意见》的规定，在审计业务开始前，与被审计单位就审计业务约定条款达成一致意见，签订或修改审计业务约定书，以避免双方对审计业务的理解产生分歧。

第二节　总体审计策略和具体审计计划

计划审计工作包括针对审计业务制订总体审计策略和具体审计计划。项目合伙人和项目组其他关键成员应当参与计划审计工作，包括参与项目组成员的讨论。计划审计工作有利于注册会计师执行财务报表审计工作，具体包括：① 有助于注册会计师适当关注重要的审计领域；② 有助于注册会计师及时发现和解决潜在的问题；③ 有助于注册会计师恰当地组织和管理审计业务，以有效的方式执行审计业务；④ 有助于选择具备必要的专业素质和胜任能力的项目组成员应对预期的风险，并有助于向项目组成员分派适当的工作；⑤ 有助于指导和监督项目组成员并复核其工作；⑥ 在适用的情况下，有助于协调组成部分注册会计师和专家的工作。

一、总体审计策略

注册会计师应当制定总体审计策略（见表 7-1），以确定审计工作的范围、时间安排和方向，并指导具体审计计划的制订。

表 7-1　总体审计策略工作底稿①

总体审计策略

被审计单位：＿＿＿＿＿＿	索引号：　　BE
项目：　总体审计策略	财务报表截止日/期间：＿＿＿＿＿＿
编制：＿＿＿＿＿＿	复核：＿＿＿＿＿＿
日期：＿＿＿＿＿＿	日期：＿＿＿＿＿＿

一、审计范围

报告要求	内容
适用的财务报告编制基础（包括是否需要将财务信息按照其他财务报告编制基础进行转换）	
适用的审计准则	
与财务报告相关的行业特别规定	例如：监管机构发布的有关信息披露的法规、特定行业主管部门发布的与财务报告相关的法规等
由组成部分注册会计师审计的组成部分的范围	
……	

① 资料来源：中国注册会计师协会，《财务报表审计工作底稿编制指南》（第 2 版），经济科学出版社，2012 年。

二、审计时间安排

（一）报告时间要求

审计工作	时间
1. 提交审计报告草稿	
2. 签署正式审计报告	
3. 公布已审计报表和审计报告	
……	

（二）执行审计工作的时间安排

审计工作	时间
1. 制定总体审计策略	
2. 制订具体审计计划	
3. 执行存货监盘	
……	

（三）沟通的时间安排

沟　　通	时间
与管理层的沟通	
与治理层的沟通	
项目组会议(包括预备会和总结会)	
与注册会计师的专家的沟通	
与组成部分注册会计师的沟通	
与前任注册会计师沟通	
……	

三、影响审计业务的重要因素

（一）重要性

重要性	索引号
财务报表整体重要性	
特别类别的交易、账户余额或披露的一个或多个重要性水平(如适用)	
实际执行的重要性	
明显微小错报的临界值	

（二）可能存在较高重大错报风险的领域

可能存在较高重大错报风险的领域	索引号

（三）识别重要组成部分

组成部分名称	索引号

（四）识别重要的交易、账户余额和披露及相关认定

重要的交易、账户余额和披露及相关认定	索引号

四、人员安排

（一）项目组主要成员

姓名	职级	主要职责

（二）质量控制复核人员

姓名	职级	主要职责

五、对专家或其他第三方工作的利用

（一）对专家工作的利用

利用领域	专家名称	主要职责及工作范围	索引号

（二）对内部审计工作的利用

利用领域	拟利用的内部审计工作	索引号
存货	内部审计部门对各仓库的存货每半年至少盘点一次。在中期审计时，项目组已经对内部审计部门盘点步骤进行观察，结果满意，因此项目组将审阅年底的盘点结果，并缩小存货监盘的范围	
……		

（三）对组成部分注册会计师工作的利用

组成部分注册会计师名称	利用其工作范围及程度	索引号

（四）对被审计单位使用服务机构的考虑

六、其他事项

（一）确定审计业务的特征，以界定审计范围

注册会计师应当确定审计业务的特征，包括采用的财务报告编制基础、特定行业的报告要求及被审计单位组成部分的分布等，以确定审计范围。具体来说，在确定审计范围时，注册会计师需要考虑下列事项：

（1）编制拟审计的财务信息所依据的财务报告编制基础；

（2）特定行业的报告要求，如某些行业监管机构要求提交的报告；

（3）预期审计工作涵盖的范围，包括应涵盖的组成部分的数量及所在地点；

（4）母公司和集团组成部分之间存在的控制关系的性质，以确定如何编制合并财务报表；

（5）由组成部分注册会计师审计组成部分的范围；

（6）拟审计的经营分部的性质，包括是否需要具备专门知识；

（7）外币折算，包括外币交易的会计处理、外币财务报表的折算和相关信息的披露；

（8）除为合并目的执行的审计工作之外，对个别财务报表进行法定审计的需求；

（9）内部审计工作的可获得性及注册会计师拟信赖内部审计工作的程度；

（10）被审计单位使用服务机构的情况，以及注册会计师如何取得有关服务机构内部控制设计和运行有效性的证据；

（11）对利用在以前审计工作中获取的审计证据（如获取的与风险评估程序和控制测试相关的审计证据）的预期；

（12）信息技术对审计程序的影响，包括数据的可获得性和对使用计算机辅助审计技术的预期；

（13）协调审计工作与中期财务信息审阅的预期涵盖范围和时间安排，以及中期审阅所获取的信息对审计工作的影响；

（14）与被审计单位人员的时间协调和相关数据的可获得性。

（二）明确审计业务的报告目标，以计划审计的时间安排和所需沟通的性质

总体审计策略的制定应当包括明确审计业务的报告目标，以计划审计的时间安排和所需沟通的性质，包括提交审计报告的时间要求，预期与管理层和治理层沟通的重要日期等。为计划报告目标、时间安排和所需沟通，注册会计师需要考虑下列事项：

（1）被审计单位对外报告的时间表，包括中间阶段和最终阶段；

（2）与管理层和治理层举行会谈，讨论审计工作的性质、时间安排和范围；

（3）与管理层和治理层讨论注册会计师拟出具的报告的类型和时间安排及沟通的其他事项（口头或书面沟通），包括审计报告、管理建议书和向治理层通报的其他事项；

（4）与管理层讨论预期就整个审计业务中对审计工作的进展进行的沟通；

（5）与组成部分注册会计师沟通拟出具的报告的类型和时间安排，以及与组成部分审计相关的其他事项；

（6）项目组成员之间沟通的预期的性质和时间安排，包括项目组会议的性质和时间安排，以及复核已执行工作的时间安排；

（7）预期是否需要和第三方进行其他沟通，包括与审计相关的法定或约定的报告责任。

（三）根据职业判断，考虑用以指导项目组工作方向的重要因素

总体审计策略的制定应当包括考虑影响审计业务的重要因素，以确定项目组工作方向，包括确定适当的重要性水平，初步识别可能存在较高的重大错报风险的领域，初步识别重要的组成部分和账户余额，评价是否需要针对内部控制的有效性获取审计证据，识别被审计单位、所处行业、财务报告要求及其他相关方面最近发生的重大变化等。在确定审计方向时，注册会计师需要考虑下列事项：

（1）重要性方面（见表7-2），具体包括：① 为计划目的确定重要性；② 为组成部分确定重要性且与组成部分的注册会计师沟通；③ 在审计过程中重新考虑重要性；④ 识别重要的组成部分和账户余额。

表7-2　重要性工作底稿①

重　要　性

被审计单位：________	索引号：BE-1
项目：重要性	财务报表截止日/期间：________
编制：________	复核：________
日期：________	日期：________

一、财务报表整体的重要性

1. 选择基准

① 资料来源：中国注册会计师协会，《财务报表审计工作底稿编制指南》（第2版），经济科学出版社，2012年。

2. **选择基准时考虑的因素**

记录在选择基准时考虑的因素。这些因素可能包括： （1）财务报表要素（如资产、负债、所有者权益、收入和费用）； （2）是否存在特定会计主体的财务报表使用者特别关注的项目（如为了评价财务业绩，使用者可能更关注利润、收入或净资产）； （3）被审计单位的性质、所处的生命周期阶段及所处行业和经济环境； （4）被审计单位的所有权结构和融资方式（例如，如果被审计单位仅通过债务而非权益进行融资，财务报表使用者可能更关注资产及资产的索偿权，而非被审计单位的收益）； （5）基准的相对波动性。

3. **确定经验百分比**

为选定的基准确定百分比需要运用职业判断。百分比和选定的基准之间存在一定的联系，如经常性业务的税前利润对应的百分比通常比营业收入对应的百分比要高。例如，对以营利为目的的制造行业实体，注册会计师可能认为经常性业务的税前利润的5%是适当的；而对非营利组织，注册会计师可能认为总收入或费用总额的1%是适当的。百分比无论是高一些还是低一些，只要符合具体情况，都是适当的。

4. **确定重要性**

基准（金额）	
经验百分比（%）	
重要性（适当取整）	

二、实际执行的重要性

财务报表整体的重要性	实际执行的重要性	说明

三、特定类别的交易、账户余额或披露的重要性水平

是否存在特定类别的交易、账户余额或披露，其发生的错报金额虽然低于财务报表整体的重要性，但合理预期可能影响财务报表使用者依据财务报表作出的经济决策？		是/否
如是，完成以下内容：		
交易、账户余额或披露	较低的重要性水平	较低的实际执行的重要性水平
记录所考虑的因素		

四、明显微小错报的临界值

财务报表整体的重要性	明显微小错报的临界值	说明

五、修改重要性

1. **修改财务报表整体的重要性**

最初确定的财务报表整体的重要性	修改后的财务报表整体的重要性	说明

2. **修改特定类别的交易、账户余额或披露的重要性水平**

交易、账户余额或披露	最初确定的特定类别的交易、账户余额或披露的重要性水平	修改后的特定类别的交易、账户余额或披露的重要性水平	说明

3. **修改财务报表整体的实际执行的重要性**

最初确定的财务报表整体的实际执行的重要性	修改后的财务报表整体的实际执行的重要性	说明

4. **修改特定类别的交易、账户余额或披露的实际执行的重要性**

交易、账户余额或披露	最初确定的特定类别的交易、账户余额或披露的实际执行的重要性水平	修改后的特定类别的交易、账户余额或披露的实际执行的重要性水平	说明

六、修改重要性对之前确定的进一步审计程序的性质、时间安排和范围的影响

（2）重大错报风险较高的审计领域。

（3）评估的财务报表层次的重大错报风险对指导、监督及复核的影响。

（4）项目组人员的选择（在必要时包括项目质量控制复核人员）和工作分工，包括向重大错报风险较高的审计领域分派具备适当经验的人员。

（5）项目预算，包括考虑为重大错报风险可能较高的审计领域分配适当的工作时间。

（6）向项目组成员强调在收集和评价审计证据过程中保持职业怀疑必要性的方式。

（7）以往审计中对内部控制运行有效性评价的结果，包括所识别的控制缺陷的性质及应对措施。

（8）管理层重视设计和实施健全的内部控制的相关证据，包括这些内部控制得以适当记录的证据。

（9）业务交易量规模，以基于审计效率的考虑确定是否信赖内部控制。

（10）管理层对内部控制重要性的重视程度。

（11）影响被审计单位经营的重大发展变化，包括信息技术和业务流程的变化，关键管理人员变化，以及收购、兼并和分立。

（12）重大的行业发展情况，如行业法规变化和新的报告规定。

（13）会计准则及会计制度的变化。

（14）其他重大变化，如影响被审计单位的法律环境的变化。

（四）确定执行业务所需资源的性质、时间安排和范围

注册会计师应当在总体审计策略中清楚地说明下列内容：

（1）向具体审计领域调配的资源，包括向高风险领域分派有适当经验的项目组成员，就复杂的问题利用专家工作等；

（2）向具体审计领域分配资源的数量，包括安排到重要存货存放地观察存货盘点的项目组成员的数量，对其他注册会计师工作的复核范围，对高风险领域安排的审计时间预算等；

（3）何时调配这些资源，包括是在期中审计阶段还是在关键的截止日期调配资源等；

（4）如何管理、指导、监督这些资源的利用，包括预期何时召开项目组预备会和总结会，预期项目负责人和经理如何进行复核，是否需要实施项目质量控制复核等。

另外，在制定总体审计策略时，注册会计师还应考虑初步业务活动的结果，并考虑项目合伙人对被审计单位执行其他业务时获得的经验是否与审计业务相关（如适用）。

总体审计策略应做到详略得当。总体审计策略的详略程度应当随被审计单位的规模及该项审计业务的复杂程度的不同而变化。在小型被审计单位审计中，全部审计工作可能由一个很小的审计项目组执行，项目组成员间容易沟通和协调，总体审计策略可以相对简单。

二、具体审计计划

注册会计师应当为审计工作制订具体审计计划。具体审计计划比总体审计策略更加详细，其内容包括为获取充分、适当的审计证据以将审计风险降至可接受的低水平，项目组成员拟实施的审计程序的性质、时间和范围。具体审计计划应当包括风险评估程序、计划实施的进一步审计程序和其他审计程序。

（一）具体审计计划的内容

1. 风险评估程序

为了足够识别和评估财务报表重大错报风险，注册会计师应当按照《中国注册会计师审计准则第1211号——通过了解被审计单位及其环境识别和评估重大错报风险》的规定，确定计划实施的风险评估程序的性质、时间安排和范围。

2. 计划实施的进一步审计程序

针对评估的认定层次的重大错报风险，注册会计师应当按照《中国注册会计师审计准则第1231号——针对评估的重大错报风险采取的应对措施》的规定，确定在认定层次计划实施的进一步审计程序的性质、时间安排和范围。通常，进一步审计程序包括控制测试和实质性程序。注册会计师计划的进一步审计程序可以分为进一步审计程序的总体方案和拟实施的具体审计程序（包括进一步审计程序的具体性质、时间安排和范围）两个层次。进一步审计程序的总体方案主要是指注册会计师针对各类交易、账户余额和披露决定采用的总体方案（包括实质性方案和综合性方案）。具体审计程序则是对进一步审计程序的总体方案的延伸和细化，它通常包括控制测试和实质性程序的性质、时间安排和范围。

在实务中，注册会计师通常单独编制一套包括这些具体程序的“进一步审计程序表”，待具体实施审计程序时，注册会计师将基于所计划的具体审计程序，进一步记录所实施的审计程序及结果，并最终形成有关进一步审计程序的审计工作底稿。另外，完整、详细的进一步

审计程序的计划包括对各类交易、账户余额和列报实施的具体审计程序的性质、时间和范围，包括抽取的样本量等。在实务中，注册会计师可以统筹安排进一步审计程序的先后顺序，如果对某类交易、账户余额或列报已经作出计划，则可以安排先行开展工作，与此同时再制定其他交易、账户余额和列报的进一步审计程序。

3. 计划应当实施的其他审计程序

根据审计准则的规定，注册会计师针对审计业务需要实施的其他审计程序，具体包括上述进一步程序的计划中没有涵盖的、根据其他审计准则的要求注册会计师应当执行的既定程序。例如，阅读含有已审计财务报表的文件中的其他信息，寻求与被审计单位律师直接沟通等。

图 7-1 描述了具体审计计划的主要内容。

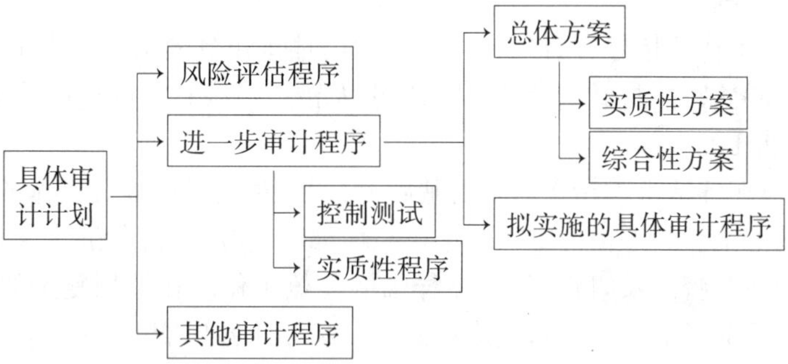

图 7-1 具体审计计划的主要内容

（二）总体审计策略与具体审计计划的关系

制定总体审计策略和具体审计计划的过程紧密联系，并且两者的内容也紧密相关。总体审计策略一经制定，注册会计师应当针对总体审计策略中所识别的不同事项，制订具体审计计划，并考虑通过有效利用审计资源以实现审计目标。值得注意的是，虽然编制总体审计策略的过程通常在具体审计计划之前，但是两项计划活动并不是孤立、不连续的过程，而是内在紧密联系的，对其中一项的决定可能会影响甚至改变对另外一项的决定。例如，注册会计师在了解被审计单位及其环境的过程中，注意到被审计单位对主要业务的处理依赖复杂的自动化信息系统，因此计算机信息系统的可靠性及有效性对其经营、管理、决策，以及编制可靠的财务报告具有重大影响。对此，注册会计师可能会在具体审计计划中制订相应的审计程序，并相应调整总体审计策略的内容，作出利用信息技术专家的工作的决定。因此，注册会计师应当根据实施风险评估程序的结果，对总体审计策略的内容予以调整。在实务中，注册会计师将制定总体审计策略和具体审计计划相结合进行，可能会使计划审计工作更有效率及效果，并且注册会计师也可以采用将总体审计策略和具体审计计划合并为一份审计计划文件的方式，提高编制及复核工作的效率，增强其效果。

三、审计过程中对计划的更改

由于未预期事项、条件的变化或在实施审计程序中获取的审计证据等原因，在审计过程中，注册会计师应当对总体审计策略和具体审计计划作出更新和修改。计划审计工作是一个持续的、不断修正的过程，贯穿于整个审计业务的始终。

审计过程可以分为不同阶段，通常前一阶段的工作结果会对后一阶段的工作计划产生影响，而后一阶段的工作过程中又可能发现需要对已制订的相关计划进行相应的更新和修改。通常，这些更新和修改涉及比较重要的事项。例如，对重要性水平的修改，对某类交易、账户余额和列报的重大错报风险的评估和进一步审计程序（包括总体方案和拟实施的具体审计程序）的更新和修改等。一旦计划被更新和修改，审计工作也就应当进行相应修正。

四、指导、监督与复核

注册会计师应当制订计划，确定对项目组成员的指导、监督，以及对其工作进行复核的性质、时间安排和范围。

对项目组成员工作的指导、监督与复核的性质、时间和范围主要取决于下列因素：① 被审计单位的规模和复杂程度；② 审计领域；③ 重大错报风险；④ 执行审计工作的项目组成员的素质和专业胜任能力。

注册会计师应在评估重大错报风险的基础上，计划对项目组成员工作的指导、监督与复核的性质、时间和范围。当评估的重大错报风险增加时，注册会计师通常会扩大指导与监督的范围，增强指导与监督的及时性，执行更详细的复核工作。在计划复核的性质、时间和范围时，注册会计师还应考虑单个项目组成员的素质和专业胜任能力。

五、记录总体审计策略和具体审计计划

（一）记录的内容

1. 对总体审计策略的记录

注册会计师对总体审计策略的记录，应当包括为恰当计划审计工作和向项目组传达重大事项而作出的关键决策。

2. 对具体审计计划的记录

注册会计师对具体审计计划的记录，应当能够反映计划实施的风险评估程序的性质、时间和范围，以及针对评估的重大错报风险计划实施的进一步审计程序的性质、时间和范围。

注册会计师可以使用标准的审计程序表或审计工作完成核对表，但应当根据具体审计业务的情况作出适当修改。

3. 对审计计划重大修改的记录

注册会计师应当记录对总体审计策略和具体审计计划作出的重大更改及其理由，以及对导致此类更改的事项、条件或审计程序结果采取的应对措施。

（二）记录的形式和范围

注册会计师对计划审计工作记录的形式和范围，取决于被审计单位的规模和复杂程度、重要性、具体审计业务的情况，以及对其他审计工作记录的范围等事项。比如，在小型被审计单位审计中，全部审计工作可能由一个很小的审计项目组执行，项目组成员间容易沟通和协调，总体审计策略和具体审计计划可以相对简单。

六、与治理层和管理层的沟通

注册会计师可以就计划审计工作的基本情况与被审计单位治理层和管理层进行沟通。与治理层和管理层的沟通有助于注册会计师协调某些计划的审计程序与被审计单位人员工作之间的关系,从而使审计业务更易于执行和管理,提高审计效率与效果。

当就总体审计策略和具体审计计划中的内容与治理层、管理层进行沟通时,注册会计师应当保持职业谨慎,以防止由于具体审计程序易于被管理层或治理层所预见而损害审计工作的有效性。

需要强调的是,虽然注册会计师可以就总体审计策略和具体审计计划的某些内容与治理层和管理层沟通,但是制定总体审计策略和具体审计计划仍然是注册会计师的责任。

七、首次审计业务开始前注册会计师应当开展的活动

在首次审计业务开始前,注册会计师应当开展下列活动:① 按照《中国注册会计师审计准则第 1121 号——对财务报表审计实施的质量控制》的规定,针对接受客户关系和具体审计业务,实施相应的质量控制程序;② 如果被审计单位变更了会计师事务所,按照相关审计准则和职业道德要求的规定,与前任注册会计师进行沟通。

第三节　审计重要性

审计重要性是现代审计理论和实务中一个非常重要的概念,它贯穿于审计的全过程。重要性与审计风险相关,注册会计师应当采用合理的方法确定重要性水平。

一、审计重要性的概念

(一) 审计重要性的定义

财务会计准则委员会(FASB)第 2 号公告对重要性的定义是:"重要性为会计信息漏报或错报的严重程度,在特定环境下足以改变或影响任一位理性决策者依赖这些信息所作出的判断。"

国际会计准则委员会(IASC)对重要性的定义是:"如果信息的错报会影响使用者据财务报表采取的经济决策,信息就具有重要性。"

英国会计准则委员会(ASB)对重要性的定义是:"错报可能影响到财务报表使用者的决策即为重要性。重要性可能在整个财务报表范围内、单个财务报表或财务报表的单个项目中加以考虑。"

加拿大特许会计师协会(CICA)对重要性的定义是:"一个事项如因未公开,表述错误或遗漏,而有可能扭曲有关账目或者其他报表所提供的资料,则为重要的。"

依据2010年11月1日中国注册会计师协会修订的《中国注册会计师审计准则第1221号——计划和执行审计工作时的重要性》(以下简称《重要性》准则)第三条的规定,财务报告编制基础通常从编制和列报财务报表的角度阐释重要性概念。财务报告编制基础可能以不同的术语解释重要性,但通常而言,重要性概念可从下列方面进行理解:① 如果合理预期错报(包括漏报)单独或汇总起来可能影响财务报表使用者依据财务报表作出的经济决策,则通常认为错报是重大的;② 对重要性的判断是根据具体环境作出的,并受错报的金额或性质的影响,或受两者共同作用的影响;③ 判断某事项对财务报表使用者是否重大,是在考虑财务报表使用者整体共同的财务信息需求的基础上作出的。由于不同财务报表使用者对财务信息的需求可能差异很大,因此不考虑错报对个别财务报表使用者可能产生的影响。

适用的财务报告编制基础对重要性概念的规定,为注册会计师在审计工作中确定重要性提供了参考依据。如果适用的财务报告编制基础未对重要性概念作出规定,《重要性》准则第三条为注册会计师确定重要性提供了参考依据。

为了更清楚地理解重要性的定义,注册会计师应注意以下几点:

1. 重要性概念中的错报包含漏报

财务报表错报包括财务报表金额的错报和财务报表披露的错报。

2. 重要性的判断既要考虑错报的金额也要考虑错报的性质

所谓数量方面是指错报的金额大小,性质方面则是指错报的性质。一般而言,金额大的错报比金额小的错报更重要。在有些情况下,某些金额的错报从数量上看并不重要,但从性质上考虑,则可能是重要的。对于某些财务报表披露的错报,难以从数量上判断是否重要,应从性质上考虑其是否重要。

3. 判断重要性要从财务报表使用者决策的角度考虑

判断一项错报重要与否,应视其对财务报表使用者依据财务报表作出经济决策的影响程度而定。如果财务报表中的某项错报足以改变或影响财务报表使用者的相关决策,则该项错报就是重要的,否则就不重要。

4. 重要性的确定离不开具体环境

由于不同的被审计单位面临不同的环境,不同的报表使用者有着不同的信息需求,因此注册会计师确定的重要性也不相同。某一金额的错报对某被审计单位的财务报表来说是重要的,而对另一个被审计单位的财务报表来说可能不重要。

5. 对重要性的评估需要运用职业判断

注册会计师对重要性的确定属于职业判断,受注册会计师对财务报表使用者对财务信息需求的认识的影响。就审计而言,注册会计师针对财务报表使用者作出下列假定是合理的:① 拥有经营、经济活动和会计方面的适当知识,并有意愿认真研究财务报表中的信息;② 理解财务报表是在运用重要性水平基础上编制、列报和审计的;③ 认可建立在对估计和判断的应用及对未来事项的考虑的基础上的会计计量具有固有的不确定性;④ 依据财务报表中的信息作出合理的经济决策。

需要注意的是,如果仅从数量角度考虑,重要性水平只是一个门槛或临界点。在该门槛或临界点之上的错报就是重要的;反之,该错报则不重要。重要性并不是财务信息的主要质量特征。

从上面分析不难看出,注册会计师的责任是确定财务报表是否存在重大错报。如果注册会计师认为存在重大错报,那么注册会计师就要提请客户注意,以便作出更正。如果客户拒绝更正报表,注册会计师就要根据错报的重要性程度发表保留意见或否定意见。因此,注册会计师必须彻底掌握重要性的应用。

(二)运用重要性概念的步骤

审计重要性概念的运用贯穿于整个审计过程。在计划审计工作时,注册会计师需要对重要性作出判断,以便为确定风险评估程序的性质、时间安排和范围,识别和评估重大错报风险,以及确定进一步审计程序的性质、时间安排和范围提供基础。在评价识别出的错报对审计的影响,以及未更正错报对财务报表的影响时,注册会计师需要按照审计准则的要求运用重要性概念。

1. 计划审计阶段,确定计划的重要性水平

在计划审计工作时,注册会计师应当考虑导致财务报表发生重大错报的原因,并应当在了解被审计单位及其环境的基础上,对重大错报的规模和性质作出一个判断,包括制定财务报表层次的重要性和特定交易类别、账户余额和披露的重要性水平。作出的判断为确定风险评估程序的性质、时间安排和范围、识别和评估重大错报风险和确定进一步审计程序的性质、时间安排和范围等方面提供了基础。

在制定总体审计策略时,注册会计师应当确定财务报表整体的重要性(将财务报表作为整体),应当使用整体重要性水平。当错报金额"低于"整体重要性水平时,就很可能被合理预期将对使用者根据财务报表作出的经济决策产生影响。根据被审计单位的特定情况,如果存在一个或多个特定类别的交易、账户余额或披露,其发生的错报金额虽然低于财务报表整体的重要性,但合理预期可能影响财务报表使用者依据财务报表作出的经济决策,注册会计师还应当确定适用于这些交易、账户余额或披露的一个或多个重要性水平。

2. 执行审计阶段,运用重要性水平

审计中可能存在未被发现的错报和不重大错报汇总后就变成重大错报的情况,为允许可能存在的这种情况,注册会计师应当制定一个比重要性水平更低的金额(确定实际执行的重要性),以评估重大错报风险并确定进一步审计程序的性质、时间安排和范围。

3. 形成审计结论阶段,考虑重要性水平对审计意见类型的影响

在形成审计结论阶段,在确定审计意见类型时,注册会计师也需要考虑重要性水平。要使用整体重要性水平和为了特定交易类别、账户余额和披露而制定的较低金额的重要性水平来评价已识别的错报对财务报表的影响和对审计报告中审计意见的影响。

在整个业务过程中,随着审计工作的进展,注册会计师应当根据所获得的新信息更新重要性。

二、计划的重要性水平的确定

(一)确定计划的重要性水平的目的

在计划审计工作时,注册会计师应当确定一个可接受的重要性水平,以发现在金额上重大的错报。确定计划的重要性水平的目的在于帮助注册会计师计划所要收集的恰当证据。如果注册会计师判断的金额低,那么就需要收集比金额高时更多的证据,这表明重要性水平与审计证据呈反向关系。

（二）确定计划的重要性水平时应考虑的因素

注册会计师在确定计划的重要性水平时，应当考虑以下主要因素：

（1）对被审计单位及其环境的了解。被审计单位的行业状况、法律环境与监管环境等其他外部因素，以及被审计单位业务的性质，对会计政策的选择和应用，被审计单位的目标、战略及相关的经营风险，被审计单位的内部控制等因素，都将影响注册会计师对重要性水平的判断。

（2）审计的目标，包括特定报告要求。信息使用者的要求等因素影响注册会计师对重要性水平的确定。例如，对特定财务报表项目进行审计的业务，其重要性水平可能需要以该项目金额，而不是以财务报表的一些汇总性财务数据为基础加以确定。

（3）财务报表各项目的性质及其相互关系。财务报表使用者对不同的报表项目的关心程度不同。一般而言，如果认为流动性较高的项目出现较小金额的错报就会影响报表使用者的决策，注册会计师应当对此从严确定重要性水平。由于财务报表各项目之间是相互联系的，注册会计师在确定重要性水平时，需要考虑这种相互联系。

（4）财务报表项目的金额及其波动幅度。财务报表项目的金额及其波动幅度可能促使财务报表使用者作出不同的反应。因此，注册会计师在确定重要性水平时，应当深入研究这些项目的金额及其波动幅度。

总之，只要影响预期财务报表使用者决策的因素，都可能对重要性水平产生影响。注册会计师应当在计划阶段充分考虑这些因素，并采用合理的方法，确定重要性水平。

（三）财务报表整体重要性的确定

注册会计师应当从数量和性质两个方面考虑财务报表整体的重要性。

1. 从数量方面考虑重要性

由于财务报表审计的目标是注册会计师通过执行审计工作对财务报表发表审计意见，因此，注册会计师应当考虑财务报表整体的重要性。只有这样，才能得出财务报表是否公允反映的结论。注册会计师在制定总体审计策略时，应当确定财务报表整体的重要性水平。

（1）从数量方面考虑财务报表整体重要性水平的基本思路

确定多大错报会影响到财务报表使用者所作决策，是注册会计师运用职业判断的结果。很多注册会计师根据所在会计师事务所的惯例及自己的经验，考虑财务报表整体性的重要性。注册会计师通常先选择一个恰当的判断基础，再选用适当的百分比乘以该判断基础，从而得出财务报表整体的重要性水平。

（2）判断基础及其选择

在实务中，有许多汇总性财务数据可以用作确定财务报表整体重要性水平的判断基础，如总资产、净资产、营业收入、成本与营业费用总额、毛利、经常性业务的税前利润、净利润等。

站在财务报表使用者的角度选择适当的判断基础时，注册会计师应当考虑的因素包括：① 财务报表的要素（如资产、负债、所有者权益、收入和费用等）、适用的财务报告编制基础所定义的财务报表指标（如财务状况、经营成果和现金流量），以及适用的财务报告编制基础提出的其他具体要求；② 对某被审计单位而言，是否存在财务报表使用者特别关注的财务报表项目（如特别关注与评价经营成果相关的信息）；③ 被审计单位的性质及所在行业；④ 被审计单位的规模、所有权性质及融资方式。

注册会计师对判断基础的选择有赖于被审计单位的性质和环境。例如,对于以营利为目的的企业,利润可能是大多数财务报表使用者最为关注的财务指标,对于盈利水平保持稳定的被审计单位,来自经常性业务的税前利润可能是一个适当的判断基础;如果企业近年来经营状况大幅度波动,盈利和亏损交替发生,或者由正常盈利变为微利或微亏,或者本年度税前利润因情况变化而出现意外增加或减少,采用经常性业务的税前利润为判断基础确定重要性可能影响审计的效率和效果,如果上述状态是由宏观经济环境的波动或企业自身经营的周期性所导致,可以考虑采用过去三到五年经常性业务的平均税前利润或亏损(取绝对值)作为判断基础,也可以采用财务报表使用者关注的其他财务指标作为判断基础,如营业收入、总资产等;对于处于新兴行业的企业,由于侧重于抢占市场份额、扩大企业知名度和影响力,一般选择营业收入作为判断基础可能较为适当;对于新设企业,由于处于开办期,尚未开始经营,目前正在建造厂房及购买机器设备,总资产可能是一个适当的判断基础;对致力于优化投资组合、提高基金净值、为基金持有人创造投资价值的某开放式基金,一般选择净资产作为判断基础;为某国际企业集团设立的研发中心,主要为集团下属各企业提供研发服务,并以成本加成的方式向相关企业收取费用,一般选择成本与营业费用总额作为判断基础;公益性质的基金会的主要工作是对外接受捐赠形成捐赠收入,开展公益性质活动发生捐赠支出,一般选择捐赠收入或捐赠支出总额作为判断基础。

注册会计师通常选择一个相对稳定、可预测且能够反映被审计单位正常规模的判断基础,在各年度中通常会保持稳定,但是并非必须保持一贯不变。注册会计师可以根据经济形势、行业状况和被审计单位具体情况的变化对采用的判断基础作出调整。例如,对于处在新设立阶段的被审计单位可能采用总资产作为判断基础,对于处在成长期的被审计单位可能采用营业收入作为判断基础,对于进入经营成熟期的被审计单位可能采用经常性业务的税前利润作为判断基础。由于销售收入和总资产具有相对稳定性,注册会计师经常将其用作确定计划重要性水平的判断基础。

(3) 计算方法

财务报表整体重要性水平的计算方法主要有固定比率法和变动比率法两种。

① 固定比率法。固定比率法,即在选定判断基础后,乘上一个固定百分比,求出财务报表整体的重要性水平。

财务报表整体重要性水平 = 判断基础 × 固定百分比

在确定恰当的判断基础后,注册会计师通常运用职业判断合理选择百分比,据以确定财务报表整体重要性水平。百分比和选定的判断基础之间存在一定的联系,如经常性业务的税前利润对应的百分比通常比营业收入对应的百分比要高。以下是一些参考数值的举例:对以营利为目的的企业,来自经常性业务的税前利润或税后净利润的5%,或总收入的0.5%,在适当情况下也可采用总资产或净资产的一定比例等;对非营利组织,费用总额或总收入的1%;对共同基金公司,净资产的0.5%。注册会计师在执行具体审计业务时,可能认为采用比上述百分比更高或更低的比例是适当的,只要符合具体情况,都是适当的选择。注册会计师在确定百分比时应当考虑的因素包括:被审计单位是否为上市公司或公众利益实体;财务报表是否分发给广大范围的使用者;被审计单位是否由集团内部关联方提供融资或是否有大额对外融资(如债券或银行贷款);财务报表使用者是否对判断基础数据特别敏感(如特殊目的财务报表的使用者)。

② 变动比率法。变动比率法的基本原理是：规模越大的企业，允许的错报或漏报的金额比率（相对数）就越小。一般是根据资产总额或营业收入两者中较大的一项确定一个变动百分比。

某国际会计师事务所判断重要性的方法是以总资产和总收入的较大者为基础确定财务报表整体重要性，规模越大的企业，比率（系数）就越小。具体步骤是：

首先，确定总资产或总收入中较大者的范围；

然后，参考重要性计算表（见表7-3），并按下列公式计算：

财务报表整体重要性水平 = 基数 + 系数 × 超过下限的部分

例如，某被审计单位的总资产为18 000 000美元，收入总额为12 000 000美元。较大者为总资产18 000 000美元，以总资产为计算基础。查表可知，总资产在10 000 000 ~ 30 000 000美元之间，查表得计算基数为85 500，系数为0.004 60，所以重要性水平为85 500 + 0.004 60 ×（18 000 000 - 10 000 000）= 122 300（美元）。

122 300美元即为该被审计单位的重要性水平。

表7-3　重要性计算表

总资产或总收入中较大者的范围/美元（下限不包括在内，上限包括在内）	重要性水平	
	基数	系数
0 ~ 30 000	0	0.059 00
30 000 ~ 100 000	1 378	0.031 00
100 000 ~ 300 000	3 970	0.021 00
300 000 ~ 1 000 000	8 300	0.014 50
1 000 000 ~ 3 000 000	18 400	0.010 00
3 000 000 ~ 10 000 000	38 300	0.006 70
10 000 000 ~ 30 000 000	85 500	0.004 60
30 000 000 ~ 100 000 000	178 000	0.003 13
100 000 000 ~ 300 000 000	397 000	0.002 14
300 000 000 ~ 1 000 000 000	826 000	0.001 45
1 000 000 000 ~ 3 000 000 000	1 840 000	0.001 00
3 000 000 000 ~ 10 000 000 000	3 830 000	0.000 67
10 000 000 000 ~ 30 000 000 000	8 550 000	0.000 46
30 000 000 000 ~ 100 000 000 000	17 800 000	0.000 31
100 000 000 000 ~ 300 000 000 000	39 700 000	0.000 21
300 000 000 000 ~	82 600 000	0.000 15

2. 从性质方面考虑重要性

金额不重要的错报从性质上看有可能是重要的。注册会计师在判断错报的性质是否重要时应该考虑的具体情况包括：

（1）错报对遵守法律法规要求的影响程度。

（2）错报对遵守债务契约或其他合同要求的影响程度。

（3）错报掩盖收益或其他趋势变化的程度（尤其在联系宏观经济背景和行业状况进行考虑时）。

（4）错报对用于评价被审计单位财务状况、经营成果或现金流量的有关比率的影响程度。

(5) 错报对财务报表中列报的分部信息的影响程度。例如,错报事项对分部或被审计单位其他经营部分的重要程度,而这些分部或经营部分对被审计单位的经营或盈利有重大影响。

(6) 错报对增加管理层报酬的影响程度。例如,管理层通过错报来达到有关奖金或其他激励政策规定的要求,从而增加其报酬。

(7) 错报对某些账户余额之间错误分类的影响程度,这些错误分类影响到财务报表中应单独披露的项目。例如,经营收益和非经营收益之间的错误分类,非盈利单位的受到限制资源和非限制资源的错误分类。

(8) 相对于注册会计师所了解的以前向报表使用者传达的信息(如盈利预测)而言,错报的重大程度。

(9) 错报是否与涉及特定方的项目相关。例如,与被审计单位发生交易的外部单位是否与被审计单位管理层的成员有关联。

(10) 错报对信息漏报的影响程度。在有些情况下,适用的财务报告编制基础并未对该信息作出具体要求,但是注册会计师运用职业判断,认为该信息对财务报表使用者了解被审计单位的财务状况、经营成果或现金流量很重要。

(11) 错报对与已审计财务报表一同披露的其他信息的影响程度,该影响程度能被合理预期将对财务报表使用者作出经济决策产生影响。

需要指出的是,这些因素只是举例,不可能包括所有情况,也并非所有审计都会出现上述全部因素。注册会计师不能以存在这些因素为由而必然认为错报是重大的。这些因素仅供注册会计师参考。

(四) 特定交易类别、账户余额和披露的重要性水平的确定

根据被审计单位的特定情况,如果存在一个或多个特定类别的交易、账户余额或披露,其发生的错报金额虽然低于财务报表整体的重要性,但合理预期可能影响财务报表使用者依据财务报表作出的经济决策,注册会计师还应当确定适用于这些交易、账户余额或披露的一个或多个重要性水平。

1. 确定特定交易类别、账户余额和披露的重要性水平时应考虑的因素

下列因素可能表明存在一个或多个特定类别的交易、账户余额或披露,其发生的错报金额虽然低于财务报表整体的重要性,但合理预期将影响财务报表使用者依据财务报表作出的经济决策:① 法律法规或适用的财务报告编制基础是否影响财务报表使用者对特定项目(如关联方交易、管理层和治理层的薪酬)计量或披露的预期;② 与被审计单位所处行业相关的关键性披露(如制药企业的研究与开发成本);③ 财务报表使用者是否特别关注财务报表中单独披露的业务的特定方面(如新收购的业务)。

在根据被审计单位的特定情况考虑是否存在上述交易、账户余额或披露时,注册会计师可能发现了解治理层和管理层的看法和预期是有用的。

2. 确定特定交易类别、账户余额和披露的重要性水平的方法

确定特定交易类别、账户余额和披露的重要性水平主要是将财务报表整体重要性分配至财务报表各组成部分。对于特定交易类别、账户余额和披露的重要性水平,既可以采用分配的方法,也可以采用不分配的方法。在实务中,很多注册会计师选择资产负债表账户作为分配的基础。由于采用复式簿记系统,大多数利润表错报对资产负债表产生相同的影响。

因而,注册会计师既可以将重要性分配给利润表账户,也可以分配给资产负债表账户。而且,在大多数审计中,资产负债表账户少于利润表账户,并且大多数审计程序关注资产负债表账户,所以,把重要性分配给资产负债表账户是最恰当的选择。

在把财务报表整体重要性分配给资产负债表账户(审计的财务报表各组成部分)时,有3个主要困难:① 注册会计师预计某些账户有比其他账户更多的错报;② 高估和低估都要予以考虑;③ 相关审计成本影响分配。这3个困难在分配中都应得到考虑。

(1) 分配法

在采用分配法时,各类交易、账户余额和披露的重要性水平之和,应当等于财务报表整体的重要性水平。用公式表示如下:

$$财务报表整体的重要性水平 = \sum 各类特定交易类别、账户余额和披露的重要性水平$$

假设某公司的总资产构成如表7-4所示,财务报表整体的重要性水平按资产总额的1%计算。要求:将财务报表整体重要性水平分配至各类特定交易类别、账户余额和披露认定层次。

表7-4 重要性水平的分配

项目	金额	甲方案(金额×1%)	乙方案
库存现金	700	7	2.8
应收账款	2 100	21	25.2
存货	4 200	42	70
固定资产	7 000	70	42
合计	14 000	140	140

① 计算财务报表整体的重要性水平:

财务报表整体重要性水平 = 14 000 × 1% = 140(万元)

② 将财务报表整体的重要性水平分配至各类交易、账户余额和披露认定层次。

注册会计师将财务报表整体的重要性水平分配至各类特定交易类别、账户余额和披露层次时有甲、乙两种方案。

甲方案是按1%进行同比例分配。由于没有考虑各账户或交易的性质、错漏的可能性及审计成本,一般来说,这并不可行,注册会计师必须对其进行修正。

乙方案是结合注册会计师的职业判断进行分配:① 存货交易频繁,账目较多,可将其重要性水平适当提高到70万元,这将大大降低审计成本。② 固定资产业务较少,将其重要性水平降低到42万元,也不会增加较多的审计工作量,而且审计成本也降低了。③ 在提高重要性水平时,要考虑账户及其交易的性质和错弊的可能性的,不能一味地为降低审计成本而提高重要性水平。现金(库存现金、银行存款等)账户和交易出现错弊的可能性较大,故将其重要性水平由7万元降低到2.8万元,以扩大测试的范围。④ 应收账款可以按财务报表整体的重要性水平倒推,且与甲方案变化不大,也可与其他项目做适当的调整。

(2) 不分配法

一种方法是某著名国际会计公司所采用的方法。假设财务报表整体的重要性水平为100万元,则可根据各类特定交易类别、账户余额和披露认定的性质及错报的可能性,将各类特定交易类别、账户余额、列报的重要性水平确定为财务报表整体重要性水平的20% ~ 50%。审计时,只要发现该各类特定交易类别、账户余额和披露的错报超过这一水平,就建议被审计单位调整。最后,编制未调整事项汇总表,若未调整的错报超过100万元,就应建议被审计单位调整。

另一种方法是某国际会计师事务所采用的方法。该会计师事务所规定,各类特定交易类别、账户余额和披露的重要性水平为财务报表整体重要性水平的1/6 ~ 1/3,假设财务报表整体的重要性水平为90万元,应收账款的重要性水平为这一金额的1/4,存货为1/5,应付账款为1/5,则其重要性水平的金额分别为22.5万元、18万元和18万元。

在实际工作中,往往很难预测哪些账户可能发生错报,也无法事先确定审计成本的大小,所以重要性水平的确定是一个较困难的专业判断过程。

3. 可容忍错报

当注册会计师把财务报表整体重要性水平分配至各账户后,每个账户余额所分配的财务报表整体重要性水平(即各类特定交易类别、账户余额和披露的重要性水平),就是“可容忍错报”。例如,如果注册会计师决定把财务报表整体重要性水平20万元中的10万元分配给应收账款,那么应收账款的可容忍错报就是10万元。这就意味着,如果应收账款中的错报是10万元或更低,那么注册会计师就可乐观认为应收账款是公允表达的。

三、实际执行的重要性

1. 实际执行的重要性的含义

实际执行的重要性是指注册会计师确定的低于财务报表整体的重要性的一个或多个金额,旨在将未更正和未发现错报的汇总数超过财务报表整体的重要性的可能性降至适当的低水平。如果适用,实际执行的重要性还指注册会计师确定的低于特定类别的交易、账户余额或披露的重要性水平的一个或多个金额。

2. 确定实际执行的重要性

确定实际执行的重要性并非简单机械的计算,需要注册会计师运用职业判断,并考虑对被审计单位的了解(这些了解在实施风险评估程序的过程中得到更新)、前期审计工作中识别出的错报的性质和范围,以及根据前期识别出的错报对本期错报作出的预期等因素的影响。对于审计风险较高的审计项目,注册会计师需要确定较低的实际执行的重要性;对于首次接受委托的审计项目、连续审计项目且以前年度审计调整较多、项目总体风险较高(如处于高风险行业、管理层能力欠缺、面临较大市场竞争压力或业绩压力等)、存在或预期存在值得关注的内部控制缺陷等情况,注册会计师可能考虑选择较低的百分比来确定实际执行的重要性;对连续审计项目且以前年度审计调整较少、项目总体风险为低到中等(如处于非高风险行业、管理层有足够能力、面临较低的业绩压力等)、以前期间的审计经验表明内部控制运行有效等情况,注册会计师可能考虑选择较高的百分比来确定实际执行的重要性。

审计准则要求注册会计师确定低于财务报表整体重要性的一个或多个金额作为实际执行的重要性,注册会计师无须通过将财务报表整体的重要性平均分配或按比例分配至各个报表项目的方法来确定实际执行的重要性,而是根据对报表项目的风险评估结果,确定如何确定一个或多个实际执行的重要性。例如,根据以前期间的审计经验和本期审计计划阶段的风险评估结果，注册会计师认为可以以财务报表整体重要性的75%作为大多数报表项目的实际执行的重要性;与营业收入项目相关的内部控制存在控制缺陷,而且以前年度审计中存在审计调整,可以考虑以财务报表整体重要性的50%作为营业收入项目的实际执行的重要性,从而有针对性地对高风险领域执行更多的审计工作。

3. 运用实际执行的重要性

对实际执行的重要性的运用体现在计划和执行审计工作阶段,实际执行的重要性直接影响注册会计师的审计工作量及需要获取的审计证据。

注册会计师在计划审计工作时可能根据实际执行的重要性确定需要对哪些类型的交易、账户余额和披露实施进一步审计程序,即通常选取金额超过实际执行的重要性的财务报表项目(这些财务报表项目有可能导致财务报表出现重大错报)。出于单个金额低于实际执行的重要性的财务报表项目汇总起来可能金额重大(可能远远超过财务报表整体的重要性)需要考虑汇总后的潜在错报风险、对于存在低估风险的财务报表项目不能仅仅因为其金额低于实际执行的重要性而不实施进一步审计程序、对于识别出存在舞弊风险的财务报表项目不能因为其金额低于实际执行的重要性而不实施进一步审计程序等考虑,注册会计师并不可以对所有金额低于实际执行的重要性的财务报表项目不实施进一步审计程序。

注册会计师为应对识别、评估出的重大错报风险,可以运用实际执行的重要性确定进一步审计程序的性质、时间安排和范围。在实施实质性分析程序时,注册会计师确定的已记录金额与预期值之间的可接受差异额通常不超过实际执行的重要性;在运用审计抽样实施细节测试时,注册会计师可以将可容忍错报的金额设定为等于或低于实际执行的重要性。

四、审计过程中修改重要性

在审计执行阶段,随着审计过程的推进,注册会计师应当及时评价计划阶段确定的重要性水平是否仍然合理,并根据具体环境的变化或在审计执行过程中进一步获取的信息,修正计划的重要性水平,进而修改进一步审计程序的性质、时间和范围。

如果在审计过程中获知了某项信息,而该信息可能导致注册会计师确定与原来不同的财务报表整体的重要性或者特定类别的交易、账户余额或披露的一个或多个重要性水平(如适用),注册会计师应当予以修改。

如果认为运用低于最初确定的财务报表整体的重要性和特定类别的交易、账户余额或披露的一个或多个重要性水平是适当的,注册会计师应当确定是否有必要修改实际执行的重要性,并确定进一步审计程序的性质、时间安排和范围是否仍然适当。

五、评价审计过程中识别出的错报

(一)错报的含义

错误或舞弊可能导致错报。错报,是指某一财务报表项目的金额、分类、列报或披露,与按照适用的财务报告编制基础应当列示的金额、分类、列报或披露之间存在的差异。当注册会计师对财务报表是否在所有重大方面按照适用的财务报告编制基础编制并实现公允反映发表审计意见时,错报还包括根据注册会计师的判断,为使财务报表在所有重大方面实现公充反映,需要对金额、分类、列报或披露作出的必要调整。

(二) 错报的种类

注册会计师应当累积审计过程中识别出的错报,除非错报明显微小。注册会计师可能将低于某一金额的错报界定为明显微小的错报,由于这些错报的汇总数明显不会对财务报表产生重大影响,因此注册会计师对这类错报往往不需要累积。但如果不确定一个或多个错报是否明显微小,就不能认为这些错报是明显微小的。

"明显微小"不等同于"不重大"。明显微小错报金额的数量级,与按照确定的重要性的数量级相比,应当是明显不同的(明显微小错报金额的数量级更小)。这些明显微小的错报,无论单独或者汇总起来,无论从规模、性质或其发生的环境来看都是明显微不足道的。为了确定审计中发现的错报哪些需要累积,哪些不需要累积,注册会计师需要在制订审计计划时预先设定明显微小错报的临界值。注册会计师需要运用职业判断并考虑以前年度审计中识别出的错报(包括已更正和未更正错报)的数量和金额、重大错报风险的评估结果、被审计单位治理层和管理层对注册会计师与其沟通错报的期望、被审计单位的财务指标是否勉强达到监管机构的要求或投资者的期望等因素确定明显微小错报的临界值,以确保不累积的错报(即低于临界值的错报)连同累积的未更正错报不会汇总成为重大错报。如果注册会计师预期被审计单位存在数量较多、金额较小的错报,可能考虑采用较低的临界值,以避免大量低于临界值的错报积少成多构成重大错报。如果注册会计师预期被审计单位错报数量较少,则可能采用较高的临界值。

注册会计师可能将明显微小错报的临界值确定为财务报表整体重要性的3% ~5%,也可能低一些或高一些,但通常不超过财务报表整体重要性的10%,除非注册会计师认为有必要单独为重分类错报确定一个更高的临界值。如果注册会计师不确定一个或多个错报是否明显微小,就不能认为这些错报是明显微小的。

为了帮助注册会计师评价审计过程中累积的错报的影响,以及与管理层和治理层沟通错报事项,注册会计师可以将错报区分为已经识别的具体错报和推断误差。

1. 已经识别的具体错报

已经识别的具体错报是指注册会计师在审计过程中发现的,能够准确计量的错报,包括以下两类:

① 对事实的错报。这类错报产生于被审计单位收集和处理数据的错误,对事实的忽略或误解,或故意舞弊行为。例如,注册会计师在实施细节测试时发现最近购入存货的实际价值为15 000元,但账面记录的金额却为10 000元。因此,存货和应付账款分别被低估了5 000元,这里被低估的5 000元就是已识别的对事实的具体错报。

② 涉及主观决策的错报。这类错报产生于两种情况:一是管理层和注册会计师对会计估计值的判断差异,例如,由于包含在财务报表中的管理层作出的估计值超出了注册会计师确定的一个合理范围,导致出现判断差异;二是管理层和注册会计师对选择和运用会计政策的判断差异。由于注册会计师认为管理层选用会计政策造成错报,管理层却认为选用会计政策适当,导致出现判断差异。

2. 推断误差

推断误差也称可能误差,是注册会计师对不能明确、具体地识别的其他错报的最佳估计数。推断误差通常包括:

① 通过测试样本估计出的总体的错报减去在测试中发现的已经识别的具体错报。其计算公式如下：

$$推断误差数=\frac{样本中的错报总金额}{样本总金额}\times记录的总体价值-已识别的具体错报$$

例如，应收账款年末余额为2 000万元，注册会计师抽查样本发现金额有100万元的高估，高估部分为账面金额的20%，据此注册会计师推断总体的错报金额为400万元（2 000×20%），那么上述100万元就是已识别的具体错报，其余300万元即为推断误差。

② 通过实质性分析程序推断出的估计错报。例如，注册会计师根据客户的预算资料及行业趋势等要素，对客户年度销售费用独立地作出估计，并与客户账面金额比较，发现两者间有50%的差异；考虑到估计的精确性有限，注册会计师根据经验认为10%的差异通常是可接受的，而剩余40%的差异需要有合理解释并取得佐证性证据；假定注册会计师对其中20%的差异无法得到合理解释或不能取得佐证，则该部分差异金额即为推断误差。

（三）对审计过程识别出的错报的考虑

对审计过程识别出的错报，注册会计师应当考虑：① 错报可能不会孤立发生，一项错报的发生还可能表明存在其他错报；② 审计过程中累积错报的汇总数接近按照《重要性》准则的规定确定的重要性，则表明存在比可接受的低风险水平更大的风险，即可能未被发现的错报连同审计过程中累积错报的汇总数，可能超过重要性；③ 注册会计师可能要求管理层检查某类交易、账户余额或披露，以使管理层了解注册会计师识别出的错报的发生原因，并要求管理层采取措施以确定这些交易、账户余额或披露实际发生错报的金额，以及对财务报表作出适当的调整。如果管理层应注册会计师的要求，检查了某类交易、账户余额或披露并更正了已发现的错报，注册会计师应当实施追加的审计程序，以确定错报是否仍然存在。

如果出现下列情况之一，注册会计师应当确定是否需要修改总体审计策略和具体审计计划：① 识别出的错报的性质及错报发生的环境表明可能存在其他错报，并且可能存在的其他错报与审计过程中累积的错报合计起来可能是重大的；② 审计过程中累积的错报合计数接近按照《重要性》准则的规定确定的重要性。

（四）沟通和更正错报

除非法律法规禁止，注册会计师应当及时将审计过程中累积的所有错报与适当层级的管理层进行沟通。注册会计师还应当要求管理层更正这些错报。如果管理层拒绝更正沟通的部分或全部错报，注册会计师应当了解管理层不更正错报的理由，并在评价财务报表整体是否存在重大错报时考虑该理由。

（五）评价未更正错报的影响

未更正错报，是指注册会计师在审计过程中累积的且被审计单位未更正的错报。注册会计师需要在出具审计报告之前，评价未更正错报的影响是否重大。

（1）在评价未更正错报的影响之前，注册会计师应当重新评估按照《重要性》准则的规定确定的重要性，以根据被审计单位的实际财务结果确认其是否仍然适当。

（2）注册会计师除应当考虑相对某类交易、账户余额或披露及财务报表整体而言，错报的金额和性质及错报发生的特定环境和与以前期间相关的未更正错报对相关类别的交易、账户余额或披露，以及财务报表整体的影响等因素确定未更正错报单独或汇总起来是否重大，未更正错报单独或连同其他未更正错报是否超过财务报表整体的重要性（即定量因素）

外，还要考虑错报性质及错报发生的特定环境（即定性因素），并综合评价没有对未更正错报作出调整的财务报表整体是否仍然能够实现公允反映。在具体应用时，注册会计师需要进行定性评估确定一项分类错报是否重大。例如，注册会计师识别出某项应付账款误计入其他应付款的错报，金额超过财务报表整体的重要性。由于该错报不影响经营业绩和关键财务指标，注册会计师认为该项错报不重大。再如，被审计单位没有及时将资产负债表日已达到可使用状态的在建工程转入固定资产，金额超过财务报表整体的重要性，相关折旧金额较小。注册会计师在考虑相关定性因素之后，认为该错报对固定资产账户余额及财务报表整体均不产生重大影响，认为该项错报不是重大错报。但在某些情况下，即使某些错报低于财务报表整体的重要性，但因与这些错报相关的某些情况，在将其单独或连同在审计过程中累积的其他错报一并考虑时，注册会计师也可能将这些错报评价为重大错报。例如，某项错报的金额虽然低于财务报表整体的重要性，但对被审计单位的盈亏状况有决定性的影响，注册会计师应认为该项错报是重大错报。

（3）除非法律法规禁止，注册会计师不仅应当与治理层沟通未更正错报，以及这些错报单独或汇总起来可能对审计意见产生的影响，而且还需要与治理层沟通与以前期间相关的未更正错报对相关类别的交易、账户余额或披露及财务报表整体的影响。注册会计师在沟通时应当逐项指明重大的未更正错报，并应当要求被审计单位更正未更正错报。

第四节　审计风险

重要性与审计风险之间有着密切的关系。历史财务信息审计中要求注册会计师将审计风险降至可接受的低水平，对审计后的历史财务信息提供合理保证。合理保证意味着审计风险始终存在，注册会计师应当通过计划和实施审计工作，获取充分、适当的审计证据，将审计风险降至可接受的低水平。

一、审计风险的基本概念

（一）审计风险的含义

审计风险是指财务报表存在重大错报时，注册会计师发表不恰当审计意见的可能性。审计风险并不包含这种情况，即财务报表不含有重大错报，而注册会计师错误地发表了财务报表含有重大错报的审计意见的风险。

审计风险不同于企业的经营风险，但二者具有很密切的联系。经营风险源于对被审计单位实现目标和战略产生不利影响的重大情况、事项、环境和行动，或不恰当的目标和战略。不同的企业可能面临不同的经营风险，这取决于企业经营的性质、所处行业、外部监管环境、企业的规模和复杂程度。管理层有责任识别和应对这些风险。审计风险与经营风险之所以具有很密切的联系，是因为经营风险与财务报表发生重大错报的风险密切相关。许多经营风险最终都会有财务后果，因而影响到财务报表，进而对财务报表审计产生影响。例如，宏观经济形势不景气可能对商业银行贷款损失准备产生重大影响；化工企业面临的环境风险可能意味着需要确认预计负债;技术升级风险可能导致企业原有的生产设备和存货发生减值,甚至影响持续经营假设的适当性。更为严重的是,经营风险引起的经营失败可能促使被审计单位管理层通过财务报表舞弊对经营失败加以掩盖。尽管被审计单位在实施战略以实现其目标的过程中可能面临各种经营风险,但并非所有经营风险都与财务报表相关,注册会计师应当重点关注可能影响财务报表的经营风险。

(二)审计风险的种类

审计风险取决于重大错报风险和检查风险。注册会计师应当实施审计程序,评估重大错报风险,并根据评估结果设计和实施进一步审计程序,以控制检查风险。

1. 重大错报风险

重大错报风险是指财务报表在审计前存在重大错报的可能性。重大错报风险分为财务报表层次的重大错报风险和认定层次的重大错报风险。

(1) 财务报表层次的重大错报风险

财务报表层次重大错报风险与财务报表层次存在广泛联系,它可能影响多项认定。此类风险通常与控制环境有关,如管理层缺乏诚信、治理层形同虚设而不能对管理层进行有效监督等;但也可能与其他因素有关,如经济萧条、企业所处行业处于衰退期。此类风险难以被界定于某类交易、账户余额、列报的具体认定,相反,此类风险增大了一个或多个不同认定发生重大错报的可能性。此类风险对注册会计师考虑由舞弊引起的风险特别相关。

(2) 认定层次的重大错报风险

注册会计师应当考虑认定层次的重大错报风险,以便于针对认定层次计划和实施进一步审计程序。考虑的结果直接有利于注册会计师确定认定层次上实施的进一步审计程序的性质、时间和范围。注册会计师在各类交易、账户余额、披露认定层次获取审计证据,以便在审计工作完成时,以可接受的低审计风险水平对财务报表层次发表意见。

认定层次的重大错报风险又可进一步细分为固有风险和控制风险。

① 固有风险是指在考虑相关的内部控制之前,某类交易、账户余额或披露的某一认定易于发生重大错报(该错报单独或连同其他错报可能是重大)的可能性。某些类别的交易、账户余额、披露及其认定,固有风险很高。例如,复杂的计算比简单的计算更可能出错;受重大计量不确定性影响的会计估计发生错报的可能性较大。产生经营风险的外部因素也可能影响固有风险,比如,技术进步可能导致某项产品陈旧,进而导致存货易于发生高估错报(计价认定)。被审计单位及其环境中的某些因素还可能与多个甚至所有类别的交易、账户余额、列报有关,进而影响多个认定的固有风险。这些因素包括维持经营的流动资金匮乏、被审计单位处于夕阳行业等。

② 控制风险是指某类交易、账户余额或披露的某一认定发生错报,该错报单独或连同其他错报可能是重大的,但没有被内部控制及时防止或发现并纠正的可能性。控制风险取决于与财务报表编制有关的设计和运行的有效性。由于控制的固有局限性,某种程度的控制风险始终存在。

由于固有风险和控制风险不可分割地交织在一起,有时无法单独进行评估,执业准则中通常只是将这两者合并称为“重大错报风险”。但这并不意味着,注册会计师不可以单独对固有风险和控制风险进行评估。相反,注册会计师既可以对两者单独进行评估,也可以对两者进行合并评估。具体采用的评估方法取决于会计师事务所偏好的审计技术和方法及实务上的考虑。

2. 检查风险

检查风险，是指如果存在某一错报，该错报单独或连同其他错报可能是重大的，注册会计师为将审计风险降至可接受的低水平而实施程序后没有发现这种错报的风险。检查风险取决于审计程序设计的合理性和执行的有效性。由于注册会计师通常并不对所有的交易、账户余额和披露进行检查，以及其他原因，检查风险不可能降低为零。

（三）用于计划目的的审计风险模型

注册会计师在计划审计工作时，处理风险的主要方法是应用审计风险模型，以确定各个循环应获取多少审计证据。该模型通常表述如下：

$$计划的检查风险=\frac{可接受审计风险}{固有风险\times控制风险}（以往准则规定）$$

$$计划的检查风险=\frac{可接受审计风险}{重大错报风险}（现行准则规定）$$

表7-5举例说明各循环对证据需要量的差异。例如，在生产与存货循环审计中，假设重大错报风险为100%（其中固有风险和控制风险均为100%），可接受审计风险为5%，则计划的检查风险为0.05或5%（5% ÷100%）。

表7-5　各循环对证据需要量差异举例

审计风险＼循环	销售与收款循环	购货与付款循环	生产与存货循环	筹资与投资循环
注册会计师在不考虑内部控制的情况下对预计存在重大错报的评价（重大错报风险——固有风险）	预计存在一些错报（中）	预计存在许多错报（高）	预计存在许多错报（高）	预计几乎没有错报（低）
注册会计师对内部控制能否防止和发现重大错报有效性的评价（重大错报风险——控制风险）	中等有效（中）	高度有效（低）	有效性低（高）	高度有效（低）
注册会计师在完成审计后对于财务报表仍存在重大错报的愿意接受程度（可接受审计风险）	愿意接受程度低（低）	愿意接受程度低（低）	愿意接受程度低（低）	愿意接受程度低（低）
注册会计师计划获取证据的范围（计划检查风险）	中等水平（中）	中等水平（中）	高水平（低）	低水平（高）

1. 计划检查风险

计划检查风险是指某一部分的审计证据没有发现超过可容忍错报金额的风险计量，而这些错报又确实存在。计划检查风险有两个关键之处：一是计划检查风险取决于模型中的其他因素，只有当注册会计师改变其中的某一个因素时，计划检查风险才会改变；二是注册会计师计划收集的实质性审计证据的数量与计划检查风险成反比。如果计划检查风险降低，那么注册会计师需要收集更多证据以满足降低了的计划检查风险。例如，在表7-5中，生产与存货循环的计划检查风险低，导致计划的证据量多。筹资与投资循环则刚好相反。

在前面计划检查风险计算的例子中，计划检查风险为0.05的含义是：注册会计师计划获取证据，直到根据审计结果推测的错报超过可容忍错报的风险降低到5%为止。如果重大错报风险（控制风险）是0.5而不是1.0，那么计划检查风险就是0.1（10%），计划收集的证据量就可以相应减少。

通过对表7-5的分析，可以看出，固有风险与计划检查风险和计划证据量之间的关系是：固有风险与计划检查风险成反比，与计划证据量成正比。控制风险与计划检查风险之间的关系，和固有风险一样，也成反比，而与实质性证据量之间的关系则成正比。注册会计师在内部控制有效时能够提高计划检查风险水平，因为有效的内部控制减少了财务报表存在错报的可能性。固有风险和控制风险相结合形成的重大错报风险与计划检查风险和计划证据量之间的关系是：重大错报风险与计划检查风险成反比，与计划证据量成正比。

2. 可接受审计风险

可接受审计风险是用来衡量注册会计师愿意接受的在审计已经完成并已出具无保留意见审计报告后，财务报表仍存在重大错报的可能性。当注册会计师把可接受审计风险水平定得较低时，它意味着注册会计师希望有更大的把握相信财务报表不存在重大错报。零风险是完全肯定，而100%的风险则意味着完全不肯定。对财务报表准确性的完全肯定（零风险）在经济上是不可取的，注册会计师不能保证绝对没有错报。注册会计师通常采用合理保证或保证程度等术语代替可接受审计风险。合理保证是可接受审计风险的余数，即1减去可接受审计风险的差。

可接受审计风险水平一般由注册会计师在计划阶段设定，适用于每一个循环和账户。注册会计师之所以对审计的财务报表各个组成部分采用相同的可接受审计风险水平，是因为影响可接受审计风险的因素与整个审计有关，而不是与单个账户有关。但在某些特殊情况下，某一账户比其他账户宜采用较低的可接受审计风险水平。

在审计风险模型中，可接受审计风险和计划的检查风险之间成正比关系，而与计划证据量之间成反比关系。例如，如果注册会计师认为要降低可接受审计风险，那么计划检查风险会相应降低，从而计划证据量就要增加。注册会计师通常对可接受审计风险水平较低的客户，配备更有经验的审计人员，或者更加广泛地复核审计工作底稿。

图7-2列示了审计风险与计划所需证据数量之间的关系。

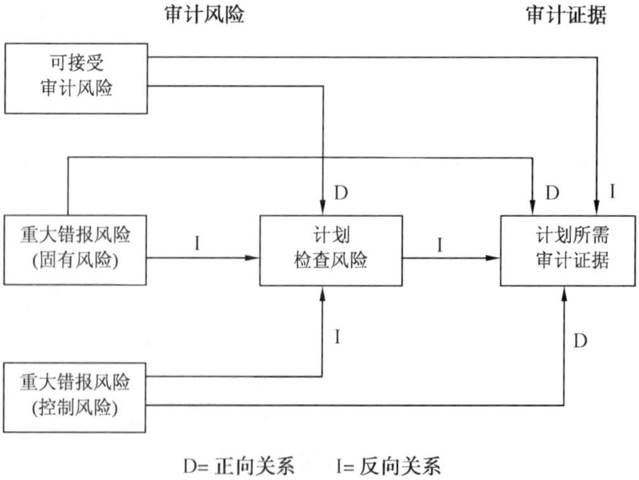

图7-2　审计风险与计划所需审计证据之间的关系

图中,"D"表示某一种审计风险与计划检查风险或计划所需证据量之间是正向关系,"I"则表示反向关系。例如,可接受审计风险的上升导致计划检查风险的上升(D)和计划所需审计证据量的减少(I)。

二、审计风险、审计重要性与审计证据之间的关系

(一)审计风险与审计重要性的关系

注册会计师对重要性及其与审计风险的关系的考虑贯穿于注册会计师审计工作的全过程。在不同的审计阶段,重要性与审计风险的关系都会对审计程序产生影响。

(1)在审计计划阶段,注册会计师在确定审计程序的性质、时间和范围时,需要考虑计划的重要性水平。在计划审计工作时,注册会计师应当考虑导致财务报表发生重大错报的原因,并应当在了解被审计单位及其环境的基础上,确定一个可接受的重要性水平,即首先为财务报表层次确定重要性水平,以发现在金额上重大的错报。同时,注册会计师还应当评估各类特点的交易、账户余额或披露层次的重要性,以便确定进一步审计程序的性质、时间和范围,将审计风险降至可接受的低水平。注册会计师在确定审计程序的性质、时间和范围时应当考虑重要性与审计风险之间的反向关系。

(2)在审计执行阶段,随着审计过程的推进,注册会计师应当及时评价计划阶段确定的重要性水平是否仍然合理,并根据具体环境的变化或在审计执行过程中进一步获取的信息,修正计划的重要性水平,进而修改进一步审计程序的性质、时间和范围。例如,随着审计证据的累积,注册会计师可能认为初始选用的重要性判断基础并不恰当,需要选用其他的判断基础来计算重要性水平。在确定审计程序后,如果注册会计师决定接受更低的重要性水平,审计风险将增加。注册会计师应当选用下列方法将审计风险降至可接受的低水平:① 如有可能,通过扩大控制测试范围或实施追加的控制测试,降低评估的重大错报风险,并支持降低后的重大错报风险水平;② 通过修改计划实施的实质性程序的性质、时间和范围,降低检查风险。

(3)在评价审计程序结果时,注册会计师确定的重要性和审计风险,可能与计划审计工作时评估的重要性和审计风险存在差异。在这种情况下,注册会计师应当重新确定重要性和审计风险,并考虑实施的审计程序是否充分。

(二)可容忍错报、审计风险、审计重要性与审计证据之间的关系

从上述分析可以看出,审计重要性和审计风险这两个概念密不可分。审计风险是对不确定性的计量,而重要性则是对程度或规模的计量。两者结合起来,就是对特定程度金额的不确定性的计量。例如,如果注册会计师希望对审计风险和审计重要性这两个概念进行精确又有意义的举例说明,适当的举例说明可以是:注册会计师计划获取审计证据,以使没有发现超过可容忍错报 552 000 元(重要性)的风险只有 5%(可接受审计风险)。如果在说明中删除审计风险或审计重要性部分,则说明将会毫无意义。只说明 5% 的风险而不指出具体的重要性程度,意味着 100 元错报或 100 万元错报都是可以接受的。只说明 552 000 元的错报而不说明具体的风险水平,则意味着 1% 的风险或 80% 的风险都是可以接受的。

可容忍错报、审计风险与计划所需要审计证据之间的关系如图 7-3 所示。该图是对图 7-2 的拓展,包括了可容忍错报。需要注意的是,可容忍错报不影响审计风险,审计风险也

不影响可容忍错报,但是它们共同决定计划的审计证据。

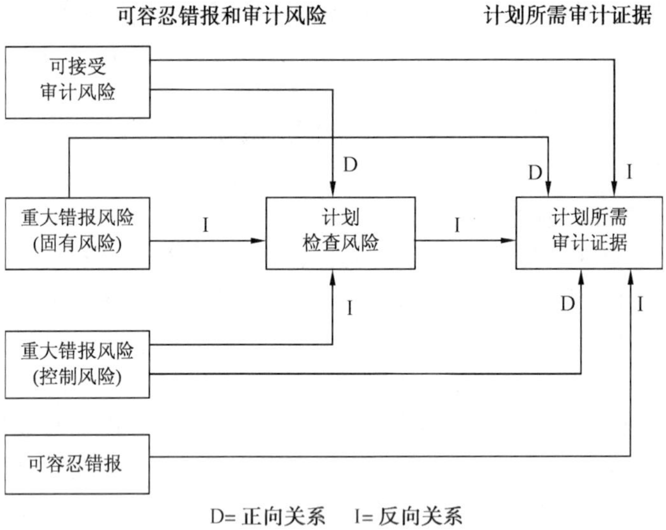

图 7-3　可容忍错报、审计风险与计划所需要审计证据之间的关系

三、评价审计结果的审计风险模型

在注册会计师完成审计计划和获取审计证据后,审计结果可以按照审计风险模型的评价模型来表述。美国注册会计师协会《审计准则公告第 47 号》(SAS 47)将评价审计结果的审计风险模型表述如下:

已实现的审计风险 = 固有风险 × 控制风险 × 已实现的检查风险

其中,已实现的审计风险是注册会计师接受的在获取审计证据之后财务报表中的某个账户存在重大错报的风险计量;固有风险与在审计计划中讨论的固有风险要素相同,除非根据新信息进行过修正;控制风险也与前面所讨论的控制风险相同,除非在审计过程中进行过修正;已实现的检查风险是指某一部分的审计证据没有发现超过可容忍金额的错报的风险计量,而这些错报又确实存在。注册会计师只有通过获取实质性证据才能降低已实现的检查风险。

该公式表明,降低固有风险、降低控制风险和通过增加实质性测试程序降低已实现检查风险 3 种方式可把已实现检查风险降至可接受水平。图 7-4 为计划证据和评价结果的审计风险模型,该图的右侧说明了获取更多的实质性证据以降低已实现检查风险。较低的已实现检查风险,同时加上较低的固有风险和控制风险会降低已实现审计风险。

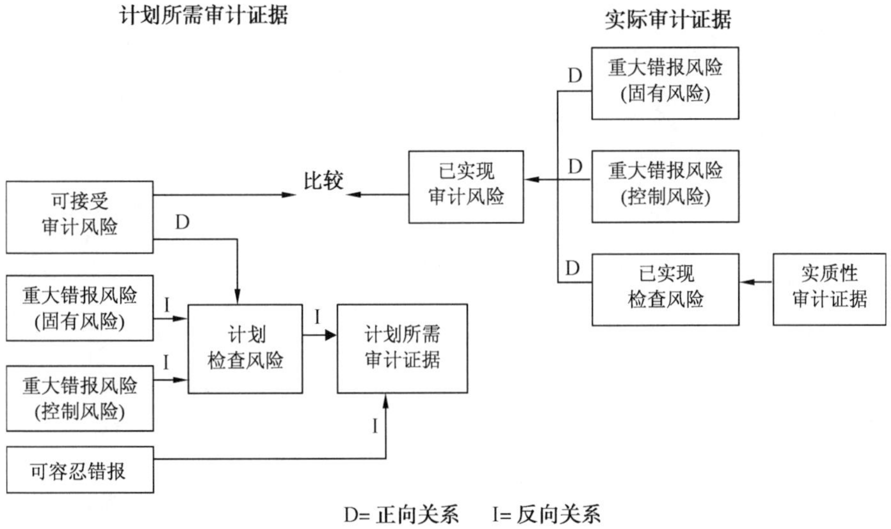

图 7-4　计划证据和评价结果的审计风险模型图

在 2006 年 2 月 15 日发布的新审计准则下，评价审计结果的审计风险模型表述如下：

已实现的审计风险 = 重大错报风险 × 已实现的检查风险

该公式表明，降低重大错报风险和通过增加实质性测试程序降低已实现检查风险等两种方式可把已实现检查风险降至可接受水平。

【名词与术语】

总体审计策略	具体审计计划	重要性	实际执行的重要性
审计风险	重大错报风险	检查风险	尚未更正错报

【思考题】

1. 开展初步业务活动的目的是什么？主要内容有哪些？
2. 制定总体审计策略和具体审计计划分别应考虑哪些事项？相互之间有何关系？
3. 重要性概念可从哪些方面进行理解？
4. 怎样确定实际执行的重要性？
5. 如何正确理解重要性、审计风险、审计证据相互之间的关系及对审计程序的影响？

第八章 风险评估与风险应对

本章导读

风险导向审计是当今主流的审计方法，它要求注册会计师以重大错报风险的识别、评估和应对为审计工作的主线，以提高审计效率和效果。本章主要介绍重大错报风险识别、评估和应对的理论和方法。首先，简单介绍风险评估概念和程序；然后，重点论述重大错报风险的识别、评估和应对的理论与方法。

本章重点是重大错报风险的识别、评估和应对的理论与方法；难点是对重大错报风险的识别。

通过本章的学习，要求了解风险评估概念和程序；理解和掌握重大错报风险的识别、评估和应对的理论与方法，并能将这些理论和方法正确地运用到审计实践。

第一节　风险评估概述

一、风险评估的概念

风险评估是指以了解被审计单位及其环境为基础,以识别和评估财务报表重大错报风险为目的,在设计和实施进一步审计程序之前实施的审计程序。

理解这一概念,应把握以下两点:

1. 风险评估以了解被审计单位及其环境为基础

了解被审计单位及其环境是必要程序,特别是对注册会计师在下列关键环节作出职业判断具有重要意义:

(1) 确定重要性水平,并随着审计工作的进程评估对重要性水平的判断是否仍然适当;

(2) 考虑会计政策的选择和运用是否恰当,以及财务报表的列报是否适当;

(3) 识别需要特别考虑的领域,包括关联方交易、管理层运用持续经营假设的合理性,或交易是否具有合理的商业目的等;

(4) 确定在实施分析程序时所使用的预期值;

(5) 设计和实施进一步审计程序,以将审计风险降至可接受的低水平;

(6) 评价所获取审计证据的充分性和适当性。

总之,风险评估的关键在于注册会计师对被审计单位及其环境的了解是否足以识别和评估财务报表重大错报风险。如果了解被审计单位及其环境获得的信息足以识别和评估财务报表重大错报风险,这时,对重大错报风险的评估才可能恰当。

2. 风险评估的目的是为了实施具有针对性的审计程序

第六章介绍了相关审计程序,仅仅掌握这些程序是不够的,还必须有针对性地运用这些程序。审计程序与重大错报风险的相关性越强,审计效率越高。风险评估的目的是识别出重大错报风险环节,而后设计和实施具有高度针对性的审计程序,以收集充分、适当的审计证据。

二、风险评估程序和信息来源

(一) 风险评估程序

风险评估程序是指注册会计师为了解被审计单位及其环境而实施的程序。注册会计师在了解被审计单位及其环境时,应当实施下列风险评估程序:① 询问被审计单位管理层和内部其他相关人员;② 分析程序;③ 观察和检查。

1. 询问被审计单位管理层和内部其他相关人员

询问被审计单位管理层和内部其他相关人员是注册会计师了解被审计单位及其环境的一个重要信息来源。注册会计师可以考虑向管理层和财务负责人询问下列事项:① 管理层所关注的主要问题;② 被审计单位最近的财务状况、经营成果和现金流量;③ 可能影响财务报告的交易和事项,或者目前发生的重大会计处理问题;④ 被审计单位发生的其他重要变化。

尽管注册会计师通过询问管理层和财务负责人可获取大部分信息，但是询问被审计单位内部的其他人士可能为注册会计师提供不同的信息，有助于识别重大错报风险。因此，注册会计师除了询问管理层和对财务报告负有责任的人员外，还应当考虑询问内部审计人员、采购人员、生产人员、销售人员等其他人员，并考虑询问不同级别的员工，以获取对识别重大错报风险有用的信息。

2. 实施分析程序

分析程序是指注册会计师通过研究不同财务数据之间，以及财务数据与非财务数据之间的内在关系，对财务信息作出评价。分析程序还包括调查识别出的、与其他相关信息不一致或与预期数据严重偏离的波动和关系。分析程序既可用作风险评估程序和实质性程序，也可用于对财务报表的总体复核。本准则主要说明在了解被审计单位及其环境并评估重大错报风险时使用的分析程序，即将分析程序用作风险评估程序。在实施分析程序时，注册会计师应当预期可能存在的合理关系，并与被审计单位记录的金额、依据记录金额计算的比率或趋势相比较；如果发现异常或未预期到的关系，注册会计师应当在识别重大错报风险时考虑这些比较结果。

销售成本存在重大错报风险，注册会计师需要实施更为详细的分析程序。例如，对每一产品系列进行毛利率分析，或者将总体毛利率分析的结果连同其他信息一并考虑。

3. 观察和检查

观察和检查程序可以印证对管理层和其他相关人员的询问结果，并可提供有关被审计单位及其环境的信息。注册会计师实施观察和检查程序包括以下方面：① 观察被审计单位的生产经营活动；② 检查文件、记录和内部控制手册；③ 阅读由管理层和治理层编制的报告；④ 实地察看被审计单位的生产经营场所和设备；⑤ 追踪交易在财务报告信息系统中的处理过程。

（二）其他审计程序和信息来源

1. 其他审计程序

除了采用询问、分析程序、观察和检查程序从被审计单位内部获取信息以外，如果根据职业判断认为从被审计单位外部获取的信息有助于识别重大错报风险，注册会计师还应当实施其他审计程序以获取这些信息。例如，询问被审计单位聘请的外部法律顾问、专业评估师、投资顾问和财务顾问等。

阅读外部信息也可能有助于注册会计师了解被审计单位及其环境。外部信息包括证券分析师、银行、评级机构出具的有关被审计单位及其所处行业的经济或市场环境等状况的报告，贸易与经济方面的期刊，法规或金融方面的出版物，以及政府部门或民间组织发布的行业报告和统计数据等。

2. 其他信息来源

其他的信息来源渠道较多，其中主要有以下两个方面：① 注册会计师在承接业务和续约过程中获取的信息；② 向被审计单位提供其他服务所获取的信息和经验。

还应注意的是，为了有效地实施风险评估程序，准确识别和评估重大错报风险，审计业务项目组成员应就财务报表存在重大错报风险的可能性进行讨论。讨论的目的是互通信息，交流意见，使每个人都了解在自己负责的领域发生重大错报风险的可能性，了解各自实施的审计程序对其他人工作的影响及对确定进一步审计程序的影响，明确在整个审计过程中保持职业怀疑态度的重要性，对可能发生重大错报风险的迹象保持足够的警惕。讨论的内容包括被审计单位面临的经营风险、财务报表易发生错报的领域和发生错报的方式，尤其要关注由于舞弊导致重大错报风险的可能性。参与讨论的人员包括项目组的关键人员。如果项目组需要拥有信息技术或其他特殊技能的专家，这些专家也应参加讨论。讨论的方式可视具体情况而定，在整个审计过程中项目组成员要持续交换有关财务报表发生重大错报可能性的信息。

第二节　了解被审计单位及其环境

了解被审计单位及其环境，主要应了解以下内容：① 行业状况、法律环境与监管环境及其他外部因素；② 被审计单位的性质；③ 被审计单位对会计政策的选择和运用；④ 被审计单位的目标、战略及相关经营风险；⑤ 被审计单位财务业绩的衡量和评价；⑥ 被审计单位的内部控制。本节主要介绍前5项内容，第6项将在第三节专门介绍。

一、行业状况、法律环境与监管环境及其他外部因素

（一）行业状况

了解行业状况有助于注册会计师识别与被审计单位所处行业有关的重大错报风险。注册会计师应当了解被审计单位的行业状况，主要包括：① 所处行业的市场供求与竞争；② 生产经营的季节性和周期性；③ 产品生产技术的变化；④ 能源供应与成本；⑤ 行业的关键指标和统计数据。

具体而言，注册会计师可能需要了解以下情况：

（1）被审计单位所处行业的总体发展趋势是什么？

（2）处于哪一发展阶段，如起步、快速成长、成熟/产生现金流入或衰退阶段？

（3）所处市场的需求、市场容量和价格竞争如何？

（4）该行业是否受经济周期波动的影响，以及采取了什么行动使波动产生的影响最小化？

（5）该行业受技术发展影响的程度如何？

（6）是否开发了新的技术？

（7）能源消耗在成本中所占比重，能源价格的变化对成本有何影响？

（8）谁是被审计单位最重要的竞争者？他们各自所占的市场份额是多少？

（9）被审计单位与其竞争者相比主要的竞争优势是什么？

（10）被审计单位业务的增长率和财务业绩与行业的平均水平及主要竞争者相比如何？存在重大差异的原因是什么？

（11）竞争者是否采取了某些行动，如并购活动、降低销售价格、开发新技术等，从而对被审计单位的经营活动产生影响？

（二）法律环境及监管环境

由于相关法律法规或监管要求可能对被审计单位经营活动有重大影响，如不遵守将导致停业等严重后果；某些法律法规或监管要求规定了被审计单位某些方面的责任和义务，或者决定了被审计单位需要遵循的行业惯例和核算要求。所以，注册会计师应当了解被审计单位所处的法律环境及监管环境，主要包括：① 适用的会计准则、会计制度和行业特定惯例；② 对经营活动产生重大影响的法律法规及监管活动；③ 对开展业务产生重大影响的政府政策，包括货币、财政、税收和贸易等政策；④ 与被审计单位所处行业和所从事经营活动相关的环保要求。

具体而言，注册会计师可能还需要了解以下情况：

（1）国家对某一行业的企业是否有特殊的监管要求？

（2）是否存在新出台的法律法规？对被审计单位有何影响？

（3）国家货币、财政、税收和贸易等方面政策的变化是否会对被审计单位的经营活动产生影响？

（4）与被审计单位相关的税务法规是否发生变化？

（三）其他外部因素

除了解被审计单位的行业状况、法律环境和管理环境外，注册会计师还应当了解影响被审计单位经营的其他外部因素，主要包括：① 宏观经济的景气度；② 利率和资金供求状况；③ 通货膨胀水平及币值变动；④ 国际经济环境和汇率变动。

具体而言，注册会计师可能需要了解以下情况：

（1）当前的宏观经济状况及未来的发展趋势如何？

（2）目前国内或本地区的经济状况（如增长率、通货膨胀、失业率、利率等）怎样影响被审计单位的经营活动？

（3）被审计单位的经营活动是否受到外币汇率波动或全球市场力量的影响？

二、被审计单位的性质

了解被审计单位性质，有助于注册会计师对被审计单位的理解和把握。了解的内容如下：

（一）所有权结构

对被审计单位所有权结构的了解有助于注册会计师识别关联方关系，并了解被审计单位的决策过程。注册会计师应当了解所有权结构，以及所有者与其他人员或单位之间的关系，考虑关联方关系是否已经得到识别，以及关联方交易是否得到恰当核算。

（二）治理结构

良好的治理结构可以对被审计单位的经营和财务运作实施有效的监督，从而降低财务报表发生重大错报的风险。注册会计师应当了解被审计单位的治理结构，考虑治理层是否能够在独立于管理层的情况下对被审计单位事务作出客观判断。

（三）组织结构

复杂的组织结构可能导致某些特定的重大错报风险。注册会计师应当了解被审计单位的组织结构，考虑复杂组织结构可能导致的重大错报风险，包括财务报表合并、商誉摊销和减值、长期股权投资核算及特殊目的实体核算等问题。

（四）经营活动

了解被审计单位经营活动有助于注册会计师识别预期在财务报表中反映的主要交易类别、重要账户余额和列报。注册会计师应当了解被审计单位的经营活动。主要包括：

（1）主营业务的性质；

（2）与生产产品或提供劳务相关的市场信息；

（3）业务的开展情况；

（4）联盟、合营与外包情况；

（5）从事电子商务的情况；

（6）地区与行业分布；

（7）生产设施、仓库的地理位置及办公地点；

（8）关键客户；

（9）重要供应商；

（10）劳动用工情况；

（11）研究与开发活动及其支出；

（12）关联方交易。

（五）投资活动

了解被审计单位投资活动有助于注册会计师关注被审计单位在经营策略和方向上的重大变化。注册会计师应当了解被审计单位的投资活动。主要包括：

（1）近期拟实施或已实施的并购活动与资产处置情况；

（2）证券投资、委托贷款的发生与处置；

（3）资本性投资活动，包括固定资产和无形资产投资，近期或计划发生的变动，以及重大的资本承诺等；

（4）不纳入合并范围的投资。例如，联营、合营或其他投资，包括近期计划的投资项目。

（六）筹资活动

了解被审计单位筹资活动有助于注册会计师评估被审计单位在融资方面的压力，并进一步考虑被审计单位在可预见未来的持续经营能力。注册会计师应当了解被审计单位的筹资活动。主要包括：

（1）债务结构和相关条款，包括担保情况及表外融资；

（2）固定资产的租赁，包括通过融资租赁方式进行的筹资活动；

（3）关联方融资；

（4）实际受益股东；

（5）衍生金融工具的运用。

三、被审计单位对会计政策的选择和运用

财务会计报表审计的重点是企业会计核算方面的相关内容。了解被审计单位对会计政策的选择和运用，有助于确定会计核算中审计的重点。需要了解的内容包括：

（1）重要项目的会计政策和行业惯例；

(2)重大和异常交易的会计处理方法;

(3)在新领域和缺乏权威性标准或共识的领域,采用重要会计政策产生的影响;

(4)会计政策的变更。

如果被审计单位变更了重要的会计政策,注册会计师应当考虑变更的原因及其适当性,确定:① 会计政策的变更是否是法律、行政法规或者适用的会计准则和相关会计制度要求的变更;② 会计政策变更是否能够提供更可靠、更相关的会计信息;③ 会计政策的变更是否得到充分披露。

除此之外,注册会计师还应对被审计单位下列与会计政策运用相关的情况予以关注:① 是否采用激进的会计政策、方法、估计和判断;② 财会人员是否拥有足够的运用会计准则的知识、经验和能力;③ 是否拥有足够的资源支持会计政策的运用。

四、被审计单位的目标、战略与相关经营风险

经营目标和战略与经营风险存在着密切的关系,而经营风险与审计风险又存在着一定的联系,因此,注册会计师应当对被审计单位的目标、战略与相关经营风险进行了解。

(一)目标、战略与经营风险

注册会计师应当了解被审计单位是否存在与下列方面有关的目标和战略,并考虑相应的经营风险:

(1)行业发展,及其可能导致的被审计单位不具备足以应对行业变化的人力资源和业务专长等风险;

(2)开发新产品或提供新服务,以及其可能导致的被审计单位产品责任增加等风险;

(3)业务扩张,以及其可能导致的被审计单位对市场需求的估计不准确等风险;

(4)新颁布的会计法规,以及其可能导致的被审计单位执行法规不当或不完整,或会计处理成本增加等风险;

(5)监管要求,以及其可能导致的被审计单位法律责任增加等风险;

(6)本期及未来的融资条件,以及其可能导致的被审计单位由于无法满足融资条件而失去融资机会等风险;

(7)信息技术的运用,以及其可能导致的被审计单位信息系统与业务流程难以融合等风险。

(二)经营风险对重大错报风险的影响

经营风险与财务报表重大错报风险是既有联系又相互区别的两个概念,前者比后者范围更广。注册会计师了解被审计单位的经营风险有助于其识别财务报表重大错报风险。

(三)被审计单位的风险评估过程

管理层通常制定识别和应对经营风险的策略,注册会计师应当了解被审计单位的风险评估过程。

五、被审计单位财务业绩的衡量和评价

被审计单位内部或外部对财务业绩的衡量和评价可对被审计单位管理层产生压力,促

使其采取行动改善业绩或歪曲财务报表。因此,注册会计师应当了解被审计单位财务业绩的衡量和评价情况,考虑这种压力是否可能导致管理层采取行动,以至于增加财务报表发生重大错报的风险。在了解被审计单位财务业绩衡量和评价情况时,注册会计师应当关注下列信息:

(1) 关键业绩指标;

(2) 业绩趋势;

(3) 预测、预算和差异分析;

(4) 管理层和员工业绩考核与激励性报酬政策;

(5) 分部信息与不同层次部门的业绩报告;

(6) 与竞争对手的业绩比较;

(7) 外部机构提出的报告。

另外,注册会计师还应关注内部财务业绩的衡量结果,并考虑财务业绩衡量指标的可靠性。

第三节 了解被审计单位的内部控制

了解被审计单位的内部控制是识别和评估重大错报风险、设计和实施进一步审计程序的重要内容。注册会计师应当了解与审计相关的内部控制以识别潜在错报的类型,考虑导致重大错报风险的因素,以及设计和实施进一步审计程序的性质、时间和范围。

一、内部控制概述

(一) 内部控制的含义和要素

内部控制是被审计单位为了合理保证财务报告的可靠性、经营的效率和效果,以及对法律法规的遵守,由治理层、管理层和其他人员设计和执行的政策和程序。可以从以下几方面理解内部控制:

(1) 内部控制的目标是合理保证:① 财务报告的可靠性,这一目标与管理层履行财务报告编制责任密切相关;② 经营的效率和效果,即经济有效地使用企业资源,以最优方式实现企业的目标;③ 遵守适用的法律法规的要求,即在法律法规的框架下从事经营活动。

(2) 设计和实施内部控制的责任主体是治理层、管理层和其他人员,组织中的每一个人都对内部控制负有责任。

(3) 实现内部控制目标的手段是设计和执行控制政策和程序。内部控制包括下列要素:① 控制环境;② 风险评估过程;③ 信息系统与沟通;④ 控制活动;⑤ 对控制的监督。

(二) 与审计相关的控制

内部控制的目标旨在合理保证财务报告的可靠性、经营的效率和效果,以及对法律法规的遵守。注册会计师审计的目标是对财务报表是否不存在重大错报发表审计意见,尽管要求注册会计师在财务报表审计中考虑与财务报表编制相关的内部控制,但目的并非对被审计单位内部控制的有效性发表意见。注册会计师需要了解和评价的内部控制只是与财务报表审计相关的内部控制,并非被审计单位所有的内部控制。本教材所称的内部控制均是指与注册会计师审计相关的内部控制,而不是所有的内部控制。与审计相关的内部控制包括:

1. 为实现财务报告可靠性目标设计和实施的控制

注册会计师应当运用职业判断,考虑一项控制单独或连同其他控制是否与评估重大错报风险,以及针对评估的风险设计和实施进一步审计程序有关。在运用职业判断时,注册会计师应当考虑下列因素:

① 注册会计师确定的重要性水平;

② 被审计单位的性质,包括组织结构和所有制性质;

③ 被审计单位的规模;

④ 被审计单位经营的多样性和复杂性;

⑤ 法律法规和监管要求;

⑥ 作为内部控制组成部分的系统(包括利用服务机构)的性质和复杂性。

2. 其他与审计相关的控制

如果在设计和实施进一步审计程序时拟利用被审计单位内部生成的信息,注册会计师应当考虑用以保证该信息完整性和准确性的控制可能与审计相关。注册会计师以前的经验及在了解被审计单位及其环境过程中获得的信息,可以帮助注册会计师识别与审计相关的控制。

如果用以保证经营效率和效果的控制,以及对法律法规遵守的控制与实施审计程序时评价或使用的数据相关,注册会计师应当考虑这些控制可能与审计相关。

用以保护资产的内部控制可能包括与实现财务报告可靠性、经营效率和效果目标相关的控制。注册会计师在了解保护资产的内部控制各项要素时,可仅考虑其中与财务报告可靠性目标相关的控制。

(三)对内部控制了解的深度

对内部控制了解的深度,是指在了解被审计单位及其环境时对内部控制了解的程度,包括评价控制的设计并确定其是否得到执行,但不包括对控制是否得到一贯执行的测试。

1. 评价控制的设计

注册会计师在了解内部控制时,应当评价控制的设计,并确定其是否得到执行。评价控制的设计是指考虑一项控制单独或连同其他控制是否能够有效防止或发现并纠正重大错报。控制得到执行是指某项控制存在且被审计单位正在使用。设计不当的控制可能表明内部控制存在重大缺陷。注册会计师在确定是否考虑控制得到执行时,应当首先考虑控制的设计。如果控制设计不当,不需要再考虑控制是否得到执行。

2. 获取控制设计和执行的审计证据

注册会计师通常实施下列风险评估程序,以获取有关控制设计和执行的审计证据:

① 询问被审计单位的人员;

② 观察特定控制的运用;

③ 检查文件和报告;

④ 追踪交易在财务报告信息系统中的处理过程(穿行测试)。

应注意的是,询问本身并不足以评价控制的设计及确定其是否得到执行,注册会计师应当将询问与其他风险评估程序结合使用。

3. 了解内部控制与测试控制运行有效性的关系

除非存在某些可以使控制得到一贯运行的自动化控制，注册会计师对控制的了解并不能够代替对控制运行有效性的测试。例如，获取某一人工控制在某一时点得到执行的审计证据，并不能证明该控制在所审计期间内的其他时点也有效运行。但是，信息技术可以使被审计单位持续一贯地对大量数据进行处理，提高了被审计单位监督控制活动运行情况的能力，由于信息技术处理流程的内在一贯性，实施审计程序确定某项自动控制是否得到执行，也可能实现对控制运行有效性测试的目标。对控制运行有效性的测试，即控制测试，将在本章第五节介绍。

（四）内部控制的人工和自动化成分

1. 考虑内部控制的人工和自动化特征及其影响

大多数被审计单位出于编制财务报告和实现经营目标的需要使用信息技术。然而，即使信息技术得到广泛使用，人工因素仍然会存于这些控制系统之中。不同的被审计单位采用的控制系统中人工控制和自动化控制的比例是不同的。在一些小型的生产经营不太复杂的被审计单位，可能以人工控制为主；而在另外一些被审计单位，可能以自动化控制为主。内部控制可能既包括人工成分又包括自动化成分，在风险评估及设计和实施进一步审计程序时，注册会计师应当考虑内部控制的人工和自动化特征及其影响。

内部控制采用人工系统还是自动化系统，将影响交易生成、记录、处理和报告的方式。在以人工为主的系统中，内部控制一般包括批准和复核业务活动，编制调节表并对调节项目进行跟踪。当采用信息技术系统生成、记录、处理和报告交易时，交易的记录形式（如订购单、发票、装运单及相关的会计记录）可能是电子文档而不是纸质文件。信息技术系统中的控制可能既有自动控制（如嵌入计算机程序的控制）又有人工控制。人工控制可能独立于信息技术系统，利用信息技术系统生成的信息，也可能限于监督信息技术系统和自动控制的有效运行或者处理例外事项。如果采用信息技术系统处理交易和其他数据，系统和程序可能包括与财务报表重大账户认定相关的控制或者包括人工控制作用的有效发挥。被审计单位的性质和经营的复杂程度会对采用人工控制和自动控制的成分产生影响。

2. 信息技术的适用范围及相关内部控制风险

信息技术通常在下列方面提高被审计单位内部控制的效率和效果：

① 在处理大量的交易或数据时，一贯运用事先确定的业务规则，并进行复杂运算；

② 提高信息的及时性、可获得性及准确性；

③ 有助于对信息的深入分析；

④ 加强对被审计单位政策和程序执行情况的监督；

⑤ 降低控制被规避的风险；

⑥ 通过对操作系统、应用程序系统和数据库系统实施安全控制，提高不相容职务分离的有效性。

但是，信息技术也可能对内部控制产生特定风险。注册会计师应当从下列方面了解信息技术对内部控制产生的特定风险：

① 系统或程序未能正确处理数据，或处理了不正确的数据，或两种情况同时并存；

② 在未得到授权的情况下访问数据，可能导致数据的毁损或对数据不恰当的修改，包

括记录未经授权或不存在的交易，或不正确地记录了交易；

③ 信息技术人员可能获得超越其履行职责以外的数据访问权限，破坏了系统应有的职责分工；

④ 未经授权改变主文档的数据；

⑤ 未经授权改变系统或程序；

⑥ 未能对系统或程序作出必要的修改；

⑦ 不恰当的人为干预；

⑧ 数据丢失的风险或不能访问所需要的数据。

3. 人工控制的适用范围及相关内部控制风险

内部控制的人工成分在处理下列需要主观判断或酌情处理的情形时可能更为适当：① 存在大额、异常或偶发的交易；② 存在难以定义、防范或预见的错误；③ 为应对情况的变化，需要对现有的自动化控制进行调整；④ 监督自动化控制的有效性。

但是，由于人工控制由人执行，受人为因素的影响，也产生了特定风险。注册会计师应当从下列方面了解人工控制产生的特定风险：① 人工控制可能更容易被规避、忽视或凌驾；② 人工控制可能不具有一贯性；③ 人工控制可能更容易产生简单错误或失误。相对于自动控制，人工控制的可靠性较差。

为此，注册会计师应当考虑人工控制在下列情形中可能是不适当的：① 存在大量或重复发生的交易；② 事先可预见的错误能够通过自动化控制得以防范或发现；③ 控制活动可得到适当设计和自动化处理。

内部控制风险的程度和性质受被审计单位信息系统的性质和特征的影响。因此，在了解内部控制时，注册会计师应当考虑被审计单位是否通过建立有效的控制，以恰当应对由于使用信息技术系统或人工系统而产生的风险。

（五）内部控制的局限性

内部控制无论如何有效，都只能为被审计单位实现财务报告目标提供合理保证。内部控制实现目标的可能性受其固有限制的影响。这些限制包括：

（1）在决策时人为判断可能出现错误和因人为失误而导致内部控制失效；

（2）控制可能由于两个或更多的人员串通或管理层不当地凌驾于内部控制之上而被规避；

（3）内部行使控制职能的人员素质不适应岗位要求也会影响内部控制功能的正常发挥；

（4）被审计单位实施内部控制的成本效益问题也会影响其效能；

（5）内部控制一般都是针对经常而重复发生的业务而设置的，如果出现不经常发生或未预计到的业务，原有控制就可能不适用；

（6）外部环境的变化。

二、了解控制环境

对内部控制的了解，可以按总体层面进行，也可以按业务流程层面进行。总体层面了解一般是按内部控制的构成要素进行的，业务流程层面一般是按业务循环进行的。本章所介绍的了解内部控制主要是按总体层面进行的，业务流程层面的了解只进行概括介绍，具体了解将在以后相关业务循环审计时进行。

（一）控制环境的含义

控制环境包括治理职能和管理职能，以及治理层和管理层对内部控制及其重要性的态度、认识和措施。控制环境设定了被审计单位的内部控制基调，影响员工对内部控制的认识和态度。良好的控制环境是实施有效内部控制的基础。防止或发现并纠正舞弊和错误是被审计单位治理层和管理层的责任。在评价控制环境的设计和实施情况时，注册会计师应当了解管理层在治理层的监督下，是否营造并保持了诚实守信和合乎道德的文化，以及是否建立了防止或发现并纠正舞弊和错误的恰当控制。

在了解和评价控制环境时，注册会计师需要考虑与控制环境有关的各个要素及其相互联系，尤其是要注意，控制环境任一构成要素存在重大缺陷，都会影响其他要素的有效性。

（二）对诚信和道德价值观念的沟通与落实

诚信和道德价值观念是控制环境的重要组成部分，影响重要业务流程的设计和运行。内部控制的有效性直接依赖于负责创建、管理和监控内部控制的人员的诚信和道德价值观念。被审计单位是否存在道德行为规范，以及这些规范如何在被审计单位内部得到沟通和落实，决定了是否能产生诚信和道德的行为。对诚信和道德价值观念的沟通与落实既包括管理层如何处理不诚实、非法或不道德行为，也包括在被审计单位内部，通过行为规范及高层管理人员的身体力行，营造和保持诚信和道德价值观念。

注册会计师在了解和评估被审计单位诚信和道德价值观念的沟通与落实时，考虑的主要因素可能包括：

（1）被审计单位是否有书面的行为规范并向所有员工传达；

（2）被审计单位的企业文化是否强调诚信和道德价值观念的重要性；

（3）管理层是否身体力行，高级管理人员是否起表率作用；

（4）对违反有关政策和行为规范的情况，管理层是否采取适当的惩罚措施。

（三）对胜任能力的重视

胜任能力是指具备完成某一职位的工作所应有的知识和能力。管理层对胜任能力的重视包括对于特定工作所需的胜任能力水平的设定，以及对达到该水平所必需的知识和能力的要求。注册会计师应当考虑主要管理人员和其他相关人员是否能够胜任各自承担的工作和职责。

注册会计师在就被审计单位对胜任能力的重视情况进行了解和评估时，考虑的主要因素可能包括：

（1）财会人员及信息管理人员是否具备与被审计单位业务性质和复杂程度相称的足够的胜任能力，在发生错误时，是否通过调整人员或系统来加以处理；

（2）管理层是否配备足够的财会人员以适应业务发展和有关方面的需要；

（3）财会人员是否具备理解和运用会计准则所需的技能。

（四）治理层的参与程度

被审计单位的控制环境在很大程度上受治理层的影响。治理层对控制环境影响的要素有：治理层相对于管理层的独立性、成员的经验和品德、对被审计单位业务活动的参与程度、治理层行为的适当性、治理层所获得的信息、管理层对治理层所提出问题的追踪程度，以及治理层与内部审计人员和注册会计师的联系程度等。

注册会计师在对被审计单位治理层的参与程度进行了解和评估时，考虑的主要因素可能包括：

（1）董事会是否建立了审计委员会或类似机构；

（2）董事会、审计委员会或类似机构是否与内部审计人员及注册会计师有联系和沟通，联系和沟通的性质及频率是否与被审计单位的规模和业务复杂程度相匹配；

（3）董事会、审计委员会或类似机构的成员是否具备适当的经验和资历；

（4）董事会、审计委员会或类似机构是否独立于管理层；

（5）审计委员会或类似机构会议的数量和时间是否与被审计单位的规模和业务复杂程度相匹配；

（6）董事会、审计委员会或类似机构是否充分地参与了财务报告的过程；

（7）董事会、审计委员会或类似机构是否对经营风险的监控有足够的关注，进而影响被审计单位和管理层的风险评估进程（包括舞弊风险）；

（8）董事会成员是否保持相对的稳定性。

（五）管理层的理念和经营风格

管理层负责企业的运作，以及经营策略和程序的制定、执行与监督。控制环境的每个方面在很大程度上都受管理层采取的措施和作出决策的影响，或在某些情况下受管理层不采取某些措施或不作出某种决策的影响。在有效的控制环境中，管理层的理念和经营风格可以创造一个积极的氛围，促进业务流程和内部控制的有效运行，同时创造一个减少错报发生可能性的环境。管理层的理念包括管理层对内部控制的理念，即管理层对内部控制及对具体控制实施环境的重视程度。

注册会计师在了解和评估被审计单位管理层的理念和经营风格时，考虑的主要因素可能包括：

（1）管理层是否对内部控制，包括信息技术的控制，给予了适当的关注；

（2）管理层是否由一个或几个人所控制，而董事会、审计委员会或类似机构对其是否实施有效监督；

（3）管理层在承担和监控经营风险方面是风险偏好者还是风险规避者；

（4）管理层在选择会计政策和作出会计估计时是倾向于激进还是保守；

（5）管理层对于信息管理人员及财会人员是否给予了适当关注；

（6）对于重大的内部控制和会计事项，管理层是否征询注册会计师的意见，或者经常在这些方面与注册会计师存在不同意见。

（六）组织结构及职权与责任的分配

被审计单位的组织结构为计划、运作、控制及监督经营活动提供了一个整体框架。通过集权或分权决策，可在不同部门间进行适当的职责划分、建立适当层次的报告体系。组织结构将影响权利、责任和工作任务在组织成员中的分配。被审计单位的组织结构将在一定程度上取决于被审计单位的规模和经营活动的性质。

注册会计师应当考虑被审计单位组织结构中是否采用向个人或小组分配控制职责的方法，是否建立了执行特定职能（包括交易授权）的授权机制，是否确保每个员工都清楚地了解报告关系和责任。注册会计师还需审查对分散经营活动的监督是否充分。有效的权责分配制度有助于形成整体的控制意识。

注册会计师应当关注组织结构及权责分配方法的实质而不是仅仅关注其形式。相应地,注册会计师应当考虑相关人员对政策与程序的整体认识水平和遵守程度,以及管理层对其实施监督的程度。

注册会计师在对被审计单位组织结构和职权与责任的分配进行了解和评估时,考虑的主要因素可能包括:

(1) 在被审计单位内部是否有明确的职责划分,是否将业务授权、业务记录、资产保管和维护,以及业务执行的责任尽可能地分离;

(2) 数据的所有权划分是否合理;

(3) 是否已针对授权交易建立适当的政策和程序。

(七) 人力资源政策与实务

人力资源政策与实务涉及招聘、培训、考核、晋升和薪酬等方面。被审计单位是否有能力招聘并保留一定数量既有能力又有责任心的员工在很大程度上取决于其人事政策与实务。

注册会计师在对被审计单位人力资源政策与实务进行了解和评估时,考虑的主要因素可能包括:

(1) 被审计单位在招聘、培训、考核、晋升、薪酬、调动和辞退员工方面是否都有适当的政策和程序(特别是在会计、财务和信息系统方面);

(2) 是否有书面的员工岗位职责手册,或者在没有书面文件的情况下,对于工作职责和期望是否作了适当的沟通和交流;

(3) 人力资源政策与程序是否清晰,并且定期发布和更新;

(4) 是否设定适当的程序,与分散在各地区和海外的经营人员建立和沟通人力资源政策与程序。

注册会计师应当对控制环境的构成要素有足够的了解,并考虑内部控制的实质及其综合效果,以了解管理层和治理层对内部控制及其重要性的态度、认识及所采取的措施。在评价控制环境各个要素时,注册会计师应当考虑控制环境的各个要素是否得到执行。在确定构成控制环境的要素是否得到执行时,注册会计师应当考虑将询问与其他风险评估程序相结合以获取审计证据。通过询问管理层和员工,注册会计师可能了解管理层如何就业务规程和道德价值观念与员工进行沟通;通过观察和检查,注册会计师可能了解管理层是否建立了正式的行为守则,在日常工作中行为守则是否得到遵守,以及管理层如何处理违反行为守则的情形。

三、了解被审计单位的风险

(一) 被审计单位面临的风险

任何经济组织在经营活动中都会面临各种各样的风险。风险对其生存和竞争能力产生影响。被审计单位可能产生风险的事项和情形包括:

(1) 监管及经营环境的变化;

(2) 新员工的加入;

（3）新信息系统的使用或对原系统进行升级；

（4）业务快速发展；

（5）新技术；

（6）新生产型号、产品和业务活动；

（7）企业重组；

（8）发展海外经营；

（9）新的会计准则。

（二）对风险评估过程的了解

被审计单位的风险评估过程包括识别与财务报告相关的经营风险，以及针对这些风险所采取的措施。注册会计师应当了解被审计单位的风险评估过程和结果。风险评估过程的作用是识别、评估和管理影响被审计单位实现经营目标能力的各种风险。注册会计师在对被审计单位整体层面的风险评估过程进行了解和评估时，考虑的主要因素可能包括：

（1）被审计单位是否已建立并沟通其整体目标，并辅以具体策略和业务流程层面的计划；

（2）被审计单位是否已建立风险评估机制，包括识别风险、估计风险的重大性、评估风险发生的可能性及确定需要采取的应对措施；

（3）被审计单位是否已建立某种机制，识别和应对可能对被审计单位产生重大且普遍影响的变化，如在金融机构中建立资产负债管理委员会，在制造型企业中建立期货交易风险管理组等；

（4）会计部门是否建立了某种流程，以识别会计准则的重大变化；

（5）当被审计单位业务操作发生变化并影响交易记录的流程时，是否存在沟通渠道以通知会计部门；

（6）风险管理部门是否建立了某种流程，以识别经营环境包括监管环境发生的重大变化。

在评价被审计单位风险评估过程的设计和执行时，注册会计师应当确定管理层如何识别与财务报告相关的经营风险，如何估计该风险的重要性，如何评估风险发生的可能性，以及如何采取措施管理这些风险。如果被审计单位的风险评估过程符合其具体情况，了解被审计单位的风险评估过程和结果有助于注册会计师识别财务报表重大错报的风险。

四、了解信息系统与沟通

（一）与财务报告相关的信息系统的含义

与财务报告相关的信息系统，包括用以生成、记录、处理和报告交易、事项和情况，对相关资产、负债和所有者权益履行经营管理责任的程序和记录。交易可能通过人工或自动化程序生成。记录包括识别和收集与交易、事项有关的信息。处理包括编辑、核对、计量、估价、汇总和调节活动，可能由人工或自动化程序来执行。报告是指用电子或书面形式编制财务报告和其他信息，供被审计单位用于衡量和考核财务及其他方面的业绩。

与财务报告相关的信息系统应当与业务流程相适应。业务流程是指被审计单位开发、采购、生产、销售、发送产品和提供服务、保证遵守法律法规、记录信息等一系列活动。与财务报告相关的信息系统所生成信息的质量,对管理层能否作出恰当的经营管理决策及编制可靠的财务报告具有重大影响。

与财务报告相关的信息系统通常包括下列职能:

(1)识别与记录所有的有效交易;

(2)及时、详细地描述交易,以便在财务报告中对交易作出恰当分类;

(3)恰当计量交易,以便在财务报告中对交易的金额作出准确记录;

(4)恰当确定交易生成的会计期间;

(5)在财务报表中恰当列报交易。

(二)对与财务报告相关的信息系统的了解

注册会计师应当从下列方面了解与财务报告相关的信息系统:

(1)在被审计单位经营过程中,对财务报表具有重大影响的各类交易。

(2)在信息技术和人工系统中,交易生成、记录、处理和报告的程序。在了解过程中时,注册会计师应当同时考虑被审计单位将交易处理系统中的数据录入总分类账和财务报告的程序。

(3)与交易生成、记录、处理和报告有关的会计记录、支持性信息和财务报表中的特定项目。

(4)信息系统如何获取除各类交易之外的对财务报表具有重大影响的事项和情况。

(5)被审计单位编制财务报告的过程。

(6)管理层凌驾于账户记录控制之上的风险。

(三)与财务报告相关的沟通的含义

与财务报告相关的沟通包括使员工了解各自在与财务报告有关的内部控制方面的角色和职责、员工之间的工作联系,以及向适当级别的管理层报告例外事项的方式。沟通可以采用政策手册、会计和财务报告手册和备忘录等形式进行,也可以通过发送电子邮件、口头沟通和管理层的行动进行。

(四)对与财务报告相关的沟通的了解

注册会计师应当了解被审计单位内部如何对财务报告的岗位职责,以及与财务报告相关的重大事项进行沟通。注册会计师还应当了解管理层与治理层之间的沟通,以及被审计单位与外部的沟通。具体包括:

(1)管理层就员工的职责和控制责任是否进行了有效沟通;

(2)针对可疑的不恰当事项和行为是否建立了沟通渠道;

(3)组织内部沟通的充分性是否能够使人员有效地履行职责;

(4)对于与客户、供应商、监管者和其他外部人士的沟通,管理层是否及时采取适当的进一步行动;

(5)被审计单位是否受到某些监管机构发布的监管要求的约束;

(6)外部人士如客户和供应商在多大程度上获知被审计单位的行为守则。

五、了解控制活动

(一)控制活动的含义

控制活动是指有助于确保管理层的指令得以执行的政策和程序,包括与授权、业绩评价、信息处理、实物控制和职责分离等相关的活动。

1. 授权

授权包括一般授权和特别授权。一般授权是指管理层制定的要求组织内部遵守的普遍适用于某类交易或活动的政策。特别授权是指管理层针对特定类别的交易或活动逐一设置的授权。授权的目的在于保证交易在管理层授权范围内进行。

2. 业绩评价

业绩评价主要包括被审计单位分析评价实际业绩与预算（或预测、前期业绩）的差异，综合分析财务数据与经营数据的内在关系，将内部数据与外部信息来源相比较，评价职能部门、分支机构或项目活动的业绩，以及对发现的异常差异或关系采取必要的调查与纠正措施。通过调查非预期的结果和非正常的趋势，管理层可以识别可能影响经营目标实现的情形。

3. 信息处理

与信息处理有关的控制活动，包括信息技术的一般控制和应用控制。

信息技术的一般控制是指与多个应用系统有关的政策和程序，有助于保证信息系统持续恰当地运行，支持应用控制作用的有效发挥，通常包括数据中心和网络运行控制，系统软件的购置、修改及维护控制，接触或访问权限控制，应用系统的购置、开发及维护控制。信息技术的应用控制是指主要在业务流程层次运行的人工或自动化程序，与用于生成、记录、处理、报告交易或其他财务数据的程序相关，通常包括检查数据计算的准确性，审核账户和试算平衡表，设置对输入数据和数字序号的自动检查，以及对例外报告进行人工干预。

4. 实物控制

实物控制主要包括对资产和记录采取适当的安全保护措施，对访问计算机程序和数据文件设置授权，以及定期盘点并将盘点记录与会计记录核对。实物控制的效果影响资产的安全，从而对财务报表的可靠性及审计产生影响。

5. 职责分离

职责分离主要包括被审计单位将交易授权、交易记录，以及资产保管等职责分配给不同员工，以防范同一员工在履行多项职责时可能发生的舞弊或错误。当信息技术运用于信息系统时，职责分离可以通过设置安全控制来实现。

（二）对控制活动的了解

在了解控制活动时，注册会计师应当重点考虑一项控制活动单独或连同其他控制活动，是否能够及如何防止或发现并纠正各类交易、账户余额、列报存在的重大错报。注册会计师的工作重点是识别和了解针对重大错报可能发生的领域的控制活动。如果多项控制活动能够实现同一目标，注册会计师不必了解与该目标相关的每项控制活动。

注册会计师对被审计单位整体层面的控制活动进行的了解和评估，主要是针对被审计单位的一般控制活动，特别是信息技术的一般控制。在了解和评估一般控制活动时考虑的主要因素可能包括：

（1）被审计单位的主要经营活动是否都有必要的控制政策和程序；

（2）管理层对预算、利润和其他财务、经营业绩是否都有清晰的目标，在被审计单位内部是否对这些目标加以清晰地记录和沟通，并且积极地对其进行监控；

（3）是否存在计划和报告系统，以识别与目标业绩的差异，并向适当层次的管理层报告该差异；

(4) 是否由适当层次的管理层对差异进行调查,并及时采取适当的纠正措施;

(5) 不同人员的职责应在何种程度上相分离,以降低舞弊和不当行为发生的风险;

(6) 会计系统中的数据是否与实物资产定期核对;

(7) 是否采取了适当的保护措施,以防止未经授权接触文件、记录和资产;

(8) 是否存在信息安全职能部门负责监控信息安全政策和程序。

六、了解对控制的监督

(一) 对控制的监督的含义

监督是由适当的人员,在适当、及时的基础上,评估控制的设计和运行情况的过程。对控制的监督是指被审计单位评价内部控制在一段时间内运行有效性的过程,该过程包括及时评价控制的设计和运行,以及根据情况的变化采取必要的纠正措施。监督对控制的持续有效运行十分重要,是控制活动得以有效运行的保证。

(二) 了解对内部控制的监督

注册会计师在对被审计单位整体层面的监督进行了解和评估时,考虑的主要因素可能包括:

(1) 被审计单位是否定期评价内部控制;

(2) 被审计单位人员在履行正常职责时,能够在多大程度上获得内部控制是否有效运行的证据;

(3) 与外部的沟通能够在多大程度上证实内部产生的信息或者指出存在的问题;

(4) 管理层是否采纳内部审计人员和注册会计师有关内部控制的建议;

(5) 管理层是否及时纠正控制运行中产生的偏差;

(6) 管理层是否及时根据监管机构的报告及建议采取了纠正措施;

(7) 是否存在协助管理层监督内部控制的职能部门。如存在,还需进一步了解:① 独立性和权威性;② 向谁报告;③ 是否有足够的人员、培训和特殊技能;④ 是否坚持适用的专业准则;⑤ 活动的范围;⑥ 计划、风险评估和执行工作的记录和形成结论的适当性;⑦ 是否不承担经营管理责任。

七、在业务流程层面了解内部控制

在初步计划审计工作时,注册会计师需要确定在被审计单位财务报表中可能存在重大错报风险的重大账户及其相关认定。为实现这一目的,注册会计师通常按业务循环采取下列步骤:

(一) 确定重要业务流程和重要交易类别

在审计实务中,将被审计单位的整个经营活动划分为几个重要的业务循环,有助于注册会计师更有效地了解和评估重要业务流程及相关控制。通常,对制造业企业,经营活动可以划分为销售与收款循环、采购与付款循环、生产与存货循环、工资与人员循环、筹资与投资循环等。被审计单位经营活动的性质不同,所划分的业务循环也不同。例如,对于银行,就没有生产与存货循环,而有发放贷款循环、吸收存款循环。又如,某些被审计单位出口销售与国内销售的流程完全不同,可将销售与收款循环进一步划分为外销和内销两个子循环。对于某些被审计单位,固定资产的采购和维护可能很重要,也可以将固定资产单独作为一个业务循环。

重要交易类别是指可能对被审计单位财务报表产生重大影响的各类交易。重要交易应与重大账户及其认定相联系。例如,对于一般制造业企业,销售收入和应收账款通常是重大账户,销售和收款都是重要交易类别。除了一般所理解的交易以外,对财务报表具有重大影响的事项和情况也应包括在内,例如,计提资产的折旧或摊销,考虑应收款项的可回收性和计提坏账准备等。

（二）了解重要交易流程并记录

在确定重要的业务流程和交易类别后,注册会计师便可着手了解每一类重要交易在信息技术或人工系统中生成、记录、处理及在财务报表中报告的程序,即重要交易流程。这是确定在哪个环节或哪些环节可能发生错报的基础。

交易流程通常包括一系列工作:输入数据的核准与修订、数据的分类与合并、计算、更新账簿资料和客户信息记录、生成新的交易、归集数据、列报数据等。而与注册会计师了解重要交易相关的流程通常包括生成、记录、处理和报告交易等活动。例如,在销售循环中,这些活动包括输入销售订单、编制货运单据和发票、更新应收账款信息记录等。相关的处理程序包括通过编制调整分录,修改并再次处理以前被拒绝的交易,以及修改被错误记录的交易。

注册会计师可以通过下列方法获得对重要交易流程的了解:① 检查被审计单位的手册和其他书面指引;② 询问被审计单位的适当人员;③ 观察所运用的处理方法和程序;④ 穿行测试。

在执行上述步骤之前,注册会计师需要考虑以下事项:① 该类交易影响的重大账户及其认定;② 注册会计师已经识别的有关这些重大账户及其认定的经营风险和财务报表重大错报风险;③ 重要交易类别生成、记录、处理和报告所涉及的业务流程及相关的信息技术处理系统。考虑上述事项可以帮助注册会计师确定询问对象,包括流程管理人员和信息技术人员。

注册会计师可以通过检查被审计单位的手册和其他书面指引获得有关信息,还可以通过询问和观察获得全面的了解。向适当人员询问通常是比较有效的方法。需要注意的是,很多重要交易的流程涉及被审计单位的多个部门。例如,销售业务可能涉及销售部门(负责订单处理和开票)、会计部门(负责账务处理)和仓库(负责发货)等。因此,注册会计师需要考虑分别向不同部门的适当人员询问。

向负责处理具体业务人员的上级进行询问通常更加有效,因为这些人员很可能对分管的整个业务流程十分熟悉。对一些简单的业务,被审计单位的财会人员可以向注册会计师提供足够的信息。然而,注册会计师如要了解关于一项复杂的业务是如何发生、处理、记录和报告的信息,通常需要和信息技术处理人员进行讨论。

在了解过程中,注册会计师通常还能注意到许多正在执行的控制。虽然这个阶段的工作重点不是确定控制是否存在,注册会计师仍需留意可能存在缺乏控制的情况,以及可能发生错报而需要控制的环节。注册会计师也可能发现在识别和评估控制时需要进一步审查的常规程序和数据档案。

在询问过程中,注册会计师可以检查并在适当的情况下保存部分被审计单位文件(如流程图、程序手册、职责描述、文件、表格等）的复印件，以帮助自己了解交易流程。通常，注册会计师会获得某些信息系统的文件资料，如系统的文字说明、系统图表及流程图。为了有助于理解，注册会计师应当考虑在图表及流程图上加入自己的文字表述，归纳总结被审计单位提供的有关资料。

如果可行的话，流程图或文字表述应反映所有相关的处理程序，无论这些处理程序是人工还是自动完成的。流程图或文字表述应足够详细，以帮助注册会计师确定在什么环节可能会发生重大错报。因此，流程图或文字表述通常会反映业务流程中数据发生、入账或修改的活动。在较为复杂的环境中，一份流程图可能需要其他的流程图和文字表述予以支持。

由于获取此类资料的最根本目的是帮助注册会计师确定哪个环节可能发生错报，因此，注册会计师要注意记录以下信息：① 输入信息的来源；② 所使用的重要数据档案，如客户清单及价格信息记录；③ 重要的处理程序，包括在线输入和更新处理；④ 重要的输出文件、报告和记录；⑤ 基本的职责划分，即列示各部门所负责的处理程序。

注册会计师通常只针对每一年的变化修改记录流程的工作底稿，除非被审计单位的交易流程发生重大改变。然而，无论业务流程与以前年度相比是否有变化，注册会计师每年都需要考虑上述注意事项，以确保对被审计单位的了解是最新的，并已包括被审计单位交易流程中相关的重大变化。

（三）确定可能发生错报的环节

注册会计师需要确认和了解被审计单位应在哪些环节设置控制，以防止或发现并纠正各重要业务流程可能发生的错报。注册会计师所关注的控制，是那些能通过防止错报的发生，或者通过发现和纠正已有错报，从而确保每个流程中业务活动具体流程（从交易的发生到记录于账目）能够顺利运转的人工或自动化控制程序。

尽管不同的被审计单位为确保会计信息的可靠性而对业务流程设计和实施不同的控制，但设计不同控制的目的是为实现某些共同控制目标。实际上，这些控制目标与财务报表重大账户的相关认定相联系。但注册会计师此时通常不考虑列报认定。控制目标表见表8-1。

表8-1 控制目标表

控制目标	解释
完整性：所有的有效交易都已记录	必须有程序确保没有漏记实际发生的交易
存在和发生：每项已记录的交易均真实	必须有程序确保会计记录中没有虚构的或重复入账的项目
适当计量交易	必须有程序确保交易以适当的金额入账
恰当确定交易生成的会计期间（截止性）	必须有程序确保交易在适当的会计期间内入账（例如，月、季度、年等）
恰当分类	必须有程序确保将交易记入正确的总分类账，必要时，记入相应的明细账内
正确汇总和过账	必须有程序确保所有作为账簿记录中的借贷方余额都正确地归集（加总），确保加总后的金额正确过入总账，必要时，过入明细分类账

对于每个重要交易流程，注册会计师都会考虑这些控制目标。评价是否实现这些目标

的重要标志是,是否存在控制来防止错报的发生,或发现并纠正错报,然后重新提交到业务流程处理程序中进行处理。

注册会计师通过设计一系列关于控制目标是否实现的问题,从而确认某项业务流程中需要加以控制的环节。这些问题针对的是业务流程中数据生成、转移或被转换的环节。例如,销售交易中的控制目标是否实现的问题见表8-2。

表8-2　销售交易中的控制目标示例

控制目标是否实现的问题	有关认定
怎样确保没有记录虚构或重复的销售?	发生
怎样确保所有的销售和收款均已记录?	完整性
怎样保证货物运送给正确的收货人?	发生
怎样保证发货单据只有在实际发货时才开具?	发生
怎样保证发票正确反映了发货的数量?	准确性

为实现某项审计目标而设计问题的数量,取决于下列因素:

(1)业务流程的复杂程度。

(2)业务流程中发生错报而未能被发现的概率。

(3)是否存在一种具有实效性的总体控制来实现控制目标。例如,将仓库的发货日志中记录的发货数量与销售日记账中登记的数量定期进行核对调节,这一控制可以同时实现发生、完整性、截止等多个控制目标。

(四)识别和了解相关控制

通过对被审计单位的了解,包括在被审计单位整体层面对内部控制各要素的了解,以及在上述程序中对重要业务流程的了解,注册会计师可以确定是否有必要进一步了解在业务流程层面的控制。在某些情况下,注册会计师之前的了解可能表明被审计单位在业务流程层面针对某些重要交易流程所设计的控制是无效的,或者注册会计师并不打算依赖控制,这时就没有必要进一步了解在业务流程层面的控制。特别需要注意的是,如果认为仅通过实质性程序无法将认定层次的检查风险降至可接受的水平,或者针对特别风险,注册会计师应当了解和评估相关的控制活动。

如果注册会计师计划对业务流程层面的有关控制进行进一步的了解和评价,那么针对业务流程中容易发生错报的环节,应当确定:① 被审计单位是否建立了有效的控制,防止或发现并纠正这些错报;② 被审计单位是否遗漏了必要的控制;③ 是否识别了可以最有效测试的控制。

1. 控制的类型

控制包括被审计单位使用并依赖的、用以在交易流程中防止错报发生或在发生错报后发现与纠正错报的所有政策和程序。有效的控制应与错报发生的环节相关,并能降低错报风险。通常将业务流程中的控制划分为预防性控制和检查性控制。

(1)预防性控制。预防性控制通常用于正常业务流程的每一项交易中,以防止错报的发生。在流程中防止错报是信息系统的重要目标。缺少有效的预防性控制增加了数据发生错报的可能性,在相关账户及其认定存在较高重大错报风险时,更是如此。

(2)检查性控制。检查性控制的目的是发现流程中可能发生的错报(尽管有预防性控制还是会发生的错报)。被审计单位通过检查性控制,监督其流程和相应的预防性控制能否有效地发挥作用。检查性控制通常是管理层用来监督实现流程目标的控制。检查性控制可以由人工执行也可以由信息系统自动执行。

如果确信存在以下情况,那么就可以将检查性控制作为一个主要的手段,来合理保证某特定认定发生重大错报的可能性较小:① 控制所检查的数据是完整、可靠的;② 控制对于发现重大错报足够敏感;③ 发现的所有重大错报都将被纠正。

需要注意的是,控制的分类取决于控制运用的目的和方式,以及被审计单位和注册会计师对控制的认识。从根本上看,控制被归为哪类并不重要,重要的是它是否有效,以及注册会计师能否测试其有效性。业务流程中重要交易类别的有效控制应同时包括预防性控制和检查性控制,因为没有相应的预防性控制,检查性控制也不能充分发挥作用。

2. 识别和了解相关控制

注册会计师在判断对控制的了解是否足以制定一个有效的审计策略时,考虑的因素包括:重要交易类别的复杂性、信息技术应用环境的复杂性和一体化程度、错报发生的可能性和在业务流程中未被发现的可能性,以及该重要交易影响重大账户的程度。

注册会计师应当获取有关控制的足够信息,以使其能够识别控制,了解各种控制如何执行、由谁执行,以及执行中所使用的数据报告、文件和其他材料。此外,注册会计师也需要确认,执行控制之后所形成的实物证据是什么,以及该控制是否足够敏感,能够及时防止或发现并纠正重大错报。

识别和了解控制采用的主要方法是询问被审计单位各级别的负责人员。业务流程越复杂,注册会计师越有必要询问信息系统人员,以辨别有关的控制。通常,应首先询问那些级别较高的人员,再询问级别较低的人员,以确定他们认为应该运行哪些控制,以及哪些控制是重要的。这种"从高到低"的询问方法使注册会计师能迅速地辨别被审计单位重要的控制,特别是检查性控制。如果注册会计师打算信赖控制,就需要实施控制测试。

需要指出的是,注册会计师并不需要了解与每一控制目标相关的所有控制活动。在了解控制活动时,注册会计师应当重点考虑一项控制活动单独或连同其他控制活动,是否能够及如何防止或发现并纠正各类交易、账户余额、列报存在的重大错报。如果多项控制活动能够实现同一目标,注册会计师不必了解与该目标相关的每项控制活动。

3. 记录相关控制

在被审计单位已设置的控制中,如果有可以对应"哪个环节需设置控制"问题的,注册会计师应将其记录于工作底稿,同时记录由谁执行该控制。注册会计师可以通过备忘录、笔记或复印被审计单位相关资料逐步使信息趋于完整。

如果注册会计师对重要业务流程的记录符合下列条件,可以认为其是充分的:① 该记录识别了所有重要交易类别;② 该记录指出在业务处理流程中"在什么环节可能出错",即在什么环节需要控制;③ 该记录描述了针对"在什么环节可能出错"建立的预防性控制与检查性控制,而且指出这些控制由谁执行及如何执行。

(五)执行穿行测试,证实对交易流程和相关控制的了解

为了解各类重要交易在业务流程中发生、处理和记录的过程,注册会计师通常会每年执行穿行测试。执行穿行测试可获得下列方面的证据:

(1)确认对业务流程的了解;

(2) 确认对重要交易的了解是完整的,即在交易流程中所有与财务报表认定相关的可能发生错报的环节都已识别;

(3) 确认所获取的有关流程中的预防性控制和检查性控制信息的准确性;

(4) 评估控制设计的有效性;

(5) 确认控制是否得到执行;

(6) 确认之前所作的书面记录的准确性。

需要注意的是,如果不打算信赖控制,注册会计师仍需要执行穿行测试以确认以前对业务流程及可能发生错报环节了解的准确性和完整性。

(六) 初步评价和风险评估

1. 对控制的初步评价

在识别和了解控制后,根据执行上述程序和获取的审计证据,注册会计师需要评价控制设计的合理性并确定其是否得到执行。

注册会计师对控制的评价结论可能是:

① 所设计的内部控制单独或连同其他控制能够防止或发现并纠正重大错报,并得到执行;

② 控制本身的设计是合理的,但没有得到执行;

③ 控制本身的设计就是无效的或缺乏必要的控制。

由于对控制的了解和评价是在穿行测试完成后,在测试控制运行有效性之前进行的,因此,上述评价结论只是初步结论,仍可能随控制测试后实施实质性程序的结果而发生变化。

2. 风险评估需考虑的因素

注册会计师评价控制,进而评估重大错报风险时,需考虑以下因素:

(1) 账户特征及已识别的重大错报风险。如果已识别的重大错报风险水平高(例如,复杂的发票计算或计价过程增加了开票错报的风险;经营的季节性特征增加了在旺季发生错报的风险),相关的控制应有较高的敏感度,即在错报率较低的情况下也能防止或发现并纠正错报。相反,如果已发现的重大错报风险水平低(例如,在一个较小的、劳动力相对稳定的公司中,职工薪酬的会计处理未能实现恰当准确性目标的风险),相关的控制就无须具有像重大错报风险较高时那样的敏感性。

(2) 对被审计单位整体层面控制的评价。注册会计师应将在整体层面获得的了解和结论,同在业务流程层面获得的有关重大交易流程及其控制的证据结合起来考虑。

在评价业务流程层面的控制要素时,考虑的影响因素可能包括:管理层及执行控制的员工表现出来的胜任能力及诚信度,员工受监督的程度及员工流动的频繁程度;管理层凌驾于控制之上的潜在可能性;缺乏职责划分,包括信息技术系统中自动化的职责划分的情况;审计期间内部审计人员或其他监督人员测试控制运行情况的程度;业务流程变更所产生的影响,如变更期间控制程序的有效性是否受到了削弱;在被审计单位本身的风险评估过程中,所识别的与某项控制运行相关的风险,以及对于该控制是否有进一步的监督。注册会计师同时要考虑自己识别出的针对某控制的风险,被审计单位是否也已识别,并采取了适当的措施来降低该风险。

3. 评价决策

在对控制进行初步评价及风险评估后,注册会计师需要利用实施上述程序获得的信息,回答以下问题：

（1）控制本身的设计是否合理。注册会计师需要根据上述的考虑因素判断，如果识别的控制设计合理，该控制在重要业务流程中单独或连同其他控制能否有效地实现特定控制目标。

（2）控制是否得到执行。如果设计合理的控制没有得到执行，该控制也不会发挥应有的作用。因此，注册会计师需要获取审计证据，评价这类控制是否确实存在，且正在被使用。

（3）是否更多地信赖控制并拟实施控制测试。如果认为被审计单位控制设计合理并得到执行，能够有效防止或发现并纠正重大错报，那么，注册会计师通常可以信赖这些控制，减少拟实施的实质性程序。如果拟更多地信赖这些控制，需要确信所信赖的控制在整个拟信赖期间都有效地发挥了作用，即注册会计师应对这些控制在该期间内是否得到一贯运行进行测试。拟信赖该控制的期间可能是整个年度，也可能是其中某一时段。如果控制测试的结果进一步证实内部控制是有效的，注册会计师可以认为相关账户及认定发生重大错报的可能性较低，对相关账户及认定实施实质性程序的范围也将减少。

有时，注册会计师也可能认为控制是无效的，包括控制本身设计不合理，不能实现控制目标，或者尽管控制设计合理，但没有得到执行。注册会计师不需要测试控制运行的有效性，而直接实施实质性程序。但在评估重大错报风险时，需要考虑控制失效对财务报表及其审计的影响。

初步评价对决策影响见表8-3。

表8-3　初步评价对决策影响

初步评价	影响决策
设计合理并得到执行	进行控制测试，减少实质性程序
设计合理但并未执行	不进行控制测试，直接实施实质性程序
设计不合理	不进行控制测试，直接实施实质性程序

第四节　评估重大错报风险

一、重大错报风险的识别与评估

评估重大错报风险是风险评估的最后一个步骤。获取的关于风险因素和抵消控制风险的信息（通过实施风险评估程序），将全部用于对财务报表层次及各类交易、账户余额和列报认定层次的重大错报风险评估。评估将作为确定进一步审计程序的性质、范围和时间的基础，以应对识别风险。

（一）评估重大错报风险时考虑的因素

评估重大错报风险时应考虑3个方面的因素：① 已识别的风险是什么？② 错报（金额影响）可能发生的规模有多大？③ 事件（风险）发生的可能性有多大？

（二）识别和评估重大错报风险的审计程序

在识别和评估重大错报风险时，注册会计师应当实施下列审计程序：

（1）在了解被审计单位及其环境（包括与风险相关的控制）的整个过程中，结合对财务报表中各类交易、账户余额和披露的考虑，识别风险。

注册会计师应当运用各项风险评估程序，在了解被审计单位及其环境的整个过程中识别风险，并将识别的风险与各类交易、账户余额和列报相联系。例如，被审计单位因相关环境法规的实施需要更新设备，可能面临原有设备闲置或贬值的风险；宏观经济的低迷可能预示应收账款的回收存在问题；竞争者开发的新产品上市，可能导致被审计单位的主要产品在短期内过时，预示将出现存货跌价和长期资产（如固定资产等）的减值。

（2）结合对拟测试的相关控制的考虑，将识别的风险与认定层次可能发生错报的领域相联系。

注册会计师应当将识别的风险与认定层次可能发生错报的领域相联系。例如，销售困难使产品的市场价格下降，可能导致年末存货成本高于其可变现净值，而需要计提存货跌价准备，这显示存货的计价认定可能发生错报。

（3）评估识别出的风险，并评价其是否更广泛地与财务报表整体相关，进而潜在地影响多项认定。

（4）考虑发生错报的可能性（包括发生多项错报的可能性），以及潜在错报的重大程度是否足以导致重大错报。

注册会计师还需要考虑上述识别的风险是否会导致财务报表发生重大错报。例如，考虑存货的账面余额是否重大，是否已适当计提存货跌价准备等。在某些情况下，尽管识别的风险重大，但仍不至于导致财务报表发生重大错报。例如，被审计单位对于存货跌价准备的计提实施了比较有效的内部控制，管理层已根据存货的可变现净值，计提了相应的跌价准备。在这种情况下，财务报表发生重大错报的可能性将相应降低。

注册会计师应当利用实施风险评估程序获取的信息，包括在评价控制设计和确定其是否得到执行时获取的审计证据，作为支持风险评估结果的审计证据。注册会计师应当根据风险评估结果，确定实施进一步审计程序的性质、时间和范围。

（三）可能表明被审计单位存在重大错报风险的事项和情况

注册会计师应当关注下列可能表明被审计单位存在重大错报风险的事项和情况：

（1）在经济不稳定的国家或地区开展业务；

（2）在高度波动的市场开展业务；

（3）在严厉、复杂的监管环境中开展业务；

（4）持续经营和资产流动性出现问题，包括重要客户流失；

（5）融资能力受到限制；

（6）行业环境发生变化；

（7）供应链发生变化；

（8）开发新产品或提供新服务，或进入新的业务领域；

（9）开辟新的经营场所；

（10）发生重大收购、重组或其他非经常性事项；

（11）拟出售分支机构或业务分部；

（12）复杂的联营或合资；

（13）运用表外融资、特殊目的实体及其他复杂的融资协议；

（14）重大的关联方交易；

（15）缺乏具备胜任能力的会计人员；

（16）关键人员变动；

（17）内部控制薄弱；

（18）信息技术战略与经营战略不协调；

（19）信息技术环境发生变化；

（20）安装新的与财务报告有关的重大信息技术系统；

（21）经营活动或财务报告受到监管机构的调查；

（22）以往存在重大错报或本期期末出现重大会计调整；

（23）发生重大的非常规交易；

（24）按照管理层特定意图记录的交易；

（25）应用新颁布的会计准则或相关会计制度；

（26）会计计量过程复杂；

（27）事项或交易在计量时存在重大不确定性；

（28）存在未决诉讼和或有负债。

注册会计师应当充分关注可能表明被审计单位存在重大错报风险的上述事项和情况，并考虑由上述事项和情况导致的风险是否重大，以及该风险导致财务报表发生重大错报的可能性。

（四）识别两个层次的重大错报风险

在对重大错报风险进行识别和评估后，注册会计师应当确定，识别的重大错报风险是与特定的某类交易、账户余额、列报的认定相关，还是与财务报表整体广泛相关，进而影响多项认定。

某些重大错报风险可能与特定的各类交易、账户余额、列报的认定相关。例如，被审计单位存在复杂的联营或合资，这一事项表明长期股权投资账户的认定可能存在重大错报风险。

某些重大错报风险可能与财务报表整体广泛相关，进而影响多项认定。例如，在经济不稳定的国家和地区开展业务、资产的流动性出现问题、重要客户流失、融资能力受到限制等，可能导致注册会计师对被审计单位的持续经营能力产生重大疑虑。

（五）考虑财务报表的可审计性

注册会计师在了解被审计单位内部控制后，可能对被审计单位财务报表的可审计性产生怀疑。例如，出于对被审计单位会计记录的可靠性和状况的担心，注册会计师可能认为难以获取充分、适当的审计证据，以支持对财务报表发表意见。因此，如果通过对内部控制的了解发现下列情况，并对财务报表局部或整体的可审计性产生疑问，注册会计师应当考虑出具保留意见或无法表示意见的审计报告：① 被审计单位会计记录的状况和可靠性存在重大问题，不能获取充分、适当的审计证据以发表无保留意见；② 对管理层的诚信存在严重疑虑。必要时，注册会计师应当考虑解除业务约定。

二、特别风险的识别与评估

特别风险是指已识别的风险中需要特别考虑和关注的重大错报风险。在确定哪些风险是特别风险时，注册会计师应当在考虑识别出的控制对相关风险的抵消效果前，根据风险的性质、潜在错报的重要程度和发生的可能性，判断风险是否属于特别风险。在确定风险的性质时，注册会计师应当考虑下列事项：

（1）风险是否属于舞弊风险；

（2）风险是否与近期经济环境、会计处理方法和其他方面的重大变化有关；

（3）交易的复杂程度；

（4）风险是否涉及重大的关联方交易；

（5）财务信息计量的主观程度，特别是对不确定事项的计量存在较大区间；

（6）风险是否涉及异常或超出正常经营过程的重大交易。

另外，非常规交易和判断事项也比较容易导致特别风险。非常规交易是指由于金额或性质异常而不经常发生的交易，例如，企业购并、债务重组、重大或有事项等。由于非常规交易具有下列特征，与重大非常规交易相关的特别风险可能导致更高的重大错报风险：① 管理层更多地介入会计处理；② 数据收集和处理涉及更多的人工成分；③ 计算或会计处理方法复杂；④ 非常规交易的性质可能使被审计单位难以对由此产生的特别风险实施有效控制。

判断事项通常包括作出的会计估计，如资产减值准备金额的估计、需要运用复杂估值技术确定的公允价值计量等。由于下列原因，与重大判断事项相关的特别风险可能导致更高的重大错报风险：① 对涉及会计估计、收入确认等方面的会计原则存在不同的理解；② 所要求的判断可能是主观和复杂的，或需要对未来事项作出假设。

三、仅通过实质性程序无法应对的重大错报风险

作为风险评估的一部分，如果认为仅通过实质性程序获取的审计证据无法将认定层次的重大错报风险降至可接受的低水平，注册会计师应当评价被审计单位针对这些风险设计的控制，并确定其执行情况。

在被审计单位对日常交易采用高度自动化处理的情况下，审计证据可能仅以电子形式存在，其充分性和适当性通常取决于自动化信息系统相关控制的有效性，注册会计师应当考虑仅通过实施实质性程序不能获取充分、适当审计证据的可能性。例如，某企业通过高度自动化的系统确定采购品种和数量，生成采购订单，并通过系统中设定的收货确认和付款条件进行付款。除了系统中的相关信息以外，该企业没有其他有关订单和收货的记录。在这种情况下，如果认为仅通过实施实质性程序不能获取充分、适当的审计证据，注册会计师应当考虑依赖相关控制的有效性，并对其进行了解、评估和测试。

四、风险评估的修正

注册会计师对认定层次重大错报风险的评估应以获取的审计证据为基础，并可能随着不断获取审计证据而作出相应的变化。例如，注册会计师对重大错报风险的评估可能基于预期控制运行有效这一判断，即相关控制可以防止或发现并纠正认定层次的重大错报。但在测试控制运行的有效性时，注册会计师获取的证据可能表明相关控制在被审计期间并未有效运行。同样，在实施实质性程序后，注册会计师可能发现错报的金额和频率比在风险评估时预计的金额和频率要高。因此，如果通过实施进一步审计程序获取的审计证据与初始评估获取的审计证据相矛盾，注册会计师应当修正风险评估结果，并相应修改原计划实施的进一步审计程序。因此，评估重大错报风险与了解被审计单位及其环境一样，也是一个连续和动态地收集、更新与分析信息的过程，贯穿于整个审计过程的始终。

第五节　风险应对

风险应对是指注册会计师针对评估的重大错报风险而采取的相对应的措施或审计程序。风险应对既要针对财务报表总体层面应对，还应从认定层面应对。应对的主要方法包括控制测试和实质性测试。

一、针对财务报表层次重大错报风险的总体应对措施

在财务报表重大错报风险的评估过程中，注册会计师应当确定，识别的重大错报风险是与特定的某类交易、账户余额、列报的认定相关，还是与财务报表整体广泛相关，进而影响多项认定。如果是后者，则属于财务报表层次的重大错报风险。针对评估的财务报表层次重大错报风险，应采取下列总体应对措施：

（1）向项目组强调在收集和评价审计证据过程中保持职业怀疑态度的必要性。

（2）分派更有经验或具有特殊技能的审计人员，或聘请专家。

由于各行业在经营业务、经营风险、财务报告、法规要求等方面具有特殊性，审计人员的专业分工细化成为一种趋势。审计项目组成员中应有一定比例的人员曾经参与过被审计单位以前年度的审计，或具有被审计单位所处特定行业的相关审计经验。必要时，要考虑利用信息技术、税务、评估、精算师等方面的专家的工作。

（3）提供更多的督导。

对于财务报表层次重大错报风险较高的审计项目，项目组的高级别成员，如项目负责人、项目经理等经验较丰富的人员，要对其他成员提供更详细、更经常、更及时的指导和监督，并加强项目质量复核。

（4）在选择进一步审计程序时，应当注意使某些程序不被管理层预见或事先了解。

被审计单位人员，尤其是管理层，如果熟悉注册会计师的审计流程，就可能采取种种规

避手段，掩盖财务报告中的舞弊行为。因此，在设计拟实施审计程序的性质、时间和范围时，为了避免既定思维对审计方案的限制，避免对审计效果的人为干涉，从而使得针对重大错报风险的进一步审计程序更加有效，注册会计师要考虑使某些程序不为被审计单位管理层预见或事先了解。

在实务中，注册会计师可以通过以下方式提高审计程序的不可预见性：

① 对某些未测试过的低于设定的重要性水平或风险较小的账户余额和认定实施实质性程序；

② 调整实施审计程序的时间，使被审计单位不可预期；

③ 采取不同的审计抽样方法，使当期抽取的测试样本与以前有所不同；

④ 选取不同的地点实施审计程序，或预先不告知被审计单位所选定的测试地点。

提高审计程序的不可预见性如表 8-4 所示。

表 8-4　审计程序的不可预见性示例表

审计领域	一些可能适用的具有不可预见性的审计程序
存货	（1）向以前审计过程中接触不多的被审计单位员工询问，如采购、销售、生产人员等。 （2）在不事先通知被审计单位的情况下，选择一些以前未曾访问过的盘点地点进行存货监盘。
销售/应收账款	（1）向以前审计过程中接触不多或未曾接触过的被审计单位员工询问，如负责处理大客户账户的销售部人员。 （2）改变实施实质性分析程序的对象，如对收入按细类进行分析。 （3）针对销售和销售退回延长截止测试时间。 （4）实施以前未曾考虑过的审计程序，如： ① 函证确认销售条款或者选定销售额较不重要，以前未曾关注的销售交易，如对出口销售实施实质性程序。 ② 实施更细致的分析程序，如使用计算机辅助审计技术审阅销售及客户账户。 ③ 测试以前未曾函证过的账户余额，如金额为负或是零的账户，或者余额低于以前设定的重要性水平的账户。 ④ 改变函证日期，即把所函证账户的截止日期提前或者推迟。 ⑤ 对关联公司销售和相关账户余额，除了进行详细函证外，再实施其他审计程序进行验证。
采购/应付账款	（1）如果以前未曾对应付账款余额普遍进行函证，可考虑直接向供应商函证确认余额，如果经常采用函证方式，可考虑改变函证的范围或者时间。 （2）对以前由于低于设定的重要性水平而未曾测试过的采购项目，进行详细测试。 （3）使用计算机辅助审计技术审阅采购和付款账户以发现一些特殊项目，如是否有不同的供应商使用相同的银行账户。
现金/银行存款	（1）多选几个月银行存款余额调节表进行测试。 （2）对有大量银行账户的，考虑改变抽样方法。
固定资产	对以前由于低于设定的重要性水平而未曾测试过的固定资产进行测试，如考虑实地盘查一些价值较低的固定资产（如汽车和其他设备等）。

续表

审计领域	一些可能适用的具有不可预见性的审计程序
跨区域审计项目	修改分支机构审计工作的范围或者区域(如增加某些较次要分支机构的审计工作量,或实地去分支机构开展审计工作)。

(5) 对拟实施审计程序的性质、时间和范围作出总体修改。

财务报表层次的重大错报风险很可能源于薄弱的控制环境。薄弱的控制环境带来的风险可能对财务报表产生广泛影响,难以限于某类交易、账户余额、列报,注册会计师应当采取总体应对措施。相应地,注册会计师对控制环境的了解影响其对财务报表层次重大错报风险的评估。有效的控制环境可以使注册会计师增强对内部控制和被审计单位内部产生的证据的信赖程度。如果控制环境存在缺陷,注册会计师在对拟实施审计程序的性质、时间和范围作出总体修改时应当考虑:

① 在期末而非期中实施更多的审计程序。控制环境的缺陷通常会削弱期中获得的审计证据的可信赖程度。

② 主要依赖实质性程序获取审计证据。良好的控制环境是其他控制要素发挥作用的基础。控制环境存在缺陷通常会削弱其他控制要素的作用,可能导致注册会计师无法信赖内部控制,而主要依赖实施实质性程序获取审计证据。

③ 修改审计程序的性质,获取更具说服力的审计证据。修改审计程序的性质主要是指调整拟实施审计程序的类别及组合,比如原先可能主要限于检查某项资产的账面记录或相关文件,而调整审计程序的性质后可能意味着更加重视实地检查该项资产。

④ 扩大审计程序的范围。例如,扩大样本规模,或采用更详细的数据实施分析程序。

二、针对认定层次重大错报风险的进一步审计程序

(一) 进一步审计程序的含义

进一步审计程序相对风险评估程序而言,是指注册会计师针对评估的各类交易、账户余额、列报(包括披露,下同)认定层次重大错报风险实施的审计程序。

进一步审计程序的目的包括通过实施控制测试以确定内部控制运行的有效性,通过实施实质性程序以发现认定层次的重大错报。进一步审计程序的类型包括检查、观察、询问、函证、重新计算、重新执行和分析程序。

(二) 设计进一步审计程序时的考虑因素

注册会计师在设计进一步审计程序时,应当考虑下列因素:

(1) 风险的重要性。风险的重要性是指风险造成的后果的严重程度。风险的后果越严重,就越需要注册会计师关注和重视,越需要精心设计有针对性的进一步审计程序。

(2) 重大错报发生的可能性。重大错报发生的可能性越大,同样越需要注册会计师精心设计进一步审计程序。

(3) 涉及的各类交易、账户余额和列报的特征。不同的交易、账户余额和列报,产生的认定层次的重大错报风险也会存在差异,适用的审计程序也会有差别,需要注册会计师区别对待,并设计有针对性的进一步审计程序予以应对。

(4) 被审计单位采用的特定控制的性质。不同性质的控制(无论是人工控制还是自动化控制)对注册会计师设计进一步的审计程序具有重要影响。

(5) 注册会计师是否拟获取审计证据,以确定内部控制在防止或发现并纠正重大错报方面的有效性。如果注册会计师在风险评估时预期内部控制运行有效,随后拟实施的进一步审计程序必须包括控制测试,且实质性程序自然会受到之前控制测试结果的影响。

(三) 确定进一步审计程序的性质、时间、范围

1. 确定进一步审计程序的性质

进一步审计程序的性质是指进一步审计程序的目的和类型。其中,进一步审计程序的目的包括通过实施控制测试以确定内部控制运行的有效性,通过实施实质性程序以发现认定层次的重大错报。进一步审计程序的类型包括检查、观察、询问、函证、重新计算、重新执行和分析程序。在确定进一步审计程序的性质时,注册会计师首先需要考虑的是认定层次重大错报风险的评估结果。评估的认定层次重大错报风险越高,对通过实质性程序获取的审计证据的相关性和可靠性的要求越高,从而可能影响进一步审计程序的类型及其综合运用。

2. 确定进一步审计程序的时间

进一步审计程序的时间是指注册会计师何时实施进一步审计程序,或审计证据适用的期间或时点。

注册会计师在确定何时实施审计程序时,应当考虑下列重要因素:

(1) 控制环境。良好的控制环境可以抵消在期中实施进一步审计程序的局限性,使注册会计师在确定实施进一步审计程序的时间时有更大的灵活度。

(2) 何时能得到相关信息。例如,某些控制活动可能仅在期中(或期中以前)发生,而之后可能难以再被观察到;再如,某些电子化的交易和账户文档如未能及时取得,可能被覆盖。在这些情况下,注册会计师如果希望获取相关信息,则需要考虑能够获取相关信息的时间。

(3) 错报风险的性质。被审计单位可能为了保证盈利目标的实现,而在会计期末以后伪造销售合同以虚增收入,此时注册会计师需要考虑在期末(即资产负债表日)这个特定时点获取被审计单位截至期末所能提供的所有销售合同及相关资料,以防范被审计单位在资产负债表日后伪造销售合同虚增收入的做法。

(4) 审计证据适用的期间或时点。注册会计师应当根据需要获取的特定审计证据确定何时实施进一步审计程序。为了获取资产负债表日的存货余额证据,显然不宜在与资产负债表日间隔过长的期中时点或期末以后时点实施存货监盘等相关审计程序。

3. 确定进一步审计程序的范围

进一步审计程序的范围是指实施进一步审计程序的数量,包括抽取的样本量,对某项控制活动的观察次数等。在确定审计程序的范围时,注册会计师应当考虑下列因素:

(1) 确定的重要性水平。确定的重要性水平越低,注册会计师实施进一步审计程序的范围越广。

(2) 评估的重大错报风险。评估的重大错报风险越高,对拟获取审计证据的相关性、可靠性的要求越高,因此注册会计师实施的进一步审计程序的范围也越广。

(3) 计划获取的保证程度。计划获取的保证程度,是指注册会计师计划通过所实施的审计程序对测试结果可靠性所获取的信心。计划获取的保证程度越高,对测试结果可靠性要求越高,注册会计师实施的进一步审计程序的范围越广。例如,注册会计师对财务报表是否不存在重大错报的信心可能来自控制测试和实质性程序。如果注册会计师计划从控制测试中获取更高的保证程度,则控制测试的范围就更广。

三、控制测试

(一)控制测试的含义

控制测试指的是测试控制运行的有效性,这一概念需要与"了解内部控制"进行区分。"了解内部控制"包含两层含义:一是评价控制的设计;二是确定控制是否得到执行。测试控制运行的有效性与确定控制是否得到执行所需获取的审计证据是不同的,主要表现在两个方面:

(1)在实施风险评估程序以获取控制是否得到执行的审计证据时,注册会计师应当确定某项控制是否存在,被审计单位是否正在使用。

(2)在测试控制运行的有效性时,注册会计师应当从下列方面获取关于控制是否有效运行的审计证据:

① 控制在所审计期间的不同时点是如何运行的;

② 控制是否得到一贯执行;

③ 控制由谁执行;

④ 控制以何种方式运行(如人工控制或自动化控制)。

从这4个方面来看,控制运行有效性强调的是控制能够在各个不同时点按照既定设计得以一贯执行。因此,在了解控制是否得到执行时,注册会计师只需抽取少量的交易进行检查或观察某几个时点。但在测试控制运行的有效性时,注册会计师需要抽取足够数量的交易进行检查或对多个不同时点进行观察。

应注意的是,测试控制运行的有效性与确定控制是否得到执行所需获取的审计证据虽然存在差异,但两者也有联系。为评价控制设计和确定控制是否得到执行而实施的某些风险评估程序并非专为控制测试而设计,但可能提供有关控制运行有效性的审计证据,注册会计师可以考虑在评价控制设计和获取其得到执行的审计证据的同时测试控制运行有效性,以提高审计效率;同时,注册会计师应当考虑这些审计证据是否足以实现控制测试的目的。

在审计实务中,作为进一步审计程序类型之一的控制测试,并非在任何情况下都需要实施。当存在下列情形之一时,注册会计师应当实施控制测试:① 在评估认定层次重大错报风险时,预期控制的运行是有效的;② 仅实施实质性程序不足以提供认定层次充分、适当的审计证据。

此外需要说明的是,被审计单位在审计期间可能由于技术更新或组织管理变更而更换信息系统,从而导致在不同时期使用了不同的控制。如果被审计单位在审计期间的不同时期使用了不同的控制,注册会计师就应当考虑不同时期控制运行的有效性。

(二)控制测试的性质

控制测试的性质是指控制测试所使用的审计程序的类型及其组合。控制测试主要包括询问、观察、检查、重新执行和穿行测试。

1. 询问

注册会计师可以向被审计单位适当员工询问,获取与内部控制运行情况相关的信息。例如,询问信息系统管理人员有无未经授权接触计算机硬件和软件,向负责复核银行存款余额调节表的人员询问如何进行复核,包括复核的要点是什么、发现不符事项如何处理等。然而,仅仅通过询问不能为控制运行的有效性提供充分的证据,注册会计师通常需要印证被询问者的答复,如向其他人员询问和检查执行控制时所使用的报告、手册或其他文件等。因此,虽然询问是一种有用的手段,但是必须和其他测试手段结合使用才能发挥作用。在询问过程中,注册会计师应当保持职业怀疑态度。

2. 观察

观察是测试不留下书面记录的控制(如职责分离)运行情况的有效方法。例如,观察存货盘点控制的执行情况。观察也可运用于实物控制,如查看仓库门是否锁好,或空白支票是否妥善保管。通常情况下,注册会计师通过观察直接获取的证据比间接获取的证据更可靠。但是,注册会计师还要考虑其所观察到的控制在注册会计师不在场时可能未被执行的情况。

3. 检查

对运行情况留有书面证据的控制,检查非常适用。书面说明、复核时留下的记号,或其他记录在偏差报告中的标志都可以被当作控制运行情况的证据。例如,检查销售发票是否有复核人员签字,检查销售发票是否附有客户订购单和出库单等。

4. 重新执行

通常只有当询问、观察和检查程序结合在一起仍无法获得充分的证据时,注册会计师才考虑通过重新执行来证实控制是否有效运行。例如,为了合理保证计价认定的准确性,被审计单位的一项控制是由复核人员核对销售发票上的价格与统一价格单上的价格是否一致。但是,要检查复核人员有没有认真执行核对,仅仅检查复核人员是否在相关文件上签字是不够的,注册会计师还需要自己选取一部分销售发票进行核对,这就是重新执行程序。但是,如果需要进行大量的重新执行,注册会计师就要考虑通过实施控制测试以缩小实质性程序的范围是否有效率。

5. 穿行测试

除了上述四类控制测试常用的审计程序以外,实施穿行测试也是一种重要的审计程序。值得注意的是,穿行测试是通过追踪交易在财务报告信息系统中的处理过程,来证实注册会计师对控制的了解、评价控制设计的有效性及确定控制是否得到执行。穿行测试不是单独的一种程序,而是将多种程序按特定审计需要进行结合运用的方法。

在确定控制测试的性质时还应注意:

① 考虑特定控制的性质;

② 考虑测试与认定直接相关和间接相关的控制;

③ 针对自动化的应用控制实施控制测试;

④ 实施控制测试时对双重目的的实现;

⑤ 实施实质性程序的结果对控制测试结果的影响。

(三) 控制测试的时间

控制测试的时间包含两层含义:一是何时实施控制测试;二是测试所针对的控制适用的时点或期间。一个基本的原理是:如果测试特定时点的控制,注册会计师仅得到该时点控制运行有效性的审计证据;如果测试某一期间的控制,注册会计师可获取控制在该期间有效运行的审计证据。因此,注册会计师应当根据控制测试的目的确定控制测试的时间,并确定拟信赖的相关控制的时点或期间。

如何根据控制测试的目的确定控制测试的时间,是注册会计师重要的职业判断。如果仅需要测试控制在特定时点的运行有效性,注册会计师就只需要获取该时点的审计证据。如果需要获取控制在某一期间有效运行的审计证据,仅获取与时点相关的审计证据是不充分的,注册会计师就应当辅以其他控制测试,包括测试被审计单位对控制的监督,以提供相关控制在所有相关时点都运行有效的审计证据。

对于控制测试的时间,还要注意两个问题:一是如何考虑期中审计证据。注册会计师可能在期中实施进一步审计程序。注册会计师已获取有关控制在期中运行有效性的审计证据,仍然需要考虑如何能够将控制在期中运行有效性的审计证据合理延伸至期末。二是如何考虑以前审计获取的有关控制运行有效性的审计证据。考虑是否信赖以前审计中测试控制获取的有关审计证据,关键考虑拟信赖的以前审计中测试的控制在本期是否发生变化。这可能面临两种结果:控制在本期发生变化;控制在本期没有发生变化。如果控制在本期发生变化,注册会计师应当考虑以前审计获取的有关控制运行有效性的审计证据是否与本期审计相关。当拟信赖的控制自上次测试后未发生变化,注册会计师应根据有关情况进行判断。

(四)控制测试的范围

控制测试的范围,主要是指某项控制活动的测试次数。注册会计师应当设计控制测试,以获取控制在整个拟信赖的期间有效运行的充分、适当的审计证据。注册会计师在确定某项控制的测试范围时通常应当考虑下列因素:

(1)在整个拟信赖的期间,被审计单位执行控制的频率。控制执行的频率越高,控制测试的范围就越大。

(2)在所审计期间,注册会计师拟信赖控制运行有效性的时间长度。拟信赖控制运行有效性的时间长度不同,在该时间长度内发生的控制活动次数也不同。注册会计师需要根据拟信赖控制的时间长度确定控制测试的范围。拟信赖期间越长,控制测试的范围越大。

(3)为证实控制能够防止或发现并纠正认定层次重大错报,所需获取审计证据的相关性和可靠性。对审计证据的相关性和可靠性要求越高,控制测试的范围越大。

(4)通过测试认定相关的其他控制获取的审计证据的范围。针对同一认定,可能存在不同的控制。当针对其他控制获取审计证据的充分性和适当性较高时,测试该控制的范围可适当缩小。

(5)在风险评估时拟信赖控制运行有效性的程度。注册会计师在风险评估时对控制运行有效性的拟信赖程度越高,需要实施控制测试的范围越大。

(6)控制的预期偏差。预期偏差可以用控制未得到执行的预期次数占控制应当得到执行次数的比率加以衡量。控制的预期偏差率越高,需要实施控制测试的范围越大。

四、实质性程序

(一)实质性程序的含义

实质性程序是指注册会计师针对评估的重大错报风险实施的直接用以发现认定层次重

大错报的审计程序，包括对各类交易、账户余额、列报的细节测试及实质性分析程序。

由于注册会计师对重大错报风险的评估是一种判断，可能无法充分识别所有的重大错报风险，并且由于内部控制存在固有局限性，无论评估的重大错报风险结果如何，注册会计师都应当针对所有重大的各类交易、账户余额、列报实施实质性程序。如果认为评估的认定层次重大错报风险是特别风险，注册会计师应当专门针对该风险实施实质性程序。

如果针对特别风险仅实施实质性程序，注册会计师应当使用细节测试，或将细节测试和实质性分析程序结合使用，以获取充分、适当的审计证据。

（二）实质性程序的性质

1．实质性程序的性质的含义

实质性程序的性质，是指实质性程序的类型及其组合。前已述及，实质性程序有两种基本类型，即细节测试和实质性分析程序。

细节测试是对各类交易、账户余额、列报的具体细节进行测试，目的在于直接识别财务报表认定是否存在错报。细节测试被用于获取与某些认定相关的审计证据，如存在、准确性、计价等。

实质性分析程序从技术特征上讲仍然是分析程序，主要是通过研究数据间关系评价信息，只是将该技术方法用于实质性程序，即用以识别各类交易、账户余额、列报及相关认定是否存在错报。实质性分析程序通常适用于在一段时间内存在可预期关系的大量交易。

2．细节测试和实质性分析程序的适用性

由于细节测试和实质性分析程序的目的和技术手段存在一定差异，因此，各自有不同的适用领域。注册会计师应当根据各类交易、账户余额、列报的性质选择实质性程序的类型。细节测试适用于对各类交易、账户余额、列报认定的测试，尤其是对存在或发生、计价认定的测试；对在一段时期内存在可预期关系的大量交易，注册会计师可以考虑实施实质性分析程序。

3．细节测试的方向

对于细节测试，注册会计师应当针对评估的风险设计细节测试，获取充分、适当的审计证据，以达到认定层次所计划的保证水平。该规定的含义是，注册会计师需要根据不同的认定层次的重大错报风险设计有针对性的细节测试。例如，在针对存在或发生认定设计细节测试时，注册会计师应当选择包含在财务报表金额中的项目，并获取相关审计证据；又如，在针对完整性认定设计细节测试时，注册会计师应当选择有证据表明应包含在财务报表金额中的项目，并调查这些项目是否确实包括在内。如为应对被审计单位漏记本期应付账款的风险，注册会计师可以检查期后付款记录。

4．设计实质性分析程序时考虑的因素

注册会计师在设计实质性分析程序时应当考虑的因素包括：① 对特定认定使用实质性分析程序的适当性；② 对已记录的金额或比率做出预期时，所依据的内部或外部数据的可靠性；③ 做出预期的准确程度是否足以在计划的保证水平上识别重大错报；④ 已记录金额与预期值之间可接受的差异额。考虑到数据及分析的可靠性，当实施实质性分析程序时，如果使用被审计单位编制的信息，注册会计师应当考虑测试与信息编制相关的控制，以及这些信息是否在本期或前期经过审计。

（三）实质性程序的时间

实质性程序的时间选择与控制测试的时间选择有共同点，也有很大差异。共同点在于：

两类程序都面临对期中审计证据和对以前审计获取的审计证据的考虑。两者的差异在于：① 在控制测试中，期中实施控制测试并获取期中关于控制运行有效性审计证据的做法更具有一种“常态”；而由于实质性程序的目的在于更直接地发现重大错报，在期中实施实质性程序时更需要考虑其成本效益的权衡。② 在本期控制测试中拟信赖以前审计获取的有关控制运行有效性的审计证据，已经受到了很大的限制；而对于以前审计中通过实质性程序获取的审计证据，则应采取更加慎重的态度和更严格的限制。

（四）实质性程序的范围

评估的认定层次重大错报风险和实施控制测试的结果是注册会计师在确定实质性程序范围时的重要考虑因素。因此，在确定实质性程序的范围时，注册会计师应当考虑评估的认定层次重大错报风险和实施控制测试的结果。注册会计师评估的认定层次的重大错报风险越高，需要实施实质性程序的范围越广。如果对控制测试结果不满意，注册会计师应当考虑扩大实质性程序的范围。

在设计细节测试时，注册会计师除了从样本量的角度考虑测试范围外，还要考虑选样方法的有效性等因素。例如，从总体中选取大额或异常项目，而不是进行代表性抽样或分层抽样。

实质性分析程序的范围有两层含义。第一层含义是对什么层次上的数据进行分析。注册会计师可以选择在高度汇总的财务数据层次进行分析，也可以根据重大错报风险的性质和水平调整分析层次。第二层含义是需要对什么幅度或性质的偏差展开进一步调查。实施分析程序可能发现偏差，但并非所有的偏差都值得展开进一步调查。可容忍或可接受的偏差越大，作为实质性分析程序一部分的进一步调查的范围就越小。于是确定适当的预期偏差幅度同样属于实质性分析程序的范畴。因此，在设计实质性分析程序时，注册会计师应当确定已记录金额与预期值之间可接受的差异额。在确定该差异额时，注册会计师应当主要考虑各类交易、账户余额、列报及相关认定的重要性和计划的保证水平。

【名词与术语】

重大错报风险	穿行测试	实质性测试	控制环境	成本效益原则
总体层次	认定层次	控制目标	沟通	

【思考题】

1. 什么是风险识别？如何识别重大错报风险？
2. 什么是风险评估？进行风险评估应实施哪些程序？
3. 试述被审计单位的组织结构、治理结构对重大错报风险的影响。
4. 什么是内部控制？由哪些要素构成？有哪些局限性？
5. 试述控制环境对重大错报风险的影响。
6. 试述控制活动对重大错报风险的影响。
7. 什么是特别风险？如何识别特别风险？
8. 重大错报风险的应对有哪两个层次？各如何应对？
9. 试述进一步审计程序的含义、性质、时间和范围。
10. 什么是控制测试？如何确定控制测试的范围？
11. 什么是细节测试？适用于什么情况？如何实施？

第九章 审计抽样

本章导读

现代审计是以抽样审查为主要特征的一种审计模式。抽样审查必须进行审计抽样。本章从运用审计抽样的必要性入手,分析审计抽样的概念、基本步骤及在控制测试和细节测试中的具体应用。

本章的重点是审计抽样的相关概念和每一步骤的做法;难点是控制测试和细节测试中抽样技术的具体应用。

通过本章的学习,了解审计抽样的必要性;理解审计抽样的概念;掌握样本设计、样本选取和样本结果评价的方法;理解并掌握控制测试、细节测试中抽样技术的具体运用。

第一节　审计抽样概述

一、审计抽样的定义

现代审计的一个重要特点是充分运用现代经济统计技术和方法，用抽样审查代替全面审查，以提高审计效率，保证审计质量，降低审计风险。

（一）运用审计抽样的必要性

1. 社会经济发展的需要

在审计产生初期，社会经济活动不复杂，企业规模小，记录经济业务的会计资料较少，大多数审计人员在审计实践中基本上采用全面详查的方法，对所有经济业务和会计凭证进行详细核查。20 世纪以来，随着市场经济的发展和社会生产力的提高，企业规模不断扩大，经济业务不断增多且日益多样化，尤其是集团公司和跨国公司的出现，使经济业务和会计记录不断增多并日趋复杂，注册会计师对被审计单位被审计期间的全部交易进行逐笔审查不再现实，因此产生了在选择性测试的基础上进行审计的需要。审计技术和方法要适应社会生产力的发展，审计抽样技术便得以产生和发展。

2. 符合成本和效益的原则

根据审计重要性原则，审计人员并不需要对所有的经济业务进行全面的判断，只要能恰当地运用审计抽样技术，通过对局部的样本进行审查，便可推断总体特征，可在有限的审计资源条件限制下，获取充分、适当的审计证据，以形成和支持审计结论。

3. 审计结论可靠性高

20 世纪 60 年代以来，企业内部控制的建立和完善，以及概率论和数理统计的发展使抽样在审计中的应用成为可能。抽样规模根据经济统计数学概率论的原理科学地确定，抽样风险可预知并可加以控制，样本按随机方法选出，主观的因素较少，样本结果能够客观地反映总体特性，抽样结果的有效性不受审计人员的经验和职业判断能力影响，因而结果更科学、更可靠。

为了规范注册会计师在设计审计程序时使用审计抽样和其他选取测试项目的方法，各国都相继制定了审计抽样准则。美国于 1981 年颁布了《审计准则公告第 39 号——审计抽样》(SAS 39)。我国于 1996 年制定并发布了《独立审计具体准则第 4 号——审计抽样》。2006 年 2 月 15 日财政部发布了《中国注册会计师审计准则第 1314 号——审计抽样和其他选取测试项目的方法》，并于 2007 年 1 月 1 日起在会计师事务所执行。2010 年 11 月 1 日，财政部修订并颁布了《中国注册会计师审计准则第 1314 号——审计抽样》，自 2012 年 1 月 1 日起在会计师事务所执行。

（二）审计抽样的含义

审计抽样（即抽样）是指注册会计师对具有审计相关性的总体中低于百分之百的项目实施审计程序，使所有抽样单元都有被选取的机会，为注册会计师针对整个总体得出结论提供合理基础。其中，总体是指注册会计师从中选取样本并期望据此得出结论的整个数据集合，抽样单元是指构成总体的个体项目。

二、获取审计证据时对审计抽样的考虑

在设计审计程序时，注册会计师应当确定用以选取测试项目的适当方法，以获取充分、适当的审计证据，实现审计程序的目标。注册会计师应当通过设计和实施风险评估程序、控制测试（必要时或决定测试时）和实质性程序等审计程序，获取充分、适当的审计证据，得出合理的审计结论，作为形成审计意见的基础。注册会计师拟实施的审计程序将对运用审计抽样产生重要影响。有些审计程序可以使用审计抽样，有些审计程序则不宜使用审计抽样。

（一）实施风险评估程序时对审计抽样的考虑

风险评估程序通常不涉及使用审计抽样和其他选取测试项目的方法。其原因在于：一方面，注册会计师实施风险评估程序的目的是了解被审计单位及其环境，识别和评估重大错报风险，并不需要对包含全部项目的总体得出结论；另一方面，风险评估程序实施的范围较为广泛，获取的信息具有较强的主观色彩，因而不适于运用审计抽样。但如果注册会计师在了解控制的设计和确定其是否得到执行时，一并计划和实施控制测试，则会涉及审计抽样和其他选取测试项目的方法。在这种双重目的的测试中注册会计师可以考虑使用审计抽样，但应当明确，此时审计抽样是针对控制测试进行的。

（二）实施控制测试时对审计抽样的考虑

1. 总体要求

在实施控制测试时，注册会计师应当根据特定控制的性质选择所需实施的审计程序的类型。当控制的运行留下轨迹时，注册会计师可以考虑使用审计抽样和其他选取测试项目的方法实施控制测试。

2. 图式（图 9-1）

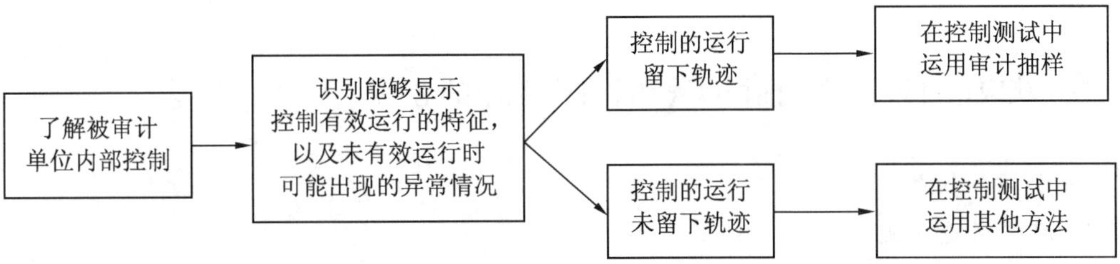

图 9-1　实施控制测试时对审计抽样的考虑

3. 案例

信用部门经理在销售合同上签名批准赊销，或者操作人员在向某计算机数据处理系统输入数据前必须得到有关主管人员的签字授权。对这些留下了运行轨迹的控制，注册会计师应当考虑检查这些文件记录以获取控制运行有效性的审计证据，此时可以使用审计抽样和其他选取测试项目的方法来选取测试项目。某些控制可能不存在文件记录，或文件记录与证实控制运行有效性不相关。对这些未留下运行轨迹的控制实施测试时，注册会计师应当考虑实施询问、观察等审计程序，以获取有关控制运行有效性的审计证据，此时不涉及审

计抽样和其他选取测试项目的方法。

在对被审计单位的存货盘点过程实施控制测试时,注册会计师主要通过对存货移动控制、盘点程序及被审计单位用以控制存货盘点的其他活动的观察来进行。注册会计师用来观察盘点的这些程序不需使用审计抽样和其他选取测试项目的方法。

(三)实施实质性程序时对审计抽样的考虑

1. 总体要求

实质性程序包括对各类交易、账户余额、列报的细节测试,以及实质性分析程序。在实施细节测试时,注册会计师可以使用审计抽样和其他选取测试项目的方法获取审计证据,以验证有关财务报表金额的一项或多项认定(如应收账款的存在性),或对某些金额作出独立估计(如陈旧存货的价值)。在实施实质性分析程序时,注册会计师不宜使用审计抽样和其他选取测试项目的方法。

2. 图式(图 9-2)

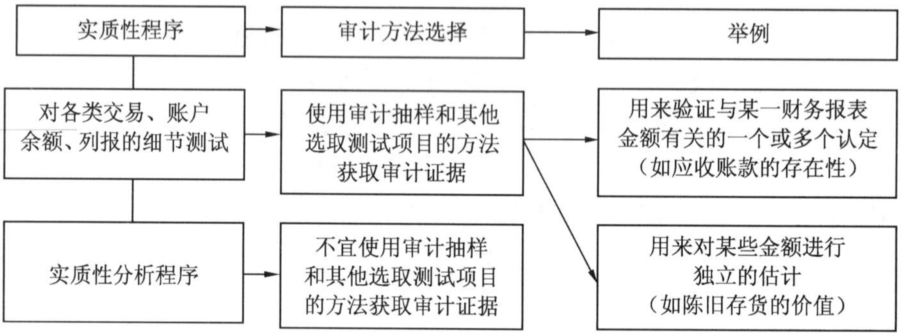

图 9-2 实施实质性程序时对审计抽样的考虑

从上面的分析可以看出,在审计过程中,只有对留下了运行轨迹的控制实施的控制测试,以及对各类交易、账户余额、列报的细节测试才可能涉及审计抽样和其他选取测试项目的方法。

三、获取审计证据时对抽样风险和非抽样风险的考虑

(一)抽样风险

1. 抽样风险含义

抽样风险是指注册会计师根据样本得出的结论,可能不同于如果对整个总体实施与样本相同的审计程序得出的结论的风险。

2. 抽样风险的产生

当对某类交易或账户余额中选取的样本实施控制测试或实质性程序时,注册会计师的结论可能与对全部项目实施同样的程序得出的结论不同,由此产生了抽样风险。也就是说,样本中包含的金额错报或对设定控制的偏差,可能不能代表某类交易或账户余额总体中存在的错报或控制偏差。例如,实施控制测试时,注册会计师在 100 个样本项目中发现 2 个偏差,并由此认为控制运行有效。但实际上,该总体的实际偏差率为 8%,注册会计师本该作出控制未有效运行的结论。注册会计师错误地接受总体,是因为样本特征与总体实际特征不

一致。只要注册会计师没有对总体中的全部项目实施审计程序，抽样风险就可能产生。

3. 抽样风险类型

抽样风险可能导致两种类型的错误结论：

（1）在实施控制测试时，注册会计师推断的控制有效性高于其实际有效性；或在实施细节测试时，注册会计师推断某一重大错报不存在而实际上存在。注册会计师主要关注这类错误结论，原因是其影响审计效果，非常有可能导致发表不恰当的审计意见。

（2）在实施控制测试时，注册会计师推断的控制有效性低于其实际有效性；或在实施细节测试时，注册会计师推断某一重大错报存在而实际上不存在。这类错误结论影响审计效率，原因是其通常导致注册会计师实施额外的工作，以证实初始结论是错误的。

无论在控制测试还是在细节测试中，抽样风险都可以分为两种类型：一类是影响审计效果的抽样风险；另一类是影响审计效率的抽样风险。在控制测试和细节测试中，这两类抽样风险的表现形式会有所不同。

在实施控制测试时，注册会计师要关注两类抽样风险：信赖过度风险和信赖不足风险。信赖过度风险是指推断的控制有效性高于其实际有效性的风险。信赖过度风险与审计的效果有关。如果注册会计师评估的控制有效性高于其实际有效性，从而导致评估的重大错报风险水平偏低，注册会计师可能不适当地减少从实质性程序中获取的证据，因此审计的有效性下降。对于注册会计师而言，信赖过度风险更容易导致注册会计师发表不恰当的审计意见，因而更应予以关注。相反，信赖不足风险是指推断的控制有效性低于其实际有效性的风险。信赖不足风险与审计的效率有关。当注册会计师评估的控制有效性低于其实际有效性时，评估的重大错报风险水平偏高。为了弥补注册会计师根据评估的控制有效性而对重大错报风险评估的高水平，注册会计师可能会增加不必要的实质性程序。在这种情况下，审计效率可能降低。

在实施细节测试时，注册会计师也要关注两类抽样风险：误受风险和误拒风险。误受风险是指注册会计师推断某一重大错报不存在而实际上存在的风险。如果账面金额实际上存在重大错报而注册会计师认为其没有存在重大错报，通常会停止对该账面金额继续进行测试，并根据样本结果得出账面金额无重大错报的结论。与信赖过度风险类似，误受风险影响审计效果，容易导致注册会计师发表不恰当的审计意见，因此注册会计师更应予以关注。误拒风险是指注册会计师推断某一重大错报存在而实际上不存在的风险。与信赖不足风险类似，误拒风险影响审计效率。如果账面金额不存在重大错报而注册会计师认为其存在重大错报，就会扩大细节测试的范围并考虑获取其他审计证据，虽然最终也会得出恰当的结论，但在这种情况下，审计效率可能降低。

抽样风险类型如图 9-3 所示。

（二）非抽样风险

1. 非抽样风险的含义

非抽样风险是指注册会计师由于任何与抽样风险无关的原因而得出错误结论的风险。非抽样风险包括审计风险中不是由抽样所导致的所有风险。注册会计师即使对某类交易或账户余额的所有项目实施某种审计程序，也可能仍未能发现重大错报或控制失效。

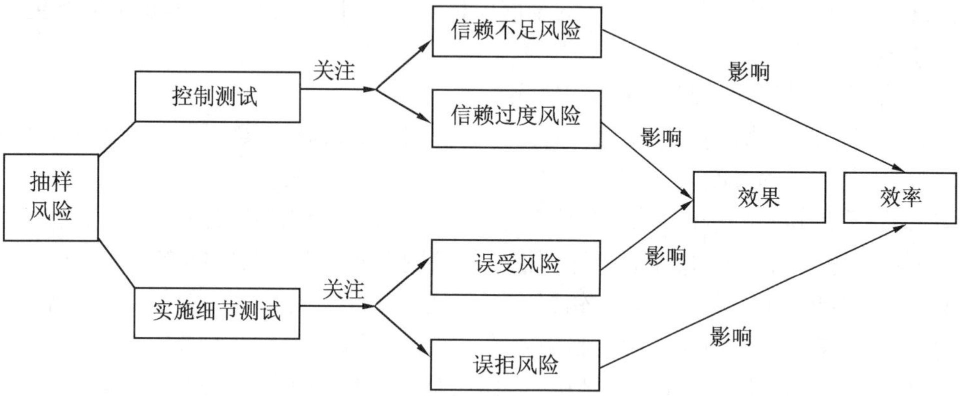

图 9-3　抽样风险类型

2. 可能导致非抽样风险的原因

注册会计师采用不适当的审计程序,或者误解审计证据而没有发现误差等,均可能导致非抽样风险。在审计过程中,可能导致非抽样风险的原因包括下列情况:

① 注册会计师选择的总体不适合于测试目标。

② 注册会计师未能适当地定义控制偏差或错报,导致未能发现样本中存在的偏差或错报。

③ 注册会计师选择了不适用于实现特定目标的审计程序。例如,注册会计师依赖应收账款函证来揭露未入账的应收账款。

④ 注册会计师未能适当地评价审计发现的情况。例如,注册会计师错误解读审计证据导致没有发现误差,或对所发现误差的重要性的判断有误,从而忽略了性质十分重要的误差,也可能导致得出不恰当的结论。

⑤ 其他原因。

(三)抽样风险与非抽样风险的控制

无论是控制测试还是细节测试,注册会计师都可以通过扩大样本规模降低抽样风险,通过对业务的指导、监督与复核降低非抽样风险。

为了将审计风险降至可接受的低水平,注册会计师应当从抽样风险和非抽样风险两个方面进行控制。只要使用了审计抽样,抽样风险就总会存在。在使用统计抽样时,注册会计师可以准确地计量和控制抽样风险。在使用非统计抽样时,注册会计师无法量化抽样风险,只能根据职业判断对其进行定性的评价和控制。对特定样本而言,抽样风险与样本规模反方向变动:样本规模越小,抽样风险越大;样本规模越大,抽样风险越小。既然抽样风险只与被检查项目的数量有关,那么控制抽样风险的唯一途径就是控制样本规模。无论是控制测试还是细节测试,注册会计师都可以通过扩大样本规模降低抽样风险。如果对总体中的所有项目都实施检查,就不存在抽样风险,此时审计风险完全由非抽样风险产生。

非抽样风险是由人为错误造成的,因而可以降低、消除或防范。虽然在任何一种抽样方法中注册会计师都不能量化非抽样风险,但通过采取适当的质量控制政策和程序,对审计工作进行适当的指导、监督与复核,以及对注册会计师实务的适当改进,可以将非抽样风险降至可以接受的水平。注册会计师也可以通过仔细设计审计程序尽量降低非抽样风险。如果可以从两种审计程序中加以选择,且两种程序均以大致相同的成本提供相同程度的保证,注册会计师应选择非抽样风险水平较低的程序。

（四）审计风险

在获取审计证据时，注册会计师应当运用职业判断，评估重大错报风险，并设计进一步审计程序，以确保将审计风险降至可接受的低水平。审计风险取决于重大错报风险和检查风险。抽样风险和非抽样风险可能影响重大错报风险的评估和检查风险的确定。

在控制测试中，当总体实际偏差率非常高时，如果注册会计师实施了不适当的审计程序而未能发现样本中的错误，重大错报风险评估水平就会受到非抽样风险的影响；如果注册会计师实施了适当的审计程序而在样本中未发现偏差或仅发现少量偏差，并作出控制运行有效的结论，重大错报风险评估水平则会受到抽样风险的影响。

在细节测试中，如果注册会计师实施了不适当的审计程序而得出错误的结论，检查风险水平就会受到非抽样风险的影响；如果总体实际错报高于可容忍错报，注册会计师在细节测试的样本中只发现了很小的错报，导致得出错误的结论，检查风险水平就会受到抽样风险的影响。

四、选取测试项目以获取审计证据

（一）选取测试项目时所使用的方法

在设计审计程序时，注册会计师应当确定选取测试项目的适当方法。注册会计师可以使用的方法，包括选取全部项目、选取特定项目和审计抽样。注册会计师可以根据具体情况，单独或综合使用选取测试项目的方法，但所使用的方法应当能够有效地提供充分、适当的审计证据，以实现审计程序的目标。在确定适当的选取测试项目的方法时，注册会计师应当考虑与所测试认定有关的重大错报风险和审计效率。

1. 选取全部项目

当存在下列情形之一时，注册会计师应当考虑选取全部项目进行测试：

（1）总体由少量的大额项目构成。某类交易或账户余额中的所有项目的单个金额都较大时，注册会计师可能需要测试所有项目。

（2）存在特别风险且其他方法未提供充分、适当的审计证据。某类交易或账户余额中所有项目可能单个金额不大但存在特别风险，则注册会计师也可能需要测试所有项目。

存在特别风险的项目主要包括：① 管理层高度参与的，或错报可能性较大的交易事项或账户余额；② 非常规的交易事项或账户余额，特别是与关联方有关的交易或余额；③ 长期不变的账户余额，如滞销的存货余额或账龄较长的应收账款余额；④ 可疑的或非正常的项目，或明显不规范的项目；⑤ 以前发生过错误的项目；⑥ 期末人为调整的项目；⑦ 其他存在特别风险的项目。

（3）由于信息系统自动执行的计算或其他程序具有重复性，对全部项目进行检查符合成本效益原则。注册会计师可运用计算机辅助审计技术选取全部项目进行测试。

对全部项目进行检查，通常更适用于细节测试，而不适合控制测试。实施细节测试时，在某些情况下，基于重要性水平或风险的考虑，注册会计师可能认为需要测试总体中的全部项目。例如，在截止性测试中，注册会计师通常对截止日前后一段时期的所有交易进行检查。总体可以包括构成某类交易或账户余额的所有项目，也可以是其中的一层，同一层中的项目具有某一共同特征。

2. 选取特定项目

(1) 可能选取的特定项目

根据对被审计单位的了解、评估的重大错报风险及所测试总体的特征等,注册会计师可以确定从总体中选取特定项目进行测试。选取的特定项目可能包括:① 大额或关键项目;② 超过某一金额的全部项目;③ 被用于获取某些信息的项目;④ 被用于测试控制活动的项目。

(2) 选取特定项目的方法

选取特定项目时,注册会计师只对审计对象总体中的部分项目进行测试。选取特定项目的方法包括:① 注册会计师通常按照覆盖率或风险因素选取测试项目,或将这两种方法结合使用。按照覆盖率选取测试项目是指选取数量较少、金额较大的项目进行测试,从而使测试项目的金额占审计对象总体金额很大的百分比。例如,如果 8 个金额较大的项目占审计对象总体金额的 85%,则通过测试这 8 个项目就可对审计对象总体的存在性和准确性获得较高程度保证。注册会计师也可以决定抽取超过某一设定金额的所有项目,从而验证某类交易或账户余额的大部分金额。② 按照风险因素选取测试项目是指选取那些具有某种较高风险特征的项目进行测试。例如,可疑的项目、异常的项目、特别具有风险倾向的项目,或者以前发生过错误的项目等。③ 注册会计师还可能选择某些项目进行检查,以获取与被审计单位的性质、交易的性质及内部控制等事项有关的信息,或确定某一控制活动是否得到执行。对这些项目进行测试实际上属于风险评估程序,主要是为了提供与被审计单位及其环境有关的信息。

(3) 选取特定项目与非抽样风险

根据判断选取特定项目,容易产生非抽样风险。注册会计师应当根据审计程序的目的仔细选择特定项目,并通过对过程的指导、监督与复核降低非抽样风险。

(4) 选取特定项目与审计抽样

① 选取特定项目实施检查并不构成审计抽样。选取特定项目实施检查,通常是获取审计证据的有效手段,但并不构成审计抽样。对按照这种方法所选取的项目实施审计程序的结果,不能推断至整个总体。虽然选取特定项目也是对某类交易或账户余额中低于百分之百的项目实施审计程序,但与审计抽样不同的是,并非所有抽样单元都有被选取的机会。不符合注册会计师选择标准的项目将没有机会被选取。因为选取的特定项目不能代表总体或某一子总体中全部项目的特征。因此,与审计抽样不同,选取特定项目进行测试不能根据所测试项目中发现的误差推断审计对象总体的误差。

② 对剩余项目的审计。当总体的剩余部分重大时,注册会计师应当考虑是否需要针对该剩余部分获取充分、适当的审计证据。在某类交易或账户余额中选取特定项目时,注册会计师实际上将该类交易或账户余额分成了两组,即被选取的项目和剩余项目。对被选取的项目,注册会计师对其进行百分之百测试。对于剩余的项目,注册会计师则考虑是否需要针对其获取充分、适当的审计证据。如果认为剩余项目总体不重要,注册会计师可能认为没有必要进行测试,因而不对其实施任何审计程序;否则,注册会计师通常对剩余项目实施审计程序,包括实施分析程序和细节测试。如果注册会计师实施分析程序后,认为已经获取了与之相关的充分的审计证据,可以不进行细节测试;而如果注册会计师实施分析程序后,认为

仍需通过审计抽样获取与剩余项目有关的额外证据,则应当进行审计抽样。在决定对剩余项目实施审计抽样时,抽样总体就是审计对象总体的全部项目扣除已选取的特定项目后的剩余项目。例如,在测试应收账款的账面余额时,注册会计师可能首先将金额超过10 000元的明细账余额作为特定项目选出,然后对金额不足1 000元的明细账余额实施分析程序。对金额在1 000元至10 000元之间的其余明细账余额,注册会计师可能决定对其运用审计抽样,但决定分成两个较小的抽样总体。在这种情况下,每一抽样总体由所有应收账款明细账项目扣除选取的特定项目(超过10 000元的明细账余额)、仅实施分析程序的项目(不足1 000元的明细账余额),以及扣除另一抽样总体所包含的项目以后的剩余项目组成。

对剩余项目的审计如图9-4所示。

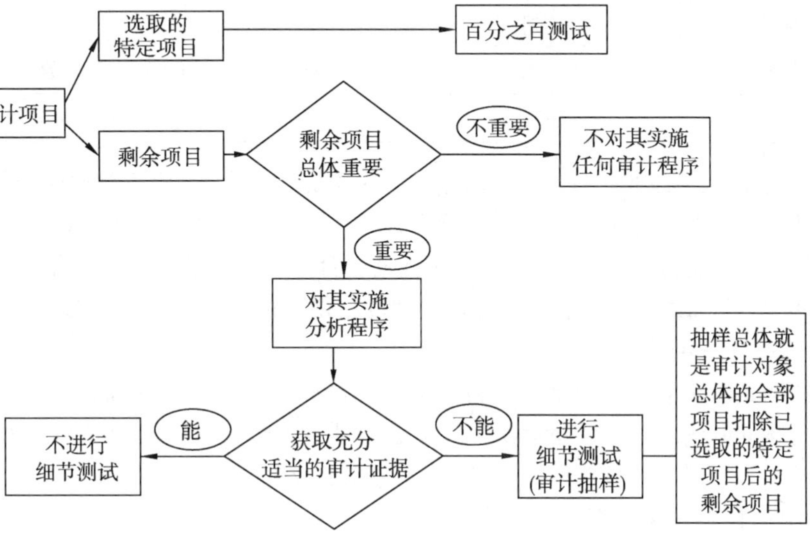

图9-4 对剩余项目的审计

3. 审计抽样

(1) 审计抽样的适用性

如果注册会计师对于需要测试的账户余额或交易事项缺乏特别的了解,在这种情况下,审计抽样就比较有用。另外,当总体中项目数量太大而导致无法逐项审查,或者虽能逐项审查但需耗费大量成本时,注册会计师也可能使用审计抽样方法。

(2) 审计抽样的特征

如果注册会计师决定对账户余额或交易事项进行审计抽样,应当考虑是否符合审计抽样的3个基本特征:① 对某类交易或账户余额中低于百分之百的项目实施审计程序;② 所有抽样单元都有被选取的机会;③ 审计测试的目的是为了评价该账户余额或交易类型的某一特征。

(3) 统计抽样与非统计抽样

在对某类交易或账户余额使用审计抽样时,注册会计师可以使用统计抽样方法,也可以使用非统计抽样方法。

统计抽样是以概率论和数理统计为理论基础,将数理统计与审计工作相结合而产生的一种审计抽样方法。统计抽样应同时具备两个特征:① 随机选取样本项目;② 运用概率论评价样本结果,包括计量抽样风险。

属性抽样和变量抽样是统计抽样在审计工作中的具体应用。属性抽样是一种对总体中某一事件发生率得出结论的统计抽样方法。属性抽样在审计中最常见的用途是测试某一设定控制的偏差率,以支持注册会计师评估的控制有效性和重大错报风险。在属性抽样中,设定控制的每一次发生或偏离都被赋予同样的权重,而不管交易的金额大小。变量抽样是一种用来对总体金额得出结论的统计抽样方法。变量抽样在审计中的主要用途是在实质性测试时用于细节测试,以确定记录金额是否合理。属性抽样和变量抽样的主要区别如表9-1所示。

表 9-1　属性抽样和变量抽样的主要区别

统计抽样技术	测试种类	目标
属性抽样	控制测试	估计总体既定控制的偏差率(次数)
变量抽样	细节测试	估计总体金额或者总体中的错误金额

不同时具备统计抽样两个特征的抽样方法为非统计抽样,包括任意抽样和判断抽样。

任意抽样是注册会计师在对总体进行审查时,随意地抽取样本,并以此推断全部审计总体的方法。其优点是抽样简单方便,缺点是注册会计师在运用这种方法抽取样本时,没有考虑合适的样本容量,没有考虑样本的代表性,所以,得出的审计结论往往缺乏正确性和科学性,在实际工作中一般不会使用。

判断抽样是注册会计师完全根据自己的实际经验和判断能力来抽取样本,并以此推断全部审计总体的方法。审计质量取决于注册会计师自己的实际经验与判断能力。如果注册会计师的经验丰富,判断也准确,那么,审计工作将能收到事半功倍之效。但是,判断抽样避免不了主观性,样本容量也难以科学地确定。

需要注意的是,即使注册会计师严格按照随机原则选取样本,如果没有对样本结果进行统计评估,就不能认为使用了统计抽样。同样,基于非随机选样的统计评估也是无效的。

统计抽样与非统计抽样的区别如表 9-2 所示。

表 9-2　统计抽样与非统计抽样的区别

审计抽样种类 对比项目	统计抽样	非统计抽样
样本规模的确定	运用模型并明确承认相关因素	运用判断并且不明确承认相关因素
样本选取	随机选取	判断选取
评价样本结果	运用统计法则和职业判断	运用职业判断

(二)三种选取测试项目的方法之间的逻辑关系

选取全部项目、选取特定项目和审计抽样这三种选取测试项目的方法之间的逻辑关系如图 9-5 所示。

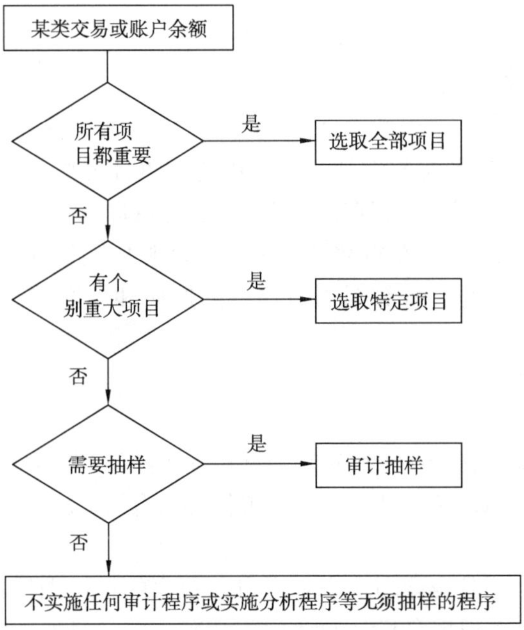

图 9-5 选取测试项目的方法之逻辑关系图

五、统计抽样与非统计抽样方法的使用

(一)统计抽样与非统计抽样方法的选择

注册会计师应当根据具体情况并运用职业判断,确定使用统计抽样或非统计抽样方法,以最有效地获取审计证据。例如,在控制测试中,与仅仅对偏差的发生进行定量分析相比,对偏差的性质和原因进行定性分析通常更为重要。在这种情况下,使用非统计抽样可能更为适当。

注册会计师在统计抽样与非统计抽样方法之间进行选择时主要考虑成本效益。统计抽样的优点在于能够客观地计量抽样风险,并通过调整样本规模精确地控制风险,这是与非统计抽样最重要的区别。另外,统计抽样还有助于注册会计师高效地设计样本,计量所获取证据的充分性,以及定量评价样本结果。但统计抽样又可能发生额外的成本。首先,统计抽样需要特殊的专业技能,因此使用统计抽样需要增加额外的支出培训注册会计师。其次,统计抽样要求单个样本项目符合统计要求,这些也可能需要支出额外的费用。非统计抽样如果设计适当,也能提供与设计适当的统计抽样方法同样有效的结果。注册会计师使用非统计抽样时,必须考虑抽样风险并将其降至可接受水平,但不能精确地测定出抽样风险。

(二)有效计量抽样风险的条件

如果注册会计师采用的方法不符合统计抽样的定义,而只使用了统计方法的部分要素,则不能有效计量抽样风险。只有当采用的方法符合统计抽样的所有特征时,对抽样风险的统计评价才是有效的。

不管统计抽样还是非统计抽样,两种方法都要求注册会计师在设计、实施抽样和评价样本时运用职业判断。另外,使用的抽样方法通常也不影响对选取的样本项目实施的审计程序。

六、审计抽样的基本步骤

注册会计师在控制测试和实质性细节测试中使用审计抽样方法,要分为3个阶段7个步骤进行:第一阶段是样本设计阶段,旨在根据测试的目标和抽样总体,制订选取样本的计划;第二阶段是选取样本阶段,旨在按照适当的方法从相应的抽样总体中选取所需的样本;第三阶段是评价样本结果阶段,旨在根据对误差的性质和原因的分析,将样本结果推至总体,形成对总体的结论。

7个步骤分别阐述如下:

(一)样本设计

注册会计师运用审计抽样方法时,根据测试目标的需要,围绕样本的性质、样本量、抽样组织方式、抽样工作质量等要求所进行的计划工作,称为样本设计。

1. 确定测试目标

在设计审计样本时,注册会计师应当考虑审计程序的目标和抽样总体的属性。首先应考虑拟实现的具体目标,并根据目标和总体的特点确定能够最好地实现该目标的审计程序组合,以及如何在实施审计程序时运用审计抽样。注册会计师实施审计程序的目标就是确定相关认定是否存在重大错报。例如,通过在账户余额中选取项目进行测试,可以检查出那些虚构项目、余额中不应包含的项目(分类错误的项目)及估价错误的项目。

2. 定义总体

注册会计师应当根据所获取的审计证据的性质,以及与该审计证据相关的可能的误差情况或其他特征,界定误差构成条件和抽样总体。在实施抽样之前,必须仔细定义总体,确定抽样总体的范围。

(1) 定义总体

总体可以包括构成某类交易或账户余额的所有项目,也可以只包括某类交易或账户余额中的部分项目。例如,如果应收账款中没有个别重大项目,注册会计师直接对应收账款账面余额进行抽样,则总体包括构成应收账款期末余额的所有项目。如果注册会计师已使用选取特定项目的方法将应收账款中的个别重大项目挑选出来单独测试,只对剩余的应收账款余额进行抽样,则总体只包括构成应收账款期末余额的部分项目。

(2) 总体应具备的特征

注册会计师应当确保总体的适当性和完整性。注册会计师所定义的总体应具备下列两个特征:

① 适当性。注册会计师应确定总体适合于特定的审计目标,包括适合于测试的方向。例如,在控制测试中,如果要测试用以保证所有发运商品都已开单的控制是否有效运行,注册会计师从已开单的项目中抽取样本不能发现误差,因为该总体不包含那些已发运但未开单的项目。为发现这种误差,将所有已发运的项目作为总体通常比较适当。又如,在细节测试中,如果注册会计师的目标是测试应付账款的高估,总体可以定义为应付账款清单。但在测试应付账款的低估时,总体就不是应付账款清单,而是后来支付的证明、未付款的发票、供货商的对账单、没有销售发票对应的收货报告,或能提供低估应付账款的审计证据的其他

总体。

② 完整性。注册会计师应当从总体项目内容和涉及时间等方面确定总体的完整性。例如,如果注册会计师从档案中选取付款证明,除非确信所有的付款证明都已归档,否则注册会计师不能对该期间的所有付款证明作出结论。又如,如果注册会计师对某一控制活动在财务报告期间是否有效运行作出结论,总体应包括来自整个报告期间的所有相关项目。注册会计师也可采用其他方法,如对总体进行分层,然后只对一年中前10个月的控制活动使用审计抽样作出结论,对剩余的两个月则使用替代审计程序或单独选取样本。

(3) 从代表总体的实物中选取样本项目的方法

注册会计师通常从代表总体的实物中选取样本项目。例如,如果注册会计师将总体定义为特定日期的所有应收账款余额,代表总体的实物就是打印的该日客户应收账款余额明细表。又如,如果总体是某一测试期间的销售收入,代表总体的实物就可能是记录在销售日记账中的销售交易,也可能是销售发票。由于注册会计师实际上是从该实物中选取样本,所有根据样本得出的结论只与该实物有关。如果代表总体的实物和总体不一致,注册会计师可能对总体作出错误的结论。因此,注册会计师必须详细了解代表总体的实物,确定代表总体的实物是否包括整个总体。注册会计师通常通过加总或计算来完成这一工作。例如,注册会计师可将发票金额总数与已记入总账的销售收入金额总数进行核对。如果注册会计师将选择的实物和总体比较之后,认为代表总体的实物遗漏了应包含在最终评价中的总体项目,则应选择新的实物,或对被排除在实物之外的项目实施替代程序。

如果在实施审计程序时使用被审计单位信息系统生成的信息,注册会计师应当获取与该信息的准确性和完整性有关的审计证据。

在实施审计抽样时,注册会计师应当实施相应的审计程序,以确保实施审计抽样所依据的全部信息足够完整和准确。

(4) 分层

如果总体项目存在重大的变异性,注册会计师应当考虑分层。分层是指将总体划分为多个子总体的过程,每个子总体由一组具有相同特征(通常为货币金额)的抽样单元组成。分层可以降低每一层中项目的变异性,从而在抽样风险没有成比例增加的前提下减小样本规模。注册会计师可以考虑将总体分为若干个离散的具有识别特征的子总体(层),以提高审计效率。注册会计师应当仔细界定子总体,以使每一抽样单元只能属于一个层。

分层时,必须注意以下几点:第一,总体中的每一抽样单位必须属于一个层次,并且只属于这一层次;第二,必须有事先能够确定的、有形的、具体的差别来明确区分不同的层次;第三,必须能够事先确定每一层次中抽样单位的准确数字(数量或金额)。

当实施细节测试时,注册会计师通常按照货币金额对某类交易或账户余额进行分层,以将更多的审计资源投入到大额项目中。例如,在对被审计单位的财务报表进行审计时,为了函证应收账款,注册会计师可以将应收账款账户按其金额大小分为三层,即账户金额在10 000元以上的,账户金额为5 000 ~ 10 000 元的,账户金额在5 000 元以下的。然后,根据各层的重要性分别采取不同的选样方法。对于金额在10 000 元以上的应收账款账户,应进行全部函证;对于金额在5 000 ~ 10 000 元及5 000 元以下的应收账款账户,则可采用适当的选样方法选取进行函证的样本。有时,注册会计师也可以按照显示较高误差风险的某一特定特征对总体进行分层。例如,在测试应收账款坏账准备时,余额可以根据账龄分层。

对某一层中的样本项目实施审计程序的结果,只能用于推断构成该层的项目。如果对整个总体作出结论,注册会计师应当考虑与构成整个总体的其他层有关的重大错报风险。例如,在对某一账户余额进行测试时,占总体数量20%的项目,其金额可能占该账户余额的90%。注册会计师只能根据该样本的结果推断至上述90%的金额。对于剩余10%的金额,可以抽取另一个样本或使用其他获取审计证据的方法单独作出结论,或者认为其不重要而不实施审计程序。

3. 定义抽样单元

在实施细节测试时,特别是测试高估时,将构成某类交易或账户余额的每一货币单位(如人民币元)作为抽样单元,通常效率很高。注册会计师通常从总体中选取特定货币单位,然后检查包含这些货币单位的特定项目。使用这种方法定义抽样单元时,大额项目因被选取的机会更大而获得更多的审计资源,且样本规模降低。这种方法可以与系统选样方法结合使用,且在使用计算机辅助审计技术选取项目时效率最高。这种选择方法被称为金额加权选样(或货币单位选样、PPS选样等)。

但是,对抽样单元的定义过于宽泛可能导致缺乏效率。例如,如果注册会计师测试对发票价格的控制,且每张发票最多包括十个项目,注册会计师可以将抽样单元定义为每张发票或发票中的一行。如果注册会计师将发票作为抽样单元,就必须对发票上的所有项目进行测试。如果注册会计师将发票上的每一行作为抽样单元,则只需对被选取的行所代表的项目进行测试。如果定义抽样单元的两种方法都适合于测试目标,将每一行的项目作为抽样单元可能效率更高。

4. 定义误差构成条件

(1)定义误差构成条件的重要性

注册会计师必须事先准确定义构成误差的条件,否则执行审计程序时就没有识别误差的标准。在定义误差构成条件时,注册会计师应考虑审计程序的目标。

(2)控制测试中误差的含义

在控制测试中,误差是指控制偏差。注册会计师应仔细定义所要测试的控制及可能出现偏差的情况。注册会计师应根据对内部控制的理解,确定哪些特征能够显示被测试控制的运行情况,然后据此定义误差构成条件。在评估控制运行的有效性时,注册会计师应当考虑其认为必要的所有环节。例如,设定的控制要求每笔支付都应附有发票、收据、验收报告和订货单等证明文件,且均盖上"已付"戳记。注册会计师认为盖上"已付"戳记的发票和验收报告足以显示控制的适当运行。在这种情况下,误差可能被定义为缺乏盖有"已付"戳记的发票和验收报告等证明文件的款项支付。

(3)细节测试中误差的含义

在细节测试中,误差是指错报,注册会计师要确定什么构成错报。例如,在对应收账款存在性的细节测试中(如函证),客户在函证日之前支付、被审计单位在函证日之后不久收到的款项不构成误差。而且,被审计单位在不同客户之间误登明细账也不影响应收账款账户的总额。即使在不同客户之间误登明细账可能对审计的其他方面(如对舞弊的可能性或坏账准备的适当性的评估)产生重要影响,注册会计师在评价应收账款函证程序的样本结果时也不宜将其判定为误差。

（二）样本规模

1. 确定样本规模的重要性

从本质上讲，样本设计解决了什么是样本及样本的特征问题，样本规模解决的是从总体中选取样本项目的数量问题。在确定样本规模时，注册会计师应当考虑能否将抽样风险降至可接受的低水平。

在审计抽样中，如果样本规模过小，就不能反映出总体的特征，注册会计师就无法获取充分的审计证据，其审计结论的可靠性就会大打折扣，甚至可能得出错误的审计结论；相反，如果样本规模过大，则会增加审计工作量，造成不必要的时间和人力的浪费，降低审计效率，失去审计抽样的意义。

2. 影响样本规模的因素

样本规模的确定会受到以下几种因素的影响，且在控制测试和细节测试中有所不同。

（1）可接受的抽样风险

样本规模受注册会计师可接受的抽样风险水平的影响，可接受的抽样风险水平越低，需要的样本规模越大。

在控制测试中，注册会计师主要关注抽样风险中的信赖过度风险。可接受的信赖过度风险与样本规模成反比。注册会计师愿意接受的信赖过度风险越低，样本规模通常越大。注册会计师愿意接受的信赖过度风险越高，样本规模越小。控制测试中选取的样本旨在提供关于控制运行有效性的证据。由于控制测试是控制是否有效运行的主要证据来源，因此，可接受的信赖过度风险应确定在相对较低的水平上。通常，相对较低的水平在数量上是指5%～10%的信赖过度风险。在实务中，一般的测试是将信赖过度风险确定为10%。

在细节测试中，注册会计师主要关注抽样风险中的误受风险。在细节测试中，误受风险就是测试中的检查风险。根据审计风险模型，注册会计师应恰当地评估重大错报风险，并确定检查风险，以将某类交易或账户余额的审计风险控制在适当的水平。因而，在确定可接受的误受风险水平时，注册会计师需要考虑愿意接受的审计风险水平、评估的重大错报风险水平和针对同一审计目标（财务报表认定）的其他实质性程序的检查风险，包括分析程序等因素。

对于特定的账户余额或某类交易，审计风险是指与该余额或交易有关的认定中存在大于可容忍错报的金额错报，而注册会计师审计后没有发现的风险。注册会计师应在考虑财务报表重大错报风险、降低风险所需的成本、潜在错报对使用和理解财务报表的影响等因素的基础上，运用职业判断，确定特定账户余额或交易类型及相关认定的可接受审计风险水平。在实务中，相对较低的审计风险水平为5%～10%。

确定可接受的审计风险之后，注册会计师应当针对该余额或交易的有关认定评估重大错报风险水平，并根据既定的审计风险水平和评估的认定层次重大错报风险水平确定可接受的检查风险水平。如果在评估认定层次重大错报风险时，预期控制的运行是有效的，注册会计师应当实施控制测试，以证实预期的控制有效性。如果控制测试的结果支持评估的控制有效性，从而支持较低的重大错报风险评估水平，注册会计师可接受的检查风险水平相应较高。在针对同一认定的其他实质性程序的检查风险既定时，该类交易或账户余额的可接受误受风险就较高，从而所需的样本规模较小。相反，如果控制测试的结果不支持预期的控制有效性，注册会计师应当提高评估的重大错报风险水平，可接受的检查风险随之降低。在针对同一认定的其他实质性程序的检查风险既定时，该类交易或账户余额的可接受误受风险降低，从而所需的样本规模增加。

对特定的余额或交易而言，控制测试的结果会对注册会计师评估的重大错报风险水平产生影响，进而影响到细节测试中的误受风险，并进一步影响细节测试中的样本规模，即影响细节测试的范围。如果注册会计师认为内部控制有效，评估的重大错报风险水平较低，在控制测试中就需要更大的样本规模。如果控制测试的结果证明控制确实有效，评估的重大错报风险仍可以保持较低水平。这就使注册会计师可以提高可接受的误受风险（通过运用审计风险模型），从而能在相关的细节测试中选用较少的样本。表 9-3 列示了控制测试的结果与细节测试范围之间的定性关系。

另外，需要从特定的细节测试中获取证据的程度也取决于针对某认定实施的其他实质性程序不能发现该认定重大错报的风险。

表 9-3　控制测试对细节测试样本规模的影响

控制测试的结果	重大错报风险评估水平	可接受误受风险	细节测试的样本规模
内部控制有效性较高	较低	较高	较小
内部控制有效性较低	较高	较低	较大

总之，注册会计师评估的重大错报风险水平连同对实质性程序的依赖，应能为其审计意见提供合理的基础。注册会计师评估的控制有效性越高，评估的重大错报风险水平越低，对指向同一审计目标的其他实质性程序的依赖程度越高，拟实施的实质性细节测试的可接受误受风险就越高，因此该实质性细节测试所需的样本规模就越小。例如，对于应收账款账户，如果注册会计师将与特定认定有关的控制的运行有效性评估为低，重大错报风险评估为高，且没有实施其他实质性程序以实现同一目标，在实质性细节测试中就只能接受很低的误受风险。此时，注册会计师确定的样本规模大于可接受误受风险较高时的样本规模。

（2）可容忍误差

可容忍误差是指注册会计师能够容忍的最大误差。在其他因素既定的条件下，可容忍误差越大，所需的样本规模越小。

在控制测试中，可容忍误差是指可容忍偏差率。可容忍偏差率是指注册会计师设定的偏离规定的内部控制程序的比率，注册会计师试图对总体中的实际偏差率不超过该比率以获取适当水平的保证。在确定可容忍偏差率时，注册会计师应考虑计划评估的控制有效性。计划评估的控制有效性越低，注册会计师确定的可容忍偏差率通常越高，所需的样本规模就越小。一个很高的可容忍偏差率通常意味着，控制的运行不会大大降低相关实质性测试的程度。在这种情况下，由于注册会计师预期控制运行的有效性很低，特定的控制测试可能不需进行。反之，如果注册会计师在评估认定层次重大错报风险时预期控制的运行是有效的，注册会计师必须实施控制测试。换言之，注册会计师在风险评估时越依赖控制运行的有效性，确定的可容忍偏差率越低，进行控制测试的范围就越大，因而样本规模增加。

在审计实务中，注册会计师通常认为，当偏差率为 3% ~7% 时，控制有效性的估计水平较高；可容忍偏差率最高为 20%，偏差率超过 20% 时，由于估计控制运行无效，注册会计师不需进行控制测试。当估计控制运行有效时，如果注册会计师确定的可容忍偏差率较高就被认为不恰当。表 9-4 列示了可容忍偏差率与计划评估的控制有效性之间的关系。

表 9-4 可容忍偏差率和计划评估的控制有效性之间的关系

计划评估的控制有效性	可容忍偏差率(近似值,%)
高	3~7
中	6~12
低	11~20
最低	不进行控制测试

在细节测试中,可容忍误差是指可容忍错报。可容忍错报,是注册会计师设定的金额,注册会计师试图对总体中的实际错报不超过该货币金额获取适当水平的保证。可容忍错报的确定以注册会计师对财务报表整体重要性水平的初步评估为基础。某账户的可容忍错报实际上就是该账户的重要性水平。它是该账户的错报与其他账户的错报汇总起来不会引起财务报表整体重大错报的最大金额。对特定的账户而言,当抽样风险一定时,如果注册会计师确定的可容忍错报降低,所需的样本规模就增加。

在审计实务中,注册会计师通常需要对其所确定的各类交易、账户余额、列报认定层次的可容忍错报加以调整,才能得出进行审计抽样的账户的可容忍错报。可容忍错报计算如下:

可容忍错报 = 计划的可容忍错报 - 未更正的已知错报 - 可能的错报

例如,应收账款年末余额为 2 000 万元,共有 250 个明细账户。注册会计师对应收账款账户确定的重要性水平为 20 万元。注册会计师首先挑出 5 个金额在 10 万以上的明细账账户进行单独测试,发现 5 万元的错报。然后将其余 245 个明细账账户分为两部分。一部分由 45 个金额在 1 万元以下的账户组成,注册会计师仅对其使用分析程序,发现有 1 万元的差异无法得到合理解释且不能取得佐证。另一部分就是剩余的 200 个明细账账户,注册会计师对其使用审计抽样。如果百分之百测试的 5 个账户中发现的 5 万元错报没有得到更正,对抽样总体确定的可容忍错报就是 14 万元(20-5-1)。

尽管控制偏差增加了会计记录中的重大错报风险,但偏差的存在并不意味着一定会产生错报。一笔支付可能没有被批准的证据,但却可能得以适当地记录。当控制偏差对金额错报产生影响时,注册会计师应在控制测试中确定较低的可容忍偏差率。因此,在审计实务中,注册会计师在控制测试中确定的可容忍偏差率通常高于细节测试中的可容忍错报率。

(3)预计总体误差

对总体的预计误差率或误差额的评估,有助于设计审计样本和确定样本规模。预计总体误差即注册会计师预期在审计过程中发现的误差。在控制测试中,预计总体误差是指预计总体偏差率。在细节测试中,预计总体误差是指预计总体错报额。预计总体误差越大,可容忍误差也应当越大。例如,在控制测试中,如果预计总体偏差率较高,意味着注册会计师预期的控制运行有效性较低,对该控制的可容忍偏差率就高。当预计总体误差很小时,如果确定的可容忍误差很大就不适当。在既定的可容忍误差下,当预计总体误差增加时,所需的样本规模更大。预计总体误差越接近可容忍误差,注册会计师越需要从样本中得到更精确的信息,以控制总体实际误差超出可容忍误差的风险,因而样本规模越大。

在实施控制测试时，注册会计师通常根据对相关控制的设计和执行情况的了解，或根据从总体中抽取少量项目进行检查的结果，对拟测试总体的预计误差率进行评估。注册会计师可以根据上年测试结果和控制环境等因素对预计总体偏差率进行估计。考虑上年测试结果时，应考虑被审计单位内部控制和人员的变化。在实务中，如果以前年度的审计结果无法取得或认为不可靠，注册会计师可以在抽样总体中选取一个较小的初始样本，以初始样本的偏差率作为预计总体偏差率的估计值。如果预计总体偏差率很高，意味着控制有效性很低，这时注册会计师应考虑不进行控制测试，而实施更多的实质性程序。

在实施细节测试时，注册会计师通常对总体的预计误差额进行评估。注册会计师在运用职业判断确定预计总体错报时，应当考虑被审计单位的经营状况、以前年度对账户余额或交易类型进行测试的结果、初始样本的结果、相关实质性程序的结果及相关控制测试的结果等因素。

（4）总体变异性

总体变异性是指总体的某一特征（如金额）在各项目之间的差异程度。

在控制测试中，注册会计师在确定样本规模时一般不考虑总体变异性。在细节测试中，注册会计师确定适当的样本规模时要考虑特征的变异性。总体项目的变异性越低，通常样本规模越小。注册会计师可以通过分层，将总体分为相对同质的组，以尽可能降低每一组中变异性的影响，从而减小样本规模。未分层总体具有高度变异性，样本规模通常很大。最有效率的方法是根据预期会降低变异性的总体项目特征进行分层。

在实质性测试中分层的依据通常包括项目的账面金额，与项目处理有关的控制的性质，或与特定项目（如更可能包含错报的那部分总体项目）有关的特殊考虑等。分组后的每一组总体被称为一层，每层分别独立选取样本。

（5）总体规模

除非总体非常小，一般而言总体规模对样本规模的影响几乎为零。注册会计师通常将抽样单元超过5 000个的总体视为大规模总体。对大规模总体而言，总体的实际容量对样本规模几乎没有影响。对小规模总体而言，审计抽样比其他选择测试项目方法效率低。

表9-5列示了审计抽样中影响样本规模的因素，并分别说明了这些影响因素在控制测试和细节测试中的表现形式。

表9-5　影响样本规模的因素

影响因素	控制测试	细节测试	与样本规模的关系
可接受的抽样风险	可接受的信赖过度风险	可接受的误受风险	反向变动
可容忍误差	可容忍偏差率	可容忍错报	反向变动
预计总体误差	预计总体偏差率	预计总体错报	同向变动
总体变异性	—	总体变异性	同向变动
总体规模	总体规模	总体规模	影响很小

表9-6列示了控制测试中影响样本规模的因素。

表 9-6 控制测试中影响样本规模的因素

影响因素	影响因素的程度	
	较大的样本量	较小的样本量
可接受信赖过度风险	较低	较高
计划评估的控制有效性	较高	较低
可容忍偏差率	较低	较高
预计总体偏差率	较高	较低
抽样总体规模	可以忽略(除非总体规模很小)	可以忽略(除非总体规模很小)

表 9-7 列示了细节测试中影响样本规模的因素。

表 9-7 细节测试中影响样本规模的因素

影响因素的程度 / 对样本规模的影响 / 影响因素	较高(大)	较低(小)	分层适当	不分层
可接受审计风险(可接受误受风险)	较小	较大	—	—
评估的重大错报风险(可接受误受风险)	较大	较小	—	—
针对同一认定使用其他实质性程序(包括分析程序和其他相关细节测试)的风险(可接受误受风险)	较大	较小	—	—
可容忍错报	较小	较大	—	—
预计总体错报(包括大小和比率)	较大	较小	—	—
分层[总体变异性(对总体特征的评估)]	—	—	较小	较大
抽样总体规模	可以忽略(除非总体规模很小)	可以忽略(除非总体规模很小)	—	—

3. 确定样本规模

实际工作中,确定样本量大小的方法主要有 3 种:查表法、公式计算法和经验估计法。注册会计师应根据抽样方法和测试目的与特点,选择不同的方法确定样本量。

(1) 查表法。在控制测试中,如果运用统计抽样方法进行抽样,则需要将影响样本量大小的因素加以量化,然后根据预先制定的样本量表,查表确定样本量。示例见表 9-8。

(2) 公式计算法。在细节测试中,如果运用统计抽样中的均值估计抽样法,则应运用预先推导出的公式,代入量化后影响样本量大小的因素,计算出样本量。具体公式在后面再作介绍。

(3) 经验估计法。在采用非统计抽样法时,注册会计师可以只对影响样本规模的因素进行定性的估计,通常可参照以上两种方法,并结合专业判断和自身经验估计出样本量。

表 9-8　控制测试中统计抽样样本规模——信赖过度风险 5%

（括号内是可接受的偏差数）

预计总体偏差率(%)	可容忍偏差率										
	2%	3%	4%	5%	6%	7%	8%	9%	10%	15%	20%
0.00	149(0)	99(0)	74(0)	59(0)	49(0)	42(0)	36(0)	32(0)	29(0)	19(0)	14(0)
0.25	236(1)	157(1)	117(1)	93(1)	78(1)	66(1)	58(1)	51(1)	46(1)	30(1)	22(1)
0.50	*	157(1)	117(1)	93(1)	78(1)	66(1)	58(1)	51(1)	46(1)	30(1)	22(1)
0.75	*	208(2)	117(1)	93(1)	78(1)	66(1)	58(1)	51(1)	46(1)	30(1)	22(1)
1.00	*	*	156(2)	93(1)	78(1)	66(1)	58(1)	51(1)	46(1)	30(1)	22(1)
1.25	*	*	156(2)	124(2)	78(1)	66(1)	58(1)	51(1)	46(1)	30(1)	22(1)
1.50	*	*	192(3)	124(2)	103(2)	66(1)	58(1)	51(1)	46(1)	30(1)	22(1)
1.75	*	*	227(4)	153(3)	103(2)	88(2)	77(2)	51(1)	46(1)	30(1)	22(1)
2.00	*	*	*	181(4)	127(3)	88(2)	77(2)	68(2)	46(1)	30(1)	22(1)
2.25	*	*	*	208(5)	127(3)	88(2)	77(2)	68(2)	61(2)	30(1)	22(1)
2.50	*	*	*	*	150(4)	109(3)	77(2)	68(2)	61(2)	30(1)	22(1)
2.75	*	*	*	*	173(5)	109(3)	95(3)	68(2)	61(2)	30(1)	22(1)
3.00	*	*	*	*	195(6)	129(4)	95(3)	84(3)	61(2)	30(1)	22(1)
3.25	*	*	*	*	*	148(5)	112(4)	61(2)	30(1)	22(1)	22(1)
3.50	*	*	*	*	*	167(6)	112(4)	76(3)	40(2)	22(1)	22(1)
3.75	*	*	*	*	*	185(7)	129(5)	100(4)	76(3)	40(2)	22(1)
4.00	*	*	*	*	*	*	146(6)	100(4)	89(4)	40(2)	22(1)
5.00	*	*	*	*	*	*	*	158(8)	116(6)	40(2)	30(2)
6.00	*	*	*	*	*	*	*	*	179(11)	50(3)	30(2)
7.00	*	*	*	*	*	*	*	*	*	68(3)	37(3)

注:① 本表假设总体为大总体;

② * 表示样本规模太大,因而在多数情况下不符合成本效益原则。

(三) 选取样本

1. 选取样本的基本要求

注册会计师在选取样本时,应使审计对象总体内所有项目均有被选取的机会,以使样本能够代表总体。只有如此,才能保证由抽样结果推断的总体特征具有合理性、可靠性。如果注册会计师有意识地选择总体中某些具有特殊特征的项目,而放弃其他项目不予考虑,就无法保证所选样本的代表性。注册会计师可以采用统计抽样或非统计抽样方法选取样本,只要运用得当,均可以获取充分、适当的审计证据。

2. 选取样本的方法

(1) 统计抽样下选取样本的方法

统计抽样下选取样本的方法有随机选样、系统选样、整群选样、分层选样和概率比例规模抽样法等。

① 随机选择。随机选择是指对审计对象总体或次级总体的所有项目,通过计算机(或其他方法)编制产生随机数表(见表9-9),按随机规则选取样本的抽样方法。运用随机选择需以总体中的每一项目都有不同编号为前提。采用随机选择方法时,总体中各样本被选择的概率是均等的。随机选择的步骤如下:

首先,对总体项目进行编号,建立总体中的项目与表中数字的一一对应关系。

其次,确定连续选取随机数的方法,即从随机数表中选择一个起点和一个选号路线。随机起点和选号路线可以任意选择,但一经选定就不得改变。

最后,选出所有样本。

现举例说明如何使用随机数表进行随机选择。假定注册会计师对某公司连续编号为500~5000的销售发票进行随机选择,希望选取一组样本量为20的样本。对总体编号为"0500,0501,0502……5000"。选样规则为,注册会计师确定只用随机数表所列数字的前四位数来与发票号码一一对应,选出的号码的前四位应该是大于0500又小于5000的四位数。第一个随机数确定后,第2~20个样本采取从左到右,从上到下的规则选出。注册会计师依据随机原则确定的起抽点为第2行第1列,数字为"06300",该数字的前四位为"0630",符合选样规则,抽出的第1个样本为"0630",其他样本依次为:3265,0897,0741,0903,2867,3791,0941,4243,4843,2179,3815,1770,2216,3723,0550,3748,0543,4597,0927。选出这20个数码后,找出与其对应的20张发票作为选定样本进行审查。

表9-9 随机数表

行＼列	1	2	3	4	5	6	7	8	9	10
1	32044	69037	29655	92114	81034	40582	01584	77184	85762	46505
2	06300	96070	32650	81642	08971	07411	09037	81530	56195	98425
3	82383	94987	66441	28677	95961	78346	37916	09416	42438	48432
4	68310	21792	71635	86089	38157	95620	96718	79554	50209	17705
5	94856	76940	22165	01414	01413	37231	05509	37489	56459	52983
6	95000	61958	83430	98250	70030	05436	74814	45978	09277	13827
7	20764	64638	11359	32556	89822	02713	81293	52970	25080	33555
8	71401	17964	50940	95753	34905	93566	36318	79530	51105	26952
9	38464	75707	16750	61371	01523	69205	32122	03436	14489	02086
10	59442	59247	74955	82835	98378	83513	47870	20795	01352	89906

② 系统选择。系统选择也称为等距选样,是随机选择的一种简化形式,其做法是第一个样本(起抽点)是随机选出的,然后计算选样间隔(选样间隔 = 总体数 ÷ 样本规模),再根据已计算出的选样间隔,顺序选取剩余样本的一种选择方法。接上例,随机抽出的第一样本的号码为"0630",选样间隔为25(500 ÷ 20),其他样本选择规则为在第一个样本的基础上往上递增。其他样本依次为:0655,0680,0705,0730,0755,0780,0805,0830,0855,0880,0905,0930,0955,0980,1005,1030,1055,1080,1105。选出这20个数码后,找出与其对应的20张

发票作为选定样本进行审查。

③ 整群选样。整群抽样是首先将总体中各单位归并成若干个互不交叉、互不重复的集合,称之为群,然后以群为抽样单位抽取样本的一种抽样方式。例如,将全年的收入凭证按星期划分为52个组,从中选出第1,18,22,32,52个星期的收入凭证组成样本。应用整群抽样时,要求各群有较好的代表性,即群内各单位的差异要大,群间差异要小。其优点是实施方便、节省经费,缺点是往往由于不同群之间的差异较大,由此而引起的抽样误差往往大于简单随机抽样。在整群抽样中,如果群是随机选取的,则样本具有代表性,但所要求的有效样本往往会大得不切实际。虽然检查整群项目在某些情况下可能为注册会计师提供有效的审计证据,但在注册会计师必须根据样本推断总体结论时通常并不适用,因此整群抽样通常不宜在审计抽样中使用。

④ 分层选样和概率规模比率选样。在审计中,经常会出现选择样本时侧重于选取记录金额较大的总体项目情况。有两种方法可用于获取这种样本,其一是分层选样法,其二是概率比例规模抽样法。

分层是指将某一审计对象总体划分为若干具有相似特征的子总体的过程。分出的每个层次都要单独进行抽样,但对样本结果可单独评价也可综合评价,以便估计总体特征。需要注意的是,分层选样法并非一种独立的样本选择方法,它必须结合随机选样等方法使用。分层抽样具有优越性,是注册会计师在审计实践中广泛采用的一种方法。

概率比例规模抽样法(Probability Proportion to Size),简称PPS抽样,是指按概率比例抽样,属于概率抽样中的一种。PPS抽样的特点是总体中含量大的部分被抽中的概率也大,可以提高样本的代表性。PPS抽样的主要优点是使用了辅助信息,减少抽样误差。主要缺点是对辅助信息要求较高,方差的估计较复杂等。PPS抽样分为3个步骤:首先,确定初级抽样单位;其次,确定抽取哪些初级抽样单位;最后,在选取的初级抽样单位中选择具体的调查对象等。

(2)非统计抽样下的选取样本的方法

非统计抽样下的选取样本的方法主要有随意选样和判断抽样。

① 随意选样。随意选样也叫任意选样,是指注册会计师不带任何偏见地选取样本,即注册会计师不考虑样本项目的性质、大小、外观、位置或其他特征而选取总体项目。随意选样的主要缺点在于很难完全无偏见地选取样本项目,即这种方法难以彻底排除注册会计师的个人偏好对选取样本的影响,因而很可能使样本失去代表性。由于文化背景和所受训练等的不同,每个注册会计师都可能无意识地带有某种偏好。例如,从发票柜中取发票时,某些注册会计师可能倾向于抽取柜子中间位置的发票,这样就会使柜子上面部分和下面部分的发票缺乏相等的选取机会。因此,在运用随意选样方法时,注册会计师要避免由于项目性质、大小、外观和位置等的不同所引起的偏见,尽量使所选取的样本具有代表性。

② 判断抽样。判断抽样是指注册会计师根据自己对被审计对象的了解,运用职业经验对容易出现错误的样本作出判断,并以此为标准选取样本。由于这一方法带有故意偏见,所以注册会计师运用判断选出的项目对总体来说并不具有代表性,因而对选出项目的结论不应推广到总体。判断抽样虽在实务中得以广泛应用,但注册会计师应当明确,判断抽样应属于选取特定项目的方法,并不适用于审计抽样。

（四）实施审计程序

在选取了样本之后，注册会计师应当针对选取的每个项目，实施适合于具体审计目标的审计程序发现并记录样本中存在的误差。如果选取的项目不适合实施审计程序，注册会计师通常使用替代项目。如果因凭证缺失等原因导致注册会计师无法对所选取的项目实施已设计的审计程序，且不能针对该项目实施适当的替代审计程序，注册会计师通常考虑将该项目视作误差。

（五）误差的性质和原因

注册会计师在对样本实施必要的审计后，需要对视作误差的项目进行分析，以便于推断总体误差，形成审计结论。

1. 对误差进行定性分析的总体要求

对误差进行定性分析的总体要求是：注册会计师应当考虑样本的结果、已识别的所有误差的性质和原因，及其对具体审计目标和审计的其他方面可能产生的影响。无论是统计抽样还是非统计抽样，对样本结果的定性评估和定量评估一样重要。即使样本的统计评价结果在可以接受的范围内，注册会计师也应对样本中的所有误差（包括控制测试中的控制偏差和细节测试中的金额错报）进行定性分析。

2. 对误差进行定性分析的具体考虑

当实施控制测试时，注册会计师应当获取控制在整个拟信赖的期间有效运行的充分、适当的审计证据。当识别出控制的运行存在误差时，注册会计师应当进行专门调查，并考虑下列事项：

（1）已识别的误差对财务报表的直接影响。在控制测试中考虑已识别的误差对财务报表的直接影响时，注册会计师应当注意，控制偏差并不一定导致财务报表中的金额错报。控制偏差虽然增加了金额错报的风险，但两者不是一一对应的关系。如果某项控制偏差更容易导致金额错报，该项控制偏差就更加重要。

（2）内部控制的有效性及其对审计方法的影响。考虑内部控制的有效性及其对审计方法的影响时，注册会计师首先应当分析偏差的性质和原因。包括：是有意的还是无意的？是误解了规定还是粗心大意？是经常发生还是偶然发生？是系统的还是随机的？如果对偏差的分析表明是故意违背了既定的内部控制政策或程序，注册会计师应考虑存在重大舞弊的可能性。与错误相比，舞弊通常要求对其可能产生的影响进行更为广泛的考虑。在上述情况下，注册会计师应当确定实施的控制测试能否提供适当的审计证据，是否需要增加控制测试，或是否需要使用实质性程序应对潜在的错报风险。

3. 具有共同特征的误差

在分析发现的误差时，注册会计师可能注意到许多误差具有共同的特征。在这种情况下，注册会计师应当考虑识别出总体中具有共同特征的全部项目，并将审计程序延伸至所有这些项目。这些误差有可能是故意的，并显示可能存在舞弊。有时，注册会计师发现许多误差具有相同的特征，如交易类型、地点、生产线或时期等。这时注册会计师应考虑，该特征是不是引起误差的原因，是否存在其他尚未发现的具有相同特征的误差。此时，注册会计师应将具有该共同特征的全部项目划分为一层，并对层中的所有项目实施审计程序，以发现潜在的系统误差。同时，注册会计师仍需分析误差的性质和原因，考虑存在舞弊的可能性。

4. 异常误差

如果将某一误差视为异常误差,注册会计师应当实施追加的审计程序,以高度确信该误差对总体误差不具有代表性。追加的审计程序取决于具体情况,但应能为注册会计师提供充分、适当的审计证据,以证明该误差并不影响总体的剩余部分。异常误差是对总体中的错报或偏差明显不具代表性的错报或偏差。异常误差由某一孤立事件引起,该事件只有在特定条件下才会重复发生,因而异常误差对总体误差不具有代表性。例如,被审计单位在被审计期间的某一天发生了计算机崩溃。如果只在这一天发生了计算机崩溃,那么这一天所发生的误差对其余时间不具有代表性。在这种情况下,注册会计师应当检查被审计单位在计算机崩溃的那天发生的交易,评估计算机崩溃对财务报表造成的影响,并考虑崩溃的原因对审计程序和结论的影响。

(六)推断误差

通过对视作误差的项目进行分析,注册会计师可以获得样本误差的信息。为确定对总体相关特征的评估是否得到证实或需要修正,还需要根据样本误差推断总体误差。

1. 在细节测试中推断总体错报

当实施细节测试时,注册会计师应当根据样本中发现的误差金额推断总体误差金额,并考虑推断误差对特定审计目标及审计的其他方面的影响。

在细节测试中,对选出的项目实施审计程序后,可能会发现金额错报。注册会计师应当根据样本中发现的错报推断总体错报。注册会计师使用的抽样方法不同,推断总体错报的方法也不同。在非统计抽样中,可以用来推断总体错报的方法包括比率法和差额法;传统变量抽样主要包括3种具体的方法:均值估计抽样、差额估计抽样和比率估计抽样;在使用PPS抽样时,如果样本中没有发现错报,推断的总体错报就是零。如果样本中发现了错报,注册会计师应计算推断的总体错报。

2. 对异常误差的考虑

在根据样本误差推断总体时,如果将某一误差确定为异常误差,注册会计师首先应当要求被审计单位调整。如果被审计单位对异常误差进行了更正,注册会计师可以不再对其加以考虑。如果被审计单位未对异常误差进行更正,注册会计师先不考虑异常误差,只根据其他非异常误差推断总体误差,然后再将推断的总体误差与异常误差汇总起来与可容忍误差比较。注册会计师也可以先用未更正的异常误差调整可容忍误差,然后再根据其他非异常误差推断总体误差。

3. 对总体分层时的处理

对某一层中的样本项目实施审计程序的结果,只能用于推断构成该层的项目。如果对整个总体作出结论,注册会计师应当考虑与构成整个总体的其他层有关的重大错报风险。如果某类交易或账户余额已经分层,注册会计师应当在每一层分别推断误差。在考虑误差对某类交易或账户余额的总额可能的影响时,注册会计师应当将每个层的推断误差与异常误差汇总起来考虑。

4. 在控制测试中推断总体偏差率

在实施控制测试时,由于样本的误差率就是整个总体的推断误差率(即样本中发现的偏差数量除以样本规模),注册会计师无须推断总体误差率。在控制测试中,无论使用统计抽样或非统计抽样方法,样本偏差率都是注册会计师对总体偏差率的最佳估计,但注册会计师必须考虑抽样风险。

（七）评价样本结果

审计抽样的最后步骤是评价样本结果，得出审计结论，即确定对总体相关特征的评估是否得到证实或需要修正。

1．实施控制测试时对样本结果的评价

在实施控制测试时，如果样本的误差率超出预期，注册会计师应当修正评估的重大错报风险，或获取进一步审计证据支持初始评估结果。注册会计师应当将总体偏差率与可容忍偏差率比较，但必须考虑抽样风险。在统计抽样方式和非统计抽样方式下对样本结果的评价会有所不同。

（1）统计抽样方式下对样本结果的评价

在统计抽样中，注册会计师通常使用表格或计算机程序计算抽样风险。经量化的抽样风险被称为抽样风险允许限度，它代表抽样风险对样本评价结果的影响，用来对推断的总体误差进行调整。在控制测试中，抽样风险允许限度用百分数表示。用以评价抽样结果的大多数计算机程序都能根据样本规模、样本结果，计算在注册会计师确定的信赖过度风险条件下可能发生的偏差率上限的估计值。该偏差率上限的估计值即总体偏差率与抽样风险允许限度之和。具体考虑以下 3 种情况分别处理：

① 如果估计的总体偏差率上限低于可容忍偏差率，则总体可以接受。这时注册会计师对总体作出结论，样本结果支持计划评估的控制有效性，从而支持计划的重大错报风险评估水平。

② 如果估计的总体偏差率上限大于或等于可容忍偏差率，则总体不能接受。这时注册会计师对总体作出结论，样本结果不支持计划评估的控制有效性，从而不支持计划的重大错报风险评估水平。注册会计师应当修正重大错报风险评估水平，并增加实质性程序的数量。注册会计师也可以对影响重大错报风险评估水平的其他控制进行测试，以支持计划的重大错报风险评估水平。

③ 如果推断误差总额与异常误差之和低于但接近可容忍误差，注册会计师应当根据其他审计程序考虑样本结果的说服力，并考虑是否需要获取更多的审计证据。具体地说，如果估计的总体偏差率上限低于但接近可容忍偏差率，注册会计师应当结合其他审计程序的结果，考虑是否接受总体，并考虑是否需要扩大测试范围，以进一步证实计划评估的控制有效性和重大错报风险水平。

（2）非统计抽样方式下对样本结果的评价

在非统计抽样中，抽样风险无法直接计量。注册会计师通常将样本偏差率（即估计的总体偏差率）与可容忍偏差率相比较，以判断总体是否可以接受。具体考虑以下两种情况分别处理：

① 如果样本偏差率大于可容忍偏差率，则总体不能接受。这时注册会计师对总体作出结论，样本结果不支持计划评估的控制有效性，从而不支持计划的重大错报风险评估水平。因此，注册会计师应当修正重大错报风险评估水平，并增加实质性程序的数量。注册会计师也可以对影响重大错报风险评估水平的其他控制进行测试，以支持计划的重大错报风险评估水平。

② 如果样本偏差率低于总体的可容忍偏差率，注册会计师要考虑即使总体实际偏差率

高于可容忍偏差率时仍出现这种结果的风险。如果样本偏差率大大低于可容忍偏差率，注册会计师通常认为总体可以接受。如果样本偏差率虽然低于可容忍偏差率，但两者很接近，注册会计师通常认为总体实际偏差率高于可容忍偏差率的抽样风险很高，因而总体不可接受。如果样本偏差率与可容忍偏差率之间的差额不是很大也不是很小，以至于不能认定总体是否可以接受时，注册会计师则要考虑扩大样本规模，以进一步收集证据。

2. 实施细节测试对样本结果的评价

在实施细节测试时，如果样本的误差额超出预期，除非有进一步的证据证明不存在重大错报，注册会计师应当认为所测试的交易或账户余额存在重大错报。在这种情况下，注册会计师首先必须根据样本中发现的实际错报要求被审计单位调整账面记录金额。将被审计单位已更正的错报从推断的总体错报金额中减掉后，注册会计师应当将调整后的推断总体错报与该类交易或账户余额的可容忍错报相比较，但必须考虑抽样风险。

（1）统计抽样方式下对样本结果的评价

在统计抽样中，注册会计师利用计算机程序或数学公式计算出总体错报上限，并将计算的总体错报上限与可容忍错报比较。计算的总体错报上限等于推断的总体错报（调整后）与抽样风险允许限度之和。具体考虑以下两种情况分别处理：

① 如果计算的总体错报上限低于可容忍错报，则总体可以接受。这时注册会计师对总体作出结论，所测试的交易或账户余额不存在重大错报。

② 如果计算的总体错报上限大于或等于可容忍错报，则总体不能接受。这时注册会计师对总体作出结论，所测试的交易或账户余额存在重大错报。在评价财务报表整体是否存在重大错报时，注册会计师应将该类交易或账户余额的错报与其他审计证据一起考虑。通常，注册会计师会建议被审计单位对错报进行调查，且在必要时调整账面记录。

（2）非统计抽样方式下对样本结果的评价

在非统计抽样中，注册会计师运用其经验和职业判断评价抽样结果。如果调整后的总体错报大于可容忍错报，或虽小于可容忍错报但两者很接近，注册会计师通常作出总体实际错报大于可容忍错报的结论。也就是说，该类交易或账户余额存在重大错报，因而总体不能接受。如果对样本结果的评价显示，对总体相关特征的评估需要修正，注册会计师可以单独或综合采取下列措施：① 提请管理层对已识别的误差和存在更多误差的可能性进行调查，并在必要时予以调整；② 修改进一步审计程序的性质、时间和范围；③ 考虑对审计报告的影响。具体考虑以下两种情况分别处理：

① 如果调整后的总体错报远远小于可容忍错报，注册会计师可以作出总体实际错报小于可容忍错报的结论，即该类交易或账户余额不存在重大错报，因而总体可以接受。

② 如果调整后的总体错报小于可容忍错报但两者之间的差距很接近（既不很小又不很大），注册会计师必须特别仔细地考虑，总体实际错报超过可容忍错报的风险是否能够接受，并考虑是否需要扩大细节测试的范围，以获取进一步的证据。

（3）确定是否需要根据细节测试结果修正重大错报风险评估水平

在细节测试中，如果样本结果显示注册会计师在计划阶段估计的总体预计错报额是错误的，注册会计师需要采取适当的措施。例如，如果实质性细节测试中发现的错报的金额或频率高于根据重大错报风险评估水平得到的预计总体错报，注册会计师要考虑重大错报风险评估水平是否仍然适当。除了评价错报的频率和金额之外，注册会计师还要考虑它们的性质和原因,以及错报对审计的其他阶段可能产生的影响。与错误相比,舞弊通常要求对其可能产生的影响进行更为广泛的考虑。

在整个审计抽样工作完成后,注册会计师要记录所实施的审计程序,以形成审计工作底稿。

审计抽样的基本步骤如图 9-6 所示。

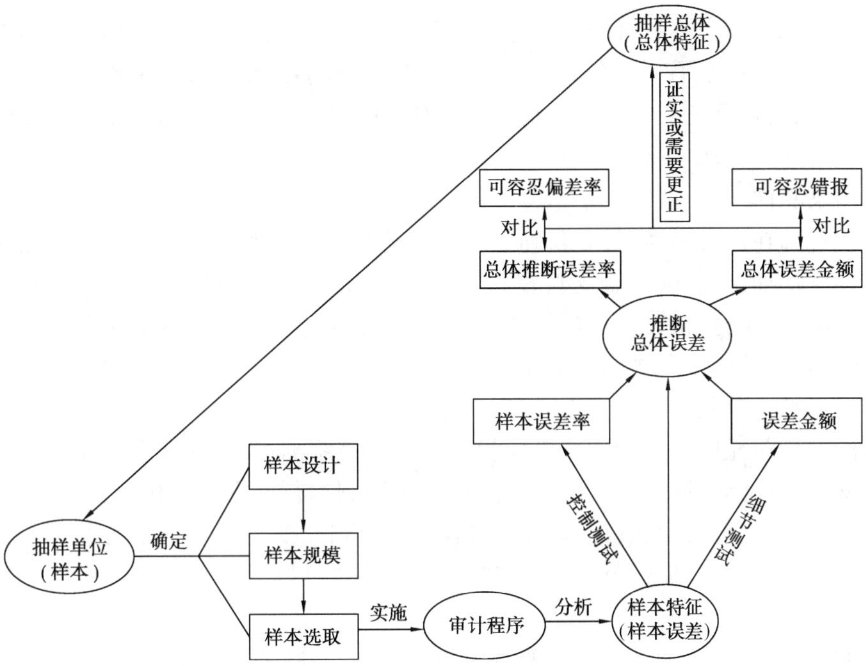

图 9-6　审计抽样的基本步骤

第二节　控制测试中抽样技术的应用

控制测试中抽样技术的应用包括控制测试中使用统计抽样方法和控制测试中使用非统计抽样方法。本书主要介绍在控制测试中使用统计抽样方法。

在控制测试中运用的统计抽样方法,一般是指属性抽样审计方法。所谓属性,是指审计对象总体的质量特征,即被审计业务或被审计内部控制是否遵循了既定的标准及其存在的误差水平。属性抽样中,抽样结果只有两种:“对”与“错”或“是”与“不是”。总体的特征通常为反映遵循制度规定或要求的相应水平。

属性抽样主要有固定样本量抽样、停—走抽样和发现抽样 3 种抽样方法。

一、固定样本量抽样法

固定样本量抽样是一种使用最为广泛的属性抽样,常用于估计审计对象总体中某种误差发生的比例,用"多大比例"来回答问题。例如,用这种方法估计重复支付的单据数,注册会计师最后得出的结论一般是:"有95%的可信赖程度说明重复支付的单据数占总体的2%~6%之间"。

固定样本量抽样法的步骤与审计抽样的步骤基本一致,包括以下6个步骤:

(一)样本设计阶段

1. 确定测试目标

注册会计师实施控制测试的目标是提供关于控制运行有效性的审计证据,以支持计划的重大错报风险评估水平。只有认为控制设计合理、能够防止或发现并纠正认定层次的重大错报时,注册会计师才有必要对控制运行的有效性实施测试,才需要考虑运用属性抽样。

2. 定义总体和抽样单元

(1)定义总体

注册会计师在定义总体时,应当确保总体的适当性和完整性。首先总体应适合于特定的审计目标。例如,要测试现金支付授权控制是否有效运行,为发现未得到授权的现金支付,注册会计师应当将所有已支付现金的项目作为总体。其次,注册会计师还应考虑总体的完整性,包括代表总体的实物的完整性。

(2)定义抽样单元

定义的抽样单元应与审计测试目标相适应。在控制测试中,注册会计师应根据所测试的控制定义抽样单元。抽样单元通常是能够提供控制运行证据的一份文件资料、一个记录或其中一行。例如,如果测试目标是确定付款是否得到授权,且设定的控制要求付款之前授权人在付款单据上签字,抽样单元可能被定义为每一张付款单据。

3. 定义偏差

在控制测试中,误差是指控制偏差。例如,设定的控制要求每笔支付都应附有发票、收据、验收报告和订货单等证明文件,且均盖上"已付"戳记。注册会计师认为盖上"已付"戳记的发票和验收报告足以显示控制的适当运行。在这种情况下,误差可能被定义为缺乏盖有"已付"戳记的发票和验收报告等证明文件的款项支付。

(二)确定样本规模

1. 影响样本规模的因素

在使用统计抽样时,注册会计师应当对影响样本规模的因素进行量化。在控制测试中影响样本规模的因素如下:

① 可接受的信赖过度风险。在实施控制测试时,注册会计师主要关注抽样风险中的信赖过度风险。可接受的信赖过度风险与样本规模反向变动。在实务中,一般的测试是将信赖过度风险确定为10%,特别重要的测试则可以将信赖过度风险确定为5%。注册会计师通常对所有控制测试确定一个统一的可接受信赖过度风险水平,然后对每一测试根据计划的重大错报风险评估水平和控制有效性分别确定其可容忍偏差率。

② 可容忍偏差率。可容忍偏差率是指注册会计师在不改变其计划评估的控制有效性,从而不改变其计划评估的重大错报风险水平的前提下,愿意接受的对于设定控制的最大偏差率。可容忍偏差率与样本规模反向变动。在确定可容忍偏差率时,注册会计师应考虑计划评估的控制有效性。

在实务中,注册会计师通常认为,当偏差率为3%~7%时,控制有效性的估计水平较高;

可容忍偏差率最高为 20%，偏差率超过 20% 时，由于估计控制运行无效，注册会计师不需进行控制测试。当估计控制运行有效时，如果注册会计师确定的可容忍偏差率较高就被认为不恰当。

③ 预计总体偏差率。在实施控制测试时，注册会计师通常根据对相关控制的设计和执行情况的了解，或根据从总体中抽取少量项目进行检查的结果，对拟测试总体的预计误差率进行评估。注册会计师可以根据上年测试结果和控制环境等因素对预计总体偏差率进行估计。

④ 总体规模。如果总体规模很大，注册会计师认为总体规模对样本规模的影响可以忽略。

2. 确定样本规模

注册会计师可以使用样本量表确定样本规模。表 9-8 提供了在控制测试中确定的可接受信赖过度风险为 5% 的样本量表。如果注册会计师需要其他信赖过度风险水平的抽样规模，就必须使用其他统计抽样参考资料中的表格或计算机程序。

注册会计师根据可接受的信赖过度风险选择相应的抽样规模表，然后读取预计总体偏差率栏找到适当的比率，确定与可容忍偏差率对应的列。可容忍偏差率所在列与预计总体偏差率所在行的交点就是所需的样本规模。

（三）选取样本

注册会计师通过随机数表或系统选样法抽取样本。

（四）实施审计程序

对抽取的样本实施审计程序，其方法与上节相同。

（五）评价样本结果阶段

1. 计算总体偏差率

注册会计师对总体偏差率的最佳估计数就是样本偏差率（样本偏差率 = 样本中发现的偏差数量 ÷ 样本规模），因而在控制测试中无须另外推断总体偏差率。但注册会计师必须考虑抽样风险。

2. 考虑抽样风险

在实务中，注册会计师使用统计抽样方法时通常使用公式、表格或计算机程序直接计算在确定的信赖过度风险水平下可能发生的偏差率上限，即估计的总体偏差率与抽样风险允许限度之和。

（1）使用统计公式评价样本结果

在既定的可接受信赖过度风险下，根据样本结果计算总体最大偏差率的计算公式如下：

$$\text{总体偏差率上限}(MDR) = \frac{R}{n} = \frac{\text{风险系数}}{\text{样本量}}$$

控制测试中常用的风险系数如表 9-10 所示。

表 9-10　控制测试中常用的风险系数表

预期发生偏差的数量	信赖过度风险	
	5%	10%
0	3.0	2.3
1	4.8	3.9
2	6.3	5.3
3	7.8	6.7
4	9.2	8.0
5	10.5	9.3
6	11.9	10.6
7	13.2	11.8
8	14.5	13.0
9	15.7	14.2
10	17.0	15.4

如果样本量为 n 且无一例偏差（偏差数量 = 0），总体实际偏差率超过 *MDR* 的风险为风险系数 $P\%$，即有 $1-P\%$ 的把握保证总体实际偏差率不超过 *MDR*。如果注册会计师确定的可容忍偏差率为 $X\%$，且 $P\% > X\% > MDR$，因此可以得出结论，总体的实际偏差率超过可容忍偏差率的风险很小，总体可以接受。也就是说，样本结果证实注册会计师对控制运行有效性的估计和评估的重大错报风险水平是适当的。

如果在选定的样本量 n 中按上述公式计算后有两个偏差，则在既定的可接受信赖过度风险下，总体实际偏差率超过 *MDR* 的风险为某一风险系数（$P\%$）。在可容忍偏差率为 $X\%$ 的情况下（$X\% < MDR < P\%$），注册会计师可以作出结论，总体的实际偏差率超过可容忍偏差率的风险很大，因而不能接受总体。也就是说，样本结果不支持注册会计师对控制运行有效性的估计和评估的重大错报风险水平。注册会计师应当扩大控制测试范围，以证实初步评估结果，或提高重大错报风险评估水平，并增加实质性程序的数量，或者对影响重大错报风险评估水平的其他控制进行测试，以支持计划的重大错报风险评估水平。

（2）使用样本结果评价表。注册会计师也可以使用样本结果评价表评价统计抽样的结果。表 9-11 列示了可接受的信赖过度风险为 5% 时的总体偏差率上限。

表 9-11　控制测试中统计抽样结果评价

——信赖过度风险 5% 时的偏差率上限

样本规模	实际发现的偏差数										
	0	1	2	3	4	5	6	7	8	9	10
25	11.3	17.6	*	*	*	*	*	*	*	*	*
30	9.5	14.9	19.6	*	*	*	*	*	*	*	*
35	8.3	12.9	17.0	*	*	*	*	*	*	*	*
40	7.3	11.4	15.0	18.3	*	*	*	*	*	*	*
45	6.5	10.2	13.4	16.4	19.2	*	*	*	*	*	*
50	5.9	9.2	12.1	14.8	17.4	19.9	*	*	*	*	*

续表

样本规模	实际发现的偏差数										
	0	1	2	3	4	5	6	7	8	9	10
55	5.4	8.4	11.1	13.5	15.9	18.2	*	*	*	*	*
60	4.9	7.7	10.2	12.5	14.7	16.8	18.8	*	*	*	*
65	4.6	7.1	9.4	11.5	13.6	15.5	17.4	19.3	*	*	*
70	4.2	6.6	8.8	10.8	12.6	14.5	16.3	18.0	19.7	*	*
75	4.0	6.2	8.2	10.1	11.8	13.6	15.2	16.9	18.5	20.0	*
80	3.7	5.8	7.7	9.5	11.1	12.7	14.3	15.9	17.4	18.9	*
90	3.3	5.2	6.9	8.4	9.9	11.4	12.8	14.2	15.5	16.8	18.2
100	3.0	4.7	6.2	7.6	9.0	10.3	11.5	12.8	14.0	15.2	16.4
125	2.4	3.8	5.0	6.1	7.2	8.3	9.3	10.3	11.3	12.3	13.2
150	2.0	3.2	4.2	5.1	6.0	6.9	7.8	8.6	9.5	10.3	11.1
200	1.5	2.4	3.2	3.9	4.6	5.2	5.9	6.5	7.2	7.8	8.4

注：* 超过 20%。

注册会计师应当选择样本设计时确定的可接受的信赖过度风险对应的样本结果评价表来评价样本结果。若样本规模为 n，注册会计师可以选择样本规模为 n 的那一行。当样本中未发现偏差时，应选择偏差数为 0 的那一列，两者交叉处的百分数即为总体的偏差率上限，与利用公式计算的结果相等。此时，如果总体偏差率上限小于可容忍偏差率 $X\%$，总体可以接受。也就是说，样本结果证实注册会计师对控制运行有效性的估计和评估的重大错报风险水平是适当的。

当样本中发现两个偏差时，应选择偏差数为 2 的那一列，两者交叉处的百分数即为总体的偏差率上限，与利用公式计算的结果相近。此时，如果总体偏差率上限大于可容忍偏差率，总体因此不能被接受。样本结果不支持注册会计师对控制运行有效性的估计和评估的重大错报风险水平。注册会计师应当扩大控制测试范围，以证实初步评估结果，或提高重大错报风险评估水平，并增加实质性程序的数量，或者对影响重大错报风险评估水平的其他控制进行测试，以支持计划的重大错报风险评估水平。

3. 分析偏差的性质和原因

除了评价偏差发生的频率之外，注册会计师还要对偏差进行定性分析，包括考虑偏差的性质和原因。

（六）记录抽样程序

注册会计师应当记录所实施的审计程序，以形成审计工作底稿。在控制测试中使用审计抽样时，注册会计师通常记录下列内容：

（1）对所测试的设定控制的描述；

（2）抽样的目标，包括与重大错报风险评估的关系；

（3）对总体和抽样单元的定义，包括注册会计师如何考虑总体的完整性；

（4）对偏差的构成条件的定义；

（5）信赖过度风险、可容忍偏差率，以及在抽样中使用的预计总体偏差率；

（6）确定样本规模的方法；

（7）选样方法；

（8）对如何实施抽样程序的描述，以及样本中发现的偏差清单；

（9）对样本的评价及总体结论摘要。

对样本的评价和总体结论摘要可能包含样本中发现的偏差数量、对注册会计师如何考虑抽样风险的解释，以及关于样本结果是否支持计划的重大错报风险评估水平的结论。工作底稿中还可能记录偏差的性质、注册会计师对偏差的定性分析，以及样本评价结果对其他审计程序的影响。

二、停—走抽样法

（一）停—走抽样法含义

停—走抽样，也称行止抽样、连续抽样，是固定样本量抽样的一种特殊形式，一般从预计总体偏差率为零开始，通过边抽样边评估来完成审计工作。注册会计师先抽取一定量的样本进行审查，如果结果可以接受，就停止抽样得出结论，如果结果不能接受，就扩大样本量继续审查直至得出结论。由于这种方法的样本量是不固定的，抽查到哪一步结束，应根据注册会计师对审查结果是否满意而定，故被称为停—走抽样。

（二）停—走抽样法基本做法流程图

停—走抽样的基本做法可用流程图（图 9-7）表示。

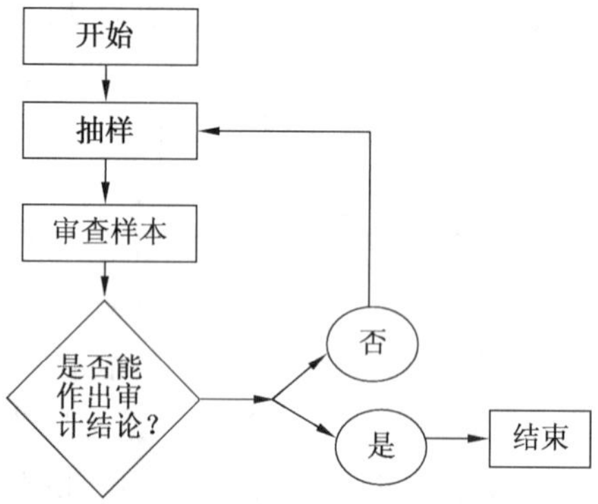

图 9-7　停—走抽样基本做法流程图

（三）“停—走抽样决策表”编制方法

停—走抽样计算样本规模和推导结果需编制“停—走抽样决策表”，此表可以根据“样本结果评价表”来编制。编制方法如下：

（1）根据确定的可信赖程度选择适当的样本结果评价表；

（2）根据确定的总体偏差率上限找到相应的栏（如果确定的偏差率上限处在两栏之间，就使用具有较小总体偏差率上限的那一栏）；

（3）在这一栏中找到与错误方式数相应的最小样本规模，以确定停—走抽样步骤（当累计样本规模达到初始样本规模的 3 倍时，停止步骤，考虑改用固定样本量抽样或作出否定结论）。

例如，审计人员在对开具销售发票业务的内部控制制度进行控制测试时，确定的可信赖程度为 95%，预计总体偏差率为 3%，可容忍误差为 3%，总体偏差率上限为 6%，编制的停—走抽样决策表见表 9-12。

按照表 9-12，先抽取 50 个项目进行审查。如果没有发现错误，就可作出“以 95% 的把握确信总体偏差率不超过 6%”的审计结论。如果发现 1 个错误，就再抽取 30（80 - 50）个项目进行审查。同理，如果发现 2，3，4 个错误，可直接再抽取 70（120 - 50），90（140 - 50），110（160 - 50）个项目进行审查。如果发现 5 个错误，就可认为总体的偏差率可能大于 6%，这时应考虑改用固定样本量抽样或作出否定结论。其他步骤可照此类推，直到能得到肯定的审计结论时为止。在第一步中没有发现错误可作出肯定结论,与发现5个错误情况相仿,都可终止停—走抽样,而发现1,2,3,4个错误都不能作出明确的审计结论,需进一步扩大抽样范围审查。

表9-12 停—走抽样决策表

步骤	累计样本规模	如果累计错误发生如下数,则		
		停止抽样	转下一步	转第6步
1	50	0	1	5
2	80	1	2	5
3	120	2	3	5
4	140	3	4	5
5	160	4	5	5
6	考虑改用固定样本量抽样或作出否定结论			

三、发现抽样法

发现抽样又称显示抽样,是固定样本量抽样的另一种特殊形式,样本容量的确定仍需利用固定样本量抽样时使用的样本容量确定表,但应当把预计总体偏差率直接定为0%,并根据可接受信赖过度风险和可容忍偏差率一起确定样本量。在对选出的样本进行审查时,一旦发现一个偏差就立即停止抽样,并对总体进行彻底的检查。如果在样本中没有发现偏差,则可以得出总体可以接受的结论。

发现抽样适合于查找重大舞弊或非法行为。它的理论依据是:假如总体中存在着一定发生率的舞弊事项,那么,在相当容量的样本中,至少可以发现一个舞弊事项。若对样本的审查结果没有发现舞弊事项,则可以得出结论:在某一可信赖程度下,总体中舞弊事项的发生率,不超过原先假定的发生率。一般认为,若总体中存在着发生率很低(如0.1%)的舞弊事项,那么采用抽样审计方法不能确保一定能发现这种行为。但发现抽样却能以较高的可信度,保证审计人员发现总体中存在着的发生率较低的(如1%)的舞弊事项。所以,当怀疑总体中存在着某种舞弊事项时,采用发现抽样方法是适宜的。

第三节 细节测试中抽样技术的应用

细节测试中抽样技术的应用包括细节测试中使用统计抽样方法和使用非统计抽样方法。本书主要介绍在细节测试中使用统计抽样方法。

注册会计师在细节测试中使用的统计抽样方法主要包括传统的变量抽样法和概率比例规模抽样法(PPS抽样)。本书主要介绍传统的变量抽样法。

一、变量抽样的基本概念

传统变量抽样是运用正态分布原理，通过审计抽样总体进行定量估计，来描述和评价审计抽样总体的数量特征。通常用于审查应收账款的金额、审查存货的数量和金额、审查工资费用、审查交易活动等以确定未经适当批准的交易金额。这种抽样涉及复杂的数学计算，难以手工进行。

（一）正态分布

正态分布是指总体中每个项目值的分配趋向于集中在总体平均数周围。离差的趋势在总体平均值的两侧均等发生。

（二）标准离差

总体的标准离差是用来衡量个别项目值在总体平均值周围的可变异或离散程度，可用下列公式计算：

$$S = \sqrt{\frac{\sum_{i=1}^{N}(X_i - \overline{X})^2}{N}}$$

式中：X_i 为个别项目的数值；$\overline{X}$ 为总体平均值；$X_i - \overline{X}$ 为每一数值与总体平均值的差；N 为总体项目数。

各个项目值之间的差异越小，标准离差就越小；各个项目值之间的差异越大，则标准离差就越大。根据正态分布及标准离差的定义可知，有 80% 的项目值落在总体平均值 ±1.28 个正态标准差间。这里 80% 即为可信赖程度，与 80% 相对应的“1.28”就是可信赖程度系数。可信赖程度系数如表 9-13 所示。

表 9-13　可信赖程度系数

可信赖程度（%）	可信赖程度系数
80	1.28
85	1.44
90	1.65
95	1.96
99	2.58

（三）抽样风险

如上节所述，在进行细节测试时，注册会计师应考虑误拒风险和误受风险两种抽样风险。表 9-14 列示的是细节测试的风险矩阵。

表 9-14　细节测试的风险矩阵

交易活动账户金额实际情况 / 抽样结论	合法性	不合法且含有重要误差
肯定	正确的决定	误受风险
否定	误拒风险	正确的决定

二、细节测试中传统变量抽样的运用

传统变量抽样的基本步骤与控制测试中使用统计抽样方法的基本步骤基本相同。

变量抽样主要包括三种具体的方法:均值估计抽样、差额估计抽样和比率估计抽样。每种方法推断总体错报的方法各不相同。

(一)均值估计抽样

均值估计抽样,又称单位平均估计抽样,是指通过抽样审查确定样本的平均值,再根据样本平均值推断总体的平均值和总值的一种变量抽样方法。使用这种方法时,注册会计师先计算样本中所有项目审定金额的平均值,然后用这个样本平均值乘以总体规模,得出总体金额的估计值。总体估计金额和总体账面金额之间的差额就是推断的总体错报。这种方法适用范围十分广泛,无论被审计单位提供的数据是否完整、可靠,甚至在被审计单位缺乏基本经济业务或事项账面记录的情况下,都可以使用该方法。如果未对总体进行分层,注册会计师通常不使用均值估计抽样,因为此时所需的样本规模可能太大,以至于对一般的审计而言不符合成本效益原则。如果注册会计师决定使用统计抽样,且预计只发现少量差异,就不应使用比率估计抽样和差额估计抽样,而考虑使用其他的替代方法,如均值估计抽样或 PPS 抽样。

使用这种方法时,样本量可以通过以下公式计算得出:

$$n' = \left(\frac{U_r \times S \times n}{P_a}\right)^2$$

$$n = \frac{n'}{1 + \frac{n'}{N}}$$

式中:U_r 为可信赖程度系数;S 为估计的总体标准离差;N 为总体项目个数;P_a 为计划的抽样误差;n'为放回抽样的样本量;n 为不放回抽样的样本量(一般地,审计抽样为不放回抽样)。

抽样时,注册会计师通常需要预先选取一个较小的初始样本量(约 30 个),经检查分析后按以下公式计算得出:

$$S = \sqrt{\frac{\sum_{i=1}^{n_0}(X_i - \overline{X})^2}{n_0 - 1}}$$

式中:X_i 为各初始样本数值;$\overline{X}$ 为初始样本表平均值;n_0 为初始样本量。

计划的抽样误差可根据可容忍误差与预计总体误差之间的差额进行确定。

运用这种方法进行抽样结果评价时,应该计算实际抽样误差,其计算公式如下:

$$p_1 = U_r \times \frac{S_1}{\sqrt{n_1}} \times N \times \sqrt{1 - \frac{n_1}{N}}$$

式中:p_1 为实际抽样误差;S_1 为实际样本的标准离差;n_1 为实际样本量。

评价样本时,若实际抽样误差大于计划抽样误差,应考虑增加样本量以降低实际抽样误差。

下面举例说明单位平均估计抽样的具体步骤。

假定某公司20×7年12月31日的期末应收账款有2 000户顾客,注册会计师欲通过抽样函证来审查应收账款的账面价值。

具体步骤如下:

(1)确定审计目的。审计目的是确定期末应收账款的账面价值。

(2)定义审计对象总体。对象总体是2 000个应收账款账户。

(3)选定抽样方法。抽样方法选用均值估计抽样方法。

(4)确定样本量。考虑到货币金额的重要性,确定计划抽样误差为±60 000元;考虑到内部控制及抽样风险可接受水平,注册会计师确定可信赖程度为95%,则可信赖程度系数为1.96。根据被审计单位应收账款明细账,注册会计师估计总体的标准离差为150元。最后确定样本量为

$$n' = \left(\frac{1.96 \times 150 \times 2\,000}{60\,000}\right)^2 \approx 96\ (\text{取整数})$$

$$n = \frac{96}{1 + \frac{96}{2\,000}} \approx 92\ (\text{取整数})$$

(5)确定样本选取方法。采用随机选样法,从应收账款明细账中选取92个顾客作样本。(审计抽样为不放回抽样的样本量)

(6)选取样本并进行审计。对选取的92个顾客发出发函询证,函证结果表明,样本平均值为4 032.36元,样本的标准离差为136元,实际抽样误差计算如下:

$$p_1 = 1.96 \times \frac{136}{\sqrt{92}} \times 2\,000 \times \sqrt{1 - \frac{92}{2\,000}} = 54\,292$$

因为54 292<60 000,实际抽样误差小于计划抽样误差。

注册会计师估计的总体金额为8 064 720元(4 032.36×2 000)。

注册会计师可得出这样的结论:有95%的把握保证2 000个应收账款账户的真实总体金额落在8 064 720±54 292元之间(总体金额±实际抽样误差),即在8 010 428~8 119 012元之间。

(7)评价抽样结果。根据以上抽样结果,如果被审计单位应收账款的账面价值为8 020 000元,处于8 010 428~8 119 012元之间,则其应收账款金额并无重大误差。这时,注册会计师应将估计的总体金额8 064 720元与8 020 000元之间的差额视为审计差异,并在对会计报表发表意见时予以考虑。

如抽样结果表明被审计单位应收账款金额的账面价值没有落入8 010 428~8 119 012元之间,则注册会计师应要求被审计单位详细检查其他应收账款,并加以调整。

(二)差额估计抽样

差额估计抽样是以样本实际金额与账面金额的平均差额来估计总体实际金额与账面金额的平均差额,然后再以这个平均差额乘以总体规模,从而求出总体的实际金额与账面金额的差额(即总体错报)的一种方法。差额估计抽样的计算公式如下:

$$\text{平均错报} = \frac{\text{样本实际金额与账面金额的差额}}{\text{样本规模}}$$

$$\text{推断的总体错报} = \text{平均错报} \times \text{总体规模}$$

使用这种方法时，注册会计师先计算样本项目的平均错报，然后根据这个样本平均错报推断总体。例如，注册会计师从总体规模为 2 000 的存货项目中选取了 400 个项目进行检查。总体的账面金额总额为 2 080 000 元。注册会计师逐一比较 400 个样本项目的审定金额和账面金额并将账面金额（416 000 元）和审定金额（392 000 元）之间的差异加总，上例中为 24 000 元。24 000 元的差额除以样本项目个数 400，得到样本平均错报 60 元。然后，注册会计师用这个平均错报乘以总体规模，计算出总体错报为 120 000 元（60 × 2 000）。

当误差与账面价值不成比例时，通常使用差额估计抽样。

（三）比率估计抽样

比率估计抽样是先计算出样本账面金额与样本审定金额，然后将样本审定金额除以样本账面金额得出一个比率，用此比率乘以总体的账面价值，从而求出总体实际价值的估计金额的一种抽样方法。当误差与账面价值成比例关系时，通常运用比率估计抽样。

比率估计抽样法的计算公式如下：

$$比率=\frac{样本审定金额}{样本账面金额}$$

$$估计的总体实际金额=总体账面金额\times 比率$$

$$推断的总体错报=估计的总体实际金额-总体账面金额$$

如果上例中注册会计师使用比率估计抽样，样本审定金额合计与样本账面金额的比例则为 0.94（392 000 ÷ 416 000）。注册会计师用总体的账面金额乘以该比例 0.94，得到估计的存货余额 1 955 200 元（2 080 000 × 0.94）。推断的总体错报则为 124 800 元（1 955 200 − 2 080 000）。

比率估计抽样和差额估计抽样都要求样本项目存在错报。如果样本项目的审定金额和账面金额之间没有差异，这两种方法使用的公式所隐含的机理就会导致错误的结论。

【名词与术语】

审计抽样　统计抽样　抽样风险　非抽样风险　信赖过度风险
信赖不足风险　误受风险　误拒风险　误差　随机选样
概率比例规模抽样法（PPS 抽样）　固定样本量抽样

【思考题】

1. 获取审计证据时对审计抽样应有哪些考虑？
2. 对剩余项目的审计，应有哪些考虑？
3. 哪些项目可能存在特别风险？
4. 选取测试项目的 3 种方法是什么？它们之间的逻辑关系如何？
5. 在细节测试中如何推断总体错报？在控制测试中如何推断总体偏差率？

第十章 销售与收款循环审计

本章导读

本章从销售与收款循环的特性入手,首先分析说明该循环审计涉及的凭证资料和相关的业务活动,然后重点介绍主营业务收入、应收账款和坏账准备的审计方法,最后简单说明本循环涉及的其他一些报表项目的审计方法。

本章的重点是主营业务收入、应收账款和坏账准备的审计;难点是主营业务收入确认、应收账款存在和坏账准备计提合理性的测试方法。

通过本章的学习,了解该循环审计涉及的凭证资料和相关的业务活动;明确主营业务收入、应收账款和坏账准备审计目标;理解和掌握主营业务收入、应收账款和坏账准备的审计方法。

第一节　销售与收款循环的特性

一、销售与收款循环涉及的主要账户

销售与收款循环是指企业对外销售商品或提供劳务并收取相关款项的活动。企业对外销售,可以采用现销方式,也可以采用赊销方式。现销,通俗地说就是“一手交钱,一手交货”。赊销,须通过应收款项,在未来的某一期间才能收到货款。现销收取的货币资金将在第十四章介绍,本章所涉及的资产负债表项目主要包括应收票据、应收账款、长期应收款、预收账款、应交税费;所涉及的利润表项目主要包括营业收入、营业税金及附加、销售费用等。

二、销售与收款循环所涉及的资料

在规模较大、内部控制比较健全的企业,销售与收款业务通常需要使用很多凭证资料。典型的销售与收款循环所涉及的凭证和会计记录主要有以下几种:

1. 顾客订货单

顾客订货单即顾客提出的书面购货要求。企业可以通过销售人员或其他途径,取得顾客订货单。在企业中,顾客订单大多要形成销售合同。

2. 销售单

销售单是根据顾客订单开列的顾客所订商品的名称、规格、数量,以及其他与顾客订货单信息有关的凭证,作为销售方内部处理顾客订货单的依据。

3. 发运凭证

发运凭证即在发运货物时编制的,用以反映发出商品的规格、数量和其他有关内容的凭据。发运凭证的一联寄送给顾客,其余联(一联或数联)由企业保留。这种凭证可用做向顾客开具账单的依据。

4. 销售发票

销售发票是一种用来表明已销售商品的规格、数量、价格、销售金额、运费和保险费、开票日期、付款条件等内容的凭证。销售发票的一联寄送给顾客,其余联由企业保留。销售发票也是在会计账簿中登记销售交易的基本凭证。

5. 商品价目表

商品价目表是列示已经授权批准的、可供销售的各种商品的价格清单。

6. 贷项通知单

贷项通知单是一种用来表示由于销货退回或经批准的折让而引起的应收销货款减少的凭证。这种凭证的格式通常与销售发票的格式相同,只不过它不是用来证明应收账款的增加,而是用来证明应收账款的减少。

7. 应收账款明细账

应收账款明细账是用来记录每个顾客各项赊销、还款、销售退回及折让的明细账。各应收账款明细账的余额合计数应与应收账款总账的余额相等。

8. 主营业务收入明细账

主营业务收入明细账是一种用来记录销售交易的明细账。它通常记载和反映不同类别产品或劳务的销售总额。

9. 折扣与折让明细账

折扣与折让明细账是一种用来核算企业销售商品时，按销售合同规定为了及早收回货款而给予顾客的销售折扣和因商品品种、质量等原因而给予顾客的销售折让情况的明细账。企业也可以不设置折扣与折让明细账，而将该类业务记录于主营业务收入明细账。

10. 汇款通知书

汇款通知书是一种与销售发票一起寄给顾客，由顾客在付款时再寄回销售单位的凭证。这种凭证注明顾客的姓名、销售发票号码、销售单位开户银行账号及金额等内容。如果顾客没有将汇款通知书随同货款一并寄回，一般应由收受邮件的人员在开拆邮件时再代编一份汇款通知书。采用汇款通知书能使现金立即存入银行，可以改善资产保管的控制。

11. 库存现金日记账和银行存款日记账

库存现金日记账和银行存款日记账是用来记录应收账款的收回或现销收入，以及其他各种现金、银行存款收入和支出的日记账。

12. 坏账审批表

坏账审批表是一种用来批准将某些应收款项注销为坏账的、仅在企业内部使用的凭证。坏账审批表是企业进行坏账账务处理的直接依据。

13. 顾客月末对账单

顾客月末对账单是一种按月定期寄送给顾客的用于购销双方定期核对账目的凭证。顾客月末对账单上应注明应收账款的月初余额、本月各项销售交易的金额、本月已收到的货款、各贷项通知单的数额及月末余额等内容。

14. 转账凭证

转账凭证是指记录转账业务的记账凭证，它是根据有关转账业务（即不涉及现金、银行存款收付的各项业务）的原始凭证编制的。

15. 收款凭证

收款凭证是指用来记录现金和银行存款收入业务的记账凭证。

三、销售与收款循环涉及的主要业务活动

销售与收款是企业的中心工作，围绕这一中心工作需要开展大量的活动，如进行商品的展销、开展商务谈判等。其中主要的活动有以下几项：

1. 接受顾客订单

顾客提出订货要求是整个销售与收款循环的起点，这是购买某种货物或接受某种劳务的一项申请。顾客的订单只有在符合企业管理层的授权标准时，才能被接受。被接受的顾客订单往往以购销合同的形式出现，企业按合同组织生产和销售。对没有预先收到顾客订单的销售，须经过销售主管部门的批准。顾客订单是销售交易的起点，是确定销售业务是否发生的主要凭据之一。

2. 批准赊销信用

赊销批准是指信用管理部门根据企业的赊销政策在顾客提出赊销申请时的批复，是在顾客已授权的信用额度内进行的。信用管理部门的职员在收到销售单管理部门的销售单后，应将销售单与该顾客已被授权的赊销信用额度，以及至今尚欠的账款余额加以比较，确定是否赊销，以切实避免销售人员为扩大销售而使企业承受不适当的信用风险。

批准赊销信用是提高应收账款质量，降低坏账风险的有效途径。

3. 组织商品供应和运输

销售部门根据顾客订单或销售合同，开列销售单。销售单经过相关部门批准后一联送达仓库，仓库部门根据销售单组织商品供应。装运部门根据销售单，从仓库提取商品，由购货方自提或直接运送达购货方。这一活动涉及销售、仓库及装运等几个部门，应通过明确职责分工，形成相互牵制。

4. 向顾客开具账单

开具账单包括编制和向顾客寄送事先连续编号的销售发票。为了降低开具账单过程中出现遗漏、重复、错误计价或其他差错的风险，应设立以下的控制程序：

① 开具账单部门职员在编制每张销售发票之前，独立检查是否存在装运凭证和相应的经批准的销售单；

② 依据已授权批准的商品价目表编制销售发票；

③ 独立检查销售发票计价和计算的正确性；

④ 将装运凭证上的商品总数与相对应的销售发票上的商品总数进行比较。

5. 记录销售

记录销售是指根据销售发票、货运文件等编制转账凭证或收款凭证，并据以登记销售明细账和应收账款明细账或库存现金、银行存款日记账。

记录销售应注意以下几点：

① 只依据附有有效装运凭证和销售单的销售发票记录销售，这些装运凭证和销售单应能证明销售交易的发生及其发生的日期；

② 控制所有事先连续编号的销售发票；

③ 独立检查已处理销售发票上的销售金额同会计记录金额的一致性；

④ 记录销售的职责应与处理销售交易的其他功能相分离；

⑤ 对记录过程中所涉及的有关记录的接触予以限制，以减少未经授权批准的记录发生；

⑥ 定期独立检查应收账款的明细账与总账的一致性；

⑦ 定期向顾客寄送对账单，并要求顾客将任何例外情况直接向指定的未执行或记录销售交易的会计主管报告。

6. 办理和记录现金、银行存款收入

这项功能涉及的是有关货款收回，现金与银行存款增加，以及应收账款减少的活动。在办理和记录现金、银行存款收入时，最应关心的是货币资金失窃的可能性。货币资金失窃可能发生在货币资金收入登记入账之前或登记入账之后。处理货币资金收入时最重要的是要保证全部货币资金都必须如数、及时地记入库存现金、银行存款日记账或应收账款明细账，并如数、及时地将现金存入银行。在这方面，汇款通知单起着很重要的作用。

7. 注销坏账

注销坏账是指相关部门根据应收账款的实际状况,确定其无法收回时编制坏账审批表,经管理层审批后所作的会计调整。不管赊销部门的工作如何有效,顾客因宣告破产、死亡等原因而不支付货款的事仍时有发生。销售企业若认为某项货款再也无法收回,就必须注销这笔货款。

8. 提取坏账准备

提取坏账准备是指企业根据应收账款的状况,按照备抵法的要求进行的一项活动。坏账准备提取的数额必须能够抵补企业以后无法收回的销货款。

第二节 销售与收款循环的内部控制及测试

一、销售与收款循环的内部控制目标

销售与收款循环的内部控制目标主要包括:

(1) 登记入账的销售交易确系已经发货给真实的顾客;

(2) 企业所发生的所有销售交易均已登记入账;

(3) 企业发生的所有销售交易以正确的金额,记录于恰当的期间的适当账户;

(4) 企业总账和明细账核对相符。

二、销售与收款循环内部控制的内容

审计人员在了解被审计单位及其环境并评估重大错报风险的过程中,需确认被审计单位是否执行了以下内部控制程序:

1. 不相容的职责分离

在销售与收款循环中,接受客户订单、填制销售单、批准赊销、发运货物、开具发票、收取货款、会计记录及账目核对等工作,应由不同职能部门或人员来完成。

2. 授权审批控制

在销售与收款循环中,以下业务应获得适当的授权方可实施:

① 销售价格、付款条件、运费的批准;

② 销售合同的签订;

③ 对赊销的核准;

④ 销售退回、折让与折扣;

⑤ 坏账的冲销。

3. 单据和账簿的控制

在销售与收款循环中,所涉及的订货单、送货单、发票均需连续编号并定期清点;财务部门应根据原始凭证的内容,编制记账凭证、登记账簿;财务部门应定期编制账龄分析表和账户冲销汇总表,以供管理当局查核。

4. 对账控制

应有独立人员负责向客户寄送对账单,并定期检查账龄较长的欠款。这种控制手段,能使客户在发现其欠余额不正确时及时作出说明,由此可以有效地防止经手人收回账款但未入被审计单位账户的风险。

5. 内部核查

内部核查程序包括:由财务部门内部独立的复核人定期核对账目、定期核对为销售与收款交易编制的会计分录是否适当、定期核查相关原始凭证编号的完整性等,也包括由被审计单位内部审计人员或其他独立人员对销售与收款业务相关账簿和凭证的核查。

三、销售与收款循环的内部控制测试

控制测试是进一步审计程序中的一种。针对被审计单位在销售与收款业务循环中所执行的内部控制程序,审计人员可以采用的重要控制测试包括以下几种:

(1) 询问销售主管、相关业务人员和会计人员有关销售和收款业务内部控制的设置和执行情况。

(2) 实地观察不相容职责是否分离,如批准赊销、发货、开票与会计记录职责;收款职责与会计记录职责;编制银行存款余额调节表与收款、记账职责;销售退回和折让与贷项通知单的签发职责等。

(3) 原始单据抽取、检查:销售发票、销售合同、销售订单所载明的品名、规格、数量、价格是否一致;检查销售合同、赊销是否经核准;核对相应的送货单副本,检查销售发票日期与送货日期是否一致;检查销售发票中所列商品的单价并与商品价目表核对;复核销售发票中列示的数量、单价和金额;从销售发票追查至销售记账凭证或销售记账凭证汇总表;从销售记账凭证或销售记账凭证汇总表追查至总分类账及明细分类账;从发运单追查至销售发票,检查已发货的业务是否已经及时开票并在账簿中反映等。

(4) 检查销售退回、折让、折扣的核准,包括:检查销售退回是否具有对方税务局开具的有关证明;检查退回和折让是否附有按顺序编号并经主管人员核准的货项通知单;检查退回的商品是否具有仓库签发的退货验收报告;检查退货商品冲销会计记录是否正确;检查销售退回与贷项通知单的签发职责是否分离。

(5) 观察企业是否定期向客户寄发对账单,并检查客户回函档案。

(6) 检查坏账损失的估计和坏账准备的计提,以及坏账注销是否经过批准。

第三节 主营业务收入审计

一、主营业务收入的审计目标

主营业务收入项目核算企业在销售商品、提供劳务等主营业务活动中所产生的收入。

主营业务收入的审计目标一般包括：

（1）确定记录的主营业务收入是否已发生，且与被审计单位有关；

（2）确定主营业务收入记录是否完整；

（3）确定与主营业务收入有关的金额及其他数据是否已恰当记录，包括对销售退回、销售折扣与折让的处理是否适当；

（4）确定主营业务收入是否已记录于正确的会计期间；

（5）确定主营业务收入的内容是否正确；

（6）确定主营业务收入的披露是否恰当。

二、主营业务收入审计的实质性程序

主营业务审计收入的实质性程序一般包括取得或编制主营业务收入明细表和实施实质性分析程序。

1. 取得或编制主营业务收入明细表

取得或编制主营业务收入明细表，复核加计正确，并与总账和明细账合计数核对相符；同时，结合其他业务收入科目数额，与报表数核对相符。

2. 实施实质性分析程序

（1）针对已识别需要实施分析程序的有关项目，并基于对被审计单位及其环境的了解，进行以下比较，同时考虑有关数据间关系的影响，建立有关数据的期望值。

① 将本期与上期的主营业务收入、销售预算或预测数等进行比较，识别主营业务收入及其构成的变动是否异常，并分析异常变动的原因；

② 计算本期重要产品的毛利率，与上期或预期或预测数据比较，检查是否存在异常，各期之间是否存在重大波动，查明原因；

③ 比较本期各月各类主营业务收入的波动情况，分析其变动趋势是否正常，是否符合被审计单位季节性、周期性的经营规律，查明异常现象和重大波动的原因；

④ 将本期重要产品的毛利率与同行业企业进行对比分析，检查是否存在异常；

⑤ 根据增值税发票申报表或普通发票，估算全年收入，与实际收入金额比较。

（2）确定可接受的差异额。

（3）将实际的情况与期望值比较，识别需要进一步调查的差异额。

（4）如果其差额超过可接受的差异额，调查并获取充分的解释和恰当的、佐证性质的审计证据。

（5）评估分析程序的测试结果。

3. 检查主营业务收入的确认原则和计量方法

注册会计师应当审查被审计单位是否遵守了企业会计准则有关收入确认时间与计量的规定。企业销售商品收入应同时满足以下条件的，才能予以确认：① 企业已将商品所有权上的主要风险和报酬转移给购货方；② 企业既没有保留通常与所有权相联系的继续管理权，也没有对已售出的商品实施有效控制；③ 收入的金额能够可靠地计量；④ 相关的经济利益很可能流入企业；⑤ 相关的已发生或将发生的成本能够可靠地计量。

企业主营业务收入的时间确认，主要取决于产品销售方式和货款结算方式。因此，对主营业务收入确认时间的审计,应结合不同的产品销售方式和货款结算方式进行。

① 采用交款提货销售方式,应于货款已收到或取得收取货款的权利,同时已将发票账单和提货单交给购货单位时,确认收入的实现。对此,注册会计师应重点检查被审计单位是否收到货款,或取得收取货款的权利,发票账单和提货单是否交(付)给购货单位。注册会计师应注意有无扣压结算凭证,将当期收入转入下期入账,或者虚记收入、开假发票、虚列购货单位,将当期未实现的收入虚转为收入记账而在下期予以冲销的现象。

② 采用预收账款销售方式,应于商品已经发出时,确认收入的实现。对此,注册会计师应重点检查被审计单位是否收到了货款,商品是否已经发出。应注意是否存在对已收货款并已将商品发出的交易不入账而转为下期收入,或开具虚假出库凭证、虚增收入等现象。

③ 采用托收承付结算方式,应于商品已经发出,劳务已经提供,并已将发票账单提交银行、办妥收款手续时确认收入的实现。对此,应重点检查被审计单位是否发货,托收手续是否办妥,货物发运凭证是否真实,托收承付结算回单是否正确。

④ 委托其他单位代销商品的,如果代销单位采用视同买断方式,应于代销商品已经销售并收到代销单位代销清单时,按企业与代销单位确定的协议价确认收入的实现。对此,应注意查明有无商品未销售、编制虚假代销清单、虚增本期收入的现象;如果代销单位采用收取手续费方式,应于代销单位将商品销售、企业已收到代销单位代销清单时确认收入的实现。

⑤ 销售合同或协议明确销售价款的收取采用递延方式,实质上具有融资性质,应当按照应收的合同或协议价款的公允价值确定销售商品收入金额。应收的合同或协议价款与其公允价值之间的差额,应当在合同或协议期间内采用实际利率法进行摊销,计入当期损益。

⑥ 长期工程合同收入,如果合同的结果能够可靠估计,应当根据完工百分比法确认合同收入。对此,应重点检查收入的计算、确认方法是否合乎规定,并核对应计收入与实际收入是否一致,注意有无随意确认收入、虚增或虚减本期收入的情况。

⑦ 委托外贸企业代理出口、实行代理制方式的,应在收到外贸企业代办的发运凭证和银行缴款凭证时确认收入。对此,应重点检查代办发运凭证和银行缴款单是否真实,注意有无内外勾结,出具虚假发运凭证或虚假银行缴款凭证的情况。

⑧ 对外转让土地使用权和销售商品房,通常应在土地使用权和商品房已经移交并将发票结算账单提交对方时确认收入。对此,应重点检查已办理的移交手续是否符合规定要求,发票账单是否已交对方。注意查明被审计单位有无编造虚假移交手续,采用“分层套写”、开具虚假发票的行为,防止其高价出售、低价入账,从中贪污货款。如果企业事先与买方签订了不可撤销合同,按合同要求开发房地产,则应按建造合同的处理原则进行处理。

4. 审查相关凭证资料

审查相关凭证资料的方式有以下几种:

① 根据增值税发票申报表或普通发票,估算全年收入,与实际入账收入金额核对,并检查是否存在虚开发票或已销售但未开发票的情况;

② 获取产品价格目录,抽查售价是否符合定价政策,并注意销售给关联方或关系密切的重要客户的产品价格是否合理,有无低价或高价结算以转移收入和利润的现象;

③ 抽取本期一定数量的销售发票,检查开票、记账、发货日期是否相符,品名、数量、单价、金额等是否与发运凭证、销售合同或协议、记账凭证等一致;

④ 抽取本期一定数量的记账凭证,检查入账日期、品名、数量、单价、金额等是否与销售发票、发运凭证、销售合同或协议等一致。

5. 实施销售的截止测试

截止测试是实质性测试中常用的一种程序,被广泛运用于货币资金、往来款项、存货、长短期投资、主营业务收入和期间费用等诸多会计报表项目的审计,尤其以主营业务收入项目的审计最为典型。对主营业务收入实施截止测试,其目的主要在于确定被审计单位主营业务收入的会计记录归属期间是否正确;应记入本期或下期的主营业务收入是否被推延至下期或提前至本期。

根据收入确认的基本原则,注册会计师在审计中应该注意把握3个与主营业务收入确认有着密切关系的日期:一是发票开具日期或者收款日期;二是记账日期;三是发货日期(服务业则是提供劳务的日期)。这里的发票开具日期是指开具增值税专用发票或普通发票的日期;记账日期是指被审计单位确认主营业务收入实现并将该笔经济业务记入主营业务收入账户的日期;发货日期是指仓库开具出库单并发出库存商品的日期。检查三者是否归属于同一适当会计期间。

围绕上述3个重要日期,在审计实务中,注册会计师可以考虑选择3条审计路线实施主营业务收入的截止测试。

(1) 以账簿记录为起点。从资产负债表日前后若干天的账簿记录查至记账凭证,检查发票存根与发运凭证,目的是证实已入账收入是否在同一期间已开具发票并发货,有无多记收入。这种方法的优点是比较直观,容易追查至相关凭证记录,以确定其是否应在本期确认收入,特别是在连续审计两个以上会计期间时,检查跨期收入十分便捷,可以提高审计效率。这种方法的缺点是缺乏全面性和连贯性,只能查多记,无法查漏记,尤其是当本期漏记收入延至下期,而审计时被审计单位尚未及时登账时,不易发现应记入而未记入报告期收入的情况。因此,使用这种方法主要是为了防止多计收入。

(2) 以销售发票为起点。从资产负债表日前后若干天的发票存根查至发运凭证与账簿记录,确定已开具发票的货物是否已发货并于同一会计期间确认收入。具体做法是抽取若干张在资产负债表日前后开具的销售发票的存根,追查至发运凭证和账簿记录,查明有无漏记收入。这种方法优点是较全面、连贯,容易发现漏记的收入;缺点是较费时费力,有时难以查找相应的发货及账簿记录,而且不易发现多记的收入。使用该方法时应注意两点:① 相应的发运凭证是否齐全,特别应注意有无报告期内已作收入而下期初用红字冲回,并且无发货、收货记录,以此来调节前后期利润的情况;② 被审计单位的发票存根是否已全部提供,有无隐瞒。为此,应查看被审计单位的发票领购簿,尤其应关注普通发票的领购和使用情况。因此,使用这种方法主要是为了防止少计收入。

(3) 以发运凭证为起点。从资产负债表日前后若干天的发运凭证查至发票存根与账簿记录,确定主营业务收入是否已记入恰当的会计期间。该方法的优缺点与以销售发票为起点的方法类似,具体操作中还应考虑被审计单位的会计政策才能作出恰如其分的处理。因此,使用这种方法主要也是为了防止少计收入。

上述3条审计路线在实务中均被广泛采用,它们并不是孤立的,注册会计师可以考虑在同一被审计单位财务报表审计中并用这3条路线,甚至可以在同一主营业务收入科目审计中并用。实际上,由于被审计单位的具体情况各异,管理层意图各不相同,有的为了想办法完成利润目标、承包指标,更多地享受税收等优惠政策,便于筹资等目的,可能会多计收入;有的则为了以丰补歉、留有余地、推迟缴税时间等目的而少计收入。因此,为提高审计效率,注册会计师应当凭借专业经验和所掌握的信息、资料做出正确判断,选择其中的一条或两条审计路线实施更有效的收入截止测试。

6. 检查销售折扣、销售退回与折让业务

企业在销售交易中,往往会因产品品种不符、质量不符合要求及结算方面的原因发生销售折扣、销售退回与折让,尽管引起销售折扣、退回与折让的原因不尽相同,其表现形式也不尽一致,但都是对收入的抵减,直接影响收入的确认和计量。因此,注册会计师应重视折扣与折让的审计。销售退回和折扣与折让的实质性程序主要包括:

① 获取或编制折扣与折让明细表,复核加计正确,并与明细账合计数核对相符;

② 取得被审计单位有关折扣与折让的具体规定和其他文件资料,并抽查较大的折扣与折让发生额的授权批准情况,与实际执行情况进行核对,检查其是否经授权批准,是否合法、真实;

③ 检查销售退回的产品是否已验收入库并登记入账,有无形成账外物资;销售折让与折扣是否及时足额提交对方,有无虚设中介、转移收入、私设账外"小金库"等问题;

④ 检查折扣与折让的会计处理是否正确。

7. 检查特殊的销售行为

企业特殊的销售行为主要有附有销售退回条件的商品销售、委托代销、售后回购、以旧换新、商品需要安装和检验的销售、分期收款销售、出口销售、售后租回等,特殊的销售行为与一般销售在收入确认和计量上存在一定的区别,往往成为企业调整收入和利润的一个重点领域。注册会计师应调查掌握企业的特殊销售行为,认真进行审核。

(1) 对于附有销售退回条件的商品销售,如果对退货部分能作合理估计的,确定其是否按估计不会退货部分确认收入;如果对退货部分不能作合理估计的,确定其是否在退货期满时确认收入。

(2) 对于售后回购,分析特定销售回购的实质,判断其是属于真正的销售交易,还是属于融资行为。

(3) 对于以旧换新销售,确定销售的商品是否按照商品销售的方法确认收入,回收的商品是否作为购进商品处理。

(4) 对于出口销售,确定其是否按离岸价格、到岸价格或成本加运费价格等不同的成交方式,确认收入的时点和金额。

(5) 对于售后租回,若售后租回形成一项融资租赁,检查是否对售价与资产账面价值之间的差额予以递延,并按该项租赁资产的折旧进度进行分摊,作为折旧费用的调整;若售后租回形成一项经营租赁,检查是否也对售价与资产账面价值之间的差额予以递延,并在租赁期内按照与确认租金费用相一致的方法进行分摊,作为租金费用的调整。但对有确凿证据表明售后租回交易是按照公允价值达成的,检查对售价与资产账面价值之间的差额是否已经计入当期损益。

8. 检查主营业务收入的列报

按照企业会计准则的规定,企业应在年度财务会计报告中披露:① 收入确认所采用的会计政策;② 当期确认每一重大收入项目的金额。

第四节　应收账款审计

一、应收账款的审计目标

应收账款指企业因销售商品、提供劳务而形成的债权，即由于企业销售商品、提供劳务等原因，应向购货客户或接受劳务的客户收取的款项或代垫的运杂费，是企业在信用活动中所形成的各种债权性资产。因此，应收账款的审计应结合销售业务来进行。

应收账款的审计目标一般包括：

（1）确定应收账款是否存在；

（2）确定应收账款是否归被审计单位所有；

（3）确定应收账款及其坏账准备的记录是否完整；

（4）确定应收账款是否可回收，坏账准备的计提方法和比例是否恰当，计提是否充分；

（5）确定应收账款及其坏账准备期末余额是否正确；

（6）确定应收账款及其坏账准备的列报是否恰当。

二、应收账款审计的实质性程序

（一）取得或编制应收账款明细表

应收账款明细表是根据应收账款明细账编制的，详细说明企业应收账款状况的资料。应收账款明细表应列明企业应收账款的期初余额、本期增加、本期减少和期末余额。在编制时，重要项目分项列示；金额较小、不重要的项目可以合并列示。应收账款明细表可以由被审计单位编制，也可以由注册会计师直接编制。如果是由被审计单位编制的，应对该表进行独立检查，以确定其正确性。

（二）实施实质性分析程序

（1）复核应收账款借方累计发生额与主营业务收入关系是否合理，并将当期应收账款借方发生额占销售收入净额的百分比与管理层考核指标和被审计单位相关赊销政策比较，如存在异常应查明原因。

（2）计算应收账款周转率、应收账款周转天数等指标，并与被审计单位赊销政策、被审计单位以前年度指标、同行业同期相关指标对比分析，检查是否存在重大异常。

$$应收账款周转率(次) = 销售收入 \div 平均应收账款$$

其中，平均应收账款 =（期初应收账款 + 期末应收账款）/2；销售收入为扣除折扣与折让后的净额；应收账款是未扣除坏账准备的金额。

$$\begin{aligned}应收账款周转天数 &= 360 \div 应收账款周转率 \\ &= (平均应收账款 \times 360) \div 销售收入净额\end{aligned}$$

（3）分析应收账款明细账余额（分类）。

应收账款明细账的余额一般在借方，注册会计师在分析应收账款明细账余额时，如果发现应收账款贷方余额，就应查明原因，必要时建议作重分类调整。

（三）编制或索取应收账款账龄分析表

应收账款账龄分析表可用来分析应收账款的账龄，以便了解应收账款的可收回性。

应收账款的账龄，是指资产负债表中的应收账款从销售实现、产生应收账款之日起，至资产负债表日止所经历的时间。编制应收账款账龄分析表时，可以考虑选择重要的顾客及其余额列示，而将不重要的或余额较小的汇总列示。应收账款账龄分析表的合计数减去已计提的相应坏账准备后的净额，应该等于资产负债表中的应收账款项目余额。

应收账款账龄分析表参考格式如表 10-1 所示。

表 10-1　应收账款账龄分析表

年　月　日　　　　　　　　　货币单位：

顾客名称	期末余额	账龄			
		1 年以内	1～2 年	2～3 年	3 年以上
合计					

（四）向债务人函证应收账款

1．函证的概念和目的

函证是指注册会计师为了获取影响财务报表或相关披露认定的项目的信息，通过直接来自第三方对有关信息和现存状况的声明，获取和评价审计证据的过程。函证应收账款的目的在于证实应收账款账户余额的真实性、正确性，防止或发现被审计单位及其有关人员在销售交易中发生的错误或舞弊行为。通过函证应收账款，可以比较有效地证明被询证者（即债务人）的存在和被审计单位记录的可靠性。

2．函证的范围和对象

函证是应收账款审计中最重要的审计程序。除非有充分证据表明应收账款对被审计单位财务报表而言是不重要的，或者函证很可能是无效的，否则，注册会计师应当对应收账款进行函证。函证数量的多少、范围大小是由诸多因素决定的，主要包括：

（1）应收账款在全部资产中的重要性。若应收账款在全部资产中所占的比重较大；则函证的范围应相应大一些。

（2）被审计单位内部控制的强弱。若内部控制制度较健全，则可以相应减少函证范围；反之，则应相应扩大函证范围。

（3）以前期间的函证结果。若以前期间函证中发现过重大差异，或欠款纠纷较多，则函证范围应相应扩大一些。

（4）函证方式的选择。若采用积极的函证方式，则可以相应减少函证量；若采用消极的函证方式，则要相应增加函证量。

在确定函证范围后，注册会计师应选择以下项目作为函证对象：大额或账龄较长的项目；与债务人发生纠纷的项目；关联方项目；主要客户（包括关系密切的客户）项目；交易频繁但期末余额较小甚至余额为零的项目；可能产生重大错报或舞弊的非正常的项目。

3. 函证的方式

函证方式分为积极的函证方式和消极的函证方式。注册会计师可采用积极的或消极的函证方式实施函证，也可将两种方式结合使用。

（1）积极的函证方式是指被询证者在所有情况下必须回函，以确认询证函所列示信息是否正确，或填列询证函要求的信息。

积极的函证方式又分为两种：一种是在询证函中列示拟函证的账户余额或其他信息，要求被询证者确认所函证的款项是否正确。这种方式的优点是能够提供可靠的审计证据。但是，其缺点是被询证者可能对所列示信息根本不加以验证就予以回函确认。另外一种询证函，即在询证函中不列明账户余额或其他信息，而要求被询证者填写有关信息或提供进一步信息。由于这种询证函要求被询证者作出更多的努力，可能会导致回函率降低，进而导致注册会计师执行更多的替代程序。

在采用积极的函证方式时，只有注册会计师收到回函，才能为财务报表认定提供审计证据。注册会计师没有收到回函，可能是由于被询证者根本不存在，或是由于被询证者没有收到询证函，也可能是由于询证者没有理会询证函，因此，无法证明所函证信息是否正确。积极式询证函的格式见范例10-1和范例10-2。

【范例10-1】　积极式询证函（格式一）

企业询证函

编号：

××（公司）：

本公司聘请的××会计师事务所正在对本公司20××年度财务报表进行审计，按照中国注册会计师审计准则的要求，应当询证本公司与贵公司的往来账项等事项。下列数据出自本公司账簿记录，如与贵公司记录相符，请在本函下端“信息证明无误”处签章证明；如有不符，请在“信息不符”处列明不符金额。回函请直接寄至××会计师事务所。

回函地址：

邮编：　　　　电话：　　　　传真：　　　　联系人：

1. 本公司与贵公司的往来账项列示如下：

单位：元

截止日期	贵公司欠	欠贵公司	备注

2. 其他事项。

本函仅为复核账目之用，并非催款结算。若款项在上述日期之后已经付清，仍请及时函复为盼。

（公司盖章）

结论：

年　　月　　日

1. 信息证明无误。

（公司盖章）

年　　月　　日

经办人：

2. 信息不符，请列明不符的详细情况：

（公司盖章）

年　　月　　日

经办人：

【范例 10-2】　积极式询证函（格式二）

企业询证函

编号：

××（公司）：

本公司聘请的××会计师事务所正在对本公司20××年度财务报表进行审计，按照中国注册会计师审计准则的要求，应当询证本公司与贵公司的往来账项等事项。请列示截至20××年×月×日贵公司与本公司往来款项余额。回函请直接寄至××会计师事务所。

回函地址：

邮编：　　　　电话：　　　　传真：　　　　联系人：

本函仅为复核账目之用，并非催款结算。若款项在上述日期之后已经付清，仍请及时函复为盼。

（公司盖章）

年　　月　　日

1. 贵公司与本公司的往来账项列示如下：

单位：元

截止日期	贵公司欠	欠贵公司	备注

2. 其他事项：

（公司盖章）

年　　月　　日

经办人：

（2）消极的函证方式是指被询证者仅在不同意询证函列示信息的情况下才予以回函的一种方式。

在采用消极的函证方式时，如果收到回函，能够为财务报表认定提供说服力强的审计证据。未收到回函可能是因为被询证者已收到询证函且核对无误,也可能是因为被询证者根本就没有收到询证函。因此,积极的函证方式通常比消极的函证方式提供的审计证据可靠。因而在采用消极的函证方式时,注册会计师通常还需辅之以其他审计程序。

当同时存在下列情况时,注册会计师可考虑采用消极的函证方式:① 重大错报风险评估为低水平;② 涉及大量余额较小的账户;③ 预期不存在大量的错误;④ 没有理由相信被询证者不认真对待函证。

在审计实务中,注册会计师也可将这两种方式结合使用。当应收账款的余额是由少量的大额应收账款和大量的小额应收账款构成时,注册会计师可以对所有的或抽取的大额应收账款样本采用积极的函证方式,而对抽取的小额应收账款样本采用消极的函证方式。消极式询证函的格式见范例 10-3。

【范例 10-3】 消极式询证函

企业询证函

编号:

××(公司):

本公司聘请的××会计师事务所正在对本公司 20××年度财务报表进行审计,按照中国注册会计师审计准则的要求,应当询证本公司与贵公司的往来账项等事项。下列数据出自本公司账簿记录,如与贵公司记录相符,则无需回复;如有不符,请直接通知会计师事务所,并请在空白处列明贵公司认为是正确的信息。回函请直接寄至××会计师事务所。

回函地址:

邮编: 电话: 传真: 联系人:

1. 本公司与贵公司的往来账项列示如下:

单位:元

截止日期	贵公司欠	欠贵公司	备注

2. 其他事项。

本函仅为复核账目之用,并非催款结算。若款项在上述日期之后已经付清,仍请及时核对为盼。

(公司盖章)

年 月 日

×× 会计师事务所:

上面的信息不正确,差异如下:

(公司盖章)

年 月 日

经办人:

4．函证的控制

当实施函证时，注册会计师应当对选择被询证者、设计询证函，以及发出和收回询证函进行控制。出于掩盖舞弊的目的，被审计单位可能想方设法拦截或更改询证函及回函的内容。如果注册会计师对函证程序控制不严密，就可能给被审计单位造成可乘之机，导致函证结果发生偏差和函证程序失效。注册会计师应当采取下列措施对函证实施过程进行控制：

① 将被询证者的名称、地址与被审计单位有关记录核对；

② 将询证函中列示的账户余额或其他信息与被审计单位有关资料核对；

③ 在询证函中指明直接向接受审计业务委托的会计师事务所回函；

④ 询证函经被审计单位盖章后，由注册会计师直接发出；

⑤ 将发出询证函的情况形成审计工作记录；

⑥ 将收到的回函形成审计工作记录，并汇总统计函证结果。

被询证者以传真、电子邮件等方式回函确实能让注册会计师及时得到回函信息，但由于这些方式易被截留、篡改或难以确定回函者的真实身份，因此，被询证者以传真、电子邮件等方式回函，注册会计师应当直接接收，并要求被询证者寄回询证函原件。

如果采用积极的函证方式实施函证而未能收到回函，注册会计师应当考虑与被询证者联系，要求对方作出回应或再次寄发询证函。如果未能得到被询证者的回应，注册会计师应当实施替代审计程序。替代程序因所涉及的账户和认定而异，但替代审计程序应当能够提供实施函证所能够提供的同样效果的审计证据。例如，对应付账款的存在性认定，替代审计程序可能包括检查期后付款记录、对方提供的对账单等；对完整性认定，替代审计程序可能包括检查收货单等入库记录和凭证。

除非同时满足下列两个条件，否则注册会计师应当实施替代程序：① 注册会计师没有发现不回函存在异常原因或具有规律性，例如，所有没有回函的被询证者都与期末前发生的交易有关。② 如果测试高估错报，在推断总体结果时，将所有没有收到回函的金额视为百分之百错误，由此得出的总体错报金额与其他领域的未调整错报相加，并不影响注册会计师对财务报表是否存在重大错报所得出的结论。

注册会计师可通过函证结果汇总表的方式对询证函的收回情况加以控制。函证结果汇总表如表10-2所示。

表10-2　应收账款函证结果汇总表

被审计单位名称：　　　　　　　　　　　　制表：　　　　　　　　日期：

结账日：　　年　月　日　　　　　　　　　复核：　　　　　　　　日期：

询证函编号	债务人名称	债务人地址及联系方式	账面金额	函证方式	函证日期		回函日期	替代程序	确认余额	差异金额及说明	备注
					第一次	第二次					
		合计									

5. 函证结果的分析

完成函证程序后,应当对函证结果进行分析。收回的询证函若有差异,即函证出现了不符事项,注册会计师应当首先提请被审计单位查明原因,并作进一步分析和核实。不符事项的原因可能是由于双方登记入账的时间不同,或是由于一方或双方记账错误,也可能是被审计单位的舞弊行为。对应收账款而言,登记入账的时间不同而产生的不符事项主要表现为:

① 询证函发出时,债务人已经付款,而被审计单位尚未收到货款;

② 询证函发出时,被审计单位的货物已经发出并已作销售记录,但货物仍在途中,债务人尚未收到货物;

③ 债务人由于某种原因将货物退回,而被审计单位尚未收到;

④ 债务人对收到的货物的数量、质量及价格等方面有异议而全部或部分拒付货款等。

如果不符事项构成错报,注册会计师应当重新考虑所实施审计程序的性质、时间和范围。

6. 函证结果的总结评价

注册会计师应将函证的过程和情况记录在工作底稿中,并据以评价函证的可靠性。在评价函证的可靠性时,注册会计师应当考虑:① 对询证函的设计、发出及收回的控制情况;② 被询证者的胜任能力、独立性、授权回函情况、对函证项目的了解及其客观性;③ 被审计单位施加的限制或回函中的限制。如果有迹象表明收回的询证函不可靠,注册会计师应当实施适当的审计程序予以证实或消除疑虑。例如,注册会计师可以通过直接打电话给被询证者等方式以验证回函的内容和来源。

注册会计师对函证结果可进行如下评价:

(1) 注册会计师应重新考虑:对内部控制的原有评价是否适当;控制测试的结果是否适当;分析程序的结果是否适当;相关的风险评价是否适当等。

(2) 如果函证结果表明没有审计差异,则注册会计师可以合理地推断全部应收账款总体是正确的。

(3) 如果函证结果表明存在审计差异,注册会计师则应当估算应收账款,账款注册会计师应抽查有关原始凭据,如销售合同、销售订单、销售发票副本及发运凭证等,以验证与其相关的这些应收账款的真实性。

7. 对不符事项的处理

注册会计师应当考虑不符事项是否构成错报及其对财务报表可能产生的影响,并将结果形成审计工作记录。如果发现了不符事项,注册会计师应当首先提请被审计单位查明原因,并作进一步分析和核实。不符事项的原因可能是由于双方登记入账的时间不同,或是由于一方或双方记账错误,也可能是被审计单位的舞弊行为。对应收账款而言,登记入账的时间不同而产生的不符事项主要表现为:① 询证函发出时,债务人已经付款,而被审计单位尚未收到货款;② 询证函发出时,被审计单位的货物已经发出并已作销售记录,但货物仍在途中,债务人尚未收到货物;③ 债务人由于某种原因将货物退回,而被审计单位尚未收到;④ 债务人对收到的货物的数量、质量及价格等方面有异议而全部或部分拒付货款等。如果不符事项构成错报,注册会计师应当重新考虑所实施审计程序的性质、时间和范围。

(五) 审查未函证的应收账款

由于注册会计师不可能对所有应收账款进行函证,因此,对未函证的应收账款,注册会计师应抽查有关原始凭证，如顾客订单、销售单、销售发票副本和货运文件等，以验证这些应收账款的真实性。

（六）检查坏账的确认和处理

首先，注册会计师应检查有无债务人破产或者死亡的，以及破产或遗产清偿后仍无法收回的，或者债务人长期未履行清偿义务的应收账款；其次，应检查被审计单位坏账的处理是否经授权批准，有关会计处理是否正确。

（七）抽查有无不属于结算业务的债权

不属于结算业务的债权，不应在应收账款中进行核算。因此，注册会计师应抽查应收账款明细账，并追查有关原始凭证，查证被审计单位有无不属于结算业务的债权，如有，应作记录或建议被审计单位作适当调整。

（八）确定应收账款的列报是否恰当

如果被审计单位为上市公司，则其财务报表附注通常应披露期初、期末余额的账龄分析，期末欠款金额较大的单位账款，以及持有5%以上（含5%）股份的股东单位账款等情况。

第五节　坏账准备审计

坏账是指企业无法收回或收回的可能性极小的应收款项。由于发生坏账而产生的损失称为坏账损失。企业通常应采用备抵法按期估计坏账损失，形成坏账准备。与直接转销法相比，备抵法将预计不能收回的应收款项作为坏账损失及时计入费用，能够避免企业虚增利润；在财务报表上列示应收款项的净额，有助于财务报表使用者了解企业真实的财务状况。由于坏账准备是企业估计确认的，操作空间较大，因此，必须加强对坏账准备的审计。

一、坏账准备的审计目标

坏账准备的审计目标一般包括：

（1）确定计提坏账准备的方法和比例是否恰当，坏账准备的计提是否充分；

（2）确定坏账准备增减变动的记录是否完整；

（3）确定坏账准备期末余额是否正确；

（4）确定坏账准备的披露是否恰当。

二、坏账准备审计的实质性程序

（一）取得或编制坏账准备明细表

取得或编制坏账准备明细表，复核加计正确，与坏账准备总账数、明细账合计数核对相符。

（二）检查坏账准备计提和核销

企业通常应采用备抵法核算坏账损失，计提坏账准备的具体方法由企业自行确定。企业应当列出目录，具体注明计提坏账准备的范围、提取方法、账龄的划分和提取比例，按照管理权限，经股东大会或董事会，或经理（厂长）会议或类似机构批准，并且按照法律、行政法规的规定报有关各方备案，同时，备置于公司所在地，以供投资者查阅。坏账准备提取方法一经确定，不得随意变更。如需变更，仍然应按上述程序经批准后报有关各方备案，并在财务报表附注中说明变更的内容和理由、变更的影响数等。

在确定坏账准备的计提比例时，企业应当根据以往的经验、债务单位的实际财务状况和现金流量的情况，以及其他相关信息合理地估计。除有确凿证据表明该项应收账款不能收回，或收回的可能性不大（如债务单位撤销、破产、资不抵债、现金流量严重不足、发生严重的自然灾害等导致停产而在短时间内无法偿付债务等，以及应收款项逾期三年以上），下列各种情况一般不能全额计提坏账准备：

（1）当年发生的应收账款，以及未到期的应收账款；

（2）计划对应收账款进行重组；

（3）与关联方发生的应收账款；

（4）其他已逾期，但无确凿证据证明不能收回的应收账款。

（三）检查坏账损失转销

对于被审计单位在被审期间内发生的坏账损失，注册会计师应检查其原因是否清楚，是否符合有关规定，有无授权批准，有无已作坏账处理后又重新收回的应收账款，相应的会计处理是否正确。对有确凿证据表明确实无法收回的应收账款，如债务单位已撤销、破产、资不抵债、现金流量严重不足等，企业应根据管理权限，经股东（大）会或董事会，或经理（厂长）办公会或类似机构批准作为坏账损失，冲销提取的坏账准备。

（四）检查长期挂账应收账款

注册会计师应检查应收账款明细账及相关原始凭证，查找有无资产负债表日后仍未收回的长期挂账应收账款，如有，应提请被审计单位作适当处理。

（五）实施分析程序

通过实施分析程序计算坏账准备余额占应收账款余额的比例并和以前期间的相关比例比较，评价应收账款坏账准备计提的合理性。

（六）确定坏账准备的披露是否恰当

企业应当在财务报表附注中清晰地说明坏账的确认标准、坏账准备的计提方法和计提比例，并且，上市公司还应在财务报表附注中分项披露如下事项：

（1）本期全额计提坏账准备，或计提坏账准备的比例较大的（计提比例一般超过40%及以上的，下同）应说明计提的比例及理由；

（2）以前期间已全额计提坏账准备，或计提坏账准备的比例较大但在本期又全额或部分收回的，或通过重组等其他方式收回的，应说明其原因、原估计计提比例的理由，以及原估计计提比例的合理性；

（3）对某些金额较大的应收账款不计提坏账准备或计提坏账准备比例较低（一般为5%或低于5%）的理由；

（4）本期实际冲销的应收账款及其理由，其中，实际冲销的关联交易产生的应收账款应单独披露。

第六节　其他相关账户审计

在销售与收款循环中,除以上介绍的财务报表项目或会计科目之外,还有应收票据、长期应收款、预收账款、应交税费、营业税金及附加和销售费用等项目。应收票据、其他应收款、预收账款等项目与应收账款项目的审计基本相同。本节主要介绍长期应收款、应交税费、营业税金及附加和销售费用的审计。

一、长期应收款审计

(一) 长期应收款的审计目标

长期应收款的审计目标一般包括:

(1) 确定长期应收款和未实现融资收益是否存在;

(2) 确定长期应收款和未实现融资收益是否归被审计单位所有;

(3) 确定长期应收款的发生、收回和未实现融资收益的入账、摊销的记录是否完整;

(4) 确定长期应收款是否可收回,坏账准备的计提方法和比例是否恰当,计提是否充分,其坏账准备增减变动的记录是否完整;

(5) 确定长期应收款及其坏账准备和未实现融资收益期末余额是否正确;

(6) 确定长期应收款和未实现融资收益的披露是否恰当。

(二) 长期应收款——账面余额审计的实质性程序

(1) 获取或编制长期应收款明细表:① 复核加计正确,并与总账数和明细账合计数核对相符,结合未实现融资收益科目与报表数核对相符;② 检查长期应收款的内容,确定款项性质是否符合规定。

(2) 对于融资租赁产生的长期应收款项,取得相关的合同和契约,进行如下检查:① 关注租赁合同主要条款,检查是否满足企业会计准则对于融资租赁的相关规定,检查授权批准手续是否齐全;② 根据合同及协议,检查最低租赁收款额、每期租金、担保余值和未担保余值等项目的金额是否正确,检查初始直接费用及其相关的会计处理是否正确;③ 检查租赁资产在租赁期开始日的公允价值,如与账面价值有差额,会计处理是否正确;④ 检查应收租赁款项的收回情况,了解有无未能按合同规定收款或延期收款现象,并查明原因,检查坏账准备的计提是否恰当。

(3) 对于采用递延方式、有融资性质的销售形成的长期应收款项,取得相关的销售合同或协议进行如下检查:① 根据合同及协议,检查是否已满足确认销售的条件,检查合同规定的售价、每期租金、收款期等要素,检查所销售资产在销售确认日的公允价值,检查会计处理是否正确;② 检查应收款项的收回情况,了解有无未能按合同规定收款或延期收款现象,并查明原因;③ 如果应收款项的收回存在问题,检查相关坏账准备的计提是否恰当。

(4) 向债务人函证重大的长期应收款。

(5) 对长期应收款相关的坏账准备进行审计(审计程序参见与应收账款相关坏账准备的审计程序)。

(6) 如果被审计单位为上市公司,应标明应收关联方[包括持股5%以上(含5%)股东]的款项,执行关联方及其交易审计程序,并注明合并报表时应予抵消的金额。

(7) 对于以非记账本位币结算的长期应收款,检查其采用的折算汇率是否正确。

(8) 确定长期应收款的披露是否恰当,注意一年内到期的长期应收款是否在编制报表时已重分类至一年内到期的非流动资产。

(三) 长期应收款——未实现融资收益审计的实质性程序

(1) 获取或编制未实现融资收益明细表,复核加计正确,并与总账数和明细账合计数核对相符。

(2) 对于融资租赁产生的未实现融资收益,根据合同,进行如下检查:① 结合长期应收款科目,检查未实现融资收益的入账金额是否正确,摊销年限是否恰当,会计处理是否正确。② 检查未实现融资收益本期是否按实际利率摊销,复核摊销金额是否正确,相关的会计处理是否正确。③ 检查期末租赁资产的未担保余值是否发生变动,若有证据表明未担保余值减少的,相应的租赁内含利率是否已作正确调整,并将由此引起的租赁投资净额的减少计入当期损益。

(3) 对于有融资性质的销售形成的长期应收款项,取得相关的销售合同或协议,检查未实现融资收益的入账金额是否正确,其摊销年限的确定是否恰当,是否按实际利率摊销,复核摊销金额是否正确,相关的会计处理是否正确。

(4) 如果未实现融资收益对应的应收款项的收回存在问题,检查未实现融资收益的会计处理是否恰当。

(5) 确定未实现融资收益的披露是否恰当。

二、应缴税费审计

企业在一定时期内取得的主营业务收入和实现的利润,要按规定向国家缴纳相应的税费。这些应缴的税费通常应按权责发生制原则预提计入有关账户,在尚未缴纳前就形成了企业的一项负债。

(一) 应缴税费的审计目标

应缴税费的审计目标一般包括:

(1) 确定期末应缴税费是否存在;

(2) 确定期末应缴税费是否为被审计单位应履行的义务;

(3) 确定应计和已缴税费的记录是否完整;

(4) 确定应缴税费的期末余额是否正确;

(5) 确定应缴税费的披露是否恰当。

(二) 应缴税费审计的实质性程序

(1) 取得或编制应缴税费明细表,并进行以下检查:① 复核加计正确,并与报表数、总账数和明细账合计数核对相符;② 注意不需要预计应缴数所缴纳的税金有无误入应缴税费;③ 核对年初应缴税费与税务机关的认定数是否一致,作出记录,如有差额,查明原因,必要时建议作适当调整。

(2) 首次接受委托时,取得被审计单位的纳税鉴定、纳税通知、减免税批准文件等,了解被审计单位适用的税种、附加税费、计税(费)基础、税(费)率,以及征、免、减税(费)的范围与期限。连续接受委托时,关注其变化情况。

(3) 取得税务机关汇算清缴或其他确认文件、有关政府部门的专项检查报告、税务代理机构专业报告、被审计单位纳税申报资料等,分析其有效性,并与上述明细表及账面数据进行核对。必要时,向主管税务部门函证应缴税费的本期应缴数和期末未缴数。对于超过法定缴纳期限的税费,应取得主管税务机关的批准文件。

(4) 检查被审计单位获得税费减免或返还时的会计处理是否正确,依据是否充分、合法和有效。

(5) 检查企业所得税应包括以下两方面:① 结合所得税费用项目,确定应纳税所得额和企业所得税税率,复核本期应缴所得税的计算是否正确,是否按规定进行了会计处理;② 抽查本期缴纳所得税资料,确定本期已缴数的正确性。

(6) 检查增值税。① 获取或编制应缴增值税明细表,复核其正确性,并与明细账核对相符。② 核对应缴增值税明细表与被审计单位增值税纳税申报表,检查进项税额、销项税额的入账与申报期间是否一致,金额是否相符,如不一致,应分析原因,并作出记录。③ 检查进项税:通过“原材料”等相关科目汇算进项税是否合理;抽查一定期间的进项税抵扣汇总表,检查是否与应缴增值税明细表总额一致,如有差异,查明差异原因并作适当处理;抽查一定数量的重要进项税发票,注意进口货物、购进的免税农产品、接受投资或捐赠、接受应税劳务等应计的进项税额是否按规定进行了会计处理;因存货改变用途或发生非常损失等应计的进项税额转出数是否正确计算,会计处理是否正确。④ 检查销项税:检查适用税率是否符合税法规定;根据已审定的主营业务收入、其他业务收入及税法规定视同销售行为的有关记录,复核销项税额,并注意视同销售行为计税依据的确定是否正确。注意计税依据的确定:在将自产、委托加工的货物用于非应税项目集体福利、个人消费等视同销售情况下,税基计算是否正确;将自产、委托加工或外购的货物用于投资、捐赠时,是否分别按货物的合同价、不含税捐赠价计算;将自产、委托加工或外购的货物分配给股东或投资者及其他情况下是否按不含税销售额计算。⑤ 取得出口退税申报材料及办理出口退税有关凭证,复核出口退税的正确性、合法性和及时性。⑥ 经主管税务机关批准,实行核定征收率征收增值税的单位,应检查其是否按照有关规定正确执行。如果按照核定征收率计算的增值税金额大于申报增值税金额,应注意超过申报额部分的会计处理是否正确。⑦ 抽查本期已缴增值税纳税资料,确定已缴数的正确性。

(7) 对营业税进行如下检查:① 结合营业税金及附加等项目,根据审定的当期主营业务收入,检查营业税的计税依据是否正确,适用税率是否符合税法,是否按规定进行了会计处理,并分项复核本期应缴数;② 抽查本期已缴营业税纳税资料,确定已缴数的正确性。

(8) 对消费税进行如下检查:① 结合营业税金及附加等项目,根据审定的应税消费品销售额(或数量),检查消费税的计税依据是否正确,适用税率(或单位税额)是否符合税法,是否按规定进行了会计处理,并分项复核本期应缴消费税税额;② 抽查本期已缴消费税纳税资料,确定已缴数的正确性。

(9) 对土地增值税进行如下检查:① 根据审定的土地使用权及其地上物(或称房地产)转让收入与其规定的扣除金额,复核房地产转让增值额;② 结合营业税金及附加等项目,根据房地产转让增值额和按规定适用的税率复核应缴土地增值税税额;③ 抽查本期已缴土地增值税纳税资料,确定已缴数的正确性。

(10) 对城市维护建设税进行如下检查:① 结合营业税金及附加等项目,根据审定的计税基础和按规定适用的税率,复核本期应缴城市维护建设税税额;② 抽查本期已缴城市维护建设税纳税资料,确定已缴数的正确性。

(11) 对车船使用税和房产税进行如下检查:① 获取被审计单位自有车船数量、吨位(或座位)及自有房屋建筑面积、用途、造价(购入原价)、购建年月等资料并与固定资产(含融资租入固定资产和投资性房地产)明细账复核一致;② 了解其使用、停用时间及其原因等情况;③ 获取被审计单位本期内已缴税金的完税凭证,审核其是否如实申报和按期缴纳,是否按规定进行了会计处理。

(12) 对其他税(费)项及代扣税(费)项进行如下检查:① 了解被审计单位按国家或当地政府的税制规定应缴纳的其他税(费)项,并采用适当的程序作相应检查;② 了解并获取被审计单位已发生的代扣税(费)项,如代扣国外企业所得税(支付给在国内未设置机构的国外企业的工程费、管理服务费、手续费、佣金等),代扣个人所得税(分配股利,支付给国外企业来国内工作的专家、管理人员、技工的薪金、津贴、奖金、劳务费、佣金等);③ 根据各项应纳税收入(所得)额,计算应纳税费,并与明细账核对;④ 审核支付凭证是否具有当地税务机关的统一发票(或缴款书),是否已自行申报缴纳;⑤ 获取有关的合同、协议,根据涉及上述税(费)项的条款,确定(或与税务机关联系)是否应由客户代扣;如客户属于扣缴义务人时,则应复核本年度的应纳税费,核对或调整其相关的债权、债务。

(13) 确定应缴税费的披露是否恰当。如果被审计单位是上市公司,在其财务报表附注中应按税费种类分项列示应缴税费金额,并说明本期执行的法定税(费)率。对于超过法定缴纳期限的应列示主管税务部门的批准文件。

三、营业税金及附加审计

营业税金及附加是指企业由于销售产品、提供劳务等负担的税金及附加,包括营业税、消费税、城市维护建设税、资源税和教育费附加,以及与投资性房地产相关的房产税、土地使用税等。

(一) 营业税金及附加审计目标

营业税金及附加的审计目标一般包括:

(1) 确定记录的营业税金及附加是否已发生,且与被审计单位有关;

(2) 确定营业税金及附加记录是否完整;

(3) 确定与营业税金及附加有关的金额及其他数据是否已恰当记录;

(4) 确定营业税金及附加是否已记录于正确的会计期间;

(5) 确定营业税金及附加的内容是否正确;

(6) 确定营业税金及附加的披露是否恰当。

(二) 营业税金及附加的实质性程序

对营业税金及附加的审计的实质性程序,应在查明被审计单位应缴纳的税种基础上结合"营业税金及附加"总账、明细账与有关原始凭证,以及与该账户对应的"应缴税费"等账户实施;必要时,应向有关部门、单位和人员进行查询。具体程序如下:

（1）取得或编制营业税金及附加明细表，复核加计正确，并与报表数、总账数和明细账合计数核对相符。

（2）确定被审计单位的纳税（费）范围与税（费）种是否符合国家规定。

（3）根据审定的当期应纳营业税的主营业务收入，按规定的税率，分项计算，复核本期应纳营业税税额。

（4）根据审定的应税消费品销售额（或数量），按规定适用的税率，分项计算，复核本期应纳消费税税额。

（5）根据审定的应税资源税产品的课税数量，按规定适用的单位税额，计算、复核本期应纳资源税税额。

（6）检查城市维护建设税、教育费附加等项目的计算依据是否和本期应纳增值税、营业税、消费税合计数一致，并按规定适用的税率或费率计算、复核本期应纳城市维护建设税、教育费附加等。

（7）复核各项税费与应缴税费等项目的勾稽关系。

（8）确定被审计单位减免税的项目是否真实，理由是否充分，手续是否完备。

（9）确定营业税金及附加是否已在利润表上作恰当披露。如果被审计单位是上市公司，在其财务报表附注中应分项列示本期营业税金及附加的计缴标准及金额。

四、销售费用审计

销售费用是指企业在销售商品过程中发生的费用。

（一）销售费用的审计目标

销售费用的审计目标一般包括：

（1）确定记录的销售费用是否已发生，且与被审计单位有关；

（2）确定销售费用记录是否完整；

（3）确定与销售费用有关的金额及其他数据是否准确；

（4）确定销售费用是否已记录于正确的会计期间；

（5）确定销售费用的内容是否正确；

（6）确定销售费用的列报是否恰当。

（二）销售费用审计的实质性程序

（1）取得或编制销售费用明细表，复核加计正确，并与总账和明细账合计数核对相符；同时，结合其他业务收入科目数额，与报表数核对相符。

（2）将本期与上期销售费用各明细项目作比较分析，必要时，比较本期各月销售费用，如有重大波动和异常情况应查明原因。

（3）检查各明细项目是否与被审计单位销售商品和材料、提供劳务及销售机构经营有关，是否合规、合理，计算是否正确。注意需经外汇管理部门审批的费用项目，是否经过批准。

（4）核对有关费用项目与累计折旧、应付职工薪酬等项目的勾稽关系，作交叉索引。

（5）针对销售费用各明细项目，选择重要或异常凭证，检查原始凭证是否真实有效，会计处理是否正确。注意广告费和业务宣传费划分是否合理，是否符合税前列支条件。

(6) 抽取资产负债表日前后一定数量的凭证,实施截止测试,对于重大跨期项目,应建议作必要调整。

(7) 如果被审计单位系商品流通企业且已将管理费用科目的核算内容并入本科目核算,应同时实施管理费用审计程序。

(8) 确定销售费用的列报是否恰当。

【名词术语】

顾客订单	主营业务收入	函证	积极式函证	消极式函证
应收账款	坏账准备	应缴税费	营业税金	销售费用

【思考题】

1. 本章所述的凭证资料中,哪些属于原始凭证?它们各作为什么业务账务处理的依据?

2. 试述销售与收款循环涉及哪些活动?各与什么认定有关?

3. 试述主营业务收入的审计目标。

4. 试述应收账款的审计目标。

5. 确定函证方式、时间、范围时,应考虑哪些因素?

6. 如何编制应收账款账龄分析表?通过分析可得出哪些结论?

7. 如何判断坏账准备的合理性?

8. 如何实施销售截止测试?

9. 主营业务收入可能会出现哪些错报?每种错报如何审查?

第十一章 采购与付款循环审计

本章导读

本章主要介绍因采购而发生的应付款项等负债项目和固定资产、无形资产等相关资产项目的审计方法。首先,介绍采购与付款循环涉及的报表项目与账户、主要凭证与会计记录和主要业务活动;然后阐述采购与付款内部控制及测试;最后着重讲解应付账款、固定资产和累计折旧的审计方法。与采购密切相关的存货和因采购发生的付款将在第十二章和第十四章介绍。

本章的重点是采购与付款内部控制及测试,固定资产和累计折旧的审计方法;难点是累计折旧提取合理性的确定方法。

通过本章的学习,了解采购与付款循环涉及的报表项目与账户、主要凭证与会计记录和主要业务活动;掌握采购与付款内部控制的内容及其测试方法;理解和掌握应付账款、固定资产和累计折旧的审计方法。

第一节　采购与付款循环的特性

采购与付款循环的特性主要包括三部分的内容:一是本循环所涉及的报表项目和账户;二是本循环所涉及的主要凭证和会计记录;三是本循环所涉及的主要业务活动。

一、涉及的报表项目和账户

采购与付款循环所涉及的财务报表项目主要是资产负债表项目,按其在财务报表中的列示顺序通常包括预付款项、固定资产、在建工程、工程物资、固定资产清理、无形资产、开发支出、商誉、长期待摊费用、应付票据、应付账款和长期应付款等;所涉及的利润表项目通常为管理费用。

二、涉及的主要凭证和会计记录

采购与付款循环所涉及的主要凭证和会计记录包括两个部分:一部分是采购与付款交易活动涉及的主要凭证和会计记录;另一部分是进行固定资产、在建工程、工程物资、固定资产清理、无形资产等日常核算涉及的主要凭证和会计记录。

(一)采购与付款交易涉及的主要凭证和会计记录

采购与付款交易通常要经过请购—订货—验收—付款这样的程序,和销售与收款交易一样,在内部控制比较健全的企业,处理采购与付款交易通常需要使用很多凭证和会计记录。典型的采购与付款交易所涉及的主要凭证和会计记录有以下几种:

1. 请购单

请购单是由产品制造、资产使用等部门的有关人员申请和填写,经过审核审批后送交采购部门,购买商品、劳务或其他资产的书面凭证。

2. 订购单

订购单是由采购部门填写,向另一企业购买订购单上所指定商品、劳务或其他资产的书面凭证。订购单一般是以采购合同形式存在。

3. 验收单

验收单是收到商品、资产时所编制的凭证,列示从供应商处收到的商品、资产的种类和数量等内容。

4. 卖方发票

卖方发票是供应商开具的,交给买方以载明发运的货物或提供的劳务、应付款金额和付款条件等事项的凭证。

5. 付款凭单

付款凭单是采购方企业的应付凭单部门编制的,载明已收到商品、资产或接受劳务的厂商、应付款金额和付款日期的凭证。付款凭单是采购方企业内部记录和支付负债的授权证明文件。

6. 转账凭证

转账凭证是指记录转账交易的记账凭证。它是根据有关转账业务(即不涉及库存现金、银行存款收付的各项业务)的原始凭证编制的。

7. 付款凭证

付款凭证包括现金付款凭证和银行存款付款凭证,是用来记录库存现金和银行存款支出业务的记账凭证。

8. 应付账款明细账

应付账款明细账是按债权人设置的,详细反映企业应付款项的账簿记录。

9. 库存现金日记账和银行存款日记账

库存现金日记账和银行存款日记账是序时记录库存现金和银行存款收入、支出和结存的账簿。

10. 卖方对账单

卖方对账单是由供货方按月编制的,标明期初余额、本期购买、本期支付给卖方的款项和期末余额的凭证。卖方对账单是供货方对有关交易的陈述,如果不考虑买卖双方在收发货物上可能存在的时间差等因素,其期末余额通常应与采购方相应的应付账款期末余额一致。

(二)固定资产、无形资产等日常核算涉及的主要凭证和会计记录

进行固定资产、无形资产的日常核算,除了涉及上述购货的合同发票外,还涉及以下凭证资料:

1. 累计折旧计算表

累计折旧计算表是由企业按月编制的,用以计算本月应提取折旧额的凭证。它是固定资产日常核算的主要资料,一般涉及固定资产类别、折旧政策、折旧提取数额等。

2. 无形资产摊销计算表

无形资产摊销计算表是由企业按月编制的,用以计算本月应摊销无形资产数额的凭证,它是无形资产日常核算的主要资料,一般涉及无形资产类别、摊销数额等。

3. 固定资产处置审批表

固定资产处置审批表是处置固定资产的直接依据,详细反映了固定资产处置的时间、原因、审核批准的程序等,是固定资产减少审计的重要凭证资料。

4. 固定资产、无形资产的产权证书

固定资产、无形资产的产权证书是证明这些资产权属关系的书面文件。

5. 固定资产、无形资产明细账

固定资产、无形资产明细账是分类记载固定资产和无形资产增减变化的账簿。

6. 累计折旧明细账

累计折旧明细账是分类记载累计折旧增减变化的账簿。

三、涉及的主要业务活动

与涉及的主要凭证和会计记录一样,采购与付款循环涉及的主要业务活动也包括两个部分:一部分是采购与付款交易涉及的主要业务活动;另一部分是进行固定资产、在建工程、工程物资、固定资产清理、无形资产等日常核算涉及的主要业务活动。

(一) 采购与付款交易涉及的主要业务活动

1. 请购商品和劳务

请购商品和劳务是采购与付款交易活动的起点。请购主要由仓库提出,仓库负责对需要购买的已列入采购计划的项目填写请购单,其他部门也可以对所需要购买的未列入采购计划的项目编制请购单。大多数企业对正常经营所需的物资的购买均作一般授权,比如,仓库在现有库存达到再订购点时就可直接提出采购申请,其他部门也可为正常的维修工作和类似工作直接申请采购有关物品。但对资本支出和租赁合同,企业政策则通常要求作特别授权,只允许指定人员提出请购。由于企业内不少部门都可以填列请购单,一般不便事先编号,但为加强控制,每张请购单必须经过授权人员签字批准,才能生效。

2. 编制订购单

采购部门在收到已批准的请购单后,确定所需货物的品名、数量,便开始组织采购。对每张订购单,采购部门应确定最佳的供应来源。对一些大额、重要的采购项目,应采取竞价方式来确定供应商,以保证采购符合企业的最大利益。

订购单应正确填写所需要的商品品名、数量、价格、厂商名称和地址等,预先予以编号并由被授权的采购人员签名。其正联应送交供应商,副联则送至企业内部的验收部门、应付凭单部门和编制请购单的部门。

3. 验收商品

订购的商品运达后,验收部门应及时组织对商品的验收。首先应比较所收商品的供应商、品名、规格、到货时间与订购单是否一致,然后再盘点商品数量并检查商品有无损坏。清点无误后,验收部门应编制一式多联、预先编号的验收单,作为验收和检验商品的依据。验收人员将商品送交仓库或其他请购部门时,应取得已经签字的收据,或要求其在验收单的副联上签收,以确定他们对所采购的资产应负的保管责任。

4. 储存已验收的商品

企业所购货物,一部分直接交付使用,一部分入库备用。直接交付使用的由使用部门签收,入库备用部分由仓库保管人员签收,实行专人保管。

5. 编制付款凭单

记录采购交易之前,应付凭单部门应编制付款凭单。编制付款凭单应以请购单、订购单、验收单和购货发票为基础。付款凭单经授权人批准后成为企业的付款依据。

6. 确认与记录负债

正确确认已验收货物和已接受劳务的债务,并准确、及时地记录负债,是会计部门的主要工作之一。会计部门在确认与记录已验收货物和已接受劳务的债务时,一般有责任核查购置的财产并在应付凭单登记簿或应付账款明细账中加以记录。在收到供应商发票时,会计部门应将发票上所记载的品名、规格、价格、数量、条件及运费与订货单上的有关资料核对,如有可能,还应与验收单上的资料进行比较。

在手工系统下,应将已批准的未付款凭单送达会计部门,据以编制有关记账凭证和登记有关账簿。会计主管应监督为采购交易而编制的记账凭证中账户分类的适当性;通过定期核对编制记账凭证的日期与凭单副联的日期,监督入账的及时性。而独立检查会计人员则应核对所记录的凭单总数与应付凭单部门送来的每日凭单汇总表是否一致,并定期独立检查应付账款总账余额与应付凭单部门未付款凭单档案中的总金额是否一致。

7. 支付货款

会计部门根据确定未付凭单在到期日，按订购单约定的款项结算方式，支付货款。

8. 记录现金、银行存款支出

会计部门根据付款凭单，编制付款凭证，并登记库存现金、银行存款账簿。

（二）固定资产、无形资产等日常核算涉及的主要业务活动

1. 编制累计折旧计算表

企业会计部门每月应根据固定资产的使用情况和选择的折旧政策，编制累计折旧计算表，作为累计折旧记录的依据。

2. 编制无形资产摊销计算表

企业会计部门每月应根据无形资产的使用情况和选择的摊销政策，编制无形资产摊销计算表，作为无形资产摊销记录的依据。

3. 编制固定资产处置审批表

编制固定资产处置审批表是固定资产处置的重要工作。固定资产处置一般由固定资产的使用部门或其他相关部门提出申请，编制固定资产处置审批表经授权部门批准后，交会计部门进行固定资产处置的会计处理。

4. 固定资产的日常维修和保养

固定资产的维修部门或使用部门根据固定资产的状况，进行维修、保养。

第二节 采购与付款循环的内部控制及测试

一、采购与付款循环的内部控制及测试

（一）采购与付款循环的内部控制的目标

建立采购与付款循环的内部控制制度，主要实现以下目标：

（1）保证所记录的采购都已收到货物或已接受劳务，并符合企业的最大利益；

（2）保证已发生的采购与付款业务均已登记入账；

（3）保证所记录的采购与付款业务计价正确；

（4）保证采购与付款业务记入了恰当的会计期间；

（5）保证采购与付款业务分类正确。

（二）采购与付款循环的内部控制

采购与付款循环的内部控制涉及的内容比较广泛，其主要包括：

1. 适当的职责分离

适当的职责分离有助于防止各种有意或无意的错误。单位应当建立采购与付款业务的岗位责任制，明确相关部门和岗位的职责、权限，确保办理采购与付款业务的不相容岗位相互分离、制约和监督。采购与付款业务不相容岗位至少包括：请购与审批；询价与确定供应商；采购合同的订立与审批；采购与验收；采购、验收与相关会计记录；付款审批与付款执行。

2. 授权审批控制

采购与付款循环需经授权审批的业务主要包括：

① 购货价格、付款条件的审批；

② 物品的处置、报废、清理的审批；

③ 预付账款和定金的审批；

④ 应付账款的支付的审批。

3. 凭证和账簿的控制

在购货与付款循环中，所涉及的请购单、订购单、验收单需连续编号并定期清点；财务部门应根据原始凭证的内容，编制记账凭证、登记账簿。

4. 实物控制

采购的物品必须存放在安全的地方，并仅限经过批准的人员接近。

5. 内部核查程序

内部核查程序包括由财务部门内部独立的复核人员定期核对为购货与付款交易编制的会计分录是否适当、应付账款余额与业务部门应付账款的记录是否一致，以及相关原始凭证编号的完整性等，也包括由被审计单位内部注册会计师或其他独立人员对购货与付款业务相关账簿与凭证的核查。内部核查的内容具体包括：

① 采购与付款业务相关岗位及人员的设置情况。重点检查是否存在采购与付款业务不相容职务混岗的现象。

② 采购与付款业务授权批准制度的执行情况。重点检查大宗采购与付款业务的授权批准手续是否健全，是否存在越权审批的行为。

③ 应付账款和预付账款的管理情况。重点审查应付账款和预付账款支付的正确性、时效性和合法性。

④ 有关单据、凭证和文件的使用和保管情况。重点检查凭证的登记、领用、传递、保管、注销手续是否健全，使用和保管制度是否存在漏洞。

（三）采购与付款循环的内部控制测试

考虑到采购与付款循环控制测试的重要性，注册会计师往往对这一循环采用属性抽样审计方法。在测试该循环中的大多数属性时，注册会计师通常选择相对较低的可容忍误差。另外，由于采购与付款循环中各财务报表项目所涉及的业务交易量和金额的大小往往悬殊，使得注册会计师在审计时常将其中大额的和不寻常的项目筛选出来，百分之百地加以测试。测试的主要程序包括：

（1）询问企业采购主管、相关业务人员和会计人员有关购货内部控制的执行情况，重点询问各项批准手续和内部复核、对账程序。

（2）实地观察不相容职责是否分离，如采购职责与请购、批准和验收货物等职责；验收职责与仓库保管和记账职责；核对应付账款明细账和卖方对账单与记账职责等。

（3）观察验收部门验货的情况。

（4）抽取部分单据审查：从采购合同追查至相关的请购单、订单、购货发票、验收报告、入库单、付款凭证、记账凭证直至相关的账簿，确定内容是否相符，单据是否连续编号，以及是否有完备的审批手续；验收单的完整性，以及没有收购合同的验收单；付款凭单的填制，确定是否有相应的请购单、订单、入库单和购货发票，对应项目的内容是否一致等。

二、固定资产的内部控制和控制测试

商品存货与固定资产同属一个交易循环,在内部控制和控制测试问题上固然有许多共性,但固定资产还存在不少特殊性,有必要对其单独加以说明。

就许多从事制造业的被审计单位而言,固定资产在其资产总额中占有很大的比重,固定资产的购建会影响其现金流量,而固定资产的折旧、维修等费用则是影响其损益的重要因素。固定资产管理一旦失控,所造成的损失将远远超过一般的商品存货等流动资产。所以,为了确保固定资产的真实、完整、安全和有效利用,被审计单位应当建立和健全固定资产的内部控制。下面结合企业常用的固定资产内部控制,介绍注册会计师实施控制测试程序所应关注的地方。

(一)固定资产的内部控制

1. 固定资产的预算制度

预算制度是固定资产内部控制中最重要的部分。通常,大企业应编制旨在预测与控制固定资产增减和合理运用资金的年度预算;小企业即使没有正规的预算,对固定资产的购建也要事先加以计划。注册会计师应注意检查固定资产的取得与处置是否依据预算,对实际支出与预算之间的差异及未列入预算的特殊事项,检查其是否履行特别的审批手续。如果固定资产增减均能处于良好的经批准的预算控制之下,注册会计师即可减少针对固定资产增减实施的实质性程序的样本量。

2. 授权批准制度

完善的授权批准制度包括:企业的资本性支出预算只有经过董事会等高层管理机构批准方可生效;所有固定资产的取得和处置均需经企业管理层的书面认可。注册会计师不仅要检查授权批准制度本身是否完善,还要关注授权批准制度是否得到切实执行。

3. 账簿记录制度

除固定资产总账外,被审计单位还需设置固定资产明细分类账和固定资产登记卡,按固定资产类别、使用部门和每项固定资产进行明细分类核算。固定资产增减变化均有原始凭证。一套设置完善的固定资产明细分类账和登记卡,将为注册会计师分析固定资产的取得和处置、复核折旧费用和修理支出的列支提供帮助。

4. 职责分工制度

对固定资产的取得、记录、保管、使用、维修、处置等,均应明确划分责任,由专门部门和专人负责。明确的职责分工制度,有利于防止舞弊,降低注册会计师的审计风险。

5. 资本性支出和收益性支出的区分制度

企业应制定区分资本性支出和收益性支出的书面标准。通常需明确资本性支出的范围和最低金额,凡不属于资本性支出的范围、金额低于下限的任何支出,均应列作费用并抵减当期收益。

6. 固定资产的处置制度

固定资产的处置,包括投资转出、报废、出售等,均要有一定的申请报批程序。未经申请报批一律不得处置。

7. 固定资产的定期盘点制度

对固定资产的定期盘点，是验证账面各项固定资产是否真实存在、了解固定资产放置地点和使用状况，以及发现是否存在未入账固定资产的必要手段。注册会计师应了解和评价企业固定资产盘点制度，并注意查询盘盈、盘亏固定资产的处理情况。

8. 固定资产的维护保养制度

固定资产应有严密的维护保养制度，以防止其因各种自然和人为的因素而遭受损失；并应建立日常维护和定期检修制度，以延长其使用寿命。

（二）固定资产内部控制测试

在充分了解被审计单位的内部控制制度后，注册会计师还需要进一步确定固定资产及折旧的内部控制制度是否充分有效，其可靠程度如何，是否得到遵循。这主要通过控制测试来抽查部分固定资产业务（包括固定资产的取得、报废、出售、转移、以旧换新等）的实现。注册会计师进行抽查时可以运用统计和非统计等审计抽样方法抽取样本，并重点审查以下方面：

1. 固定资产预算与取得、报废是否经过适当授权

注册会计师可以通过查阅固定资产账户的本期增减变动记录，追查相应的固定资产请购单或报废、出售等工作通知单，确定是否经适当授权，是否受固定资产预算控制。

2. 资本性支出与收益性支出的划分标准是否得到遵守

注册会计师可以通过审查固定资产维修和保养账户的记录、工作通知单，检查其金额。例如，被审计单位规定以 2 000 元作为区分修理支出和改良支出的依据，超过该金额的修理支出作为固定资产改良支出，予以资本化。同时，注册会计师也应抽查部分新增固定资产明细账，审查有无将收益性支出资本化。

3. 固定资产的记录是否完整

注册会计师可以通过抽查应付账款、现金收支、营业外收支等账户和相关凭证，审查有无固定资产增加、报废、出售等业务未曾记入固定资产账户。抽查固定资产明细账或登记卡，审查其记录是否完整，包含的信息是否充分。此外，企业还应当保存租入或租出固定资产的详细记录。

4. 现存固定资产的控制情况

注册会计师应深入实地观察有关固定资产的使用、保养情况，查清有无将固定资产用于未经授权的用途，账实是否相符，获取包括实物检查报告在内的有关证据。检查时应注意租入固定资产的控制情况，有无毁损、报废或被盗等情形而未予记录。此外，还可对固定资产的验收、安装等进行控制测试。在进行控制测试时，注册会计师可以通过流程图或内部控制调查表对控制测试的结果进行综合评价。

第三节　应付账款审计

应付账款是企业在正常经营过程中，因购买材料、商品和接受劳务供应等经营活动而应付给供应单位的款项，是随着企业赊购交易的发生而发生的。应付账款的审计应结合赊购

交易进行。

一、应付账款的审计目标

应付账款一般是资产负债表上最大的一项流动负债,也是评价企业短期偿债能力时必须加以考虑的一个重要因素。同应收账款一样,应付账款也受大量交易的影响,因此很容易发生错报。另外,企业经营管理者有时也可能为粉饰利润和企业的经营状况而有意错报应付账款,通常表现为低估应付账款,将应付账款不予入账,并且销毁交易的一切证据。企业也可能通过高估进货退回和折让来达到低估应付账款的目的。

应付账款的审计目标一般包括:

(1)确定应付账款的发生及偿还记录是否完整;

(2)确定期末应付账款是否存在;

(3)确定期末应付账款是否为被审计单位应履行的偿还义务;

(4)确定应付账款期末余额是否正确;

(5)确定应付账款的列报是否恰当。

在上述目标中,应特别注意确定应付账款的发生及偿还记录是否完整。

二、应付账款的审计程序

(一)获取或编制应付账款明细表

注册会计师在对应付账款余额进行实质性测试时,通常向被审计单位索取或自行编制应付账款明细表,以确定被审计单位资产负债表上应付账款的数额与其明细表是否相符。应付账款明细表根据应付账款明细账编制,重要的应付项目单独列示,零星的应付项目可以合并列示。在审计时,注册会计师必须复核并将明细表上的数额汇总,并和总分类账相核对,如果不符,应查明原因,并作出相应的调整。注册会计师还可抽查明细表中的一些项目,同应付账款明细账和应付账款总分类账相核对,视其内容是否一致。

(二)对应付账款执行实质性分析程序

(1)将期末应付账款余额与期初余额进行比较,分析波动原因。

(2)分析长期挂账的应付账款,要求被审计单位作出解释,判断被审计单位是否缺乏偿债能力或利用应付账款隐瞒利润,并注意其是否可能无须支付,对确实无须支付的应付账款的会计处理是否正确,依据是否充分。

(3)计算应付账款与存货的比率,应付账款与流动负债的比率,并与以前年度相关比率对比分析,评价应付账款整体的合理性。常用的有关比率或周转率的计算公式如下:

应付账款占进货比率=应付账款÷进货

应付账款占流动负债比率=应付账款÷流动负债

应付账款周转率=赊购净额÷应付账款

如果这些比率变动较大,注册会计师应查明变动的原因。例如,应付账款周转率的增加不正常,则可能说明有未入账的应付账款,应作进一步审查。

(4)分析存货和营业成本等项目的增减变动,判断应付账款增减变动的合理性。

（三）函证应付账款

在一般情况下，注册会计师不需要对应付账款进行函证，这有两方面的原因：一是债权人会主动来函询证；二是函证并不能保证查出未入账的应付账款，而且注册会计师能够取得购货发票、运输单等外部凭证来证实应付账款的余额。但是，如果被审计单位内部控制风险较高，某些应付账款账户金额较大或被审计单位处于经济困难状态，则应进行应付账款的函证。

选择函证账户时，应注意以下事项：

（1）除了金额较大的账户，还应包括那些在资产负债表日金额不大甚至为零，但为企业重要供货商的账户，因为这些账户较之金额大的账户，更有可能被低估。

（2）对于上一年度供过货而本年度又没有供货的，以及没有按月寄送对账单的供货商，应进行函证。

（3）存在关联方交易的账户，应进行函证。

函证最好采用积极式，在函证中不宜指明应付账款的余额，而由债权人填写，这样更能保证函证的有效性，以便于同应付账款进行比较和调节。同应收账款的函证一样，注册会计师必须对函证的过程进行控制，并要求直接回函。根据回函情况编制与分析函证结果汇总表；对未回函的，决定是否再次进行函证。如果存在未回函的重大项目，注册会计师应采用替代审计程序确定其是否真实。通常可以检查决算日后应付账款明细账及现金和银行存款日记账，核实其是否已支付，同时检查该笔债务和相关凭证资料，核实交易事项的真实性。

（四）检查应付账款是否计入了正确的会计期间及是否存在未入账的应付账款

（1）检查债务形成的相关原始凭证，如供应商发票、验收报告或入库单等，查找有无未及时入账的应付账款，确定应付账款期末余额的完整性。

（2）检查资产负债表日后应付账款明细账贷方发生额的相应凭证，关注其购货发票的日期，确认其入账时间是否合理。

（3）获取被审计单位与其供应商之间的对账单（应从非财务部门，如采购部门获取），并将对账单和被审计单位财务记录之间的差异进行调节（如在途款项、在途货物、付款折扣、未记录的负债等），查找有无未入账的应付账款，确定应付账款金额的准确性。

（4）针对资产负债表日后付款项目，检查银行对账单及有关付款凭证（如银行划款通知、供应商收据等），询问被审计单位内部或外部的知情人员，查找有无未及时入账的应付账款。

（5）结合存货监盘程序，检查被审计单位在资产负债日前后的存货入库资料（验收报告或入库单），检查是否有大额料到单未到的情况，确认相关负债是否计入了正确的会计期间。

（五）审查期后付款

审查期后付款应在审计外勤工作即将结束时进行，目的是测试期后支付的债务，有无为期末的债务而未记录。注册会计师根据报表日后 1 ~2 周的现金支出日记账和银行存款日记账支付的债务追查至应付账款明细账。注册会计师应对以下情况特别关注：

（1）明显同应付账款明细表或报表日后发生的负债有关的大额支出；

（2）同前一期有关但未列入应付账款明细表的大额支出；

（3）明细表已列示但仍未支付的大额应付账款。

注册会计师对后两项应进一步进行审查，可能会发现前期未入账的应付账款、可能存在争议的应付账款或记录有误的应付账款。

（六）检查带有现金折扣的应付账款

检查带有现金折扣的应付账款是否按发票上记载的全部应付金额入账，在实际获得现金折扣时再冲减财务费用。

（七）检查应付账款是否存在借方余额

检查应付账款是否存在借方余额，如有，应查明原因，必要时建议作重分类调整。

（八）检查有无同时挂账或属于其他应付款的情况

结合其他应付款、预付款项等项目的审计，检查有无同时挂账的项目，或有无属于其他应付款的款项，如有，应作出记录，必要时，建议被审计单位作重分类调整或会计误差调整。

（九）确定应付账款的披露是否恰当

一般来说，“应付账款”项目应根据“应付账款”和“预付账款”科目所属明细科目的期末贷方余额的合计数填列。

如果被审计单位为上市公司，则通常在其财务报表附注中说明有无欠持有5%以上（含5%）表决权股份的股东单位账款；说明账龄超过3年的大额应付账款未偿还的原因，并在期后事项中反映资产负债表日后是否偿还。

第四节　固定资产审计

固定资产是指同时具有下列两个特征的有形资产：① 为生产商品、提供劳务、出租或经营管理而持有；② 使用寿命超过一个会计年度。资产负债表所列固定资产项目金额大，涉及范围广，计算复杂，注册会计师在审计时应给予高度关注。

一、固定资产审计重要性

（一）固定资产占资产总额比例大

固定资产在企业资产总额中占有较大的比例，固定资产的安全、完整和运行对企业的生产经营影响极大。

（二）固定资产审计涉及的范围广

（1）固定资产项目余额由固定资产科目余额扣除累计折旧科目余额和固定资产减值准备科目余额构成。固定资产科目余额反映企业所有固定资产的原价，累计折旧科目余额反映企业固定资产的累计折旧数额，固定资产减值准备科目余额反映企业提取的固定资产减值准备的数额。这3项无疑都属于固定资产的审计范围。

（2）固定资产的增加包括购置、自行建造、投资者投入、融资租入、更新改造、以非现金资产抵偿债务方式取得或以应收债权换入、以非货币性资产交换方式换入、经批准无偿调入、接受捐赠和盘盈等多种途径，相应涉及货币资金、应付账款、预付款项、在建工程、股本、资本公积、长期应付款、递延所得税负债等项目。

（3）固定资产减少包括出售、报废、投资转出、捐赠转出、抵债转出、以非货币性资产交换方式换出、无偿调出、毁损和盘亏等原因，与固定资产清理、其他应收款、营业外收入和营业外支出等项目有关。

（4）企业按月计提固定资产折旧，又与制造费用、销售费用、管理费用等项目联系在一起。

（三）固定资产计价复杂，可利用空间大

固定资产计价涉及原价、重置价值、折余价值、公允价值等，这些计价有的有直接依据，有的没有直接依据，可以利用的空间较大。

（四）固定资产的核算涉及一系列的会计政策和会计估计

会计政策是指企业在会计确认、计量和报告中所采用的原则、基础和会计处理方法。会计估计是指企业对其结果不确定的交易或事项以最近可利用的信息为基础所作的判断。固定资产的核算涉及一系列的会计政策和会计估计，如折旧政策、预计使用年限等。

二、固定资产的审计目标

固定资产是一项重要的存量资产，涉及存在、计价和所有权等方面。固定资产的审计目标一般包括：

（1）确定固定资产是否存在；

（2）确定固定资产是否归被审计单位所有；

（3）确定固定资产的计价是否恰当；

（4）确定固定资产的折旧政策是否恰当，折旧的计算是否正确，折旧费用的分摊是否合理、一贯；

（5）确定固定资产减值准备的计提是否充分、完整，方法是否恰当；

（6）确定固定资产和固定资产减值准备的记录是否完整；

（7）确定固定资产和固定资产减值准备的期末余额是否正确；

（8）确定固定资产和固定资产减值准备的披露是否恰当。

三、固定资产的审计程序

（一）固定资产账面余额审计的实质性程序

1. 获取或编制固定资产和累计折旧分类汇总表

固定资产和累计折旧分类汇总表又称一览表或综合分析表，根据固定资产和累计折旧明细账及相关资料编制而成，是审计固定资产和累计折旧的重要工作底稿。获取固定资产和累计折旧分类汇总表后，应检查固定资产的分类是否正确并与总账数和明细账合计数核对相符，结合累计折旧、减值准备科目与报表数核对相符。固定资产和累计折旧分类汇总表参考格式如表11-1所示。

表 11-1 固定资产和累计折旧分类汇总表

年 月 日

编制： 日期：

被审计单位： 复核： 日期：

固定资产类别	固定资产				累计折旧					
	期初余额	本期增加	本期减少	期末余额	折旧方法	折旧率	期初余额	本期增加	本期减少	期末余额
合计										

固定资产和累计折旧分类汇总表包括固定资产与累计折旧两部分，应按照固定资产类别分别填列。需要注意的是期初余额栏，注册会计师对其审计应分 3 种情况：

（1）在连续审计情况下，应注意与上期审计工作底稿中的固定资产和累计折旧的期末余额审定数核对相符。

（2）在变更会计师事务所时，后任注册会计师应查阅前任注册会计师的有关工作底稿。

（3）如果被审计单位以往未经注册会计师审计，即在首次接受审计情况下，注册会计师应对期初余额进行较全面的审计。尤其是当被审计单位的固定资产数量多、价值大、占资产总额比重高时，最理想的方法是全面审计被审计单位设立以来“固定资产”和“累计折旧”账户中的所有重要的借贷记录。这样，既可核实期初余额的真实性，又可从中加深对被审计单位固定资产管理和会计核算工作的了解。

2. 实施实质性分析程序

固定资产审计时常用的分析方法是比率分析法和趋势分析法。具体做法如下：

（1）计算固定资产原值与全年产量的比率，公式如下：

$$单位产量所含固定资产总值比率=\frac{固定资产原值}{全年产品产量}$$

将此比率与以前年度相比较，分析其波动原因，可能发现闲置固定资产或已减少固定资产未在账户上注销的问题。

（2）计算本年计提折旧额与固定资产原值的比率，公式如下：

$$本年折旧计提率=\frac{本年计提的折旧额}{固定资产原值}$$

将此比率同上期比较，可以发现本期折旧额计算上可能存在的错误。

（3）计算累计折旧与固定资产原值的比率，公式如下：

$$固定资产成新率=\frac{累计折旧}{固定资产原值}$$

根据此比率，可以了解固定资产的新旧程度。将此比率同上期比较，可以发现累计折旧核算上可能存在的错误。

（4）比较本年各月间和本年度与以前各年度间的修理及维护费用，可能发现资本性支出和收益性支出区分上存在的错误。

（5）比较本年与以前各年度的固定资产增加和减少。由于被审计单位的生产经营情况在不断地变化，各年度间固定资产增加和减少的数额可能相差很大。注册会计师应当深入分析差异,并根据被审计单位以往和今后的生产经营趋势判断差异产生的原因是否合理。

3. 实地观察、检查固定资产

实地观察、检查固定资产是固定资产实物审查的重要程序,有助于注册会计师深入了解、熟悉被审计单位的生产经营情况,有助于理解增加、减少固定资产的会计处理。当被审计单位固定资产内部控制较为薄弱时,实地观察显得更为必要。

实施实地观察、检查程序时,可以采用顺查法,即以固定资产明细分类账为起点,追查至实物,以证实会计记录中所列的固定资产确实存在,并了解其目前的存在状况;也可以采用逆查法,即以实物为起点,追查至固定资产明细分类账,以获取实际存在的固定资产均已入账的证据。实地检查的重点是本期新增加的重要固定资产,有时,观察范围也会扩展到以前期间增加的重要固定资产。观察范围的确定需要依据被审计单位内部控制的强弱、固定资产的重要性和注册会计师的经验来确定。如为首次接受审计,应适当扩大检查范围。

4. 验证固定资产的所有权

对各类固定资产,注册会计师应获取、收集不同的证据以确定其是否归被审计单位所有:

(1) 对外购的机器设备等固定资产,通常审核采购发票、租赁协议等;

(2) 对于房地产类固定资产需查阅有关的合同、产权证明、财产税单、抵押贷款的还款凭据、保险单等书面文件;

(3) 对融资租入的固定资产,则应验证有关租赁合同,证实其并非经营租赁;

(4) 对汽车等运输设备,应验证有关营运证件等。

在验证固定资产的所有权时,应特别注意对受留置权限制的固定资产的审查。对受留置权限制的固定资产的审查,可以通过向银行等单位函证完成,也可以结合审核被审计单位的有关负债项目进行证实。

5. 检查本期固定资产的增加

固定资产的增加途径包括购置、自行建造、投资者投入、融资租入、更新改造、以非现金资产抵偿债务方式取得或以应收债权换入、以非货币性资产交换方式换入、经批准无偿调入、接受捐赠和盘盈等。对于后几种情况的审计,一般只需核对有关的会计记录、合同文件、验收报告等,并注意固定资产的计价是否符合规定。

按我国会计制度规定,对固定资产原则上采用历史成本法计价,但投资转入的固定资产可按评估确认或合同、协议约定的价格入账;融资租入的固定资产按租赁设备的价款加上运输费、途中保险费和安装高度费等入账,无发票的可按同类资产的市场价格入账;盘盈固定资产则按重置完全价值入账。

由于购入和自制自建固定资产涉及环节较多,容易发生错误,注册会计师应将审计的重点放在购入和自制自建固定资产上。购入固定资产的审计要点包括:

① 审查购入的固定资产是否列入预算并经授权批准。对于实际成本超预算幅度较大的资产项目,应追查原因。

② 审核采购合同、发票、保险单、发运凭证等凭据。固定资产采购业务比较复杂,金额较大,注册会计师应根据对被审计单位固定资产控制风险的评估水平和重要性原则,确定审核采购发票等凭据的范围。常见的审核方法是将采购发票上的价格和采购合同及账面记录的金额进行对比,根据所了解的被审计单位的资本化政策判断各项采购是否按会计制度的

规定合理计价,其处理方法和以前年度是否一致。对于从关联企业购进的固定资产应注意其价格是否严重偏离正常市价。

③ 审核固定资产的验收报告。

④ 审查固定资产的所有权。

⑤ 对购入的固定资产进行实地观察,以确定其存在性。

6. 检查本期固定资产的减少

固定资产的减少主要包括出售、向其他单位投资转出、向债权人抵债转出、报废、毁损、盘亏等。有的被审计单位在全面清查固定资产时,常常会出现固定资产账存实亡现象,这可能是由于固定资产管理或使用部门不了解报废固定资产与会计核算两者间的关系,擅自报废固定资产而未及时通知财务部门作相应的会计核算所致,这样势必造成财务报表反映失真。审计固定资产减少的主要目的就在于查明业已减少的固定资产是否已作适当的会计处理。其审计要点包括:

(1) 结合固定资产清理科目,抽查固定资产账面转销额是否正确;

(2) 检查出售、盘亏、转让、报废或毁损的固定资产是否经授权批准,会计处理是否正确;

(3) 检查因修理、更新改造而停止使用的固定资产的会计处理是否正确;

(4) 检查投资转出固定资产的会计处理是否正确;

(5) 检查债务重组或非货币性资产交换转出固定资产的会计处理是否正确;

(6) 检查转出的投资性房地产账面价值及会计处理是否正确;

(7) 检查其他减少固定资产的会计处理是否正确。

7. 检查固定资产后续支出的核算是否符合规定

《企业会计准则第 4 号——固定资产》规定,与固定资产有关的后续支出,如果同时满足两个确认条件(一是该固定资产包含的经济利益很可能流入企业,二是该固定资产的成本能够可靠计量),应当将该后续支出计入固定资产成本;否则,应当在该后续支出发生时计入当期损益。

在具体实务中,对于固定资产发生的下列各项后续支出,通常的处理方法为:

① 固定资产修理费用,应当直接计入当期费用。

② 固定资产改良支出,应当计入固定资产账面价值,其增计后的金额不应超过该固定资产的可收回金额。

③ 如果不能区分是固定资产修理还是固定资产改良,或固定资产修理和固定资产改良结合在一起,则企业应按上述原则进行判断,其发生的后续支出,分别计入固定资产价值和当期费用。

④ 固定资产装修费用,符合上述原则可予资本化的,在两次装修期间与固定资产尚可使用年限两者中较短的期间内,采用合理的方法单独计提折旧。如果在下次装修时,该固定资产相关的固定资产装修项目仍有余额,应将该余额一次全部计入当期营业外支出。

8. 确定固定资产的披露是否恰当

财务报表附注通常应说明固定资产的标准、分类、计价方法和折旧方法;融资租入固定资产的计价方法;固定资产的预计使用寿命和预计净残值;对固定资产所有权的限制及其金额;已承诺将为购买固定资产支付的金额;暂时闲置的固定资产账面价值;已提足折旧仍继续使用的固定资产账面价值;已退废和准备处置的固定资产账面价值。固定资产因使用磨损或其他原因而需退废时,企业应及时对其处置。如果其已处于处置状态而尚未转销时,企业应披露这些固定资产的账面价值。

如果被审计单位是上市公司,则通常应在其财务报表附注中按类别分项列示固定资产期初余额、本期增加额、本期减少额及期末余额;说明固定资产中存在的在建工程转入、出售、置换、抵押或担保等情况;披露通过融资租赁租入的固定资产租入资产的账面原值、累计折旧、账面净值;披露通过经营租赁租出的固定资产的账面价值。

(二)累计折旧的审计程序

固定资产可以长期参加生产经营而仍保持其原有实物形态,但其价值将随着固定资产的使用而逐渐转移到生产的产品中,或构成经营成本或费用。这部分在固定资产使用寿命内,按照确定的方法对应计折旧额进行的系统分摊就是固定资产的折旧。

在不考虑固定资产减值准备的前提下,影响折旧的因素有折旧的基数(一般指固定资产的账面原价)、固定资产的残余价值和使用寿命。在考虑固定资产减值准备的前提下,影响折旧的因素则包括折旧的基数、累计折旧、固定资产减值准备、固定资产预计净残值和固定资产尚可使用年限。在计算折旧时,对固定资产的残余价值和清理费用只能人为估计;对固定资产的使用寿命,由于固定资产的有形和无形损耗难以准确计算,因而也只能估计。因此,固定资产折旧主要取决于企业的折旧政策,具有较大程度的主观性,应作为审计的重点。

固定资产折旧的特性决定了累计折旧审计的主要目标在于:

(1)确定折旧的处理政策和方法是否符合相关规定,是否一贯遵循;

(2)核实累计折旧增减变动的记录是否完整;

(3)审查折旧方法的使用是否前后一致,计算是否正确;

(4)确定累计折旧的期末余额是否正确;

(5)确定累计折旧的披露是否恰当。

1. 确定被审计单位折旧政策的恰当性

注册会计师应查阅被审计单位的经营手册或其他管理文件,确定其折旧方法的选择是否得当,前后期是否一致,能否在固定资产使用年限内合理分摊成本。

《企业会计准则第4号——固定资产》中明确规定:

① 已达到预定可使用状态的固定资产,无论是否交付使用,尚未办理竣工决算的,应当按照估计价值确认为固定资产,并计提折旧;待办理了竣工决算手续后,再按实际成本调整原来的暂估价值,但不需要调整原已计提的折旧额。

② 符合确认条件的固定资产装修费用,应当在两次装修期间与固定资产剩余使用寿命两者中较短的期间内计提折旧。

③ 融资租赁方式租入的固定资产装修费用,应当在两次装修期间、剩余租赁期与固定资产剩余使用寿命三者中较短的期间内计提折旧。

④ 对于修理、更新改造过程而停止使用的固定资产,符合相关确认条件的,应当转入在建工程,停止计提折旧;不符合相关规定的确认条件的,不应转入在建工程,照提折旧。

⑤ 固定资产提足折旧后,不管能否继续使用,均不再计提折旧;提前报废的固定资产,也不再补提折旧。所谓提足折旧,是指已经提足该项固定资产的应计折旧额。

2. 获取或编制累计折旧分类汇总表

根据固定资产总分类账户，编制会计年度内各类固定资产累计折旧分类汇总表：

① 核对上年度审计工作底稿，确定期初余额，如果是初次审计，则要追查至开账日进行详细分析；

② 比较固定资产明细账或分类账的累计折旧合计是否等于总分类账户累计折旧的期末余额。

3. 实施分析性复核程序

注册会计师应根据情况，选择以下方法对累计折旧进行分析性复核：

（1）对折旧计提的总体合理性进行复核，是测试折旧正确与否的一个有效办法，计算、复核的方法是用应计提折旧的固定资产乘以本期的折旧率。

计算之前，注册会计师应对本期增加和减少的固定资产、使用年限长短不一的固定资产和折旧方法不同的固定资产作适当调整，然后进行估算。如果总的计算结果和被审计单位的折旧总额相近，且固定资产及累计折旧的内部控制较健全时，就可以适当减轻累计折旧和折旧费用的其他实质性程序工作量。

（2）计算本期计提折旧占固定资产原值的比率，并与上期比较，分析本期折旧计提额的合理性和准确性。

（3）计算累计折旧占固定资产原值的比率，评估固定资产的老化率，并估计因闲置、报废等原因可能发生的固定资产损失，结合固定资产减值准备，分析其是否合理。

4. 查验本期折旧费用的计提和分配是否正确

① 复核本期与上期所使用的折旧率是否一致，如有差异应查明原因；

② 核查固定资产预计使用年限和预计净残值是否符合有关规定，在当时情况下是否合理；

③ 注意固定资产增减变动时，有关折旧的会计处理是否符合规定，查明通过更新改造、接受捐赠或融资租入而增加的固定资产的折旧费用计算是否准确；

④ 检查折旧费用的分配是否合理，与上期分配方法是否一致；

⑤ 检查有无已提足折旧的固定资产继续超提折旧的情况和应提折旧的固定资产不提或少提折旧的情况；

⑥ 将“累计折旧”账户贷方的本期计提折旧额与相应的成本费用中的折旧费用明细账户的借方相比较，以查明所计提折旧金额是否已全部摊入本期产品成本或费用。一旦发现差异，应及时追查原因，并考虑是否应建议作适当调整。

按照《企业会计准则第 4 号——固定资产》的规定，注册会计师还应注意审查以下特殊内容：

① 已计提减值准备的固定资产，企业是否按照该固定资产的账面价值及尚可使用寿命重新计算确定折旧率和折旧额；

② 如果已计提减值准备的固定资产价值又得以恢复，企业是否按照固定资产价值恢复后的账面价值及尚可使用寿命重新计算确定折旧率和折旧额；

③ 因固定资产减值准备而调整固定资产折旧额时，企业是否按规定对此前已计提的累计折旧不作调整。

5. 验明累计折旧的披露是否恰当

如果被审计单位是上市公司，则应在其会计报表附注中按固定资产类别分项列示累计折旧期初余额、本期计提额、本期减少额及期末余额。

（三）固定资产减值准备的审计程序

固定资产的可收回金额低于其账面价值称为固定资产减值。这里的可收回金额应当根据固定资产的公允价值减去处置费用后的净额与资产预计未来现金流量的现值两者之间的较高者确定。这里的处置费用包括与固定资产处置有关的法律费用、相关税费、搬运费，以及为使固定资产达到可销售状态所发生的直接费用等。

企业应当在资产负债表日判断固定资产是否存在可能发生减值的迹象。根据《企业会计准则第8号——资产减值》的规定，如存在下列迹象的，表明固定资产可能发生减值：

（1）固定资产的市价当期大幅度下跌，其跌幅明显高于因时间的推移或正常使用而预计的下跌。

（2）企业经营所处的经济、技术或者法律等环境及固定资产所处的市场在当期或者将在近期发生重大变化，从而对企业产生不利影响。

（3）市场利率或者其他市场投资回报率在当期已经提高，从而影响企业计算固定资产预计未来现金流量现值的折现率，导致固定资产可收回金额大幅度降低。

（4）有证据表明固定资产陈旧过时或者其实体已经损坏。

（5）固定资产已经或者将被闲置、终止使用或者计划提前处置。

（6）企业内部报告的证据表明固定资产的经济绩效已经低于或者将低于预期，如固定资产所创造的净现金流量或者实现的营业利润（或者损失）远远低于（或者高于）预计金额等。

（7）其他表明固定资产可能已经发生减值的迹象。

如果由于该固定资产存在上述迹象，导致其可收回金额低于账面价值的，应当将固定资产的账面金额减记至可收回金额，将减记的金额确认为固定资产减值损失，计入当期损益，同时计提相应的固定资产减值准备。

固定资产减值准备的实质性程序一般包括：

① 获取或编制固定资产减值准备明细表，复核加计正确，并与总账数和明细账合计数核对相符；

② 实施实质性分析程序，计算本期末固定资产减值准备占期末固定资产原值的比率，并与期初该比率比较，分析固定资产的质量状况；

③ 检查固定资产减值准备计提和核销的批准程序，取得书面报告等证明文件；

④ 检查被审计单位计提固定资产减值准备的依据是否充分及会计处理是否正确；

⑤ 检查资产组的认定是否恰当，计提固定资产减值准备的依据是否充分，会计处理是否正确；

⑥ 检查被审计单位处置固定资产时原计提的减值准备是否同时结转，会计处理是否正确；

⑦ 确定固定资产减值准备的披露是否恰当。

如果企业计提了固定资产减值准备，根据《企业会计准则第8号——资产减值》的规定，企业应当在财务报表附注中披露：① 当期确认的固定资产减值损失金额；② 企业提取的固定资产减值准备累计金额。如果发生重大固定资产减值损失的，还应当说明导致重大固定资产减值损失的原因，固定资产可收回金额的确定方法，以及当期确认的重大固定资产减值损失的金额。

第五节　其他相关账户审计

在采购与付款循环中，除以上介绍的财务报表项目以外，还包括预付款项、在建工程、工程物资、固定资产清理、无形资产、开发支出、商誉、长期待摊费用、应付票据、长期应付款和管理费用等项目。这些项目的审计大都与其他一些项目的审计相似。例如，应付票据、长期应付款与应付账款的审计方法基本相同，工程物资与存货的审计方法基本一致。所以，在此只选择与前文审计项目差别较大的在建工程、无形资产、管理费用审计进行简要的介绍。

一、在建工程审计

（一）在建工程的审计目标

在建工程是指企业进行的基建工程、安装工程、技术改造工程、大修理工程、安装设备等。除新建企业外，一般企业在建工程项目较少，审计工作量较小。对在建工程项目较多的企业，应认真组织在建工程的审计，有的还需利用专家的工作。

在建工程的审计目标一般包括：

（1）确定在建工程是否存在；

（2）确定在建工程是否归被审计单位所有；

（3）确定在建工程增减变动的记录是否完整；

（4）确定在建工程的计价方法是否正确；

（5）确定在建工程减值准备的计提是否充分、完整，方法是否恰当；

（6）确定在建工程减值准备的会计处理是否正确；

（7）确定在建工程及其减值准备的披露是否恰当。

（二）在建工程审计实质性程序

（1）获取或编制在建工程明细表，复核加计正确，并与总账数和明细账合计数核对相符，结合减值准备科目与报表数核对相符。

应当注意的是，在建工程报表数反映企业期末各项未完工程的实际支出，包括交付安装的设备价值，未完建筑安装工程已经耗用的材料、工资和费用支出，预付外包工程的价款，已经建筑安装完毕但尚未交付使用的工程等的可收回金额，应根据在建工程科目的期末余额减去在建工程减值准备科目的期末余额后的金额填列。因此，其报表数应同在建工程总账数和明细账合计数分别减去相应的在建工程减值准备总账数和明细账合计数后的余额核对相符。

（2）检查在建工程项目期末余额的构成内容，并实地观察工程现场。

① 确定在建工程是否存在；

② 观察工程项目的实际完工程度；

③ 检查是否存在已达到预计可使用状态，但未办理竣工决算手续、未及时进行会计处理的项目。

（3）检查本期在建工程的增加数。

① 对于重大建设项目，取得有关工程项目的立项批文、预算总额和建设批准文件，以及施工承包合同、现场监理施工进度报告等业务资料。

② 对于支付的工程款，应抽查其是否按照合同、协议、工程进度或监理进度报告分期支付，付款授权批准手续是否齐备，会计处理是否正确，同时取得监理报告等资料检查估计的发包进度是否合理。

③ 对于领用的工程物资，抽查工程物资的领用是否有审批手续，会计处理是否正确。

④ 对于应负担的职工薪酬，结合应付职工薪酬的审计，检查应计入在建工程的职工薪酬范围、计量和会计处理是否正确。

⑤ 检查借款费用资本化。借款费用资本化是在建工程审查的重点内容。多资本化或少资本化既与资产有关，又与损益有关。注册会计师应结合长短期借款、应付债券或长期应付款的审计，检查借款费用（借款利息、折溢价摊销、汇兑差额、辅助费用）资本化的起讫日的界定是否合规，计算方法是否正确，资本化金额是否合理，会计处理是否正确。

⑥ 检查工程管理费、征地费、可行性研究费、临时设施费、公证费、监理费及应负担的税费等资本化的金额是否合理、真实和完整，会计处理是否正确。

（4）检查本期在建工程的减少数。

① 了解在建工程结转固定资产的政策，并结合固定资产审计，检查在建工程结转是否正确，是否存在将已经达到预计可使用状态的固定资产挂列在建工程，少计提折旧的情况。

② 检查已完工程项目的竣工决算报告、验收交接单等相关凭证，以及其他转出数的原始凭证，检查其会计处理是否正确。

③ 取得因自然灾害等原因造成的单项工程或单位工程报废或毁损的相关资料，检查其会计处理是否正确。

（5）检查是否存在长期挂账的在建工程，如有，应了解原因，并关注是否可能发生损失；检查是否计提减值准备，减值准备计提是否正确。

（6）结合长短期借款等项目，了解在建工程是否存在抵押、担保情况，如有，应取证记录，并提请被审计单位作必要披露。

（7）检查在建工程合同，确定是否存在与资本性支出有关的财务承诺。

（8）确定在建工程的披露是否恰当。

如果被审计单位是上市公司，其财务报表附注中通常应分项列示在建工程的名称、预算数、期初余额、本期增加额、本期转入固定资产额、其他减少数、期末余额、资金来源、工程投入占预算的比例，分项列示期初余额、本期增加额、本期转入固定资产、其他减少数和期末余额中所包含的借款费用资本化金额。其中，工程项目资金来源应区分募股资金、金融机构贷款和其他来源等，用于确定利息资本化金额的资本化率应单独披露。

二、无形资产审计

（一）无形资产的审计目标

无形资产是指企业拥有或者控制的没有实物形态的可辨认非货币性资产，包括专利权、非专利技术、商标权、著作权、土地使用权等。

无形资产的审计目标一般包括：

（1）确定无形资产是否存在，是否归被审计单位所有；

（2）确定无形资产增减变动及其摊销的记录是否完整；

（3）确定无形资产的使用寿命是否合理，摊销政策是否恰当；

（4）确定无形资产减值准备计提是否充分、完整，方法是否恰当，发生和转销的记录是否完整；

（5）确定无形资产、累计摊销及减值准备的披露是否恰当。

（二）无形资产审计实质性程序

（1）获取或编制无形资产明细表，复核加计正确，并与总账数和明细账合计数核对相符，结合累计摊销、无形资产减值准备科目与报表数核对相符。

（2）检查无形资产科目的核算内容是否符合规定，特别关注土地使用权的核算是否正确。

（3）检查无形资产的权属证书原件、非专利技术的持有和保密状况等，并获取有关协议和董事会纪要等文件、资料，检查无形资产的性质、构成内容、计价依据、使用状况和受益期限，确定无形资产的所有权和存在性。

（4）检查无形资产的增加。

① 检查投资者投入的无形资产是否按投资各方确认的价值入账，并检查确认价值是否公允，交接手续是否齐全；涉及国有资产的，是否有评估报告并经国有资产管理部门评审备案或核准确认；首次发行股票而接受投资者投入的无形资产其入账价值是否符合现行规定。

② 对自行研发取得、购入或接受捐赠的无形资产，检查其原始凭证，确认计价是否正确，法律程序是否完备，会计处理是否正确。

③ 对债务重组或非货币性资产交换取得的无形资产，检查有关协议等资料，确认其计价和会计处理是否正确。

④ 检查本期购入土地使用权相关税费计缴情况，购入土地使用权相关的会计处理是否正确。

（5）检查无形资产的减少。

① 取得无形资产处置的相关合同、协议，检查其会计处理是否正确。

② 检查房地产开发企业用于建造对外出售的房屋建筑物取得的土地，相关土地使用权是否转入所建造房屋建筑物的成本；在土地上自行开发建造厂房等建筑物的，土地使用权和地上建筑物是否分别进行摊销和计提折旧。

③ 当土地使用权用于出租或增值目的时，检查其是否转为投资性房地产核算，会计处理是否正确。

（6）检查被审计单位确定无形资产使用寿命的依据，分析其合理性。对于使用寿命有限的无形资产,应逐项检查是否存在减值迹象,作出详细记录;对于使用寿命不确定的无形资产,无论是否存在减值迹象,都应进行减值测试。若某项无形资产预计不能为被审计单位带来经济利益的,考虑是否将其账面价值予以转销,计入当期营业外支出。

(7)确定无形资产的披露是否恰当。

三、管理费用审计

(一)管理费用审计的审计目标

管理费用是指企业行政管理部门为管理组织经营活动而发生的各项费用,包括公司经费、工会经费、职工教育经费、劳动保险费、待业保险费、董事会费、咨询费、审计费、诉讼费、排污费、绿化费、税金、土地使用费、土地损失补偿费、技术转让费、技术开发费、无形资产摊销、开办费摊销、业务招待费,坏账损失,存货盘亏、毁损和报废(减盘盈)损失,以及其他管理费用。

管理费用的审计目标一般包括:

(1)确定记录的管理费用是否已发生,且与被审计单位有关;

(2)确定管理费用记录是否完整;

(3)确定与管理费用有关的金额及其他数据是否已恰当记录;

(4)确定管理费用是否已记录于正确的会计期间;

(5)确定管理费用的内容是否正确;

(6)确定管理费用的披露是否恰当。

(二)管理费用审计的实质性程序

(1)取得或编制管理费用明细表,复核加计正确,与报表数、总账数及明细账数核对相符。

(2)检查管理费用项目的核算内容与范围是否符合规定。

(3)将本期、上期管理费用各明细项目作比较分析,必要时比较各月份管理费用,对有重大波动和异常情况的项目应查明原因,考虑是否提请被审计单位调整。

(4)将管理费用中列支的职工薪酬、研究费用、折旧费及无形资产、长期待摊费用、其他长期资产的摊销等项目与相关科目进行交叉勾稽,并作出相应记录。

(5)选择管理费用中数额较大,以及本期与上期相比变化异常的项目追查至原始凭证,并注意:董事会费是否已经实际支出并有合法依据;业务招待费支出是否合理,如超过规定限额,应建议作纳税调整;差旅费支出是否符合企业开支标准及报销手续;咨询费支出是否符合规定;有无诉讼费及赔偿款项支出,并关注是否存在或有损失;无形资产的摊销额和筹建期间发生的开办费核算是否符合规定;支付外资机构的特许权使用费支出是否超过规定限额,必要时应建议作纳税调整;上交母公司或其他关联方的管理费用是否有合法的单据和证明文件;检查大额支出、不均匀支出和有疑问支出的内容和审批手续、权限是否符合有关规定;对被审计单位行政管理部门等发生的大额固定资产维修费,关注其原因;检查库存现金、存货等流动资产盘盈、盘亏处理是否符合规定;复核本期发生的车船税、印花税等税费是否正确;对管理费用中的支出内容,关注有无不正常开支。

(6)抽取资产负债表日前后一定数量的凭证,实施截止测试,对于重大跨期项目,应建议作必要调整。

（7）检查管理费用的披露是否恰当。

【名词与术语】

应付账款　　固定资产　　累计折旧　　估算　　管理费用

【思考题】

1. 试述采购与付款循环的内部控制的内容，并说明测试的方法。
2. 为什么在一般情况下，不需要对应付账款进行函证？
3. 如何查找未入账的应付账款？
4. 如何审查累计折旧提取的适当性？
5. 试比较固定资产与存货存在和计价测试的异同点。
6. 试述管理费用审计的一般程序。
7. 在实际工作中，如何验证固定资产的所有权？
8. 试述固定资产的审计目标。

第十二章 生产与存货循环审计

本章导读

生产与存货循环和销售与收款循环、采购与付款循环的联系非常密切，是采购和销售的中间环节。本章主要讲解生产与存货循环相关项目的审计方法。首先，介绍本循环涉及的报表项目和账户、主要资料和主要业务活动；然后阐述相关的内部控制及其测试方法；最后着重讲解存货、应付职工薪酬和主营业务成本的审计方法。

本章的重点是存货、应付职工薪酬和主营业务成本的审计；难点是存货存在和计价的审计方法。

通过本章的学习，了解本循环涉及的报表项目和账户、主要凭证资料和业务活动；掌握本循环的内部控制内容及其测试方法；理解和掌握存货、应付职工薪酬和主营业务成本的审计方法。

第一节　生产与存货循环的特性

生产与存货循环的特性主要包括三部分的内容：一是本循环涉及的报表项目和账户；二是本循环涉及的主要资料；三是本循环涉及的主要业务活动。

一、涉及的报表项目和账户

生产与存货循环涉及的报表项目不多，涉及的资产负债表项目主要是存货、应付职工薪酬等；涉及的利润表项目主要是营业成本等。其中，存货项目包含的内容广泛，涉及大量账户，包括：材料采购或在途物资、原材料、材料成本差异、库存商品、发出商品、商品进销差价、委托加工物资、委托代销商品、受托代销商品、周转材料、生产成本、制造费用、劳务成本、存货跌价准备、受托代销商品款等。

二、涉及的主要资料

不同性质的企业，涉及的资料差别很大。以制造业为例，生产与存货循环由将原材料转化为产成品的有关活动组成，包括制订生产计划，领取原材料和其他物料用品，进行生产，分摊费用，计算生产成本，计算工资和销售成本等，涉及领料、生产加工、销售产成品等主要环节。生产与存货循环所主要涉及的凭证和记录如下。

1. 生产指令

生产指令又称生产任务通知单，是企业下达制造产品等生产任务的书面文件，用以通知供应部门组织材料发放，生产车间组织产品制造，会计部门组织成本计算。广义的生产指令也包括用于指导产品加工的工艺规程。

2. 领发料凭证

领发料凭证是企业各部门领用材料所采用的各种凭证，包括材料发出汇总表、领料单、限额领料单、领料登记簿、退料单等。领发料凭证是按月编制材料耗用汇总分配表的依据。

3. 产量和工时记录

产量和工时记录是登记工人或生产班组出勤时间内完成产品数量、质量和生产这些产品所耗费工时数量的原始记录。产量和工时记录的内容与格式是多种多样的，常见的产量和工时记录主要有工作通知单、工序进程单、工作班产量报告、产量通知单、产量明细表、废品通知单等。产量和工时记录是计算应付工资的原始依据。

4. 工薪汇总表及工薪费用分配表

工薪汇总表是根据企业的工资标准和产量与工时记录编制的应付职工工薪凭证，有的企业称为工资结算单，可以按整个企业编制，也可以按车间部门编制，是进行工薪结算总分类核算和工薪费用分配的依据。工薪费用分配表反映了各生产车间各产品应负担的生产工人工薪及福利费。

5. 材料费用分配表

材料费用分配表是根据领发料凭证编制的,用来汇总反映各生产车间、部门,各产品所耗费的材料费用的原始记录。

6. 制造费用分配汇总表

制造费用分配汇总表是用来汇总反映各生产车间各产品所应负担的制造费用的原始记录。

7. 成本计算单

成本计算单是用来归集某一成本计算对象所应承担的生产费用,计算该成本计算对象的总成本和单位成本的记录。

8. 存货明细账

存货明细账是用来反映各种存货增减变动情况和期末库存数量及相关成本信息的会计记录。

三、涉及的主要业务活动

生产与存货循环所涉及的主要业务活动大多在企业的内部完成,通常涉及生产计划、仓库、生产、人事、销售、会计等部门,主要包括以下业务活动:

1. 计划和安排生产

计划和安排生产是企业生产活动的开始,一般由生产计划部门进行。生产计划部门根据顾客订单或者对销售预测和产品需求的分析来决定生产的品种、规格和数量,然后签发预先编号的生产通知单,通知生产部门组织生产。在编生产通知单的同时,还需要编制一份材料需求报告,列示所需要的材料和零件,通知采购部门采购,仓库部门备货。

2. 领发原材料

生产部门接到生产通知单后,填制领料单领取材料、配件,或直接外购。仓库部门根据从生产部门收到的领料单发出原材料。领料单上必须列示所需的材料数量和种类,以及领料部门的名称。领料单可以一料一单,也可以多料一单,通常需一式三联。仓库发料后,将其中一联连同材料交给领料部门,其余两联经仓库登记材料明细账后,送会计部门进行材料收发核算和成本核算。

3. 生产产品

生产部门在收到生产通知单及领取原材料后,便将生产任务分解到每一个生产工人,组织产品的生产。生产工人在完成生产任务后,将完成的产品交生产部门查点,然后转交检验员验收并办理入库手续;或是将所完成的产品移交下一个部门,作进一步加工。

4. 核算产品成本

核算产品成本是本循环最复杂的活动之一,是实现存货的实物流转和账面控制的重要环节。一方面,生产过程中的各种记录:生产通知单、领料单、计工单、入库单等文件资料都要汇集到会计部门,由会计部门对其进行检查和核对,了解和控制生产过程中存货的实物流转;另一方面,会计部门要设置相应的会计账户,采用适当的成本计算方法对生产过程中的成本进行核算和控制。成本会计制度可以非常简单,只是在期末记录存货余额;也可以是完善的标准成本制度,它持续地记录所有材料处理、在产品和产成品,并形成对成本差异的分析报告。完善的成本会计制度应该提供原材料转为在产品,在产品转为产成品,以及按成本中心、分批生产任务通知单或生产周期所消耗的材料、人工和间接费用的分配与归集的详细资料。

5. 储存产成品

产成品生产完工入库,须由仓库部门先行点验和检查,然后签收。签收后,将实际入库数量通知会计部门。

6. 发出产成品

产成品的发出须由独立的发运部门进行。装运产成品时必须持有经有关部门核准的发运通知单,并据此编制出库单。出库单至少一式四联,一联交仓库部门;一联发运部门留存;一联送交顾客;一联作为给顾客开发票的依据。

7. 计算产品销售成本

第二节　生产与存货循环的内部控制及测试

生产与存货循环的内部控制主要包括存货的内部控制、成本的内部控制及工薪的内部控制三项内容。

由于生产与存货循环与其他业务循环的内在联系,生产与存货循环中某些审计测试,特别是对存货的审计测试,与其他相关业务循环的审计测试同时进行将更为有效。例如,原材料的取得和记录是作为采购与付款循环的一部分进行测试的,而装运产成品和记录营业收入则是作为销售与收款循环审计的一部分进行测试的。这些在以前相应章节已作了介绍。存货的数量和计价两个关键因素的控制,将在本章第三节中分别予以阐述。因此,本节对生产与存货循环的内部控制和相关控制测试的介绍,仅涉及成本会计控制及工薪控制两个方面。

一、内部控制目标

生产与存货循环内部控制制度的主要目标包括以下几个方面:

(1) 保证生产业务和费用的发生是根据授权进行的;

(2) 保证登记入账的成本费用为实际发生而非虚构;

(3) 保证所发生的成本费用已全部入账;

(4) 保证发生的成本费用以正确的金额,在恰当会计期间记录于适当账户;

(5) 保证不相容职责分离,定期进行账实核对。

二、生产与存货循环的内部控制

生产与存货循环的核算内容包括直接材料、直接人工、制造费用及成本会计制度等。其中,直接材料的内部控制制度将合并在存货结存数的内部控制制度中论述,制造费用的内部控制制度将合并在成本会计制度的内部控制制度中论述。

（一）工薪的内部控制制度

工薪业务包括人员的录用、解聘、确定基本工资、记录工时、计算应付工资、登记应付工资明细账和总账、工资支付等内容。

工薪的内部控制要点可以包括以下几个方面：

1. 职员录用、解聘、调离、工资率变动方面的控制制度

① 由人事部门负责核准职工的录用。

② 由人事部门负责给被录用的员工分配工作，确定其工资和扣款项目，并加以记录。

③ 人事部门将被录用的员工姓名、工资级别、扣款项目等通知财务部门和该员工所属的部门主管。未经人事部门授权，财务部门不能擅自在工资表上增加职工姓名和工资。

④ 解聘员工时，由人事部门发出解聘通知，并由人事部门通知财务部门停发工资，通知该员工所属部门主管监督其业务交接工作。

⑤ 对于录用通知单和解聘通知单应按顺序编号，实施必要的控制。

⑥ 职工工资发生变动时，应由人事部门负责记录新的工资水平，同时，将变动后的工资通知财务部门。

⑦ 在员工发生离职或调动时，对于重要的岗位，应由内部审计机构对该员工经手的业务进行必要的审计后，方可办理有关的手续。

2. 人工成本管理方面的控制制度

① 建立人工成本的预算控制制度，确定标准的人工工时和计件标准。

② 按车间或班组编制工时表、工作通知单，并由有关人员负责定期抽查有关记录的准确性。

③ 按车间或班组编制生产数量报告，并将其与永续盘存的有关记录进行比较。

④ 将实际工资成本与标准工资成本进行比较，并分析差异产生的原因；工时汇总表与产品生产数量报告在未经核准的情况下，不得据以发放工资。

⑤ 工时、产品生产数量的计算与工资表的编制应由不同的人员负责。

3. 工资的记录和分配方面的控制制度

① 根据经过检查和核准后的工时表和产品生产数量报告等计算职工工资。

② 加班、奖金、津贴应有专门的审批程序。

③ 编制职工的应得工资及扣款明细表或工资汇总表，扣款应由人事部门授权。

④ 编制工资费用分配表，合理分配各部门的工资费用。

⑤ 登记应付职工薪酬明细账及其他相关的成本、费用类账户。

⑥ 对工资计算和分配的结果由专人进行复核。

4. 工资支付的内部控制

① 如果企业发放的是现金工资，应采用工资袋控制资金的发放；负责工资发放的人员应事先确定所需发放的工资总额，确保装入职工工资袋的工资与提取的现金基本相等；对于逾期未领的工资应解存银行，并进行相关的记录。

② 如果由银行代发工资，应在银行开立专门的工资账户，并将工资相关的记录与银行对账单进行核对。

③ 由内部审计部门定期对未领工资进行调查，确定未领工资的发放和保存是否符合企

业的有关规定。

④ 妥善保管支票、职工档案、数据处理程序等相关凭证和记录。

（二）成本会计制度的内部控制

1. 授权批准制度

成本计算和费用分配方法的确定与变更经授权批准。

2. 会计记录

（1）建立成本核算和管理制度。

（2）建立和健全与材料消耗、人工消耗、费用支出、在产品转移、产成品完工入库等业务相关的原始凭证，并及时进行记录，如原料的领用经核准后开出领料单，产成品入库时应有入库单、成品的收发存月报表根据当月的入库单、领料单分别汇总编制；对存货要规定合理的储存限额，对于领用材料、包装物、低值易耗品应尽可能采用限额凭证（如限额领用单）；存货的收发应以有关负责人审核批准的凭证为准，并及时登记入账。

（3）编制材料费用分配表、人工费用分配表，归集直接材料、直接人工成本，并按照一定标准在不同产品之间进行分配。

（4）归集制造费用总额，按照一定的分配标准（如人工工时、机器工时）进行分配，并编制制造费用分配表。

（5）按照一定的方法（如分批法、分步法）计算产品成本，并编制产品成本计算表。

（三）存货结存数内部控制制度

1. 授权批准制度

① 存货计价方法的确定与变更经管理层批准。

② 对存货的盘盈、盘亏、报废、毁损应查明原因，经报批后入账；同时，对呆滞、毁损、报废的存货经授权后及时进行清理，并加以记录。

2. 职务分离

① 领料单的填制、审批、发料与记账应由不同的人员负责。

② 入库单的填制与记账应由不同的人员负责。

③ 发货单的填制与记账应由不同的人员负责。

3. 会计记录内部控制

① 尽量采用永续盘存制。

② 月末车间未用的原材料假退料手续。

4. 定期核对

① 定期或不定期进行盘点，以进行账实核对，盘点应由仓库保管员以外的其他人员负责。

② 对于委托加工材料，委托代销商品，出租、出借的包装物等本单位的存货应定期与有关单位核对，并进行必要的账务处理。

5. 实物控制

① 建立、健全在产品、半成品、产成品等的保管、移交制度。

② 仓库存货按种类、性质集中堆放，并有醒目标记。

③ 严格控制存货及相关的文件、记录，只有经过授权的人员才能接触。

三、生产与存货循环的控制测试

（一）对被审计单位的内部控制制度进行简易抽查

在了解了被审计单位的内部控制制度的前提下，有必要对被审计单位内部控制制度进行简单的抽查，以确定审计工作底稿对被审计单位内部控制制度的描述是否完整和正确。抽查时需要关注的事项主要包括以下内容：

（1）存货的发出手续是否按规定办理，是否及时登记仓库账并与会计记录核对；

（2）是否建立定期盘点制度，发生的盘盈、盘亏、毁损、报废是否及时按规定审批处理。

（二）工薪业务的控制测试

从工薪业务中抽查若干样本进行测试，主要包括以下内容：

（1）审阅职工工资的明细记录。

（2）追查被审计单位的人事档案，内容包括职工姓名、工资级别、扣款项目和金额等。

（3）审查人事部门对职工的录用、解雇、调离及工资的变动情况。

（4）审查职工工资总额的内容和各种扣款项目有关的规定，依据是否充分，有无授权批准。

（5）将工资计算单上所反映的工时与工时卡或考勤记录相核对。

（6）审查考勤记录和产量记录的审核手续。

（7）审查职工工资总额的成本分配，即将工资计算单与人工成本计算单相比较。

（8）审查工资的结算和发放是否实行职务分离。

（9）审查工资的发放。若用现金支付，则应追查职工领取工资时的收据或签名，并与工资的计算单相核对，并注意有无领款人签章；若通过银行支付，则应将工资计算单与银行的对账单等进行核对。

（10）审查未领工资的期后支付情况。

（11）审查工资计算单的编制是否经过适当的核准。

（12）抽取若干工资计算、发放或分配样本，并追溯至相关的明细账、会计凭证。

（13）审查人工成本的分配，以确定直接人工成本和间接人工成本、管理费用、销售费用等的划分是否正确。

（三）抽查成本会计制度

在工业企业中，成本核算是一个复杂的过程，而生产成本核算的正确与否又会影响到主营业务成本及利润等项目的正确性。所以，在进行审计时，应当对成本会计制度进行必要的抽查，具体包括以下内容：

（1）存货的产品成本计价方法是否符合财务会计制度的规定，是否发生重大变更。

（2）如果采用计划成本、定额成本、标准成本，计算产品销售成本时所分配的各项成本差异和会计处理是否正确。

（3）抽查部分直接材料、直接人工、制造费用原始凭证并与账面的记录进行核对。

① 抽查部分领料单的签发是否经过授权批准；如果有材料发出汇总表，应检查该表是否经过适当的人员复核。在此基础上，将这些原始凭证与相应的记账凭证进行核对。

② 审查生产工人工时总数、生产工人工资总额等基础数据的正确性。

③ 抽查生产工人工时,应审查生产通知单和工时汇总表。

④ 审查制造费用的归集和分配的正确性。

⑤ 审查产成品成本汇总方法的正确性。

⑥ 抽查产品入库单,以验证产成品入库的存货记录的正确性。

⑦ 抽查被审计单位存货盘点的记录。

⑧ 抽查被审计单位委托加工、代保管等类型的存货的情况。

在控制测试的基础上,审计人员应当对被审计单位的存货内部控制制度作出评价,并相应地调整实质性程序和策略。对存货控制中的薄弱环节,应该在工作底稿中加以记录,必要时,以口头或书面形式向被审计单位的管理层提出改进的建议。

第三节　存货审计

一、存货审计的重要性与复杂性

存货是指企业在日常活动中持有以备出售的产成品或商品、处在生产过程中的在产品、在生产过程或提供劳务过程中耗用的材料和物料等。存货不仅对于生产制造业、批发业和零售行业十分重要,对于服务行业也具有重要性。存货的重大错报对于流动资产、营运资本、总资产、销售成本、毛利及净利润都会产生直接的影响,而存货的审计又极为复杂和费时。导致存货审计复杂和费时的主要原因包括:

1. 相关业务活动主要集中在企业内部进行,丧失了相应的外部牵制

存货通过采购与付款循环进入企业,经过销售与收款循环离开企业。本节所述存货为资产负债表存货项目所涉及的内容,介于销售与收款循环和采购与付款循环之间,主要包括两部分:仓库储存存货;生产加工的存货。这两个部分的活动大都可以在企业的内部完成,很少涉及企业外部的单位。由于活动集中在企业的内部,使用的凭证资料也由企业内部完成,这样,失去了外部牵制的凭证资料的可靠性大为降低。

2. 存货存在复杂的物理变化和化学变化

存货从购入的材料、物料到可供出售的产成品或商品,有的未发生形态和品质的变化,大多数发生了复杂的物理变化和化学变化,如钢材变成了机器设备,化学原料变成了相关的化学产品等。这一变化使大量传统的审计方法(如监盘、检查等)无法直接运用,有的根本不能运用。

3. 审计中涉及大量的计算方法和复杂计算

存货从购入验收入库到销售发出,全过程可能涉及几十种分配计算方法,如原材料领用时涉及先进先出法、加权平均法、个别计价法等。在生产环节又可能涉及产品生产成本计算方法、辅助生产费用的分配计算方法、制造费用的分配计算方法、生产费用在完工产成品和期末在产品之间的分配方法等。不同分配计算方法的运用会形成不同的计算结果,进而影响到当期的损益和期末存货的数量。在审计中,注册会计师既要确定各种分配方法选择的合理性,又要判断各种分配计算结果的正确性。

4. 存货是构成企业营运成本的最大项目,涉及种类繁多,储存地点各不相同

存货虽然只是资产负债表的一个项目,但在会计上涉及材料采购、材料成本差异、原材料、包装物、低值易耗品、生产成本、制造费用、库存商品等十多个账户,几乎企业一半的账户与存货有关;在实物上,涉及机器设备、化学制品、珠宝玉石、电子元件及高科技产品等,而且不同的存货有不同的储存要求。

正是由于存货对于企业的重要性、存货问题的复杂性,以及存货与其他项目密切的关联度,要求注册会计师对存货项目的审计应当予以特别的关注。相应地,要求实施存货项目审计的注册会计师具备较高的专业素质和相关业务知识,分配较多的审计工时,运用多种有针对性的审计程序。

二、存货审计的目标

存货审计的目标主要是验证资产负债表日存货项目所列示的金额是否真实和正确。具体包括:

(1) 确定被审计单位存货在会计报表日是否存在,是否为被审计单位所拥有;

(2) 确定被审计单位在特定的会计期间内所发生的存货增减变动的记录是否完整,有无遗漏;

(3) 确定存货的计价方法是否合理,计量是否正确;

(4) 确定被审计单位存货在会计报表上的披露是否恰当。

从上述目标可以看出,存货审计主要涉及存货的数量和价格两个方面。为了突出重点,下面主要就这两个方面的审计展开讲解。

三、存货监盘

(一) 存货监盘的定义和作用

存货监盘是指注册会计师现场观察被审计单位存货的盘点,并对已盘点的存货进行适当检查。存货监盘的含义可从以下几方面理解:

1. 存货监盘的定义

(1) 存货监盘是一项复合程序

存货监盘是一项复合程序,是观察程序和检查程序的结合运用。在存货监盘过程中,注册会计师应当现场观察被审计单位存货的盘点活动或盘点程序。例如,盘点表单的使用是否得到了有效的控制,盘点工作是否符合盘点计划的要求,是否充分关注了存货的状况并予以恰当的记录,对存货的移动是否进行了较好的控制;同时,注册会计师还应当对已盘点的存货进行适当检查,包括检查与存货相关的记录或文件并检查存货实物。检查存货实物也包括对被审计单位盘点的存货进行抽点。

(2) 存货监盘的目的是获取有关存货数量和状况的审计证据

存货监盘针对的主要是存货的存在认定、完整性认定,以及权利和义务认定,存货数量的准确性直接影响到这三个认定。通过存货监盘,注册会计师还会获取到有关存货状况(例如毁损、陈旧等)的审计证据,从而为测试计价认定提供部分审计证据。

需要指出的是,注册会计师在测试存货的所有权认定和完整性认定时,可能还需要实施其他审计程序。

(3) 存货监盘可以理解为一种双重目的的测试

被审计单位的存货盘点可以理解为一项控制活动。相应地,注册会计师的存货监盘可以理解为一项控制测试,即注册会计师通过观察和检查,确定被审计单位的存货盘点控制能否合理确定存货的数量和状况。

存货监盘也可以理解为一种双重目的的测试。除上述的控制测试功能外,在存货监盘过程中,注册会计师通过检查存货的数量和状况,能够提供存货账面金额是否存在错报的直接审计证据。

在存货监盘过程中,注册会计师的测试目的可能有所侧重。如果注册会计师认为被审计单位的存货盘点能够合理确定存货的数量和状况,存货监盘从性质上讲更多为控制测试;否则,存货监盘从性质上讲则更多为实质性程序。但是无论存货监盘服务于何种目的的测试,在监盘过程中,注册会计师都需要运用检查程序。

在 20 世纪 30 年代末以前,存货审计工作通常仅限于审查会计记录。当时的准则并不要求对存货进行观察和检查,注册会计师并不承担证实存货实际存在的责任。直到出现了麦克森—罗宾斯(Mckesson-Robbins)公司调查案,这种情况才发生了改变。1939 年美国证券交易委员会的听证会揭示,在纽约证券交易所上市的麦克森—罗宾斯公司已审计的财务报表虚增了 1 900 万美元的资产——约占资产总额的 25%,其中虚增存货约为 1 000 万美元。受该案件的影响,注册会计师职业界不得不考虑承担证实存货实际存在的责任,否则将被视为并未尽到保护财务报表使用者的职责。因此,注册会计师职业界规定,除非出现无法实施存货监盘的特殊情况,注册会计师应当实施必要的替代程序,在绝大多数情况下都必须亲自观察存货盘点过程,实施存货监盘程序。

2. 存货监盘的责任

(1) 注册会计师的责任:获取有关期末存货数量和状况的充分、适当的审计证据。

(2) 管理层的责任:定期盘点存货,合理确定存货的数量和状况。管理层通常制定程序,要求对存货每年至少进行一次实物盘点,以作为编制财务报表的基础。

3. 存货监盘的作用

(1) 检查存货以确定其是否存在,评价存货状况,并对存货盘点结果进行测试。

(2) 观察管理层指令的遵守情况,以及用于记录和控制存货盘点结果的程序的实施情况。

(3) 获取有关管理层存货盘点程序可靠性的审计证据。

(二) 编制存货监盘计划

注册会计师应当根据被审计单位存货的特点、盘存制度和存货内部控制的有效性等情况,在评价被审计单位存货盘点计划的基础上,编制存货监盘计划,对存货监盘作出合理安排。

1. 编制存货监盘计划应实施的工作

在编制存货监盘计划时,注册会计师应当实施下列审计程序:

(1) 了解存货的内容、性质、各存货项目的重要程度及存放场所

① 存货的内容。存货可分为原材料、在产品、半成品、产成品、商品、包装物、低值易耗

品和委托代销商品等。

② 存货的性质。在了解被审计单位存货的性质时,注册会计师需要关注被审计单位易腐烂、易毁损、陈旧过时,以及单位价值较高、具有危害性物质、需要利用特殊配方或制造工艺加工的存货。

③ 存货项目的重要程度。注册会计师需要从以下几个方面着手,确定存货项目的重要程度:存货与其他资产和净利润的相对比率及内在联系;各类存货(原材料、在产品和产成品)占存货总数的比重;各存放地存货占存货总数的比重。考虑并评价存货项目的重要程度直接关系到注册会计师如何恰当地分配审计资源。

④ 存货项目的存放场所。注册会计师可以通过与管理层沟通、查阅文件资料及发放调查问卷等方式,了解被审计单位存货的所有存放地点,包括存放于公共仓库的存货和委托代销存货的存放地点。

(2)了解与存货相关的内部控制

在制订存货监盘计划时,注册会计师应当了解被审计单位与存货相关的内部控制,并根据内部控制的完善程度确定进一步审计程序的性质、时间和范围。

与存货相关的内部控制涉及被审计单位供、产、销各个环节,包括采购、验收入库、仓储、加工、运输等方面。需要说明的是,与存货内部控制相关的措施有很多,其有效程度也存在差异。

① 采购。与采购相关的内部控制的总体目标是所有交易都已获得适当的授权与批准。使用购货订单是一项基本的内部控制措施。购货订单应当预先连续编号,事先确定采购价格并获得批准,此外,还应当定期清点购货订单。

② 存货验收。与存货验收相关的内部控制的总体目标是所有收到的货物都已得到记录。使用验收报告单是一项基本的内部控制措施。被审计单位应当设置独立的部门负责验收货物,该部门具有验收存货实物、确定存货数量、编制验收报告、将验收报告传送至会计核算部门及运送货物至仓库等一系列职能。

③ 仓储。与仓储相关的内部控制的总体目标是确保与存货实物的接触必须得到管理层的指示和批准。被审计单位应当采取实物控制措施,使用适当的存储设施,以使存货免受意外损毁、盗窃或破坏。

④ 领用。与领用相关的内部控制的总体目标是所有存货的领用均应得到批准和记录。使用存货领用单是一项基本的内部控制措施。对存货领用单,应当定期进行清点。

⑤ 加工(生产)。与加工(生产)相关的内部控制的总体目标是对所有的生产过程作出适当的记录。使用生产报告是一项基本的内部控制措施。在生产报告中,应当对产品质量缺陷和零部件使用及报废情况及时作出说明。

⑥ 装运出库。与装运出库相关的内部控制的总体目标是所有的装运都得到了记录。使用装运单是一项基本的内部控制措施。装运单应当预先编号,定期进行清点,并作为日后开具收款账单的依据。

存货数量的盘存制度一般分为实地盘存制和永续盘存制。存货盘存制度不同,对存货数量的控制程度的影响也不同。

① 实地盘存制。实地盘存制也称定期盘存制,指会计期末通过对全部存货进行实地盘点,以确定期末存货的结存数量,然后再乘以各项存货的盘存单价,计算出期末存货的总金

额,记入各有关存货项目,倒轧本期已耗用或已销售存货的成本。

② 永续盘存制。永续盘存制也称账面盘存制,指对存货项目设置动态的库存记录,按品名、规格设置存货明细账,逐笔或逐日登记存货的收入和发出,并随时计列结存数。通过会计账簿资料,就可以完整地反映存货的收入、发出和结存情况。在没有发生丢失或被盗的情况下,存货账户的余额应当与实际库存相符。采用永续盘存制,并不意味着无须对存货实物进行盘点,为了核对存货账面记录,加强对存货的管理,被审计单位每年至少应对存货进行一次全面盘点。

(3) 评估与存货相关的重大错报风险和重要性

存货通常具有较高的错报风险,影响错报风险的因素具体包括:① 存货的数量和种类;② 成本归集的难易程度;③ 陈旧过时的速度或易损坏程度;④ 遭受失窃的难易程度。

由于制造过程和成本归集制度的差异,制造企业的存货与其他企业(如批发企业)的存货相比,往往具有更高的错报风险,对于注册会计师的审计工作而言则更具复杂性。此外,外部因素也会对存货的错报风险产生影响。例如,技术进步可能导致某项产品过时,从而导致存货价值更容易被高估。

(4) 查阅以前年度的存货监盘工作底稿

注册会计师可以通过查阅以前年度的存货监盘工作底稿,了解被审计单位的存货情况、存货盘点程序,以及其他在以前年度审计中遇到的重大问题。在查阅以前年度的存货监盘工作底稿时,注册会计师应充分关注存货盘点的时间安排、周转缓慢的存货的识别、存货的截止确认、盘点小组人员的确定,以及存货多处存放等内容。

(5) 考虑实地察看存货的存放场所

注册会计师应当考虑实地察看被审计单位的存货存放场所,特别是金额较大或性质特殊的存货,这有助于注册会计师熟悉在库存货及其组织管理方式,也有助于注册会计师在盘点工作进行前发现潜在问题,如存在难以盘点的存货、周转缓慢的存货、过时存货、残次品及代销存货。

注册会计师应关注所有的存货存放地点,以防止被审计单位或自己发生任何遗漏。对存放大额存货的每一个地点尤其应当予以特别关注。对多处存放存货的情况,注册会计师应当考虑被审计单位与存货相关内部控制措施和盘点惯例,评价审计风险及除存货监盘外的其他替代程序的可行性,从而确定实施监盘的范围。例如,由于连锁商店的分店的数目可能很多,注册会计师通常不会对零售连锁商店每一家分店实施监盘,而是选择一定数目的分店进行监盘,并使用分析程序等替代程序,或者利用内部审计人员的工作,以便对其他分店存货余额的准确性作出评价。

(6) 考虑利用专家或其他注册会计师的工作

① 利用专家的工作。注册会计师可能不具备其他专业领域的专长与技能。在确定资产数量或资产实物状况(如矿石堆),或在收集特殊类别存货(如艺术品、稀有玉石、房地产、电子器件、工程设计等)的审计证据时,注册会计师可以考虑利用专家的工作。

当在产品存货金额较大时,可能面临如何评估在产品完工程度的问题。注册会计师可了解被审计单位的盘点程序,如果有关在产品的完工程度未明确列出,注册会计师应当考虑采用其他有助于确定完工程度的措施,如获取零部件明细清单、标准成本表及作业成本表,与工厂的有关人员进行讨论等,并运用职业判断。注册会计师也可以根据存货生产过程的复杂程度考虑利用专家的工作。

② 利用其他注册会计师的工作。很多情况下,被审计单位组成部分的财务信息由其他注册会计师审计并出具审计报告,这当然也包括了由其他注册会计师负责对被审计单位组成部分的存货实施监盘。如果注册会计师计划利用其他注册会计师的工作,则应遵循《中国注册会计师审计准则第 1401 号——利用其他注册会计师的工作》的相关要求。

(7) 复核或与管理层讨论其存货盘点计划

① 复核或与管理层讨论盘点计划应当考虑的主要因素。在复核或与管理层讨论其存货盘点计划时,注册会计师应当考虑下列主要因素,以评价其能否合理地确定存货的数量和状况:盘点的时间安排;存货盘点范围和场所的确定;人员的分工及胜任能力;盘点前的会议及任务布置;存货的整理和排列,对毁损、陈旧、过时、残次及所有权不属于被审计单位的存货的区分;存货的计量工具和计量方法;在产品完工程度的确定方法;存放在外单位的存货的盘点安排;存货收发截止的控制;盘点期间存货移动的控制;盘点表单(包括存货盘点表和存货标签等)的设计、使用与控制;盘点结果的汇总,以及盘盈或盘亏的分析、调查与处理。

② 盘点计划存在缺陷时的处理。如果认为被审计单位的存货盘点计划存在缺陷,注册会计师应当提请被审计单位调整。

2. 存货监盘计划的主要内容

注册会计师在实施上列审计程序后,可以编制存货监盘计划。存货监盘计划主要内容包括:

(1) 存货监盘的目标、范围及时间安排

存货监盘的目标是获取被审计单位资产负债表日有关存货数量和状况的审计证据,检查存货的数量是否真实完整,是否归属被审计单位,存货有无毁损、陈旧、过时、残次和短缺等状况。

存货监盘范围的大小取决于存货的内容、性质,以及与存货相关的内部控制的完善程度和重大错报风险的评估结果。对存放于外单位的存货,应当考虑实施适当的替代程序,以获取充分、适当的审计证据。

存货监盘的时间,包括实地察看盘点现场的时间、观察存货盘点的时间和对已盘点存货实施检查的时间等,应当与被审计单位实施存货盘点的时间相协调。

(2) 存货监盘的要点及关注事项

存货监盘的要点主要包括注册会计师实施存货监盘程序的方法、步骤,各个环节应注意的问题及所要解决的问题。注册会计师需要重点关注的事项包括盘点期间的存货移动、存货的状况、存货的截止确认、存货的各个存放地点及金额等。

(3) 参加存货监盘人员的分工

注册会计师应当根据被审计单位参加存货盘点人员分工分组情况、存货监盘工作量的大小和人员素质情况,确定参加存货监盘的人员组成,各组成人员的职责和具体的分工情况,并加强督导。

(4) 检查存货的范围

注册会计师应当根据对被审计单位存货盘点和对被审计单位内部控制的评价结果确定检查存货的范围。注册会计师在实施观察程序后,如果认为被审计单位内部控制设计良好且得到有效实施、存货盘点组织良好,可以相应缩小实施检查程序的范围。

（三）实施监盘程序

1. 观察程序

（1）在盘点前观察存货现场

在被审计单位盘点存货前，注册会计师应当观察盘点现场，确定应纳入盘点范围的存货是否已经适当整理和排列，并附有盘点标识，防止遗漏或重复盘点。对未纳入盘点范围的存货，注册会计师应当查明未纳入的原因。

在盘点之前观察盘点现场，有助于注册会计师了解存货及其组织管理方式，在监盘中及时发现潜在问题，防止存货遗漏或重复盘点。

（2）对所有权不属于被审计单位的存货的处理

对所有权不属于被审计单位的存货，注册会计师应当取得其规格、数量等有关资料，并确定这些存货是否已分别存放、标明，且未被纳入盘点范围。

在存货监盘过程中，注册会计师应当根据取得的所有权不属于被审计单位的存货的有关资料，观察这些存货的实际存放情况，确保其未被纳入盘点范围。即使在被审计单位声明不存在受托代存存货的情形下，注册会计师在存货监盘时也应当关注是否存在某些存货不属于被审计单位的迹象，以避免盘点范围不当。

（3）观察盘点人员是否遵守盘点计划

注册会计师应当观察被审计单位盘点人员是否遵守盘点计划并准确地记录存货的数量和状况。注册会计师应当跟随被审计单位安排的存货盘点人员，注意观察被审计单位事先制订的存货盘点计划是否得到了贯彻执行，盘点人员是否准确无误地记录了被盘点存货的数量和状况，是否已经恰当地区分所有毁损、陈旧、过时及残次的存货。当盘点人员没有按照存货盘点计划和程序进行盘点时，注册会计师应与被审计单位的复核或监督人员联系以纠正盘点中的问题，或调整盘点程序。例如，假设盘点程序要求一组人员盘点存货，另一组人员重新盘点以保证存货数量的准确性，注册会计师如发现两组人员同时在一起盘点，需通知被审计单位管理层予以纠正。

2. 检查程序

（1）实施检查程序的基本要求

注册会计师应当对已盘点的存货进行适当检查，将检查结果与被审计单位盘点记录相核对，并形成相应记录。

注册会计师需要根据被审计单位与存货相关的内部控制、存货的构成和性质等，确定观察程序和检查程序的实施范围。如果实施观察程序后认为被审计单位的存货盘点工作组织管理得当，盘点、监督及复核程序充分有效，注册会计师可据此考虑减少所需检查的存货项目。

检查的范围通常包括每个盘点小组盘点的存货，以及难以盘点或隐蔽性较强的存货。需要说明的是，注册会计师应尽可能避免让被审计单位事先了解抽取检查的存货项目。

（2）检查程序的实施

在检查已盘点的存货时，注册会计师应当从存货盘点记录中选取项目追查至存货实物，以测试盘点记录的准确性；注册会计师还应当从存货实物中选取项目追查至存货盘点记录，以测试存货盘点记录的完整性。

为确定被审计单位对存货存在的认定，以存货盘点记录为起点查至存货实物（即逆查）

通常是最有效的审计方法；而为确定被审计单位对存货完整性的认定，以存货实物为起点查至存货盘点记录（即顺查）则是最有效的审计方法。因此，在检查已盘点的存货时，注册会计师应当合理确定测试的方向，既要从存货盘点记录中选取项目逆查至存货实物，又要从存货实物中选取项目顺查至存货盘点记录。

（3）实施检查程序时发现差异的处理

如果检查时发现差异，注册会计师应当查明原因，及时提请被审计单位更正。如果差异较大，注册会计师应当扩大检查范围或提请被审计单位重新盘点。

注册会计师在实施检查程序时发现差异，很可能表明被审计单位的存货盘点在准确性或完整性方面存在错误。由于检查的内容通常仅仅是已盘点存货中的一部分，所以在检查中发现的错误很可能意味着被审计单位的存货盘点还存在着其他错误。一方面，注册会计师应当查明原因，并及时提请被审计单位更正；另一方面，注册会计师应当考虑错误的潜在范围和重大程度，在可能的情况下，扩大检查范围以减少错误的发生。注册会计师还可要求被审计单位重新盘点。重新盘点的范围可限于某一特殊领域的存货或特定盘点小组。

3. 实施存货监盘程序应特别关注的问题

在存货监盘程序中，无论是观察程序还是检查程序，注册会计师都应当特别关注存货的移动情况、存货的状况及存货的截止情况。

（1）存货移动情况

尽管盘点存货时最好能保持存货不发生移动，但在某些情况下存货的移动是难以避免的。如果在盘点过程中被审计单位的生产经营仍将持续进行，注册会计师应通过实施必要的检查程序，确定被审计单位是否已经对此设置了相应的控制程序，确保在适当的期间内对存货作出了准确记录。存货的移动，会导致遗漏或重复盘点。

（2）存货的状况

注册会计师应当特别关注存货的状况，观察被审计单位是否已经恰当区分所有毁损、陈旧、过时及残次的存货。这既便于进一步追查这些存货的处置情况，也能为测试被审计单位存货跌价准备计提的准确性提供证据。

（3）存货的截止

注册会计师应当获取盘点日前后存货收发及移动的凭证，检查库存记录与会计记录期末截止是否正确。

（4）对特殊类型存货的监盘

对某些特殊类型的存货而言，被审计单位通常使用的盘点方法和控制程序并不完全适用。这些存货通常或者没有标签，或者其数量难以估计，或者其质量难以确定，或者盘点人员无法对其移动实施控制。在这些情况下，注册会计师需要运用职业判断，根据存货的实际情况，设计恰当的审计程序，对存货的数量和状况获取审计证据。表12-1列举了这些特殊存货的类型、被审计单位通常采用的盘点方法、盘点控制程序、潜在问题及可供注册会计师实施的监盘程序。

表 12-1　特殊类型存货的监盘程序

存货类型	盘点方法与潜在问题	可供实施的审计程序
木材、钢筋盘条、管子	通常无标签，但在盘点时会做上标记或用粉笔标识； 难以确定存货的数量或等级	检查标记或标识； 利用专家或被审计单位内部有经验人员的工作
堆积型存货（比如糖、煤、钢废料）	通常既无标签也不做标记； 在估计存货数量时存在困难	运用工程估测、几何计算、高空勘测，并依赖详细的存货记录； 如果堆场中的存货堆不高，可进行实地监盘，或通过旋转存货堆加以估计
使用磅秤测量的存货	在估计存货数量时存在困难	在监盘前和监盘过程中均应检验磅秤的精准度，并留意磅秤的位置移动与重新调校程序； 将检查和重新称量程序相结合； 检查称量尺度的换算问题
散装物品（如贮窖存货、使用桶、箱、罐、槽等容器储存的液、气体、谷类粮食、流体存货等）	在盘点时通常难以加以识别和确定； 在估计存货数量时存在困难； 在确定存货质量时存在困难	使用容器进行监盘或通过预先编号的清单列表加以确定； 使用浸蘸、测量棒、工程报告及依赖永续存货记录； 选择样品进行化验与分析，或利用专家的工作
贵金属、石器、艺术品与收藏品	在存货辨认与质量确定方面存在困难	选择样品进行化验与分析，或利用专家的工作
生产纸浆用木材、牲畜	在存货辨认与数量确定方面存在困难； 可能无法对此类存货的移动实施控制	通过高空摄影以确定其存在性，对不同时点的数量进行比较，并依赖永续存货记录

4．盘点结束时的后续工作

（1）再次观察现场并检查盘点表单

在被审计单位存货盘点结束前，注册会计师应当再次观察盘点现场，以确定所有应纳入盘点范围的存货是否均已盘点；取得并检查已填用、作废及未使用盘点表单的号码记录，确定其是否连续编号，查明已发放的表单是否均已收回，并与存货盘点的汇总记录进行核对。

在被审计单位存货盘点结束前，注册会计师再次观察盘点现场、取得盘点结果，并在此基础上实施相应的检查，有助于注册会计师确定存货盘点工作是否完成。

（2）复核盘点结果汇总记录

注册会计师应当复核盘点结果汇总记录，以评估其是否正确地反映了实际盘点结果。

（3）关注盘点日与资产负债表日之间存货的变动情况

在很多情况下，存货盘点日并不是资产负债表日，而在资产负债表日之后或之前，甚至存货盘点是在不同日期进行的。如果存货盘点日不是资产负债表日，注册会计师应当实施适当的审计程序，确定盘点日与资产负债表日之间存货的变动是否已作出正确的记录。

（4）盘点方式及其结果无效时的处理

如果认为被审计单位的盘点方式及其结果无效，注册会计师应当提请被审计单位重新盘点。

（四）特殊情况的处理

1．由于存货的性质或位置而无法实施监盘程序

如果由于被审计单位存货的性质或位置等原因导致无法实施存货监盘，注册会计师应

当考虑能否实施替代审计程序，获取有关期末存货数量和状况的充分、适当的审计证据。注册会计师实施的替代审计程序主要包括：

（1）检查进货交易凭证或生产记录及其他相关资料。

（2）检查资产负债表日后发生的销货交易凭证。

（3）向顾客或供应商函证。

2. 因不可预见因素导致无法在预定日期实施存货监盘或接受委托时被审计单位的期末存货盘点已经完成

如果因不可预见的因素导致无法在预定日期实施存货监盘或接受委托时被审计单位的期末存货盘点已经完成，注册会计师应当评估与存货相关的内部控制的有效性，对存货进行适当检查或提请被审计单位另择日期重新盘点；同时测试在该期间发生的存货交易，以获取有关期末存货数量和状况的充分、适当的审计证据。

3. 由第三方保管或控制的存货

如果由第三方保管或控制的存货对财务报表很重要，注册会计师应：

① 向持有被审计单位存货的第三方函证存货的数量和状况；

② 实施检查或其他适合具体情况的审计程序。

其他审计程序可以作为函证的替代程序，也可以作为追加的审计程序。其他审计程序包括：

① 实施或安排其他注册会计师对第三方的存货监盘；

② 获取其他注册会计师或服务机构注册会计师针对用以保证存货得到恰当盘点和保管的内部控制的适当性而出具的报告；

③ 检查与第三方持有的存货相关的文件记录，如仓储单；

④ 当存货被作为抵押品时，要求其他机构或人员进行确认。

4. 首次接受委托的情况

当首次接受委托未能对上期期末存货实施监盘，且该存货对本期财务报表存在重大影响时，如果已获取有关本期期末存货余额的充分、适当的审计证据，注册会计师应当实施下列一项或多项审计程序，以获取有关本期期初存货余额的充分、适当的审计证据：

① 查阅前任注册会计师工作底稿；

② 复核上期存货盘点记录及文件；

③ 检查上期存货交易记录；

④ 运用毛利百分比法等进行分析。

四、存货计价测试

存货监盘主要是确定存货的结存数量。要确定财务报表所列存货金额是否正确，还必须对存货的计价进行审计。存货的计价测试主要是针对被审计单位所使用的单位成本是否正确实施的审计程序。

（一）测试样本的选择

计价测试的样本，应从存货数量已经盘点、单价和总金额已经计入存货汇总表的结存存货中选择。选择样本时应着重选择结存余额较大且价格变化比较频繁的项目，同时考虑所选样本的代表性。抽样方法一般采用分层抽样法,抽样规模应足以推断总体的情况。

(二)外购存货购货成本测试

企业库存存货按形成的途径可以分为外购存货和生产加工形成的存货。企业外购存货原始成本构成比较简单,主要包括买价、运杂费、途中损耗、挑选整理费等。外购存货成本是否正确,主要取决于两个方面:一是取得时的原始成本构成,另一个是发出存货的计价是否正确。注册会计师应结合采购与付款循环的相关资料和发出存货的计价进行检查,以确定其成本的正确性。

(三)产品生产成本测试

经过企业生产过程形成的存货主要包括两部分:一部分是尚未加工完成的在产品,另一部分是加工完成验收入库的产成品。生产过程形成的存货成本由直接材料、直接人工和制造费用等构成,注册会计师应分别进行审计测试。

1. 直接材料成本的审计

直接材料成本的审计一般应从审阅材料和生产成本明细账入手,抽查有关的费用凭证,验证企业产品直接耗用材料的数量、计价和材料费用分配是否真实、合理。其主要审计程序通常包括:

① 抽查产品成本计算单,检查直接材料成本的计算是否正确,材料费用的分配标准与计算方法是否合理和适当,是否与材料费用分配汇总表中该产品分摊的直接材料费用相符;

② 分析比较同一产品前后各年度的直接材料成本,如有重大波动,应查明原因;

③ 检查直接材料耗用数量的真实性,有无将非生产用材料计入直接材料费用;

④ 抽查材料发出及领用的原始凭证,检查领料单的签发是否经过授权,材料发出汇总表是否经过适当的人员复核,材料单位成本计价方法是否适当,是否正确及时入账;

⑤ 对采用定额成本或标准成本的被审计单位,应检查直接材料成本差异的计算、分配与会计处理是否正确,并查明直接材料的定额成本、标准成本在本年度内有无重大变更。

2. 直接人工成本的审计

直接人工成本的主要审计程序通常包括:

① 抽查产品成本计算单,检查直接人工成本的计算是否正确,人工费用的分配标准与计算方法是否合理和适当,是否与人工费用分配汇总表中该产品分摊的直接人工费用相符;

② 将本年度直接人工成本与前期进行比较,查明其异常波动的原因;

③ 分析比较本年度各个月份的人工费用发生额,如有异常波动,应查明原因;

④ 结合应付职工薪酬的检查,抽查人工费用会计记录及会计处理是否正确;

⑤ 对采用标准成本法的被审计单位,应抽查直接人工成本差异的计算、分配与会计处理是否正确,并查明直接人工的标准成本在本年度内有无重大变更。

3. 制造费用的审计

制造费用是企业为生产产品和提供劳务而发生的各项间接费用,即生产单位为组织和管理生产而发生的费用,包括分厂和车间管理人员的工薪等职工薪酬、折旧费、修理费、办公费、水电费、取暖费、租赁费、机物料消耗、低值易耗品摊销、劳动保护费、保险费、设计制图费、实验检验费、季节性和修理期间的停工损失等。

制造费用的主要审计程序通常包括:

(1) 获取或编制制造费用汇总表,并与明细账、总账核对相符,抽查制造费用中的重大数额项目及例外项目是否合理。

（2）审阅制造费用明细账，检查其核算内容及范围是否正确，并注意是否存在异常交易事项，如有，则应追查至记账凭证和原始凭证。重点查明被审计单位有无将不应列入成本费用的支出（如投资支出、被没收的财物、支付的罚款、违约金等）计入制造费用。

（3）必要时对制造费用实施截止测试，即检查资产负债表日前后若干天的制造费用明细账及其凭证，确定有无跨期入账的情况。

（4）检查制造费用的分配是否合理。重点查明制造费用的分配方法是否符合被审计单位自身的生产技术条件，是否体现受益原则，分配方法一经确定，是否在相当时期内保持稳定，有无随意变更的情况；分配率和分配额的计算是否正确，有无以人为估计数代替分配数的情况。对按预定分配率分配费用的企业，还应查明计划与实际差异是否及时调整。

（5）对于采用标准成本法的被审计单位，应抽查标准制造费用的确定是否合理，计入成本计算单的数额是否正确，制造费用的计算、分配与会计处理是否正确，并查明标准制造费用在本年度内有无重大变动。

（四）存货跌价准备的测试

在存货计价审计中由于被审计单位期末存货采用成本与可变现净值孰低的方法计价，所以注册会计师应充分关注其对存货可变现净值的确定及存货跌价准备的计提。

可变现净值是指企业在日常活动中，存货的估计售价减去至完工时估计将要发生的成本、估计的销售费用，以及相关税费后的金额。企业确定存货的可变现净值，应当以取得的确凿证据为基础，并且考虑持有存货的目的、资产负债表日后事项的影响等因素：

（1）为生产而持有的材料等，用其生产的产成品的可变现净值高于成本的，该材料仍然应当按成本计量；材料价格的下降表明产成品的可变现净值低于成本的，该材料应当按照可变现净值计量。

（2）为执行销售合同或者劳务合同而持有的存货，其可变现净值通常应当以合同价格为基础计算。

（3）企业持有存货的数量多于销售合同订购数量的，超出部分的存货可变现净值应当以一般销售价格为基础计算。

（4）用于出售的材料等，其可变现净值应当以市场价格为基础计算。

企业应当按照单个存货项目计提存货跌价准备；对于数量繁多、单价较低的存货，可以按存货类别计提存货跌价准备；如果某些存货具有相同或类似最终用途或目的，并与在同一地区生产和销售的产品系列相关，且难以与其他项目分开计量，可以合并计提存货跌价准备。

并且，当存在下列情况之一时，应当计提存货跌价准备：① 市价持续下跌，并且在可预见的未来无回升的希望。② 企业使用该项原材料生产的产品的成本大于产品的销售价格。③ 企业因产品更新换代。原有库存原材料已不适应新产品的需要，而该原材料的市场价格又低于其账面成本。④ 因企业所提供的商品或劳务过时或消费者偏好改变而使市场的需求发生变化，导致市场价格逐渐下跌。⑤ 其他足以证明该项存货实质上已经发生减值的情形。

当存在以下一项或若干项情况时，应当将存货账面余额全部转入当期损益：已霉烂变质的存货；已过期不可退的存货（主要指食品）；生产中已不再需要，并且已无转让价值的存货;其他足以证明已无使用价值和转让价值的存货。

对企业存货跌价准备应实施下列实质性程序:

(1) 获取或编制存货跌价准备明细表,复核加计正确,并与总账数和明细账合计数核对相符;

(2) 检查存货跌价准备计提和存货损失转销的批准程序,取得书面报告、销售合同或劳务合同等证明文件;

(3) 评价存货跌价准备的计提依据和计提方法是否合理,是否充分考虑了持有存货的目的及资产负债表日后事项的影响等因素;

(4) 若被审计单位为建造承包商,对其执行中的建造合同,应检查预计总成本是否超过合同总收入,如超过,跌价准备计提是否合理,会计处理是否正确;

(5) 比较本期实际损失发生数与前期存货跌价准备的余额,以评价上期存货跌价准备计提的合理性;

(6) 如果被审计单位出售或核销已经计提跌价准备的存货,应检查相应的跌价准备的会计处理是否正确;

(7) 注意已计提跌价准备的存货价值又得以恢复的,是否在原已计提的跌价准备的范围内转回,依据是否充分,并记录转回金额;

(8) 检查被审计单位是否于期末对存货进行了检查分析,存货跌价准备的计算和会计处理是否正确;

(9) 确定存货跌价准备的披露是否恰当。

五、存货截止测试

(一) 存货截止测试的含义

所谓存货截止测试,就是检查已经记录为企业所有并包括在资产负债表日(年度报表为12月31日)存货盘点范围内的存货中,是否含有截止到该日尚未购入或已经售出的部分。存货正确截止的关键在于存货实物纳入盘点范围的时间与存货引起的借贷双方会计科目的入账时间都处于同一会计期间。

正确确定存货购入与售出的截止日期,是正确、完整地记录企业年末存货的前提。如果当年12月31日购入货物,并已包括在当年12月31日的实物盘点范围内,而当年12月份账上并无进货和对应的负债记录,这就少记了账面存货和应付账款。这时若将盘盈的存货冲减有关的费用或增加有关收入,就虚增了本年利润。相反,如果在当年12月31日收到一张购货发票,并记入当年12月份账内,而这张发票所对应的存货实物却在次年1月2日才收到,未包括在当年年度的盘点范围内,如果此时根据盘亏结果增加费用或损失,就会虚减本年的存货和利润。

(二) 存货截止测试的方法

(1) 检查存货盘点日前后的购货(销售)发票与验收报告、入库单(或出库单)。在一般情况下,档案中的每张发票均附有验收报告和入库单(或出库单),因此,测试购销业务年末截止情况的主要方法是检查存货盘点日前后的购货发票与验收报告和入库单(或销售发票与出库单,下同)。如果12月底入账的发票附有12月31日或之前日期的验收报告与入库单,则货物肯定已经入库,并包括在本年的实地盘点存货范围内;如果验收报告日期为1月份的日期,则货物不会列入年底实地盘点的存货中。反之,如果仅有验收报告与入库单而无购货发票,则应认真审核每一验收报告单上面是否加盖暂估入库印章,并以暂估价计入当年存货账内,待次年初以红字冲销。

(2) 查阅验收部门的业务记录。存货截止测试的另一审核方法是查阅验收部门的业务记录,凡是接近年底(包括次年年初)购入或销售的货物,均必须查明其相应的购货或销售发票是否在同期入账。对于未收到购货发票的入库存货,应查明是否将入库单分开存放并暂估入账;对于填制出库单而未发出的商品,应查明是否将其单独保管;对于测试完成后发现的截止期处理不当的情况,注册会计师应提请被审计单位作必要的会计账务调整。

第四节　主营业务成本审计

一、主营业务成本的审计目标

主营业务成本是指企业从事对外销售、提供劳务等所发生的实际成本,是利润表的主要构成内容。主营业务成本审计与存货的审计存在着密切的关系,主营业务成本的审计应与存货的审计结合进行。

主营业务成本的审计目标一般包括:

(1) 确定记录的主营业务成本是否已发生,且与被审计单位有关;

(2) 确定主营业务成本记录是否完整;

(3) 确定与主营业务成本有关的金额及其他数据是否已恰当记录;

(4) 确定主营业务成本是否已记录于正确的会计期间;

(5) 确定主营业务成本的内容是否正确;

(6) 确定主营业务成本与主营业务收入是否配比;

(7) 确定主营业务成本的披露是否恰当。

二、主营业务成本的实质性审计程序

(1) 获取或编制主营业务成本汇总明细表,复核加计是否正确,并与报表数、总账数和明细账合计数核对相符。

(2) 复核主营业务成本汇总明细表的正确性,与库存商品等科目勾稽,并编制生产成本与主营业务成本倒轧表,验证主营业务成本是否正确。主营业务成本倒轧表如表12-2所示。

表 12-2 生产成本及主营业务成本倒轧表

项目	未审数	调整或重分类金额借(贷)	审定数
原材料期初余额			
加:本期购进			
减:原材料期末余额			
其他发出额			
直接材料成本			
加:直接人工成本			
制造费用			
生产成本			
加:在产品期初余额			
减:在产品期末余额			
产品生产成本			
加:产成品期初余额			
减:产成品期末余额			
主营业务成本			

(3)对主营业务成本执行实质性分析程序,检查本期内各月间及前期同一产品的单位成本是否存在异常波动,是否存在调节成本的现象。

(4)检查主营业务成本的内容和计算方法是否符合有关规定,前后期是否一致,并作出记录。

(5)抽取若干月份的主营业务成本结转明细清单,结合生产成本的审计,检查销售成本结转数额的正确性,比较计入主营业务成本的商品品种、规格、数量与计入主营业务收入的口径是否一致;是否符合配比原则。

(6)检查主营业务成本中重大调整事项(如销售退回)的会计处理是否正确。

(7)在采用计划成本、定额成本、标准成本或售价核算存货的情况下,检查产品成本差异或商品进销差价的计算、分配和会计处理是否正确。

(8)确定主营业务成本的披露是否恰当。

第五节 应付职工薪酬审计

应付职工薪酬是指企业为获得职工提供的服务而给予各种形式的报酬及其他相关支出。职工薪酬包括:职工工资、奖金、津贴和补贴;职工福利费;医疗保险费、养老保险费、失业保险费、工伤保险费和生育保险费等社会保险费;住房公积金;工会经费和职工教育经费;非货币性福利;因解除与职工的劳动关系给予的补偿;其他与获得职工提供的服务相关的支出。其主要核算方式有计时制和计件制两种。职工薪酬可能采用现金的形式支付,因而相对于其他业务更容易发生错误或舞弊行为,如虚报冒领、重复支付和贪污等。同时,职工薪酬有时是构成企业成本费用的重要项目,所以在审计中便显得十分重要。

随着经营管理水平的提高和技术手段的发展,职工薪酬业务中进行舞弊及掩饰的可能性已有减少,因为有效的职工薪酬内部控制可以及时揭露错误和舞弊;使用计算机编制职工薪酬表和使用工薪卡,提高了职工薪酬计算的准确性;通过有关机构,如税务部门、社会保障机构的复核,可相应防止职工薪酬计算的错误。然而,在一般企业中,职工薪酬费用在成本费用中所占比重较大。如果职工薪酬的计算错误,就会影响到成本费用和利润的正确性。所以,注册会计师仍应重视对职工薪酬业务的审计。

一、应付职工薪酬审计目标

应付职工薪酬的审计目标一般包括:

(1) 确定期末应付职工薪酬是否存在;

(2) 确定期末应付职工薪酬是否为被审计单位应履行的支付义务;

(3) 确定应付职工薪酬计提和支出依据是否合理、记录是否完整;

(4) 确定应付职工薪酬期末余额是否正确;

(5) 确定应付职工薪酬的披露是否恰当。

二、应付职工薪酬的实质性程序

应付职工薪酬的实质性程序通常包括:

(1) 获取或编制应付职工薪酬明细账,复核加计正确,并与报表数、总账数和明细账合计数核对相符。

(2) 对本期职工薪酬执行实质性分析程序:

① 检查各月职工薪酬的发生额是否存在异常波动,如有,应查明波动原因并作出记录;

② 将本期职工薪酬总额与上期进行比较,要求被审计单位解释大幅增减变动的原因,并取得被审计单位管理层关于职工薪酬标准的决议;

③ 了解被审计单位本期平均职工人数,计算人均薪酬水平,与上期或同行业水平进行比较。

(3) 检查本项目的核算内容是否包括工资、职工福利、社会保险费、住房公积金、工会经费、职工教育经费、解除职工劳动关系补偿、股份支付等明细项目。外商投资企业按规定从净利润中提取的职工奖励及福利基金,也在本项目核算。

(4) 检查职工薪酬的计提是否正确,分配方法是否合理,与上期是否一致,分配计入各项目的金额占本期全部职工薪酬的比例与上期比较是否有重大差异。将应付职工薪酬计提数与相关科目进行勾稽。

(5) 检查应付职工薪酬的计量和确认:

① 国家有规定计提基础和计提比例的,应当按照国家规定的标准计提,比如,医疗保险费、养老保险费、失业保险费、工伤保险费、生育保险费、住房公积金、工会经费及职工教育经费等;国家没有规定计提基础和计提比例的,如职工福利费等,应按实列支。② 被审计单位以其自产产品或以外购商品作为非货币性福利提供给职工的,应根据受益对象,将该产品或商品的公允价值,计入相关资产成本或当期损益,同时确认应付职工薪酬。③ 被审计单位将其拥有的房屋等资产无偿提供给职工使用的,应当根据受益对象,将该住房每期应计提的折旧计入相关资产成本或当期损益,同时确认应付职工薪酬。④ 被审计单位租赁住房等资

产供职工无偿使用的，应当根据受益对象，将每期应付的租金计入相关资产成本当期损益，同时确认应付职工薪酬。⑤ 对于外商投资企业，按税后利润提取的职工奖励及福利基金应以董事会决议为依据，并符合有关规定。

（6）审阅应付职工薪酬明细账，抽查应付职工薪酬各明细项目的支付和使用情况，检查是否符合有关规定、是否履行审批程序。

（7）检查应付职工薪酬期末余额中是否存在拖欠性质的职工薪酬，了解拖欠的原因。

（8）检查被审计单位的辞退福利核算是否符合有关规定。

（9）确定应付职工薪酬的披露是否恰当。

【名词与术语】

生产与存货　　成本会计　　职工薪酬　　监盘计划　　特殊存货
截止测试　　制造费用　　主营业务成本

【思考题】

1. 简述企业的成本会计制度及其测试。
2. 简述企业人工循环的内部控制及其测试。
3. 简述存货监盘计划的内容和编制的方法。
4. 存货监盘的检查程序应关注哪些内容？注意哪些问题？
5. 在首次审计中，对存货监盘有哪些特殊要求？对审计报告有何影响？
6. 简述应付职工薪酬的审计目标及实质性程序。
7. 如何检查外购存货的初始成本？
8. 如何检查产成品成本？
9. 简述主营业务成本倒轧表的编制原理和方法。

第十三章 筹资与投资循环审计

本章导读

由于筹资和投资交易数量少，每笔的交易金额比较大，在交易过程中均必须遵守国家法律、法规和相关契约的规定。介于这些共同特点，一般将这两项独立的活动合并为一章进行讲解。首先介绍本章涉及的报表项目、凭证资料和相关活动，然后着重阐述筹资与投资业务的审计。

本章的重点是借款、所有者权益和可供出售金融资产、持有至到期投资、长期股权投资、投资收益相关项目的审计；难点是借款业务和长期股权投资业务的审计方法。

通过本章的学习，了解本章涉及的报表项目、凭证资料和相关活动；理解和掌握借款、所有者权益和可供出售金融资产、持有至到期投资、长期股权投资、投资收益等财务报表的审计程序和方法。

第一节　筹资循环审计

一、筹资循环的特性

（一）筹资循环涉及的报表项目

筹资主要有两种方式，一种方式是通过吸收投资筹集资金，另一种方式是通过举债筹集资金。吸收投资筹资涉及的资产负债表项目主要有实收资本、资本公积、盈余公积、未分配利润、应付股利等，举债筹资涉及的资产负债表项目主要有短期借款、长期存款、应付债券、应付利息，涉及利润表的项目有财务费用等。

（二）筹资活动的凭证和会计记录

（1）债券。即企业依据法定程序发行、约定在一定期限内还本付息的有价证券。

（2）股票。即企业签发的证明股东所持股份的凭证。

（3）债券契约。即明确债券持有人与发行企业双方所拥有的权利与义务的法律性文件。其内容一般包括：债券发行的标准；债券的明确表述；利息或利息率；受托管理人证书；登记和背书；如系抵押债券，其所担保的财产；债券发生拖欠情况如何处理，以及对偿债基金、利息支付、本金返还等的处理。

（4）股东名册。发行记名股票的企业应记载的内容一般包括：股东的姓名或者名称及住所；各股东所持股份数；各股东所持股票的编号；各股东取得其股份的日期。发行无记名股票的，公司应记载其股票数量、编号及发行日期。

（5）公司债券存根簿。发行记名企业债券应记载的内容一般包括：债券持有人的姓名或者名称及住所；债券持有人取得债券的日期及债券的编号；债券总额、债券的票面金额、债券的利率、债券还本付息的期限和方式；债券的发行日期。发行无记名债券的，应当在企业的债券存根簿上记载债券总额、利率、偿还期限和方式、发行日期和债券编号。

（6）承销或包销协议。即企业向社会公开发行股票或债券时，委托依法设立的证券经营机构、金融机构承销或包销，确定受托单位后应与其签订承销或包销协议。

（7）借款合同或协议。即公司向银行或其他金融机构借入款项时与其签订的合同或协议。

（8）收款凭证和付款凭证。

（9）有关会计科目的明细账和总账。

（三）筹资业务所涉及的主要业务活动

（1）审批授权。企业通过借款筹集资金需经管理层的审批，其中债券的发行每次均要由董事会授权；企业发行股票必须依据国家有关法规或企业章程的规定，报经企业最高权力机构（如董事会）及国家有关管理部门批准。

（2）签订合同或协议。向银行或其他金融机构融资须签订借款合同，发行债券须签订债券契约和债券承销或包销合同。

（3）取得资金。企业实际取得银行或金融机构划入的款项或债券、股票的融入资金。

（4）计算利息或股利。企业应按有关合同或协议的规定，及时计算利息或股利。

(5) 偿还本息或发放股利。银行借款或发行债券应按有关合同或协议的规定偿还本息,融入的股本根据股东大会的决定发放股利。

二、筹资循环的内部控制及测试

(一) 筹资循环内部控制的内容

为了有效地开展筹资活动,企业应建立下列有关的内部控制:

1. 不相容的职责分离

在筹资循环中,筹资申请、可行性分析报告的编制和提出、筹资审批、经办筹资业务、收取款项,以及会计记录等工作,应由不同职能部门或人员来完成。

2. 授权审批控制

在筹资循环中,以下业务应获得适当的授权方可实施:

① 筹资的具体方式、筹资相关合同的条款、筹资合同的签订应获得企业最高管理层,甚至企业治理层的批准及授权;

② 抵押担保应获得相应的授权批准;

③ 支付股利或利息;

④ 借款或权益性筹资的偿还。

3. 单据和账簿的控制

所有筹资交易应保持完整的筹资相关文件、权利单据及会计记录。会计部门和筹资主管部门应详细登记各种筹资方式的要点,如筹资的种类、到期日、利率、抵押情况,已付息、已付股利等情况。

4. 对账控制

被审计单位如有可能,应设置定期与资金提供方对账的制度,以确保筹资金额的准确性及完整性。

5. 内部核查程序

内部核查程序包括:由财务部门内部独立的复核人定期核对项目、定期核对为筹资交易编制的会计记录是否适当,定期检查筹资主管部门与会计部门的记录是否一致等,也包括由被审计单位内部审计人员或其他独立人员对筹资业务相关账簿和凭证、相关文件的核查。

(二) 筹资循环内部控制测试

针对筹资循环的特点,并结合被审计单位在筹资循环中所执行的内部控制程序,审计人员在对筹资循环进行审计时,可以选择采用的重要控制测试程序如下:

(1) 询问被审计单位的筹资主管人员、相关业务人员和会计人员有关内部控制的设计和执行情况。

(2) 实地观察不相容的职责是否分离,如筹资的申请、筹资的审批、收取款项、会计记录等职责。

(3) 抽取原始单据,审查借款合同是否有批准签字;审查债券和股票发行文件,确定是否发行了审批手续、是否签有正式的筹资协议、筹资收入是否立即存入银行;抽取相关科目账,确定各类业务的账务处理是否及时准确;审查企业是否根据契约的规定支付利息,股票的派息、分红是否严格按最高管理当局的决议进行,债券的偿还或回购是否按最高管理当局的授权进行等。

（4）审查被审计单位是否由筹资部门和会计部门分别设置详细的筹资记录，并定期核对。

（5）审查被审计单位融资租赁业务是否经使用部门、技术部门、会计部门的会签，租赁合同是否经主管人员审批。

（三）筹资循环内部控制评价

根据测试结果，评价筹资循环重大错报风险，确定审计测试的重点领域和环节。

三、负债相关项目审计

筹资活动形成的负债主要包括短期借款、长期借款和应付债券，具有共同的特点。在一般情况下，被审计单位不会高估负债，因为这样对自身不利，且难以与债权人的会计记录相互印证。为了正确反映企业的财务状况和经营成果，必须将企业的负债完整地列示在资产负债表中，并正确地予以计价。注册会计师对于负债项目的审计，主要是防止企业低估债务。低估债务经常伴随着低估成本费用，从而高估利润。因此，低估债务不仅影响财务状况的反映，而且还会极大地影响企业财务成果的反映。注册会计师在执行负债业务审计时，应将被审计单位是否低估负债、高估利润作为两个关注的要点。

（一）负债业务的审计目标

负债业务的审计，主要实现以下审计目标：

（1）确定被审计单位所记录的各项负债，是否确实为企业承担的义务；

（2）确定被审计单位所记录的各项负债是否完整，有无遗漏，有无低估债务和债务成本的错误；

（3）确定被审计单位的各项负债及其利息的确认和计量是否正确，是否符合有关政策、法规的规定；

（4）确定被审计单位的各项负债的报表披露是否恰当。

（二）负债的实质性测试

企业的负债分为短期负债和长期负债两类，两类负债又各分为若干负债项目，如短期负债包括短期借款、应付账款、应付票据、预收账款、应交税金、应付工资、其他应付款等；长期负债则包括长期借款、应付债券、长期应付款等。尽管负债的种类较多，但对它们的管理具有一定的共性。针对各种负债某些共同的特点，可以采用共同的实质性测试方法。而对于各种负债的特殊之处，则需另外采取特殊的实质性测试方法。因此，企业负债的实质性测试，应主要从以下方面展开：

（1）取得各种负债的明细表。取得各种负债的明细表，是为了掌握具有哪些具体的负债种类，其金额、发生日期等各是怎样的。审计人员可以向被审计单位索要负债明细表，也可以自行编制。审计人员取得负债的明细表后，应复核其加计数是否正确，并与明细账、总账核对，保证明细表的准确性。

（2）函证负债。在取得了负债明细表后，审计人员应当按照负债的种类，向债权单位发函询证，以取得对方对被审计单位负债的确认。进行函证，可选择各种负债中金额较大或其他认为必要的某些负债，也可以就全部负债发出函件，这要视审计工作的需要而定。一般来说，除了应付债券外，其他具有外部债权人的负债，都应进行数量不等的函证；对具有内部债权人的负债（如应付工资、其他应付款等），则可直接询问债权人，确定这些负债的真实情况。需要注意的是，函证不能发现所有未入账的负债。

（3）审查负债的增加、减少项。对本期内增加、减少的各种负债，审计人员应当检查其变化的金额、日期、变化条件（如借款条件），并与原合同或协议、批准文件相对照，审查负债的实际变化情况是否与原合同或协议、批准文件相一致，有无不按原合同或协议、批准文件的规定办事的现象。

（4）审查有无逾期不办理的业务。所谓逾期不办理的业务，指超过偿还期而未偿还的各种借款、无债权人或债权人不明而无法归还的应付账款和应付票据等债务。逾期未还是判断被审计单位持续经营能力的重要依据。如果企业存在这类债务，应查明原因，作出记录。

（5）复查债务信息。审计人员应根据各种债务的利率和期限，复核被审计单位各种债务利息的计算是否正确，会计处理是否适当。如有多计或少计信息的，会计处理不符合有关规定的，应作出记录。

（6）复查外币债务的折算。如果被审计单位有外币债务，如外币短期或长期借款，外币长期应付款，审计人员应审查外币债务的增减变动是否按业务发生时的市场汇率或期初市场汇率折合为记账本位币金额，期末是否按市场汇率将外币债务余额折合为记账本位币金额，折算差额（汇兑损益）的会计处理是否正确。

（7）审查各项负债在资产负债表上的反映是否恰当。一般来说，各种负债多会在资产负债表上单独列示（预收账款有可能与应收账款合并列示）；其他应特别说明的情况，如因抵押而取得的短期借款、应付票据、应付账款，则应在报表附注中加以披露；短期负债和长期负债应分类列示。审计人员需要着重审查各种负债应予披露的内容是否无遗漏地在会计报表中以适当的方式反映出来，有无隐瞒、歪曲信息或误导报表使用者的情况。

（8）审查一年内到期的各种长期负债是否在报表中列为流动负债。

（9）审查应付债券的溢、折价摊销的计算与账务处理是否正确。这项工作可与债券利息的计算与账务处理同时进行。

四、所有者权益相关项目审计

所有者权益，是企业投资者对企业净资产的所有权，包括投资者对企业的投入资本及企业存续过程中形成的资本公积、盈余公积和未分配利润。根据资产负债表的平衡原理，所有者权益在数量上等于企业的全部资产减去全部负债后的余额，即企业净资产数额。如果注册会计师能够对企业的资产和负债进行充分的审计，证明两者的期初余额、期末余额和本期变动都是正确的，这便从侧面为所有者权益的期末余额和本期变动的正确性提供了有力的证据。同时，由于所有者权益增减变动的业务较少、金额较大的特点，注册会计师在审计了企业的资产和负债之后，往往只花费相对较少的时间对所有者权益进行审计，特别是在连续审计中更是如此。

(一)实收资本审计

1. 实收资本的审计目标

实收资本的审计目标一般包括:

① 确定实收资本是否存在;

② 确定实收资本的增减变动是否符合法律、法规和合同、章程的规定,记录是否完整;

③ 确定实收资本期末余额是否正确;

④ 确定实收资本的披露是否恰当。

2. 实收资本的实质性程序

实收资本的实质性程序通常包括:

① 获取或编制实收资本增减变动情况明细表,复核加计正确,并与报表数、总账数和明细账合计数核对相符。

② 查阅公司章程、股东大会、董事会会议记录中有关实收资本的规定。收集与实收资本变动有关的董事会会议纪要、合同、协议、公司章程及营业执照。公司设立批文、验资报告等法律性文件,并更新永久性档案。

③ 检查实收资本增减变动的原因,查阅其是否与董事会纪要、补充合同、协议及其他有关法律性文件的规定一致,逐笔追查至原始凭证,其会计处理是否正确。注意有无抽资或变相抽资的情况,如有,应取证核实,作恰当处理。对首次接受委托的客户,除取得验资报告外,还应检查并复印记账凭证及进账单。

④ 对于以资本公积、盈余公积和未分配利润转增资本的,应取得股东(大)会决议等资料,并审核是否符合国家有关规定。

⑤ 以权益结算的股份支付,应取得相关资料,检查是否符合相关规定。

⑥ 确定实收资本的披露是否恰当。

(二)资本公积审计

1. 资本公积的审计目标

资本公积是非经营性因素形成的不能计入实收资本的所有者权益,主要包括投资者实际缴付的出资额超过其资本份额的差额和其他资本公积等。

资本公积的审计目标一般包括:

① 确定资本公积是否存在;

② 确定资本公积的增减变动是否符合法律、法规和合同、章程的规定,记录是否完整;

③ 确定资本公积期末余额是否正确;

④ 确定资本公积的披露是否恰当。

2. 资本公积的实质性程序

资本公积的实质性程序通常包括:

(1) 获取或编制资本公积明细表,复核加计正确,并与报表数、总账数和明细账合计数核对相符。

(2) 收集与资本公积变动有关的股东(大)会决议,董事会会议纪要、资产评估报告等文件资料,更新永久性档案。首次接受委托的,应检查期初资本公积的原始发生依据。

(3) 根据资本公积明细账,对股本溢价、其他资本公积各明细的发生额逐项进行审查。

① 核对股本溢价,应取得董事会会议纪要、股东(大)会决议、有关合同、政府批文,追查

至银行收款等原始凭证，结合相关科目的审计，检查会计处理是否正确，注意发行股票溢价收入的计算是否已扣除股票发行费用。

② 检查以权益法核算的被投资单位除净损益以外所有者权益的变动，被审计单位是否已按其享有的份额入账，会计处理是否正确；处置该项投资时，应注意是否已转销与其相关的资本公积。

③ 对拨款转入，审阅有关的拨款批文，检查拨款项目的完成情况，结合专项应付款的审计，检查会计处理是否正确。

④ 以权益结算的股份支付，取得相关资料，检查在权益工具授予日期和行权日的会计处理是否正确。

⑤ 对自用房地产或存货转换为采用公允价值计量的投资性房地产，若转换日公允价值大于账面价值，差额是否正确记入本科目，若转换日公允价值小于账面价值，检查差额是否正确计入公允价值变动损益；处置投资性房地产，检查相关的资本公积是否已转销。

⑥ 对可供出售金融资产形成的资本公积，结合相关科目检查金额和相关会计处理是否正确。

⑦ 若有同一控制下企业合并，应结合长期股权投资科目，检查被审计单位（合并方）取得的被合并方所有者权益账面价值的份额与支付的合并对价账面价值的差额计算是否正确，是否依次调整本科目、盈余公积和未分配利润。

⑧ 被审计单位将回购的本单位股票予以注销、用于奖励职工或转让，检查其会计处理是否正确。

⑨ 对于在资产负债表日，满足运用套期会计方法条件的现金流量套期和境外经营净投资套期产生的利得和损失是否进行了正确的会计处理。

⑩ 对资本公积转增资本，应取得股东（大）会决议、董事会会议纪要和政府批文等，检查资本公积转增资本是否符合有关规定，会计处理是否正确。

（4）检查资本公积各项目，考虑对所得税的影响。

（5）确定资本公积的披露是否恰当。

（三）盈余公积审计

1. 盈余公积的审计目标

盈余公积是企业按照规定从税后利润中提取的积累资金，是具有特定用途的留存收益，主要用于弥补亏损和转增资本，也可以按规定用于分配股利。盈余公积包括法定盈余公积和任意盈余公积。盈余公积的审计目标一般包括：

① 确定期末盈余公积是否存在；

② 确定盈余公积的增减变动是否符合法律、法规和合同、章程的规定，记录是否完整；

③ 确定盈余公积期末余额是否正确；

④ 确定盈余公积的披露是否恰当。

2. 盈余公积的实质性程序

盈余公积的实质性程序通常包括：

（1）取得或编制盈余公积明细表，复核加计正确，并与报表数、总账数和明细账合计数核对相符。

（2）收集与盈余公积变动有关的董事会会议纪要、股东（大）会决议及政府主管部门、财政部门批复等文件资料，进行审阅，并更新永久性档案。

（3）对法定盈余公积和任意盈余公积的发生额逐项审查至原始凭证。

① 审查法定盈余公积和任意盈余公积的计提顺序、计提基数、计提比例是否符合有关规定，会计处理是否正确。

② 审查盈余公积的减少是否符合有关规定，取得董事会会议纪要、股东（大）会决议，予以核实，检查有关会计处理是否正确。

（4）确定盈余公积的披露是否恰当。

第二节　投资循环审计

一、投资循环的特性

（一）投资循环涉及的报表项目

投资循环涉及的资产负债表项目主要包括：交易性金融资产、应收股利、应收利息、可供出售金融资产、持有至到期投资、长期股权投资、投资性房地产等。涉及的利润表项目主要有投资收益。

（二）投资活动的凭证和会计记录

（1）股票或债券。

（2）经纪人通知书。

（3）债券契约。

（4）企业的章程及有关协议。

（5）投资协议。

（6）有关记账凭证。

（7）有关会计科目的明细账和总账。

（三）投资所涉及的主要业务活动

（1）审批授权。投资业务应由企业的高层管理机构进行审批。

（2）取得证券或其他投资。企业可以通过购买股票或债券进行投资，也可以通过与其他单位联合形成投资。

（3）取得投资收益。企业可以取得股权投资的股利收入、债券投资的利息收入和其他投资收益。

（4）转让证券或收回其他投资。企业可以通过转让证券实现投资的收回；其他投资已经投出，除联营合同期满，或由于其他特殊原因联营企业解散外，一般不得抽回投资。

二、投资循环的内部控制及测试

（一）投资循环的内部控制制度

为了有效地开展投资活动，保证企业资产的安全完整，企业应建立下列有关内部控制：

1. 不相容的职责分离

在投资循环中，提出投资可行性分析报告、审批投资、支付款项、会计记录等工作，应由不同职能部门或人员来完成。

2. 授权审批控制

在投资循环中，以下业务应获得适当的授权方可实施：

① 对外投资应根据重要性不同经过被审计单位投资主管部门、财务部门、相关管理层及治理层的核准；

② 投资交易需由经授权的人员在授权范围内办理；

③ 投资的处置需经授权；

④ 投资减值准备的计提应经审核等。

3. 单据和账簿的控制

所有投资交易应保持完整的投资相关文件、权利单据及会计记录。会计部门及投资主管部门应详细登记各笔投资的要点，如各笔投资的种类、到期日、利率、投资权益的变化、投资资产价值的变化、已获利等情况。

4. 对账控制

被审计单位应定期与被投资对象或投资资产保管机构核对投资资产的价值变动。

5. 内部核查程序

内部核查程序包括：由财务部门内部独立的复核人定期核对账目、定期核对为投资交易编制的会计记录是否适当、定期核查投资主管部门和会计部门的记录是否一致等，也包括被审计单位内部审计人员或其他独立人员对投资业务相关账簿和凭证、相关文件的核查。

（二）投资循环内部控制的测试

（1）询问被审计单位的投资主管人员、相关业务人员和会计人员有关内部控制的执行情况。

（2）实地观察不相容的职责是否分离，如投资业务的可行性研究、执行、审批、收取款项和会计记录职责。

（3）抽取原始单据，审查投资决策，是否由相应权限的部门及人员做出，审查投资合同是否由经授权的人员签字；抽查相关账户记录，确定各类业务的账务处理是否及时准确；投资的处置是否经拥有相应权限部门及人员批准等。

（4）审查被审计单位的投资主管部门和会计部门是否分别设置详细的投资记录并定期核对。

三、交易性金融资产审计

（一）交易性金融资产的审计目标

交易性金融资产，是指企业为了近期出售而持有的金融资产。在会计科目设置上，企业持有的直接指定为以公允价值计价且其变动计入当期损益的金融资产，也通过该科目核算。

交易性金融资产的审计目标一般包括：

（1）确定交易性金融资产是否存在；

（2）确定交易性金融资产是否归被审计单位所有；

（3）确定交易性金融资产的增减变动及其损益的记录是否完整；

（4）确定交易性金融资产的计价是否正确；

（5）确定交易性金融资产的披露是否恰当。

（二）交易性金融资产的实质性程序

交易性金融资产的实质性程序通常包括：

（1）获取或编制交易性金融资产明细表，复核加计正确，并与报表数、总账数和明细账合计数核对相符。

（2）对期末结存的相关交易性金融资产，向被审计单位核实其持有目的，检查本科目核算范围是否恰当。

（3）获取股票、债券及基金等交易流水单及被审计单位证券投资部门的交易记录，与明细账核对，检查会计记录是否完整、会计处理是否正确。

（4）监盘库存交易性金融资产，并与相关账户余额进行核对，如有差异，应查明原因，并作出记录或进行适当调整。

（5）抽取交易性金融资产增减变动的相关凭证，注意其原始凭证是否完整合法，会计处理是否正确。

① 抽取交易性金融资产增加的记账凭证，检查其原始凭证是否完整合法，成本、交易费用和相关利息或股利的会计处理是否符合规定。

② 抽取交易性金融资产减少的记账凭证，检查其原始凭证是否完整合法，会计处理是否正确，注意出售交易性金融资产时其成本结转是否正确，原计入的公允价值变动损益有无调整至投资收益。

（6）复核与交易性金融资产相关的损益计算是否准确，并与公允价值变动损益及投资收益等有关数据核对。

（7）复核股票、债券及基金等交易性金融资产的期末公允价值是否合理，相关会计处理是否正确，注意交易性金融资产是否存在重大的变现限制。

（8）确定交易性金融资产的披露是否恰当。

四、可供出售金融资产审计

（一）可供出售金融资产的审计目标

可供出售金融资产，是指初始确认时即被指定为可供出售的非衍生金融资产，以及除下列各类资产以外的金融资产：① 贷款和应收款项；② 持有至到期投资；③ 以公允价值计价且其变动计入当期损益的金融资产。

可供出售金融资产的审计目标一般包括：

（1）确定可供出售金融资产是否存在；

（2）确定可供出售金融资产是否归被审计单位所有；

（3）确定可供出售金融资产的增减变动及其损益的记录是否完整；

（4）确定可供出售金融资产的计价是否正确；

（5）确定可供出售金融资产减值准备的计提方法是否恰当，计提是否充分；

（6）确定可供出售金融资产减值准备的增减变动记录是否完整；

（7）确定交易性金融资产及其减值准备的披露是否恰当。

（二）可供出售金融资产的实质性程序

可供出售金融资产的实质性程序通常包括：

（1）获取或编制可供出售金融资产资产明细表，复核加计正确，并与报表数、总账数和明细账合计数核对相符。

（2）检查库存可供出售金融资产，并与相关账户余额进行核对，如有差异，应查明原因，并作出记录或进行适当调整。

（3）向相关金融机构发函询证可供出售金融资产期末数量，并记录函证过程。取得回函时应检查相关签章是否符合要求。

（4）对期末结存的可供出售金融资产，向被审计单位核实其持有目的。检查本科目核对范围是否恰当。

（5）抽取可供出售金融资产增减变动的相关凭证，检查其原始凭证是否完整合法，会计处理是否正确。

① 抽取可供出售金融资产增加的记账凭证，检查其原始凭证是否完整合法，成本、交易费用和相关利息或股利的会计处理是否符合规定。

② 抽取可供出售金融资产减少的记账凭证，检查其原始凭证是否完整合法，会计处理是否正确，注意出售可供出售金融资产时相应的资本公积有无调整。

（6）检查可供出售金融资产是否计提金额和相关会计处理是否正确。

（7）检查可供出售金融资产出售时，其相关损益计算及会计处理是否正确，已计入资本公积的公允价值累计变动额是否转入投资收益科目。

（8）复核可供出售金融资产划转为持有至到期投资的依据是否充分，会计处理是否正确。

（9）确定可供出售金融资产的披露是否恰当。

五、持有至到期投资审计

（一）持有至到期投资的审计目标

持有至到期投资，是指到期日固定、回收金额固定或可确定，且企业有明确意图和能力持有至到期的非衍生金融资产。持有至到期投资的审计目标一般包括：

（1）确定持有至到期投资是否存在；

（2）确定持有至到期投资是否归被审计单位所有；

（3）确定持有至到期投资的增减变动及其损益的记录是否完整；

（4）确定持有至到期投资减值准备的计提方法是否恰当，计提是否充分；

（5）确定持有至到期投资减值准备的增减变动的记录是否完整；

（6）确定持有至到期投资及其减值准备的披露是否恰当。

（二）持有至到期投资的实质性程序

持有至到期投资的实质性程序通常包括：

（1）获取或编制持有至到期投资明细表，复核加计正确，并与总账数和明细账合计数核对相符。

（2）检查库存持有至到期投资并与账面余额进行核对，如有差异，应查明原因，并作出记录或进行适当调整。

（3）对期末结存的持有至到期投资资产，核实被审计单位持有的目的和能力，检查本科目核算范围是否恰当。

（4）抽取持有至到期投资增加和减少的记账凭证，注意其原始凭证是否完整合法，会计处理是否符合规定。

（5）检查持有至到期投资持有期间收到的利息会计处理是否正确，损益计算是否准确，已计提的减值准备是否同时结转。

（6）检查资产减值准备计提是否充分。

（7）确定持有至到期投资的披露是否恰当。注意一年内到期的持有至到期投资是否已重分类至一年内到期的非流动资产。

六、长期股权投资审计

（一）长期股权投资的审计目标

长期股权投资核算企业持有的采用权益法或成本法核算的长期股权投资，具体包括：① 企业持有的能够对被投资单位实施控制的权益性投资，即对子公司的投资；② 企业持有的能够与其他合营方一同对被投资单位实施共同控制的权益性投资，即对合营企业的投资；③ 企业持有的能够对被投资单位施加重大影响的权益性投资，即对联营企业的投资；④ 企业对被投资单位不具有控制、共同控制或重大影响，且在活跃市场中没有报价、公允价值不能可靠计量的权益性投资。

长期股权投资的审计目标一般包括：

（1）确定长期股权投资是否存在；

（2）确定长期股权投资是否归被审计单位所有；

（3）确定长期股权投资的增减变动及投资损益的记录是否完整；

（4）确定长期股权投资的核算方法是否正确；

（5）确定长期股权投资减值准备的计提方法是否恰当；

（6）确定长期股权投资减值准备增减变动的记录是否完整；

（7）确定长期股权投资及其减值准备的披露是否恰当。

（二）长期股权投资的实质性程序

长期股权投资的实质性程序通常包括：

（1）获取或编制长期股权投资明细表，复核加计正确，并与总账数和明细账合计数核对相符；结合长期股权投资减值准备科目与报表数核对相符。

（2）根据有关合同和文件，确认股权投资的股权比例和持有时间，检查股权投资核算方法是否正确。

（3）对于重大的投资，向被投资单位函证被审计单位的投资额、持股比例及被投资单位发放股利等情况。

（4）对于应采用权益法核算的长期股权投资，获取被投资单位已经注册会计师审计的年度财务报表，如果未经注册会计师审计，则应考虑对被投资单位的财务报表实施适当的审计或审阅程序。

① 复核投资收益时,应以取得投资时被投资单位各项可辨认资产等的公允价值为基础,对被投资单位的净利润进行调整后加以确认;被投资单位采用的会计政策及会计期间与被审计单位不一致的,应当按照被审计单位的会计政策及会计期间对被投资单位的财务报表进行调整,据以确认投资损益。

② 将重新计算的投资收益与被审计单位所计算的投资收益相核对,如有重大差异,则查明原因,并作适当调整。

③ 检查被审计单位按权益法核算长期股权投资,在确认应分担被投资单位发生的净亏损时,应首先冲减长期股权投资的账面价值,其次冲减其他实质上构成对被投资单位净投资的长期权益账面价值;如果按照投资合同和协议约定被审计单位仍需承担额外损失义务的,应按预计承担的义务确认预计负债,并与预计负债中的相应数字核对无误;被投资单位以后期间实现盈利的,被审计单位在其收益分享额弥补未确认的亏损分担额后,恢复确认收益分享额。审计时,应检查被审计单位会计处理是否正确。

④ 检查除净损益以外被投资单位所有者权益的其他变动,是否调整计入所有者权益。

(5) 对于采用成本法核算的长期股权投资,检查股利分配的原始凭证及分配决议等资料,确定会计处理是否正确;对被审计单位实施控制而采用成本法核算的长期股权投资,比照权益法编制变动明细表,以备合并报表使用。

(6) 对于成本法和权益法相互转换的,检查其投资成本的确定是否正确。

(7) 确定长期股权投资的增减变动的记录是否完整。

① 检查本期增加的长期股权投资,追查至原始凭证及相关的文件或决议及被投资单位验资报告或财务资料等,确认长期股权投资是否符合投资合同、协议的规定,并已确实投资,会计处理是否正确。

② 检查本期减少的长期股权投资,追查至原始凭证,确认长期股权投资的收回有合理的理由及授权批准手续,并已确实收回投资,会计处理是否正确。

(8) 期末对长期股权投资进行逐项检查,以确定长期股权投资是否已经发生减值。

① 核对长期股权投资减值准备本期与以前年度计提方法是否一致,如有差异,查明政策调整的原因,并确定政策改变对本期损益的影响,提请被审计单位作适当披露。

② 对长期股权投资逐项进行检查,根据被投资单位经营政策、法律环境的变化、市场需求的变化、行业的变化、盈利能力等各种情形予以判断长期股权投资是否存在减值迹象。确有出现导致长期股权投资可收回金额低于账面价值的,将可收回金额低于账面价值的差额作为长期股权投资减值准备予以计提,并与被审计单位已计提数相核对,如有差异,查明原因。

③ 将本期减值准备计提金额与利润表资产减值损失中的相应数字核对无误。

④ 长期股权投资减值准备按单项资产计提,计提依据充分,得到适当批准。减值损失一经确认,在以后会计期间不得转回。

(9) 结合银行借款等的检查,了解长期股权投资是否存在质押、担保情况,如有,则应详细记录,并提请被审计单位进行充分披露。

(10) 确定长期股权投资在资产负债表上已恰当列报。与被审计单位人员讨论确定是否存在被投资单位由于所在国家和地区及其他方面的影响,其向被审计单位转移资金的能力受到限制的情况,如存在,应详细记录受限情况,并提请被审计单位进行充分披露。

第三节 其他相关项目审计

一、应付股利审计

（一）应付股利的审计目标

应付股利是指企业根据股东大会或类似机构审议批准的利润方案确定分配给投资者的现金股利或利润。

应付股利的审计目标一般包括：

（1）确定期末应付股利是否存在；

（2）确定期末应付股利是否为被审计单位应履行的支付义务；

（3）确定应付股利的记录是否完整；

（4）确定应付股利的披露是否恰当。

（二）应付股利的实质性程序

应付股利的实质性程序通常包括：

（1）获取或编制应付股利明细表，复核加计是否正确，并与报表数、总账数和明细账合计数核对相符。

（2）审阅公司章程和股东（大）会决议中有关股利的规定，了解股利分配标准和发放方式是否符合有关规定并经法定程序批准。若被审计单位董事会或类似机构通过利润分配方案拟分配现金股利或利润的，注意是否披露。

（3）检查应付股利的发生额。是否根据股东（大）会决定的利润分配方案，从可供分配利润中计算确定，并复核应付股利计算和会计处理的正确性。

（4）检查股利支付的原始凭证的内容、金额和会计处理是否正确。

（5）确定应付股利的披露是否恰当。

二、财务费用审计

（一）财务费用的审计目标

财务费用指企业在生产经营过程中为筹集资金而发生的各项费用，包括企业生产经营期间发生的利息支出（减利息收入）、汇兑净损失、金融机构手续费，以及筹资发生的其他财务费用如债券印刷费、国外借款担保费等。财务费用的审计目标一般包括：

（1）确定记录的财务费用是否已发生，且与被审计单位有关；

（2）确定财务费用记录是否完整；

（3）确定与财务费用有关的金额及其他数据是否已恰当记录，确定财务费用是否记录于正确的会计期间；

（4）确定财务费用的内容是否正确；

（5）确定财务费用的披露是否恰当。

（二）财务费用的实质性程序

财务费用的实质性程序通常包括：

（1）获取或编制财务费用明细表，复核加计正确，与报表数、总账数和明细账合计数核对是否相符。

（2）将本期、上期财务费用各明细项目作比较分析，必要时比较本期各月的财务费用，如有重大波动和异常情况，应查明原因，扩大审计范围或增加测试量。

（3）检查利息支出明细账，确认利息支出的真实性及正确性，检查各项借款期末应计利息有无预计入账，检查现金折扣的会计处理是否正确。

（4）检查汇兑损失明细账，检查汇兑损益计算方法是否正确，核对所用汇率是否正确，前后期是否一致。

（5）检查“财务费用——其他”明细账，注意检查大额金融机构手续费的真实性与正确性。

（6）检查财务费用的披露是否恰当。

三、应收股利审计

（一）应收股利的审计目标

应收股利是指企业因股权投资而应收取的现金股利及应收其他单位的利润，包括企业购入股票实际支付的款项中所含的已宣告发放，但尚未领取的现金股利和企业因对外投资应分得的现金股利或利润等。应收股利的审计目标一般包括：

（1）确定应收股利是否存在；

（2）确定应收股利增减变动的记录是否完整；

（3）确定应收股利可否收到；

（4）确定应收股利的披露是否恰当。

（二）应收股利的实质性程序

应收股利的实质性程序通常包括：

（1）获取或编制应收股利明细表，复核加计正确，并与总账数和明细账合计数核对相符，结合坏账准备科目与报表数核对相符。

（2）与长期股权投资、交易性金融资产、可供出售金融资产等项目的审计结合，验证确定应收股利的计算是否正确，检查会计处理是否正确。

（3）对于重大的应收股利项目，审阅相关文件，测试其计算的准确性，必要时，向被投资单位函证并记录。

（4）检查应收股利减少有无异常。

（5）检查期后收款情况，对至审计时已收回金额较大的款项进行常规检查，如核对收款凭证、银行对账单、股利分配方案等。

（6）关注长期未收回且金额较大的应收股利，询问被审计单位管理人员及相关职员或者查询被投资单位的情况，确定应收股利的可收回性，必要时，向被投资单位函证股利支付情况，复核并记录函证结果。

（7）检查应收股利列报是否恰当。

四、投资收益审计

投资收益是企业在一定的会计期间对外投资所取得的回报。投资收益包括对外投资所分得的股利和收到的债券利息,以及投资到期收回或在到期前转让债权所得款项高于账面价值的差额等。

投资收益的审计比较复杂:① 形成来源较多,包括交易性金融资产收益、可供出售金融资产收益、持有至到期投资收益、长期股权投资收益、投资性房地产收益等;② 形成时间复杂,有短期投资收益、长期投资收益,持有收益、处置收益,上期收益分配、投资后收益分配,被投资单位净资产增加等;③ 核算复杂,有成本法、权益法、投资比例等。注册会计师在审计时应特别关注投资收益的审计。

(一)投资收益的审计目标

投资收益的审计目标一般包括:

(1)确定记录的投资收益是否已发生,且与被审计单位有关;

(2)确定投资收益记录是否完整;

(3)确定与投资收益有关的金额及其他数据是否已恰当记录;

(4)确定投资收益是否已记录于正确的会计期间;

(5)确定投资收益的内容是否正确;

(6)确定投资收益的披露是否恰当。

(二)投资收益的实质性程序

投资收益的实质性程序通常包括:

(1)获取或编制投资收益分类明细表,复核加计正确并与总账数和明细账合计数核对相符,与报表数核对相符。

(2)与以前年度投资收益比较,结合投资本期的变动情况,分析本期投资收益是否存在异常现象,如有,应查明原因,并作出适当的调整。

(3)与长期股权投资、交易性金融资产、交易性金融负债、可供出售金融资产、持有到期投资等相关项目的审计结合,验证确定投资收益的记录是否正确,确定投资收益被计入正确的会计期间。

(4)确定投资收益已恰当列报。检查投资协议等文件,确定国外投资收益汇回是否存在重大限制,若存在重大限制,应说明原因,并作出恰当披露。

【名词与术语】

筹资　投资　实收资本　资本公积　盈余公积　交易性金融资产

可供出售金融资产　长期股权投资　财务费用　投资收益

【思考题】

1. 为什么函证负债不能发现所有未入账负债?
2. 筹资和投资有哪些共同特点?这些共同特点对审计有何影响?
3. 投资有哪些存在方式?针对各种存在方式如何确认其存在?

4. 在审计实务中,为什么投资收益难以审查?
5. 试比较各种投资方式投资收益确认的异同。
6. 试述筹资和投资需授权审批控制的内容及审核要点。
7. 试述长期股权投资审计的目标与方法。
8. 试述负债审计的目标与方法。

第十四章 货币资金审计

本章导读

本章主要介绍货币资金审计业务。首先简要介绍货币资金审计涉及的账户、凭证和会计记录；然后阐述货币资金内部控制及其测试；最后重点讲解库存现金和银行存款的审计方法。

本章的重点是货币资金内部控制及其测试、库存现金和银行存款的审计方法；难点是库存现金和银行存款存在的审计方法。

通过本章的学习，了解货币资金涉及的账户、凭证和会计记录；明确货币资金内部控制及其测试；理解和掌握库存现金和银行存款的审计方法。

第一节　货币资金与交易循环

一、货币资金涉及的账户

货币资金是企业资产中流动性最强的资产,是企业资产的重要组成部分。企业的生产经营过程,实质上就是货币资金垫支、支付过程和货币资金收回、分配过程的结合。在企业财务报表审计中,货币资金占有重要的位置。因为,企业全部的经济活动都与货币资金存在着密切的关系,另外,货币资金也是不法分子进行违法活动的主要对象,大量的违法活动必须依靠货币资金去完成。

货币资金根据存放的地点及用途不同,可分为库存现金、银行存款和其他货币资金。

二、货币资金审计涉及的凭证和会计记录

货币资金主要有收款和付款两方面的业务。收、付款业务又可分为大宗的收付款业务和零星的收付款业务。大宗的收付款业务大都同销售和采购有关,其涉及的凭证资料在前面各章中已作介绍。零星的收付款业务则比较分散,可能涉及企业的各个方面。

货币资金审计涉及的凭证和会计记录主要包括:

(1)办理现金收支的收据、发票等原始凭证;

(2)现金盘点表;

(3)银行对账单;

(4)银行存款余额调节表;

(5)有关科目的记账凭证;

(6)现金日记账,银行存款日记账。

三、货币资金与交易循环的关系

货币资金与各交易循环存在着密切的关系,货币资金往往依附着各项交易活动而进行运动。企业销售收取货币资金,企业采购付出货币资金,企业生产可能产生货币资金的支出,企业筹资又会引起货币资金的流入,投资则会引起货币资金的流出。货币资金与交易循环的关系见图 14-1。

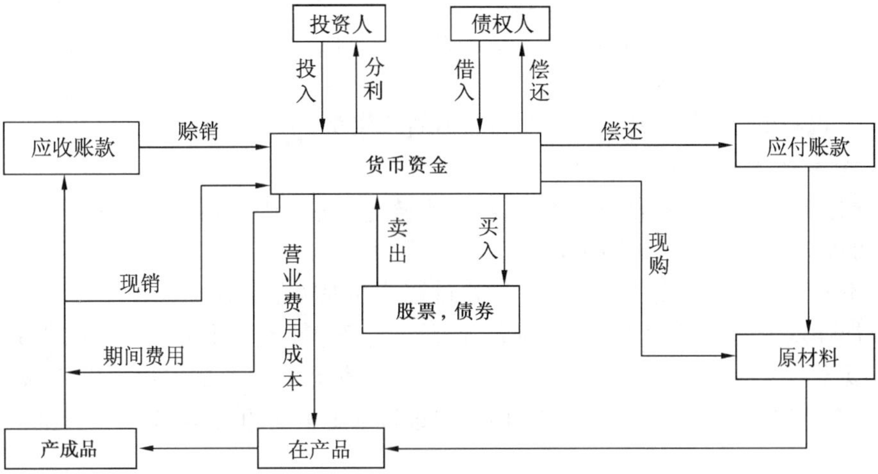

图 14-1　货币资金与各交易循环的关系

第二节　货币资金的内部控制及测试

一、货币资金内部控制的内容

为了确保货币资金的安全与完整，保证货币资金的收付符合国家的有关规定，保证货币资金的会计记录正确可靠，被审计单位应当根据国家有关法律、法规的规定，结合本部门或系统有关货币资金内部控制的规定，建立适合本单位业务特点和管理要求的货币资金内部控制，并组织实施。一般而言，货币资金内部控制包括：

1. 岗位分工及授权批准制度

(1) 建立货币资金业务的岗位责任制，明确相关部门和岗位的职责、期限，确保办理货币资金业务的不相容岗位相互分离、制约和监督；出纳人员不得兼管稽核、会计档案保管和收入、支出、费用、债权、债务账目的登记工作；不得由一人办理货币资金业务的全过程。

(2) 配备合格的人员办理货币资金业务，并定期进行岗位轮换。

(3) 对货币资金业务建立严格的授权批准制度，明确审批人对货币资金业务的授权方式、权限、程序、责任和相关控制措施，规定经办人员办理货币资金业务的职责范围和工作要求。

(4) 审批人应当根据货币资金授权批准制度的规定，在授权范围内进行审批，不得超过审批权限。经办人员应当在职责范围内，按照审批人的批准意见办理货币资金业务。未经授权的部门和人员一律不得办理货币资金业务。

(5) 货币资金收入必须及时入账，不得私设“小金库”，不得账外设账，严格禁止收款不入账的违法行为。经办销售业务的人员不得同时经办收款业务。

(6) 按照规定的程序(如支付申请、支付审批、支付复核、办理支付)办理货币资金支付业务。

(7) 对于主要货币资金支付业务,应当实行集体决策和审批制度,停止对货币资金支付"一支笔"决策审批的做法。任何个人都无权决定划转巨额货币资金,严防货币资金的挪用、贪污、侵占、外逃的非法行为。

(8) 严禁未经授权的机构或人员直接接触货币资金。

2. 现金和银行存款的管理制度

(1) 加强库存现金库存限额的管理,在银行核定的库存限额内支付现金,不得任意超过库存现金的限额,超过库存限额的现金应及时存入银行。

(2) 不属于现金开支范围的业务一律通过银行办理转账结算。

(3) 加强现金的管理,明确收款、付款、记录等各环节出纳人员与相关人员的职责权限。

(4) 现金收入应及时存入银行,不得用于直接支付单位自身的支出。因特殊情况需坐支现金的,应事先报开户银行审查批准,由开户银行确定坐支的数额,未经银行批准,严禁坐支现金。

(5) 一个单位只能选择一家银行的一个分支机构开立一个基本存款账户,办理存款、取款和转账结算。企业不得在多家银行机构开立基本存款账户,也不得在同一个银行的几个分支机构开立一般存款账户。

(6) 除了按规定留存的库存现金以外,所有货币资金都必须存入银行,单位一切收付款项,除制度规定可用现金支付的部分外,都必须通过银行办理转账结算。

(7) 遵守银行结算纪律,不准签发没有资金保证的票据或远期支票套取银行信用;不准签发、取得和转让没有真实交易和债权债务的票据,套取银行和他人现金;不准无理拒绝付款,任意占用他人资金;不准违反规定开立和使用银行账户。

(8) 及时核对银行账户,确保银行存款账面余额与银行对账单相符。对银行账户核对过程中发现的未达款项,应查明原因,及时处理。

(9) 定期和不定期地进行现金盘点,确保现金账面余额与实际库存相符。不得白条抵库和挪用现金。

3. 票据及有关印章的保管制度

(1) 单位应加强货币资金票据的管理,明确各种票据的购买、保管、领用、注销等环节的职责权限和程序,并专设登记簿进行记录,防止空白票据的遗失和盗用。

(2) 单位应加强银行预留印鉴的管理。财务专用章应由专人保管,个人名章必须由本人或其授权人员保管。严禁一人保管支付款项的有关印章。

4. 监督检查制度

单位应当建立对货币资金业务的检查监督制度,明确监督检查机构或人员的职责权限,定期或不定期地对货币资金的安全进行检查。

二、货币资金内部控制的测试

(一) 了解内部控制

注册会计师可以根据实际情况采用不同的方法实现对货币资金内部控制的了解。一般而言,注册会计师可以采用编制流程图的方法。编制货币资金内部控制流程图是货币资金控制测试的重要步骤。注册会计师在编制之前应通过询问、观察等调查手段收集必要的资料，然后根据所了解的情况编制流程图。对中小企业，也可采用编写货币资金内部控制说明的方法。若年度审计工作底稿中已有以前年度的流程图，注册会计师可根据调查结果加以修正，以供本年度审计之用。一般地，了解货币资金内部控制时，注册会计师应当注意检查货币资金内部控制是否建立并严格执行。

（二）抽取并检查收款凭证

如果货币资金收款内部控制薄弱，很可能会发生贪污舞弊或挪用等情况。例如，在一个小企业中，出纳员同时记应收账款明细账，很可能发生循环挪用的情况。为测试货币资金收款的内部控制，注册会计师应选取适当样本的收款凭证，进行如下检查：

（1）核对收款凭证与存入银行账户的日期和金额是否相符；

（2）核对库存现金、银行存款日记账的收入金额是否正确；

（3）核对收款凭证与银行对账单是否相符；

（4）核对收款凭证与应收账款等相关明细账的记录是否相符；

（5）核对实收金额与销售发票等相关凭据是否一致，等等。

（三）抽取并检查付款凭证

为测试货币资金付款内部控制，注册会计师应选取适当样本的货币资金付款凭证，进行如下检查：

（1）检查付款的授权批准手续是否符合规定；

（2）核对库存现金、银行存款日记账的付出金额是否正确；

（3）核对付款凭证与银行对账单是否相符；

（4）核对付款凭证与应付账款等相关明细账的记录是否一致；

（5）核对实付金额与购货发票等相关凭据是否相符，等等。

在检查付款凭证时，注册会计师应特别关注付款原始凭证的真实性，以虚假原始凭证冒领款项是目前比较严重的问题。

（四）抽取一定期间的库存现金、银行存款日记账与总账核对

首先，注册会计师应抽取一定期间的库存现金、银行存款日记账，检查其有无计算错误，加总是否正确无误。如果检查中发现问题较多，说明被审计单位货币资金的会计记录不够可靠。其次，注册会计师应根据日记账提供的线索，核对总账中的库存现金、银行存款、应收账款、应付账款等有关账户的记录。

（五）抽取一定期间的银行存款余额调节表，查验其是否按月正确编制并经复核

为证实银行存款记录的正确性，注册会计师必须抽取一定期间的银行存款余额调节表，将其同银行对账单、银行存款日记账及总账进行核对，确定被审计单位是否按月正确编制并复核银行存款余额调节表。

（六）检查外币资金的折算方法是否符合有关规定，是否与上年度一致

对于有外币货币的被审计单位，注册会计师应检查外币货币资金有关的日记账及“财务费用”“在建工程”等账户的记录，确定企业有关外币货币资金的增减变动是否采用交易发生日的即期汇率将外币金额折算为记账本位币金额，或者采用按照系统合理的方法确定的、与交易发生日即期汇率近似的汇率折合为记账本位币，选择采用汇率的方法前后各期是否一致；检查企业的外币货币资金的余额是否采用期末即期汇率折合为记账本位币金额；折算差额的会计处理是否正确。

（七）评价货币资金的内部控制

注册会计师在完成上述程序之后，即可对货币资金的内部控制进行评价。评价时，注册会计师应首先确定货币资金内部控制可信赖的程度及存在的薄弱环节和缺点，然后据以确定在货币资金实质性程序中对哪些环节可以适当减少审计程序，哪些环节应增加审计程序作重点检查，以减少审计风险。

第三节　库存现金审计

一、库存现金的审计目标

库存现金包括企业的人民币和外币，是企业资产中流动性最强的一种资产。尽管其在企业资产总额中比重不大，但企业发生舞弊事件大都与现金有关，因此，注册会计师应该重视库存现金的审计。

库存现金的审计目标一般包括：

（1）确定被审计单位库存现金在财务报表日是否确实存在，是否为被审计单位所拥有；

（2）确定被审计单位发生的现金收支业务是否均记录完毕，有无遗漏；

（3）确定登记入账的现金收支业务是否真实、合法；

（4）确定库存现金在财务报表中的披露是否恰当。

二、库存现金的实质性程序

库存现金的实质性程序一般包括：

1. 检查库存现金日记账与总账的余额，并与报表数核对是否相符

注册会计师测试库存现金余额的起点，是核对库存现金日记账与总账的余额是否相符，如果不相符，应查明原因，并作出适当调整。

2. 实施分析性程序

库存现金的分析性程序比较简单，主要有以下几个方面的工作：

（1）比较现金项目的本期发生额和期末余额与预算数和上期数的差异；

（2）计算并比较流动比率、速动比率、现金周转等的变化情况；

（3）对现金日记账所记录的收支业务进行比较分析，金额较大、变化异常的作为审计的重点。

3. 盘点库存现金

盘点库存现金是证实资产负债表所列现金是否存在的一项重要程序。注册会计师通常采用突击检查的方式会同被审计单位会计主管人员和出纳员盘点库存现金，并编制库存现金盘点表（见表14-1）。

表 14-1 库存现金盘点表

客　　户：　　　　　　　编制人：　　日期：　　索引号：

项　　目：库存现金监盘　　复核人：　　日期：　　页次：

会计期间：

盘点日期：　　年　月　日

检查盘点记录					
项目		项次	人民币	美元	某外币
上一日账面库存余额		1			
盘点日未记账传票收入金额		2			
盘点日未记账传票支出金额		3			
盘点日账面应有金额		4 =1 +2 −3			
盘点实有现金数额		5			
盘点日应有与实有差异		6 =4 −5			
差异原因分析	白条抵库(张)				
追溯调整	报表日至查账日现金付出总额				
	报表日至查账日现金收入总额				
	报表日库存现金应有余额				
	报表日账面汇率				
	报表日余额折合本位币金额				
	本位币合计				

实有现金盘点记录						
面额	人民币		美元		某外币	
	张	金额	张	金额	张	金额
1 000 元						
500 元						
100 元						
50 元						
10 元						
5 元						
2 元						
1 元						
0.5 元						
0.2 元						
0.1 元						
合计						
情况说明及审计结论：						

盘点人：　　　　　　监盘人：　　　　　　复核人：

库存现金盘点表须分币种、面值列示库存现金的数量及金额，并将盘点金额同现金日记账核对，如有差异，应查明原因，并作出记录或适当调整。对于盘点中发现的充抵库存现金的借条、未提现支票、未作报销的收据和发票，要在库存现金盘点表中加以说明或作出必要的调整。一般而言，现金盘点日在结账日（资产负债表日）之后，故注册会计师还需根据结账日至盘点日所有现金收支倒推计算出结账日金额。

注册会计师在监盘现金时，应该注意如下问题：

（1）监盘包括现场监督被审计单位现金保管人员的盘点和注册会计师的必要复盘。

（2）注册会计师或其助理人员在复盘时，必须让现金保管人员始终在场，盘点表应有盘点完毕交回现金保管人的说明。

（3）不同地点的库存现金应同时盘点。

（4）盘点现金应尽量安排在企业的营业前后，这样既不影响被审计单位的正常经营活动,又提高了盘点的正确性。

4. 检查库存现金的入账是否完整

现金不入账,是我国不少企业存在的一个普遍问题。不入账的现金在现实经济生活中称之为“小金库”资金或“私房钱”,主要用于企业不合理、不合法的各项开支。由于“小金库”资金形成和支出均不在账面记录,审查的难度较大。常用的审查思维主要有两种:一种是根据收入查入账情况。在审查的全过程关注企业的零星收入和非正常收入,检查其入账情况。如果不入账,要么被私人贪污,要么进入“小金库”。另一种方法是关注企业可能发生或已经发生的各种开支,特别是一些不合理、不合法的开支,检查其入账情况。如果这些开支未及时入账,应查明原因。一般情况下,这些开支要么用“小金库”资金,要么“改头换面”挤入成本费用。

5. 抽查大额现金收支

现金收支零星分散,一般采用抽查方式。注册会计师应在库存现金明细账,抽查大额现金收支的原始凭证,检查其内容是否完整,有无授权批准,并核对相关账户的进账情况。如有与被审计单位生产经营业务无关的收支事项,应查明原因,并作相应的记录。

6. 检查现金收支的正确截止

被审计单位资产负债表的货币项目中的库存现金数额,应以结账日实有数额为准。因此,注册会计师必须验证现金收支的截止日期。注册会计师通常可考虑对结账日前后一段时期内现金收支凭证进行审计,以确定是否存在跨期事项,是否应考虑提出调整建议。

7. 检查外币现金的折算方法是否符合规定,是否与上年度一致

检查外币现金的折算方法是否符合规定,是否与上年度一致。

8. 检查库存现金是否在资产负债表中恰当披露

根据有关规定,库存现金在资产负债表的“货币资金”项目中反映。注册会计师应在实施上述审计程序后,确定库存现金账户的期末余额是否恰当,进而确定库存现金是否在资产负债表中恰当披露。

第四节　银行存款审计

一、银行存款的审计目标

银行存款是指企业存放在银行或其他金融机构的各种款项。按照国家有关规定,凡是独立核算的企业都必须在当地银行开设账户。企业在银行开设账户以后,除按核定的限额保留库存现金外,超过限额的现金必须存入银行;除了在规定的范围内可以用现金直接支付的款项外,在经营过程中所发生的一切货币收支业务,都必须通过银行存款账户进行结算。

银行存款的审计目标主要包括:

(1) 确定被审计单位资产负债表中的银行存款在资产负债表日是否确实存在,是否为被审计单位所拥有;

(2) 确定被审计单位在特定期间内发生的银行存款收支业务是否均已记录完毕,有无遗漏;

(3) 确定银行存款在财务报表中的披露是否恰当。

二、银行存款的实质性程序

银行存款的实质性程序一般包括：

1. 检查银行存款日记账与总账的余额是否相符

注册会计师测试银行存款余额的起点，是核对银行存款日记账与总账的余额是否相符，如果不相符，应查明原因，并考虑是否应建议作出适当调整。

2. 实施实质性分析程序

（1）分析银行存款收支、结存与企业销售、采购和企业经营状况的关系是否合理；

（2）计算流动比率、速动比率等比例关系，分析其是否合理。

3. 取得并检查银行存款余额调节表

检查银行存款余额调节表是证实资产负债表中所列银行存款是否存在的重要程序。银行存款余额调节表通常应由被审计单位根据不同的银行账户及货币种类分别编制，其格式如表 14-2 所示。取得银行存款余额调节表后，注册会计师应检查调节表中未达账项的真实性，以及资产负债表日后的进账情况。如果查明存在应于资产负债表日之前进账的，应作出记录并提出适当的调整建议。其程序主要包括：

（1）查验调节表的数字计算；

（2）对于金额较大的未提现支票、可提现的未提现支票及注册会计师认为重要的未提现支票，列示未提现支票清单，注明开票日期和收票人姓名或单位；

（3）追查截止日银行对账单上的在途存款，并在银行账户调节表上注明存款日期；

（4）检查截止日仍未提现的大额支票和其他已签发一个月以上的未提现支票；

（5）追查截止日银行对账单已收、企业未收的款项性质及款项来源；

（6）核对银行存款总账余额、银行对账单加总金额。

4. 函证银行存款余额

银行存款函证是指注册会计师在执行审计业务过程中，需要以被审计单位名义向有关单位发函询证，以验证被审计单位的银行存款是否真实、合法、完整。按照国际惯例，财政部和中国人民银行于 1999 年 1 月联合印发了《关于做好企业的银行存款、借款及往来款项函证工作的通知》（以下简称《通知》），《通知》对函证工作提出了明确的要求，并规定：各商业银行、政策性银行、非银行金融机构要在收到询证函之日起 10 个工作日内，根据函证的具体要求，及时回函并可按照国家的有关规定收取询证费用；各有关企业或单位根据函证的具体要求回函。

函证银行存款余额是证实资产负债表所列银行存款是否存在的重要程序。通过向往来银行函证，注册会计师不仅可了解企业资产的存在，还可了解企业账面反映所欠银行债务的情况，并有助于发现企业未入账的银行借款和未披露的或有负债。

注册会计师应向被审计单位在本年存过款（含外埠存款、银行汇票存款、银行本票存款、信用卡存款、信用证保证金存款）的所有银行发函，其中包括企业存款账户已结清的银行，因为有可能存款账户已结清，但仍有银行借款或其他负债存在。并且，虽然注册会计师已直接从某一银行取得了银行对账单和所有已付支票，但仍应向这一银行进行函证。

表 14-2 银行存款余额调节表

年 月 日

编制人: 日期: 索引号:

复核人: 日期: 页次:

户别: 币别:

项 目
银行对账单余额(年 月 日)
加:企业已收,银行尚未入账金额
其中:1. ______________元
2. ______________元
减:企业已付,银行尚未入账金额
其中:1. ______________元
2. ______________元
调整后银行对账单金额
企业银行存款日记账金额(年 月 日)
加:银行已收,企业尚未入账金额
其中:1. ______________元
2. ______________元
减:银行已付,企业尚未入账金额
其中:1. ______________元
2. ______________元
调整后企业银行存款日记账金额
经办会计人员:(签字) 会计主管:(签字)

说明:① 本表应按不同的银行账户及货币种类由被审计单位分别编制。

② 审计人员应对未达账项进行分析并确定是否需要调整及原因,将此调整原因反映在该账户具体审计工作底稿中。

③ 调节后银行对账单金额应与企业银行存款日记账金额一致。

5. 对定期存款或限定用途的存款,应查明情况,作出记录

(1) 对已质押的定期存款,应检查定期存单,并与相应的质押合同核对,同时关注定期存单对应的质押借款有无入账;

(2) 对未质押的定期存款,应检查开户证书原件;

(3) 对审计外勤工作结束日前已提取的定期存款,应核对相应的兑付凭证、银行对账单和定期存款复印件。

6. 抽查大额银行存款的收支

大额银行存款收支一般是由销售和采购引起的。注册会计师应结合企业的购销业务抽查大额银行存款收支的原始凭证,检查其内容是否完整,有无授权批准,并核对相关账户的进账情况。如有与被审计单位生产经营业务无关的收支事项,应查明原因并作相应的记录。

7. 检查银行存款收支的正确截止

抽查资产负债表日前后若干天的银行存款收支凭证,实施截止测试,关注业务内容及对应项目,如有跨期收支事项,应考虑是否应提请被审计单位调整。

8. 确定银行存款的披露是否恰当

根据有关规定,企业的银行存款在资产负债表的"货币资金"项目中反映,所以,注册会计师应在实施上述审计程序后,确定银行存款账户的期末余额是否恰当,进而确定银行存款

是否在资产负债表中恰当披露。

第五节　其他货币资金审计

一、其他货币资金的审计目标

其他货币资金包括企业到外地进行临时或零星采购而汇往采购地银行开立采购专户的款项所形成的外埠存款、企业为取得银行汇票按照规定存入银行的款项所形成的银行汇票存款、企业为取得银行本票按照规定存入银行的款项所形成的银行本票存款、信用卡存款和信用证保证金存款等。其他货币资金的审计目标主要包括：

（1）确定被审计单位资产负债表中的其他货币资金在资产负债表日是否确实存在，是否为被审计单位所拥有；

（2）确定被审计单位在特定期间内发生的其他货币资金收支业务是否均已记录完毕，有无遗漏；

（3）确定其他货币资金在财务报表中的披露是否恰当。

二、其他货币资金审计的实质性程序

其他货币资金审计的实质性程序主要包括：

（1）核对外埠存款、银行汇票存款、银行本票存款、信用卡存款、信用证保证金存款和存出投资款等各明细账期末合计数与总账数是否相符；

（2）获取所有其他货币资金明细的对账单，与账面记录核对，如果存在差异应查明原因，必要时应提出调整建议；

（3）函证其他货币资金期末余额，并记录函证过程；

（4）抽取若干大额的或有疑问的原始凭证进行测试，检查内容是否完整、有无授权批准，并核对相关账户的进账情况；

（5）抽取资产负债表日前后若干天的其他货币资金收支凭证实施截止测试，如有跨期收支事项，应考虑是否应提出调整建议；

（6）确定其他货币资金的披露是否恰当。

【名词与术语】

库存现金　　银行对账单　　小金库资金　　其他货币资金　　未达账项

【思考题】

1. 试述货币资金与各交易循环的关系。
2. 为什么要停止对货币资金支付“一支笔”决策审批的做法？

3. 在岗位设立上,对出纳人员有哪些特殊要求？为什么？
4. 现金盘点与存货盘点有什么不同?
5. 什么是小金库资金？如何进行审查?
6. 如何确定银行存款的存在？对未达账项的真实性如何审查?
7. 货币资金内部控制的关键点有哪些？有何作用?

第十五章 特殊项目审计

本章导读

本章主要讲解自财务报表各项目的审计完成后，编制审计报告前，注册会计师还必须对一些特殊项目进行审计，包括期初余额、期后事项、关联方及其交易、持续经营能力、会计估计；对集团财务报表审计应特别考虑。

本章的重点是期后事项审计、关联方及其交易审计、持续经营能力审计、会计估计审计、集团财务报表审计；难点是会计估计审计、集团财务报表审计和影响持续经营能力因素的识别方法。

通过本章的学习，了解期初余额、期后事项、关联方及其交易、或有事项等项目的审计；理解和掌握会计估计审计、集团财务报表审计和持续经营能力等特殊项目的审计方法。

第一节　期初余额审计

一、首次接受委托和期初余额的含义

（一）首次接受委托的含义

首次接受委托是指注册会计师在被审计单位财务报表首次接受审计，或上期财务报表由前任注册会计师审计的情况下接受的审计委托。

随着我国社会主义市场经济体制的逐步建立和完善，注册会计师审计涉足的领域正在不断拓展，会计师事务所首次接受委托对财务报表进行审计的业务相应地日渐增多。从目前看，会计师事务所首次接受委托主要包括两类情形：一是指会计师事务所在被审计单位财务报表首次接受审计的情况下接受的审计委托；二是指会计师事务所在被审计单位上期财务报表由其他会计师事务所审计的情况下接受的审计委托，即由于种种原因，被审计单位更换会计师事务所对其本期财务报表进行审计。随着2005年修订后的《中华人民共和国公司法》的颁布和实施，被审计单位财务报表首次接受审计的情况将日趋减少，但是，由于种种主客观原因，被审计单位更换对其财务报表进行审计的会计师事务所的情况仍会继续存在。

（二）期初余额的含义

期初余额是指期初已存在的账户余额。期初余额以上期期末余额为基础，反映了以前期间的交易和上期采用的会计政策的结果。理解期初余额概念，需要把握以下3点：

1. 期初余额是期初已存在的账户余额

期初已存在的账户余额是由上期结转至本期的金额，或是上期期末余额调整后的金额。期初余额与上期期末余额是一个事物的两个方面。通常而言，期初余额是上期账户结转至本期账户的余额，在数额上与相应账户的上期期末余额相等。但是，由于受上期期后事项、会计政策变更、前期会计差错更正等诸因素的影响，上期期末余额结转至本期时，有时需经过调整或重新表述。例如，根据《企业会计准则第28号——会计政策、会计估计变更和差错更正》的规定，对于会计政策变更，企业应当采用追溯调整法处理，将会计政策变更累积影响数调整列报前期最早期初留存收益，其他相关项目的期初余额和列报前期披露的其他比较数据也应当一并调整；对于前期会计差错更正事项，企业应当采用追溯重述法更正重要的前期差错。实际上，采用追溯调整法或者追溯重述法，就是在上期期末数的基础上进行适当调整，形成本期期初数。

2. 期初余额反映了以前期间的交易和上期采用的会计政策的结果

期初余额应以客观存在的经济业务为根据，是被审计单位按照上期采用的会计政策对以前会计期间发生的交易和事项进行处理的结果。

3. 期初余额与注册会计师首次接受委托相联系

注册会计师无论是首次接受委托对被审计单位的财务报表进行审计，还是执行连续审计业务，都会涉及期初余额审计。但在连续审计业务中，注册会计师在当期审计中通常只需关注被审计单位经审计的上期期末余额是否已正确结转至本期，或是否在适当的情况下已作出调整或重新表述，很少需要再实施其他专门的审计程序。因此，本节只对首次接受委托时注册会计师如何审计财务报表期初余额的问题进行介绍。

应注意的是，注册会计师对财务报表进行审计，是对被审计单位所审期间财务报表发表审计意见，一般无须专门对期初余额发表审计意见，但因为期初余额是本期财务报表的基础，所以要对期初余额实施适当的审计程序。注册会计师应当根据期初余额对所审计财务报表的影响程度，合理运用专业判断，以确定期初余额的审计范围。

二、期初余额的审计目标

期初余额审计目标主要包括以下几个方面：

1. 确定期初余额是否存在对本期财务报表产生重大影响的错报

要确定期初余额是否存在对本期财务报表产生重大影响的错报，主要是判断期初余额的错报对本期财务报表使用者进行决策的影响程度，是否足以改变或影响其判断。如果期初余额存在对本期财务报表产生重大影响的错报，则注册会计师在审计中必须对此提出恰当的审计调整或披露建议；反之，注册会计师无须对此予以特别关注和处理。

2. 确定上期期末余额是否正确结转至本期，或已按要求恰当地重新表述

上期期末余额已正确结转至本期，主要是指：① 上期账户余额计算正确；② 上期总账余额与各明细账余额合计数或日记账余额合计数相等；③ 上期各总账余额和相应的明细账余额或日记账余额已经分别恰当地过入本期的总账和相应的明细账或日记账。上期期末余额通常应直接结转至本期。但在出现某些情形时，上期期末余额不应直接结转至本期，而应作出重新表述。比如，企业会计准则和相关会计制度的要求发生变化；或者上期期末余额存在重大的前期差错，如果前期差错累积影响数能够确定，按规定应当采用追溯重述法进行更正。

3. 确定被审计单位是否一贯运用恰当的会计政策或会计政策的变更作出了正确的会计处理和恰当的列报

企业采用的会计政策，在每一会计期间和前后各期应当保持一致，不得随意变更。但是，在满足下列条件之一的情形下，可以变更会计政策：① 法律、行政法规或者国家统一的会计制度等要求变更会计政策；② 会计政策变更能够提供更可靠、更相关的会计信息。会计政策变更能够提供更可靠、更相关的会计信息的，应当采用追溯调整法处理。因此，在审计期初余额时，注册会计师应当按照《企业会计准则第 28 号——会计政策、会计估计变更和差错更正》的有关要求，评价被审计单位是否一贯运用恰当的会计政策，或是否对会计政策的变更作出了正确的会计处理和恰当的列报。

三、期初余额的审计程序

特殊项目的审计程序与一般报表项目的审计程序有所不同。特殊项目的审计程序是为了实现特殊的审计目标。

为实现期初余额的审计目标，注册会计师一般实施以下审计程序：

1. 考虑期初余额对于本期财务报表的重要程度

注册会计师接受委托进行审计并发表审计意见的对象毕竟是被审计单位本期的财务报

表而不是期初余额,因此,在审计期初余额时,首先应该考虑期初余额对于本期财务报表而言是否重要。如果期初余额本身并不重要,或者虽然对于上期财务报表是重要的,但由于本期被审计单位资产规模和经营规模的迅速扩大,期初余额对于本期财务报表而言已经变得不重要,则注册会计师无须对其予以特别关注。只有当期初余额对于本期财务报表重要时,注册会计师才需要对其予以特别关注并实施专门的审计程序。

2. 考虑账户的性质和本期财务报表中的重大错报风险

期初余额涉及的各财务报表项目的性质不同,对本期财务报表中的重大错报风险的影响程度也不同。注册会计师应当重点关注期初余额中性质重要、对本期财务报表中的重大错报风险产生较大影响的财务报表项目。

3. 考虑被审计单位运用会计政策的恰当性和一贯性

注册会计师在考虑了期初余额的重要程度和账户的性质,是否存在重大错报风险的基础上,考虑被审计单位运用会计政策的恰当性和一贯性。注册会计师首先应了解、分析被审计单位所选用的会计政策是否恰当,是否符合企业会计准则的要求,按照所选用会计政策对被审计单位发生的交易或事项进行处理,是否能够提供可靠、相关的会计信息;其次,如果认定被审计单位所选用的会计政策恰当,应确认该会计政策是否在每一会计期间和前后各期得到一贯执行,有无变更;最后,如果发现会计政策发生变更,应审核其变更理由是否充分,是否按国家有关规定要求予以变更,或者由于具体情况发生变化,会计政策变更能够提供更可靠、更相关的会计信息,并关注被审计单位是否已经按照《企业会计准则第 28 号——会计政策、会计估计变更和差错更正》的要求,对会计政策变更作出适当的会计处理和充分披露。如果被审计单位上期适用的会计政策不恰当或与本期不一致,注册会计师在实施期初余额审计时应提请被审计单位进行调整或予以披露。

4. 上期财务报表由前任注册会计师审计情况下的审计程序

首次审计有两种情况:一种是前期的会计报表已经前任的注册会计师审计,由于被审计单位的变更委托才产生首次审计;另一种情况是被审计单位的会计报表以前未经过审计,此次为第一次审计。两种情况对期初余额审计程序有所不同。上期财务会计报表已经前任注册会计师审计的情况下可以采用以下程序:

(1)查阅前任注册会计师的工作底稿

在首次接受委托的情况下,如果被审计单位上期财务报表已经前任注册会计师审计,后任注册会计师在对被审计单位本期财务报表进行审计时,就应当在征得被审计单位同意后,考虑与前任注册会计师沟通,利用前任注册会计师的工作。沟通的方式包括举行会谈、电话询问或发送调查问卷等,但最有效和常用的方式是查阅前任注册会计师的审计工作底稿。查阅的重点通常限于对本期审计产生重大影响的事项,如前任注册会计师对上期财务报表发表的审计意见的类型和主要内容,针对上期财务报表的审计计划和审计总结,以及上一年度其他相关重要事项。

(2)考虑前任注册会计师的独立性和专业胜任能力

在与前任注册会计师沟通时,注册会计师应当考虑前任注册会计师的独立性和专业胜任能力。

注册会计师能否通过查阅前任注册会计师的审计工作底稿获取有关期初余额的充分、适当的审计证据,在很大程度上依赖于注册会计师对前任注册会计师的独立性和专业胜任能力的判断。如果认为前任注册会计师不具有独立性,或者不具有应有的专业胜任能力,则无法通过查阅其审计工作底稿获取有关期初余额的充分、适当的审计证据。

5. 上期财务报表未经审计或审计结论不满意时的审计程序

如果上期财务报表未经审计,或者上期财务报表虽经前任注册会计师审计,但在查阅前任注册会计师的工作底稿后未能获取有关期初余额的充分、适当的审计证据,未能对期初余额得出满意结论,注册会计师应当根据期初余额有关账户的不同性质,实施相应的审计程序。具体程序可以参照以前各章所述审计程序。

四、期初余额审计对审计报告的影响

在对期初余额实施审计程序后,注册会计师应当分析已获取的审计证据,区分不同情况形成对被审计单位期初余额的审计结论,在此基础上确定其对本期财务报表出具审计报告的影响。

1. 审计后无法获取有关期初余额的充分、适当的审计证据

如果实施相关审计程序后无法获取有关期初余额的充分、适当的审计证据,注册会计师应当出具保留意见或无法表示意见的审计报告。这种情形属于审计范围受到限制,按照《中国注册会计师审计准则第 1502 号——非标准审计报告》的规定,注册会计师应当判断因审计范围受到限制可能产生的影响程度。如果虽影响重大,但不至于出具无法表示意见的审计报告,则应当出具保留意见的审计报告;如果审计范围受到限制可能产生的影响非常重大和广泛,以至于无法对本期财务报表发表审计意见,注册会计师应当出具无法表示意见的审计报告。

2. 期初余额存在重大错报对审计报告的影响

如果期初余额存在对本期财务报表产生重大影响的错报,注册会计师应当告知管理层;如果上期财务报表由前任注册会计师审计,注册会计师还应当考虑提请管理层告知前任注册会计师。如果错报的影响未能得到正确的会计处理和恰当的列报,注册会计师应当出具保留意见或否定意见的审计报告。

3. 会计政策变更对审计报告的影响

如果与期初余额相关的会计政策未能在本期得到一贯运用,并且会计政策的变更未能得到正确的会计处理和恰当的列报,注册会计师应当出具保留意见或否定意见的审计报告。

4. 前任注册会计师对上期财务报表出具了非标准审计报告

如果前任注册会计师对上期财务报表出具了非标准审计报告,注册会计师应当考虑该审计报告对本期财务报表的影响。如果导致出具非标准审计报告的事项对本期财务报表仍然相关和重大,注册会计师应当对本期财务报表出具非标准审计报告。

第二节　期后事项审计

一、期后事项的概念和种类

（一）期后事项的概念

期后事项，是指财务报表日至审计报告日之间发生的事项及审计报告日后发现的事实。期后事项可以按时段划分为3个时段：第一个时段是财务报表日后至审计报告日，可将在这一期间发生的事实称为“第一时段期后事项”；第二个时段是审计报告日后至财务报表报出日，可将这一期间发现的事实称为“第二时段期后事项”；第三个时段是财务报表报出日后，可将这一期间发现的事实称为“第三时段期后事项”。期后事项分段见图15-1。

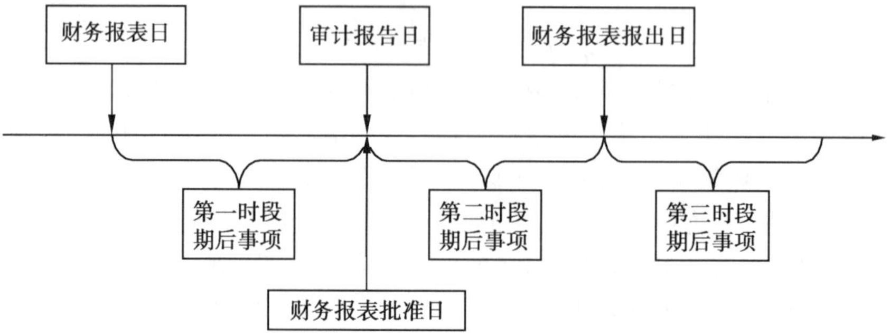

图15-1　期后事项分段示意图

图15-1中，财务报表日是指财务报表涵盖的最近期间的截止日期；财务报表批准日是指被审计单位董事会或类似机构批准财务报表报出的日期；财务报表报出日是指被审计单位对外披露已审计财务报表的日期。审计报告的日期为审计工作完成日。在实务中审计报告日通常与财务报表批准日是相同的日期。

（二）期后事项的分类

按是否需要调整会计报表，期后事项可以划分为两种类型：

1. 财务报表日后调整事项

财务报表日后调整事项，即对财务报表日已经存在的情况提供了新的或进一步证据的事项。这类事项影响财务报表金额，需提请被审计单位管理层调整财务报表及与之相关的披露信息。这一类事项主要包括：

（1）财务报表日后诉讼案件结案，法院判决证实了企业在财务报表日已经存在现时义务，需要调整原先确认的与该诉讼案件相关的预计负债，或确认一项新负债；

（2）财务报表日后取得确凿证据，表明某项资产在财务报表日发生了减值或者需要调整该项资产原先确认的减值金额；

（3）财务报表日后进一步确定了财务报表日前购入资产的成本或售出资产的收入；

（4）财务报表日后发现了财务报表舞弊或差错。

2. 财务报表日后非调整事项

财务报表日后非调整事项,即表明财务报表日后发生的情况的事项。这类事项虽不影响财务报表金额,但可能影响对财务报表的正确理解,需提请被审计单位管理层在财务报表的附注中作适当披露。被审计单位在财务报表日后发生的,需要在财务报表上披露而非调整的事项通常包括:

(1)财务报表日后发生重大诉讼、仲裁、承诺;

(2)财务报表日后资产价格、税收政策、外汇汇率发生重大变化;

(3)财务报表日后因自然灾害导致资产发生重大损失;

(4)财务报表日后发行股票和债券,以及其他巨额举债;

(5)财务报表日后资本公积转增资本;

(6)财务报表日后发生巨额亏损;

(7)财务报表日后发生企业合并或处置子公司;

(8)财务报表日后企业利润分配方案中拟分配的及经审议批准发放的股利或利润。

二、截至审计报告日发生的事项

(一)注册会计师的责任

财务报表日至审计报告日之间发生的期后事项属于"第一时段期后事项"。对于这一时段的期后事项,注册会计师负有主动识别的义务,应当设计专门的审计程序来识别这些期后事项,并根据这些事项的性质判断其对财务报表的影响,进而确定是进行调整还是披露。

(二)审计程序

用以识别第一时段期后事项的审计程序通常包括:

(1)复核被审计单位管理层建立的用于确保识别期后事项的程序;

(2)查阅股东会、董事会及其专门委员会在财务报表日后举行的会议纪要,并在不能获取会议纪要时询问会议讨论的事项;

(3)查阅最近的中期财务报表,如认为必要和适当,还应当查阅预算、现金流量预测及其他相关管理报告;

(4)向被审计单位律师或法律顾问询问有关诉讼和索赔事项;

(5)向管理层询问是否发生可能影响财务报表的期后事项。

(三)询问管理层的内容

注册会计师针对询问管理层的内容主要包括:

(1)根据初步或尚无定论的数据作出会计处理的项目的现状;

(2)是否发生新的担保、借款或承诺;

(3)是否出售或购进资产,或者计划出售或购进资产;

(4)是否已发行或计划发行新的股票或债券,是否已签订或计划签订合并或清算协议;

(5)资产是否被政府征用或因不可抗力而遭受损失;

(6)在风险领域和或有事项方面是否有新进展;

(7)是否已作出或考虑作出异常的会计调整;

(8)是否已发生或可能发生影响会计政策适当性的事项。

（四）与其他注册会计师的协调

如果被审计单位的分支机构、子公司等组成部分的财务信息由其他注册会计师审计，注册会计师应当考虑其他注册会计师对财务报表日后事项所实施的审计程序。注册会计师还应当考虑是否需要向其他注册会计师告知计划的审计报告日。告知其他注册会计师计划的审计报告日，有助于其他注册会计师计划所负责的分支机构、子公司等组成部分的期后事项实施审计程序的时间，从而更好地降低审计风险。

（五）知悉对财务报表有重大影响的期后事项时的考虑

如果知悉对财务报表有重大影响的期后事项，注册会计师应当考虑这些事项在财务报表中是否得到恰当的会计处理或予以充分披露。

如果所知悉的期后事项属于调整事项，注册会计师应当考虑被审计单位是否已对财务报表作出适当的调整。如果所知悉的期后事项属于非调整事项，注册会计师应当考虑被审计单位是否在财务报表附注中予以充分披露。

三、审计报告日后至财务报表报出日前发现的事实

（一）注册会计师的责任

审计报告日后至财务报表报出日前发现的事实属于“第二时段期后事项”。注册会计师针对被审计单位的审计业务已经结束，要识别可能存在的期后事项比较困难，因而无法承担主动识别第二时段期后事项的审计责任。但在这一阶段，被审计单位的财务报表尚未报出，管理层有责任将发现的可能影响财务报表的事实告知注册会计师。注册会计师还可能从媒体报道、举报信或者证券监管部门告知等途径获悉影响财务报表的期后事项。

（二）知悉第二时段期后事项时的考虑

在审计报告日后至财务报表报出日前，如果知悉可能对财务报表产生重大影响的事实，注册会计师应当考虑是否需要修改财务报表，并与管理层讨论，同时根据具体情况采取适当措施。

如果注册会计师认为期后事项的影响足够重大，确定需要修改财务报表的，还需要根据管理层是否同意修改财务报表，或审计报告是否已经提交等具体情况采取适当措施。

1. 管理层同意修改财务报表时的处理

如果同意管理层修改了财务报表，注册会计师应当根据具体情况实施必要的审计程序。此时，注册会计师需要获取充分、适当的审计证据，以验证管理层根据期后事项所作出的财务报表调整或披露是否符合企业会计准则和相关会计制度的规定。

由于管理层修改了财务报表，注册会计师除了根据具体情况实施必要的审计程序外，还要针对修改后的财务报表出具新的审计报告和索取新的管理层声明书。新的审计报告日期不应早于董事会或类似机构批准修改后的财务报表的日期。

由于审计报告日的变化，注册会计师应当将用以识别期后事项的审计程序延伸至新的审计报告日，以避免重大遗漏。

2. 管理层不修改财务报表且审计报告未提交时的处理

如果注册会计师认为应当修改财务报表而管理层没有修改，并且审计报告尚未提交给被审计单位，注册会计师应当根据具体情况，出具保留意见或否定意见的审计报告。

3. 管理层不修改财务报表且审计报告已提交时的处理

如果注册会计师认为应当修改财务报表而管理层没有修改，并且审计报告已提交给被审计单位，注册会计师应当通知治理层不要将财务报表和审计报告向第三方报出。

如果财务报表仍被报出，注册会计师应当采取措施防止财务报表使用者信赖该审计报告。

四、财务报表报出后发现的事实

（一）注册会计师的责任

财务报表报出日后发现的事实属于“第三时段期后事项”，注册会计师没有义务针对财务报表作出查询。但是，并不排除注册会计师通过媒体等其他途径获悉可能对财务报表产生重大影响的期后事项的可能性。

（二）知悉第三时段期后事项时的考虑

在财务报表报出后，如果知悉在审计报告日已存在的、可能导致修改审计报告的事实，注册会计师应当考虑是否需要修改财务报表，并与管理层进行讨论。同时，注册会计师还需要根据管理层是否修改财务报表、是否采取必要措施确保所有收到原财务报表和审计报告的人士了解这一情况、是否临近公布下一期财务报表等具体情况采取适当措施。

应当予以指出的是，需要注册会计师在知悉后采取行动的第三时段期后事项是有严格限制的：① 这类期后事项应当是在审计报告日已经存在的事实；② 该事实如果被注册会计师在审计报告日前获知，可能影响审计报告。只有同时满足这两个条件，注册会计师才需要采取行动。

1. 管理层修改财务报表时的处理

如果管理层修改了财务报表，注册会计师应当采取如下必要的措施：

（1）实施必要的审计程序。例如，查阅法院判决文件、复核会计处理或披露事项，确定管理层对财务报表的修改是否恰当。

（2）复核管理层采取的措施能否确保所有收到原财务报表和审计报告者了解这一情况。在修改了财务报表的情况下，管理层应当采取恰当措施（如上市公司可以在证券类报纸、网站刊登公告，重新公布财务报表和审计报告），让所有收到原财务报表和审计报告的人士了解这一情况。注册会计师需要对这些措施进行复核，判断它们是否能达到这样的目标。例如，上市公司管理层刊登公告的媒体是否是中国证券监督管理委员会指定的媒体，若仅刊登在其注册地的媒体，则异地的使用者可能无法了解这一情况。

（3）针对修改后的财务报表出具新的审计报告。新的审计报告应当增加强调事项段，提请财务报表使用者注意财务报表附注中对修改原财务报表原因的详细说明，以及注册会计师出具的原审计报告；新的审计报告日期不应早于董事会或类似机构批准修改后的财务报表的日期。相应地，注册会计师应当将用以识别期后事项的审计程序延伸至新的审计报告日，以避免重大遗漏。

2. 管理层未采取任何行动时的处理

如果管理层既没有采取必要措施确保所有收到原财务报表和审计报告的人士了解这一情况，又没有在注册会计师认为需要修改的情况下修改财务报表，注册会计师应当采取措施防止财务报表使用者信赖该审计报告,并将拟采取的措施通知治理层。

通常,针对上市公司客户,注册会计师可以考虑在中国证券监督管理委员会指定的媒体上刊登公告,指出审计报告日已存在的、对已公布的财务报表存在重大影响的事项及其影响。

注册会计师决定采取的具体措施取决于自身的权利和义务,以及所征询的法律意见。

3. 临近公布下一期财务报表时的处理

如果知悉此类期后事项时,已临近公布下一期财务报表或下一期财务报表已编制完成,且能够在下一期财务报表中进行充分披露,注册会计师应当根据法律法规的规定,确定是否仍有必要提请被审计单位修改财务报表,并出具新的审计报告。

第三节 关联方及其交易审计

近年来,一些企业从自身利益出发,为了提高企业形象或体现领导者的经营业绩等目的,往往利用非公平交易基础上的关联方交易,在财务报告中提供虚假信息,粉饰财务状况和经营成果。因此,企业必须在财务报告中披露其关联方及交易信息,以使社会公众能够对该企业的经营业绩作出合理评价。而注册会计师就有必要对关联方及其交易进行审计,以确定被审计单位是否按照企业会计准则的要求向社会揭示和披露关联方及其交易。

一、关联方和关联交易的定义

在企业财务和经营政策中,一方控制、共同控制另一方或对另一方施加重大影响,以及两方或两方以上同受一方控制、共同控制或重大影响的,构成关联方。控制,是指有权决定一个企业的财务和经营政策,并能据以从该企业的经营活动中获取利益。共同控制,是指按照合同约定对某项经济活动所共有的控制,仅在与该项经济活动相关的重要财务和经营决策需要分享控制权的投资方一致同意时存在。重大影响,是指对一个企业的财务和经营政策有参与决策的权力,但并不能够控制或者与其他方一起共同控制这些政策的制定。

下列各方构成企业的关联方:该企业的母公司,该企业的子公司,与该企业受同一母公司控制的其他企业,对该企业实施共同控制的投资方,对该企业施加重大影响的投资方,该企业的合营企业,该企业的联营企业,该企业的主要投资者个人及与其关系密切的家庭成员,该企业或其母公司的关键管理人员及与其关系密切的家庭成员,该企业主要投资者个人、关键管理人员或与其关系密切的家庭成员控制、共同控制或施加重大影响的其他企业。

关联方交易是指关联方之间转移资源、劳务或义务的行为,而不论是否收取价款。关联方交易的类型通常包括:购买或销售商品,购买或销售商品以外的其他资产,提供或接受劳务,担保,提供资金(贷款或股权投资),租赁,代理,研究与开发项目的转移,许可协议,代表企业或由企业代表另一方进行债务结算,关键管理人员薪酬等。

二、关联方及其交易审计目标

由于关联方及其交易的复杂性及内部控制、审计测试的固有限制，关联方及其交易审计具有一定的局限性。注册会计师对关联方及其交易的审计，并不能保证发现关联方及其交易的所有错报和漏报。

注册会计师审计关联方及其交易的主要目标是确定交易是否真实存在，交易记录、会计处理、报表披露是否妥当正确。

三、注册会计师就关联方的存在和披露实施的审计程序

注册会计师应当实施审计程序，就管理层是否按照适用的会计准则和相关会计制度的规定识别、披露关联方和关联方交易，获取充分、适当的审计证据。

（一）识别关联方的存在

根据审计准则规定，注册会计师应当获取由治理层和管理层提供的所有已知关联方名称的信息，并进行复核。同时，针对信息的完整性实施下列审计程序：

1. 复核以前年度工作底稿，确认已识别的关联方名称

以前年度工作底稿确认的关联方，本期如未发生变动，仍应将其视为关联方；以前年度工作底稿中作过记录，但未作为关联方的企业，也有可能在本期成为关联方。

2. 复核被审计单位识别关联方的程序

如果被审计单位识别关联方的程序存在问题，那么管理层向注册会计师提供的已知关联方的信息就可能不完整，在财务报表中披露的关联方和关联方交易也可能存在遗漏。为此，注册会计师应当收集相关资料，了解、评价被审计单位识别关联方的程序。

3. 询问治理层和关键管理人员是否与其他单位存在隶属关系

注册会计师应当向被审计单位的治理层和管理层询问有关关联方关系的信息，其中包括询问治理层和关键管理人员是否与其他单位存在隶属关系。除向治理层和管理层询问关联方信息外，注册会计师还可以向被审计单位内部可能了解关联方和关联方交易的其他人员进行询问，询问对象包括：组织、实施或记录重大交易或异常交易的人员，以及对这些人员进行监督的人员；内部审计人员；被审计单位从事法律事务的专业人员。

4. 复核投资者记录

注册会计师应当复核投资者记录，以确定主要投资者的名称。当有迹象表明被审计单位的投资者记录存在错误时，注册会计师应从股权登记机构获取主要投资者的名单。

5. 查阅股东会和董事会的会议纪要及其他相关的法定记录

通过查阅股东会和董事会的会议纪要及其他相关的法定记录，注册会计师可以了解被审计单位主要股东、董事和高级管理人员的变动情况及重大投资和资产重组方案等，从而识别被审计单位的关联方。

6. 询问其他注册会计师或前任注册会计师所知悉的其他关联方

注册会计师应对通过其他注册会计师和前任注册会计师了解到的关联方信息进行复核，并与实施其他审计程序的结果相互印证。

7. 复核被审计单位向监管机构报送的所得税申报表和其他信息

注册会计师通过复核被审计单位向监管机构报送的所得税申报表,可以了解被审计单位是否存在从被投资方分得利润的情况,以识别被投资方是否为关联方。被审计单位如为上市公司,注册会计师还可以复核其向证券监管部门报送的有关资料。

(二)确定关联方关系的披露是否充分

根据《企业会计准则第36号——关联方披露》的规定,企业无论是否发生关联方交易,均应当在附注中披露与母公司和子公司有关的下列信息:被审计单位母公司、子公司和最终控制方的名称;母公司和子公司的业务性质、注册地、注册资本(或实收资本、股本)及其变化;母公司对被审计单位或被审计单位对子公司的持股比例和表决权比例。在与关联方发生关联方交易的情况下,应当在附注中披露关联方关系的性质、交易类型及交易要素。

注册会计师应当按照适用的会计准则和相关会计制度的规定,确定被审计单位对关联方关系的披露是否充分。

四、注册会计师就关联方交易的识别实施的审计程序

(一)复核由治理层和管理层提供的关联方交易的信息

注册会计师应当获取由被审计单位治理层和管理层提供的关联方交易的信息,并对其进行复核。如果被审计单位涉及重大的关联方交易,如与关联方发生的重组或收购交易,售后回购、售后回租及年末发生的重大交易,管理层可能更多地介入会计处理,注册会计师应当考虑该项交易是否会导致财务报表重大错报风险。

(二)了解被审计单位与关联方交易相关的内部控制

设计和执行内部控制,以有序、有效地开展业务活动是管理层的责任。如果缺乏对关联方和关联方交易的充分控制,管理层无法识别、合理核算和披露关联方和关联方交易的可能性就会大大增加。对于重大的、非常规的关联方交易,如果经过合理授权和批准,表明该项交易已在被审计单位适当的管理层进行了考虑;但如果未经过管理层、治理层的授权和批准,且缺乏管理层和治理层的合理解释,该项关联方交易就可能存在重大错报风险。因此,在了解被审计单位内部控制时,注册会计师应当考虑与关联方交易授权和记录相关的控制活动的适当性。除授权和批准外,注册会计师还应当考虑被审计单位内部控制中与关联方交易相关的其他方面,包括:

(1)是否建立了针对关联方交易的行为守则,相关人员是否普遍了解并严格执行这些行为守则。

(2)是否存在相关的政策和程序,以及时识别和披露管理层和治理层在关联方交易中所得到的利益。

(3)有关识别、记录、汇总和披露关联方交易的责任是否进行了合理界定。

(4)针对重大的、非常规的关联方交易,管理层和治理层是否及时进行讨论,并予以披露。

(5)对于存在利益冲突的关联方交易,是否存在明确的指导方案和解决办法。

(6)在披露关联方和关联方交易时,如果遇到问题,管理层是否有积极寻求帮助的意识,如向注册会计师或者法律专家咨询。

(7) 针对关联方和关联方交易,是否存在预警性政策和程序。例如,治理层是否建立相关的政策和程序以减轻管理层凌驾于与关联方和关联方交易相关的内部控制之上的风险。

(三) 对异常的交易保持警惕

在审计过程中,注册会计师应当对明显异常的交易保持警惕,考虑是否存在以前尚未识别出的关联方。这些交易主要包括以下几种类型:

(1) 价格、利率、担保和付款等条件异常的交易。例如,交易水平明显高于或低于本行业平均水平,借款利率明显高于或低于同期银行贷款利率平均水平,单方面提供贷款担保,付款日期、现金折扣等条件异常优厚的交易等。

(2) 商业理由明显不合乎逻辑的交易。商业理由明显不合乎逻辑的交易通常包括:被审计单位和无正常业务关系的单位和个人发生的重大交易,采用预付货款的方式采购市场上并不紧缺的原材料或商品,大量购入并不需要的材料或滞销的商品,以低于市场的价格销售商品等。

(3) 实质与形式不符的交易。被审计单位可能利用形式上的公平交易来掩盖事实上的不公平交易,如收取大量的货款却迟迟不发货,进行"真融资,假销售"。

(4) 处理方式异常的交易。处理方式异常的交易是指交易方式、程序等与一般惯例或制度规定不一致的交易,如未签订购销合同而进行的交易、易货交易、定期向第三方支付预付款的交易等。

(5) 与某些顾客或供销商进行的大量或重大交易。在市场经济中,为了分散风险,企业一般采取多元化购销策略,而不会依赖于单一的供应商或客户。被审计单位与某些供应商和客户经常发生大额交易,如果不是由于客观环境的制约,而是出于主观自愿,那么这些供应商和客户与被审计单位是关联方的可能性就比较大。

(6) 未予记录的交易。对于未予记录的交易,如无偿接受或提供劳务、主要股东承担公司费用等,被审计单位可能忽略、遗漏或隐瞒此类交易是关联交易这一事实。

(四) 实施进一步审计程序时对关联方交易的关注

在审计过程中,注册会计师实施的下列审计程序可能识别出关联方交易的存在。

(1) 执行交易和余额的细节测试,以便发现异常交易,从而发现被审计单位未披露的关联方交易。

(2) 查阅股东会和董事会的会议纪要,以了解重大交易的授权、批准等内部控制是否健全并有效执行,也有助于识别对被审计单位有重大影响的关联方交易。

(3) 复核大额或异常的交易账户余额的会计记录,特别关注接近报告期末或在报告期末确认的交易。被审计单位为粉饰经营业绩,往往会在接近报告期期末的时候或在报告期期末确认重大交易,这些交易往往也是在关联方之间发生的。注册会计师通过复核大额或异常的交易、账户余额的会计记录,有助于发现被审计单位未披露的关联方交易。

(4) 复核债权债务关系的询证函回函及有关存款、借款的询证函,有助于证实被审计单位对这些款项的记录的真实性,同时也可以识别被审计单位通过虚假的往来和银行账户与关联方进行商品购销、担保等关联方交易。

(5) 查阅被审计单位的重大投资交易,如购买或出售子公司,有助于发现重大关联方交易。同时,注册会计师也需要格外关注交易的对方是否为被审计单位关联方。

(6) 如果在审计过程中识别出以前没有识别的关联方交易,或者识别出治理层和管理层没有披露的关联方交易，注册会计师可以考虑实施以下追加程序：

① 立即将这一情况传达给项目组的其他成员，使其确定该情况是否影响到已实施审计程序所得出的结果。

② 要求管理层在最新识别的关联方的基础上识别与该关联方的其他所有交易，以便于注册会计师进行进一步的评价。

③ 了解被审计单位对于关联方交易的控制，并调查被审计单位以前没有识别或没有披露关联方交易的原因。

④ 如果发现管理层有意不予识别或者不予披露关联方交易的情形，注册会计师应将这一情况告知被审计单位的治理层，并评价这一情况对审计工作其他方面的影响，尤其要考虑管理层提供的有关关联方交易完整性的声明是否可靠。

五、检查已识别的关联方交易

（一）检查已识别的关联方交易的审计程序

注册会计师应当将测试被审计单位与关联方发生的重大交易作为审计工作重点，同时考虑关联方交易的类型、性质和范围及其对财务报表的影响。为了获得充分、适当的审计证据，注册会计师可以考虑实施下列审计程序：

（1）了解交易的商业目的；

（2）检查发票、合同和其他相关材料，如验收报告和货运单据；

（3）确定交易是否已得到管理层或治理层的批准；

（4）检查关联方交易在财务报表中的披露是否充分。

注册会计师应当检查关联方交易披露的充分性，同时就关联方交易为公平交易的披露进行评价。在进行评价时，注册会计师可以考虑以下几点：

（1）管理层证明关联方交易是公平交易的方法的恰当性；

（2）验证支持管理层提供证据的内部或外部信息来源的准确性、完整性和相关性；

（3）当管理层提供的证据是建立在假设的基础上时，考虑管理层采用的假设与其证据的相关性。

如果无法获取充分、适当的审计证据，合理确信管理层关于关联方交易是公平交易的披露，注册会计师可以要求管理层撤销此披露。如果管理层不同意撤销，注册会计师应当考虑其对审计报告的影响。

（二）针对关联方交易证据有限实施的审计程序

关联方关系的性质可能导致与关联方交易有关的审计证据有限，例如，没有签订交易合同或协议、签订的合同或协议条款过于简单、付款方式随意等。此外，由于关联方交易的公允性难以判断，仅仅从被审计单位内部获取的证据说服力也不强，因此，注册会计师应当考虑实施下列审计程序：

（1）向关联方函证交易的条件和金额。交易条件包括交货时间、付款条件、担保条件等，交易金额包括已结算交易金额和未结算交易金额。通过向关联方函证交易的条件和金额，可以核实被审计单位有关资料的可靠性，判断这些交易是否得到恰当的记录。

（2）检查关联方拥有的信息。检查关联方拥有的信息可能获取一些在审计单位内部都无法获取的证据。注册会计师可以将该信息与被审计单位实施审计程序获取的信息进行核对,如果一致,则增强证据的说服力,如果不一致,则有助于注册会计师发现其中存在的风险,以采取进一步的措施。

(3) 向与交易相关的人员和机构(如银行、律师、担保人或代理商等)函证或与之讨论相关信息。向与交易相关的人员和机构进行函证或与之讨论,有助于注册会计师了解更多的关联方交易的信息。例如,向银行函证有助于注册会计师了解关联方的财务状况和偿债能力。如果关联方偿债能力较弱,但被审计单位仍与之发生数额较大的商品购销活动,或为其提供担保,那么注册会计师就需要关注这种异常关系,检查关联方交易是否已得到恰当记录和充分披露。

六、关联方及其交易审计对审计报告的影响

依据审计准则规定,如果无法就关联方和关联方交易获取充分、适当的审计证据,或关联方和关联方交易的披露不充分,注册会计师应当出具恰当的非无保留意见的审计报告。

如果注册会计师无法就关联方和关联方交易获取充分、适当的审计证据,应视同审计范围受到限制,并根据其对财务报表的影响程度,出具保留意见或无法表示意见的审计报告。

如果被审计单位未能按照适用的会计准则和相关的会计制度的要求,在财务报表中对关联方和关联方交易进行充分披露,注册会计师应根据其对财务报表的影响程度,出具保留意见或否定意见的审计报告。

如果被审计单位关联方交易的会计处理不符合适用的会计准则和相关会计制度的要求,注册会计师应根据其对财务报表的影响程度,出具保留意见或否定意见的审计报告。

如果管理层拒绝签署必要的声明,注册会计师应当将其视为审计范围受到限制,出具保留意见或无法表示意见的审计报告。

第四节 持续经营审计

一、持续经营的概念

持续经营假设是指被审计单位在编制财务报表时,假定其经营活动在可预见的将来会继续下去,不拟也不必终止经营或破产清算,可以在正常的经营过程中变现资产、清偿债务。持续经营假设是会计确认和计量的基本假定之一,企业正常的会计核算都是在这一假设下进行的。在竞争日益激烈的市场经济环境下,企业可能因各种危机而面临能否持续经营的问题,注册会计师也承担着更大的风险。因此,在财务报表审计中评估被审计单位能否持续经营十分必要。

二、管理层的责任和注册会计师的责任

（一）管理层的责任

某些适用的财务报告编制基础明确要求管理层对持续经营能力作出评估，并规定了与此相关的需要考虑的事项和作出的披露。相关法律法规还可能对管理层评估持续经营能力的责任和相关财务报表披露作出具体规定。

而其他财务报告编制基础可能没有明确要求管理层对持续经营能力作出评估。但由于持续经营假设是编制财务报表的基本原则，即使其他财务报告编制基础没有对此作出明确规定，管理层也需要在编制财务报表时评估持续经营能力。

（二）注册会计师的责任

在执行财务报表审计业务时，注册会计师的责任是就管理层在编制和列报财务报表时，运用持续经营假设的适当性获取充分、适当的审计证据，并就持续经营能力是否存在重大不确定性得出结论。即使编制财务报表时采用的财务报告编制基础没有明确要求管理层对持续经营能力作出专门评估，注册会计师的这种责任仍然存在。

如果存在可能导致被审计单位不再持续经营的未来事项或情况，审计的固有限制对注册会计师发现重大错报能力的潜在影响会加大。注册会计师不能对这些未来事项或情况作出预测。相应地，注册会计师未在审计报告中提及持续经营的不确定性，不能被视为对被审计单位持续经营能力的保证。

三、影响企业持续经营的因素

被审计单位在财务、经营及其他方面存在的某些事项或情况可能导致经营风险，这些事项或情况单独或连同其他事项或情况可能导致对持续经营假设产生重大疑虑。注册会计师在对持续经营假设进行评价时，应对这些事项或情况予以关注。这些事项或情况主要包括：

（一）财务方面

被审计单位在财务方面存在的可能导致对持续经营假设产生重大疑虑的事项或情况主要包括：

1. 债务违约

债务违约，包括无法偿还到期债务、无法偿还即将到期且难以展期的借款及存在大额的逾期未交税金。被审计单位若存在上述违约情况，将可能引致债权人的债务清偿诉讼或国家税务机关的强制追缴措施。在此情况下，如果被审计单位无法偿还，有可能导致破产倒闭。

2. 无法继续履行重大借款合同中的有关条款

为了保证贷款的安全，银行往往在借款合同中订有诸如流动资金保持量、资本支出的限制等条款。一旦被审计单位无法履行这些条款，银行为保全其债权，就有可能要求被审计单位提前偿还借款，从而导致被审计单位的资金周转出现困难。

3. 累计经营性亏损数额巨大

经营性亏损可能是由于被审计单位经营管理不善引起的，也可能是行业整体不景气造

成的。巨额亏损意味着被审计单位丧失盈利能力,并导致其持续经营能力存在着重大的不确定性。

4. 过度依赖短期借款筹资

在这种情况下,被审计单位长期面临巨大的短期偿债压力,如果无法及时偿还到期债务,将陷入财务困境。

5. 无法获得供应商的正常商业信用

被审计单位无法获得供应商正常商业信用,这意味着无法通过赊购取得生产经营所必需的原材料或其他物资,现金偿付压力巨大。一旦被审计单位资金短缺,生产经营就有可能中断。

6. 难以获得开发必要新产品或进行必要投资所需资金

被审计单位无法获得必需的资金,则没有能力在盈利前景良好的项目上进行投资并获取未来收益。当现有产品失去市场竞争力时,将直接影响到被审计单位的盈利能力,从而对被审计单位的持续经营能力产生重大影响。

7. 资不抵债

资不抵债有可能使被审计单位在近期内无法偿还到期债务,从而引发债务危机。

8. 营运资金出现负数

如果被审计单位的营运资金及经营活动产生的现金流量净额出现负数,这表明被审计单位的现金流量可能不能有效维持正常的生产经营,从而影响被审计单位的盈利能力和偿债能力,降低其在市场竞争中的信用等级,最终可能因资金周转困难而导致破产。

9. 大股东长期占用巨额资金

如果大股东占用上市公司巨额资金,上市公司将无力实施能够为公司带来业绩增长的项目,从而使公司盈利能力下降甚至难以维持正常生产经营。

10. 重要子公司无法持续经营且未进行处理

重要子公司通常是母公司的主要业绩来源,对母公司具有重要影响和贡献。重要子公司无法持续经营,这不仅使母公司对其长期股权投资无法收回,而且可能导致母公司的持续经营能力存在重大不确定性。

11. 存在大量长期未作处理的不良资产

如果被审计单位存在大量长期未作处理的不良资产,这表明被审计单位资产质量恶化,资产变现能力差,可用于偿债的资产变现净值大幅减少。

12. 存在因对外巨额担保等或有事项引发的或有负债

如果被审计单位存在巨额对外担保,这意味着被审计单位可能面临重大的债务清偿连带责任或其他偿付责任。一旦这些或有负债转化为实际损失,可能导致被审计单位的持续经营能力存在重大的不确定性。

(二)经营方面

被审计单位在经营方面存在的可能导致对持续经营假设产生重大疑虑的事项或情况主要包括:

1. 关键管理人员离职且无人替代

通常,关键管理人员负责管理企业的日常经营活动,在被审计单位中起着重要作用。如果关键管理人员离职且无人替代,则会对被审计单位的经营活动产生重大不利影响,从而使持续经营能力存在重大的不确定性。

2. 主导产品不符合国家产业政策

主导产品不符合国家产业政策，意味着被审计单位将停产或转产。例如，某农药生产企业的主导产品为高毒农药，根据国家禁止、限制部分高毒农药品种生产和销售的产业政策，企业将面临被强制淘汰的政策风险，从而导致持续经营能力存在重大不确定性。

3. 失去主要市场、特许权或主要供应商

如果被审计单位失去主要市场、特许权或主要供应商，表明其在销售、经营和采购方面将面临极大困境，从而影响其持续经营能力。

4. 人力资源或重要原材料短缺

一些企业的生产经营高度依赖于科技研发人员、技术熟练工人、重要原材料等，如软件开发公司从事软件设计的关键人员。如果企业缺乏这些对持续经营具有决定性影响的资源，将可能无法持续经营。

此外，越来越多的企业通过并购来达到快速扩张、提高利润的目的。如果管理层的经营管理方式与规模的快速扩张不相适应，或是对并购企业缺乏管理经验，未实施有效的监控，这很可能使公司整体管理陷入瘫痪，从而导致企业持续经营能力存在重大不确定性。

（三）其他方面

被审计单位在其他方面存在的可能导致对持续经营假设产生重大疑虑的事项或情况主要包括：

1. 严重违反有关法律法规或政策

被审计单位在生产经营过程中如果严重违反有关法律法规或政策，则有可能被有关部门撤销或责令关闭，或被处以较大数额的罚款，这将导致被审计单位无法持续经营或对其持续经营能力产生重大影响。

2. 异常原因导致停工、停产

有些企业由于其生产特性，在生产周期的一段时间内出现停工、停产是正常的。例如，北方某些乳品加工企业因没有足够的鲜奶可供加工生产乳制品，于每年十月到次年四月停产。但如果企业因其生产卫生条件达不到国家要求，细菌含量超出国家标准数倍，被有关部门责令停产整改，则属于异常原因导致停工、停产。因异常原因导致的停工、停产，可能将影响其持续经营。

3. 有关法律法规或政策的变化可能造成重大不利影响

例如，被审计单位的利润和现金流量主要来自于对境外子公司的投资而分得的红利。如果子公司所在国家加强了外汇管制，被审计单位能否收到红利存在重大不确定性，可能将影响其持续经营。

4. 经营期限即将到期且无意继续经营

在被审计单位营业期限届满后，如果股东不准备继续经营，被审计单位将被清算从而无法持续经营。

5. 投资者未履行协议、合同、章程规定的义务并有可能造成重大不利影响

例如，因外方股东未能按章程规定的期限出资，工商行政管理部门拟撤销对该外商投资企业的批准证书，这将导致其无法持续经营。

6. 因自然灾害、战争等不可抗力因素遭受严重损失

不可抗力因素超出了企业可控制和预测的范围，如战争、恐怖活动等，企业可能因此无法提供必要的产品和服务，从而导致无法持续经营。

此外，企业股东之间产生纠纷、股权转让频繁等情形，可能意味着企业的经营业绩达不到股东的预期，从而导致股东对企业失去信心。在此情况下，企业有可能被清算，持续经营能力存在重大不确定性。

注册会计师就可能导致对持续经营能力产生重大疑虑的事项或情况及相关经营风险的关注应当贯穿于审计工作的始终。事实上，注册会计师可能在实施风险评估程序或进一步审计程序时识别出可能导致对被审计单位持续经营能力产生重大疑虑的事项或情况。注册会计师对此类事项或情况的考虑应当随着审计工作的开展而不断进行。

四、持续经营假设的审计程序

在计划和实施审计程序及评价其结果时，注册会计师都应当考虑管理层在编制财务报表时运用持续经营假设的适当性。

（一）评价被审计单位管理层对持续经营能力的评估

在了解被审计单位时，注册会计师应当考虑是否存在可能导致对持续经营能力产生重大疑虑的事项或情况及相关经营风险，及时与管理层讨论并复核其针对已识别的持续经营问题制订的应对计划。

（1）确定管理层评估持续经营能力涵盖的期间是否符合相关的会计准则和会计制度的规定。如果管理层评估持续经营能力涵盖的期间少于自资产负债表日起的 12 个月，注册会计师应当提请管理层将其延伸至自资产负债表日起的 12 个月。

（2）向管理层询问是否知悉超出评估期间的、可能导致对持续经营能力产生重大疑虑的事项或情况及相关经营风险，确定这些事项或情况对持续经营能力的影响。如果影响重大，注册会计师应当考虑采取进一步措施。

（3）复核管理层所作的初步评估。注册会计师应当考虑管理层作出评估的过程及其依据的假设，以确定管理层是否已识别出可能导致对持续经营假设产生重大疑虑的事项或情况，并复核应对计划。

（4）如果管理层没有对持续经营能力作出初步评估，注册会计师应当与管理层讨论运用持续经营假设的理由，询问是否存在可能导致对持续经营假设产生重大疑虑的事项或情况，并提请管理层对持续经营能力作出评估。

（二）识别出可能导致对持续经营能力产生重大疑虑的事项或情况的考虑

当识别出可能导致对持续经营能力产生重大疑虑的事项或情况时，注册会计师应当实施下列进一步审计程序：

（1）复核管理层依据持续经营能力评估结果提出的应对计划；

（2）通过实施必要的审计程序，包括考虑管理层提出的应对计划和其他缓解措施的效果，获取充分、适当的审计证据，以确认是否存在与此类事项或情况相关的重大不确定性；

（3）向管理层获取有关应对计划的书面声明。

(三)询问并检查管理层的应对计划

管理层制订的应对计划通常包括是否准备变卖资产、借款、债务重组、削减或延缓开支及获得新的投资等。注册会计师应当考虑实施下列审计程序,以确定管理层制订的应对计划是否可行和有效:

(1)与管理层分析和讨论现金流量预测、盈利预测及其他相关预测;

(2)与管理层分析和讨论最近的中期财务报表;

(3)复核债券和借款协议条款并确定是否存在违约情况;

(4)阅读股东会会议、董事会会议及相关委员会会议有关财务困境的记录;

(5)向被审计单位的律师询问是否存在针对被审计单位的诉讼或索赔,并向其询问管理层对诉讼或索赔结果及其财务影响的估计是否合理;

(6)确认财务支持协议的存在性、合法性和可行性,并对提供财务支持的关联方或第三方的财务能力作出评价;

(7)考虑被审计单位准备如何处理尚未履行的客户订单;

(8)复核期后事项并考虑其是否可能改善或影响持续经营能力。

(四)确定现金流量分析是否合理和可靠

对识别出的可能导致对持续经营能力产生重大疑虑的事项或情况,确定现金流量分析对考虑其未来结果是否重要。如果重要,应当实施下列审计程序以确定现金流量分析的合理性和可靠性:

(1)考虑被审计单位生成相关信息的信息系统的可靠性;

(2)考虑管理层作出现金流量预测所依赖的假设是否存在充分的依据;

(3)将最近若干期间的预测性财务信息与实际结果进行比较;

(4)将本期的预测性财务信息与截至目前的实际结果进行比较。

五、审计结论与报告

注册会计师应当根据获取的审计证据,确定可能导致对被审计单位持续经营能力产生重大疑虑的事项或情况是否存在重大不确定性,并考虑对审计报告的影响。

(一)被审计单位在编制财务报表时运用持续经营假设是适当的

如果认为被审计单位在编制财务报表时运用持续经营假设是适当的,但可能导致对持续经营能力产生重大疑虑的事项或情况存在重大不确定性,注册会计师应当考虑:

(1)财务报表是否已充分描述导致对持续经营能力产生重大疑虑的主要事项或情况,以及管理层针对这些事项或情况提出的应对计划。

(2)财务报表是否已清楚指明可能导致对持续经营能力产生重大疑虑的事项或情况存在重大不确定性,被审计单位可能无法在正常的经营过程中变现资产、清偿债务。如果财务报表已作出充分披露,注册会计师应当出具无保留意见的审计报告,并在审计意见段之后增加强调事项段,强调可能导致对持续经营能力产生重大疑虑的事项或情况存在重大不确定性的事实,并提醒财务报表使用者注意财务报表附注中对有关事项的披露。

(二)被审计单位将不能持续经营,但财务报表仍然按持续经营假设编制

如果判断被审计单位将不能持续经营,但财务报表仍然按照持续经营假设编制,注册会计师应当出具否定意见的审计报告。

（三）被审计单位将不能持续经营，可以选用其他基础编制财务报表

如果管理层认为编制财务报表时运用持续经营假设不再适当，选用了其他基础编制财务报表。在这种情况下，注册会计师应当实施补充的审计程序。如果认为管理层选用的其他编制基础是适当的且财务报表已作出充分披露，注册会计师可以出具无保留意见的审计报告，并考虑在审计意见段之后增加强调事项段，提醒财务报表使用者关注管理层选用的其他编制基础。

（四）严重拖延对财务报表的批准

如果管理层或治理层在财务报表日后严重拖延对财务报表的批准，注册会计师应当询问拖延的原因。注册会计师有必要识别出可能导致对持续经营能力产生重大疑虑的事项或情况时追加的审计程序，并就存在的重大不确定性考虑对审计结论的影响。

第五节　或有事项审计

一、或有事项的含义

或有事项，是指过去的交易或事项形成的，其结果须由某些未来事项的发生或不发生时才能决定的不确定事项。常见的或有事项主要包括：未决诉讼或仲裁、债务担保、产品质量保证（含产品安全保证）、承诺、亏损合同、重组义务、环境污染整治等。

二、或有事项的审计目标

注册会计师对或有事项进行审计所要达到的审计目标一般包括：

（1）确定或有事项是否存在和完整；

（2）确定或有事项的确认和计量是否符合企业会计准则的规定；

（3）确定或有事项的列报是否恰当。

在审计或有事项时，注册会计师尤其要关注财务报表反映的或有事项的完整性。

三、或有事项的审计程序

由于或有事项的种类不同，注册会计师在审计被审计单位的或有事项时，所采取的程序也各不相同。但总结起来，针对或有事项的审计程序通常包括以下几个方面：

（1）向被审计单位管理层询问其确定、评价与控制或有事项方面的有关方针政策和工作程序。

（2）向被审计单位管理层索取下列资料，作必要的审核和评价：① 被审计单位有关或有事项的全部文件和凭证；② 被审计单位与银行之间的往来函件，以查找有关票据贴现、应收账款抵借、票据背书和对其他债务的担保；③ 被审计单位的债务说明书，其中，除其他债务说明外,还应包括对或有事项的说明,即说明已知的或有事项均已在财务报表中作了适当反映。

(3) 向被审计单位的法律顾问和律师进行函证,以获取法律顾问和律师对被审计单位资产负债表日业已存在的,以及资产负债日至复函日期间存在的或有事项的确认证据。分析被审计单位在审计期间所发生的法律费用,从法律顾问和律师处复核发票,视其是否足以说明存在或有事项,特别是未决诉讼或未决税款估价等方面的问题。

(4) 复核上期和税务机构的税收结算报告。从报告中或许能发现被审期间有关纳税方面可能发生的争执之处。如果税款拖延时间较久,发生税务纠纷的可能性就较大。

(5) 向与被审计单位有业务往来的银行寄发含有要求银行提供被审计单位或有事项的询证函。银行函证可以反映商业票据贴现、应收账款抵借、票据背书情况和为其他单位的银行借款进行担保的情况(包括担保事项的性质、金额、担保期间等)。

(6) 审阅截至审计工作完成日止被审计单位历次董事会纪要和股东大会会议记录,确定是否存在未决诉讼或仲裁、未决索赔、税务纠纷、债务担保、产品质量保证等方面的记录。

(7) 复核现存的审计工作底稿,寻找任何可以说明潜在或有事项的资料。

(8) 查询被审计单位对未来事项和协议的财务承诺,并向被审计单位管理层询问。

承诺是指由合同或协议的要求引起的义务,在未来的特定期间内,只要满足特定条件,即发生现金流出、其他资产的减少或负债的增加。财务承诺与或有事项密切相关,例如按某一固定价格购买原材料或租赁设备的承诺,或者按某一固定价格出售商品的承诺。注册会计师应当获取并审阅截至审计工作完成日止历次股东大会、董事会和管理层会议记录及其他重要文件(包括被审计单位的重要合同和往来通信档案等),确定是否存在不可撤销的财务承诺事项,比如,已签约(或已批准未签约)的尚未履行或尚未完全履行的对外投资;已签约(或已批准未签约)的正在或准备履行的大额发包项目;已签约(或已批准未签约)的正在或准备履行的租赁项目;对外提供的财产抵押;为其他单位提供的信贷担保。

(9) 检查或有事项在财务报表上的披露是否恰当。

第六节　对集团财务报表审计的特殊考虑

随着企业之间并购活动的加剧,涌现了越来越多的企业集团。审计实践中除单一实体财务报表审计中遇到的问题外,集团财务报表审计还涉及集团项目组与组成部分注册会计师之间的责任如何划分及相互之间工作如何配合等诸多问题。

一、集团与集团财务报表审计

集团,是指由所有组成部分构成的整体,并且所有组成部分的财务信息包括在集团财务报表中。集团至少拥有一个以上的组成部分。组成部分,是指某一实体或某项业务活动,其财务信息由集团或组成部分管理层编制并应包括在集团财务报表中。集团结构影响如何识别组成部分。例如,有些集团的组织结构规定,由母公司、子公司、合营企业,以及按权益法或成本法核算的被投资实体编制财务信息；或由集团本部、分支机构编制财务信息；或是将两者结合。这些集团的财务报告系统可能是按照这样的组织结构来组织的。相应地，母公司、子公司、合营企业，以及按权益法或成本法核算的被投资实体，或者集团本部、分支机构可被视为组成部分。而其他一些集团可能按照职能部门、生产过程、单项产品或劳务（或一组产品或劳务）或地区分布来组织财务报告系统。在这种情况下，集团管理层或组成部分管理层可能以职能部门、生产过程、单项产品或劳务（或一组产品或劳务）或地区为单位（报告主体或业务活动）编制财务信息并将其包括在集团财务报表中。相应地，这些职能部门、生产过程、单项产品或劳务（或一组产品或劳务）或地区可被视为组成部分。

集团财务报表，是指包括一个以上组成部分财务信息的财务报表。集团财务报表也指没有母公司但处在同一控制下的各组成部分编制的财务信息所汇总生成的财务报表。集团财务报表审计，是指对集团财务报表进行的审计。

二、集团财务报表审计中的责任设定和注册会计师的目标

（一）集团财务报表审计中的责任设定

目前，各国对集团财务报表审计中的责任设定有两种模式：一种模式是集团项目组对整个集团财务报表审计工作及审计意见负全部责任，这一责任不因利用组成部分注册会计师的工作而减轻。另外一种模式是，集团项目组和组成部分注册会计师就各自执行的审计工作分别负责，集团项目组在执行集团财务报表审计时完全基于组成部分注册会计师的工作。为保证审计质量，《中国注册会计师审计准则第 1401 号——对集团财务报表审计的特殊考虑》采用了第一种模式。在这种模式下，尽管组成部分注册会计师基于集团审计目的对组成部分财务信息执行相关工作，并对所有发现的问题、得出的结论或形成的意见负责，集团项目合伙人及其所在的会计师事务所仍对集团审计意见负全部责任。

相应地，集团项目合伙人按照职业准则和适用的法律法规的规定，应当确信执行集团审计业务的人员（包括组成部分注册会计师）从整体上具备适当的胜任能力和必要素质，负责指导、监督和执行集团审计业务，并确定出具的审计报告是否适合具体情况。注册会计师对集团财务报表出具的审计报告不应提及组成部分注册会计师，除非法律法规另有规定。如果法律法规要求在审计报告中提及组成部分注册会计师，审计报告应当指明，这种提及并不减轻集团项目合伙人及其所在的会计师事务所对集团审计意见承担的责任。

如果因未能就组成部分财务信息获取充分、适当的审计证据，导致集团项目组在对集团财务报表出具的审计报告中发表非无保留意见，集团项目组需要在导致非无保留意见的事项段中说明不能获取充分、适当审计证据的原因。除非法律法规要求在审计报告中提及组成部分注册会计师，并且这样做对充分说明情况是必要的，否则不应提及组成部分注册会计师。

（二）注册会计师的目标

在集团财务报表审计中，担任集团审计的注册会计师的目标是：就组成部分注册会计师对组成部分财务信息执行工作的范围、时间安排和发现的问题，与组成部分注册会计师进行清晰的沟通；针对组成部分财务信息和合并过程，获取充分、适当的审计证据，以对集团财务报表是否在所有重大方面按照适用的财务报告编制基础编制发表审计意见。

三、了解组成部分注册会计师

只有当基于集团审计目的,计划要求由组成部分注册会计师执行组成部分财务信息的相关工作时,集团项目组才需要了解组成部分注册会计师。了解事项包括:

1. 与集团审计相关的职业道德要求

当基于集团审计目的对组成部分财务信息执行相关工作时,组成部分注册会计师需要遵守与集团审计相关的职业道德要求。这些要求与组成部分注册会计师在其所在国家或地区执行法定审计时所需遵守的职业道德要求可能不同,或需要遵守更多的要求。因此,集团项目组需要了解组成部分注册会计师是否了解并将遵守与集团审计相关的职业道德要求,组成部分注册会计师了解和遵守的程度是否足以使其履行其在集团审计中承担的责任。

2. 组成部分注册会计师的专业胜任能力

集团项目组对组成部分注册会计师的专业胜任能力的了解可能包括下列方面:

(1) 组成部分注册会计师是否对适用于集团审计的审计准则和其他职业准则有充分的了解,以足以履行其在集团审计中的责任;

(2) 组成部分注册会计师是否拥有对特定组成部分财务信息执行相关工作所必需的专门技能(如行业专门知识);

(3) 如果相关,组成部分注册会计师是否对适用的财务报告编制基础(集团管理层向组成部分下达的指令,通常说明适用的财务报告编制基础的特征)有充分的了解,以足以履行其在集团审计中的责任。

如果组成部分注册会计师不符合与集团审计相关的独立性要求,或集团项目组对组成部分注册会计师职业道德、专业胜任能力和所处的监管环境存有重大疑虑,集团项目组应当就组成部分财务信息亲自获取充分、适当的审计证据,而不应要求组成部分注册会计师对组成部分财务信息执行相关工作。

如果组成部分注册会计师不符合与集团审计相关的独立性要求,集团项目组不能通过参与组成部分注册会计师的工作、实施追加的风险评估程序或对组成部分财务信息实施进一步审计程序,消除组成部分注册会计师不具有独立性的影响。

但是,集团项目组可以通过参与组成部分注册会计师的工作、实施追加的风险评估程序或对组成部分财务信息实施进一步审计程序,消除对组成部分注册会计师专业胜任能力的并非重大的疑虑(如认为其缺乏行业专门知识),或消除组成部分注册会计师未处于积极有效的监管环境中的影响。

四、针对评估的财务报表重大错报风险设计和实施恰当的应对措施

(一) 对重要组成部分需执行的工作

就集团而言,对于具有财务重大性的单个组成部分,集团项目组或代表集团项目组的组成部分注册会计师应当运用该组成部分的重要性,对组成部分财务信息实施审计。

对由于其特定性质或情况,可能存在导致集团财务报表发生重大错报的特别风险的重要组成部分,集团项目组或代表集团项目组的组成部分注册会计师应当执行下列一项或多

项工作：

（1）使用组成部分重要性对组成部分财务信息实施审计；

（2）针对可能导致集团财务报表发生重大错报的特别风险相关的一个或多个账户余额、一类或多类交易或披露事项实施审计；

（3）针对可能导致集团财务报表发生重大错报的特别风险实施特定的审计程序。

如果集团项目组要求组成部分注册会计师仅针对一个或多个账户余额、一类或多类交易或披露实施审计，在与组成部分注册会计师沟通时，集团项目组需要考虑多数财务报表项目是相互关联的这一事实。

集团项目组可以设计审计程序，应对导致集团财务报表发生重大错报的特别风险。例如，如果可能存在存货过时的特别风险，对于持有大量过时存货的组成部分，集团项目组可以针对存货计价实施或要求组成部分注册会计师实施指定的审计程序。

（二）对不重要的组成部分需执行的工作

对于不重要的组成部分，集团项目组应当在集团层面实施分析程序。

（三）已执行的工作仍不能提供充分、适当审计证据时的处理

如果集团项目组认为对重要组成部分财务信息执行的工作、对集团层面控制和合并过程执行的工作，以及在集团层面实施的分析程序还不能获取形成集团审计意见所依据的充分、适当的审计证据，集团项目组应当选择某些不重要的组成部分，并对已选择的组成部分财务信息亲自执行或由代表集团项目组的组成部分注册会计师执行下列一项或多项工作：

（1）使用组成部分重要性对组成部分财务信息实施审计；

（2）对一个或多个账户余额、一类或多类交易或披露实施审计；

（3）使用组成部分重要性对组成部分财务信息实施审阅；

（4）实施特定程序。

（四）参与组成部分注册会计师的工作

如果组成部分注册会计师对重要组成部分财务信息执行审计，集团项目组应当参与组成部分注册会计师实施的风险评估程序，以识别导致集团财务报表发生重大错报的特别风险。

五、与组成部分注册会计师之间的沟通

（一）集团项目组向组成部分注册会计师的通报

集团项目组应当及时向组成部分注册会计师通报工作要求。通报的内容应当明确组成部分注册会计师应执行的工作和集团项目组对其工作的利用，以及组成部分注册会计师与集团项目组沟通的形式和内容。

通报的内容还应当包括：

（1）在组成部分注册会计师知悉集团项目组将利用其工作的前提下，要求组成部分注册会计师确认其将配合集团项目组的工作。

（2）与集团审计相关的职业道德要求，特别是独立性要求。

（3）在对组成部分财务信息实施审计或审阅的情况下，组成部分的重要性和针对特定类别的交易、账户余额或披露采用的一个或多个重要性水平（如适用）及临界值，超过临界值的错报不能视为对集团财务报表明显微小的错报。

（4）识别出的与组成部分注册会计师工作相关的、由于舞弊或错误导致集团财务报表发生重大错报的特别风险。集团项目组应当要求组成部分注册会计师及时沟通所有识别出的、在组成部分内的其他由于舞弊或错误可能导致集团财务报表发生重大错报的特别风险，以及组成部分注册会计师针对这些特别风险采取的应对措施。

（5）集团管理层编制的关联方清单和集团项目组知悉的任何其他关联方。集团项目组应当要求组成部分注册会计师及时沟通集团管理层或集团项目组以前未识别出的关联方。集团项目组应当确定是否需要将新识别的关联方告知其他组成部分注册会计师。

（二）组成部分注册会计师向集团项目组沟通的事项

组成部分注册会计师向集团项目组沟通的事项包括：

（1）组成部分注册会计师是否已遵守与集团审计相关的职业道德要求，包括对独立性和专业胜任能力的要求；

（2）组成部分注册会计师是否已遵守集团项目组的要求；

（3）指出作为组成部分注册会计师出具报告对象的组成部分财务信息；

（4）因违反法律法规而可能导致集团财务报表发生重大错报的信息；

（5）组成部分财务信息中未更正错报的清单（清单不必包括低于集团项目组通报的临界值且明显微小的错报）；

（6）表明可能存在管理层偏向的迹象；

（7）描述识别出的组成部分层面值得关注的内部控制缺陷；

（8）组成部分注册会计师向组成部分治理层已通报或拟通报的其他重大事项，包括涉及组成部分管理层、在组成部分层面内部控制中承担重要职责的员工及其他人员（在舞弊行为导致组成部分财务信息出现重大错报的情况下）的舞弊或舞弊嫌疑；

（9）可能与集团审计相关或者组成部分注册会计师期望集团项目组加以关注的其他事项，包括在组成部分注册会计师要求组成部分管理层提供的书面声明中指出的例外事项；

（10）组成部分注册会计师的总体发现、得出的结论和形成的意见。

在配合集团项目组时，如果法律法规未予禁止，组成部分注册会计师可以允许集团项目组接触相关审计工作底稿。

（三）评价与组成部分注册会计师的沟通

集团项目组应当评价与组成部分注册会计师的沟通。集团项目组应当：

（1）与组成部分注册会计师、组成部分管理层或集团管理层（如适用）讨论在评价过程中发现的重大事项。

（2）确定是否有必要复核组成部分注册会计师审计工作底稿的相关部分。组成部分注册会计师的审计工作底稿中哪些部分与集团审计相关，可能因具体情况的不同而不同。集团项目组在复核时，通常关注的是与导致集团财务报表发生重大错报的特别风险相关的审计工作底稿。组成部分注册会计师的审计工作底稿按照组成部分注册会计师所在会计师事务所的复核程序进行复核这一事实，可能会影响集团项目组的复核范围。

如果认为组成部分注册会计师的工作不充分，集团项目组应当确定需要实施哪些追加的程序，以及这些程序是由组成部分注册会计师还是由集团项目组实施。

第七节 会计估计审计

一、会计估计的性质

会计估计，是指在缺乏精确计量手段的情况下，采用的某项金额的近似值。会计估计一般包括存在估计不确定性时以公允价值计量的金额，以及其他需要估计的金额。其中，涉及公允价值计量的会计估计简称公允价值会计估计。

由于经营活动具有内在不确定性，某些财务报表项目只能进行估计。进一步讲，某项资产、负债或权益组成部分的具体特征或财务报告编制基础规定的计量基础或方法，可能导致有必要对某一财务报表项目作出估计。

作出会计估计的难易程度取决于估计对象的性质。例如，估计预提租金费用可能只需要简单的计算，而对滞销或过剩存货跌价准备的估计则包括对现有数据的详细分析和对未来销售的预测。复杂的会计估计可能对特定的知识和判断有较高要求。被审计单位管理层应当对其作出的包括在财务报表中的会计估计负责。而按照中国注册会计师审计准则的规定，获取充分、适当的审计证据，评价被审计单位作出的会计估计是否合理、披露是否充分，则是注册会计师的责任。

会计估计通常是被审计单位在不确定情况下作出的，其准确程度取决于管理层对不确定的交易或事项的结果作出的主观判断。由于会计估计的主观性、复杂性和不确定性，管理层作出的会计估计发生重大错报的可能性较大，注册会计师应当按照《中国注册会计师审计准则第 1211 号——通过了解被审计单位及其环境识别和评估重大错报风险》的规定，确定会计估计的重大错报风险是否属于特别风险。

但同时需要提醒的是，会计估计的结果与财务报表中原来已确认或披露的金额存在差异，并不必然表明财务报表存在错报。这对于公允价值会计估计而言尤其如此，因为任何已观察到的结果都不可避免地受到作出会计估计的时点后所发生的事项或情况的影响。

二、风险评估程序和相关活动

在实施风险评估程序和相关活动，以了解被审计单位及其环境时，注册会计师应当了解下列内容，作为识别和评估会计估计重大错报风险的基础：

1. 了解适用的财务报告编制基础的要求

了解适用的财务报告编制基础的要求，有助于注册会计师确定该编制基础是否：① 规定了会计估计的确认条件或计量方法；② 明确了某些允许或要求采用公允价值计量的条件（如与管理层执行与某项资产或负债相关的特定措施的意图挂钩）；③ 明确了要求作出或允许作出的披露。

2. 了解管理层如何识别是否需要作出会计估计

编制财务报表要求管理层确定是否有必要对某项交易、事项和情况作出会计估计，以及确定是否已按照适用的财务报告编制基础确认、计量和披露所有必要的会计估计。

3. 了解管理层如何作出会计估计

编制财务报表也要求管理层建立针对会计估计的财务报告过程(包括适当的内部控制)。这些过程通常包括:① 选择适当的会计政策,并规定作出会计估计的流程,包括适当的估计或估值的方法或模型(如适用);② 形成或识别影响会计估计的相关数据和假设;③ 定期复核需要作出会计估计和在必要时重新作出会计估计的情形。

三、识别和评估重大错报风险

在识别和评估重大错报风险时,注册会计师应当评价与会计估计相关的估计不确定性的程度,并根据职业判断确定识别出的具有高度估计不确定性的会计估计是否会导致特别风险。

(一)估计不确定性

与会计估计相关的估计不确定性的程度受下列因素的影响:

(1) 会计估计对判断的依赖程度;

(2) 会计估计对假设变化的敏感性;

(3) 是否存在可以降低估计不确定性的经认可的计量技术(当然,作为输入数据的假设,其主观程度仍可导致估计不确定性);

(4) 预测期的长度和从过去事项得出的数据对预测未来事项的相关性;

(5) 是否能够从外部来源获得可靠数据;

(6) 会计估计依据可观察到的或不可观察到的输入数据的程度。

(二)具有高度估计不确定性的会计估计

(1) 高度依赖判断的会计估计,如对未决诉讼的结果或未来现金流量的金额和时间安排的判断,而未决诉讼的结果或未来现金流量的金额和时间安排取决于多年后才能确定结果的不确定事项;

(2) 未采用经认可的计量技术计算的会计估计;

(3) 注册会计师对上期财务报表中类似会计估计进行复核的结果表明最初会计估计与实际结果之间存在很大差异,在这种情况下管理层作出的会计估计;

(4) 采用高度专业化的、由被审计单位自主开发的模型,或在缺乏可观察到的输入数据的情况下作出的公允价值会计估计。

在某些情况下,估计不确定性非常高,以致难以作出合理的会计估计。因此,适用的财务报告编制基础可能禁止在财务报表中对此进行确认或以公允价值计量。在这种情况下,特别风险不仅与会计估计是否应予确认或以公允价值计量相关,而且与披露的充分性相关。针对这种会计估计,适用的财务报告编制基础可能要求披露会计估计和与之相关的高度估计不确定性。如果认为会计估计导致特别风险,注册会计师需要了解与会计估计相关的控制,包括控制活动。

四、应对评估的重大错报风险

在应对评估的重大错报风险时,注册会计师应当考虑会计估计的性质,并实施下列一项或多项程序：

1．确定截至审计报告日发生的事项是否提供有关会计估计的审计证据

截至审计报告日发生的事项有时可能提供有关会计估计的充分、适当的审计证据。例如，期后不久出售某被替代的产品的全部存货，可能提供有关其可变现净值估计的审计证据。如果截至审计报告日可能发生的事项预期发生并提供用以证实或否定会计估计的审计证据，确定这些事项是否提供有关会计估计的审计证据可能是恰当的应对措施。在这种情况下，可能没有必要对会计估计实施追加的审计程序。

而对于某些会计估计，截至审计报告日发生的事项不可能提供审计证据。例如，与某些会计估计相关的情况或事项需要较长时间才有进展；同样，由于公允价值会计估计的计量目标，期后信息可能不反映财务报表日存在的事项或情况，因而可能与公允价值会计估计的计量无关。当然，即使决定对特定会计估计不采取这种方法，注册会计师仍需要遵守《中国注册会计师审计准则第 1332 号——期后事项》及其应用指南的相关规定。注册会计师需要实施审计程序，获取充分、适当的审计证据，以确定财务报表日至审计报告日之间发生的、需要在财务报表中调整或披露的事项是否已经按照适用的财务报告编制基础在财务报表中得到恰当反映。由于除公允价值会计估计外的许多会计估计的计量通常取决于未来情况、交易或事项的结果，《中国注册会计师审计准则第 1332 号——期后事项》规定的审计工作对于这些会计估计尤为相关。

2．测试管理层如何作出会计估计，以及会计估计所依据的数据

在下列情况下，测试管理层如何作出会计估计和会计估计所依据的数据，可能是恰当的应对措施：

（1）会计估计是依据模型（使用可观察到的或不可观察到的输入数据）作出的公允价值会计估计；

（2）会计估计源于审计单位会计系统对数据的常规处理；

（3）注册会计师对上期财务报表中类似的会计估计的复核表明管理层本期的会计估计流程可能是有效的；

（4）会计估计建立在性质相似、单项不重要但数量众多的项目的基础上。

在进行测试时，注册会计师应当评价采用的计量方法在具体情况下是否恰当，以及根据适用的财务报告编制基础确定的计量目标，管理层使用的假设是否合理。测试管理层如何作出会计估计还可能涉及下列方面：

（1）测试会计估计所依据的数据的准确性、完整性和相关性，以及管理层是否使用这些数据和假设恰当地作出会计估计；

（2）考虑外部数据或信息的来源、相关性和可靠性，包括从管理层聘请的、用以协助其作出会计估计的外部专家那里获取的数据或信息；

（3）重新计算会计估计，并复核有关会计估计信息的内在一致性；

（4）考虑管理层的复核和批准流程。

3．测试与管理层如何作出会计估计相关的控制的运行有效性，并实施恰当的实质性程序

4．作出注册会计师的点估计或区间估计，以评价管理层的点估计

注册会计师的点估计或区间估计，是指从审计证据中得出的、用于评价管理层点估计的

金额或金额区间。

五、评价会计估计的合理性并确定错报

注册会计师应当根据获取的审计证据，评价财务报表中的会计估计在适用的财务报告编制基础下是合理的还是存在错报。根据获取的审计证据，注册会计师可能认为这些证据指向与管理层的点估计不同的会计估计。当审计证据支持点估计时，注册会计师的点估计与管理层的点估计之间的差异构成错报。当注册会计师认为使用其区间估计能够获取充分、适当的审计证据时，则在注册会计师区间估计之外的管理层的点估计得不到审计证据的支持。在这种情况下，错报不小于管理层的点估计与注册会计师区间估计之间的差异最小。

当管理层根据其对环境变化的主观判断而改变某项会计估计，或者改变上期作出会计估计的方法时，基于获取的审计证据，注册会计师可能认为会计估计被管理层随意改变而产生错报，或者将其视为可能存在管理层偏向的迹象。

一项错报，无论是由于舞弊还是错误导致，当与会计估计相关时，可能是由于下列因素导致的：

（1）毋庸置疑地存在错报；

（2）由注册会计师认为管理层对会计估计作出的判断不合理，或认为管理层对会计政策的选择或运用不恰当而产生的差异；

（3）注册会计师对总体中错报的最佳估计，包括由审计样本中识别出的错报推断出总体中的错报。

在某些涉及会计估计的情形中，错报可能由上述因素共同导致，因此难以或不可能区分出由哪一具体因素导致。

评价在财务报表附注中的会计估计和相关披露（无论是由适用的财务报告编制基础要求的还是属于自愿披露的）的合理性时考虑的事项，与在审计财务报表中确认的会计估计时考虑的事项在实质上是相同的。

【名词与术语】

首次审计　期初余额　关联方　关联方交易　期后事项
持续经营能力　或有事项　会计估计　集团财务报表审计

【思考题】

1. 什么是期初余额？为什么要进行期初余额审计？
2. 什么是期后事项？不同阶段的期后事项注册会计师承担的责任有什么不同？
3. 注册会计师应如何识别关联方和关联方交易？
4. 可能导致注册会计师对持续经营假设产生重大疑虑事项或情况有哪些？如何应对？
5. 什么是或有事项？检查或有事项可采用哪些审计程序？
6. 集团财务报表审计应注意哪些问题？
7. 如何评价管理层会计估计的合理性？
8. 针对会计估计评估的重大错报风险，注册会计师应如何应对？

第十六章

完成审计工作

本章导读

本章主要讲解自财务报表各项目的审计完成后,编制审计报告前,注册会计师还必须完成的工作。首先介绍书面声明内容和要求,然后着重讲解审计差异调整表和试算平衡表的编制方法。

本章的重点和难点是审计差异调整表和试算平衡表的编制方法。

通过本章的学习,了解在财务报表各项目的审计完成后,编制审计报告前,注册会计师还必须完成的工作;理解和掌握审计差异调整表和试算平衡表的编制方法。

第一节　书面声明

一、书面声明的概念

书面声明，是指管理层向注册会计师提供的书面陈述，用以确认某些事项或支持其他审计证据。书面声明不包括财务报表及其认定，以及支持性账簿和相关记录。如果管理层修改书面声明的内容或不提供注册会计师要求的书面声明，可能使注册会计师警觉存在重大问题的可能性。

尽管书面声明提供必要的审计证据，但其本身并不为所涉及的任何事项提供充分、适当的审计证据。而且，管理层已提供可靠书面声明的事实，并不影响注册会计师就管理层责任履行情况或具体认定获取的其他审计证据的性质和范围。

在将书面声明作为审计证据时，应注意：

1. 将书面声明作为审计证据只适用于特定情形

如果合理预期不存在其他充分、适当的审计证据，注册会计师应当就对财务报表具有重大影响的事项向管理层获取书面声明。对于多数事项来说，存在相互印证的审计证据。但对于某些对财务报表具有重大影响的事项而言，比如涉及管理层的判断、意图及仅限于管理层知悉事实的事项，可以合理预期除实施询问程序获得的证据外，不存在其他充分、适当的审计证据。在这种情况下，注册会计师应当将询问的结果取得管理层的签字确认，获取书面声明。

2. 应收集审计证据以支持书面声明

审计证据的可靠性受其来源和性质的影响，从外部独立来源获取的审计证据比从其他来源获取的审计证据更可靠。由于书面声明是来自于被审计单位内部的一种证据，较之外部独立来源的证据，不具有独立性，证明力较弱，其本身不能构成充分、适当的审计证据，作为发表审计意见的基础。当书面声明的事项对财务报表具有重大影响时，注册会计师应当实施下列审计程序：

（1）从被审计单位内部或外部获取佐证证据；

（2）评价书面声明是否合理并与获取的其他审计证据（包括其他声明）一致；

（3）考虑作出声明的人员是否熟知所声明的事项。

首先，注册会计师应当从被审计单位内部或外部积极获取审计证据，为声明中列示的事项提供支持。比如，在评价管理层的计划或意图时，注册会计师可以通过下列方式对其予以印证：① 考虑管理层以前所述的对于资产和负债的意图的实际实施情况；② 复核包括预算、会议纪要等在内的书面计划和其他文件记录；③ 考虑管理层选择特定措施的理由；④ 考虑管理层在既定经济环境下实施特定措施的能力。

其次，注册会计师应当评价书面声明是否合理并与获取的其他审计证据（包括其他声明）一致。此外，注册会计师还应当考虑作出声明的人员是否熟知所声明的事项，评价声明是否有效。例如，通常企业董事会的秘书负责保管股东会或董事会等会议记录，对会议记录是否完整最为清楚。当其他人签署所提供会议记录完整性的声明时，注册会计师应当根据实际情况考虑声明人是否熟知其所声明的事项，是否能够真正保证已提供所有相关的会议记录。

3. 书面声明不能替代其他审计证据

注册会计师不应以书面声明替代能够合理预期获取的其他审计证据。例如，注册会计师不能以管理层承诺应收账款可以全部收回的声明，替代其他应当实施的审计程序，而是应当通过检查应收账款期后回收情况、分析应收账款的账龄和债务人的信用等级等因素，评价其可收回性。如果不能获取对财务报表具有或可能具有重大影响的事项的充分、适当的审计证据，而这些证据预期是可以获取的，即使已收到管理层就这些事项作出的声明，注册会计师仍应将其视为审计范围受到限制。

4. 书面声明与其他审计证据矛盾时予以重视

如果书面的某项声明与其他审计证据相矛盾，注册会计师应当调查这种情况。必要时，重新考虑管理层作出的其他声明的可靠性。

二、书面声明的分类

1. 针对管理层责任的书面声明

针对财务报表的编制，注册会计师应当要求管理层提供书面声明，确认其根据审计业务约定条款，履行了按照适用的财务报告编制基础编制财务报表并使其实现公允反映（如适用）的责任。

如果未从管理层获取其确认已履行的责任，注册会计师在审计过程中获取的有关管理层已履行这些责任的其他审计证据是不充分的。

基于管理层认可并理解在审计业务约定条款中提及的管理层的责任，注册会计师要求管理层通过声明确认其已履行这些责任。注册会计师可能还要求管理层在书面声明中再次确认其对自身责任的认可与理解。当存在下列情况时，这种确认尤为适当：

（1）代表被审计单位签订审计业务约定条款的人员不再承担相关责任；

（2）审计业务约定条款是在以前年度签订的；

（3）有迹象表明管理层误解了其责任；

（4）情况的改变需要管理层再次确认其责任。

2. 其他书面声明

如果注册会计师认为有必要获取一项或多项其他书面声明，以支持与财务报表或者一项或多项具体认定相关的其他审计证据，注册会计师应当要求管理层提供这些书面声明。

（1）关于财务报表的额外书面声明

注册会计师除了针对财务报表的编制要求管理层提供基本书面声明以确认其履行了责任外，还有必要获取有关财务报表的其他书面声明。

（2）向注册会计师提供信息有关的额外书面声明

除了针对管理层提供的信息和交易的完整性的书面声明外，注册会计师也有必要要求管理层提供书面声明，确认其已将注意到的所有内部控制缺陷向注册会计师通报。

（3）关于特定认定的书面声明

注册会计师可能认为有必要要求管理层提供有关财务报表特定认定的书面声明，尤其是支持注册会计师就管理层的判断或意图或者完整性认定从其他审计证据中获取的了解。

三、书面声明的日期和形式

书面声明的日期应当尽量接近对财务报表出具审计报告的日期,但不得在审计报告日后。书面声明应当涵盖审计报告针对的所有财务报表和期间。

在实务中可能会出现这样的情况:在审计报告中提及的所有期间内,现任管理层均尚未就任。他们可能由此声称无法就上述期间提供部分或全部书面声明。然而,这一事实并不能减轻现任管理层对财务报表整体的责任。相应地,注册会计师仍然需要向现任管理层获取涵盖整个相关期间的书面声明。书面声明应当以声明书的形式致送注册会计师。

四、对书面声明可靠性的疑虑及管理层不提供要求的书面声明

(一)对书面声明可靠性的疑虑

1. 对管理层的胜任能力、诚信、道德价值观或勤勉尽责存在疑虑

如果对管理层的胜任能力、诚信、道德价值观或勤勉尽责存在疑虑,注册会计师可能认为,管理层在财务报表中作出不实陈述的风险很大,以至于审计工作无法进行。在这种情况下,除非治理层采取适当的纠正措施,否则注册会计师可能需要考虑解除业务约定(如果法律法规允许)。很多时候,治理层采取的纠止措施可能并不足以使注册会计师发表无保留意见(可能发表无法表示意见)。

2. 书面声明与其他审计证据不一致

(1)注册会计师应当实施审计程序以设法解决这些问题。注册会计师可能需要考虑风险评估结果是否仍然适当。

(2)如果认为风险评估结果不适当,注册会计师需要修正风险评估结果,并确定进一步审计程序的性质、时间安排和范围,以应对评估的风险。

(3)如果问题仍未解决,注册会计师应当重新考虑对管理层的胜任能力、诚信、道德价值观或勤勉尽责的评估,并确定书面声明与其他审计证据的不一致对书面或口头声明和审计证据总体的可靠性可能产生的影响。

(4)如果认为书面声明不可靠,注册会计师应当采取适当措施,包括确定其对审计意见可能产生的影响。

(二)管理层不提供要求的书面声明

如果管理层不提供要求的一项或多项书面声明,注册会计师应当:

(1)与管理层讨论该事项;

(2)重新评价管理层的诚信,并评价该事项对书面或口头声明和审计证据总体的可靠性可能产生的影响;

(3)采取适当措施,包括确定该事项对审计意见可能产生的影响。

如果存在下列情形之一,注册会计师应当对财务报表发表无法表示意见:

(1)注册会计师对管理层的诚信产生重大疑虑,以至于认为其作出的书面声明不可靠;

(2)管理层不提供审计准则要求的书面声明。

第二节 编制审计差异调整表和试算平衡表

一、编制审计差异调整表

（一）审计差异的概念与分类

审计差异是注册会计师在审计过程中发现的被审计单位的会计处理方法与有关会计准则和会计制度规定不一致而产生的差额。审计差异可分为核算误差和重分类误差。

核算误差是因企业对经济业务进行了不正确的会计核算而引起的误差；重分类误差是因企业未按企业会计准则列报财务报表而引起的误差。例如，企业在应付账款项目中反映的预付账款、在应收账款项目中反映的预收账款等。

（二）编制审计差异调整表

无论是建议调整的不符事项、未调整不符事项还是重分类错误，在审计工作底稿中通常都是以会计分录的形式反映的。由于审计中发现的错误往往不止一两项，为便于审计项目的各级负责人综合判断、分析和决定，也为了便于有效编制试算平衡表和代编经审计的财务报表，通常需要将这些建议调整的不符事项、未调整不符事项和重分类错误分别汇总至账项调整分录汇总表、重分类分录汇总表和未调整不符分录汇总表。这三张表统称为审计差异调整表，其格式分别见表16-1、表16-2和表16-3。

表16-1 账项调整分录汇总表

客户：	签名	日期	索引号
项目：账项调整分录汇总表	编制人		
会计期间：	复核人		页次

序号	调整内容及项目	索引号	调整金额		影响利润+（-）
			借方	贷方	
合计					

表 16-2　重分类分录汇总表

客户：　　　　　　　　　　　　签名　　日期　　索引号
项目：重分类分录汇总表　　　　编制人
会计期间：　　　　　　　　　　复核人　　　　　页次

序号	调整内容及项目	索引号	调整金额	
			借方	贷方
合计				

表 16-3　未调整不符分录汇总表

客户：　　　　　　　　　　　　签名　　日期　　索引号
项目：未调整不符分录汇总表　　编制人
会计期间：　　　　　　　　　　复核人　　　　　页次

序号	未调整内容及项目	索引号	调整金额		备注
			借方	贷方	
合计					

未予调整的影响：

项目	金额	百分比	计划百分比
1. 净利润			
2. 净资产			
3. 资产总额			
4. 营业收入			

结论：

二、编制试算平衡表

试算平衡表是注册会计师在被审计单位提供未审财务报表的基础上，考虑调整分录、重分类分录等内容以确定已审数与报表披露数的表式。有关资产负债表和利润及利润分配表的试算平衡表的参考格式分别见表 16-4 和表 16-5。需要说明以下几点：

（1）试算平衡表中的“审计前金额”栏，应根据被审计单位提供的未审财务报表填列。

（2）有些财务报表项目往往会在为调整这些审计差异所作的会计分录中多次出现，因此，在手工编制试算平衡表前，可先通过按财务报表项目设置的“丁”字形账户，区分调整分录与重分类分录，分别进行汇总，然后将按财务报表项目汇总后的借、贷方发生额分别过入试算平衡表中的“调整金额”和“重分类调整”栏内。

（3）在编制完试算平衡表后，应注意核对相应的勾稽关系。例如，资产负债表试算平衡表左边的审计前金额、审定金额、报表反映的各栏合计数应分别等于其右边相应各栏合计数；资产负债表试算平衡表左边的调整金额栏中的借方合计数与贷方合计数之差应等于右边的调整金额栏中的贷方合计数与借方合计数之差；资产负债表试算平衡表左边的重分类调整栏中的借方合计数与贷方合计数之差应等于右边的重分类调整栏中的贷方合计数与借方合计数之差，等等。

表 16-4　资产负债表试算平衡表

客户：　　　　　　　　　　　　　　　　签名　　日期　　索引号

项目：资产负债表试算平衡表工作底稿　　编制人

会计期间：　　　　　　　　　　　　　　复核人　　　　　页次

项目	审计前金额	调整金额		重分类调整		审定金额	项目	审计前金额	调整金额		重分类调整		审定金额
		借方	贷方	借方	贷方				借方	贷方	借方	贷方	
流动资产：							流动负债：						
货币资金							短期借款						
交易性金融资产							交易性金融负债						
应收票据							应付票据						
应收账款							应付账款						
预付款项							预收款项						
应收利息							应付职工薪酬						
应收股利							应交税费						
其他应收款							应付利息						
存货							应付股利						
一年内到期的非流动资产							其他应付款						
其他流动资产							一年内到期的非流动负债						

续表

项目	审计前金额	调整金额		重分类调整		审定金额	项目	审计前金额	调整金额		重分类调整		审定金额
		借方	贷方	借方	贷方				借方	贷方	借方	贷方	
流动资产合计							其他流动负债						
非流动资产：							流动负债合计						
可供出售金融资产							非流动负债：						
持有至到期投资							长期借款						
长期应收款							应付债券						
长期股权投资							长期应付款						
投资性房地产							专项应付款						
固定资产							预计负债						
在建工程							递延所得税负债						
工程物资							其他非流动负债						
固定资产清理							非流动负债合计						
生产性生物资产							负债合计						
油气资产							所有者权益（或股东权益）：						
无形资产							实收资本（或股本）						
开发支出							资本公积						
商誉							减:库存股						
长期待摊费用							盈余公积						
递延所得税资产							未分配利润						
其他非流动资产							所有者权益（或股东权益）合计						
非流动资产合计													
资产总计							负债和所有者权益（或股东权益）总计						

表 16-5　利润表试算平衡表

客户：　　　　　　　　　　　　　　签名　　　日期　　　索引号

项目：利润表试算平衡表工作底稿　　　编制人

会计期间：　　　　　　　　　　　　　复核人　　　　　　页次

项目	审计前金额	调整金额		审定金额
		借方	贷方	
一、营业收入				
减：营业成本				
营业税金及附加				
销售费用				
管理费用				
财务费用				
资产减值损失				
加：公允价值变动收益（损失以“－”号填列）				
投资收益（损失以“－”号填列）				
其中：对联营企业和合营企业的投资收益				
二、营业利润（亏损以“－”号填列）				
加：营业外收入				
减：营业外支出				
其中：非流动资产处置损失				
三、利润总额（亏损总额以“－”号填列）				
减：所得税费用				
四、净利润（净亏损以“－”号填列）				
五、每股收益				
（一）基本每股收益				
（二）稀释每股收益				

第三节 其他需完成的工作

一、评价审计中的重大发现

重大发现涉及会计政策的选择、运用和一致性的重大事项。在审计完成阶段，项目合伙人（主任会计师，下同）和审计项目组应当考虑的在审计中的重大发现和事项。

注册会计师在审计计划阶段对重要性的判断，与其在评估审计差异时对重要性的判断是不同的。如果在审计完成阶段确定的修订后的重要性水平远远低于在计划阶段确定的重要性水平，注册会计师应重新评估已经获得的审计证据的充分性和适当性。重要性的任何变化都要求注册会计师重新评估重大错报上限和审计策略。

如果审计项目组内部、项目组与被咨询者之间，以及项目合伙人与项目质量控制复核人员之间存在意见分歧，审计项目组应当遵循事务所的政策和程序予以妥善处理。

二、对财务报表总体合理性实施分析程序

在审计结束或临近结束时，注册会计师运用分析程序的目的是确定审计调整后的财务报表整体是否与其对被审计单位的了解一致。注册会计师应当围绕这一目的运用分析程序。这时运用分析程序是强制要求，注册会计师在这个阶段应当运用分析程序。

在运用分析程序进行总体复核时，如果识别出以前未识别的重大错报风险，注册会计师应当重新考虑对全部或部分各类交易、账户余额、列报评估的风险是否恰当，并在此基础上重新评价之前计划的审计程序是否充分，是否有必要追加审计程序。

三、评价审计结果

注册会计师评价审计结果，主要为了确定将要发表的审计意见的类型及在整个审计工作中是否遵循了审计准则。为此，注册会计师必须完成两项工作：一是对重要性和审计风险进行最终的评价；二是对被审计单位已审计财务报表形成审计意见并草拟审计报告。

（一）对重要性和审计风险进行最终的评价

对重要性和审计风险进行最终评价，是注册会计师决定发表何种类型审计意见的必要过程。该过程可通过以下两个步骤来完成：

（1）按财务报表项目确定可能的审计差异即可能错报金额。可能错报金额应包括已经识别的具体错报和推断误差。

（2）确定各财务报表项目可能的错报金额的汇总数对财务报表层次重要性水平和其他与这些错报有关的财务报表总额（比如流动资产或流动负债）的影响程度。应当注意的是：① 这里的财务报表层次的重要性水平是指审计计划阶段确定的重要性水平。如果该重要性水平在审计过程中已作过修正，则当然应按修正后的财务报表层次重要性水平进行比较。② 这里的可能错报总额一般是指各财务报表项目可能的错报金额的汇总数，但也可能包括

上一期间的任何未更正可能错报对本期财务报表的影响。如果注册会计师将上一期间的未更正可能错报包括进来,可能会导致本期财务报表被严重错报的风险高到无法接受的程度,则注册会计师估计本期的可能错报总和时,就应包括上一期间的未更正可能错报。

注册会计师在审计计划阶段已确定了审计风险的可接受水平。随着可能错报总和的增加,财务报表可能被严重错报的风险也会增加。如果注册会计师得出结论,审计风险处在一个可接受的水平,则可以直接提出审计结果所支持的意见;如果注册会计师认为审计风险不能接受,则应追加实施额外的实质性程序或者说服被审计单位作必要调整,以便将重要错报的风险降低到一个可接受的水平。否则,注册会计师应慎重考虑该审计风险对审计报告的影响。

(二)对被审计单位已审计财务报表形成审计意见并草拟审计报告

在对财务报表形成审计意见时,注册会计师应根据已获取的审计证据,评价是否已对财务报表整体不存在重大错报获取合理保证,并进一步评价财务报表的合法性和公允性,形成对被审计单位财务报表合法性和公允性的审计意见。

1. 评价财务报表的合法性

① 评价所选用的会计政策是否合法、合理;

② 评价所作出的会计估计是否恰当;

③ 评价财务报表所反映信息的质量;

④ 评价财务报表的披露是否充分。

2. 评价财务报表的公允性

① 评价财务报表的整体合理性;

② 评价财务报表的列报和内容合理性;

③ 评价财务报表反映的真实性。

四、与治理层沟通

(一)沟通目的

为了借助公司内部之间的权力平衡和制约关系,保证财务信息的质量,现代公司治理结构往往要求治理层对管理层编制财务报表的过程实施有效的监督。可见,公司治理层和注册会计师在健全完善公司治理结构中都扮演着重要的角色,两者在对管理层编制的财务报表进行监督方面具有共同的关注点。治理层和注册会计师对各自从不同层面掌握的情况和信息进行有效的沟通,对于公司治理层对管理层进行有效监督与制衡,以及增加注册会计师审计工作的针对性,特别是保护注册会计师独立性不受管理层干扰,有着积极的作用。为了促进注册会计师与治理层之间的良性互动,审计准则规定了注册会计师与治理层沟通的要求。注册会计师与治理层沟通的主要目的如下:

(1)就审计范围和时间,以及注册会计师、治理层和管理层各方在财务报表审计和沟通中的责任,取得相互了解;

(2)及时向治理层告知审计中发现的与治理层责任相关的事项;

(3)共享有助于注册会计师获取审计证据和治理层履行责任的其他信息。

（二）沟通内容

注册会计师应当直接与治理层沟通的事项主要包括：

（1）注册会计师的责任；

（2）计划的审计范围和时间；

（3）审计工作中发现的问题；

（4）注册会计师的独立性。

五、评价独立性和道德问题

（1）审计过程中:项目合伙人应当考虑项目组成员是否遵守职业道德规范,在整个审计过程中对项目组成员违反职业道德规范的迹象保持警惕,并就审计业务的独立性是否得到遵守形成结论。

（2）审计报告前:在签署审计报告前,项目合伙人确信,审计过程中产生的所有独立性和道德问题已经得到圆满解决。

六、完成质量控制复核

会计师事务所应当建立完善的审计工作底稿分级复核制度。对审计工作底稿的复核可分为两个层次:项目组内部复核和独立的项目质量控制复核。

（一）项目组内部复核

项目组内部复核又分为两个层次:审计项目经理的现场复核和项目合伙人的复核。

1. 审计项目经理的现场复核

审计项目经理对审计工作底稿的全面复核通常在审计现场完成,以便及时发现和解决问题,争取审计工作的主动。由审计项目经理在审计过程进行中对工作底稿的复核属于第一层复核,这层复核主要是评价已完成的审计工作、所获得的证据和工作底稿编制人员形成的结论。

2. 项目合伙人的复核

在完成审计工作时,则需由项目合伙人对审计工作底稿实施复核。该复核既是对审计项目经理复核的再监督,也是对重要审计事项的重点把关,属于第二层复核。复核主要内容包括：

① 复查计划确定的重要审计程序是否适当,是否得以较好实施,是否实现了审计目标；

② 复查重点审计项目的审计证据是否充分、适当；

③ 复查审计范围是否充分；

④ 复查对建议调整的不符事项和未调整不符事项的处理是否恰当；

⑤ 复核审计工作底稿中重要的勾稽关系是否正确；

⑥ 检查审计工作中发现的问题及其对财务报表和审计报告的影响,审计项目组对这些问题的处理是否恰当；

⑦ 复核已审财务报表总体上是否合理、可信。

（二）独立的项目质量控制复核

项目质量控制复核是指在出具报告前，对项目组作出的重大判断和在准备报告时形成的结论作出客观评价的过程。项目质量控制复核也称独立复核。

独立复核的内容主要包括：

（1）项目组就具体业务对会计师事务所独立性作出的评价。

（2）在审计过程中识别的特别风险及采取的应对措施。

（3）作出的判断，尤其是关于重要性和特别风险的判断。

（4）是否已就存在的意见分歧、其他疑难问题或争议事项进行适当咨询，以及咨询得出的结论。

（5）在审计中识别的已更正和未更正的错报的重要程度及处理情况。

（6）拟与管理层、治理层及其他方面沟通的事项。

（7）所复核的审计工作底稿是否反映了针对重大判断执行的工作，是否支持得出的结论。

（8）拟出具的审计报告的适当性。

【名词与术语】

审计差异	不符事项	核算误差	重分类误差
治理层	管理层	质量控制复核	重大疑虑

【思考题】

1. 什么是书面声明？为什么要取得书面声明？
2. 将书面声明作为审计证据时，应注意哪些问题？
3. 审计差异调整表有哪些？如何编制？
4. 如何编制试算平衡表？
5. 在运用书面声明作为审计证据时，应注意哪些问题？
6. 在编写审计报告前，应做哪方面的评价？有何意义？
7. 在编写审计报告前，与治理层、管理层应做哪些沟通？

主要参考文献

[1] 中国注册会计师协会:《审计》,经济科学出版社,2017 年。

[2] 中国注册会计师协会:《中国注册会计师执业准则(2017)》,中国财政经济出版社,2017 年。

[3] 中国注册会计师协会:新审计报告准则应用指南,中国注册会计师协会网站,2017 年。

[4] 中国注册会计师协会:《中国注册会计师执业准则应用指南(2010)》,中国财政经济出版社,2010 年。

[5] 中国注册会计师协会:《财务报表审计工作底稿编制指南》(第 2 版),经济科学出版社,2012 年。

[6] 道格拉斯 · R. 卡迈克尔,约翰 · J. 威林翰,卡罗 · A. 沙勒:《审计概念与方法——现行理论与实务指南》,刘明辉,胡英坤,主译,东北财经大学出版社,1999 年。

[7] 海斯,等:《审计学:基于国际审计准则的视角》(第 2 版),来明敏,等译,机械工业出版社,2006 年。

[8] 文硕:《世界审计史》,企业管理出版社,1996 年。

[9] 中国注册会计师协会:《中国注册会计师专业标准问题解答》,经济科学出版社,2015 年。

[10] 秦荣生,卢春泉:《审计学》(第 5 版),中国人民大学出版社,2006 年。

[11] 马克 · S. 比斯利等:《审计案例》,张立民,等译,北京大学出版社,2013 年。

[12] 王延明:《购货与付款循环审计》,中国时代经济出版社,2002 年。

[13] 刘成立,等:《审计学》,东北财经大学出版社,2017 年。

[14] 徐凤菊,等:《企业内部控制与风险管理》,东北财经大学出版社,2016 年。

[15] 赵世君,杨卉,高前善:《销售与收款循环审计》,中国时代经济出版社,2003 年。

[16] 阿尔文 · A. 阿伦斯,兰德尔 · J. 埃尔德,马克 · S. 比斯利:《审计学——整合方法》(第 10 版),影印,清华大学出版社,2006 年。

[17] 刘明辉,史德刚:《审计》,东北财经大学出版社,2017 年。

[18] 文森特 · M. 奥赖利,等:《蒙哥马利审计学》(第 12 版),刘霄仑,陈关亭译,中信出版社,2007 年。

[19] 里滕伯格,施维格:《审计学变化环境中的概念》,程新生,主译,清华大学出版社,2007 年。

[20] 张福康,姚瑞马:《企业内部会计控制研究》,社会科学文献出版社,2007 年。